高等院校研究生用书
TEXTBOOKS FOR GRADUATES

薪酬
宏观、微观与趋势（第2版）

曾湘泉　编著

中国人民大学出版社
·北京·

图书在版编目（CIP）数据

薪酬：宏观、微观与趋势/曾湘泉编著．—2 版．—北京：中国人民大学出版社，2016.5
高等院校研究生用书
ISBN 978-7-300-22840-2

Ⅰ.①薪… Ⅱ.①曾… Ⅲ.①企业管理-工资管理-研究生-教材 Ⅳ.①F272.92

中国版本图书馆 CIP 数据核字（2016）第 087126 号

高等院校研究生用书
薪酬：宏观、微观与趋势（第 2 版）
曾湘泉　编著
Xinchou：Hongguan，Weiguan yu Qushi

出版发行	中国人民大学出版社		
社　　址	北京中关村大街 31 号	**邮政编码**	100080
电　　话	010－62511242（总编室）		010－62511770（质管部）
	010－82501766（邮购部）		010－62514148（门市部）
	010－62515195（发行公司）		010－62515275（盗版举报）
网　　址	http://www.crup.com.cn		
经　　销	新华书店		
印　　刷	固安县铭成印刷有限公司	**版　　次**	2006 年 5 月第 1 版
规　　格	185 mm×260 mm　16 开本		2016 年 5 月第 2 版
印　　张	29.25 插页 1	**印　　次**	2021 年 6 月第 2 次印刷
字　　数	623 000	**定　　价**	52.00 元

序

就薪酬理论研究和管理实践而言，一直存在两种倾向。一种倾向是，在理论界，学者们比较关注薪酬管理知识的积累，包括对经济学和心理学一些重大理论的总结和分析。这些理论虽具有高度和深度，但实用性不强，或者说与现实距离较大。另一种倾向是，在实践层面，大家更多关注薪酬管理的具体技术和方法，这些技术和方法简单、实用，且具有可操作性，但人们对其理论分析和认识并不够。就薪酬管理专业人才的培养而言，显然应当是两者有机结合。本书强调理论，也重视实践，力求避免一边是理论的夸夸其谈，一边是实践的就事论事，即尽可能避免出现理论与实践严重脱节的“两张皮”的尴尬局面。

本书由宏观、微观和趋势三篇 13 章内容构成。在宏观篇中，讨论了宏观体制变革与薪酬、劳动力市场规制与薪酬、国际化与薪酬等；在微观篇中，讨论了战略与薪酬、职位与薪酬、能力与薪酬、绩效与薪酬、市场与薪酬、福利与薪酬、预算与薪酬、长期激励等；在趋势篇中，讨论了薪酬管理变革与创新、薪酬管理研究及趋势等。本书在逻辑上紧紧围绕以下问题展开：在宏观上如何认识薪酬管理外部环境对其形成的制约？从微观层面如何认识公司战略、职位、能力、市场、绩效、福利和预算等因素与薪酬决策的关系？一个微观组织的薪酬管理制度究竟如何设计，具体技术和方法是什么？如果说薪酬管理变革是大势所趋，那么究竟应当如何把握和理解？国内外薪酬管理研究的理论、方法及关注的重点是什么？

《薪酬：宏观、微观与趋势》一书首次出版于 2006 年，迄今已过去 10 个年头。过去的 10 年，国际金融危机的冲击、国内青年劳动力供给总量减少、收入分配差距不断扩大等，都对国内宏观劳动力市场和微观人力资源管理，特别是薪酬管理产生了较大影响。迄今，人们对薪酬的关注点已从过去重视以职位为基础，转向职位和能力兼顾；从强调职位价值等内部公平性要素，转向重视市场薪酬调查，关注外部劳动力市场变动；从拉开工资差距，改变薪酬曲线斜率，调整薪酬结构，转向降低高管薪酬，以缩小收入差距；从重视传统单一货币薪酬，转向关注外在报酬和内在报酬相结合的总报酬全方位激励等。

本书第 2 版保持了第 1 版上述基本框架和结构，以及叙述逻辑。同时，为适应新的发展环境和背景，增加或调整了部分章节案例或附录内容。根据国家薪酬管理相关法规和政策，书中涉及的一些统计数据等也都进行了更新。

这是一本为劳动经济、劳动关系、人力资源管理、社会保障等专业研究生撰写的教材。本书借鉴了国际上成熟的薪酬管理教材的主要内容，同时，也充分吸收了作者及研究团队多年来对薪酬开展研究和探讨的成果。应当特别指出，对薪酬理论和薪酬管理的学习和把握，既需要系统的经济学和管理学的理论修养和学术训练，更需要大量丰富的人力资源管理工作经验的积累。严格说来，要成为一个高度专业化的薪酬管理人士，不断的实践探索和对问题的独立思考不可或缺。对经济和管理专业的研究生来说，除了阅读和学习本书的正文、附录和案例之外，最好能同时阅读本领域的专业期刊或文献，如美国薪酬协会（原名 ACA，现更名为 worldatwork，total rewards association）出版的有关专业薪酬期刊，包括我们近期在复旦大学出版社出版的《总报酬经济学》一书。①

本书的大纲、框架结构，包括许多重要观点和思想的形成和确定，都是多年来我与我指导的多位博士生和硕士生在每周学术例会上共同研讨的结果。感谢他们的不懈努力和积极参与！

时至今日，无论是理论或实践，无论是企业或非营利组织，无论是在国内或国外，薪酬管理领域的新问题不断涌现。自金融危机以来，从美国华尔街到北京金融界，高管限薪成为人们热议的话题。这一方面说明，在人才竞争日趋激烈的当今世界，薪酬管理成为各国共同面对的难题；另一方面要求我们继续在薪酬领域做更为深入的学术研究和实践探索。期望对本书相关章节的调整和修改，特别是相关内容的补充，能够及时反映并满足读者的需求。

① 曾湘泉等：《总报酬经济学》，上海，复旦大学出版社，2014。

目　录

第Ⅲ篇 趋势篇

导论

自20世纪90年代中后期以来，随着市场化的深入推进以及人才激烈竞争态势的发展，管理问题在中国凸显出来。正如通用电气（GE）的前首席执行官（CEO）韦尔奇所说，要竞争就要管理，新经济时代是一个普遍需要管理的时代，新管理时代浪潮将席卷中国所有企业。不仅如此，激烈的国内外竞争使得我国政府以及学校、科研机构等非营利组织对管理，特别是对人力资源管理产生了巨大的需求。

薪酬是人力资源管理理论和管理实践的重要组成部分。现代各类组织人力资源管理的核心命题是人才的吸纳、保留和激励。对薪酬理论和薪酬管理的学习和研究，有助于我们对整体劳动经济和人力资源管理的分析框架有一个全面系统的认识和思考，也有助于宏观劳动经济和微观人力资源管理工作者有效地把握人力资源管理规律，解决人力资源管理战略实施过程中所面临的员工激励问题。

我们将在第1节讨论薪酬概念的含义及其演变，解释薪酬的内涵和外延所包括的不同内容；在第2节，我们将给出本书的基本框架和逻辑结构，简要概述本书的章节内容。

0.1 什么是薪酬

薪酬（compensation）按照英文字面的理解，应当是补偿和回报的意思。它是20世纪90年代中期在我国开始流行起来的一个外来的管理学范畴。①

90年代初期，随着跨国公司陆续进入中国，三资企业开始引入“薪资”这一说法。“薪资”成为我们长期使用的“工资”和“薪水”整合的一个概念。90年代中后期，在外资企业、国有企业、民营企业，甚至政府领导人的工作报告和

① 据考证，“薪酬”的概念首次出现在“把技术经验和理论结合全部拿出来贡献给人民”一文中，载《人民日报》，1950-10-04。

讲话中，都开始广泛使用“薪酬”这一概念。如同“人事管理”被“人力资源管理”的概念替代一样，我国长期使用的“工资”也逐渐演化并开始表达为“薪酬”这一范畴。

撇开“工资”（wage）、“薪酬”（compensation）、“薪资”或“薪水”（salary）、报酬（reward）等概念在英语中的不同说法，纯粹就中文而言，中国古代有“俸禄”（薪俸、俸钱、俸饷、俸金）、“工钱”，现代有“待遇”、“工资”、“收入”和“报酬”等多种多样的表述。简单考察“薪酬”范畴的中外含义差别和历史演进可以看到，一个社会的进步通常伴随着对一个事物的认识、表达的微妙变化，“薪酬”这一范畴和概念的出现和流行，是我国企业、政府和非营利组织人力资源管理变革和薪酬理论研究发展的产物①，它反映了我国封闭的、传统高度集中的劳动人事管理制度向现代开放的、更具有竞争活力的国际人力资源管理体系演进的一些变化。

在经济学的意义上，通常并不区分工资和薪酬这样的概念。经济学认为，工资，即我们所说的薪酬是劳动力的价格，它决定着劳动力资源的配置和流向。整个一部劳动经济学就是工资与劳动力供给、需求、流动以及宏观经济关系的传递和资源配置决定机制的学说。而从管理学的角度看，薪酬含义的表达更为丰富。

在德语中，薪酬最初的表达——工资，原本有雇佣的含义。工资首先与雇佣相联系。工资制度滥觞于古代，是在古代的军队中发展起来的。② 在中国古代，也有所谓“军饷”的说法。近代的工资，是工业革命以来，在工作地点雇佣劳动的报酬，是雇主与雇员之间雇佣关系的一种产物。在劳动还是一种谋生手段的市场经济社会，工资以及我们今天所使用的薪酬概念和范畴，不仅人人关注，而且不同人有着各自的理解，赋予它们不同的经济和社会意义。

薪酬是当今国内外社会问题中的热点。就国内外媒体关注的话题而言，今天其影响无处不在，其地位也空前重要。员工的最低工资达不到标准、农民工工资遭到拖欠，这些问题的讨论都使得工资在全面建设小康社会的进程中，成为重要测量尺度；美国制造业工人“失去工作”，一些美国学者将此与中国工人“不合理”的低人工成本优势相联系，《华尔街日报》一度大谈中国的低工资风险向全球其他发展中国家蔓延，在美国国会，要求人民币升值的呼声不绝于耳。

薪酬是微观和宏观经济问题关注的重点。从微观角度看，工资是企业产品成本的主要构成部分，对人工成本所占比重较大的劳动密集型企业而言，工资对产品的竞争力产生了重要的影响。据统计，美国炼油工业中工资每增加1%，总成本仅上升0.15%，在这一行业中人工成本仅占总成本的3%。相反，在服装工业中工资增加1%，将使总成本上升3%，在这一行业中工资占总成本的60%。从

① 薪酬这一概念在学术论文中的第一次出现可追溯到曹金昌：《现代企业薪酬水平的外部竞争力研究》，中国人民大学劳动人事学院硕士论文，1998。

② 据莱德福（Ledford）称，技能工资制（skill-based pay，knowledge-based pay，pay for skill，pay for knowledge，pay for learning，multi-skilled pay）的产生可追溯到6世纪的罗马军队，当时苏力士将军（General Sauris）根据骑兵队中每位武士的武艺表现来分配薪资、粮食和升迁（Feuer，1987）。参见黄锦：《20世纪70年代以来技能工资理论研究的回顾》，中国人民大学劳动人事学院硕士论文，2003。

宏观角度看，工资增加具有两方面的影响：在劳动生产率保持不变的前提下，人工成本增加，会引起消费物价的持续上升，即通货膨胀；而如果有效需求不足，通过增加薪酬，可以扩大消费需求，推动经济增长。从长期来看，较高的薪酬水平还会导致产业结构的调整、工作的转移、资本对劳动的替代，以及社会的技术进步。

薪酬是组织管理的难点。在市场经济国家，现实中存在高薪酬与低绩效、高绩效与低薪酬两种情况，尽管如此，股东仍期望高层管理人员的薪酬与组织的绩效相联系。无论在北美、欧洲还是亚洲，无论在跨国公司、民营企业还是国有单位，薪酬都是微观组织管理高度关注的话题。管理者一方面将薪酬与组织的战略相联系，将其作为吸纳、保留和激励员工的重要手段；另一方面，薪酬是人工成本的主要组成部分，企业尽可能地将员工薪酬控制在预算的合理范围之内。

人工成本是与薪酬有关的外延最广的一个统计范畴。它不仅包括基本工资、奖金和福利等劳动报酬，而且包括员工招聘、培训和职业安全生产所需要的支出。尽管在不同国家人工成本的优势比较中，劳动报酬是人工成本的主体部分，但我们应记住，其他因素也是人工成本的组成部分。

在现代薪酬管理中，有一个比薪酬的外延更广的概念，这就是报酬（reward）及总报酬（total rewards）。我们通常所说的报酬有内在报酬和外在报酬两部分内容。内在报酬是指与工作相关的非经济报酬，是员工由于完成工作而获得的关系回报（relational returns），或是指员工在工作地点获得的心理回报（psychological returns），诸如被赏识、有身份地位、就业安全感、挑战性的工作、学习机会等。[①] 工作特征理论认为，当员工的工作在五个方面——技术多样性、工作特性、工作意义、自主权和回馈——的程度都很高时，员工的心理状态（即内在报酬）就会得到改善。通常，组织发展专业人员通过有效的工作设计来提高内在薪酬。按照美国薪酬协会最近提出的总报酬模型，总报酬是员工因他们提供的时间、才能、努力和结果所获得的货币和非货币的回报。它包括有效地吸纳、保留和激励人才的组织战略的五个要素，即薪酬、福利、工作—生活、绩效与赏识以及个人发展与职业机会。[②]

我们通常所说的薪酬实际上指的是总报酬中的外在报酬（extrinsic reward）。它由以下几部分组成：

（1）基本工资。基本工资与个人工作表现没有根本联系，通常与物价或生活费用，以及市场上其他雇主支付的报酬水平相关。

（2）绩效加薪或晋升制度。这个制度建立在对过去工作表现所做的评价基础之上，是对员工过去表现的一种认可。与因生活费用调整而给所有的人涨工资不同，它只是对一部分表现良好的员工进行的工资水平调整。

（3）浮动薪酬（奖金或业绩津贴等）。在整个薪酬中，这部分通常与个人工

① George T. Milkovich，Jerry M. Newman，Barry A. Gerhart，*Compensation*，Eleventh Edition，McGraw-Hill，2013，p. 17.

② 详见本章附录：薪酬理论的新发展——总报酬模型及其在中国的运用。

作表现相联系。与前述绩效加薪不同，这部分浮动薪酬不是固定不变的，它随着员工未来行为和业绩的变化而变化。

（4）长期激励。指股票期权、员工持股计划等。

（5）福利制度。包括法定的养老、医疗和失业保险等，也包括企业年金、补充医疗保险和补充工伤保险等，还包括住房补贴、交通补贴等。

应当说明的是，以上我们使用的薪酬是指年薪或月薪。实际上，在计算一个人获得的报酬时，应当计算终生总收入或者总报酬。通常一个员工在一生不同的工作时间段里，存在不同的薪酬变动轨迹，即有的人起薪较低，但以后则有较大的增长；有的人起薪较高，但随后薪酬仅有微小的变动，即所谓的个人终生收入薪酬变动曲线具有不同的形状。在对这种终生货币收入报酬进行计算和比较时，一方面，我们需要对一生的货币收入报酬进行加总；另一方面，考虑到货币的时间价值，未来的一元钱与今天的一元钱具有不同的价值，因此我们需要将其贴现，变成现值，这就是总报酬现值的概念和范畴。①

总之，本书的研究对象薪酬，是指雇员作为雇佣关系中的一方，因为工作和劳动而从雇主那里得到的各种货币收入以及各种特定的服务和福利之和。它既包括直接以现金形式获得的工资（如基本工资、绩效工资、激励工资、生活水平调整增资），又包括通过福利和服务（如养老金、医疗保险、带薪休假等）获得的报酬。薪酬通常包括以下四种形式：基本工资、绩效工资、短期和长期激励工资、福利和服务。

0.2 本书结构及框架

纵览国内外薪酬理论和薪酬管理的教材，尽管主体内容存在广泛的一致性，但分析和描述的框架则完全不同。应当说，一本教材的框架和体系结构，反映了一个时代的现实背景和客观需求，也反映出作者自己思考和认识的角度。考虑到我国转型经济和管理变革的现实要求，本书试图从一个新的视角提供一个新的分析框架，包括宏观环境与薪酬管理、微观操作与薪酬管理、薪酬管理变革及趋势三个角度的分析和描述，即“宏观”、“微观”和“趋势”三部分内容。

在宏观环境与薪酬管理即“宏观篇”中，我们从宏观体制变革与薪酬、劳动力市场规制与薪酬、国际化与薪酬三个角度，对薪酬问题进行宏观理论分析和实践思考。

丹尼尔·A·雷恩在《管理思想的演变》中指出，“研究过去有助于更合理和更有条理地了解现在。不了解历史，个人只能依靠自己有限的经验作为思考和行动的依据”。因此，第1章“宏观体制变革与薪酬”讲述了历史的故事。我们试图将人们带回到如今年轻一代颇感陌生的计划经济时代。我们回顾了高度集中的计划经济体系下我国工资制度的特征及其向市场经济转变的历程，讨论了市场

① 如果加上非劳动收入及其贴现，将出现一个个人终生总收入及其贴现的概念。

化进程、人才市场竞争和人才流动、中国对外开放体制的建立和发展以及公司治理结构和体制的完善等，这些是对我国现代薪酬制度建立具有重大作用的宏观体制影响因素。这种回顾的目的在于，让读者既充分了解改革前“高度集中统一”、“政治挂帅”、“平均主义”和“大锅饭”的真实内容和确切含义，又体会到几十年来薪酬分配领域改革道路的艰难和不易。

从宏观层面上讲，当前，特别是未来市场经济条件下薪酬管理受到的更大影响和制约，无疑与政府的规制有关。第 2 章“劳动力市场规制与薪酬”，探讨了市场经济条件下微观组织薪酬管理的约束条件；讨论了劳动力市场规制的类型、特点和含义；分析了劳动力市场规制与企业薪酬水平、薪酬结构、薪酬制度的关系，以及对各类人员薪酬支付的影响；探讨了劳动力市场规制与公务员和非营利组织成员薪酬决定机制、薪酬水平、薪酬结构的关系等。

毫无疑问，在全球化的今天，宏观的概念已经拓展到国际的范围和领域。第 3 章“国际化与薪酬”，从联想收购 IBM PC 业务后的薪酬如何对接的案例分析入手，引出薪酬管理国际化的背景。从影响因素，工作环境的变化和薪酬管理理念、制度和技术的变迁，讨论了国际化对薪酬管理的影响；从中国企业的薪酬管理在国际化过程中面临的机遇与挑战等方面，讨论了国际化与中国薪酬管理的关系；从跨国公司的薪酬管理实践、原则、情景、范式和中国薪酬管理应对国际化的战略选择等方面，分析了跨国公司与国际薪酬管理的关系。

根据我们的经验，无论是在校学习的学生，还是实际部门的人力资源管理工作者，薪酬管理的微观技术部分都是他们最为关注的内容。即使在人力资源管理功能不断走向外包的今天，仍然如此。

第Ⅱ篇“微观篇”，是本书篇幅最长、分量最重的部分。共有八章内容，从微观管理的角度，对薪酬管理的技术、方法和理论进行了全面和系统的分析和总结。

第 4 章“战略与薪酬”，是目前国内外人力资源和薪酬管理最热门、最前沿的内容和话题。无论在理论还是实践层面，我国与国际水平均有较大的差距，有必要对此给予高度关注。我们讨论了战略理论与分析框架；从薪酬战略实践的发展、薪酬战略的理论与模型、组织战略与薪酬战略的匹配性研究角度，分析了薪酬战略的理论与模型；就评估组织战略与相关因素的关系，以及薪酬战略的建立、实施、评估与调整，讨论了如何科学地构建薪酬战略体系。

以职位为基础的薪酬制度设计，是我国目前微观组织薪酬变革中采用最为广泛的技术和方法，也是来源于西方现代薪酬管理最为基础的内容。在第 5 章“职位与薪酬”中，通过职位管理概念的界定、理论基础和实践活动分析，对职位这一管理对象进行了整体介绍；系统探讨了工作分析的概念、原则、操作程序、基本方法和职位说明书的撰写；从职位评价概念的界定、基本原则、操作程序和主要方法等角度，对职位评价这一薪酬管理技术性最强的内容进行了概述；讨论了职位薪酬设计的流程、结构、水平及调整问题；在“职位薪酬与管理挑战”一节中，还讨论了职位薪酬的适用范围、职位评价的局限性及兼职兼岗人员的薪酬问题。

虽然技能薪酬或能力薪酬不能称为薪酬管理实践过程中的一个新的技术或方法，但它可以说是国际薪酬理论和实践领域蓬勃发展的一个领域。在我国的薪酬管理中，目前这一领域仍较为薄弱。近年来，能力薪酬在国内引起了人们的关注。第6章“能力与薪酬”从基于能力付酬的背景与成因、基本界定和特点等角度，对能力薪酬进行了阐述；讨论了基于能力付酬的基本概念、历史沿革和我国的实践；从能力薪酬的主要构成，技能薪酬（skill-based salary）、知识薪酬（knowledge-based salary）和能力薪酬（competence-based salary）的基本设计方法与操作要点、特点与比较等角度，讨论了能力薪酬设计的基本方法与要点；从职位薪酬设计方法中的缺陷与可借鉴之处，探讨了从职位基础到按能力付酬的过渡性的操作方式。

“绩效与薪酬”是薪酬理论研究和管理实践中重要且难度较大的问题。大量事实证明，脱离绩效的薪酬很难起到对员工的激励作用。随着管理上档次，特别是管理出效益的管理需求的上升，薪酬与绩效的关系处理消耗了人力资源管理工作者大量的时间和精力。正如有人概括的，绩效管理是人力资源管理中的高科技，因此，如何将绩效与薪酬挂钩，成为薪酬管理工作者最大的挑战。在第7章，介绍了绩效薪酬的种类和发展历史；在此基础上，从个人、团体、组织三个角度，探讨了如何通过绩效评价来设计绩效薪酬，如何进行绩效薪酬的管理；分析了包括高层管理人员、销售人员和研发人员三类特殊人员的绩效薪酬；最后总结了目前有关绩效薪酬的争论。

随着企业人才竞争的加剧，外部竞争力在薪酬制度设计中成为关注的重点和难点。第8章“市场与薪酬”，从薪酬的外部竞争力概念的界定、劳动力市场与薪酬、产品市场与薪酬以及组织因素与薪酬等方面，分析了薪酬的外部竞争性与市场的关系；讨论了市场薪酬调查的目的和流程；从薪酬数据更新、薪酬模型以及薪酬水平策略等方面，讨论了市场薪酬策略。

“福利与薪酬”是薪酬管理理论和实践不可忽视的课题。第9章讲述了福利的概念及发展历史、福利的作用和福利的分类；从福利设置的影响因素和设计模式等方面，讨论了目前各类组织关注的员工福利设计；从年金计划、住房保障计划和补充医疗保障计划等方面，介绍了国内几种典型的员工福利计划。

第10章“预算与薪酬”从薪酬核算与分析讲起，讨论了薪酬核算的定义、要素和目标，介绍了薪酬成本分析指标，对薪酬成本分析模型进行了总结；通过对薪酬预算框架、编制方法和薪酬控制设计的讨论，总结了薪酬预算编制；介绍了薪酬预算的使用与评估；从薪酬成本问题的热化、实践和再思考等方面，探讨了国内目前的薪酬成本控制问题。

长期激励是20世纪90年代以来，国内外薪酬理论和薪酬管理实践中人们广泛关注的内容。第11章“长期激励”，深入讨论了公司实行长期激励分配制度的意义、存在的主要问题以及在我国的实践；介绍了员工持股的基本概念、分类以及实施该计划的方法步骤；介绍了股票期权的基本理论模型和实施的方法步骤；介绍了虚拟股份的概念，实施股票增值权计划的方法步骤；分析了国内近年来颇受争议的管理层收购（MBO）的基本内容、方法步骤等；总结了收益分享计划的主要思想、观点和实施的方法步骤。

本书的第Ⅲ篇是"趋势篇"，这里讲的趋势是指薪酬管理变革的发展趋势以及薪酬管理理论研究的现状和未来的走向。在这部分中，我们从"薪酬管理变革与创新"的实践活动和"薪酬管理研究及趋势"的理论研究两个层面，讨论了中国薪酬管理变革和理论研究的主题和发展趋势。

在当今的中国，变革是管理最热门的话题，也是薪酬理论和薪酬管理不可回避的研究内容。薪酬管理变革就是在薪酬管理实践中所采用的新的薪酬制度和措施，以及所引起的一系列新的变化。为此，需要明确推动我国薪酬管理实践变革的关键因素，并努力提升我国薪酬管理变革的水平和效果。在第 12 章"薪酬管理变革与创新"中，对我国薪酬管理变革的动因与目标、理念变化和技术创新等问题，展开了详细的讨论。

薪酬理论研究一方面是薪酬管理实践活动的总结，另一方面也是薪酬管理变革的依据。深入理解和认识薪酬管理变革中的问题，有必要系统了解国内外薪酬理论的研究状况。因此，从事薪酬或者劳动科学专业相关的研究人员，包括人力资源部门的高层管理人员，把握目前国内外研究的动态和走向，就显得尤为必要。尽管在前述各章中，结合相关专题内容，我们已经展开了理论分析和讨论，但作为系统的学术理论研究，第 13 章"薪酬管理研究及趋势"为我们提供了一个更为全面的理论总结。我们从个人和企业的薪酬决定两个层面，介绍了现代薪酬管理研究的理论、动向和方法；探讨了国际薪酬管理研究领域关注的热点问题；总结和分析了我国薪酬管理研究的现状、问题和发展走向。

□ 复习思考题

1. 什么是薪酬？什么是人工成本？

2. 我国薪酬概念演变的过程和原因是什么？

3. 假如你在校实习或工作过，你获得的薪酬的水平和结构是什么样的？谈谈你对实习薪酬的认识和思考。

4. 计算和分析中国和美国薪酬在国民收入或国民生产总值中的不同比重和变化。

附录 薪酬理论的新发展——总报酬模型及其在中国的运用

薪酬在整个人力资源管理中起着领导、支持和变革诱因的作用。[①] 自第一部薪酬教材 *Methods of Industrial Remuneration*（David Schloss，1892）问世以来[②]，100 多年间薪酬管理的主题变化不断，但是基本的假设和前提却日益清楚

① George T. Milkovich，Jerry M. Newman，Barry A. Gerhart，*Compensation*，Eleventh Edition，McGraw-Hill，2013.

② George T. Milkovich，Jennifer Stevens，"From Pay to Rewards—100 Years of Change，" *ACA Journal*，Vol. 9，No. 1，First Quarter 2000.

并趋于一致：员工为组织提供生产力和绩效产出，组织则为员工提供对其有价值的东西作为回报。从最早的实物交换到当前日益复杂的薪酬体系，如何吸纳、保留和激励优秀的员工，是企业人力资源管理所面对的主要挑战。总报酬模型的出现和发展为我们提供了一个新的分析框架和思考模式。

一、总报酬模型的产生

随着全球经济与跨国公司的迅速发展，自 20 世纪 70 年代以来，战略性薪酬设计开始为组织所重视，以往相对简单的薪酬与福利计划开始变得复杂起来，报酬要素的相互关系开始为薪酬专家所关注。至 90 年代，面对日益激烈的人才竞争，为员工的绩效付酬、控制人工成本并尽可能地提高人员产出，以及如何有效地激励并保留核心员工等，成为薪酬管理专家高度关注的问题，传统的基于货币和实物报酬组合的模式开始显现出局限性。

90 年代初，特罗普曼（Tropman，1990）较为完整地提出了定制性与多样性相结合的整体薪酬计划。他提出应该把基本工资、附加工资、福利工资、工作用品补贴、额外津贴、晋升机会、发展机会、心理收入、生活质量和个人因素等统一起来，作为一个整体来考虑。[①] 这是一种新的将有形报酬与无形报酬有机结合的思维框架，它不再将目光局限于以工资和福利为主体的现金报酬，而是将所有组织能够提供的对员工有价值的东西统一作为组织的激励资源，以此为基础来设计付酬计划。尽管这种非常规的薪酬模式刚提出时很少有企业大胆采用，但是作为一种新的付酬理念和思维框架，它还是得到了广泛的关注，尤其是为美国薪酬协会（WAW）[②] 所接受并大力推广。

作为全球最具影响力的致力于薪酬理论研究和实践应用的非营利组织，WAW 在总报酬理论探讨和实践应用中一直扮演着推动者的角色。21 世纪伊始，WAW 在总结多位薪酬领域专家研讨成果的基础上，提出了第一个总报酬模型（见图 0—1），在关注薪酬和福利的同时，将工作体验（work experience）作为模型框架的重要组成部分。在这一模型中，薪酬和福利是吸纳、保留和激励员工的基础，而置身于组织所获得的工作体验则发挥着重要的杠杆作用。[③]

模型中的工作体验包括赞誉和赏识、工作与生活的平衡、组织文化、职业生涯发展，以及工作环境等五大要素。

● 赞誉和赏识：要让员工在工作中得到肯定、认可和赏识，充满成就感。

● 工作与生活的平衡：要考虑员工工作和生活的平衡，例如，提供员工家庭成员计划、财务或健康咨询计划、便利服务以及其他可提高员工生活质量的一切因素。

● 组织文化：倡导多元化和不断创新的企业文化，领导和管理层要与员工充分沟通。

---

① 参见何燕珍：《企业薪酬管理发展脉络考察》，载《外国经济与管理》，2002（11）。

② 美国薪酬协会（ACA）成立于 1955 年，2000 年更名为 Worldatwork（WAW），是一个全球领先的致力于推动薪酬福利以及总体薪酬体系理论研究和教育培训的非营利性专业组织。

③ Jean Christofferson，"Bob King，The 'It' Factor：A New Total Rewards Model Leads the Way，" *workspan* 04/06，pp. 19 - 20.

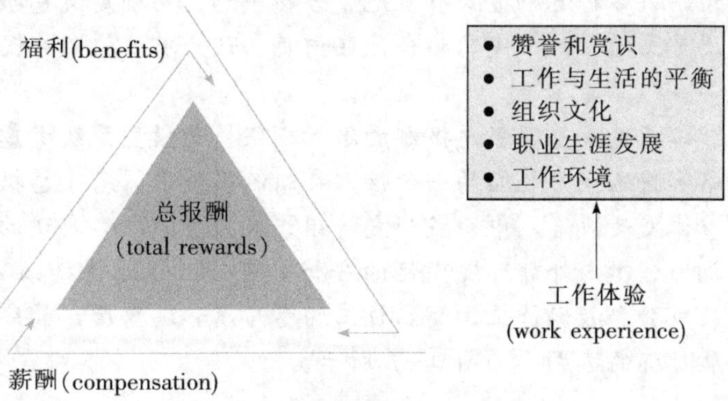

图 0—1 总报酬模型的构成要素

资料来源：Worldatwork，2000.

● 职业生涯发展：为员工提供个性化的发展机会，例如，学习和受教育的机会、在职培训的机会、事业提升的机会等。

● 工作环境：提供富于激励的工作环境和办公环境，通过工作本身来吸纳、保留并激励员工，让员工始终有一种家的感觉。

自这一模型提出以来，越来越多的组织开始接受总报酬的概念并将其应用于薪酬管理的实践。WAW 于 2005 年 9 月对其成员进行的一次调查表明，超过 90%的回答者在描述组织吸纳、保留和激励员工所使用的薪酬组合时，使用了总报酬（total rewards）、总薪酬（total compensation），或薪酬与福利（compensation and benefits）的概念。①

二、总报酬模型的新发展

21 世纪的头五年，是总报酬研究与实践迅速发展的阶段。在此期间，得益于总报酬模型在薪酬实践中的广泛应用，有关总报酬的文献与案例研究日益增多，不同的研究与咨询机构、专家学者在总报酬概念的基础上陆续提出了丰富的理论与操作模型。② 尽管这些新的理论与模型的出发点大致相同，在很大程度上推动总报酬思想深入人心，但给薪酬管理人员理解和运用这一概念造成了一定难度。以 *Canadian HR Reporter* 2005 年所做的一项调查为例，尽管有 59%（$N=191$）的组织接受并在薪酬实践中运用了总报酬的概念，但是其中仅有 27%的组织在与员工就薪酬和福利进行沟通时使用了“总报酬”一词。③

在这样一个背景下，WAW 于 2006 年提出了一个新的、更为全面的总报酬模型，作为对总报酬理论与实践发展的阶段性总结，希望以此为基础推进总报酬思想在实践中更为广泛的应用。

一是明确了总报酬的概念。新的总报酬模型重新审视了组织与组织中的人的

① http：//www.worldatwork.org/aboutus/generic/html/aboutus-whatis.html#model.

② “What is Total Rewards?” http：//www.worldatwork.org/aboutus/generic/html/aboutus-whatis.html#today.

③ Todd Humber，“Total Rewards：One Concept，Many Monikers，” *Canadian HR Reporter*，Feb 14，Vol. 18，Iss. 3，2005.

价值，将多种激励方式有机地整合在一起，明确定义总报酬为用于吸纳、保留和激励员工的各种手段的整合，任何员工认为有价值的东西都可能成为总报酬的组成部分。

二是系统整理了总报酬的思考框架。新模型系统考虑了组织战略、人力资源战略和薪酬战略之间的一致性，在新的模型中，基于总报酬的薪酬战略被置于组织整体发展战略之中，成为支持组织人力资源战略实现的重要工具。新模型更加强调通过对内外部环境变化的分析，有针对性地将总报酬导入组织的薪酬实践，以此吸引和激励员工，提高员工的参与度和满意度，最终实现组织绩效的提升和发展目标的达成，如图0—2所示。

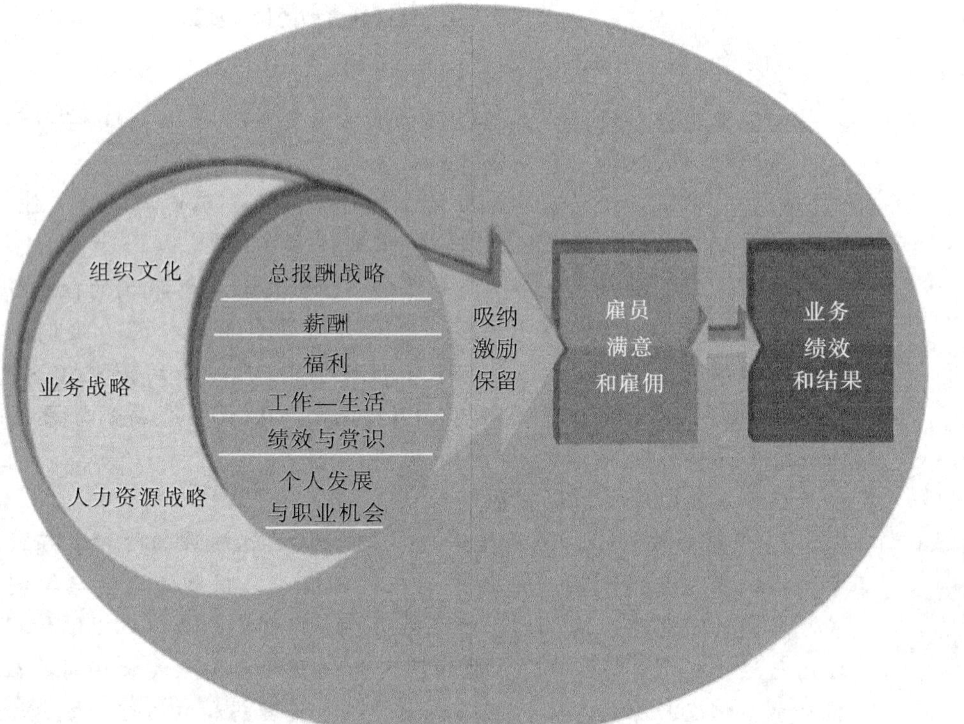

图0—2　总报酬模型与组织整体战略的关系

资料来源：Worldatwork，2006.

三是在原有模型的基础上，重新设计和明确了总报酬模型的五大构成要素（见图0—3）。

在新的总报酬模型中，薪酬、福利同样发挥着重要的、基础性的作用，而工作体验则被进一步细化为平衡工作与生活、绩效与赏识、个人发展与职业机会三个部分。

1. 薪酬。薪酬作为总报酬的重要内容，包括固定薪酬（fixed pay）和浮动薪酬（variable pay）两个部分。固定薪酬对应我们所说的基薪或基本工资，通常直接取决于职位的价值评估和薪酬结构，不会随着绩效水平或工作结果的变化而改变。

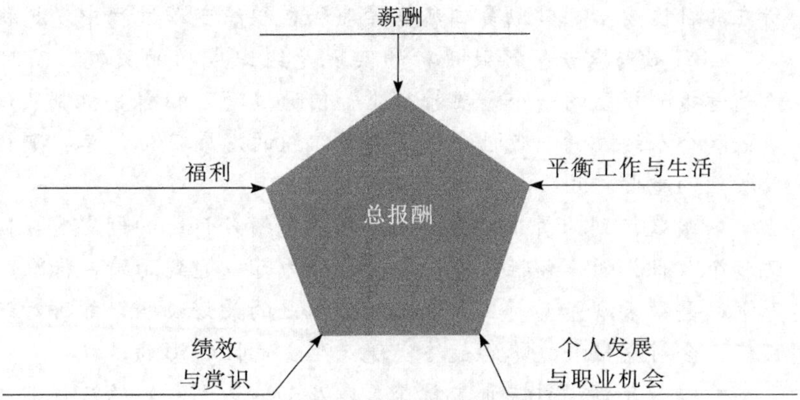

图 0—3　总报酬模型的构成要素

资料来源：Worldatwork，2006.

浮动薪酬通常对应一定的风险性，它直接随绩效水平或结果产出的变化而变化。组织根据员工在某一绩效周期内的绩效表现为其支付这部分报酬，浮动薪酬会随着绩效周期的不同而发生变化。浮动薪酬的变化不会对固定薪酬产生影响。浮动薪酬的支付是一次性的。组织与员工需要就每一个绩效周期的浮动薪酬进行沟通与确认。浮动薪酬一般包括短期激励和长期激励：

● 短期激励（short-term incentive pay）通常用于对员工在相对短的周期内（一年或更短）所取得的成绩进行一次性奖励。

● 长期激励（long-term incentive pay）通常用于对员工在相对长的周期内（一年以上）所取得的成绩进行一次性奖励，如现金奖励、股票期权、利润分享等。

2. 福利。福利是雇主为员工现金报酬所提供的补充。福利计划通常被设计用来保护员工及其家庭免受财务风险的影响，大致可以分为社会保险、集体保险，以及非工作时间报酬等几类：

● 社会保险（social insurance）通常包括失业保险、工伤赔偿保险（workers' compensation）、社会保障（social security）① 和失能保险（disability）等。

● 集体保险（group insurance）通常包括重大疾病保险、牙齿与视力保健、处方药、心理健康、人寿保险、意外死亡（伤残）保险、退休金保险和储蓄保险等。

● 非工作时间报酬（pay for time not worked）通常包括为员工在工作期间的休息、卫生整理和换装时间，以及员工正常休假、公司节假日和员工个人节日等非工作时间支付的报酬。

3. 平衡工作与生活（work-life）。平衡工作与生活是组织特别设计的一系列旨在帮助员工在事业和家庭方面同时获得成功的政策和规定，甚至只是一种惯例或者价值观。平衡工作与生活围绕着薪酬、福利以及人力资源管理的其他方面展开，主要包括提供灵活的工作时间，安全、宽松的工作环境，重视员工的身体健康，关心员工的赡养对象，提供信贷支持以改善员工的生活质量，支持员工融入

① “social security”在欧洲国家包含的内容很广，比如教育、医疗、养老等都称为社会保障，而在美国通常仅指养老金或者退休金，此处取后一种解释。

所在的社区生活，鼓励员工参与管理和在组织变革过程中发挥积极的作用等。

4. 绩效与赏识。绩效目标的实现是组织成功的关键，而对绩效结果的关注恰是总报酬模型的一个重要特征。如何通过有效的引导机制实现组织绩效、团队绩效和个人绩效的一致性，进而实现组织的发展目标，总报酬模型充分强调了绩效管理的重要作用。

● 绩效计划为员工努力指明了方向。绩效目标的制定需要同时考虑组织、团队和个人目标的一致性，并设定通过努力可以达到的绩效标准。

● 绩效表现是对员工技能或能力水平的最好证明，能否对绩效结果进行正确评价，会对总报酬战略的最终实现产生决定性的影响。

● 绩效反馈通过与员工就是否以及如何达到既定的工作期望和绩效标准进行充分沟通，激励员工和促进绩效改善。

赏识（recognition）是指承认员工的绩效贡献并对员工的努力工作给予特别关注。被人赏识且自己对组织的价值得到承认，是员工一种内在的心理需要。不管这种赏识和承认是正式的还是非正式的，如果能够创造一种尊重员工贡献、认可员工价值的工作氛围，组织将很快能够看到员工的工作状态朝着期望的方向发生改变。通过赏识计划，可以适当地以现金或非现金的方式（如口头表扬、发放奖品、与公司领导共进晚餐等），对员工的优秀表现进行非常规的奖励。认可计划的价值在于：

● 能够对员工贡献提供及时、积极的反馈。

● 强化绩效改善的价值，有助于形成正式的评价程序。

● 鼓励持续的绩效改善，鼓励组织认可的行为表现。

5. 个人发展与职业机会，个人发展指组织为员工提供有价值的培训和学习机会以提升他们的工作能力，通常与员工的业绩改善高度相关。职业机会指组织重视人才的内部培养，规划员工的职业发展，并在组织内部为其提供工作轮换的机会和职位晋升的空间，确保优秀的员工能够在组织中发挥最大的作用。通常个人发展与职业机会包括以下内容：

● 学习机会。通常包括用于学费的专项补助，公司的培训机构提供的系统培训，新产品或新技术的培训，参加外部培训和研讨会的机会，在职学习，工作轮换以及为获取特定知识、经验或技能的脱产学习等。

● 资深专家或导师的亲自指导。通常包括指定专家及时解答员工在工作中的各种疑问，指导员工工作并对他们的领导能力进行训练；设计、使用正式或非正式的导师制度，以帮助员工尽快成长等。

● 发展机会。通常包括为员工设计实习期或学徒期，提供内部的职位轮换与职业发展机会，设计有针对性的职业阶梯与发展通道，为关键职位设计继任计划，提供海外工作机会等。

三、总报酬模型相对于传统付酬方式的优势

直至20世纪90年代以前，企业吸引员工以传统的“工资+福利”的付酬方式为主。在这样一种付酬方式下，薪酬通常包括基薪、年度加薪、福利、少量津贴和一些特殊的奖金（如过节费）等几个部分。随着知识经济的到来，吸引有竞

争力的员工特别是关键人才成为愈发具有挑战性的工作，“旧的付酬方式已经不再有效”①。员工在作出受雇选择时，开始越来越多地关注工资和福利之外的东西，如可能的培训与职业发展机会、相对灵活的工作安排、良好的工作环境、认可的组织文化等，这些已经成为员工选择工作时所考虑的重要内容。

在传统的付酬方式下，薪酬水平及年度加薪主要取决于职位等级而非员工的技能或绩效水平；而以工作分析为基础的工作评价，则基本决定了从事某一工作的员工在组织中的相对价值。传统的付酬方式就其内在机理而言至少在三个方面先天不足：一是薪资主要取决于职位价值而非员工绩效，激励效果差，员工往往只需出现在工作场所即可获得既定的工资；二是职位价值的上限直接决定了员工薪资增长的上限，一旦员工薪资增长至所在等级的工资上限，除非获得升职进入更高的职位等级，否则工资的增长便戛然而止；三是年度加薪主要根据员工资历且直接计入来年的基薪部分，这意味着不管以后员工的业绩好坏，组织都将为他们的资历和以往的表现支付报酬，从而导致人工成本的持续上升。

除此之外，传统的付酬方式在实际操作中也存在着一系列的问题②：首先，以往的付酬方式将员工报酬的组成部分隔离开来进行考虑，在实际运作中很难有针对性地考虑不同人员的需要。有些人认为工资是最重要的，有些人认为福利是最重要的，还有些人认为培训机会是最重要的，如果组织不能将有限的资源与员工需要尽可能地匹配起来，无疑是对激励资源的一种浪费。其次，薪酬体系的弹性差，难以及时应对变化的内外部环境。传统付酬方式过于强调内部职位等级，缺乏对外部劳动力市场变化的关注。组织难以通过薪酬体系的及时调整来应对外部环境的变化，薪酬管理鲜有机会真正成为支持组织变革的有力工具。最后，缺乏员工参与。多数组织在进行薪酬决策时，很少会征求员工意见并考虑他们的具体需要，通常只是简单告诉员工所要接受的薪酬构成与薪酬水平，这在很大程度上限制了员工对薪酬的满意水平。

相较于传统的付酬方式，基于总报酬的付酬方式无疑在许多方面具有明显的优势：

第一，总报酬模型是真正以员工多样化需求为导向的付酬系统。基于总报酬的付酬计划，强调将那些对员工最具价值的要素作为组织的付酬基础，相较于传统的雇主导向的付酬系统，能够针对员工需求制定不同的薪酬组合，进而将有限的激励资源最大限度地转化为员工价值，支持企业在劳动力相对短缺的市场竞争中获得人才优势。

第二，总报酬模型更加强调薪酬战略、人力资源战略和组织战略的一致性。③ 一个有效的薪酬计划总是以支持组织战略实现为目标。总报酬计划在系统

① Jay R. Schuster，Patricia K. Zingheim，*The New Pay：Linking Employee and Organizational Performance*，Jossey-Bass Inc.，1996.

② John E. Tropman，*The Compensation Solution：How to Develop an Employee-Driven Rewards System*，Jossey-Bass Inc.，2001.

③ Andrew S. Richter，“Total Rewards：Meeting The Pay Challenge，” *Strategic HR Review*，Vol. 3，Issue 1，2003.

分析组织内外部环境的基础上，将多种激励方式有机地整合在一起，强调目标与绩效管理，使之成为支持组织战略实现的有力工具。

第三，基于总报酬的付酬方式更加强调沟通和员工参与。相对于“暗箱操作”的薪酬决策方式，强调员工参与、员工选择和充分沟通的总报酬计划，更容易促进员工对组织薪酬公平性的认同，进而提升薪酬系统的有效性。

第四，基于总报酬的付酬计划更加具有弹性。总报酬计划以员工需要为导向，将多种激励方式有机地整合在一起，一旦组织面临竞争压力或变革的需要，可以及时调整薪酬的构成要素和各要素之间的比例关系，进而调整和引导员工行为，以支持组织的变革需要和应对外部环境的变化。

第五，基于总报酬的付酬计划有助于更好地控制人工成本。总报酬模型在关注财务报酬的同时，也强调非财务报酬（如发展机会、工作环境、组织文化等）为员工带来的价值。在总报酬计划中，员工不再仅关注薪酬水平的高低，组织因此可以通过明智地选择为哪些要素进行直接投资和设计双赢的薪酬项目来节约成本，比如，提供健康的工作环境和健康福利保险，就可以通过企业与员工的共同合作而达到成本节约的目的。

四、总报酬模型在中国应用的借鉴与思考

总报酬模型重新审视了组织与组织中的人的价值，将多种激励方式有机地整合在一起，使之成为支持组织战略实现和应对变革挑战的有力工具。考虑到我国企业现阶段的实际情况，对于总报酬模型的借鉴和应用，我们提出以下几点建议：

1. 要根据企业自身的特点，有针对性地学习和借鉴。总报酬模型不再仅关注薪酬与福利，以及传统的财与物的组合，而是把多种激励方式有机地整合在一起，将一切对员工有价值的东西都视为可能的报酬要素。这是一种全新的思考组织与员工之间交换关系的模型，它在理论上可以通过整合所有的激励资源来为员工提供个性化的付酬方案。但就具体执行而言，组织需要在准确把握内外部环境变化的基础上，只选择那些最具代表意义的薪酬要素作为总报酬的组成部分，进而设定不同薪酬要素的相对比例，并仔细考虑不同要素的相互影响。企业在进行薪酬管理变革时，需要仔细思考组织的愿景与发展目标，必须立足于自身实际，充分考虑组织的管理需要，特别是人力资源管理面临的突出问题，分析哪些要素对员工而言是最具价值的①，而非简单照搬总报酬模型，一味求全求新。

2. 要继续重视管理平台的建设。就总报酬模型的各个组成部分而言，它们并不是新鲜事物，诸如固定薪酬、浮动薪酬和福利等的操作都在薪酬管理的实践中积累了大量可借鉴的经验。但恰恰是这些最基本的薪酬模块，反而成了总报酬在中国发展的最大瓶颈。

自20世纪30年代末第一个工作评价系统②出现以来，以职位和工作价值评

---

① Andrew S. Richter, “Total Rewards: Meeting The Pay Challenge,” *Strategic HR Review*, Vol. 3, Issue 1, 2003.

② 1938年，海氏（Hay）开发了第一个工作评价系统（Hay Point Plan），并首次将其运用于宾夕法尼亚一家有1 100多名员工的商业银行。

定为基础的薪酬体系设计，一直在薪酬实践中占据着主导地位。这种建立在工作分析与工作评价基础上的付酬模式，强调不同职位对组织的相对价值和对任职者特定的资格要求，通过职位、职责和任职者资格的标准化，对组织效率的提升发挥了巨大作用。半个多世纪以来，西方企业的薪酬管理在实践中经历了从刚性到柔性的逐步变化，越来越强调薪酬的弹性，越来越关注对组织内外部环境变化的主动适应。不可否认的是，有效的管理平台建设以及一系列以职位为基础的基础性工作，如美国《职位分类词典》和美国劳工部职业信息网（O* NET）的发展，为今天柔性化的薪酬管理和总报酬的实践发展提供了必要条件。

而我国企业的现实是，管理平台建设的基础性工作相当薄弱，基于总报酬的薪酬管理变革缺乏必要的平台支持。我国企业要想通过薪酬管理变革在人才竞争中获得优势，首先需要弥补管理平台建设不足的缺陷，盲目求新只会给企业带来不必要的损失。即使能够将灵活的工作方式、系统的绩效评价和个性化的培训与发展引入到薪酬管理中来，我们也很难想象这些“美丽的花朵”能够在职位设计不合理、职责权限不清晰、任职资格不明确的土壤上获得生机。

3. 提升薪酬管理人员的专业能力。总报酬模型改变了以往雇主导向的付酬理念，形成了以关注员工需要、强调员工参与和选择为核心的员工导向的付酬理念，这对薪酬管理人员提出了新的挑战。从操作层面来讲，不同组织所处的环境、发展阶段和所在地域不同，其使用的薪酬方法也不相同。没有一种薪酬方案能够适用于所有的企业，也很难服务于企业不同的发展阶段。① 组织在引入总报酬计划时，必须具备专业的薪酬管理能力，在系统分析组织内外部约束条件的基础上，设计与组织发展目标相符的总报酬方案。

4. 加强沟通，加大对员工的有效宣导。有效实施的总报酬战略必须建立在与员工充分沟通的基础上，必须从员工的角度出发来判断到底哪些因素才是他们认为有价值的。② 换句话说，除非员工认可非财务报酬与财务报酬一样对他们具有重要意义，否则，基于总报酬的薪酬实践很难获得成功。

多数员工初次接触总报酬时往往会感到陌生和不知所措，这种突然出现的不确定性通常会增加员工的心理成本，如果沟通不当，员工就会产生抵触情绪。相对而言，基于总报酬的付酬方式，在操作上比以往的付酬方式更复杂，不仅对执行方案的设计和维护有着更高的专业要求，而且在整个薪酬实践过程中都强调员工的积极参与和配合。因此，组织在导入总报酬模型的过程中，可以考虑自上而下或从一个部门、一个管理层级循序渐进地进行变革，而且需要优先考虑对员工的主动宣导和及时沟通，确保员工真正理解和认可总报酬对个人发展的价值，尽可能减少因沟通不足和认识不一致所带来的负面影响。

资料来源：曾湘泉，宋洪峰：《薪酬理论的发展——总报酬模型及其在中国的运用》，载《劳动工资动态》，2006（6）。

---

① Lance A. Berger, Dorothy R. Berger, *The Compensation Handbook*, Fifth Edition, McGraw-Hill, 2008, p. 584.

② Iain Morris, “A Total Rewards Overview,” *Benefits Canada*, Dec. 2005 Supplement Future, Vol. 29, pp. 6－9.

第Ⅰ篇 宏观篇

第1章　宏观体制变革与薪酬

研究过去有助于更合理和更有条理地了解现在。不了解历史，个人只能依靠自己有限的经验作为思考和行动的依据。

——丹尼尔·A·雷恩：《管理思想的演变》

改革开放以前，我国实行高度集中的计划经济体制。在经济领域，高度集中的含义是：国家是一个大工厂。企业听任计划经济部门的指挥和命令，对人、财、物，包括对员工的工资分配没有任何自主权。“复制古董、冻结技术，30年一贯制”，这是孙冶方——一位以正直和敢言而著称的学者——对这种宏观经济体制生动而形象的描述。在薪酬分配领域，甚至连工资这个概念也曾被视为“资产阶级法权”。

改革开放至今，在国有企业领域，宏观经济体制变动的进程对中国企业员工的薪酬管理一直有着直接的作用，并产生巨大的影响。改革开放30多年的分配历史，从某种意义上讲，也就是从国家宏观的绝对控制回归到企业自主决定薪酬管理的历史。因此，在我们讨论现代市场竞争条件下企业的人力资源管理及其薪酬管理的理论和方法之前，有必要回顾这段令年轻一代感到陌生，但迄今仍对我们的薪酬管理有影响的宏观经济体制变动进程的历史。通过对历史的回顾，我们不仅能切实地感受到一个国家宏观经济体制的变动对企业薪酬管理的巨大影响，而且能够通过丰富的历史事件和事实，观察我国的企业如何从纯粹的“生产车间”逐渐演变为真正意义上的市场主体，企业的薪酬如何随着经济体制改革的逐步深入，由国家直接对员工的工资分配逐渐转变为企业对员工的报酬。这对深入理解我国当前薪酬管理理论和实践具有十分重要的现实意义。

1.1 计划经济时代高度集中统一的工资制度（1949—1978年）

1.1.1 国家对职工直接分配的实践

1949—1978年间，我国实行的是高度集中的计划经济体制，在收入分配领域，国家对城镇职工的工资分配也采取高度集中的管理模式。这可以从以下几个不同层次和阶段进行概括和分析。

（一）基于职务高低享受相应待遇的干部供给制和工人的原职原薪

1. 干部供给制

在中华人民共和国成立后的国民经济恢复时期（1949—1952年），我国工业基础薄弱，百业待兴。对内要继续完成肃清残敌、剿匪反霸的任务，对外面临抗美援朝战争和外国的经济封锁，通货膨胀和失业现象严重，财政困难。在这一特殊时期，国家为了迅速恢复和发展生产，抑制物价上涨，安定职工生活，在企业工资分配方面采取了一系列基于该历史时期的管理措施和政策。

当时，所谓的“企业”内部对员工实行按干部和工人身份区别管理。对国家派往企业的接管干部，依照国家工作人员的相应行政级别仍实行供给制。所谓供给制，是带有军事共产主义性质的一种大体平均的分配制度，是根据当时国家的财政经济状况和个人生活必不可少的需要，为工作人员免费供给生活必需品的一种分配制度，包括伙食、服装、津贴三部分。供给制的待遇标准，主要分为大、中、小灶三种不同的伙食标准，按工作人员的职务、工作岗位和工作年限评定。工作人员按职务等级享受津贴。从1950年开始，供给制在经过将个人生活费折合成大、中、小灶三种标准的“小包干”，以及将津贴、伙食费、服装费等一律折合成工资分发给个人的“大包干”后，发展成为包干制。

2. 原职原薪政策

对于旧中国遗留单位的留用人员和工人，国家制定和贯彻了原职原薪政策。按照当时的政策，原有企业人员按新中国成立前三个月的平均工资额确定工资标准；同时，废除了封建把头和包工头制度，对一些靠“牌头”、“关系”而居高位、领高薪的不合理现象进行了调整。

（二）基于技术的工人技术等级工资制和基于职务的职务等级工资制

1. 技术等级工资制和职务等级工资制的概念

技术等级工资制，是按照工人所掌握的知识、操作技能支付工资的制度。首先制定工人技术标准，对各个工种的每个工资等级相应地规定技术要求。每个工人的工资标准是根据其掌握的实际知识、操作技能，并参照本人的工龄和工作环境等条件来评定的。

职务等级工资制或职务工资制，是按照不同的行政职务制定不同的工资标准，是一种基于职务的工资制度。

2. 技术等级工资制和职务等级工资制建立的步骤

20世纪50年代，国家首先按各大行政区建立了技术等级工资制和职务等级工资制。

1950年2月7日，《人民日报》发表了题为“学会企业管理”的社论，传达了中央改革工资制度的指示精神。同年，国家劳动部和中华全国总工会联合召开了全国工资改革准备会议，制定了《工资条例（草案）》，确定了工资制度改革的原则。1952年，依据这些原则，全国进行了第一次工资改革，把以供给制为主的分配制度改为工资制。此次改革以大行政区为单位进行。各大行政区分别建立了新的工人和职员的工资等级制度。

国营企业工人实行八级工资制，少数企业实行六级或七级工资制。为了体现产业之间的工资差别，各大行政区分别规定了产业工资关系。根据各个产业在国民经济中所处的地位和重要程度、技术复杂程度、劳动条件和劳动强度，分别确定了产业的工资顺序。例如，矿山、冶金为一类产业，机器制造和电力为二类产业，轻工、食品、纺织为三类产业，等等。依照产业的顺序确定工资的比差。各行政区的产业分类、工资比差也各不相同。

国营企业的职员，在学习苏联经验的基础上，实行职务等级工资制，一职数级，各级交叉。少数实行职务等级工资制，按其职务规定若干个工资标准；同时，按产业和企业的规模划分若干工资标准。

全国统一以“工资分”作为工资计算单位，并统一规定了工资分所包含实物的品种和数量。工资分，是以一定种类和数量的实物为计算基础，以货币进行支付的工资计算单位。每一工资分，按照当时一般职工基本生活的实际需要，可以折合成粮食、布匹、食油、食盐和煤炭五种实物。

随后，国家建立了统一的技术等级工资制和职务等级工资制。

1953年，我国开始实行第一个五年计划，进入大规模的经济建设时期，并逐步实行对农业、手工业和资本主义工商业的社会主义改造。到1956年，社会主义改造基本完成，各项经济权力迅速收归中央，开始形成一套由计划—行政手段配置和利用经济资源、控制国民经济运行的高度集中统一的经济管理体制。这种高度集中统一的计划经济管理体制要求建立起全国统一的工资制度。同时，劳动生产率有了较大幅度的提高，国家财政状况良好，随着物价的稳定和职工生活消费内容的变化，“工资分”制度已经失去了实际意义。

国务院于1956年6月作出了《关于工资改革的决定》，全国开始第二次工资改革，取消“工资分”，实行直接货币工资标准。根据各地区的物价、生活水平划分不同的工资区。调整产业、地区、部门、企业之间以及各类人员之间的工资关系。重工业高于轻工业，直接生产部门高于非生产部门，向重点发展地区倾斜。直接生产部门干部高于其他部门干部，企业干部高于国家机关干部，工程技术人员高于管理人员，教授、研究员、高级工程师的工资标准比较高。

企业干部职员实行职务等级工资制度。按照职务高低、责任大小、工作繁简或技术复杂程度，确定职务等级的划分，工资标准在全国划分为7类地区、4类产业，每类产业又分为4类企业，每个企业内部又分为3类科室、4类职员。企业职员的所有职务划分为13类，每类职务划分为若干等级。

在全国范围内，按产业、部门统一了工人的工资技术等级制度。按产业统一规定了工人的工资标准，实行八级工资制或七级工资制；普通工、勤杂工、司机按地区统一规定了工资标准；各产业部门进一步修订了工人的技术等级标准，强调要严格按照技术等级标准考工升级。

公私合营企业和城镇集体企业的工资制度，向同一地区、相同性质、相近规模的国营企业看齐。

1965年3月，劳动部拟定了工资改革方案，并在一些地区和行业试行。其特点是，采用“一条龙”的工资等级制度形式，把全国各行各业、各类人员都统一到25个工资等级标准中去。行政人员占用25个工资等级，科技人员占用20个工资等级，工人占用12个工资等级。在工资等级线上区分工资差别，取消工资区类别，计划在全国实行同一工资标准。此方案因“文化大革命”而未得到全面推广。

（三）基于绩效的计件工资制和奖励制度

新中国成立初期，国营企业基本上没有奖励制度。1950年，在开展爱国主义劳动竞赛时，一些企业开始建立以超额奖励为主的奖励工资制度。1952年的工资制度改革，改变了旧的计件工资制，建立了奖励制度。针对旧的计件工资制中劳动定额标准不合理、缺乏科学的工作物等级、计件单价单一等问题，政府改革了旧的计件工资制和包工工资制，制定了实行计件工资制所必需的一些标准和条件。

1952年，中央人民政府政务院财政经济委员会在总结各大行政区工资改革经验的基础上，发出了《关于奖励工资制中若干问题的指示（草案）》，对实行计件工资制的方针、原则作了比较全面具体的规定。

1956年，国务院在《关于工资改革的决定》中要求各企业的主管部门根据企业生产的实际需要制定统一的奖励办法，积极建立和改进新产品试制、节约原材料、节约燃料和动力、提高产品质量以及超额完成任务等奖励制度。按性质分主要有超额奖、节约奖、质量奖、安全奖、新产品试制奖以及企业领导人和管理人员超额完成任务奖。这些奖励办法的特点主要是，奖励的条件明确具体，直接与劳动成果挂钩，按条件考核，无须职工评议。个人奖金上不封顶，下不保底。各产业部门凡是具备条件的都积极推行了计件工资制。1957年年底，全国实行计件工资制的工人达到310万人，约占生产工人总数的42%。

1958年开始的“大跃进”以及伴随“浮夸风”而来的急于向按需分配过渡的“共产风”，使企业工资工作受到巨大冲击。一些人将计件工资制和奖励制度视为“经济腐蚀”、“金钱挂帅”，绝大多数企业取消了计件工资制。据统计，实行计件工资制的工人比重由1957年年底的42%下降到1960年的5%。同时，许多奖励制度在批判“物质刺激”的口号下被取消或停止执行。

1961年，中共中央颁布“工业七十条”，即《国营工业企业工作条例（草案）》。该草案指出，国营工业企业的工资、奖励制度必须体现按劳分配原则，克服平均主义。工人、技术人员、一般职员劳动报酬的多少，应当按照本人技术业务的熟练程度和劳动的数量、质量来决定，而不应当按照其他标准。强调企业实行何种工资形式应根据具体需要来确定。企业全面和超额完成计划以后，所有干部都可以得到奖金。

始于1959年的用以取代已经取消的各种奖励、津贴和计件工资的“综合奖”，规定了具体的考核指标，改进了评奖办法，并逐步恢复了单项奖励制度和津贴制度。1964年，劳动部制定了《企业计件工资暂行条例（草案）》，恢复计件工资制。

“文化大革命”期间，计件工资制和奖励制度因被认为是不符合“政治挂帅”、腐蚀工人思想的东西而再度遭到否定和取消。

1978年，国务院发布《关于实行奖励和计件工资制度的通知》，规定在经过整顿、供产销和管理制度比较健全、各项经济技术指标比较先进的企业可以实行奖励制度。

（四）按需分配的半供给制度和基于政治表现的平均主义分配制度

1.“大跃进”期间按需分配的半供给制度

1958年的“大跃进”片面强调“一大二公”，不切实际地提出了“提前进入共产主义”的口号。这种“左”倾思想反映到工资工作上，主要表现为限制以至取消按劳分配，反对物质利益原则，提倡供给制和半供给制。1958年，全国展开了一次对按劳分配问题的大讨论，当时有人认为按劳分配和等级工资制度都是“资产阶级法权”，应该取消。

在急于向按需分配过渡的“共产风”的影响下，一些企业实行了半供给制半工资制，即职工收入分为两部分，供给部分实行有限制的按需分配，工资部分实行按劳分配，结果导致了严重的“大平均、小差别”的“大锅饭”现象。

2.“文化大革命”期间基于政治表现的平均主义分配制度

在始于1966年并持续了十年之久的“文化大革命”期间，反革命集团将“左”的思想推向极端，实行了一条极左的路线，对工资工作造成了严重的冲击和破坏。从思想、理论到实际工作，从工资管理机构到专业管理队伍，均遭到了巨大的破坏，造成了严重的思想混乱。他们在理论上打着反对“资产阶级法权”和修正主义的幌子，否定按劳分配原则，取消了计件工资制和奖励制度。

在这一时期按劳分配被说成是“资产阶级法权”，是“资产阶级的物质刺激”和修正主义的产物，甚至“以阶级斗争为纲”被贯彻到分配领域，成为按阶级路线分配、按政治形态分配。以反对“奖金挂帅”、“物质刺激”为由，反对物质利益原则。认为调动职工积极性和发展生产力，主要应依靠阶级斗争，靠政治挂帅，靠人们的“思想觉悟”。从1966年开始，企业陆续停止采用奖励工资和计件工资形式，将原来的奖金和计件超额工资改成了按人头发放的“附加工资”，干与不干一个样、干多干少一个样、干好干坏一个样的平均主义“大锅饭”思想严重泛滥。

1.1.2 改革开放前我国企业工资分配实践的特点

总结上述不同历史时期的不同政策，我们可以发现，我国企业职工个人工资分配的实践具有以下几个特点。

（一）只有高度集中统一的国家分配制度，不存在企业薪酬制度

在我国高度集中统一管理的计划经济体制下，无论是在产值还是数量上均占绝对比重的所谓的“国营企业”只是纯粹的“生产车间”，根据国家下达的指令性计划进行生产，生产所需的人、财、物都由国家按计划分配和供应。国有企业生产出的产品由国家统一收购和销售，其收入也归国家所有，国有企业的经济活动只是生产过程，以国家下达的生产计划任务为终极目标，并非真正意义上的企业。而本属于企业的工资决策权却集中在中央，国家是分配的主体。工资制度、工资标准、工资形式和工资晋级条件由国家统一制定，职工增加工资和工资标准的调整由国家统一安排。国家对职工的工资分配采用“一竿子插到底”的直接分配方式。工资增长与工资调整完全取决于国家领导人的思路和国家的财政状况。

各级工资行政管理与计划管理紧密结合。来自中央的工资政策，通过指令性的工资计划对工资和用人等指标进行层层分解，最后落实到企业。企业必须无条件地接受工资总额和工资水平计划的约束。工资分配的秩序由计划—行政手段维持，不需要法律的规范，也不依靠经济杠杆来调节。计划指标和政府文件就是至高无上的权威。企业调不调工资，就看政府发不发新文件，给不给追加计划指标。

（二）受到政治风波的严重影响

高度集中统一的国家分配制度，经常受到政治风波的影响，难以正常运行。最典型的是计件工资制度和奖励制度，曾因1958年的“大跃进”和1966年开始的“文化大革命”而两度取消，随之又分别于1963年和1978年恢复。工资标准要么长期不动，要么按照学历和资历搞“普调”。更为严重的是，在特定的动荡时期，出现了按阶级路线分配，按政治形态、政治表现分配的怪现象。

（三）实为“身份工资”、“资历工资”的技术等级工资制和职务工资制

基于工人所掌握的知识和操作技能的技术等级工资制，因缺乏考评或考评流于形式而导致“一朝被评，终身受用”的身份工资。同时，职工工资由全国统一的等级工资标准规定，每个职工拿多少工资由国家给他确定的技术等级决定，而技术等级的确定过程比较复杂，国家只能凭资历、论年头，甚至凭关系评定技术等级。

企业干部职员的职务等级工资制或职务工资制与国家机关和事业单位的行政级别挂钩，在实际操作中逐步演变为根据资历或工龄晋升职务，单纯以行政职务评定工资，干部拿多少工资，取决于自身的级别。

截至改革开放前，我国企业职工的工资体制基本上沿袭了苏联早期的国营企

业一体化的模式，因此，也造成了公认的“低”、“平”、“乱”、“死”四大问题。具体来说就是，在这种体制下，职工的工资水平偏低，具体表现为工资收入增长慢，低工资的职工人数多，工资标准庞杂繁乱。在一个100人的企业中，竟执行20多种工资标准。平均主义的问题较为严重，个人的工资与现实的工作绩效相脱节。最严重的是，工资分配体制缺乏有效的灵活性。

工资率、工资标准、工资的高低调整、奖金的发放、津贴的制定和职工人数的配置等，都由中央政府一揽子包干，采取集中管理的方法。企业不能根据自己生产发展的情况来调整职工的收入水平，这就导致了虽然企业劳动生产率不断提高，但职工工资收入却没有增长，甚至出现下降的情况。

当时，企业的所有决策都由中央政府拍板，工资形式与奖励项目也不例外。在企业和地区无权对分配标准进行整顿的情况下，其内部工资标准混乱的局面自然也就难以逆转，甚至变得越来越混乱。

职工的收入应当与工作绩效相联系。然而，由于分配权力被上级管理机关死死卡住，企业不得不让低工资职工的收入水平继续低下去，而高工资职工的收入水平也不断降低。

正是这种呆板、僵化和缺乏灵活适应性的收入分配体制导致了员工工作动力不足、我国经济增长乏力的不良局面，产生了市场化改革的内在要求。①

1.2 转型经济时期企业薪酬制度的萌芽与探索（1978—1992年）

改革开放以前的社会主义工资理论和实践是“单层次的分配模式”，即国家作为社会的代表者，对劳动者个人进行直接分配。随着我国经济体制改革的深化，从高度集中的计划产品经济向有计划的商品经济转轨，我国的企业工资分配制度也相应进行了改革，即由国家对职工的直接分配制度逐渐转变为以工效挂钩为主的国家宏观调控下的企业自主分配。

1979年9月，国务院制定了扩大企业自主权的16条规定，以扩大企业自主权为主要内容的工业经济体制改革全面展开。先是实行企业放权让利改革，随后采取承包经营责任制，力求建立责、权、利相结合的经营机制，使企业成为自我经营、自我改造、自我积累、自我发展的独立的商品生产者。

1980年，国家对企业实行利润留成制度，即按职工工资总额的一定比例从留利中提取奖励基金。财政统收统支的僵化状况开始有所改变，企业逐步有了一些生产、经营的自主权。1984年，中国共产党十二届三中全会作出了《关于经济体制改革的决定》，拉开了城市经济体制改革的序幕，提出建立有计划的商品经济，并指出要“使企业职工的工资和奖金同企业经济效益的提高更好地挂起钩来。在企业内部，要扩大工资差距，拉开档次”。1985年初，国务院发出的《关

① 参见曾湘泉：《经济增长过程中的工资机制：对中国工资问题的宏观动态考察》，北京，中国人民大学出版社，1989。

于国营企业工资改革问题的通知》还明确提出，“企业与国家机关、事业单位的工资改革和工资调整脱钩。企业职工工资的增长应依靠本企业经济效益的提高，国家不再统一安排企业职工的工资改革和工资调整”。

在此背景下，至今仍是国家调控国有企业工资总额和工资水平增长的主要手段的工效挂钩政策应运而生。工效挂钩是指把企业的工资总额与能够反映其经济效益和社会效益的指标联系起来，并按一定的比例浮动。企业根据劳动保障部门、财政部门核定的工资总额基数、经济效益基数和挂钩浮动比例，按照企业经济效益增长的实际情况提取工资总额，并在国家指导下按“以丰补歉、留有结余”的原则合理发放工资。工效挂钩是两级按劳分配模式：国家对企业实施按劳分配，即政府调控企业的工资总额；企业对职工实施按劳分配。

短短几年内，工效挂钩由少数试点扩展到大多数企业。这是对传统的计划产品经济分配方式的重大突破。工资的调整和发放不再单纯取决于行政计划手段，而是取决于企业的经济效益，改变了企业吃国家“大锅饭”的状况，开始形成企业工资随生产和效益正常增长的新机制。工效挂钩政策是国家对国有企业工资总额进行管理的一种形式。

然而，以政府行为和政府为中心的工资管理制度导致了工效挂钩的内在缺陷。在商品供不应求、价格机制不合理的情况下，企业容易靠产品的“涨价效益”谋求职工工资的增长。工效挂钩使工资制度带有分享经济的特点，使职工可以分享到各种因素给企业带来的经济效益，如涨价效益、经营效益、政策倾斜效益或资产收益效益等“非劳效益”。此时的工效挂钩是政府控制下的工效挂钩，不是企业根据自己的战略目标和内在成本控制要求设计与操作的工效挂钩。

此外，挂钩基数、工资增长系数的确定缺乏科学依据，当然，也难以找到依据。一般以企业原来的效益、用工水平为基础进行核定，但容易造成“鞭打快牛”的问题，不同经济效益水平的企业在同一水平上核定两个基数和一个比例，对经济效益比较好但增长潜力较小的企业是不公平的。同时，拍脑袋、凭经验核定效益、工资总额基数和工效挂钩比例的现象，甚至凭关系的寻租行为大量存在。由于经营机制不健全，承担风险的能力很差，工效挂钩的约束不足，出现了只负盈不负亏，工资总额只能上升不能下降的倾向。

1985年年初，国务院发出《关于国营企业工资改革问题的通知》，国家在工效挂钩的基础上，把企业的内部工资分配权还给了企业，在国家的宏观调控和政策指导下，企业自主建立符合战略要求和生产特点的企业薪酬制度。企业薪酬制度开始萌芽并进入艰难的探索时期。

1. 结构工资制的问世

企业内部的薪酬制度改革，是在借鉴“自费工资改革”和1983年的“调改结合”试点的基础上进行的。结合学术界对“劳动形态理论”的探讨，企业内部的结构工资制应运而生。

结构工资制，又称分解工资或组合工资。它是根据决定工资的不同因素和工资的不同作用将职工全部工资所得分解为若干单元，并使各单元按其各自规律运动的一种工资制度，一般包括基础工资、职务（岗位、技术）工资、年功工资、浮动工资四个组成部分。

基础工资，是保障劳动者基本生活需要的部分，额度按当时大体维持员工基本生活所需费用计算确定，随着职工维持基本生活所需要的商品价格指数的变化而变化。一般有两类做法：一类是不论是工人还是干部，不论是一般干部还是领导干部，统一规定相同的基础工资额；另一类是以本人的标准工资的一定比例作为基础工资。

职务（岗位、技术）工资，主要是根据不同职务（岗位）的业务技术要求、劳动条件、责任大小等因素确定的。一职数薪，上下交叉；突出职务，能上能下。职务工资的变动依据员工的职务变迁。责任轻重、工作繁简、贡献大小均体现在所担任的职务上，职务越高，相对来说责任越重，工作量越大，因而报酬就应该越高。

年功工资，也称工龄工资，主要是依据工龄的长短或工作经验的多少确定的。相应的假设前提是，它与员工的技术熟练程度、能力高低呈正相关关系。

浮动工资与企业的经营状况、个人的工作绩效、贡献大小相挂钩，实行多劳多得、少劳少得、不劳不得的原则。

按照劳动经济学理论，劳动分为三种形态，即劳动的潜在形态、流动形态和凝固形态。这三种形态分别反映员工的能力、劳动消耗和贡献。这三种形态既相互区别，又相互联系。工龄、学历、职称主要反映劳动的潜在形态；职务、劳动条件主要反映劳动的流动形态；工作绩效、贡献主要反映劳动的凝固形态。尽管学历、资历、文凭可以在一定程度上反映劳动者具有的技能水平，但并不能保证这种水平在实际劳动过程中充分发挥。流动的劳动形态可以显示劳动者的劳动量和劳动责任。凝固的劳动形态是潜在和流动的劳动形态综合的、最终的反映。

2. 推行以贡献大小，即绩效为基础的浮动工资制

这一时期，企业开始拥有部分生产经营自主权和工资分配权，这种外部条件的变化像催化剂一样，唤起了企业管理者、工程技术人员和工人被压抑多年的热情和创造力，企业工资、奖金分配上维持了多年的基本平均的超稳定状态开始动荡、裂变，浮动工资在工资分配领域跃然而出。

这一时期的浮动工资主要有六种形式：（1）小浮动，即把奖金的分配搞活，按照个人的劳动成果拉开差距，例如，超定额计件工资制。（2）半浮动，即把标准工资的一部分拿出来，与奖金捆在一起随职工的劳动贡献浮动。这打破了“出勤拿工资、干活拿奖金”的状况。（3）全浮动，即职工的全部收入都不是固定的，随劳动成果大小而浮动，上不封顶，下不保底。（4）浮动升级。企业利用留利中的奖励基金，给少数成绩突出的职工升级，每年考核一次。不能保持优秀的职工将被取消升级工资，连续几年考核保持优秀者，浮动升级予以固定。（5）浮动工资标准。按照工作业绩，分档对号入座。（6）集体浮动。企业将产量、质量、品种、消耗、利润等经济技术指标分解落实到车间班组，依据完成情况给予不等的工资和奖金，再由车间班组依据个人的劳动贡献分配到个人。

浮动工资的出现打破了原来的平均主义分配格局，在企业薪酬管理领域引入了一种新的机制，即报酬量随劳动成果大小（即绩效优劣）增减的机制。

但是，在企业启动新的薪酬机制的情况下，原有的八级工资制并未取消，旧的等级工资标准作为职工的档案工资保留，它作为国家唯一承认的工资，在调动工作、计算退休金和其他许多方面继续作为依据使用。由此，两者之间的矛盾和摩擦使企业薪酬制度出现了扭曲。

在职工的全部薪酬中，进入档案的工资比较低，工资结构和收入结构开始出现扭曲。不论职工付出多少劳动，工资都变成了必保的工资。“上班拿工资、干活拿奖金”的现象普遍存在。改革初期，奖金、津贴和补贴名目繁多，大都是平均分配，工资项目逐步失去了激励功能，出现了福利化的倾向。

1.3 市场经济推进过程中的薪酬管理（1992年至今）

1992年，邓小平南方谈话解决了长期困扰我国改革开放的理论问题，即“计划”与“市场”的问题。党的十四大提出了“建立社会主义市场经济体制”的改革目标。继而，《中共中央关于建立社会主义市场经济体制若干问题的决定》于1993年11月14日出台。1997年党的十五大提出，要深化经济体制改革，核心是建立现代企业制度——使企业真正成为市场的主体，发挥市场在资源配置中的基础性作用。

随着市场经济体制的逐步建立和进一步完善，我国企业工资改革的目标模式经历着从有计划的商品经济条件下的企业“自主经营、自负盈亏、自主分配、国家征税”，到“国家宏观调控、分级分类管理、企业自主分配”，再到市场经济条件下的“市场机制决定、企业自主分配、政府监督调控”和后来的“市场机制调节、企业自主分配、职工民主参与、国家监督指导”的市场化转变。企业工资的决定机制，从传统的行政决定机制、计划决定机制逐渐转变为市场决定机制。

在日益开放的市场经济条件下，我国企业向员工支付报酬的依据，即报酬要素发生了重大转移。从岗位技能工资制的广泛应用和奖金的模糊发放，到以职位为基础的体现内部公平性、外部竞争力的薪酬制度和体现员工贡献的基于绩效的薪酬制度，从根据个人的知识、技能和能力支付报酬，到市场驱动的谈判工资，开始了真正意义上的企业薪酬管理实践的探索，并经历了巨大的变革。

1.3.1 市场经济进程中的薪酬管理实践

（一）岗位技能工资制和“模糊奖金”

为适应建立社会主义市场经济体制的需要，企业被推向市场，并逐步实行企业自主分配的具体措施。1992年，劳动部先后颁布《关于进行岗位技能工资制试点工作的通知》和《关于进一步深化岗位技能工资制试点工作的意见》，要求各企业结合本地区、部门及企业的实际情况贯彻执行岗位技能工资制，建立科学合理的内部分配制度，合理拉开工资、奖金分配档次，安排好各类人员的工资关系，从而建立一个符合各自特点的搞活搞好内部分配的良性运行机制。从1992年开始，我国在国有大中型企业推广岗位技能工资制。岗位技能工资制和“工效挂钩”的效益工资制结合在一起，成为国有大中型企业现行的基本工资制度。

岗位技能工资制，是以劳动技能、劳动责任、劳动强度和劳动条件四大劳动要素的评价和计量为基础，以岗位技能工资为主要内容，按员工实际劳动贡献确定报酬的企业薪酬制度。岗位技能工资由岗位工资和技能工资两大部分构成。岗位工资根据职工所在岗位或所任职务，所任职务的劳动责任、劳动强度和劳动条件，兼顾所要求的劳动技能而确定。技能工资单元一般把技术工人的技能分为初级、中级和高级三个层次，将技能工资分为初级技工、中级技工和高级技工三大标准，每个标准之间还可以再设置若干个档次。（即使是同一岗位，员工的操作技能也是有差别的。）

除此之外，为了更全面地补偿职工所付出的实际劳动，作为对基本工资的补充，企业还可以设置奖励超额劳动的奖金，临时的、短期的或多变的津贴和补贴，以及对员工逐渐积累的劳动贡献所做的特殊形式的补偿，即工龄工资。

岗位技能工资制从根本上说是一种结构工资制。它将职工工资分解为岗位工资和技能工资，分别依据劳动技能水平和岗位要求确定工资率，将岗位工资作为对职工的劳动责任、劳动强度和劳动条件的回报，将技能工资作为对职工的技能水平的回报，两者紧密结合，建立起“岗位靠竞争，报酬靠贡献”的激励机制。

“逐步实行以岗位技能工资制为主要形式的内部分配制度”被列入“八五”计划，在岗人员干什么活拿什么钱，易岗易薪。岗位工资随岗位的变化而合理调整，在分配中向艰苦岗位和技术含量高、责任重的岗位适当倾斜。岗位技能工资制的实行结束了长期实行的八级技术等级工资制。

但在岗位技能工资制的实际运用中，存在着岗位技能工资所占比重太小，无法体现职位和技能水平的差异的现象。为了解决实践中严重的平均主义问题，企业对员工的回报更多地体现在奖金的支付方面。为此，奖金的“模糊”发放曾受到部分企业的青睐并得到迅速发展。“模糊”主要隐含不明确、不确定、不规范的意思；“模糊”多半属于经验管理的范畴，在薪酬管理实践中表现为没有具体的制度、规定和业绩考核办法，由具体的负责人根据一般原则和自己的主观印象决定员工的奖金额度。它不同于“保密工资”，“保密”主要是指发放不透明、不公开。“模糊奖金”一般要在保密的情况下实行。许多企业都是将工资的保密发放和奖金的模糊分配结合起来加以运用，如上海相当一部分实行“模糊工资”的企业就是采取这样一种模式。国外和三资企业实行的“红包”以及部分国有企业实行的“模糊奖金”即属于这种情况。①

“模糊工资”存在明显的缺陷，特别是在缺乏有效监督和制约的情况下，会产生一系列的问题，例如，削弱工资分配的横向激励机制、弱化企业的民主管理、影响企业进行制度改革和加强基础管理的积极性和内在压力、容易引起职工间的相互猜忌和不信任。在国有企业中，实行“模糊工资”还可能为个别素质低下的经营者以权谋私提供方便。

随着时代的发展，曾经在对等级工资制和职务等级工资制的替代中发挥显著

---

① 参见王崇光，徐延君：《也说“模糊工资”》，载《光明日报》，1993－12－26。

作用的岗位技能工资制，在企业薪酬实践中渐渐消失。通过对中国期刊全文数据库中收录的有关“岗位技能工资”的文章的检索和分析，结果表明，无论是篇名与“岗位技能工资”有关的文章数量，还是全文中涉及“岗位技能工资”的文章数量，均呈现下降趋势，并在2000年左右基本上退出了理论界和企业界的视野。①

与此同时，现代薪酬理念和薪酬管理工具开始导入。在工作分析和工作评价的基础上，体现内部公平性、以职位为基础的薪酬制度受到企业的关注。在外部劳动力市场上，职位价位逐渐形成并受到企业界的青睐。

（二）以职位为基础的薪酬制度

以职位为基础的薪酬制度的有关范畴在20世纪90年代中期进入我国理论界和企业界的视野，90年代后期，特别是21世纪初，对它的关注和探讨开始升温，并呈加速之势。以职位为基础的薪酬制度，是依据员工所从事工作的内容，即根据员工承担的责任、工作任务、所从事的工作对企业战略目标实现的重要性和潜在贡献，以及胜任该工作要求任职人员所必须具备的知识、经验和能力，确定职位的价值，并依此向员工支付报酬。

这种薪酬制度的设计，是在工作分析和职位分类的基础上，选择对企业战略目标的实现有价值的一些重要的工作特征作为报酬要素，根据各要素对企业战略目标实现的贡献大小、重要程度确定不同的权重并形成职位评价方案，以此对企业内部所有职位的相对价值进行排序。根据职位评价结果划分工作等级，结合市场薪酬调查得到的相关劳动力市场的职位薪酬数据，将工作等级转化为薪酬等级，最后确定领先、匹配或落后型的薪酬水平。在企业的薪酬实践中，由于工作等级转化为薪酬等级时的做法不同，因此，具体的薪酬制度表现为岗位（职位）薪点工资、职位基准总量薪酬等形式。

以职位为基础的薪酬制度，是以美国为代表的发达市场经济国家普遍实行的一种薪酬制度。20世纪90年代中后期，随着市场经济国家包括人力资源管理在内的一系列先进的管理思想、知识、技术和经验大量涌入我国，这种薪酬制度因其在解决严重困扰企业的“平均主义”难题和日益重要的、关键的非生产性职位的公平回报问题等方面的有效性，以及对企业管理市场化、规范化和国际化需求的满足，逐渐成为市场的宠儿。

以职位为基础的薪酬制度与岗位技能工资制的最大区别是，前者更能体现职位的价值，包括体现每个职位对企业相对贡献的内在价值和外在价值，即职位的市场价格。不同的企业根据各自的战略目标选择工作评价要素并赋予相应的权重，从而使薪酬制度与企业战略保持一致，并对企业战略目标的实现提供强有力的支持，而不是像采取岗位技能工资制的企业那样都使用相同的评价要素，即劳动技能、劳动责任、劳动强度和劳动条件。

此外，以职位为基础的薪酬制度更适用于企业内部的非生产性职位，能更有

---

① 参见赵立军：《十年来我国企业薪酬制度变迁及其影响因素研究》，中国人民大学硕士论文（未发表），2003。

效地解决市场经济条件下对企业经营日益重要的管理、营销职位和以脑力劳动为特征的行政职位的公平合理回报问题。而岗位技能工资制对此则显得力不从心。

（三）市场化的薪酬制度的兴起

“产品市场的竞争决定薪酬水平的上限，劳动力市场的竞争决定薪酬水平的下限”（雷蒙德·A·诺伊，约翰·霍伦拜克等，1999），是市场对薪酬决策产生影响的经典理论之一。一家企业要在产品市场上进行有效的竞争，必须把一定数量的产品或服务以一定的价格推销出去，其中对产品或服务的价格产生影响的一个重要因素就是劳动力成本。当劳动力成本在总成本中所占比重较大或产品的价格需求弹性较大时，上限的紧缩程度就会较高。同样，在劳动力市场上，一家企业为了与雇用类似员工的其他公司展开竞争，必须付出代价。一家企业为员工支付的薪酬水平如果低于竞争者为类似员工支付的薪酬水平，那么这家企业将不能吸引和保留足够数量和既定质量的员工。因此，劳动力市场上的竞争给企业的薪酬水平确定了一个下限。

在设计薪酬制度的过程中，外部劳动力市场的竞争要素不断强化，除了以职位为基础的薪酬制度和以人的知识、技能、能力为基础的薪酬制度设计要参照市场薪酬水平以外，国际上一些企业甚至直接依据市场点位来设计企业的薪酬等级和薪酬水平线（John Stredwick，1997）。

在我国，进入 20 世纪 90 年代以来，劳动力市场的逐步形成和发展、劳动人事制度改革的深化，以及多种所有制企业的快速发展，引发了我国劳动关系的深刻变化，劳动关系已从职工与国家的关系变成了员工与企业的劳动合同关系或契约关系，人才流动日趋频繁。传统的结构工资和岗位技能工资脱离市场，缺乏竞争理念，各类人员的薪酬水平严重背离劳动力市场的价位。核心职位、关键职位上的优秀人才的薪酬水平远远低于市场薪酬水平，而一般职位的薪酬水平却远远高于市场薪酬水平。外部市场薪酬水平差距在公司内部的最小化导致的平均主义严重，加剧了高级人才的流失和一般员工在公司的滞留。

面对这个严重困扰着企业发展的“想留的人留不住，想要的人要不来，不想要、不想留的人又赶不走”的怪圈，部分企业除了采用以职位为基础的薪酬制度，还开始实行市场驱动的基于市场价位的薪酬制度，包括个人谈判工资或协议工资和集体协商工资。

集体谈判制度在 20 世纪 90 年代初期因经济体制改革引发了劳动关系领域的巨大变化，在国家相关政策的推动下开始兴起。逐步升温的变化在 90 年代后期，特别是 21 世纪初，显得尤为明显。与此同时，谈判工资或协议工资等市场化的薪酬制度日益受到企业界的青睐。

1993 年，全国工会十二大工作报告中提出，要大力推行工会代表职工与企业就涉及职工利益的有关问题进行协商的制度。1995 年实施的《中华人民共和国劳动法》（以下简称《劳动法》）中单独把“劳动合同和集体合同”列为一章，并规定：“企业职工一方可以与企业就劳动报酬、工作时间、休息休假、劳动安全、保险福利等事项，签订劳动合同。”同年，劳动部颁布实施的《集体合同规定》，对集体谈判与集体合同的具体实施及有关要求作出了具体规定。劳动部在1997年下发了《外商投资企业工资集体协商的几点意见》，全国总工会下发了《关于建立集体协商和集体合同制度中做好工会工作的几点意见》。国家将集体合同的制度和基本原则及操作规范纳入法制系统。

谈判工资制，又称协议工资制，基本含义是依据市场价格以协商或集体协商的方式确定员工个人的薪酬水平。在劳动力市场公平交易的原则下，参照员工的能力或所应聘职位的市场价格和企业的支付能力，由劳动关系双方协商决定薪酬水平。这种薪酬制度可以灵活地给公司的各类核心人才大幅调整薪酬水平，在竞争中实现员工薪酬水平的合理分布。谈判工资强调一个“谈”字，即一对一的协商，允许谈不成就解除劳动关系，而避免传统工资调整中员工的“攀比”行为。

此外，政府在跳出“国家直接对职工进行工资分配”的怪圈后，开始了规范劳动力市场，促进劳动力市场价位形成，并及时收集、发布劳动力市场职位价格等宏观调控手段的探索和实践。

从1996年开始，我国在深圳、成都、北京进行工资指导线制度的试点，目前，全国已有20多个省市试行工资指导线制度。劳动和社会保障部在1999年发布了《关于建立劳动力市场工资指导价位制度的通知》（劳社部发［1999］34号），要求各地劳动保障部门根据劳动力市场“三化”建设和企业工资制度改革的要求，积极推进劳动力市场工资指导价位制度的建立，定期对各类企业中的不同职业（工种）的工资水平进行调查，通过汇总、分析、加工和修正，形成各类职业（工种）的工资价位，并向社会发布，以充分发挥市场机制在薪酬实践中的作用，利用劳动力市场价格信号指导企业进行薪酬管理，为开展工资谈判和集体协商提供重要依据。

（四）基于知识、技能、能力的薪酬制度的探索

20世纪90年代以来，特别是90年代后期，以信息技术为特征的科技革命把人类社会带入信息化时代。在知识更新不断加快、科学技术日新月异的背景下，面对市场需求的变化加速和日益个性化，以及外部环境的日益不确定性，企业的灵活性以及企业对市场的快速反应能力成为构筑竞争优势的源泉之一。而企业员工的灵活性，所拥有技能、知识和能力的广度与深度，无疑将为企业的灵活性和对市场的快速反应能力的提高提供持续的动力。

在这一背景下，鼓励员工掌握更多知识、技能或能力的基于知识、技能、能力的薪酬制度应运而生，特别是在依靠特殊的专业技术获得竞争优势的高科技企业中。近年来，在我国联想集团、中国通用技术集团公司等国内企业和摩托罗拉等跨国公司中都开始实行基于知识、技能和能力的薪酬制度。

基于知识、技能、能力的薪酬制度（pay for knowledge，skill and competency），或称为以人为基础的薪酬制度（person-based compensation），是依据员工拥有的知识、技能或能力（而不管这些知识、技能或能力是否应用到正在从事的工作中）或者企业认为员工具备的能力支付报酬（E. E. Lawler，1994）。

依据范畴界定的差异和适用的员工类型的不同，它又分为以技能为基础的薪

酬制度（skill-based pay systems）和以能力为基础的薪酬制度（competency-based pay systems）。以技能为基础的薪酬，主要针对从事体力劳动的员工，它把员工的薪酬与个人所获得的知识、技能的深度和广度联系起来，因他们掌握了新的技术而为其增加工资。以能力为基础的薪酬，一般应用于所谓的白领阶层。一个人的能力通常根据所谓的“冰山模型”进行归类。个人的能力存在于五个领域，即技能（专业知识的反映）、知识（信息的积累）、自我意识（态度、价值观、自我形象）、性格（在特定条件下的反应）、动机（驱动行为的想法）（Lyle M. Spencer，Jr. & Signe M. Spencer，1993）。技能和知识相对易于观察和评价，这两项能力在“水面上”；而自我意识、性格和动机在“水面下”，它们是看不到的，必须根据具体的行动才能推测出来，而且这三项特征被心理学家认为是造成个人之间差异的因素。

以技能为基础的薪酬制度和以能力为基础的薪酬制度，都是对员工在工作上作出贡献的潜在可能性的回报。它们通过鼓励员工学习和获得更多的知识、技能或提高自身的能力，使组织更具灵活性，使员工更容易适应技术和工作流程的变化。同时，来自组织战略的技能或能力要求，将阐明组织新的行为标准和对员工行为的期望。通过鼓励员工关注自身的发展，可以使员工更好地控制自己的职业生涯。

（五）以绩效为基础的薪酬制度

以绩效为基础的薪酬制度（pay for performance systems）主要依据员工的工作绩效确定薪酬水平，以引导员工关注绩效的改进。诸如可变薪酬、浮动薪酬、风险报酬、利润分享计划、激励计划等概念均属于绩效工资计划的范畴。它的核心在于薪酬观念的转变，即薪酬不再是员工的一种权利——员工如果被企业雇用，从事某种工作，完成一定的任务或具有某种能力，就有权拿到与其他人一样多的报酬——而是必须随着按照某种绩效标准衡量的个人、团队或组织绩效的变动而变动。

一项由海氏公司主持的、对 473 家公司的广泛调查证实了设计良好的绩效薪酬制度确实能有效地改善个人和公司业绩。以绩效为基础的薪酬制度，按照回报的业绩时间的不同，分为业绩工资（merit pay）和激励工资（incentive pay）。业绩工资是对员工过去工作行为或成就的认可与回报，随员工业绩的变化而调整，员工的基本工资根据其绩效而得到永久性的增加。

激励工资，又称浮动薪酬（variable pay），指根据员工是否达到某种事先建立的标准、个人或团队目标或公司收入标准而浮动的报酬。它力图通过将薪酬与业绩挂钩来影响员工的未来行为和业绩。激励工资是一次性支出，不会永久增加劳动力成本。它可以是长期的，也可以是短期的，可以与员工个人绩效挂钩，也可以与团队或整个公司的业绩挂钩，还可以与个人、团队、公司混合为一体的业绩挂钩。

激励性的年薪报酬制度多种多样，从报酬结构分析，可以分为单一报酬结构和多元报酬结构。所谓单一报酬结构，是指完成经营目标后一次性给予一定数额的报酬。所谓多元报酬结构，是指经营管理者的报酬由多个不同性质的部分组成，一部分是固定的基薪收入，另一部分是与经营业绩相关的风险收入，这部分收入又可分为当期收入（如当年的奖金）和远期收入（如股票、股票期权收入）。

因此，“股票期权”、“年薪制”、“业绩工资”、“绩效工资”、“绩效薪酬”、“业绩薪酬”、“可变工资”、“浮动薪酬”等以绩效为基础的薪酬制度的核心范畴，在20世纪90年代初期和中期有所谈及，90年代后期，对其研究和应用日益增多。

以绩效为基础的薪酬制度并非新观点，它起源于工业化时代之前。我国此前实行的奖金及计件工资制等均属于绩效薪酬，但因设计上的问题和考核流于形式而导致绩效薪酬的激励功能丧失殆尽。

90年代后期，在我国企业的薪酬实践中，绩效薪酬有了更加丰富的内涵，无论是实行以职位为基础的薪酬制度，还是市场化薪酬制度，抑或是基于知识、技能或能力的薪酬制度的企业，均引入了可变薪酬的理念，并提高了可变薪酬的比重，加强了绩效考核与企业薪酬战略之间的联系。

特别是在国家相关政策的推动下，激励性的企业经营者年薪制、股票期权、利润分享、收益分享、职工（员工）持股计划，以及虚拟股票、虚拟股票期权、期股、股票增值权、储蓄—股票参与计划等长期激励计划日益成为时代的热点。经营者年薪制和以股票期权为主的长期激励计划在少数企业试点，并在摸索中实践，到90年代后期和21世纪初逐步成为热点。但因市场条件欠缺、法律法规不完备、企业内部机制不健全等原因，股票期权等长期激励计划在我国经历了一段热潮之后，又在人们的理性思考中有所降温。

股票期权在我国的实践最早是从埃通公司开始的，上海贝岭是我国上市公司中最早推行股票期权计划的公司。该公司对高级管理人员采用年薪、奖金和股票期权的组合模式，对高级科技人员采用年薪、奖金、股票期权及营业收入提成的组合模式。联想集团、四通集团先后实行股票期权制，武汉国有资产经营公司对21家控股与全资企业的董事长或法人代表实行一种按照业绩授予一定数量股票作为风险收入的年薪制。近年来，基于绩效支付报酬的制度，特别是激励计划，开始在实践中不断探索并广泛实行。

1.3.2 市场经济进程中薪酬管理实践的特征

总体而言，自20世纪90年代初期我国开始出现真正意义上的企业薪酬制度以来，企业薪酬制度变革由过去政府行政力量的全面推动逐渐变为政府宏观指导、企业基于环境变化和市场竞争压力自主进行，即制度变迁由供给主导型变为需求诱导型，变迁的驱动力量来自企业自身的需求。面对产品市场、资本市场和人才市场的激烈竞争，追求利润最大化的企业认识到人力资本才是企业竞争力的根本，必须通过薪酬制度的重新设计，构建企业的激励机制，以吸纳、保留和激励优秀人才，获取和维持企业的核心竞争力。

薪酬制度设计从过去追求高度统一向现在的多样化、个性化发展；从过去关注生产性员工转变为更加重视科研开发人员、市场销售人员、管理人员，特别是高层管理人员。

薪酬战略从过去平均主义的简单支付转变为与环境、组织的战略目标相适应，通过吸纳、保留和激励优秀人才以赢得并保持企业竞争优势。

薪酬管理从过去计划—行政手段下的“品位分类”、“身份工资”管理逐步转变为市场导向的体现职位价值的“职位定价”、能力导向的“技能或能力薪酬”和绩效导向的“绩效薪酬”，以及市场薪酬价位。员工的薪酬观念也逐渐从“领工资”向“挣工资”转变，即从分配向按工作、业绩、能力获取报酬转变。

近来，在企业的薪酬实践中，“全面薪酬”、“自助式薪酬”、“薪酬包”等目前发达市场经济国家热衷于讨论的薪酬理念和薪酬管理模式开始传入我国，可以预见，在不久的将来，这些新的薪酬理念必将在我国企业薪酬实践中有所体现。

1.3.3　市场经济进程中薪酬管理实践的影响因素

薪酬制度要适应本企业的战略目标和企业面临的环境。薪酬体系应随着企业战略和所处环境的变化而调整。同时，薪酬战略与薪酬制度的选择还受到国家文化、组织文化和价值观、企业生命周期和产品或服务的生命周期、环境特点、全球竞争力、员工需要、工会，以及薪酬与其他人力资源体系的适应性等诸多因素的影响。世界上不存在放之四海而皆准的薪酬制度。没有任何情形都通用的薪酬制度，一种薪酬制度也不能被用于所有的员工群体（Lance A. Berger，2000）。何时保持原有的薪酬战略与制度设计、何时调整薪酬战略与制度设计，即“何时坚持它”、“何时舍弃它”，市场经济进程中的薪酬管理受到以下因素的影响而不断地发生变化。

（一）市场化的经济体制改革为我国企业的薪酬制度变迁提供了先决条件

在总结 1978 年以来改革的经验与教训的基础上，1992 年 10 月召开的党的十四大，明确提出了我国经济体制改革的目标是建立社会主义市场经济体制。1993 年，党的十四届三中全会通过了《关于建立社会主义市场经济体制若干问题的决定》，提出了未来中国社会主义市场经济的基本框架。从此，中国的改革进入了整体推进、全面配套的阶段。其中，企业改革是我国城市经济体制改革的核心和关键。

1992 年以来的企业改革是以制度创新为内容的改革，明确提出企业改革的方向是要按照“产权清晰、权责明确、政企分开、管理科学”的原则建立现代企业制度。企业逐渐成为真正的自主经营、自负盈亏的市场竞争主体。企业不再是简单听从计划行政命令组织生产的“车间”，而变成了在市场信号的指导下，从事研发、生产、销售和管理等经营活动的经济组织。企业的关注点不再是上级主管部门，而是顾客和市场。政府逐渐放弃了计划指令和行政命令的管理方式，并通过一系列财政、金融、税收和价格等体制改革，不断探索宏观调控模式。

在国有企业、集体企业等公有制企业逐步走向市场的过程中，非公有制企业也随着经济体制改革的深化快速发展，并成为国民经济的重要组成部分。自从党的十二大报告明确肯定了个体、私营经济是社会主义公有制必要的、有益的补充成分，党的十三大制定了以公有制为主体、多种经济成分共同发展的方针以来，我国出现了公有制与多种经济成分并存发展的局面，为民营企业的发展扫清了障碍。随后党的十四大、十五大明确提出我国现阶段要实行以公有制为主体、多种所有制经济共同发展的基本经济制度。这些在从传统农业文明向现代工业文明过渡的历史进程中自发成长起来的私营企业，未受到传统计划经济体制的束缚，具有敏锐、强烈的市场意识，并且已经有了在我国特殊的市场条件下竞争的经验。自我筹资、自我决策、自主经营、自我发展和自负盈亏是其基本特征。

市场经济条件下，由于构成企业合约人的有限理性、企业成员之间契约的不完全性以及监督成本和机会主义的存在，导致了关键的管理成本和激励问题。企业要赢得并保持竞争优势，在激烈的市场竞争中求得生存与发展，关键在于人力资源管理，特别是薪酬管理，通过科学合理的薪酬制度设计，建立有效的激励—约束机制。

市场化的经济体制改革，不仅使企业突破了传统行政—计划体制对其薪酬制度变革的束缚和障碍，而且促进了人们的观念、思维方式的迅速转变，使战略导向、市场导向、绩效导向、能力导向等现代薪酬理念日益为人们所接受。

（二）人才管理体制变革和人才流动加速推动了薪酬制度的市场化

伴随着劳动人事制度的改革，传统的高度集中统一的计划式、行政命令式的劳动用工制度一去不复返，取而代之的是灵活的、双向选择式的企业用工制度。劳动力市场逐步形成并不断完善。市场经济条件下，利益主体是多元的，企业与员工之间的劳动关系表现为一种组织和员工的契约关系，组织和个人的风险责任完全由他们自己承担。根据公平理论，员工在进行了各种比较后，如果感觉自己受到了不公平待遇，就可能采取“跳槽”这种行为来作出回应。面对开放的劳动力市场，在价值规律和供求关系的影响下，受经济利益的驱使，人才必然流向能够体现自身价值、实现自身人力资本增值的地方。

工业化进程加快，服务业逐步成为就业主体；灵活就业的比重不断上升，就业模式日趋多样化；工作岗位创造与消失的速度加快，就业稳定性下降，这些是20世纪以来劳动力市场所发生的最重要的变化。在市场竞争激烈、科技飞速发展的条件下，企业的寿命不断缩短，世界500强的平均寿命只有50年，中关村企业的寿命大多在3～9年，这就使员工一生只供职于一个企业成为历史。员工对职业的忠诚超过对企业的忠诚，人才流动日益频繁。人才的加速流动促进了市场薪酬价格的形成。

面对人才竞争日益加剧和人才流动加速的态势，企业纷纷提出了“以人为本”的企业文化和管理哲学。员工参与管理，对员工授权的呼声不绝于耳，企业更加关注股东、员工和顾客三者的满意，强调薪酬管理在吸纳、保留和激励优秀员工方面的战略作用。与该文化和薪酬目标相适应，基于市场薪酬价位确定员工薪酬水平的做法，诸如谈判工资，以及考虑外部竞争力的职位薪酬和技能或能力薪酬等市场化取向的薪酬制度，随之出现在企业薪酬实践中，并被员工广泛接受。

（三）中国对外开放体制的建立和发展，加速了现代薪酬管理理念和技术的导入

中国对外开放体制的建立和发展，使企业面临着日益加剧的全球竞争，也使得整合世界范围内的先进管理理念和技术、共同解决困扰企业的管理问题成为可能。

随着改革开放力度的不断加大，我国政府出台了一系列解除外商直接投资限制的新政策，投资环境日益改善，国内巨大的市场资源和较低的劳动力成本吸引了国外投资者。与1992年以前不同，中国利用外资的主要形式已不再是曾占利用外资总额60%～70%的对外借款，而是外商直接投资。大型跨国公司也结束了观望徘徊，开始以独资、合资、合作的方式系统地进入中国市场。截至2002年12月底，全国共批准外商投资企业424 196个。①

在我国加入WTO之后，随着国外公司大举进入，并且与我国企业在更大范围内参与国际竞争，国内企业开始敏锐地感受到所面临的空前巨大的市场竞争压力，以及竞争结果的残酷性。它们对自身竞争优势的关注程度，以及对市场、客户等利益相关者的关注程度日益加强。为此，企业不得不高度关注员工的绩效和对员工的激励问题。

在感受到激烈竞争的同时，企业也深刻地意识到自身存在的种种问题，而国外公司的管理理念、管理模式、管理经验和技术，不仅为解决这些问题提供了现实的蓝本，而且对我国企业界现有的观念带来了巨大的冲击。我国企业开始了更为理智的改革探索，重视学习国外公司先进的管理模式、管理经验和技术，并与它们进行广泛深入的合作。

特别是在员工管理、员工薪酬管理领域，以职位为基础的薪酬制度，基于人的知识、技能或能力的薪酬制度，绩效薪酬和股票期权，员工持股计划等薪酬管理理念和技术，为国外公司构筑的竞争优势和对本土人才的巨大吸引力，对我国企业构成了严峻的挑战，许多公司开始引入这些先进的薪酬管理理念和技术，以解决现实中的薪酬问题。不同文化背景下的薪酬管理模式对我国企业的薪酬制度变迁起到了巨大的推动作用。

管理咨询业的快速发展，对我国企业的薪酬制度变迁起着一定的推动作用。十几年前，“咨询公司”在中国还是一个完全陌生的名词，而到了1999年，在中国工商部门注册登记的咨询业务公司已达13万家，咨询业以其特有的战略意义越来越受到各个领域尤其是企业界的瞩目，成为现代社会最具活力的前卫产业之一。世界500强的企业中有50%左右的公司拥有与自己长期合作的国际著名咨询公司。管理咨询公司凭借职业化的专家队伍、深厚的专业理论知识、丰富的咨询经验和做法，以及独特的外部角色，为企业提供专业化的包括薪酬管理在内的咨询服务，这无疑对我国企业导入现代薪酬管理理念和技术有着重要意义。

① 数据来源于国家商务部网站。

（四）公司治理结构和体制的完善使基于绩效的长期激励计划成为必然

在国有企业改革初期，尽管利润留成、放权让利等改革措施在一定程度上使企业和员工的积极性空前提高，企业获得了长足的发展，却造成了改革者不期望的工资侵蚀利润问题。继多种形式的承包制之后，股份制改造和完善法人治理结构、建立现代企业制度已成为企业改革的必然趋势。

在现代企业治理结构中，在所有权和控制权分离的背景下，股东和经理人员之间是委托—代理关系，作为委托人的股东和作为代理人的经理人员各自追求的目标是不同的：作为委托人的股东追求的是财富的最大化，而作为代理人的经理人员追求的是自身效用函数的极大化，即他们人力资本的增值和个人收入的最大化。由于信息的非对称性、契约的不完全性和监督成本的存在，在两者的目标发生冲突时，代理人有可能会有摆脱委托人控制的倾向，从而产生机会主义的行为，甚至做出违背委托人利益的事情。这就产生了委托—代理问题。

解决委托—代理问题的关键在于建立一套科学有效的激励和约束机制，促使代理人采取有利于股东的行为，最大限度地增进委托人的利益。在薪酬实践中，基于经理人员绩效的激励性经营者年薪制、利润分享、收益分享，以及虚拟股票、股票期权、虚拟股票期权、期股、股票增值权、储蓄—股票参与计划等长期激励计划日益流行并广泛施行。

我国政府对国有企业的宏观管理体制还处在不断的探索过程之中。《中共中央关于国有企业改革和发展若干重大问题的决定》再次强调：建立与现代企业制度相适应的收入分配制度，在国家政策指导下，实行董事会、经理层等成员按照各自职责和贡献取得报酬的办法；要形成吸引人才和调动科技人员积极性的激励机制；建立和健全国有企业经营管理者的激励和约束机制。实行经营管理者收入与企业的经营业绩挂钩。少数企业试行经理（厂长）年薪制、持有股权等分配方式，可以继续探索，及时总结经验。

股票期权制作为企业薪酬制度的一种创新，是我国企业产权制度变革的必然产物，它的产生及发展，与公司产权结构和公司治理结构的变化密切相关，还与经理人卖方市场特性的强化、高级人才流动给企业带来的威胁加大、大规模的企业精简与兼并重组的发生等相关。

可以预见，随着我国企业告别传统的高度集中管理的计划经济体制模式，步入市场化的运行轨道，全球化的影响将越来越广泛，人才流动将继续加速，人才竞争将日益激烈。企业所面临的产品市场、金融市场和劳动力市场环境，将日趋不确定和复杂。在这样的大背景下，我国企业内部薪酬制度的选择和变革将愈加频繁和剧烈，但市场导向、绩效导向、能力导向和个性化、多样化将始终是变革的方向，为企业赢得并保持竞争优势是企业未来薪酬制度的主题。

□ 本章小结

新中国成立以来，我国的薪酬实践经历了国家直接对职工的分配制度、以

“工效挂钩”为特征的国家对企业的分配实践及企业薪酬制度的萌芽与探索两个阶段。20世纪90年代以来，我国企业的薪酬制度变革取得了突破性的进展。我国的企业从纯粹的“生产车间”逐渐演变为真正意义上的市场主体，企业的薪酬也随着经济体制改革的逐步深入，由国家直接对员工的工资分配逐渐演变为企业对员工的报酬。本章回顾了计划经济时代（1949—1977年）高度集中统一的工资制度的建立和调整，描述了转型经济时期（1978—1992年）的工资管理探索，介绍了社会主义市场经济体制建立和完善进程中（1992年至今）的薪酬管理实践。

改革开放以前，我国只有高度集中统一的国家分配制度，不存在企业薪酬制度。国家的分配制度受到政治风波的严重影响，在实践中，技术等级工资制和职务工资制成为“一朝被评，终身受用”的“身份工资”和凭资历、论年头，甚至凭关系发放工资的“资历工资”。

1978年以后，职工工资分配逐渐由“单层次的分配模式”向“双层次的分配模式”转变。以1985年年初国务院发出《关于国营企业工资改革问题的通知》为标志，我国企业薪酬制度演变为以“工效挂钩”为主的国家宏观调控下的企业自主分配，并开始进入以结构工资制和浮动工资制为主的企业薪酬制度的萌芽和探索阶段。

1992年以来，我国企业薪酬制度的报酬要素发生了重大变迁，经历了从传统计划经济体制下的“品位分类”、“身份工资”向发达市场经济国家实践所证明的“职位分类”、体现职位价值的“职位定价”、绩效导向的“绩效薪酬”、市场驱动的薪酬体系和当前国外理论界与实业界热衷于探讨和实践的，以技能、知识和能力为基础的薪酬体系的变革。

薪酬制度变迁由供给主导型转变为需求诱导型，变迁的驱动力量来自企业自身的需求。企业薪酬制度变革由过去政府行政力量的全面推动，逐渐演变为在政府的宏观指导下，企业基于环境变化和市场竞争压力自主进行。

薪酬制度设计从过去追求高度统一向现在的多样化、个性化发展；从过去关注生产性员工转变为更加重视研发人员、市场销售人员、管理人员，特别是高层管理人员。

薪酬体系的战略性日益凸显。薪酬已从过去平均主义的简单支付转变为与环境、组织的战略目标相适应，通过吸纳、保留和激励优秀人才以赢得并保持企业竞争优势作为目标。

在我国现代薪酬制度建立的过程中，我国宏观管理体制的变革对企业薪酬制度的影响是巨大的。市场化的经济体制改革为我国企业薪酬制度的变迁提供了先决条件；人才管理体制变革和人才流动加速推动了薪酬制度市场化；中国对外开放体制的建立和发展，加速了现代薪酬管理理念和技术的导入；公司治理结构和体制的完善使基于绩效的长期激励计划成为必然。

□ 复习思考题

1. 我国企业工资管理实践变迁的主线是什么？

2. 工资管理变革的影响因素有哪些？

3. 简述工资区产生的历史背景。在确定公务员薪酬水平时如何解决地区差异问题？

4. 简述工效挂钩产生的历史背景及其在当时所起的作用。

5. 工人技术等级工资制（八级工资制）与基于能力的薪酬制度有何异同？

□案　例

工人能进能出　干部能上能下　工资能升能降

——关于河南漯河市东风建筑公司实行效益工资制的调查

河南省漯河市东风建筑公司是一个320人的小集体企业，由于没有“铁饭碗”，也开不成“大锅饭”，促使全体职工自力更生、艰苦奋斗，创造出可喜的成绩。1981年人均建筑面积为51平方米（全国集体建筑企业人均32.2平方米），劳动生产率5 600元（全国集体建筑企业平均4 117元），在全国同行业中居于先进行列。它有许多成功的经验值得学习，其中根本的一条是实行效益工资制，不端“铁饭碗”，不开“大锅饭”。

由于这家公司是一个小集体企业，只有艰苦创业、热心为用户服务，才能生存下去并不断发展。与艰苦奋斗、自力更生精神相适应的也必须是一套讲求经济效益的劳动工资制度。它实行的这套制度的特点是：工人能进能出，干部能上能下，工资能升能降。这套劳动工资制度具有很大的灵活性，对提高企业的经济效益起着很大的作用，它比国营企业的劳动工资制度更能适应生产发展的需要，促进生产的发展。

1. 没有“铁饭碗”的活工资

为了尽可能地提高经济效益，东风建筑公司把七级工资制改为随着经济效益的增减而增减的浮动工资，改为讲求经济效益的效益工资。这种工资制度的特点是：工人的收入随着劳动贡献的大小而上下浮动。具体办法是：公司对各施工队、施工队对各班组层层包干，两级核算，职工工资收入的多少，完全取决于产量多少、质量好坏和贡献大小。公司按预算定额人工费的95%、材料费的90%，包给施工队；施工队再按劳动定额包给各班组。两个包干定额的差额，留下来作为施工队的积累和支付雨雪天的停工工资。生产班组内部实行多劳多得：如果超额完成生产任务，首先发给本人基本工资，超过基本工资的部分，按一、二、三等发奖金；如果发生亏损，则实行死级活值，按完成任务的比例，减发班组每个成员的基本工资。这就使工人的工资随着完成任务的好坏上下浮动，班组收入的多少完全取决于劳动效率的高低和质量的好坏。由于把职工收入的多少与企业经营的好坏直接联系起来，把个人利益与企业利益结合起来，奖勤罚懒，因此，职工出勤率高、工效高、听指挥、好调度，避免了一些大企业存在的怠工现象。另外，公司规定病假和事假期间一律不发工资，这使劳动、少劳动与不劳动的人在工资待遇上有明显的差别。当然，这并不是说公司不关心职工，如果职工家庭生活确实有困难，公司会给予帮助。

东风建筑公司的经济效益之所以高，就在于一个“包”字。把任务与工资联系在一起，都包给了职工，这个“包”字在农村联产承包经营责任制中起了决定性的作用，在东风建筑公司也起了决定性的作用，因此，中共河南省委负责同志指出：“东风”的经验可以与农村联产承包经营责任制相媲美。

2. 实行正常而灵活的通过考核升级的工资制度

东风建筑公司的职工升级制度是效益工资制的重要组成部分。工人的升级考核按照国家规定的工人技术标准，结合平时的表现进行。三级以下工人，每年考核一次；四级工人，每三年考核一次；五级以上工人不再升级，但实际得到的工资可以随产量的增加而有所增加，不受等级的限制。考核时，不论年龄大小、工龄长短，不对报考级别作出限制，考上几级算几级。所以，工人们说：“在我们这里，工龄不值钱。”考核标准是：应知部分占30%，实际操作占40%，平时的劳动态度及表现占30%。平时表现不好，即使应知应会合格，也不能升级。工人升到几级就按几级派活；不能按质按量完成任务的，就再降下来。按照这种办法，升了级的固然高兴，没升级的也无从埋怨。有的工人参加工作六年升到四级工，也有的参加工作五年一级未升。这种考工升级的办法，能够促使工人努力学习技术，热爱本职工作。

东风建筑公司的实践表明：职工的升级工作也是促进生产发展的一个有力的杠杆。这个杠杆如果由国家统一掌握，就很难做到适应每个企业的特点，对生产也就起不到推动作用。从职工的升级条件来看，按技术或按生产中的表现调资，对生产的推动作用大；按工龄或参加工作的年限调资，对生产的推动作用小。这种办法值得职工升级改革工作研究和借鉴。

3. 职工工资水平随着企业生产的增长而提高

1975—1978年，东风建筑公司共上缴利税1.8万元，1979—1981年，上缴利税9.9万元，相当于过去四年的5.5倍。全公司年竣工面积，1979年为1.2万多平方米，人均40.4平方米；1980年为1.504万平方米，人均43.49平方米；1981年为1.645万平方米，人均51平方米。随着经济效益的提高，职工的工资也逐年增加。全公司的月平均工资，1979年为38.5元，1980年为48.32元，1981年为52.8元，1982年1—9月份平均为58元。这种随生产提高逐步增加的效益工资，体现了在发展生产、提高劳动生产率的基础上，使职工的工资逐步增加的方针，使职工能正确理解增加生产与改善生活的关系，把职工的积极性引导到增加生产、提高经济效益上来。

4. 按生产任务和劳动定额确定工资总额

东风建筑公司的工资总额，根据生产任务和劳动定额确定，随着完成生产任务的多少浮动，从个人到全体职工的工资都与生产紧密联系。生产任务多，完成得好，工资总额就上升；生产任务少，遇上施工淡季，工资总额就下降。工资总额按任务包干以后，增人不增工资，减人也不减工资，这就促使施工队尽量少用人，节约劳动力，提高了劳动生产率。

5. 能进能出的用工制度

工资制度与用工制度是密切相关的，工资制度受到劳动制度的制约。东风建筑公司根据建筑业季节性强的特点，实行固定工和临时工相结合的劳动制度。全公司320人中，固定工仅136人，占42.5%，各种临时工占57.5%。因此，施工队伍精干，企业没有包袱。不仅临时工有进有出，固定工也可留可走，公司有权择优用人。这样做是否会影响职工队伍的稳定呢？东风建筑公司的干部们认为，关键要看企业办得好不好，按劳分配实不实。与此同时，公司严格控制非生产人员，全公司非生产人员12人，只占全体职工的3.75%。

6. 奖罚严明，执法如山

东风建筑公司的人员构成比较复杂，包括待业青年（占66%）、街道闲散劳动力、退休工人、郊区的技术工人和建筑占地后由农转工的“占地工”。公司除了对这些人加强思想教育外，还辅之以奖优惩劣、奖罚严明的制度，使职工队伍逐渐成为有理想、有道德、听指挥、守纪律的队伍。例如，在劳动管理上，公司规定迟到10分钟要罚义务干活半天；严重违反劳动纪律或旷工10天，公司有权除名，除名时，一经公司决定立即执行，不必向劳动局报告。在质量管理上，凡技术水平低、连续三次造成质量事故的，工资降一级，待技术达到要求时，再恢复原级。1977年因为质量事故被降级的有3人。

制度面前人人平等。公司各级领导带头执行奖惩制度，任何领导凡是违反制度的都要受罚。如公司规定质量不合格要受罚，1981年8月，在加工空心板的生产中，由于质量检查不当，造成场地质量事故，当月罚了副经理38.33元。公司还规定上班应提前10分钟到现场，书记、经理每天都提前半小时到现场，下班后晚走半小时。领导带头执行制度，在职工中产生了很大的影响。

资料来源：《光明日报》，1983-02-05。

第2章 劳动力市场规制与薪酬

法律的目的是创造一个稳定的、可以理解的行动结构，在这个结构中个人能够执行其计划并多少意识到可能产生的结果。

——［美］斯蒂芬·L·埃尔金、卡罗尔·爱德华·索乌坦：《新宪政论》

今天，伴随着市场经济在我国的逐步确立，我们每个人都更深刻地体会到了“市场经济是法制经济”这句话的含义。2012年，全年各级劳动人事争议调解组织和仲裁机构共受理劳动人事争议案件140.3万件。结案126.1万件（不包括仲裁机构不予受理数），其中调解组织结案61.8万件，占49.0%。仲裁机构立案受理劳动人事争议64.1万件，结案率为94.7%；调解组织受理（含仲裁机构案外调解）76.2万件。各级仲裁机构立案受理劳动人事争议64.1万件，比上年增加8.8%，涉及劳动者88.2万人，比上年增加13.2%。其中集体劳动争议0.7万件，涉及劳动者23.2万人。当期共审结劳动争议案件64.3万件，比上年增加8.5%。[①] 我国的劳动争议案件每年都以两位数以上的速度递增，其中一半以上是与薪酬相关的。之所以出现这种情况，根本原因是一些企业、劳动者甚至有关政府机构不按照规矩办事，违反了劳动力市场规制。因此，研究劳动力市场规制的内涵和现状、深入分析劳动力市场规制与薪酬的关系、规范市场主体各方的行为，对于发展市场经济、构建和谐社会都有积极的意义。

2.1 劳动力市场规制

2.1.1 规制与市场规制

（一）概念与内涵

规制是指约束和规范经济主体行为的一整套法律、规章、政策和制度。其英

① 中华人民共和国中央人民政府门户网站，http：//www.gov.cn/gzdt/2013-05/28/content_2412954.htm。

文为“regulation”，直译是规则、规章，管理、控制，调整、调节的意思。“规制”是西方发达国家自20世纪30年代以来反复出现于政府法令和学者著作中的词语。中文称谓源自日本，自从日本学者植草益的《微观经济规制法》一书传入我国后，规制一词被我国学者广泛使用。① 狭义上，规制是指“政府对经济行为的管理或制约”；广义上，规制包含一切公权组织对私权个人或小团体的激励、约束和保护行为，既有政治上、法律上的规制，也有道德上的规制等形式②，主要包括对市场的规制和对宏观层面的规制两部分。宏观层面的规制主要指对市场经济的宏观调控。正如米特尼克（Mitnick，1980）所指出的，“规制是针对私人行为的公共行政政策，它是从公共利益出发而制定的规则”③。

理论界对市场规制的研究比较成熟。市场规制在广义上是指各个公权组织为保证市场正常运转以及针对市场失效而采取的纠正、约束和激励行为；狭义上的市场规制仅指政府通过行政、法律手段对市场干预所施加的一般性法规和特殊行为。在主流的规制经济学理论中，市场规制主要指狭义上的含义，即政府通过立法、规章和制度的执行实现对市场的约束、激励及保护。市场规制主体在运作中具有鲜明的特征，主要表现在以下三个方面：一是规制主体的法定性。不是任何个人或组织都可以成为市场规制主体，市场规制主体需要法律予以确定。二是规制目的具有特定性，即市场规制主要是为了维护市场经济秩序，弥补市场缺陷，保护多数人的利益。三是规制手段的多样性。规制主体对市场活动主体行为的规制以法律手段为主，同时辅以经济手段和行政手段。既有奖励方法，又包括消极的限制方法，还包括保护方法。但主要以限制为主，辅之以鼓励、保护手段。

（二）建立市场规制的必要性

市场规制是伴随资本主义的发展而逐步形成的。在市场经济发展的初期，人们信奉自由市场经济，以斯密为代表的主流学派认为市场自由神圣不可侵犯，因此，在传统法学中，认为获取最大利润是资本的天性，也是市场主体追求的最高目标，其获取的利益是经济理性的必然结果，至于获利手段的文明程度以及是否符合道德标准，则不在社会评判之列。这一时期提倡个体的自由自治，以及私人财产神圣不可侵犯，认为市场机制会自动协调市场主体的活动，通过人人为己，达到社会福利的最大化。但是，自由竞争所造成的严重后果使人们认识到了市场的缺陷。由此，市场规制逐步开始出现。市场失灵会导致资源的误置，“规制的实质是政府命令对竞争的明显取代，作为基本的制度安排，它企图维护良好的经济绩效”④。

市场的缺陷主要表现在以下四个方面：（1）垄断的存在；（2）市场分割孤立、价值扭曲导致的市场不完全；（3）大量的外部性和公共产品的不足；（4）周

① 参见胡小红：《市场规制法基本理论探究》，载《安徽大学学报》（哲学社会科学版），2003（6）。
② 参见王万山，裘孟荣，袁飞：《市场规制理论的演进轨迹》，载《商业研究》，2003（14）。
③ Mitnick，B. M.，*The Political Economy of Regulation*，New York：Columbia University Press，1980.
④ Kahn，A. D.，*The Economics of Regulation：Principles and Institutions*，New York：Wiley，1970.

期性的经济危机。[①] 垄断以及一次又一次的经济危机对社会造成的危害，使人们认识到市场机制并非完美无缺，市场机制本身存在着严重缺陷，而且市场自身无法对这种市场失灵进行自我调整，克服市场失灵的有效方式是借助外力对市场进行干预。在诸多外力形式中，国家以其独有的强制力和权威性成为当然的干预主体。国家运用公权力以经济法律的形式对市场失灵进行干预，力图使市场获得最理想的资源配置效率。所以，市场规制的产生不仅是必然的，而且是必要的。

2.1.2　劳动力市场规制的内容

（一）劳动力市场规制的定义

劳动力市场规制是市场规制的一个特殊领域。它是指政府及有关组织为维护劳动力市场秩序和保证劳动力市场正常运转所建立的一整套法律、法规、政策、规则等。

劳动力市场规制与劳动标准既有区别又有联系。劳动标准是指对劳动领域内的重复性事物、概念和行为进行规范，以定性形式（如文字描述）或者定量形式（如数据、图表）所作出的统一规定。它以涉及劳动领域的自然科学、社会科学和实践经验的综合成果为基础，经有关方面协商一致并决定，或由有关方面批准，以多种形式发布，作为共同遵守的准则和依据。[②] 劳动力市场规制强调管制的一面，而劳动标准的重点是技术层面。如劳动定员定额标准是劳动标准，但不是劳动力市场规制。另一方面，劳动力市场规制与劳动标准又有密切的联系，劳动标准的相当一部分内容取自劳动力市场规制，劳动力市场规制也通过劳动标准使自己的规制领域得到延伸和加强。

（二）劳动力市场规制的特点

与其他规制相比，劳动力市场规制具有以下特点：

1. 目的的特定性

劳动力市场规制的核心是劳动者，它以保护劳动者为主旨，兼顾国家和雇主的利益。劳动力市场规制起源于资本与劳动者双方力量的强烈不对称性。资本主义发展初期，在利润的诱导下，资本家对劳动者进行残酷的剥削，引起了劳资双方的严重对立，造成了社会的剧烈动荡。如果政府不出面干预，完全听任市场经济这只“看不见的手”发挥作用，资本主义经济就会面临“破产”的境地。在这种情况下，政府开始发布有关劳动力市场规制，限制资本家对工人的剥削，如英国议会于 1802 年通过的《学徒健康与道德法》，规定纺织工厂 18 岁以下的学徒每日工作时间不得超过 12 小时，并禁止学徒在晚 9 时至翌晨 5 时之间从事夜工，从而成为世界上第一部保护劳工权益的法律。[③]

---

① 参见娄王记，李新月：《关于市场规制法的法律思考》，载《经济师》，2005（5）。

② 参见劳动和社会保障部劳动工资研究所：《中国劳动标准体系研究》，23 页，北京，中国劳动社会保障出版社，2003。

③ 参见任扶善：《世界劳动立法》，30 页，北京，中国劳动出版社，1991。

2. 调整对象的特殊性

劳动力市场规制的调整对象是劳动关系以及与劳动关系密切相关的其他关系，主要调整实现劳动的过程中劳动者与劳动力使用者之间发生的关系。这种劳动关系具有人身依赖性，劳动关系不得代替或转让，也不得委托他人代理。其利益相关者比较多，劳动力市场规制是否合理、到位，关系到劳动关系主体双方的利益，关系到每个人的切身利益，关系到千家万户，关系到劳动关系的和谐与稳定，关系到社会的稳定与发展，因此，劳动力市场规制具有非常强的外部性。

3. 内容的广泛性

劳动力市场规制内容非常广泛，从就业指导、就业介绍到劳动关系建立、劳动关系解除、社会保障等各个方面，覆盖了劳动世界的各个领域。

4. 限制性规制多，鼓励性规制少

从西方发达国家劳动力市场规制的产生和发展看，劳动力市场规制是工人斗争的结果，出于保护员工权益不受侵害的目的，政府开始介入市场活动。我国制定的劳动力市场规制虽然既有鼓励性的和建议性的，也有强制性的，但总的来看以限制性规制为主。

（三）劳动力市场规制的类型

根据劳动力市场规制的内容，我国的劳动力市场规制主要分为以下几个方面：

1. 就业方面的劳动力市场规制

包括职业分类、就业准入、职业介绍、就业促进等方面。

（1）职业分类规制。主要以《中华人民共和国职业分类大典》为代表，职业分类大典是由劳动和社会保障部组织编制的有关职业分类的标准，它在国标《职业分类与代码》的基础上增加了细类，对分类职业进行了延伸，共包括1 838个职业。在《中华人民共和国职业分类大典》的基础上，2001年，劳动和社会保障部颁布了《关于印发防腐蚀工等22个国家职业标准的通知》，2002年又颁布了第三批52个职业的国家职业标准，对职业的活动范围、工作内容、技能要求和知识水平作出了明确的规定。截至2004年，我国已颁布了300多个职业的标准①，为劳动者就业提供了客观、规范、统一的从业依据和资格要求。

（2）就业准入规制。主要是对那些技术含量比较高、通用性比较广、涉及他人生命安全和消费者利益的职业（工种），由政府规定职业进入条件，一般需要一定时间的培训，经过考试考核取得职业资格证书后，方可就业上岗。实行就业准入的职业范围由政府有关部门确定并向社会发布。

（3）职业介绍规制。主要是对职业介绍主体资格、职业介绍程序、职业介绍内容、违法的惩罚措施等方面进行规范。包括《职业介绍暂行规定》，《境外就业中介管理规定》。

（4）就业促进。主要是对就业服务、各部门就业责任等方面进行规范。如

---

① 参见姜菁：《什么样的职业才是阳光职业》，载《职业》，2004（2）。

2005 年北京市劳动和社会保障局下发的《关于开展春风行动做好来京务工人员就业服务工作的通知》，及 2004 年 4 月 2 日经山东省第十届人民代表大会常务委员会第七次会议通过的《山东省就业促进条例》等均属于就业促进规制。

2. 劳动关系方面的劳动力市场规制

包括劳动合同、集体合同、劳动争议等方面的规制。如《集体合同规定》、《违反和解除劳动合同的经济补偿办法》、《中华人民共和国企业劳动争议处理条例》、《企业经济性裁减人员规定》等。这些规制分别规定了劳动合同签订的条件、集体合同从协商到订立和解除的程序，以及发生劳动争议后的解决办法。

3. 劳动报酬方面的劳动力市场规制

包括工资支付、最低工资保障制度、国家宏观调控政策等方面。如《中华人民共和国个人所得税法》、《中华人民共和国个人所得税法实施条例》、《工资支付暂行规定》、《最低工资规定》、《股份有限公司劳动工资管理规定》等。对工资薪金所得税率、工资支付方式、最低工资支付标准等作出了规定。

4. 职业培训方面的劳动力市场规制

包括职业培训、劳动预备制度培训、再就业培训、创业培训、职业资格证书培训、职业技能鉴定等方面。具体规制有《中华人民共和国职业教育法》、《社会力量办学条例》、《招用技术工种从业人员规定》、《关于印发劳动预备制培训实施办法的通知》等。

5. 工作条件方面的劳动力市场规制

包括工作时间、休息休假、劳动安全卫生、女职工和未成年工劳动保护以及禁止使用童工等，是涵盖我国劳动标准数量最多且内容比较全面的部分。

（1）工时规制。主要是对工作时间进行规定，颁布统一标准。按照《国务院关于职工工作时间的规定》，我国目前的标准工作时间为每天 8 小时，每周 40 小时。《劳动法》第四十一条规定了用人单位延长劳动时间的标准为每天加班最多不超过 3 小时、每月不超过 36 小时。对于工作时间不规律的特殊职业，原劳动部颁布的《关于企业实行不定时工作制和综合计算工时工作制的审批办法》提出了实行不定时工作制的具体标准。

（2）休息休假。这是劳动者的一项重要权益，《全国年节及纪念日放假办法》统一了全国年节及纪念日，增加了劳动者的休息时间。《劳动法》第四十五条规定，国家实行带薪年休假制度，劳动者连续工作一年以上的，享受带薪年休假。企业职工休假，由企业根据具体条件和实际情况自主决定，最长 2 周；《国务院关于职工探亲待遇的规定》对探亲假标准作了规定。婚丧假标准按照《国家劳动总局、财政部关于国营企业职工请婚丧假和路程假问题的通知》执行。

（3）未成年工及童工劳动保护规制。主要有《禁止使用童工规定》、《使用童工罚款标准的规定》、《未成年工特殊保护规定》、《关于界定文艺工作者、运动员、艺徒概念的通知》等，这些规制规定了童工的年龄标准及使用童工的罚款标准，有力地保护了未成年人的合法权益。

（4）女职工特殊劳动保护规制。主要有 1988 年国务院颁布的《女职工劳动保护规定》、1990 年劳动部颁发的《女职工禁忌劳动范围的规定》、1994 年劳动保障部发布的《企业职工生育保险试行办法》，这些规制对劳动力市场中的弱势群体所从事的岗位工种范围作了严格规定。

（5）工作条件方面。1984年，劳动人事部颁布了《关于贯彻执行〈高温作业分级〉国家标准的通知》和《关于贯彻执行〈体力劳动强度分级〉国家标准的通知》，根据劳动条件的恶劣程度对工作条件作了等级划分，以加强对工人的劳动保护。

6. 社会保险方面的劳动力市场规制

主要包括养老、医疗、工伤、失业、生育等几个方面。在不断探索的基础上，1997年，国务院发布了《关于建立统一的企业职工基本养老保险制度的决定》，规定了养老保险企业及个人的缴费比例。1999年国务院颁布的《失业保险条例》则规定了企业与个人在失业保险金的缴纳、领取等方面的责任和义务。1998年，《国务院关于建立城镇职工基本医疗保险制度的决定》明确了医疗保险企业及个人双方的权利义务关系，规定用人单位缴费不超过职工工资总额的6%，职工缴费一般为本人工资收入的2%；基金的起付标准原则上为当地职工年平均工资的10%，最高支付限额原则上控制在当地职工年平均工资的4倍左右。自2004年1月1日起施行的《工伤保险条例》规定了工伤保险基金的筹集、工伤认定、劳动能力鉴定、监督管理、法律责任等。1988年6月，国务院颁布的《女职工劳动保护规定》规定了产假的时间标准，《劳动部关于女职工生育待遇若干问题的通知》确定了流产产假的标准及产假期间的工资标准，《企业职工生育保险试行办法》则明确了生育保险费的缴费标准、生育津贴的支付标准及支付期限标准。

7. 国际公约方面的劳动力市场规制

国际公约是由国际组织统一制定的或由双方或几个国家协议制定的法律文件。国际公约或协议经会员国或有关国家批准或签署后也具有法律约束力。国际劳动立法最全面、最集中的反映，就是国际劳工标准。它包括劳动公约和建议书两种形式。国际劳工组织自成立以来，共制定了14大类、184项公约和192项建议书（截至2001年6月召开的国际劳工大会），合计共376项规制。我国目前已经批准的公约有26个，经我国政府批准后的公约和建议书在我国具有法律效力，因此，也是我国劳动力市场规制的一个重要组成部分。①

除了以上按照规制的内容进行分类外，还有其他分类方式。按照劳动力市场规制的技术含量划分，劳动力市场规制还可分为技术类规制和非技术类规制，如工伤等级鉴定办法为技术类规制。1992年劳动部、卫生部组织制定的《职工工伤与职业病致残程度鉴定标准》（试行）、1996年国家技术监督局批准并印发的《职工工伤与职业病致残程度鉴定》（GB/T 16180—1996）等均是技术类规制，这两个规制以国家标准的形式确定了评残标准，为加强劳动鉴定工作奠定了基础。而工伤保险条例为非技术类规制。按所有制划分，可以区分为国有企业劳动力市场规制、集体企业劳动力市场规制、乡镇企业劳动力市场规制、外资企业劳

① 参见人社部网站。

动力市场规制、机关事业单位劳动力市场规制等。按群体可分为关于经营者的劳动力市场规制、关于大学生的劳动力市场规制、关于教师的劳动力市场规制、关于女职工的劳动力市场规制、关于农民工的劳动力市场规制、关于固定就业与灵活就业人员的劳动力市场规制，等等。

2.1.3 我国劳动力市场规制的现状与特征

（一）适应市场经济体制的劳动法律体系正在逐步形成

为了便于《劳动法》的贯彻落实和具体操作，加快建立与市场经济体制要求相适应的劳动力市场规制，以《劳动法》的颁布为契机，1994年以后，我国加强了适应市场经济体制的劳动力市场规制的推进工作。在《劳动法》出台前后不到一年的时间内，原劳动部很快就颁布了20余部配套规章，各省、自治区、直辖市也都根据各地实际制定了地方法规。直到今天，已初步形成了以《劳动法》为母法，由就业与培训、工作条件、劳动报酬、劳动关系、社会保险和福利、劳动安全卫生等方面的法规以及大量劳动行政规章作为配套的劳动法律体系，基本形成了《劳动法》的立法体系，有力地保证了《劳动法》的贯彻实施。

（二）过渡性规制所占的比例大

由于我国正处于由计划经济向市场经济转轨的时期，国有经济仍占有相当的比重，因此，在劳动力市场规制中，过渡性、特定性规制仍占很大的比例，主要表现在以下几个方面：

1. 有关下岗职工再就业和进入再就业中心的规制

为了确保国有企业改革目标的实现，完成国有经济布局的战略性调整，在国有企业改制脱困的过程中，政府出台了一系列规制，以确保职工的基本生活和再就业。如中央1998年下发了《关于切实做好国有企业下岗职工基本生活保障和再就业工作的通知》，劳动和社会保障部1998年下发了《关于加强国有企业下岗职工管理和再就业服务中心建设有关问题的通知》，1999年下发了《关于做好国有企业下岗职工基本生活保障失业保险和城市居民最低生活保障制度衔接工作的通知》，2000年下发了《关于开展落实下岗职工再就业优惠政策检查的通知》，2001年下发了《关于开展再就业援助行动的通知》，这些政策规定了下岗职工基本生活的保障方式、劳动关系的处理、生活保障基金的筹措、再就业的政策优惠措施等。

2. 有关分离企业办社会职能及关闭破产等的规制

如原国家经贸委等部门下发的《关于进一步推进国有企业分离办社会职能工作的意见》，原国家经贸委《关于若干城市分离企业办社会职能分流富余人员的意见》的通知等，对分流程序、企业分流人员的有关权益作了规定。《中共中央办公厅国务院办公厅关于在若干城市试行国有企业破产有关问题的通知》、《国务院关于在若干城市试行国有企业兼并破产和职工再就业有关问题的补充通知》、《中共中央办公厅国务院办公厅关于进一步做好资源枯竭矿山关闭破产工作的通知》等对破产程序、关闭破产企业的职工安置、失业保险金的发放等作了规定。

3. 有关企业改制中职工权益保护的规制

包括国家经贸委等八部门 2002 年发布的《印发〈关于国有大中型企业主辅分离辅业改制分流安置富余人员的实施办法〉的通知》，国资委等四部门 2003 年发布的《关于进一步明确国有大中型企业主辅分离辅业改制有关问题的通知》，2003 年国务院办公厅转发国务院国有资产监督管理委员会《关于规范国有企业改制工作的意见》等，这些规制规定了改制的程序、改制中职工劳动关系的处理、职工的补偿等。《关于规范国有企业改制工作的意见》中规定，国有企业改制方案和国有控股企业改制为非国有企业的方案，必须提交企业职工代表大会或职工大会审议，充分听取职工意见。其中，职工安置方案需经企业职工代表大会或职工大会审议通过后方可实施。改制为非国有的企业，要按照有关政策处理好改制企业与职工的劳动关系。改制企业拖欠的职工工资、医疗费和挪用的职工住房公积金以及企业欠缴的社会保险费等要按有关规定予以解决。改制后的企业要按照有关规定按时、足额缴纳社会保险费，及时为职工接续养老、失业、医疗、工伤、生育等各项社会保险关系。

4. 有关农民工群体的市场规制

据调查，2004 年全国农民外出流动就业人数达 1.2 亿，其中进城务工人员约 1 亿人，占城镇就业人员的近 40%。进城务工人员广泛分布在城市各个行业，特别是集中在制造业、建筑业、住宿餐饮等行业，为城市建设和经济发展作出了重要贡献。[①] 但另一方面，农民工的劳动权益得不到保障的现象也比较严重，农民工工资被拖欠、基本权益被侵害时常见诸报端。为了保护农民工的合法权益，有关部门出台了相关规制，把农民工作为一个弱势群体加以保护。包括 2003 年国务院办公厅发布的《关于做好农民进城务工就业管理和服务工作的通知》、《关于切实解决建设领域拖欠工程款问题的通知》，2004 年发布的《中共中央国务院关于促进农民增加收入若干政策的意见》、《关于进一步做好改善农民进城就业环境工作的通知》，劳动和社会保障部 2004 年发布的《关于加强建设等行业农民工劳动合同管理的通知》、《关于开展农民工工资支付情况专项检查活动的通知》，2006 年年初国务院发布的《关于解决农民工问题的若干意见》等。各省市也根据本地情况制定了相关规制，如北京市先后出台了《北京市外地农民工参加工伤保险暂行办法》、《北京市外地农民工参加基本医疗保险暂行办法》，深圳经济特区早在 20 世纪 90 年代初期就制定了《深圳经济特区劳务工条例》。这些规制对于保护农民工这一特殊群体的权益起到了积极作用。

5. 针对大学生就业的市场规制

这方面的规制以鼓励性为主。如《中共中央办公厅国务院办公厅印发〈关于引导和鼓励高校毕业生面向基层就业的意见〉的通知》、《国务院办公厅关于做好 2003 年普通高等学校毕业生就业工作的通知》、《国务院办公厅关于进一步做好 2004 年普通高等学校毕业生就业工作的通知》、劳动和社会保障部《关于进一步

① 参见劳动和社会保障部课题组：《关于农民工情况的研究报告之二：农民工流动就业与劳动力市场建设问题》，载《中国劳动保障报》，2005-08-02。

做好2004年高校毕业生就业有关工作的通知》、《关于贯彻落实中共中央办公厅国务院办公厅引导鼓励高校毕业生面向基层就业意见的通知》等。这些规制规定了各有关部门在大学生就业中的责任，提出了毕业生到西部和基层的奖励措施，以及社会保障的配套办法等。

(三) 我国劳动力市场规制的效力比较低

虽然近十几年来我国发布了一系列新的劳动力市场规制，使我国劳动力市场规制有了很大的发展，但由于基础比较薄弱、市场环境不成熟，总体上看，目前我国劳动力市场规制的效力比较低，有法不依、有法难依的现象还比较普遍。全国人民代表大会颁布的法律只有一部《劳动法》，国务院也只有少量的劳动行政法规；我国的劳动力市场规制大量以部门规章、“通知”、“复函”等形式存在。在这些规制中，不仅有许多滞后的规定，还存在着大量相互抵触的现象。全国性的专项立法如《促进就业法》、《劳动争议处理法》、《社会保障法》等由于种种原因尚未出台。因此，我国应加快劳动立法的步伐，不断提高立法层次，尤其是加紧制定《促进就业法》、《劳动基准法》、《劳动争议处理法》、《社会保障法》等全国性的专项立法，提高劳动力市场规制的法律效力。

(四) 我国劳动力市场规制面临着巨大的挑战

首先，自20世纪70年代以来出现的“社会责任运动”，涉及工人组织、工会权力、禁止使用童工、消除强迫劳动、男女同工同酬、反对就业歧视等多个方面，试图将劳动标准与国际贸易挂钩，作为一项新的贸易壁垒。我国劳动力市场规制的建设如何趋利避害，根据我国国情逐步完善将是我们面临的一项重大挑战。其次，我国在建立社会主义市场经济的过程中，保护劳动者权益如何与具有中国特色的工会制度相结合，也是一个不可回避的问题。最后，体制转型与新经济的出现，也使我国劳动力市场规制建设面临许多新的挑战，如灵活就业人员的市场规制建设、劳务用工的市场规制建设、劳务派遣的市场规制建设、复员转业军人的市场规制建设、农民向城市转移过程中的市场规制订立，等等。

2.1.4 我国劳动力市场规制中有关薪酬方面的规定

我国劳动力市场规制可分为四个层次：第一个层次是由全国人民代表大会和全国人民代表大会常务委员会颁布的法律。第二个层次是国务院发布的法规。第三个层次是国务院劳动行政主管部门制定的规章。地方性的企业工资管理立法体系也大体相仿，如省市人民代表大会及常务委员会可以颁布地区性工资管理法规，地方劳动行政主管部门也可以制定管理规章等。第四个层次是有关组织制定的规制和企业内部的规章制度。

(一)《中华人民共和国宪法》

工资管理的最高立法是《中华人民共和国宪法》(以下简称《宪法》)。《宪法》是国家的根本大法，同时也是《劳动法》的首要渊源，是劳动立法的最高法律依据。在劳动执法中，《宪法》具有最高的适用效力。《宪法》主要对薪酬规制的基本原则和基本标准作出了规定，包括两个方面。一是确定了分配的原则。《宪法》第六条规定：中华人民共和国的社会主义经济制度的基础是生产资料的社会主义公有制，即全民所有制和劳动群众集体所有制。社会主义公有制消灭人剥削人的制度，实行各尽所能、按劳分配的原则。国家在社会主义初级阶段，坚持公有制为主体、多种所有制经济共同发展的基本经济制度，坚持按劳分配为主体、多种分配方式并存的分配制度。第四十八条规定：国家保护妇女的权利和利益，实行男女同工同酬。二是不断提高薪酬水平，保障劳动者的基本权益。《宪法》第四十二条规定：国家通过各种途径，创造劳动就业条件，加强劳动保护，改善劳动条件，并在发展生产的基础上，提高劳动报酬和福利待遇。第四十三条规定：中华人民共和国劳动者有休息的权利。国家发展劳动者休息和休养的设施，规定职工的工作时间和休假制度。

（二）基本劳动法律

在《宪法》之下是基本劳动法律，一般是由全国人民代表大会或全国人民代表大会常务委员会制定或修改的法律。1994年由全国人民代表大会常务委员会通过，从1995年1月1日开始实施，并根据2009年8月27日第十一届全国人民代表大会常务委员会第十次会议《全国人民代表大会常务委员会关于修改部分法律的决定》修正的《劳动法》，是中国劳动立法的母法，是劳动领域内的最高法律，是全面、综合、整体调整劳动关系及与劳动关系密切联系的其他社会关系的规制。《劳动法》关于工资管理的主要内容有以下四个方面：

一是规定了分配的原则。提出工资分配应当遵循按劳分配原则，实行同工同酬。

二是提出应建立最低工资保障制度。提出国家实行最低工资保障制度。最低工资的具体标准由省、自治区、直辖市人民政府规定，报国务院备案。用人单位支付劳动者的工资不得低于当地最低工资标准。确定和调整最低工资标准应当综合考虑劳动者本人及平均赡养人口的最低生活费用、社会平均工资水平、劳动生产率、就业状况、地区之间经济发展水平的差异等因素。

三是对工资支付标准和支付方式作了规定：（一）安排劳动者延长工作时间的，支付不低于工资的百分之一百五十的工资报酬；（二）休息日安排劳动者工作又不能安排补休的，支付不低于工资的百分之二百的工资报酬；（三）法定休假日安排劳动者工作的，支付不低于工资的百分之三百的工资报酬。工资应当以货币形式按月支付给劳动者本人。不得克扣或者无故拖欠劳动者的工资。劳动者在法定休假日和婚丧假期间以及依法参加社会活动期间，用人单位应当依法支付工资。

四是规定了国家和企业的分配权限。国家的权限主要是使工资水平在经济发展的基础上逐步提高，同时对工资总量实行宏观调控。企业则可以根据本单位的生产经营特点和经济效益，依法自主确定工资分配方式和工资水平；对实行计件工资的劳动者，用人单位应当根据工时制度合理确定其劳动定额和计件报酬标准。

其他法律如《中华人民共和国劳动合同法》、《中华人民共和国劳动争议调解仲裁法》、《中华人民共和国残疾人保障法》、《中华人民共和国工会法》、《中华人民共和国教师法》、《中华人民共和国妇女权益保障法》、《中华人民共和国人口与计划生育法》、《中华人民共和国公务员法》、《中华人民共和国公司法》、《中华人民共和国合伙企业法》、《中华人民共和国个人独资企业法》、《中华人民共和国安全生产法》则从不同方面，针对不同群体对薪酬分配做了规定。如《中华人民共和国工会法》规定了工会在工资、劳动保护和劳动保险工作决策中的作用，以及工会兼职人员的薪酬福利待遇。要求全民所有制企业在召开讨论有关工资、福利、安全生产以及劳动保护、劳动保险等涉及职工切身利益的会议时，应当有工会代表参加；中外合资经营企业、中外合作经营企业在研究决定有关工资、福利、安全生产以及劳动保护、劳动保险等涉及职工切身利益的问题时，应当听取工会的意见。全民所有制和集体所有制企业工会脱产专职工作人员的工资、奖励、补贴，由所在单位行政支付，劳动保险和其他福利待遇等，享受本单位职工同等待遇；不脱产的委员因参加会议或者工会组织的活动占用生产或者工作时间，其工资照发。

自2008年1月1日起施行的《中华人民共和国劳动合同法》，重点对劳动合同的订立、劳动合同的履行和变更、劳动合同的解除和终止、法律责任等进行了界定，是规范劳动关系的一部重要法律。它强调劳动合同在明确劳动合同双方当事人的权利和义务的前提下，重在对劳动者合法权益的保护，为构建与发展和谐稳定的劳动关系提供法律保障。作为我国劳动保障法制建设进程中的一个重要里程碑，《中华人民共和国劳动合同法》的颁布实施有着深远的意义。

2012年12月28日，第十一届全国人民代表大会常务委员会第三十次会议表决通过了《关于修改〈中华人民共和国劳动合同法〉的决定》，修订后的劳动合同法规定，被派遣劳动者享有与用工单位的劳动者同工同酬的权利。用工单位应当按照同工同酬原则，对被派遣劳动者与本单位同类岗位的劳动者实行相同的劳动报酬分配办法。法案指出劳动合同用工是我国的企业基本用工形式。劳务派遣用工是补充形式，只能在临时性、辅助性或者替代性的工作岗位上实施。同时规定，用工单位应当严格控制劳务派遣用工数量，不得超过其用工总量的一定比例，具体比例由国务院劳动行政部门规定。

《中华人民共和国劳动争议调解仲裁法》在缩短劳动争议调解仲裁的周期、减少处理环节、提高成效、降低成本等方面作出了许多新的规定，目的在于建立方便、快捷、有效、低廉的劳动争议处理制度。如在仲裁时效期间上，较之《劳动法》60天的相关规定延长至1年，以免劳动者错过时机，特别是涉及劳动报酬争议的可以延长至劳动关系终止后1年；而在仲裁的审理期限上，较之《劳动法》的相关规定缩短了1/3，防止案件久拖不决。

《中华人民共和国残疾人保障法》规定：逐步将符合规定的残疾人医疗康复项目纳入城镇职工基本医疗保险、城镇居民基本医疗保险和新型农村合作医疗范围，保障残疾人的医疗康复需求。着力解决好重度残疾、一户多残、老残一体等特殊困难家庭的基本生活保障问题，做好低收入残疾人家庭生活救助。

《中华人民共和国教师法》对教师的薪酬待遇水平、津贴项目等作了规定。规定教师的平均工资水平应当不低于或者高于国家公务员的平均工资水平。中小学教师和职业学校教师享受教龄津贴和其他津贴。对教师以及具有中专以上学历的毕业生到少数民族地区和边远贫困地区从事教育教学工作的，应当予以补贴。教师在医疗方面与当地国家公务员享受同等待遇。国家补助、集体支付工资的中小学教师的待遇，逐步做到在工资收入上与国家支付工资的教师同工同酬。

《中华人民共和国公司法》、《中华人民共和国合伙企业法》、《中华人民共和国个人独资企业法》对工资决策及企业破产后的工资清偿程序作了规定。《中华人民共和国公司法》规定董事、监事的报酬事项由股东会决定；公司经理、副经理、财务负责人的报酬事项由董事会决定。公司可提取利润的5%～10%列入公司法定公益金。公司提取的法定公益金用于本公司职工的集体福利。公司破产时，优先支付职工工资和劳动保险费用。

《中华人民共和国妇女权益保障法》、《中华人民共和国人口与计划生育法》对妇女的权益保护作了规定。要求实行同工同酬，任何单位不得因结婚、怀孕、产假、哺乳等情形，降低女职工的工资；符合法律、法规规定生育子女的夫妻，可以获得延长生育假的奖励或者其他福利待遇；妇女怀孕、生育和哺乳期间，按照国家有关规定享受特殊劳动保护并可以获得帮助和补偿。

（三）国家劳动行政法规、规章

行政法规、规章指各级人民政府及所属部门和派出机关行使法定职权时所制定和发布的对公民、法人和其他组织具有普遍约束力的规定。国家劳动行政法规是由国务院制定、修改、批准发布的调整劳动关系及其他有关社会关系的规范性文件，行政法规的名称一般为“条例”、“规定”、“办法”及“实施办法”，它是我国现行劳动法律规范的主要形式之一。国家劳动行政规章是指由国务院各部委根据劳动行政法规制定的实施细则、实行办法等。规章的名称一般为“办法”、“规定”、“细则”及“实施细则”等。其中一般来说，对某一方面的工作作比较全面、系统的规定，称为“办法”；对某一方面的工作作部分规定，称为“规定”；对某一方面的工作作比较具体的规定，称为“细则”或“实施细则”。

国务院关于企业工资管理的法规主要有《关于对企业工资进行宏观调控的规定》、《关于对各类行业和部门的工资总额进行总量挂钩管理的规定》、《关于对集体企业工资管理的规定》、《关于对外商投资企业工资管理的规定》、《关于对企业经营者工资收入管理的规定》等，涉及的内容非常广泛。

国务院劳动行政主管部门关于企业工资管理的规章更多，主要包括以下几个方面：一是涉及全国以及地区、部门工资宏观调控的政策措施；二是对单个企业工资总额提取和使用的规定，如工效挂钩；三是贯彻实施最低工资保障制度的规定；四是有关企业工资支付的规定；五是对各类性质不同的企业（如外商投资企业）和企业内部的不同人员（如经营者）的工资所作的单项性规定，以及对特殊岗位和特殊劳动条件下的工资的专门规定。

（四）地方性劳动法规、规章

各省市的工资管理立法，也大体是按照国家的立法体系，根据贯彻实施国家法律、法规的需要而建立起来的。地方性劳动法规是由省、自治区、直辖市的人民代表大会及其常务委会员，在不与《宪法》、劳动法律和劳动行政法规相抵触的前提下，结合本地区的实际情况而制定的规范性的地方劳动法律文件。它是劳动法律规范的又一种表现形式。地方性劳动规章是指省、自治区、直辖市人民政府，根据法律和国务院行政法规制定的实施细则、施行办法等。

（五）自治劳动条例和特别行政区劳动法规

自治条例是根据自治权制定的有关本地区实行民族区域自治的基本制度的规范性法律文件。单行条例是根据自治权制定的调整某一方面事项的规范性法律文件。自治劳动条例和单行劳动条例与地方性劳动法规的立法机关不同，它是由自治区、自治州、自治县的人民代表大会，依照当地民族的实际情况制定的在本自治地方有效的规范性劳动法律文件，它是我国劳动法律规范的形式之一。

特别行政区劳动法规是按照《宪法》的规定，由特别行政区人民代表大会及其常务委员会或特别行政区立法机关制定并报全国人民代表大会常务委员会备案的，在特别行政区内有效的劳动法规，它是劳动法律规范的一种特别形式。

（六）批准生效的国际劳工公约

国际劳工组织通过的公约，经我国政府批准后即在我国生效，对国内的企业和劳动者也同样具有约束力，是我国劳动法律规范的表现形式之一。随着我国对外开放程度的深化，我国政府批准的国际公约也在逐步增加。

（七）有关的法律解释

拥有解释权的国家机关对劳动法律规范的含义以及使用的概念、术语、定义所作的说明解释，是具有法律效力的解释。如原劳动部发布的《关于贯彻执行〈中华人民共和国劳动法〉若干问题的意见》、《最高人民法院关于审理劳动争议案件适用法律若干问题的解释》等均具有法律效力。

（八）集体合同和企业内部劳动规则

集体合同是工会与雇主之间签订的以劳动条件、工作条件等为主要内容的书面集体协议。企业内部劳动规则是企业单位为有效地组织工业生产或其他业务活动而订立的本单位的劳动规章制度。集体合同和劳动规则本身不是法律，但只要它们不与法律规定相抵触，并符合规定的订立程序，就对劳动关系双方都具有法律约束力，可以看做法律规定的延伸和具体化。

2.2 劳动力市场规制与企业薪酬

2.2.1 最低工资

最低工资标准，是指劳动者在法定工作时间或依法签订的劳动合同约定的工作时间内提供了正常劳动的前提下，用人单位依法应支付的最低劳动报酬。19世纪末20世纪初，新西兰、澳大利亚两国最早出台了最低工资立法，经过100多年的发展，目前世界上所有发达国家、绝大多数发展中国家都实行了最低工资制度或类似制度。我国最早建立最低工资制度的地区为珠海市，早在1989年，珠海市就制定了最低工资法规，深圳市于1992年在《深圳经济特区企业工资管理暂行规定》中制定了有关最低工资制度的条款，随后一些省市特别是沿海发达地区都陆续出台了本地区的最低工资标准。根据改革开放的需要，1993年劳动部发布了《企业最低工资规定》，1994年7月第八届全国人民代表大会常务委员会通过的《劳动法》第五章明确规定：国家实行最低工资保障制度。用人单位支付劳动者的工资不得低于当地最低工资标准。随后，全国各省、自治区、直辖市先后颁布了本地区的最低工资标准。我国最低工资保障体系的基本形成，为保持我国经济体制转型期的社会稳定和保障人民生活发挥了重要作用。

《劳动法》和自2004年3月1日起施行的《企业最低工资规定》是规制企业最低工资标准的两个最主要的法规。月最低工资标准一般根据当地就业者及其赡养人口的最低生活费用、城镇居民消费价格指数、职工个人缴纳的社会保险费和住房公积金、职工平均工资、经济发展水平、就业状况等综合因素确定。其中，小时最低工资标准，除考虑上述因素外，还要考虑单位应缴纳的基本养老保险费和基本医疗保险费因素，以及非全日制劳动者在工作稳定性、劳动条件和劳动强度、福利等方面与全日制就业人员之间的差异等。根据规定，最低工资中不包括延长工作时间工资；中班、夜班、高温、低温、井下、有毒有害等特殊工作环境、条件下的津贴；法律、法规和国家规定的劳动者福利待遇等。

确定最低工资标准的通用方法主要有两种：一是比重法，即根据城镇居民家计调查资料，确定一定比例的最低人均收入户为贫困户，统计出贫困户的人均生活费用支出水平，乘以每一就业者的赡养系数，再加上一个调整数；二是恩格尔系数法，即根据国家营养学会提供的年度标准食谱及标准食物摄取量，结合标准食物的市场价格，计算出最低食物支出标准，除以恩格尔系数，得出最低生活费用标准，再乘以每一就业者的赡养系数，再加上一个调整数。根据以上方法计算出月最低工资标准后，再考虑职工个人缴纳的社会保险费、住房公积金、职工平均工资水平、社会救济金和失业保险金标准、就业状况、经济发展水平等进行必要的修正。根据经验，国际上一般月最低工资标准相当于月平均工资的40%～60%。截止到2015年，我国31个省、自治区、直辖市已建立并实施了最低工资保障制度，正式公布了最低工资标准（见表2—1）。最低工资保障制度的实施，对促进劳动力市场的发育、促进工资管理和工资支付的法制化、加强企业工资收入的宏观调控、制止部分企业过分压低职工工资、保护劳动者合法权益，发挥了积极的作用。

表 2—1　　全国各地区月最低工资标准情况　　单位：元

地区	标准实行日期	月最低工资标准			
		第一档	第二档	第三档	第四档
北京	2015.04.01	1 720			
天津	2015.04.01	1 850			
河北	2014.12.01	1 480	1 420	1 310	1 210
山西	2015.05.01	1 620	1 520	1 420	1 320
内蒙古	2015.07.01	1 640	1 540	1 440	1 340
辽宁	2013.07.01	1 300	1 050	900	
吉林	2013.07.01	1 320	1 220	1 120	
黑龙江	2012.12.01	1 160	1 050	900	850
上海	2015.04.01	2 020			
江苏	2014.11.01	1 630	1 460	1 270	
浙江	2015.11.01	1 860	1 660	1 530	1 380
安徽	2013.07.01	1 260	1 040	930	860
福建	2015.08.01	1 500	1 350	1 230	1 130
江西	2015.10.01	1 530	1 430	1 340	1 180
山东	2015.03.01	1 600	1 450	1 300	
河南	2015.07.01	1 600	1 450	1 300	
湖北	2015.09.01	1 550	1 320	1 225	1 100
湖南	2015.01.01	1 390	1 250	1 130	1 030
广东	2015.05.01	1 895	1 510	1 350	1 210
其中：深圳	2015.03.01	2 030			
广西	2015.01.01	1 400	1 210	1 085	1 000
海南	2015.01.01	1 270	1 170	1 120	

资料来源：劳动法网，http：//laodongfa. yjbys. com/xin/163117. html。

2.2.2　工资的支付

（一）我国企业工资支付方面的规制

工资是劳动者维持基本生活的重要来源，是劳动力生产和再生产的必要基础条件，也是构成企业人工成本的一个主要部分。由于工资对于劳资双方都有利害攸关的关系，因此，由工资引发的劳动报酬争议历来是劳动争议的主体。随着企业薪酬制度改革的深入和现代企业收入分配制度的初步构建，我国企业工资制度摆脱了大一统的模式，工资支付方式更为复杂多样，依靠计划经济条件下的行政命令对企业工资支付行为进行约束已经难以为继。为了维持劳动者权益不受侵害，20 世纪 90 年代，我国在企业工资支付方面发布了一系列的规制，其中最主要的是《劳动法》和 1995 年 1 月开始执行的《工资支付暂行规定》及 1995 年 5 月发布的《对〈工资支付暂行规定〉有关问题的补充规定》，地方出台的有关工资支付的法规、规章，其他有关工资支付的解释、复函等。《劳动法》规定：工资应当以货币形式按月支付给劳动者本人。不得克扣或者无故拖欠劳动者的工资。劳动者在法定休假日和婚丧假期间以及依法参加社会活动期间，用人单位应当依法支付工资。《工资支付暂行规定》对《劳动法》的条文进一步作了细化，规范了工资支付项目、工资支付水平、工资支付形式、工资支付对象、工资支付时间以及特殊情况下的工资支付。

工资支付项目方面，规定工资是指用人单位依据劳动合同的规定，以各种形式支付给劳动者的工资报酬；工资支付水平方面，用人单位在劳动者完成劳动定额或规定的工作任务后，根据实际需要安排劳动者在法定标准工作时间以外工作的，应分别按照劳动者正常劳动时间工作报酬的150%，200%，300%支付劳动者工资；工资支付形式方面，规定工资应当以法定货币支付，不得以实物及有价证券替代货币支付；工资支付对象方面，要求用人单位应将工资支付给劳动者本人；工资支付时间方面，要求工资必须在用人单位与劳动者约定的日期支付；同时，对于劳动者受处分后的工资支付，学徒工、熟练工、大中专毕业生在学徒期、熟练期、见习期、试用期及转正定级后的工资待遇，复转军人的工资待遇等特殊人员的工资支付也作了明确规定。

（二）我国企业工资支付机制的修订

由于《工资支付暂行规定》及1995年5月发布的《对〈工资支付暂行规定〉有关问题的补充规定》等法律规定出台时间较早，在当时的社会经济中，国有企业占有绝对的主体地位，因此，随着经济体制改革，特别是产权制度改革的深入，以及企业类型的多样化和劳动关系的复杂化，《工资支付暂行规定》已经不能适应形势发展的需要，企业人力资源工作者、劳动仲裁部门的执法人员等都感觉到《工资支付暂行规定》中的有关内容过于原则化、缺乏可操作性，再加上各方对有关内容的理解不一致，加剧了执行中的混乱。而且，由于企业规避的原因，工资支付问题成为劳动争议的多发源头。如加班工资的计算基数在企业的执行中差异就很大，有的企业按最低工资标准支付，有的按标准工资支付，有的按平均工资支付，因此，亟须对《工资支付暂行规定》进行修订。根据实际形势的发展，一些地区开始制定或修订工资支付办法。珠海市于2001年通过了首部有关企业工资支付的地方性劳动工资法规，随后，北京、上海、天津等地根据实际情况也发布了本地区的工资支付法规，目前大多数省份已经修订或制定了工资支付条例。同时，有关部门也正在抓紧修订全国性的工资支付法规。总的来看，我国的工资支付规制更多地侧重于实体性规范，而对于工资支付的程序性规范关注不够，对工资支付中的性别、民族、种族等方面因素的考虑更显不足。

（三）国外工资支付实践

在国外的工资管理实践中，工资支付规定中一个备受关注之处是豁免和非豁免的问题。由于劳动特征的多样性，总有一些岗位难以按照法律规定的标准工作时间运作。为此，在劳动时间的计算以及工资的支付上，对于那些由于劳动特点决定的难以按照标准劳动时间有规律工作的岗位，各国法律大都作出了豁免规定。如美国的《公平劳动标准法》(ELSA)规定，部分技术岗位和行政管理岗位可以列入豁免范围。其中，技术岗位豁免的条件是：(1) 工作所需的知识是通过长期的专业化学习得来的，或者是从事独特的创造性的艺术领域；(2) 经常行使决断权；(3) 所做的工作是脑力的且不循规蹈矩；(4) 至少有80%的工作时间用于这些活动。行政管理岗位豁免的条件是：(1) 主要承担管理职责；(2) 监督两个或更多的员工；(3) 能够控制（至少具有巨大的影响）招聘、解雇和晋升；(4) 行使决断权；(5) 至少有80%的工作时间从事这些活动。①

1994年，我国也曾颁布了《关于企业实行不定时工作制和综合计算工时工作制的审批办法》，其中规定了部分工作时间和工资支付豁免岗位范围（见表2—2)。但由于许多地区认为在以经济建设为中心的条件下，建立严格的豁免和非豁免界限会加大企业的人工成本，影响本地区的竞争力，因此，在实践中法律执行的严肃性远远不够，豁免和非豁免问题还没有引起人们的足够重视。随着改革的深入和全球经济一体化的加快，这一问题将会逐步成为人们关注的一个热点。

表2—2　不定时和综合计算工时工作制工种或者岗位的人员范围表

一、企业对符合下列条件之一的职工，可以实行不定时工作制。
(一) 企业中的高级管理人员、外勤人员、推销人员、部分值班人员和其他因工作无法按标准工作时间衡量的职工；
(二) 企业中的长途运输人员、出租汽车司机和铁路、港口、仓库的部分装卸人员以及因工作性质特殊，需机动作业的职工；
(三) 其他因生产特点、工作特殊需要或职责范围的关系，适合实行不定时工作制的职工。
二、企业对符合下列条件之一的职工，可实行综合计算工时工作制，即分别以周、月、季、年等为周期，综合计算工作时间，但其平均日工作时间和平均周工作时间应与法定标准工作时间基本相同。
(一) 交通、铁路、邮电、水运、航空、渔业等行业中因工作性质特殊，需连续作业的职工；
(二) 地质及资源勘探、建筑、制盐、制糖、旅游等受季节和自然条件限制的行业的部分职工；
(三) 其他适合实行综合计算工时工作制的职工。

资料来源：刘杰三：《劳动法及配套法规案例精选（1995)》，320页，北京，中国商业出版社，1995。

2.2.3 个人收入所得税

个人所得税是对个人取得的所得课征的税种，它以个人取得的各项应纳税所得额为征税对象。个人所得税的纳税义务人可分为居民纳税义务人和非居民纳税义务人。随着个人所得税收入逐年大幅增长，我国个人收入所得税已成为仅次于增值税、消费税、营业税、企业所得税的第五大税种。2011年我国个人所得税收入连续跳过5 000亿元和6 000亿元两个大关，达6 054.09亿元，比上年增长了25.2%。

随着人们收入的迅速增长，个人收入所得的有关规定已经成为劳动力市场中的重要规制。目前个人收入调节规制主要有：《中华人民共和国个人所得税法》，

① George T. Milkovich, Jerry M. Newman, *Compensation*, Eighth Edition, McGraw-Hill, 2005.

《中华人民共和国税收征收管理法》，《个人所得税管理办法》，《国家税务总局关于调整个人取得全年一次性奖金等计算征收个人所得税方法问题的通知》，《关于企业以免费旅游方式提供对营销人员个人奖励有关个人所得税政策的通知》，《关于个人独资企业和合伙企业投资者征收个人所得税的规定》等。

个人收入所得税不仅成为调节社会收入差距的重要手段，同时对企业薪酬支付结构、企业薪酬激励行为等方面都有较大的影响。《中华人民共和国个人所得税法》列举的所得项目有11类，包括：工资、薪金所得，个体工商户的生产经营所得，对企事业单位的承包经营、承租经营所得，劳务报酬所得，稿酬所得，特许权使用费所得，利息、股息、红利所得，财产租赁所得，财产转让所得，偶然所得，经国务院财政部门确定征税的其他所得。个人独资和合伙企业按规定也征收个人所得税。其中个人的工资薪金所得在扣除一定金额后，实行累进税率。从1980年开始，我国的个人所得税起征点统一实行800元的标准，但经过20多年的飞速发展，800元的起征点已难以起到调节收入差距的作用。据《2002中国统计摘要》计算，1985年城市居民消费价格指数为100，2001年为357.6，价格的上涨使个人所得的免税额降低，工薪阶层纳税人数占总人数的比例约为60%，800元的起征标准加重了低收入家庭的负担，不利于实现社会的公平、公正与和谐。2005年9月，个人所得税工薪所得减除费用标准听证会在北京举行，2005年10月27日，第十届全国人民代表大会常务委员会第十八次会议通过了《全国人民代表大会常务委员会关于修改〈中华人民共和国个人所得税法〉的决定》，将工资、薪金所得的税前扣除额标准从原来的每人每月800元，统一提高为1 600元。由此，工薪阶层纳税人数占总人数的比例降至26%左右①，中低层收入者将是最终受益者。2007年12月29日，第十届全国人民代表大会常务委员会第三十一次会议表决通过了《全国人民代表大会常务委员会关于修改〈中华人民共和国个人所得税法〉的决定》。个人所得税免征额自2008年3月1日由1 600元提高到2 000元。2011年6月30日，第十一届全国人民代表大会常务委员会第二十一次会议表决通过了《全国人民代表大会常务委员会关于修改〈中华人民共和国个人所得税法〉的决定》，自2011年9月1日起将个人所得税起征点提高到3 500元。

由于个人收入实行累进税率，因此，员工收入达到一定水平后，一些企业为了规避税收，使其薪酬向福利转化，薪酬结构开始发生变化。

表2—3列出了个人工资、薪金所得税的税率。

表2—3　　个人所得税税率表（工资、薪金所得适用）

级数	全月应纳税所得额	税率（%）
1	不超过1 500元的	3
2	超过1 500元至4 500元的部分	10
3	超过4 500元至9 000元的部分	20
4	超过9 000元至35 000元的部分	25

① 《800元起征点成历史　逾七成工薪族将不用交个税》，http：//info.news.hc360.com/html/001/002/003/018/003/140245.htm。

续前表

级数	全月应纳税所得额	税率（%）
5	超过35 000元至55 000元的部分	30
6	超过55 000元至80 000元的部分	35
7	超过80 000元的部分	45

说明：本表所称全月应纳税所得额是按照2011年6月30日第十一届全国人民代表大会常务委员会第二十一次会议表决通过的个税法修正案（将个税起征点由现行的2 000元提高到3 500元，适用超额累进税率3%～45%，自2011年9月1日起实施）计算的，即每月收入额减除费用3 500元后的余额或者减除附加减除费用后的余额。

资料来源：百度百科：个人所得税率，http：//baike. baidu. com/view/4484160. htm。

2.2.4　劳动力市场规制与国有企业薪酬分配

（一）出资人对企业的工资管理权限

由于我国的市场经济是有中国特色的社会主义市场经济，公有经济仍然在重要领域占有支配地位，因此，对国有企业的规制是整个劳动力市场规制中的一个重要组成部分。自改革开放以来，我国不断改革对国有企业工资分配的管理方式，与此相适应，关于国有企业的劳动力市场规制也处于不断的改革之中。

根据劳动力市场规制的内容，目前政府对国有企业的工资分配管理主要集中于两个方面：一是管理企业领导人的收入；二是管理企业的工资总量。对国有企业工资分配进行管理的法律依据主要有：《中华人民共和国公司法》、《企业国有资产监督管理暂行条例》、国务院1985年下发的《关于工资改革的决定》等相关法律法规，如《企业国有资产监督管理暂行条例》规定，国有资产监督管理机构依照国家有关规定拟订所出资企业收入分配制度改革的指导意见，调控所出资企业工资分配的总体水平。

（二）企业领导人的薪酬

企业领导人在计划经济时期以及改革开放初期与职工实行相同的工资制度，其工资水平与职工的差距在1～2倍，在工资制度上没有分离。20世纪90年代以来，随着改革开放的深入，各地普遍实行经营者年薪制，经营者年薪水平由政府有关部门审批。经营者的收入在制度设计上开始逐步与职工的工资制度相分离。

（三）国有企业工资总量的管理

目前，国有企业工资总量管理的主导方式是工效挂钩。改革开放以来，两级分配理论成为主导国有企业分配的理论，即国家对企业首先进行工资总量的分配，企业再对个人进行二次分配。因此，改革开放后，企业虽然逐步拥有了内部工资分配自主权，但工资总额的决定权一直由国家或国家授权的资产代表所控制。政府通过“分级管理、分类调控”，采取工效挂钩、工资总额包干以及在“两低于”的前提下自主确定工资总额等办法实现对企业工资总量的调控。工效挂钩是指企业工资总额与经济效益挂钩。具体做法是：企业根据劳动保障部门、财政部门核定的工资总额基数、经济效益基数和挂钩浮动比例，按照企业经济效益增长的实际情况提取工资总额，并在国家指导下按“以丰补歉、留有结余”的原则合理发放工资。劳动部、财政部《关于改进完善企业工资总额同经济效益挂钩办法的通知》（劳部发［1996］409号），劳动部、财政部、审计署关于《国有企业工资内外收入监督检查实施办法》的通知（劳部发［1995］218号）等文件对此都作了详细规定。

2.2.5 劳动力市场规制与政府宏观调控

在计划经济体制下，政府对企业工资分配的管理和调控权限很大，每个人的工资标准及每年的增长幅度都有明确的规定。改革开放以来，政府逐步下放微观工资的管理权限，宏观工资调控方式的权限也有所变化，由弹性工资计划、地区工资总额与地区经济效益总挂钩变为主要抓工资指导线、劳动力市场工资指导价位、人工成本信息等几个方面。

（一）工资指导线制度

工资指导线制度是国家对企业工资分配进行宏观调控的一种方式。1997年，劳动部印发了《试点地区工资指导线制度试行办法》的通知，决定开始在全国部分地区进行工资指导线制度试点。各省市结合当年国家对企业工资分配的总体调控目标，在综合考虑本地区当年经济增长、物价水平及劳动力市场状况等因素的基础上，提出本地区当年企业工资增长指导意见，企业根据当地工资增长的指导意见，在生产发展、经济效益提高的基础上，合理确定本企业当年的工资增长率。工资指导线的实施步骤为：有关地区将本地区当年企业工资指导线方案报原劳动部审核后，经地方政府审批，由地方政府（或其委托劳动保障行政部门）颁布，劳动保障行政部门组织实施。

（二）劳动力市场工资指导价位制度

劳动力市场工资指导价位制度是市场经济条件下，国家对企业工资分配进行指导和间接调控的一种方式。政府有关部门对各类职业（工种）工资水平进行广泛调查，经过汇总、分析和修正，公布有代表性的职业（工种）的工资指导价位，以规范劳动力市场供需双方的行为，从微观上指导企业合理确定劳动者的个人工资水平和各类人员的工资关系。1999年，劳动和社会保障部发布了《关于建立劳动力市场工资指导价位制度的通知》，对工作目标、工作规则、劳动力市场工资指导价位调查和制定方法等作了明确规定。建立劳动力市场工资指导价位制度是市场经济国家的通行做法，有利于充分发挥市场机制对工资分配的基础性调节作用，促进市场均衡工资率的形成；有利于指导企业根据劳动力供求状况和市场价格，形成企业内部科学、合理的工资分配关系；同时也有利于企业工资宏观调控体系的建设。

（三）人工成本信息指导制度

人工成本预测预警制度是政府对企业人工成本管理和工资分配进行间接调控

的一种方式，是企业工资宏观调控体系的重要组成部分。2004年劳动和社会保障部发布的《关于建立行业人工成本信息指导制度的通知》提出，要在全国建立以中心城市为依托，广泛覆盖各类行业，国家、省（自治区、直辖市）、市多层次发布的行业人工成本信息指导制度。政府有关部门通过调查、收集、整理社会人工成本信息，定期（一般每年一次）公开发布，并对人工成本偏高的企业进行预警预报，指导企业加强人工成本管理、合理确定人工成本水平。人工成本预测预警体系的建立，有利于企业加强人工成本管理，促进企业内部分配自我约束机制的形成；同时，有利于调节行业间、企业间的分配关系。

2.3 劳动力市场规制与公务员工资

劳动力市场规制对公务员工资的影响主要体现在两个方面：从微观层面讲是规范、约束公务员工资制度，使其透明化、规范化、制度化；从宏观角度讲是保证公务员工资水平与社会经济发展相适应，与其他行业人员的工资水平保持一致。公务员工资来源于财政拨款，工资标准、发放方式等是由政府的规范性文件统一决定的，似乎与市场关系不大，其实不然。在市场经济条件下，公务员工资制度也存在市场化问题：公务员来自人才市场，人才市场形成工资率，人才市场的总供求状况及平均工资水平高低影响着公务员的工资状况，市场上形成的各类人员工资率是公务员工资标准的参照系。① 劳动力市场规制影响着公务员工资水平和工资结构的确定。

2.3.1 公务员工资制度的改革历程

公务员工资制度的政策性非常强，新中国成立后的60多年来，我国的工资制度在1956年、1985年、1993年、2006年经历了四次全国范围较大的改革。从中华人民共和国成立初期的供给制和工资制两种制度并存，到全部实行工资制，以及从职务等级工资制到以职务工资为主要内容的结构工资制、职级工资制及即将实行的职务与级别相结合的工资制度②的发展历程，在我国经济社会发展取得巨大成就的同时，体现了我国劳动力市场规制对公务员工资制度进行规范和调整的不断探索及其逐渐走向合理化的改革过程（见表2—4）。虽然在改革后仍然存在许多问题，但这四次大的工资改革在贯彻按劳分配原则、克服平均主义、定期调整工资标准、建立正常工资机制、取消工资外补贴和建立地区津贴制度等方面，发挥了很大的作用。

---

① 《公务员法》第七十五条规定：公务员的工资水平应当与国民经济发展相协调、与社会进步相适应。国家实行工资调查制度，定期进行公务员和企业相当人员工资水平的调查比较，并将工资调查比较结果作为调整公务员工资水平的依据。

② 《公务员法》第七十三条规定：公务员实行国家统一的职务与级别相结合的工资制度。

表2—4　　我国公务员工资制度的改革历程

阶段	政策法规	工资结构	详细内容
1949—1955年	—	以供给制为主，供给制与工资制并存	● 对于新中国成立后在部队、党政机关、人民团体和学校中工作的原享受供给制的人员，继续实行供给制； ● 对于原在国民党政权机关及所属各单位工作、新中国成立以后继续留用的人员，基本上沿用旧社会遗留下来的工资制度，实行原职原薪； ● 对于新中国成立以后参加工作的人员，除自愿享受供给制外，大部分实行薪金制，按规定发给工资，暂以小米为计算单位。
1956—1984年	1955年8月，国务院发布《关于国家机关工作人员全部实行工资制和改行货币工资制的命令》	职务等级工资制，统一按货币规定工资标准	● 各种职务由高到低共分30个等级、330个工资级； ● 根据不同地区的经济发展水平、地理环境条件以及物价和消费水平，把全国划分成11个工资区，各类地区之间的工资系数相差3%，个别边远艰苦地区还实行了地区生活费补贴。
1985—1992年	1985年6月，中共中央、国务院发布《关于国家机关和事业单位工作人员工资制度改革问题的通知》	以职务工资为主要内容的结构工资制	● 第一次将机关事业单位职工与企业职工的工资制度分开，机关事业单位职工的工资由人事部门进行管理，企业职工的工资由劳动部门进行管理； ● 结构工资制由基础工资、职务工资（岗位、技术工资）、工龄津贴、奖励工资四个部分组成。
1993—2005年	1993年11月15日，中共中央、国务院发布《关于机关和事业单位工作人员工资制度改革问题的通知》	职级工资制	● 按照按劳分配的原则，对不同类型的人员实行不同的工资制度，将机关和事业单位职工的工资制度分开； ● 机关工作人员（除工勤人员外）实行职级工资制，工资由职务工资、级别工资、基础工资和工龄工资四部分组成。
2006年—	2006年6月14日《国务院关于改革公务员工资制度的通知》（国发〔2006〕22号）	职务与级别相结合的工资制度	● 公务员基本工资构成调整为职务工资和级别工资两项，取消基础工资和工龄工资； ● 建立工资调查制度，定期进行公务员和企业相当人员工资收入水平的调查比较； ● 对年度考核称职（合格）及以上的工作人员，发放年终一次性奖金，奖金标准为本人当年12月份的基本工资。

1956年、1985年、1993年、2006年四次工资制度改革的实践清楚地告诉我们：工资制度改革从未脱离我国的政治经济大环境而单独存在，而是与我国的政治经济体制改革历程紧密相连的。不同的工资制度都不同程度地适应了当时我国经济社会的发展状况，取得了显著的成绩。随着我国经济社会的高速发展、社会主义市场经济体制的建立和完善，公务员工资制度应不断得到修改和完善，使之更加符合我国国情，适应市场经济体制建设，更加科学、规范。

2.3.2　公务员工资的增长机制

公务员工资状况要与经济社会发展相适应。为了使公务员工资收入水平与社会经济发展以及企业工资收入平衡，1985年公务员工资制度与企业工资制度分离后，我国发布了一系列的工资调整方案。如《人事部、国家计委、财政部1989年调整国家机关、事业单位工作人员工资实施方案》，人事部、财政部《关于1997年调整机关、事业单位工作人员工资标准等问题的通知》，人事部、财政部1999年《关于调整机关工作人员工资标准的实施方案》，人事部、财政部2001年2月《关于调整机关工作人员工资标准的实施方案》，人事部、财政部2001年9月《关于调整机关工作人员工资标准的实施方案》，人事部、财政部2002年《关于调整机关工作人员工资标准的实施方案》等（见表2—5）。

表2—5　公务员增资制度的发展历程

增资时间	政策文件	具体内容
1989年	《人事部、国家计委、财政部1989年调整国家机关、事业单位工作人员工资实施方案》（国发［1989］82号）	1989年以前调入国家机关、事业单位的人员，在原工资基础上普调一级工资。
1997年	人事部、财政部《关于1997年调整机关、事业单位工作人员工资标准等问题的通知》（人发［1997］89号）附件一《1997年调整机关工作人员工资标准实施方案》	从1997年7月1日起，将机关行政人员基础工资标准由原每人每月90元提高到每人每月110元。
1999年	人事部、财政部《关于调整机关工作人员工资标准的实施方案》	从1999年7月1日起，将机关行政人员基础工资标准由每人每月110元提高到180元，级别工资标准由十五级至一级每人每月55元～470元提高到85元～720元。
2001年1月	人事部、财政部《关于调整机关工作人员工资标准的实施方案》	从2001年1月1日起，将机关行政人员基础工资标准由每人每月180元提高到230元，级别工资标准由十五级至一级每人每月85元～720元提高到115元～1 166元。
2001年10月	人事部、财政部《关于调整机关工作人员工资标准的实施方案》	从2001年10月1日起，公务员（含参照、依照公务员制度管理的人员）各职务层次职务工资起点标准由最低50元～480元提高到100元～850元。
2003年	人事部、财政部《关于调整机关工作人员工资标准的实施方案》	从2003年7月1日起，调整机关行政人员（含参照、依照公务员制度管理的人员，下同）职务工资标准。各职务起点工资标准由现行的100元～850元分别提高到130元～1 150元，其他各职务工资档次标准也相应提高。
2006年	2006年6月14日《国务院关于改革公务员工资制度的通知》（国发［2006］22号）	工资正常增长途径：一是基本工资正常晋升办法。根据考核结果调整工资档次或级别，两年晋升一个级别工资档次，五年晋升一个级别；公务员晋升了职务，相应提高职务工资和级别工资。二是建立工资调查制度，定期调整工资标准。

1993年颁布的《国家公务员暂行条例》规定，根据国民经济的发展和生活费用价格指数的变动，有计划地提高国家公务员的工资标准。自1993年工资制度改革以来，虽然机关、事业单位工资水平有了较大提高，但是在各行业从业人员中，机关事业单位工资水平一直处于中下位置。根据国家统计局的统计数字，在16大行业中，机关工资水平多年来都排在第11，12位，1999年的调资以拉动内需的名义出台，人均月增资120元，按照当年公务员8 982元的年平均工资水平，人均增资率为16%，增幅较大，但仍排在第9位。① 如果平均到1993—1999年六年中，年均增资率仅为2.6%，而其间国内商品零售价格指数年均增长速度为9%，消费价格指数年均增长10.3%，财政收入年均增长17.5%。② 公务员工资的增长幅度和增长方式日益受到人们的关注。

公务员工资的增长机制备受人们关注。公务员增资制度最早可追溯到1956年的工资改革，在这次改革中呼吁要使工资升级成为一种正常的制度，但一直没有得到实施。1993年颁布的《国家公务员暂行条例》规定，国家公务员实行定期增资制度；2005年通过的《公务员法》也规定，国家建立公务员工资的正常增长机制。从1989年公务员第一次加薪算起，我国公务员工资共调整了六次：1989年第一次加薪，1997年、1999年、2001年1月和10月实行了四次加薪，第六次加薪是在2003年12月，原定于2002年7月1日实施的公务员提薪计划正式实施。推迟的原因有两点：优先考虑解决城镇低收入者的生活困难和2003年上半年“非典”疫情的爆发。③ 公务员工资增长的幅度应参考国民经济其他行业人员的工资水平和公务员工资在国民收入中的比重。依据每年GDP和国家财政的增长情况及物价波动情况，合理调整公务员工资标准。以美国为例，人均年薪与人均财政收入之比约为5∶1，人均年薪与人均GDP之比为1.45∶1左右，公务员的基本工资保持在财政支出的5%左右。④ 定期增资不仅可以使公务员的工资随着国民经济的发展而逐步增长，而且可以使公务员增资制度化、正常化，避免增资工作的随意性。

2005年4月通过的《公务员法》首次提出对公务员工资实行调查制度。⑤ 定期进行公务员和企业相当人员工资水平的调查比较，并将工资调查比较结果作为调整公务员工资水平的依据，进而实现公务员的工资水平与国民经济发展相协调、与社会进步相适应。市场经济条件下，市场规律作用于各个行业，自动调节收入分配的差距。与其他行业人员的收入水平相比，如果公务员工资过高，不仅使得政府财政开支增大，加重税收负担，影响国家经济建设，还会引起其他行业的不满；若公务员工资过低，政府机关中的人才将流向其他行业，影响政府工作效率。至于工资调查制度的具体实施步骤，还需要国务院主管部门通过实施细则

① 参见戴光前：《关于机关事业单位工资问题的思考》，载《人才战略论文集》，2001（8）。

② 参见沈建磊：《公务员工资改革的几点建议》，载《中国人力资源开发》，2004（1）。

③ 参见吴高盛：《中华人民共和国公务员法辅导读本》，261页，北京，人民出版社，2005。

④ 参见沈建磊：《公务员工资改革的几点建议》。

⑤ 《公务员法》第七十五条规定：国家实行工资调查制度，定期进行公务员和企业相当人员工资水平的调查比较，并将工资调查比较结果作为调整公务员工资水平的依据。

或者部门规章的形式予以明确。从我国加薪的实践来看，定期增资虽然还有一定的难度，但在保证公务员工资紧跟社会经济的发展速度、不落后于其他行业人员的薪酬待遇方面仍然发挥了很大的作用。

2.3.3　公务员工资的日常管理规制

公务员工资制度确立后，日常管理中还面临着许多在制度中难以逐一列出的新情况和新问题，为此，国家出台了一系列有关日常管理的规制。

（一）特殊人员的工资确定规制

主要是机关事业单位新录用工作人员、企业调入机关事业单位工作人员、机关事业单位技术工人技术等级岗位工资、机关事业单位军队转业干部的工资确定。目前有法律效力的相关规制主要有：《国务院关于改革公务员工资制度的通知》（国发［2006］22 号），《关于印发〈事业单位工作人员收入分配制度改革方案〉的通知》（国人部发［2006］56 号），《关于印发〈公务员工资制度改革实施办法〉的通知》（国人部发［2006］58 号），《关于印发〈事业单位工作人员收入分配制度改革实施办法〉的通知》（国人部发［2006］59 号），《关于印发〈关于机关事业单位离退休人员计发离退休费等问题的实施办法〉的通知》（国人部发［2006］60 号），《关于印发〈关于公务员工资制度改革和事业单位工作人员收入分配制度改革实施中有关问题的意见〉的通知》（国人部发［2006］88 号），《国务院、中央军委关于 2006 年度及以后计划分配军队转业干部工资待遇确定办法的通知》（国发［2008］8 号），《国务院办公厅关于印发机关事业单位职业年金办法的通知》（国办发［2015］18 号），《关于调整机关事业单位工作人员基本工资标准和增加机关事业单位离退休人员离退休费三个实施方案的通知》（国办发［2015］3 号）。

（二）公务员正常晋升职务工资规制

公务员职务正常晋升时，工资变动所依据的规制主要有：《国务院关于印发机关、事业单位工作人员工资制度改革三个实施办法的通知》（国发［1993］79 号）和《国务院办公厅关于机关和事业单位工作人员工资制度改革问题的通知》（国办发［1993］85 号）。

（三）公务员退休、退职规制

机关事业单位退休、退职人员待遇的有关规制主要有：国务院《关于颁发〈国务院关于安置老弱病残干部的暂行办法〉和〈国务院关于工人退休、退职的暂行办法〉的通知 》（国发［1978］104 号），《国务院关于印发机关、事业单位工作人员工资制度改革三个实施办法的通知》（国发［1993］79 号），《国务院办公厅关于机关和事业单位工作人员工资制度改革问题的通知》（国办发［1993］85 号）及地方出台的一些政策文件，如《山东省人民政府印发〈关于对享受特殊贡献待遇条件的干部、工人提高退休费的执行意见〉的通知》（鲁政发［1981］89 号）和《关于退休干部享受特殊贡献待遇有关问题的通知》（[1991] 鲁人退字第1号）。

总之，截至目前，我国还没有形成相对比较完整的公务员工资法规体系，对工资的管理基本上是通过政府文件来进行。而世界上许多国家都通过立法的形式，对公务员的工资制度予以保障，如日本的《一般职员报酬法》、美国的《联邦工资比拟法》、德国的《联邦工资法》等。这些法律对公务员的工资标准、增长机制、工作环境以及工作时间等方面都作了比较详尽的规定，不仅使公务员在工资分配方面的权利有法可依，同时这些法律也是制定公务员工资方案和政策的基本依据。因此，加快工资制度的法制化进程，对公务员工资的发放标准、增资机制从立法的层次进行规范和约束，使公务员工资收入合法化、透明化、公平化，是我国公务员工资制度的发展方向。

□ 本章小结

规制是指规则和秩序，它产生于市场缺陷，劳动力市场规制同样起源于劳动力市场本身的需求。劳动力市场规制的对象和目的具有特定性，不同于其他市场规制，它对于保证劳动力市场的正常运行发挥着日益重要的作用。我国向市场经济转轨后，劳动力市场规制建设的成绩有目共睹，劳动力市场的法制体系框架已初步形成。但由于原有的基础比较薄弱，以及经济社会转型所带来的诸多问题，我国劳动力市场规制建设面临着许多挑战，具有许多新的特点。按照劳动力市场规制的内容，我国劳动力市场规制可以进一步分为多个领域。其中有关薪酬方面的规制有效力比较高的法律、法规，但大量存在的还是行政规章及地方出台的实施细则、解释、复函等。

对于企业工资，国家主要管三个方面，即把住两头，规范中间。一是管最低工资，国家出台最低工资条例，规定最低工资的范围及测算方法标准，各省市出台具体的标准。二是调控最高收入，通过个人收入所得税，调节一次分配领域的差距。对于企业内部分配，政府主要是规范企业支付行为，以及加班工资的计发标准等。对于国有企业，政府主要是管工资总量和企业经营者的收入，企业内部分配政府不再干预。在宏观调控方面，政府主要是通过工资指导线制度、劳动力市场工资指导价位制度、人工成本预测预警制度等间接手段实现对劳动力市场的干预。

公务员工资正在朝法制化方向迈进。国家通过制度性规制，建立公务员的激励机制；通过经济发展和企业工资收入水平的平衡规制，保证公务员工资水平的外部竞争性；通过日常管理规制，保证公务员工资制度的稳定运行。总的来看，加快公务员工资制度的法制化进程，使公务员工资收入合法化、透明化、公平化，是我国公务员工资制度的发展方向。

□ 复习思考题

1. 试述规制、市场规制、劳动力市场规制的内在联系与区别。
2. 我国劳动力市场规制的主要类别有哪些？

3. 如何区分薪酬规制的法律效力？

4. 我国最低工资制度的主要内容有哪些？

5. 加班工资的支付标准是如何计算的？

6. 政府在工资分配领域的宏观调控规制包括哪些内容？

7. 我国公务员工资制度有哪几次大的改革，具体内容是什么？

□案 例

同工同酬劳动纠纷案例

1. 案由

现年50岁的王先生于2008年8月与北京某派遣公司建立劳动关系，并被派遣到某酒店任电工，口头约定月工资1 600元，但未签订书面劳动合同，随即王先生被派遣到酒店任电工。2009年9月，王先生申请劳动仲裁，索要加班工资、未同工同酬工资差额、未签书面劳动合同两倍工资、病假工资、年休假损失、精神损失等。

2. 仲裁判决结果

2010年，仲裁机关大部分支持了王先生的请求并作出裁决，派遣公司、酒店、王先生三方均不服裁决，向地方法院提起诉讼。

庭审中，王先生称派遣公司、酒店未给予他同工同酬待遇，和他同一岗位做同样工作的其他电工月工资1 800元，而他则是1 600元。对于未同工同酬问题，酒店称之所以给另外两个电工每月1 800元工资，是因为其中一人有高级电工证，一人入职时间较长。但是酒店方并未就此种说法向法庭提交相关证据。

一审法院审理后依法判决派遣公司支付王先生未同工同酬工资差额1 700元、未签订书面劳动合同两倍工资14 110元等；判决酒店支付王先生未休年假报酬1 820元以及部分加班费。

法院在判决书中指出：一、我国法律规定，工资分配应当遵循按劳分配原则，实行同工同酬。被派遣劳动者享有与用工单位的劳动者同工同酬的权利。二、经庭审证实王先生的工龄已达25年，按国家规定应享受带薪年假。王先生工作期间酒店未安排休假，应支付其未休假报酬。三、法律禁止劳务派遣公司以非全日制用工形式招用派遣员工，因此法院对其“无须与王先生签订书面劳动合同”的辩解不予采纳。

一审判决后，派遣公司、酒店、王先生均不服提出上诉。二审法院审理后，依法作出驳回三方上诉、维持原判的终审判决。

3. 点评

在由计划经济体制向市场经济体制转轨的过程中，在我国劳动力市场上出现了多种用工形式，有固定工、合同工、临时工、农民工、季节工，等等，对应于不同的身份，工资福利待遇也存在较大的差别，这是我国在转轨时期的一个特殊现象，同时也造成了劳动法律的尴尬。随着社会主义市场经济体制的建立，我们应该尽量缩短转轨过渡期，改变按身份进行管理和付酬的弊端，使同工同酬在我国早日成为现实。

第3章　国际化与薪酬

与其被国际化，不如去国际化。

——佚名

据报道，2004年12月8日，联想集团宣布以12.5亿美元收购IBM全球PC业务。关于新联想的发展人们作出了种种猜测，也提出了许多疑问。其中一个最大的疑问是：新联想如何平衡拿着高薪却从事一般工作的原IBM员工与拿着低薪却从事高层管理工作的联想员工？如果维持高工资，IBM PC的亏损局面将无法扭转；如果实事求是地降薪，又面临着人员大规模流失的被动局面！运作市场盈利的中国员工拿着低薪，运作亏损的美国员工却拿着高薪。在同一个公司中，不能一以贯之地执行统一规则，管理体制受到了严峻的挑战！

上述事实告诉我们，新联想正面临着并购中的重要问题——国际化后薪酬文化的冲突。本章我们将从国际化背景、薪酬国际化与国际化薪酬、国际化与中国的薪酬管理，特别是对我国薪酬管理的挑战等方面，来讨论国际化对薪酬管理的影响和作用。

3.1　薪酬管理的国际化背景

3.1.1　国际化与国际化的薪酬管理

（一）国际化

国际化通常指的是在全球化的背景下，经济活动相对于原有的国内循环向其他国家或地区延伸和发展的一种状态。它可表现在生产、交换、分配和消费一系列的经济运行环节中。国际化的指标可以从基础设施、跨国公司的数目、贸易、金融、第三产业，甚至一个国家的外语环境和外文公共标识率等角度来认识和衡量。

（二）国际化与国际化的薪酬管理

不同国家的历史文化、经济水平、社会制度形成了不同的薪酬管理体系、制度和模式。迄今为止还没有一种在世界范围内普遍适用的薪酬管理制度、技术和方法，甚至是理念。但由于经济全球化的发展趋势，特别是日趋激烈的国际竞争态势，各国之间的薪酬管理的理念、制度和技术在不断地相互吸收、消化和借鉴，特别是产品和资本在国家之间大幅度流动，不同国家的薪酬管理思想和技术也在不断地加大传播力度和影响。在国际化过程中，各个国家的薪酬管理理念和管理技术相互交流、碰撞，最后得以相互融合、发展与应用。由此出现了一些占主导地位的薪酬理念、制度和技术在各国加以吸收和运用的态势。

特别值得一提的是，全球化经济是跨国公司主导的经济，跨国公司在不同的地区、不同的国家实施跨国经营，必然就需要对不同的人员支付报酬、进行薪酬管理，跨国公司不仅对自身实施全球化范围内统一的薪酬管理，同时也对各个国家的薪酬管理理念、制度和技术的变革产生了广泛而普遍的影响。

3.1.2　国际化对薪酬管理的影响因素

（一）全球经济一体化

国际化最主要的特征是经济发展的全球化和一体化，人们面对的经济环境已经不再是一个国家或一个地区，而是整个世界。人们的工作环境发生了巨大的变化，人们或直接或间接地在全球范围内工作。

伴随着经济全球化的发展，出现了大量全球化的薪酬哲学，长期以来许多国际薪酬专家都在探讨一套能够适应复杂环境，并具有永久性价值的国际化的薪酬管理哲学，这种哲学能够适应于所有的具有全球范围的经济环境。目前这种薪酬哲学已经在跨国公司外派的中高级经理人员中得到应用。

在全球化的背景下，统一的地区薪酬市场开始出现。当交易的障碍已经开始减小且员工可以在不同的国家之间进行流动时，就有可能建立一种由供给和需求决定的单一的薪酬市场，如欧洲实行的一体化发展模式就使得欧洲各国的薪酬市场朝着一致性的方向发展。发展亚洲地区一致性的薪酬政策目前也成为国际上一个热门的话题，尽管亚洲不同国家薪酬的差异要比欧洲大得多。有两个因素对发展地区一致性的薪酬市场具有根本的影响：一是不同国家和地区的税收政策，这些税收政策将会影响薪酬的支付水平和支付方式；二是现行的货币，后者使得薪酬支付在亚洲面临困难。但全球化的趋势将推动其不断向前发展。①

（二）跨国公司的发展

世界范围内4万家跨国公司在世界经济中所占的比例是：总产值的四成、贸

---

① Lance A. Berger，Dorothy R. Berger，*The Compensation Handbook*，Fifth Edition，McGraw-Hill，2008，p. 649.

易量的六成、直接投资的七成、研究开发的八成、境外开发的九成（韦尔奇，2004）。跨国公司的经营超出了一个国家或一个地区，而在世界范围内进行经营和发展、参与竞争、支配资源。跨国公司在经营过程中不仅带来了母国的资本、技术、商品，同时带来了企业的管理理念与方法。跨国公司的经营过程也是母国各种管理理念的传播过程，也带来了薪酬管理的国家间的相互影响、传播和应用。

比如，美国通用电气公司在中国的分公司除了要在中国本土雇用中国的员工之外，还要从美国派大量的工作人员来中国工作，同时还在一定程度上雇用韩国或日本的员工。美国通用电气这样的跨国公司对人力资源管理实行的是美国模式，在人员甄选、激励等管理方面都依据美国的政策。在薪酬管理上，它把在中国以前没有的管理理念和技术源源不断地传入中国。目前流行的职位评价和薪酬调查技术等最初都是由摩托罗拉等外企在中国使用和传播的。同样，不同的跨国公司在竞争中，其薪酬管理理念、制度和技术也会发生变革，它们之间也会相互学习、吸收和借鉴，并推动薪酬管理不断进步。

（三）咨询公司的国际化经营

在国际化背景下，发达国家咨询公司的业务已经不仅仅局限于本国之内，而是迅速扩展到其他国家。咨询公司在为各国提供咨询的时候，大多数是把本国的经营管理经验和当地的实际结合起来。越来越多的企业开始委托专业的薪酬管理顾问公司进行职位分析、职位评估及薪酬调查，以帮助制定公司的薪酬战略，甚至有的干脆完全采用薪酬外包设计的策略。2000 年，我国的咨询营业额已经达到了 100 亿元，其中国际咨询公司的经营占了相当大的比重。

目前，在中国本土最为活跃的几家外国咨询公司主要有：麦肯锡、波士顿、贝恩、罗兰贝格等咨询公司。国际专业薪酬顾问公司也看准了中国市场的巨大潜力，纷纷抢滩登陆。韬睿咨询公司（Towers Perrin）、美世人力资源咨询公司（William Mercer）、翰威特咨询有限公司（Hewitt）和华信惠悦咨询公司（Watson Wyatt）就是其中的几家专业外资薪酬咨询顾问公司。全球最大的也是最具权威的美国薪酬协会，也开始进入中国拓展业务。

国际化的跨国咨询业务带来了薪酬管理的进步，最初起源于美国并在美国得到很好运用的薪酬管理理论和方法，如现代薪酬管理所倡导的内部一致性与外部竞争性原则，海氏公司开发的海氏职位评价方法、宽带工资原理等在世界各国的薪酬管理实践中都得到了广泛的应用。

（四）国际化的人才流动和信息交流

国际化加速了人才的流动。人才流动带来了观念、知识和技术的更新。我国自改革开放以来，大量青年学生和高校教师跨越国界，学习发达国家先进的管理理论和实践，这些先行者回国后，要么著书立说，要么把国外的经典著作引入中国，要么直接把自己学到的管理知识应用于企业实践之中。国外经典的薪酬管理著作，如米尔科维奇教授所著的《薪酬管理》，兰斯·A·伯杰、多萝西·R·伯杰所著的《薪酬手册》等，对我国的薪酬管理理论和实践发展产生了推动作用。

高校和研究机构与国外机构的信息交流也大大促进了各国管理思想和管理技术的相互传播和影响。中国人民大学劳动人事学院、国家劳动和社会保障部劳动工资研究所等单位开展的薪酬国际合作研究课题以及召开的薪酬国际会议等活动，都极大地推动了国内薪酬管理理论和实践与国际接轨的进程。

3.1.3 国际化背景下的工作环境扫描

国际化背景下人们的工作环境发生了根本性的变化，从一个国家变成了世界范围，从单一的文化环境发展到文化多元化的工作场所。不同的工作场所具有不同的文化背景、历史传统、社会制度、经济水平以及劳动力市场，等等，诸多因素影响着薪酬管理制度、薪酬模式和薪酬水平（见图3—1）。

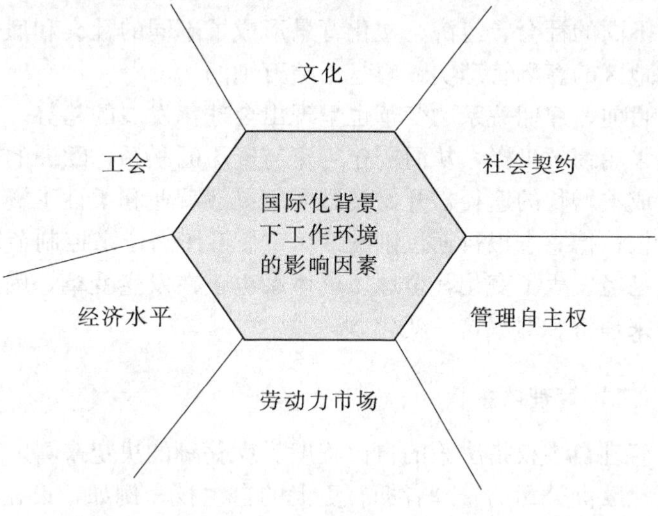

图3—1 国际化背景下工作环境的影响因素

（一）文化

文化是一个环境中人的“共同心理程序”，文化不是个体特征，而是拥有相同教育和生活经验的许多人共同的心理程序，是一个群体区别于另一个群体的特征，即一个群体或者社会成员所共有的独特的生活方式，他们拥有共同的价值观、态度和行为，并代代相传。因此，特定的文化决定着人们具有特定的价值观、态度和行为方式。不同的文化观念会使社会形成不同的社会制度和历史传统。比如，人们对效率和平等的关系就具有不同的认识，以日本和美国为例，美国人更加注重效率，事事讲求竞争，以个人主义为中心，其薪酬管理强调对绩效，特别是个人绩效的衡量；日本人则更加注重合作，注重组织的和谐发展，其货币激励注重年功资历和团队的贡献。

（二）社会契约

社会契约即政府、雇主、工会和雇员各自所应当扮演的角色以及所应当承担的责任。社会契约思想实质上包含了通过协商机制平衡各种社会利益的政治规则，是一种国家观。社会契约思想最初只不过是先哲们对国家、社会、个人之间关系的理性思考，后来则被政治家们付诸于政治实践之中。

不同国家和不同文化背景的人，对政府、雇主、工会和雇员各自所应当扮演的角色以及所应当承担的责任的看法不同。一项对美国和德国工资支付体系的比较研究说明了这一点。“在美国你拼命地工作，以保住现有的工作而不至于失业，从而不至于陷入困境，落入社会保障网之中……而德国的工资支付和社会福利体制不亚于向你提供了固定的年收入。”一个典型的德国员工的边际税率要比美国同行高30%，因此，努力工作所获得的收益在德国相对较小，但高税收又使德国员工获得各种优厚的福利。要理解德国的薪酬体系，就必须了解德国的社会契约，不同的社会、经济、文化背景形成了不同的社会和雇佣关系，因此，任何国家和地区的薪酬管理实践都是千差万别的。

目前，雇佣关系的变革也呈现出全球化发展的趋势。日本的一些雇主越来越多地采用绩效工资，从而弱化工资与资历的联系；欧洲的雇主也试图寻找控制劳动力成本增长的途径，开始尝试采用灵活就业和柔性工资支付制度，积极实施绩效考核；德意志银行通过削减9 000个工作岗位来控制劳动力成本的增长。雇佣关系已经发生了变化，全球工资体系也正在发生变革，因此，需要一种“概念框架”来理解和驾驭这一变化。①

（三）管理自主权

管理自主权指决策的自由程度。就薪酬的决定来看，美国绝大部分公司的管理者比欧洲公司的管理者拥有更大的自主权。例如，设在明尼苏达的3M公司是一家跨国公司，它鼓励所有的部门都推行绩效工资。3M在美国的分公司正在制定不同的收益分享和奖励计划；3M在新加坡的分公司早已实行绩效工资，奖金相当于两个月的工资，并且每半年发一次；而3M在布鲁塞尔的分公司被比利时政府告知，绩效工资是非法的，因为比利时为了控制通货膨胀和提倡平等，通过了一条法律：所有超过全国性薪酬协议所确定的薪酬都是违法的。通常，在欧洲国家，由全国性工会组织和雇主组织达成全国性薪酬协议。总的来看，美国企业具有较大的自主权，日本企业相对小一些，欧洲特别是德国企业，受到的限制很大。

（四）劳动力市场

研究发现，性别、职业、年龄等劳动力供给要素，以及企业所处的产业等劳

① George T. Milkovich，Jerry M. Newman，Barry A. Gerhart，*Compensation*，Eleventh Edition，McGraw-Hill，2013.

动力需求因素，在各国都对薪酬差别构成了一定的影响，但其影响的程度和次序则存在不同，[①] 如表3—1所示。

表3—1　　工资差异因素的重要性在不同国家的排序比较

项目	日本	韩国	美国	加拿大	澳大利亚	英国	德国	法国
(1)	性别	职业	职业	年龄	年龄	职业	职业	职业
(2)	职业	性别	年龄	职业	职业	性别	性别	年龄
(3)	年龄	年龄	性别	性别	产业	产业	年龄	性别
(4)	产业	产业	产业	产业	性别	年龄	产业	产业

(五) 工会

1. 沃尔玛"工会事件"扫描

据2004年10月26日《中国青年报》报道，全国总工会近日专门召开了新闻通气会，强烈要求沃尔玛等拒建工会的跨国企业遵守中国法律规定，尽快组建工会。全总将出台五大措施督促非公有制企业建立工会。2004年10月，全国人大执法检查组和全国总工会的执法检查，使包括沃尔玛在内的部分跨国公司在我国的企业无视我国法律、公开抵制组建工会的现象浮出水面。出于对法律尊严的维护，以及对职工权利的保障，工会组织理应对我国境内外资企业的工会组建问题给予重视。

2. 工会的定义与作用

工会是由雇员参与，目的在于部分或全部地履行同雇主交涉有关劳工申诉、劳资纠纷、工资、薪金等级、工作时间或工作条件等问题的职责的劳工组织。通过一致性行动，工人们与公司代表交涉，提高和保护了他们的集体利益。[②] 工会是影响劳动力市场的最重要的因素之一。工会具有集体谈判的能力，能够代表员工与企业签订集体劳动合同，以决定和影响工资水平及工资管理方式，即对薪酬具有很大的影响力。在工会较为发达的地区和国家，如欧洲，法律上规定了工会可以建立工人委员会[③]，劳工委员会可以与雇主通过谈判来签订工作薪酬和工作条件等协议，其中很重要的一条就是工会组织能够决定企业支付的最低工资水平以及福利制度。在一些发达市场经济国家如美国和欧洲等，企业工会组织已历经100多年的演变，并上升到政府强制性的法律或制度保护的层面。

世界各国的工会力量虽然不完全一致，但是各国工会对员工薪酬管理都有一定的影响作用。[④] 在欧洲，对薪酬管理的最大限制在于许多国家级的薪酬谈判为工会会员确定了最低的必须支付的薪酬水平，尤其是德国，企业内部的工会力量非常强大，20世纪80年代以来集体谈判的覆盖率达到了90%以上。这种国家层次的谈判协议缩小了企业管理人员通过薪酬调整来实现企业战略的空间，因此，一些跨国公

① Toshiaki Tachibanaki, *Wage Differentials: An International Comparison*, Macmillan Press Ltd, 1998.

② National Labor Relations Act, section 2 (5).

③ George T. Milkovich, Jerry M. Newman, Barry A. Gerhart, *Compensation*, Eleventh Edition, McGraw-Hill, 2013, p. 542.

④ 参见雷蒙德·A·诺伊：《人力资源管理：赢得竞争优势》，635页，北京，中国人民大学出版社，2013。

司的薪酬战略必须调整，以适应当地的法律和全国性薪酬协议的要求。这对薪酬管理提出了新的挑战，一方面，企业管理者不能随意降低员工的薪酬，但另一方面，企业在经营过程中出现了需要节约人工成本的问题，而此时由于工会的存在，企业无法变动最低工资，这在一定程度上将使得企业失去发展的竞争力。正因为如此，许多企业不愿意成立工会组织，沃尔玛“工会事件”就是明显的事实。尽管沃尔玛公司在全世界范围内极力抵制成立工会，但在中国工会的强大施压下，2004年11月终于提出“在公司内部，由员工自愿组织就可以成立工会”。

（六）经济水平

一个国家或地区的经济水平是影响薪酬管理的重要因素，经济水平的高低决定了当地的生活水平和支付要求。经济水平高的地方与经济水平低的地方相比，同样的雇佣劳动产生同样的成果，但可能要求支付的劳动力成本是不一样的。目前中国的劳动力成本低，一方面是因为中国的劳动力供给远远大于需求，这降低了劳动者获得高收入的要价能力；另一方面是因为中国目前的经济水平与美国、日本和欧洲等发达国家存在一定的差距。一国的经济发展水平也是影响薪酬水平的重要因素，同样是工人，在发达国家和发展中国家或地区可能就会获得完全不同的年薪收入（见图3—2）。

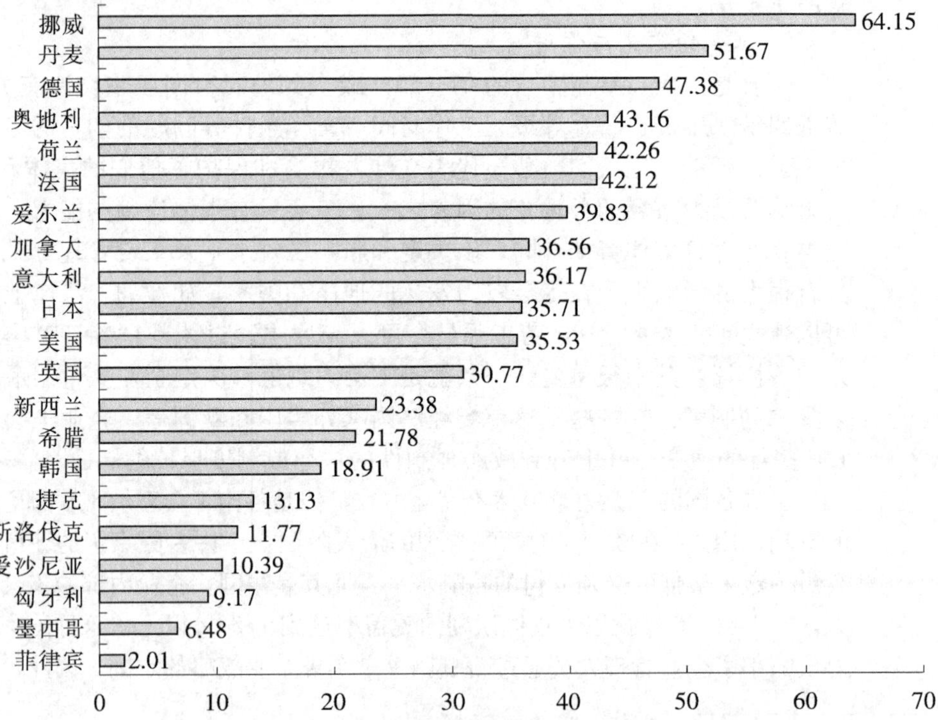

图3—2　按美元计算的生产制造业工人小时薪酬成本

资料来源：美国劳工统计局，http：//www. bls. gov/news. release/ichcc. toc. htm，2011。

各地经济发展水平不同对跨国公司薪酬管理的影响尤为突出，同在一个公司工作的员工，尤其是经理人员会出现同工不同酬的现象，薪酬不公带来的劳资纠纷更是屡见不鲜。但是，随着经济全球化的发展，各主要发达国家之间、发达国家与部分发展中国家之间的经济水平的差距在不断缩小，薪酬水平也日益接近，尤其明显的是，最近几年各国IT行业工程师的薪酬水平已经相差无几。

3.2 薪酬国际化与国际化薪酬

3.2.1 国际化带来的各国薪酬管理的理念、制度和技术的变迁

经济全球化带来了经济技术的全球化，同时导致各国文化观念、管理理念的相互交融和冲击，带来了管理思想的国际化传播和利用。各种薪酬管理理念、管理制度、管理技术相互吸收、应用，并开始产生相互融合的趋势。尤其是跨国公司的管理实践使得各国的薪酬管理在世界各地得以比较、落实、生根和发展，进一步加速了薪酬管理国际化的速度和深度。

（一）国际化背景下美国、日本的薪酬管理理念与技术的变迁

1. 美国薪酬管理理念与技术的变迁

美国的薪酬管理模式是现代薪酬管理制度的典范，是在国际化过程中对世界各国薪酬管理影响最大的一种薪酬管理模式。它是在企业内部强调公平性的同时，特别注意企业外部的竞争性，时刻保持企业的薪酬具有竞争力，以达到能吸引到足够优秀的人才的目的。

20世纪80年代以后，为了降低人工成本和增加利润，企业开始实行一系列的薪酬变革，在维持传统的绩效加薪制度的同时，加大了激励性薪酬的份额；在知识经济的大背景下，技能工资和知识工资纷纷出现；高科技企业通过员工持股、股票期权等制度的实施加大了长期激励的力度；为应对外部劳动力市场竞争的变动，引入了薪酬宽幅化设计制度。有的学者认为，美国的薪酬管理是从早期随意的决策过程，发展到后来以工作评价为基础的制度，在经历了以目标为导向、业绩为驱动力的阶段后，开始走向关注客户的个性化薪酬制度的发展阶段。①

2. 日本薪酬管理理念与技术的变迁

传统的日本企业管理最大的两个特点就是终生雇佣制和年功序列制。

（1）年功序列制，它是日本大型企业实行的薪酬制度。其主要的内涵就是：职工的基本薪酬随职工年龄和企业工龄的增长而增长，而且增加的薪酬有一定的序列，按照企业自行规定的年功薪酬表循序渐进，又称为年功序列薪酬制度。基本含义就是职工的业务能力和技术熟练程度与职工的技术年功和企业工龄成正比，本人的年龄越大、企业的工龄越长，对企业的贡献也越大，因此职工的薪酬和生产补偿在一定的年龄阶段也要逐年增加。

① 参见托马斯·B·威尔逊：《薪酬——以薪酬战略撬动企业革命》，52页，北京，中国社会科学出版社，2004。

（2）日本企业薪酬管理的新变化。① 20世纪六七十年代，日本的经济处于高速增长时期，企业的规模发展很快，每年都要招聘大量员工，企业职工的年龄结构呈现年轻职工多、中老年职工少的“金字塔”形式，所以这个时候的年功序列工资制发展得很顺利，并对日本的经济发展起到了很大的推动作用。但进入20世纪70年代以后，日本的经济进入成熟期，增长的速度明显放慢，世界经济技术发生了巨大的变革，以微电子技术、生物工程和新型材料为先导的新技术冲击着日本，再加上日本国内发生的高消费、高学历、高龄化等变化，年功序列薪酬制度受到了严重的挑战，因为这一薪酬制度的生存条件已经发生了变化。年功序列制的基础是终身雇佣制，但这样的终身雇佣制已经发生了动摇。进入20世纪90年代以来，面对全球化的激烈竞争，一部分企业在管理层已经开始放弃以年功序列制为主的薪酬管理制度，而越来越多地采用绩效工资，弱化资历等因素对工资的影响。

（二）国际化背景下薪酬理念的融合和薪酬制度的发展

近十几年来，随着经济全球化速度的加快和程度的加深，西方发达国家的薪酬理念出现了重大的变化，薪酬制度也相应地呈现出一系列新的特点。主要表现在以下几个方面：

1. 从货币性薪酬向总报酬理念转变

近年来，企业薪酬管理发生了一系列变化，可变薪酬、恰当底薪、自助式福利、发展机遇和心理报酬等字眼随处可见。这些薪酬模式更加关注员工的心理需求。薪酬的内涵已经从直接货币报酬扩展到间接货币报酬、非货币报酬方面。实际上，这些不同的薪酬形式已构成了一种新的薪酬理念和管理框架，即全面报酬体系。在全面报酬计划中，实际上已经把薪酬的概念扩展到所有的奖励机会。

一些薪酬专家对没有起激励作用的占薪酬收入30%多的福利项目进行了发展，衍生出非货币报酬形式，比如，优越的工作条件、良好的工作氛围、培训机会、晋升机会等，并将这些方面也融入到薪酬体系中去。基于员工需求的多样性和动态性，单位为员工提供更多的选择机会，来满足他们多方面的需要。比如，对年轻人来说，将资助MBA教育培训作为个人发展计划，既有吸引力又富有弹性；而对年龄较大的员工来说，使之争取获得俱乐部特殊会员资格，可能更有激励效果。为此，一些企业开发出了社会性奖励、学习与发展、实物奖励、旅行奖励、象征性奖励、休假时间、弹性工作制等项目，满足员工社交、荣誉、发展、生活便利等方面的需要。

全面报酬体系模型包括薪酬、福利和工作体验三个组成部分。薪酬满足员工在收入方面最基本的财务需求，是吸引员工的初始要素；福利是为满足员工保护方面的需求而设计的，例如保险和养老，它是薪酬之外的另一个有吸引力的条件，并且是保留员工的首要工具；工作体验满足了员工内在的需求，诸如个人发

① Sano, "Changes and Continued Stability in Japanese HRM Systems: Choice in the Share Economy," *The International Journal of Human Resource Management*, 4 (1), 1993, pp. 45-65.

展及成就感、企业文化和环境等，工作体验计划能够推进对人才的保留，并从根本上、从员工心理上全面激发他们的工作热情和创造力。薪酬、福利和工作体验三部分共同组成全面的企业报酬体系，通过全方位地满足员工的外在和内在需求来吸引和留住员工，从而激发员工的价值创造潜能，推动企业发展目标和战略的实现。表 3—2 展示了 IBM 的薪酬体系所发生的变化。

表 3—2　　IBM 薪酬体系的变化

1995 年	2004 年
●"大众化"的报酬	● 区别对待的报酬
● 着眼于内部平衡	● 由市场驱动
● 充满官僚气息，由规则决定	● 着眼于纪律/灵活性
● 授权： ○ 按"优点"加薪 ○ 按部就班的升职 ○ 家长式管理的福利	● 一个新的"契约" ○ 按贡献付薪 ○ 个人发展 ○ 选择/分担成本
● 对报酬/薪酬的认识较为狭隘	● 视角更宽阔的全面报酬体系

资料来源：全球品牌网：《从薪酬福利到工作体验　IBM 薪酬管理案例》，http：//www.globrand.com/2006/30289.shtml。

2. 从刚性薪酬向弹性的"意外性收入"薪酬转化

由于全球化竞争的压力，无论美国还是日本，都在积极倡导能力和以绩效为基础的薪酬激励政策，同时也在探讨员工薪酬满意度的课题。其中，"意外性收入"是一个被积极倡导的办法。意外性收入的基本操作思路有四点：一是在原工资中加大绩效工资的比例，使考核经常化，从而以经常性的绩效工资使员工个人收入产生较大的浮动；二是化整为零，把年终奖、分红分解，作为绩效工资的部分资金来源；三是将原来福利性的硬性补贴变为现金支付，花小钱办大事；四是提供一些特别的支付项目。

3. 从以等价交易为核心的薪酬管理理念向以人为本的薪酬理念转化

传统的以等价交易为核心的员工薪酬管理理念，正在被以人为本的人性化的、以员工的参与和潜能开发为目标的管理理念所替代。这种薪酬管理方案的实质是将薪酬管理作为企业管理和人力资源开发的一个有机组成部分，作为一种激励的机制和手段，其基本思路是：将企业的工资计划建立在四个原则的基础之上——薪酬、信任、减少工资分类和基于业绩，目的是通过加大工资中的激励成分，换取员工对企业的认同感和敬业精神。利盟国际是一家从 IBM 分出来的打印机公司，它也曾为员工的流失而苦恼，后来，它采取了积极的措施，吸引并留住了需要的人才，企业效益大幅度提升。利盟所采取的关键措施就是加强薪酬的开发性和沟通机制，把一种家长式的管理转变为雇主和雇员之间平等的交换关系，了解员工的个人偏好，更加开放地讨论薪酬，通过沟通建立信任，在此基础上制定出的薪酬结构也就更容易平衡各方的要求了。

4. 从单纯激励性薪酬向战略性薪酬管理转化

所谓战略性薪酬，就是要在薪酬体系和组织战略目标之间建立起一种密切的联系。只有基于战略的薪酬管理体系才能帮助组织吸引和留住取得核心竞争优势所必需的人才，提高企业的外部竞争力，实现内部管理的最优。美世人力资源咨询公司的专家指出，未来薪酬发展的基本趋势是："以前企业在薪酬管理中比较注重定性化的管理，现在则要注重定量化的衡量，以前只把自身企业的薪酬水平和最佳企业标杆进行比较，现在则是考虑怎样把薪酬与企业的内在需求、战略要求和文化相匹配。"海氏公司得出结论："当迈进21世纪时，如何将薪酬管理与企业战略结合起来，通过报酬体系来支撑组织战略，是组织在薪酬管理方面所面临的最大挑战。"所以公司在设计薪酬体系的时候，应该跳出薪酬看薪酬，既要考虑到人才市场的整体薪酬水平，又不能完全被市场牵着鼻子走，而应该站在公司整体发展战略的角度，以和发展战略相匹配的薪酬战略强化公司在人才市场上的竞争力。

5. 从密薪制向明薪制转化

薪酬保密和公开孰优孰劣，至今仍有争议。但目前国际上占主导的意见和做法是，倾向于实行透明的薪酬制度。薪酬制度的透明化有利于保持薪酬分配内部的公平性，它向员工表明：组织的薪酬制度是建立在公平、公正、公开的基础之上的，薪酬高低有其科学依据和合理性，鼓励所有员工监督其公正性，并对组织的薪酬分配提出申诉或建议。透明薪酬的公平性使其激励功能大大强化；保密薪酬则容易在员工中产生薪酬不平等的印象，而且，事实上也难以长期保持其薪酬的秘密，员工会通过各种渠道了解同事的工资额。在这一过程中，员工可能产生猜疑、妒忌心理或不满的心理和行为，会严重破坏组织的人际关系和团队合作精神，其负面效应往往会大于保密薪酬可能产生的正面效应。

6. 从基于职位职级的薪酬向基于绩效及能力的薪酬转化

在要求团队合作的技术性工作中，需要的是知识共享、相互启发，很难划清团队成员的具体职责，以职位为主的管理模式已经不太适合了，以职位为主的薪酬模式也不再适用。随着环境的变化，美国公司逐步意识到要提高工作效率，达到企业的经营目标，就不能继续把员工的工作拘泥于特定的职位描述，而必须鼓励他们尝试更多的工作，钻研更新的工作方法。这就要求员工不断学习，才能保持由此获得的竞争优势。为了与新的要求相适应，许多企业改变了原来根据职位决定员工薪酬的做法，引入了一种以个人为基础的薪酬方式，把个人拥有的技术、技能和实现的业绩、贡献作为薪酬决定的基础。

7. 从窄幅薪酬结构向宽带薪酬结构转化

一些组织对原来以职位为基础的薪酬体系进行了渐进式变革，形成宽波段薪酬体系，减少薪等，增大薪距的交叉范围，让每个员工都有广泛的提薪空间，实际上是加大了工资中知识技能的含量。宽幅薪酬事实上比较适合职位职级较少而技术含量又较高的医院和高校，更有利于单位留住核心员工。

1994年和1998年美国薪酬管理协会就宽带工资结构对企业进行的追踪调查的结果显示：宽带工资结构与现代企业发展相适应，对于提高组织的灵活性、支持企业文化转变、淡化等级观念、鼓励员工提高技能以及重视职业生涯的发展，从而增强企业竞争力有很好的效果，而且有进一步广泛深入应用的趋势。① 从不

① Kenan S. Abosch，Janice S. Hand，"American Compensation Association，" *Life with Broadbands*，1998.

同的地区来看，北美和欧洲应用宽带工资结构的跨国公司数量在不断增加。

同时，我们可以看到，宽带工资结构也有一种从发达国家向发展中国家推进的趋势。宽带薪酬制度打破了等级森严的官僚层次型组织结构以及束缚员工发挥主动性和潜能的管理体制，适应了企业组织结构扁平化、团队合作、薪酬分配技能导向和绩效导向的新型管理战略，形成了一种新的薪酬管理系统及操作流程。

8. 从一统化薪酬设计向个性化薪酬设计转化

薪酬设计的差异化首先是薪酬构成的差异化，过去那种单一的、僵死的薪酬构成已经不再适应现代企业的需要，取而代之的是多元化、多层次、灵活的、新的薪酬构成。组织内部不同的员工会有不同的偏好（需求）、目标价值和相应的行为。为了提高激励的效率，组织就需要针对员工不同的偏好和目标价值实施不同的薪酬策略，制定不同的薪酬制度，即薪酬制度应具有个性化的特征。

薪酬制度的个性化体现在两个方面：针对组织内不同类型的员工，设计不同的薪酬方案。划分员工类型的标准是多样化的。例如，按员工在组织内的分工不同进行划分，为营销人员、研发人员、经营管理者分别设计符合其特点、满足其价值目标的不同薪酬方案（如在固定工资以外给予销售提成、科技分红、期权激励等）。针对员工不同的需求偏好，设计自助餐式组合薪酬方案。组织在严格控制人工成本总额的前提下，在充分把握员工类型、员工需求、薪酬预算、国家有关法律法规的基础上，设计出现金形式与非现金形式的比例和内容均不相同的薪酬组合，每个员工可在其薪酬预算范围内，自主选择能最大限度地满足其需求偏好的组合薪酬。

9. 薪酬激励的长期化

传统的薪酬制度主要采用工资、奖金的薪酬形式，其激励机制的特点是：工资奖金与员工即期的工作绩效挂钩，而与组织的远期发展目标相脱节；员工的经济利益与组织经济效益变动状况之间的相关性和敏感度较低，且工资又具有能上不能下的刚性或黏性特征。因而，这种薪酬形式的短期激励力度较大，短期行为的导向明显，不利于组织核心竞争力的提高和长远发展。

根据委托—代理理论，当代理人（经营管理者）与委托人的目标函数不一致时，在委托人与代理人信息不对称的条件下，代理人有可能置自身利益于委托人利益之上，出现规避行为和机会主义行为，导致道德风险（代理风险）产生。为了规避代理人的短期行为和道德风险，必须调整代理人的目标函数，使之与委托人的目标函数相一致。而薪酬激励的长期化，正是促使代理人的目标函数和行为选择与委托人的目标函数和行为要求相一致的“催化剂”。有鉴于此，20世纪80年代以来，股票期权等长期股权激励的薪酬形式得到普遍采用。

10. 福利制度的弹性化

公司在福利方面的投入在总成本中所占的比例是比较高的，但这一部分支出往往被员工忽视，认为不如货币形式的薪酬实在，有一种吃力不讨好的感觉；而且，员工在福利方面的偏好也是因人而异的。为了解决这一问题，目前最常用的方法是采用选择性福利，即让员工在规定的范围内选择自己喜欢的福利组合。

弹性福利制是一种有别于传统固定式福利的新员工福利制度。弹性福利制又称为“自助餐式的福利”，即员工可以从企业所提供的一份列有各种福利项目的“菜单”中自由选择其所需要的福利。弹性福利制强调让员工依照自己的需求从企业所提供的福利项目中来选择组合属于自己的一套福利“套餐”。每一个员工都有自己专属的福利组合。另外，弹性福利制强调员工参与的过程，希望从别人的角度来了解他人的需要。

3.2.2 薪酬管理的一致性与差异性：国际化薪酬管理的理论思考

世上不存在放之四海而皆准的薪酬制度，适合自己的才是最好的(L. R. Gomez-Mejia，1992)。米尔科维奇教授在《从工资到薪酬——变化的一百年》这篇著名的历史总结性的文章中，从“变化、交易、为绩效付酬”等主题出发，总结了美国100年来薪酬变革的理论和实践，得出了10条经验和10条教训，并总结出了影响未来薪酬决定的四大要点：一是要寻求适合本组织的薪酬战略，不同组织的薪酬制度是不同的，即便在同一个组织内，现在的薪酬制度也不同于过去和未来的薪酬制度；二是洞悉环境的变化，提高对环境变化的洞察力，有助于确定薪酬制度所需的变革；三是支持、鼓励注重实效的试验，反复的试验推动了薪酬制度的变革；四是持续地学习有关薪酬知识。上述四点中有三点都涉及薪酬制度设计的动态性和差异性的重要性。

任何国家和企业的管理实践都是千差万别的。一个国家或地区的社会、文化、经济条件形成了鲜明的社会和雇佣关系，不要试图假设在一个国家内部存在一致性。需要对影响薪酬战略和薪酬制度选择的因素进行分析，包括组织的经营战略、组织文化和价值观、环境特点、全球竞争力、员工需要、工会以及薪酬与其他人力资源管理体系的适应性。

不同文化下的不同社会契约决定了薪酬体系的不同，同一国家不同行业之间的薪酬体系也存在着差别，所以，独特性和差异性无处不在。但在这种不同的国际化薪酬管理的情况下，我们仍需要找到一种能够分析各国薪酬管理的理论框架，为薪酬国际化管理提供分析的思路。

一体化的工作环境将要求一体化的薪酬机制。由于经济全球化的影响，各国的经济联系日益密切，一个公司内部可能有许多国籍的员工共同工作，互联网的发展使得公司能够在世界范围内招聘员工。全球范围内的人才市场一旦形成，薪酬机制就会朝一体化方向发展，这就要求企业家们在全球的基础上设立经营目标，加快向国外拓展业务的节奏，并设立国际化的薪酬机制。

同时，薪酬体系的战略选择对于讨论不同国家的薪酬制度起到了很好的指导作用，即不同的公司在决定它们的薪酬体系时面临着相似的战略问题，只是侧重点不同而已。薪酬体系通常要考虑薪酬体系的目标、外部竞争性、内部一致性、员工的贡献、薪酬体系的管理这些共同的问题。[1] 托马斯·B·威尔逊在《薪酬——以薪酬战略撬动企业革命》一书中提出了薪酬制度的五个关键特征，即

---

① George T. Milkovich，Jerry M. Newman，Barry A. Gerhart，*Compensation*，Eleventh Edition，McGraw-Hill，2013，p. 555.

SMART 标准——明确（specific）、有意义的（meaningful）、可实现的（achievable）、可靠的（reliable）、及时的（timely）。① 据此，我们可以确定一个统一的分析思路和维度：内部一致性、外部竞争性、环境适应性、战略匹配性、管理有效性。图 3—3 给出了“制度形式的差异性和原则的一致性”的分析框架，我们能够据此分析经济全球化对薪酬管理国际化的影响。

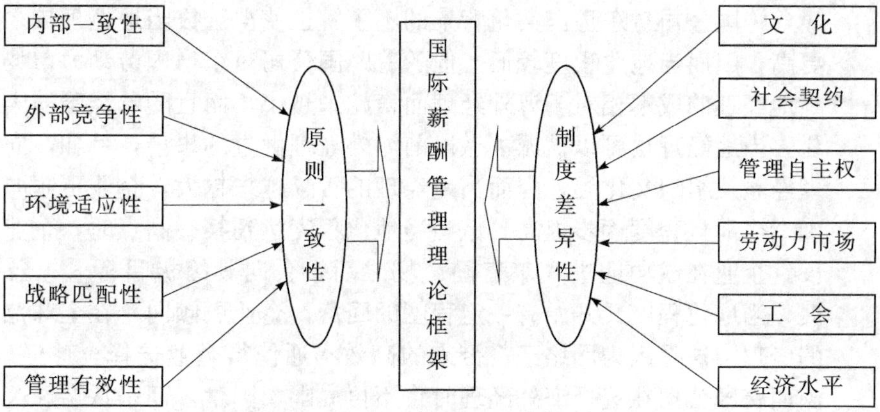

图 3—3 制度形式的差异性和原则的一致性

3.2.3 跨国公司的薪酬管理实践——国际化薪酬

在经济全球化的发展过程中，跨国公司成为活动的主体。跨国公司的人力资源管理最复杂的领域之一也就是薪酬管理。② 不同的国家有不同的员工报酬标准，在不同国家的文化背景下，对薪酬的理解是不一样的。跨国公司在不同的国家采用不同的薪酬策略，但是总的来说，跨国公司往往采用统一的原则，即“全球化的构想，地区化的操作”。跨国公司的薪酬管理方案既要满足公司整体的战略意图，又要保证足够的灵活性，以在不同的国家或地区根据不同的文化背景进行适当的修正，从而满足所在国和第三国员工的实际需要。在讨论跨国公司的薪酬管理时，我们可以将其分成子公司所在国（东道国）员工的薪酬管理和外派员工的薪酬管理两部分进行分析。

从近 20 年的实践来看，虽然各个国家在跨国经营的薪酬管理战略的选择上各有特点，但仍有一个共同的特征，表现在：跨国公司薪酬管理的当地化过程正体现出一种文化融合的倾向。事实证明，目前跨国公司在薪酬管理过程中大多采取国家中心主义的政策，实施当地化战略。

从某种程度上来说，跨国公司薪酬管理的当地化过程越来越体现出一种文化融合的倾向，全球化才是当地化的最终归宿。当地化与全球化的不同在于：前者旨在减少文化冲突，从而减少跨国企业进入当地的障碍；后者则意识到只有不同

① 参见托马斯·B·威尔逊：《薪酬——以薪酬战略撬动企业革命》，71～73 页。
② 参见亚瑟·W·小舍曼：《人力资源管理》，11 版，大连，东北财经大学出版社，2001。

文化间的融合才可能真正减少文化差异所带来的副作用，从而激发文化差异对组织效率的促进作用。因此，当地化只是实现全球化的手段、过程和工具，当地化的最终归属仍是全球化。①

跨国公司的当地化程度是随着其进入东道国市场时间的长短而演变的。当地化程度在到达一个制高点后会有所回落，跨国公司最终会走向全球化。刚进入东道国时，由于跨国公司还不熟悉当地劳动力市场，当地经理的成本优势也并不明显，跨国公司对东道国文化背景的不了解也使得选拔当地经理较之海外经理风险更高，因而当地化程度较低。但随着跨国公司对东道国劳动力市场的熟悉，选择当地经理的成本相对于海外经理而言越来越小，而且随着经验的丰富和培训的深化，当地经理也可以被派去做以前海外经理做过的事情，例如，向新员工传递管理经验及组织文化等，因而当地经理的贡献越来越大，企业更倾向于选择当地经理，当地化程度逐步提高。但当当地化程度达到某一高点时，企业进入第二个阶段。企业在成功地进入东道国市场之后，会向其终极目标——全球化的方向发展，当地化程度又开始有一定程度的回落，企业更倾向于在全球范围内挑选适合的经理。这是因为网络经济带来的高效沟通使得企业选择全球经理的成本下降，因而跨国公司在选择海外经理时将不再局限于国籍，而是从全球范围内挑出最适合的人选。此时选择当地经理的优势不再突出，企业的当地化程度因此而下降。跨国公司内部更多地体现了一种文化融合的倾向，多元文化并存和碰撞给企业带来了无限的生机和文化互补的优势。

（一）东道国员工的薪酬管理

由于东道国员工的薪酬管理一般实行当地化，因此，必须首先进行薪酬调查，了解世界各地小时工资与福利的差异，注重对东道国薪酬的调查和文化的熟悉与调查。其具体内容是：

1. 对东道国员工的薪酬策略

对海外目标市场进行分类，将海外目标市场国家按照发展阶段分为三类：引入阶段、成长阶段、成熟阶段。在分类的基础上，对海外本地员工采取有针对性的薪酬策略和薪酬激励形式。例如，对处于引入阶段的东道国员工，适当增大浮动工资的比例，而对成熟阶段的东道国员工，则以固定工资为主、浮动奖励为辅。

2. 对东道国员工的薪酬水平定位

跨国公司根据薪酬策略确定薪酬水平。在低成本策略的指导下，将东道国员工的总现金收入（基本工资＋津贴＋奖金）水平定位于所在国可比劳动力市场的中位数，以该中位数为上限，下拉一定的百分比作为下限，形成东道国员工的薪酬范围；奖金比例以业绩目标实现为基准，强化业绩导向，以此作为企业制定东道国员工薪酬的基本框架。如果企业考虑在当地采用有竞争力的薪酬战略，则可以以该中位数为下限，上拉一定的百分比作为上限。在为东道国员工支付薪酬时通常的做法是：稍微高于当地的薪酬水平，但不过高超出当地的薪酬水平；否

① 参见姚琨：《跨国公司HRM的当地化与文化融合》，载《中国人力资源开发》，2005（1）。

则，一方面会扰乱当地的薪酬状况，另一方面可能会增加公司的劳动力成本，给自己造成竞争压力。

除了要对东道国员工支付基本工资之外，还要支付相应的福利。各国福利水平和支付方式也存在一定的差异。美国的福利占工资总额的40%，而法国的福利占工资总额的70%左右；在意大利福利更是高达92%。美国的福利大多是由雇主主动向员工提供的，而在其他发达国家，大多数福利是由立法或政府规定的。目前中国企业支付给员工的大部分福利都是由政府或相关法律规定的。

3. 薪酬管理的本地化操作

虽然有了以上框架和原则，但在各个国家的具体操作中，仍有很多隐性因素影响着成败，这些因素包括：

（1）劳动法规：不同国家在人员管理和薪酬激励方面的法律环境非常不同，主要体现在与公平就业机会相关的法律规定、与最低工资制相关的法律条款、与员工福利保障相关的法律条款上。法律具有天然的强制性和普遍性，必须以遵守当地法律为基本前提。从人力资源管理的角度看，全面了解当地的法律环境是进行企业正常业务运营的基本前提。

（2）工会角色：在不同的国家，工会的定位和影响力差别很大。一些企业在面对这种情况时，突出和强化了人力资源管理中的员工关系以及员工沟通的职能和工作，目的在于加强企业与工会间的协调和交流，使劳资双方的关系有序发展，为企业服务。跨国公司在制定海外员工薪酬制度之前，通常要全面系统地掌握所在国的工会组织，以及它对员工薪酬和其他方面的影响。在此基础上，再进行相应职能的完善和制度的设定。

（3）税收影响：在合法的前提下，利用税收政策最大限度地为员工增加实际所得，是企业和员工的共同期望。

不同国家的个人所得税的征收范围和征收水平是完全不同的，不同企业在为员工进行税收处理方面的做法也表现出很大的差异。跨国公司在管理和操作东道国员工的薪酬制度时，在公司整体战略的指引下，深入了解和分析不同国家的税收制度对员工收入的影响，尽可能作出适当的税收安排，以最大限度地增加员工实际所得。

（二）外派员工的薪酬管理

外派员工的薪酬管理是跨国公司薪酬管理的重点和难点，它同时涉及两个以上国家的薪酬管理现实的复杂性。外派员工的薪酬计划必须具有竞争性、激励性、低成本、公平且易于理解、与国际财务管理相配合、易于管理、沟通方便等特征。国际薪酬方案必须满足以下要求，才能充分有效地实施：（1）提供出国工作的激励；（2）能够保持与国内相同的生活水平；（3）能够让员工方便地回国；（4）提供子女教育；（5）能够维持与家庭、朋友和同事的关系。①

① Ranae M. Hyer, "Executive Compensation in the International Arena: Back to the Basics," *Compensation and Benefits Review*, 25, No. 2, March-April 1993, pp. 49 - 54.

跨国公司在支付外派员工的薪酬时，常用的方法有两种：现行费率法和资产负债法。根据发达国家的跨国公司外派员工的薪酬管理办法，我们可以发现大多数企业通过资产负债表法来确定外派员工的报酬组合总水平。

1. 资产负债表法：使个人购买力与本国相符的一种薪酬制度[①]

资产负债表法由四个部分组成：（1）基本工资。该部分报酬与本国类似职位的报酬相符。（2）补贴项目。用于抵消国外的高生活开支。（3）激励项目。用于补偿远离家园、朋友和国内支持系统所带来的不便，通常为基本工资的15%。（4）后勤服务项目。用于补偿搬迁与储藏、汽车和教育费用等的附加开支。

外派员工的薪酬购买力是一个重要的考虑因素，这些费用主要包括产品和服务、住房、收入所得税、储备金，等等。通常采用一张典型的资产负债表来进行这种平衡，如图3—4所示。

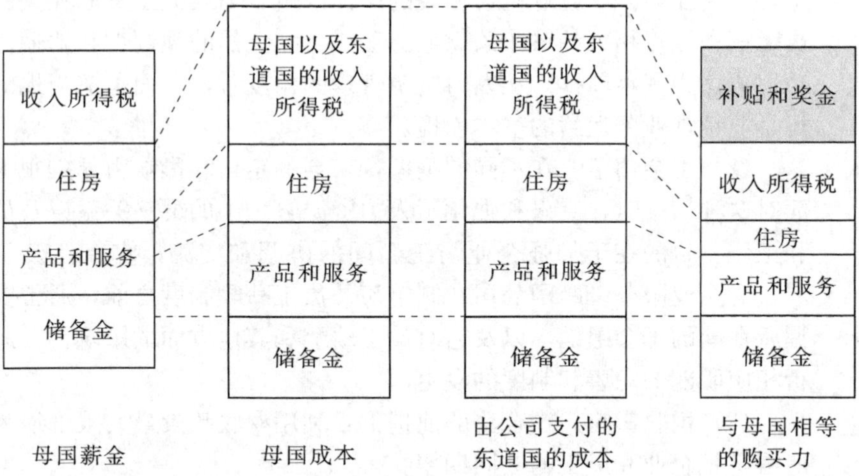

图3—4 典型的资产负债表

资料来源：雷蒙德·A·诺伊：《人力资源管理：赢得竞争优势》，674页，北京，中国人民大学出版社，2013。

外派人员一般会面临税收、住房、产品和服务以及储备金等方面的一系列成本支出。在东道国工作的成本显然要高很多，因此，企业应该向外派人员提供一定的补贴和奖金来补偿在东道国工作所造成的成本之差。然后再向员工提供一定的奖金和奖励，从而鼓励他们努力克服到一个陌生的环境中去工作和生活所必然面对的各种困难。

2. 外派员工基本薪金的确定

外派员工的基本薪金可以基于母国的可比薪资水平来确定，也可以根据东道国中同一职位的市场流行薪资水平来确定。另外，对于外派员工而言，应该提供高于他们现行薪资水平的薪金，以作为对他们被外派的奖励。外派员工基本薪金的确定受到两国之间汇率波动的影响，有时会与母国的基本薪金出现不一致，高

① 参见亚瑟·W·小舍曼：《人力资源管理》，11版。

于或低于母国的基本薪金。

3. 各国生活标准的比较方法

比较各国之间的工资很难，因为即使工资水平看上去相同，但不同国家的医疗费用、生活成本以及公司提供的福利（如宿舍和补贴等）都会大不相同，但对于薪酬设计人员来说，必须获得当前数据并了解当地的文化和习俗。生活标准的比较有两种方式：

（1）一篮子商品法。瑞士银行使用基于欧洲消费习惯的一篮子商品标准，包括从服装到交通再到个人护理等137项商品的价格。一位妇女在购买了夏季服装、夹克、裙子、鞋袜后发现，东京是最昂贵的购买地（约2 300美元），而内罗毕（50美元）和孟买（120美元）则是理想的购物去处。

（2）巨无霸汉堡包测量法。使用不同地方的巨无霸汉堡包价格作为依据。例如，巨无霸汉堡包在美国的平均价格为2.36美元，在中国为9.6元（1.15美元），在加拿大是2.86加元（2.1美元），在俄罗斯是9 500卢布（1.93美元）。

4. 购买力的计算方法

这些生活标准数据的测量对于薪酬设计很重要，特别是对在不同国家间流动的国际员工的薪酬进行调整，以保持其购买力，使他们的生活水平不至于下降。计算购买力的方法有以下两种：一是根据标准的一篮子商品和服务成本与小时工资之比来计算；二是计算购买同一商品在不同国家所需的劳动时间。例如，购买一个巨无霸汉堡包，芝加哥需要劳动14分钟，伦敦需要劳动36分钟，墨西哥城需要劳动39分钟。然而，巨无霸汉堡包在内罗毕、加拉加斯、拉各斯都是奢侈品，在内罗毕需要劳动3小时，在加拉加斯需要劳动4小时，在拉各斯需要劳动2天。

5. 外派人员的税收均等补贴

不同国家的税收政策是不一样的，更为重要的是，作为跨国公司的外派人员要被双重征税，即母国的税收和东道国的税收。跨国公司一般选择以下两种办法来处理国际税收事务：税务平衡、税务保护。

（1）税务平衡。企业暂时代扣的数额等于母国人员在母国应该缴纳的税额，然后用于支付东道国的全部税务。

（2）税务保护。员工的纳税额不超过他在母国薪酬应纳税额的总额。在这种情形下，如果在外国的纳税低于母国，超出的部分就应成为员工的额外收入。①

聘请国际会计师事务所提供咨询服务，来处理不同国家的税务政策的复杂性和差别化是跨国公司处理外派人员税务事务的重要方法。这些国际会计师事务所可以帮助外派人员在东道国和母国获得一定的税收好处。跨国公司在制定薪酬计划时，应该考虑到东道国和母国的税收政策的不同，使得外派人员的总体薪酬在各种税收政策内获得最大的优惠和最适当的回报。

总之，外派人员的薪酬管理非常复杂，它除了涉及本节中提到的各因素的影

① 参见赵曙明，彼得·J·道林，丹尼斯·E·韦尔奇：《跨国公司人力资源管理》，北京，中国人民大学出版社，2002。

响之外，其他诸多因素如各国的经济发展水平、各国特有的薪酬政策、各国使用的币值等同样会对外派人员的薪酬管理产生重要影响。

3.3 国际化与中国的薪酬管理

国际化是一场世界范围内的经济、政治、文化等各方面的融合与冲击，每个国家都毫不例外地参与到这一竞争与发展之中。在这一浪潮下，中国是大量跨国公司进攻的重点，同时中国的本土企业也在不断地走出国门，参与世界经济竞争。在这个过程中，世界范围内的管理经营思想不断传入中国，与中国的优秀历史思想交融、碰撞、发展，给中国企业的经营管理带来了发展的机遇，同时也使中国本土企业的管理受到了严峻的挑战。因此，我们应该在认清形势的基础上，采取积极有效的应对措施。

3.3.1 国际薪酬理念、制度、技术在中国的传播和应用

（一）国际化带来了我国薪酬管理理念与制度的变革

经济全球化一方面使得企业面临日趋激烈的竞争态势，另一方面也使得世界范围内的先进管理理念和技术共享成为可能。随着改革开放的力度不断加大，我国政府出台了一系列解除外商直接投资限制的政策，中国巨大的市场资源和低廉的劳动力成本，吸引着境外投资者的目光，大型跨国公司纷纷以独资、合资、合作等方式大举进入中国市场。

我国企业在更大的范围内参与到国际竞争中去，深刻地感受到了巨大的市场竞争和人才竞争压力，这迫使它们不得不高度关注员工的绩效和对员工的激励问题。同时，它们也意识到了自身存在的种种问题，而国外公司的薪酬管理理念、管理模式、管理经验和技术，既对我国企业产生了巨大的冲击，也为我国企业解决自身的各种问题提供了现实蓝本。以职位为基础的薪酬制度，职位薪酬、绩效薪酬、技能或能力薪酬、股票期权、员工持股等薪酬理念和管理模式，对我国企业薪酬制度的变迁起到了巨大的推动作用。管理咨询业的快速发展，也加速了企业薪酬的规范化、专业化管理进程。管理咨询公司凭借职业化的专家队伍、深厚的专业理论知识、丰富的管理咨询经验以及独特的外部视角，为企业提供专业化的人力资源咨询服务，这无疑对我国企业导入现代薪酬管理理念和技术起着重要作用。

总之，随着薪酬管理的国际化，我国薪酬制度设计从过去追求大一统向多样化、弹性化、个性化发展，从过去注重生产性员工向更加重视科研开发人员、市场销售人员、管理人员特别是高层管理人员的薪酬设计发展。薪酬战略从过去平均主义的简单支付向与环境、企业战略目标相适应并通过吸引、保留和激励优秀人才来赢得并保持企业竞争优势转变。薪酬管理从过去的品位分类、身份工资管理向职位薪酬、绩效薪酬、技能或能力薪酬、市场薪酬转变。员工的薪酬理念从过去的领工资向挣工资转变（即从分配转向按工作、业绩、能力获取报酬）。目

前，全面薪酬、自助式薪酬、薪酬包等市场经济发达国家热衷讨论的薪酬理念和管理模式也开始传入我国，在不久的将来，必将在我国企业的薪酬管理实践中逐步体现出来。

（二）国际化带来了薪酬管理技术的创新

我国的薪酬管理技术在国际化的背景下也不断得到创新和提高，并逐步跟上世界主流的薪酬管理趋势。

1. 以职位为基础的薪酬制度的竞相采用

20 世纪 90 年代中后期，随着市场经济国家一系列先进的管理思想、知识和技术大量涌入我国，以美国为代表的发达市场经济国家所普遍采用的以职位为基础的薪酬制度，成为我国企业竞相采用的薪酬制度，它能较好地解决严重困扰我国企业的平均主义、非生产性职位的公平回报等问题，满足企业管理市场化、规范化和国际化的要求。尽管美国在 20 年代就开始了工作分析和工作评价制度，但中国由于长期实行计划经济，很多企业对此知之甚少。

在过去的 100 多年里，西方企业的薪酬管理经历了从刚性到柔性的发展变化过程。其中，以职位和工作价值判定为基础的薪酬体系一直占据主导地位。这种操作性强的薪酬模式对企业业绩的提升发挥了巨大作用。与这些严格的规范化制度相配套的基础性工作，是企业今天实施柔性管理的条件，是管理中不可逾越的阶段。而我国企业的现实是，这方面的基础性工作相当薄弱。在进行各项薪酬制度变革时，要特别注意弥补这一阶段的缺陷，为今后的发展打好基础。

2. 绩效薪酬体系的不断发展

西方比较流行的薪酬体系是把绩效作为支付薪酬的依据，这种薪酬体系又称为产出型薪酬体系。尽管传统上我国企业的生产人员实行的奖金和计件工资制均属于绩效薪酬，但对管理人员和技术人员而言，如何将薪酬与绩效相联系，一直是困扰中国企业的问题。20 世纪 90 年代后期以来，我国的绩效薪酬日益完善，引入了可变薪酬的理念，提高了可变薪酬的比重，并加强了绩效管理与企业薪酬战略的联系，特别是加强了企业经营者的绩效考核，事业单位也引入了绩效管理和绩效工资。但由于我国市场条件欠缺、法律法规不完善、组织内部机制不健全、绩效管理在我国也才刚刚开始，因此，我国的绩效薪酬仍处在不断的探索之中。

3. 基于知识、技能和能力的薪酬制度的探索

技能薪酬体系被认为是发达国家目前发展最快的新型薪酬体系，以往的薪酬体系一般根据职务或工作的价值来确定报酬量，工作的产出是其关注点，而技能薪酬更关注“投入量”，即以员工为完成岗位工作所投入的知识、技能和能力作为测量薪酬的依据（Ledford & Heneman，2002）。近年来，在摩托罗拉等跨国公司和我国的联想、中国通用技术集团公司等国内企业，都开始实行以知识、技能和能力为基础的薪酬制度。通过鼓励员工学习更多的知识、技能或提高自身的能力，使组织更具灵活性，使员工更易适应技术和工作流程的变化。

4. 市场化薪酬制度的兴起

在薪酬设计中，不仅基于职位的薪酬制度及基于知识、技能和能力的薪酬制度的设计要参照市场薪酬水平，强化对劳动力市场竞争要素，国际上一些企业甚至已开始直接依据市场点来设计企业的薪酬等级和薪酬水平线（John Stredwick，1997）。

20世纪90年代以来，随着我国劳动人事制度改革的不断深化、劳动力市场的逐步形成以及多种所有制经济的快速发展，我国企业的劳动关系发生了深刻的变革，由职工与国家的隶属关系转变为员工与企业的劳动契约关系。传统的结构工资和岗位技能工资脱离市场价位，关键岗位上的优秀人才的工资远远低于市场薪酬，而一般员工的薪酬水平又往往高于市场薪酬，结果导致企业陷入了“想留的人留不住、想进的人进不来、不想留的人又走不了”的怪圈。因此，为了吸引、稳定和留住优秀人才，一些企业在设计薪酬制度时，开始广泛参考地方政府劳动力市场价位调查和一些咨询公司的薪酬调查数据，纷纷开始实行市场驱动的基于市场价位的薪酬制度，包括谈判工资、协议工资和集体协商工资。

3.3.2 国际化背景下我国薪酬管理面临的挑战

加入WTO后，国内企业将面临全球化的商业环境、更趋激烈的国际竞争以及人力资源的国际化争夺。有人将WTO比做陨石，据说，恐龙的灭绝是由于几千万年以前一个巨大的陨石坠入地球后造成了全球气候的剧烈变化而导致的。那么，国内企业能否避免恐龙的悲剧？中国加入WTO后，国内市场将成为国际市场，国际市场也是国内市场。我们所处的商业环境将发生根本变化，国内企业不仅将面临更大的3C（customer，competition，change）挑战，同时，国内企业将更真切地感受到商业环境的瞬息万变与捉摸不定：没有边界的经济体系和全球化的商业，全球范围的劳动力市场，即时信息和通信，反应灵活的公司。随着现代信息革命的深入，这种特征将变得越来越真切，薪酬管理也将面临更大的挑战。

（一）本土企业传统薪酬制度的竞争力不足

国际化背景下，我国人才遭遇零距离的“国内外流”。随着越来越多的跨国公司在中国安营扎寨，尽管目前跨国公司也面临人才流失，为中国企业培养了优秀的管理人才，但总体而言，中国人才遭遇“国内外流”的现象依然突出。国家人事部人事与人才研究所一项有关中国人才工作十大问题的研究显示，有来自14个国家的400多家世界500强企业在华建立了研发机构，这些研发机构实际上形成了外资企业争夺中国高层次人才的桥头堡。

现代企业竞争的关键是人才的竞争，而人才竞争过程中起决定作用的又是薪酬的竞争，目前情况下，在中国谁的薪酬竞争力强，谁就能赢得优秀的人才。外资企业凭借其科学的薪酬制度和诱人的薪酬水平，在中国本土大量挖掘优秀人才，尤其是对中国企业优秀人才的拼抢，使得我国国有企业的优秀人才大量流失，企业竞争力大大下降。在与西方公司的人才竞争中，中国国有企业和国有机构将再次遭受巨大损失。如果不能采取行之有效的应对措施留住人才，人才流失将会威胁到中国的经济安全。

中国传统的人事管理是行政化的管理，将人当做成本，既然是成本，根据企业“成本最小化、利润最大化”的经营目标，必定要想方设法降低成本，表现在劳动力上就是低工资和很少提供培训机会。一项将中国上市公司董事长、总经理的年度报酬与每股收益和净资产收益率分别进行回归分析的统计结果表明：总经理的年度报酬与每股收益的相关系数仅为0.045，与净资产收益率的相关系数仅为0.009，并且管理层的持股比例与企业经营业绩的相关性也很低，这说明中国上市公司不仅存在年度报酬激励不明显的现象，而且存在股权激励不明显的现象。这样的分配结果显然不足以对国有企业的经营者形成足够的激励。

除了薪酬水平以外，对当前中国企业的薪酬制度而言，仍存在品位分类而非职位分类、资历而非能力和绩效导向、结构而非水平问题突出和没有规范的工资制度等根本性的缺陷。①

（二）中国境外企业的薪酬管理危机

2004年3月，在秘鲁的我国首钢秘鲁铁矿公司发生了工人罢工事件。首钢出于与当地工会组织搞好关系的良好愿望，邀请他们到北京参观访问。这些工会领导人一返回秘鲁，就提出要按照中国社会主义企业的模式给秘方员工增加福利。首钢迫于罢工的压力，同企业工会组织签订了多达35项的福利条款协议，包括首钢秘铁职工及其家属全部享有免费医疗、免费教育、免费居住和免费水电等。② 据首钢秘铁初步测算，此次罢工遭受的直接经济损失就高达351万美元。更令人担忧的是，谁也不能确定下一次罢工的具体日期。此类事件的发生对中国的在外企业将造成极大的损失。

这一事件说明，在国际化进程中，我国不仅面临跨国公司进入国内竞争的压力，而且国内企业迟早要实行“走出去”的战略转变。实际上，伴随着中国改革开放步伐的不断加快和加入WTO，越来越多的中国企业也开始走上在海外谋求发展的国际化道路。除了上述首钢在秘鲁的投资之外，海尔、联想集团等也开始实施国际化战略。中国企业的跨国经营，或者说向跨国公司的发展，面临着人员管理、薪酬管理等复杂和困难的问题。显然，如果不熟悉所在国的文化背景和影响薪酬管理的社会制度等，都将给我国在外企业的薪酬管理带来麻烦，影响企业的经营和发展。

中国企业对外派经理人员的薪酬管理存在一定的问题，影响了外派人员的工作积极性。主要表现在以下几个方面：

（1）在外企业经理的薪酬激励水平比较低，激励的手段和方式比较单一。在外企业经理的薪酬基本上沿袭了国内企业的水平，在国内母公司的经理薪酬水平不高、激励不强的前提下，境外企业经理作为一个分支机构的主要负责人，难以

① 参见曾湘泉在“第四届中日人力资源开发国际研讨会”上就中国企业薪酬问题所作的发言。

② 参见盛立中：《中企海外扩张遭遇“工会关”》，载《中国经济周刊》，2004（30）。

有更大的突破。

（2）在激励的方式上，基本上也是以工资、奖金、补贴为主要内容的短期激励，缺少以企业绩效提高和企业发展为目的的中长期激励手段。在低水平的短期激励之下，受到所处发达国家当地更强的经理激励水平的影响，在外企业经理很容易产生差距感和失落感，进而无心为企业全心付出，甚至无心经营，出现了很多跳槽和单干的现象。

（3）薪酬管理“过死”与“过弱”两种状态造成了管理的失败。“过死”是指国内企业对境外企业管得过死，在外企业的经营机制尚未实现根本转变，沿用的仍然是国内传统的管理办法，不能根据东道国的政治、经济环境和社会习俗作出适当的调整，使得境外企业的经理在经营过程中受到国内母公司的制约过多，无法发挥自己的积极性和创造性。“过弱”是指在在外企业与母公司的信息不对称的状况下，由于经营权力的不断扩大，在外企业的经营管理处于一种不得不放松管制，甚至放任自流的状态，经理人员的实际收入实际上处于一种失控的状态，甚至出现违法的现象。①

3.3.3 我国薪酬管理如何应对国际化挑战

我国薪酬管理要应对国际化挑战，首先必须获得同台竞争的资格，即真正做到薪酬管理的规范化。而要想赢得这场竞争的胜利，则不能仅仅满足于照搬或模仿，必须结合我国实际，不断进行薪酬技术的创新。

1. 薪酬管理规范化——获得同台竞争的机会

在日益激烈的市场竞争中，尤其是在入世后国内市场国际化、国际市场国内化的市场竞争中，越来越多的企业在“走出去”、“走进来”。然而，我国企业的国际化步履异常艰难，其首要的制约因素是人才问题，既大量缺乏参与国际竞争的国际化人才，又没有形成吸引、培养和留住人才的现代薪酬机制。如何合理反映员工的工作绩效，让员工体会到发展的公平感和成就感？如何制定合理的薪酬体系，使得企业战略与人才能够和谐地发展？中国企业将处于极为被动的局面。国内企业一定要借助现代薪酬管理的先进方法技术，建立规范化的薪酬管理体系，形成高效的人力资源平台，与国际接轨，只有这样，才能获得与国外企业同台竞争的机会。国际化前行的支点仍然来自对细节实实在在的把握，中国企业的国际化始于了解与被了解。

2. 薪酬技术创新——赢得竞争的关键

我们必须明白，规范化只是基础。对国外企业而言，建立在科层制企业组织基础上的组织构造、薪酬制度、信息采集、评价过程乃至设计方法已是众所周知。我们建立起来的规范化的管理体系，纵然能使我们在国内获得管理上的优势，但与国外同行企业相比却没有丝毫优势，在这些领域，西方企业的管理已经相当成熟。

坚持创新是根本，这一点在薪酬管理上同样适用，管理创新是没有终点的。

① 参见朱艳：《中国境外企业经理激励研究》，湖南师范大学硕士毕业论文，2004。

国际化也是民族化。国际化的结果是促进多元文化的融合，同时也能使民族文化中的鲜活成分大放异彩，成为国际的文化。在企业薪酬管理方面也是一样的。中国企业走向国际化、学习国外先进管理理论经验与探索中国式的管理并输出管理到国外是相辅相成的。现在我国国内企业非常崇拜西方企业的薪酬管理，也喜欢模仿西方企业的薪酬管理模式，付出了很大的代价，但结果大多是水土不服。这并不是说我们不需要学习西方的管理，而是我们学习的方法问题。在“硬”管理方面，有些是可以直接为我所用的；至于涉及与人有关的因素的管理，目前研究得还不够。

就目前我国薪酬管理存在的上述问题，我们首先应从以下几个环节入手来应对国际化的挑战。

（一）转变薪酬管理理念

我国企业薪酬制度要走市场化、规范化、国际化的道路。如今越来越多的跨国公司进入我国，它们了解我国企业的人力资源管理，但我国企业却不了解跨国公司的人力资源管理。因此，我国企业在人力资源管理和薪酬制度上要有国际视野，要导入国际先进理念。

1. 树立全面薪酬体系的理念

20世纪90年代以前，企业吸引员工的主要方式仍然以传统的报酬方式为主，如工资和福利。但是进入21世纪后，吸引员工特别是关键人才成为一件十分困难的事情。员工在考虑潜在的雇主时，越来越多地关注非传统的福利，包括灵活的工作安排、职业发展、工作环境、认同及赏识等项目。

美国薪酬协会曾经邀请AC尼尔森公司在世界范围内开展了一项主题为“最佳的工作场所应该具备何种条件?”的专项调查。调查结果发现，“企业理解我对工作的期待”、“具备我正常工作所需要的材料及设备”、“公司的使命或目标使我感到我的工作很重要”、员工在工作中“有机会每天做我做得最好的事情”、“我的建议能够被采用”等12项条件，成为300多万名普通员工和20多万名经理人员的共同选择。美国薪酬协会的专家说，如果人们可以看到他们与公司的关系，可以看到他们是如何融入全局的，那么他们就会忠于公司。他们寻求的是一种共同的命运，也就是他们与公司关系的新价值。与其他福利相比，他们寻求具有竞争力的薪酬、有挑战性的工作、公开的交流、支持型的上司、共同分享利润和学习的机会等全面的薪酬体验。

2. 注重对人的真正关注

人本管理虽然在理论上已较为成熟，但尚需在实践中加以真正落实。薪酬管理是对人的看法和提高工作效率的间接体现，经营理念往往反映在各个薪酬决策的细节中。现实中，企业对人的不重视便往往暴露在不合理的薪酬体系中，这种情况不符合现代企业制度的基本要求。中国企业的老板说得最多的一个词汇可能就是“以人为本”，然而，对于如何实践以人为本，他们却没有任何概念，以人为本成了自我标榜的“噱头”。国内企业最欠缺的是对于企业微观层次的薪酬管理的各项运作策略。没有具体的运作策略，再好的理念也只是概念。

（二）加强薪酬管理的基础性工作

为了保证企业内部薪酬分配的内部公平性，首先应该进行职位分析，根据各职位的职位评估来确定每个职位的报酬，然后根据公司的具体情况做适当的调整。职位分析需要公司管理层结合公司经营目标，在业务分析和人员分析的基础上，明确各职能和职位的关系，然后由人力资源部与各部门主管合作编写职位说明书。

职位评价是在职位描述的基础上，对职位本身所具有的特性（比如，职位对企业的影响、职责范围、任职条件、环境条件等）进行评价，以确定职位的相对价值。通过职位评价可以比较企业内部各个职位的相对重要性，得出职位等级序列，从而为进行薪酬调查和薪酬设计建立统一的职位评价标准，确保工资的公平性。

（三）改革和完善我国薪酬管理制度

400多年前，英国经济学家格雷欣发现了“劣币驱逐良币”这一现象，称为“格雷欣法则”。目前，我国许多企业在薪酬或人力资源管理方面均可能发生类似的情形：由于企业在薪酬管理方面没有充分体现优质优价的原则，一些国企低素质员工的薪酬超出市场水平、高素质员工的薪酬低于市场水平，这导致高素质员工的绝对量尤其是相对量下降。这一方面表现为企业内对自己薪酬心怀不满的高素质员工另谋高就；另一方面亦表现为企业外的高素质人力资源对企业吸纳祈求的消极回应。目前的人力资源市场既使得低端劳动力的价值高估，又使得高端人才没有在市场上实现价值回归。因此，必须加快我国薪酬制度改革，避免薪酬管理的“格雷欣法则”。

根据美世人力资源咨询公司的调查数据显示，我国企业的总体薪酬管理制度还存在许多问题，在个体上不利于包容人才多方面的需求，在群体上也不利于激发各类人才的综合成长。现有的薪酬制度至少可以在以下几个方面进行改革和完善：

一是将市场薪酬水平作为员工薪酬水平判定的参照系；二是增加可变薪酬的比例和方式；三是提高员工生活方便性的项目，如房贴、住房贷款担保、车贴、通信费用等；四是提高员工生活幸福感的项目，如弹性工作、健身活动、带薪休假等；五是提高员工个人能力的项目，如培训、进修、轮岗、富有挑战性的工作机会等；六是提高员工个人成就感的项目，如职位提升、荣誉称号、决策权、建议权等；七是提高员工公平感的项目，如有竞争力的整体薪水待遇、公平的工作机会、合理的奖惩措施和激励手段等。

总之，薪酬制度的改革应不断提高薪酬水平、完善薪酬结构，薪酬体系设计应逐步由制度性的规定向满足人才的个性化需求、提高个人满意度的方向发展。为此，需要加大薪酬制度的创新力度。

□ 本章小结

不同的国家由于其不同的历史文化、经济水平、社会制度而形成了不同的薪酬管理体系、制度和模式。但随着经济的全球化发展，特别是产品和资本在国家之间的大幅度流动，各国之间的薪酬管理理念、制度和技术不断地相互交流、碰撞、借鉴和吸收，最后得以相互融合、发展与应用。

国际化对薪酬管理的影响因素主要包括：全球经济一体化、跨国公司的发展、咨询公司的国际化经营、国际化的人才流动和信息交流。在国际化背景下，世界各国的薪酬管理理念与技术都发生了不同程度的变迁，薪酬制度也相应出现了一系列新的特点，主要表现在：从货币性薪酬向总报酬理念转变、从刚性薪酬向弹性的"意外性收入"薪酬转化、从以等价交易为核心的薪酬管理理念向以人为本的薪酬理念转化、从单纯激励性薪酬向战略性薪酬管理转化、从密薪制向明薪制转化、从基于职位职级的薪酬向基于绩效及能力的薪酬转化、从窄幅薪酬结构向宽带薪酬结构转化、从一统化薪酬设计向个性化薪酬设计转化，并且薪酬激励的短期化向长期化转变、福利制度的刚性化向弹性化转变等。

全球化经济是跨国公司主导的经济，跨国公司在不同的国家实施跨国经营，必然就需要对所在国（东道国）员工的薪酬和外派员工的薪酬进行管理。跨国公司的薪酬管理方案既要满足公司整体的战略意图，又要保证足够的灵活性，以在不同的国家或地区根据不同的文化背景进行适当的修正，从而满足所在国和第三国员工的实际需要。

我国在国际化浪潮下成为跨国公司投资的重点，同时我国本土企业也在不断地走出国门，参与世界经济竞争。在这个过程中，世界范围内的薪酬管理思想不断传入我国并与我国已有的管理思想交融、碰撞、发展，给我国的薪酬管理带来了很好的发展机遇，同时也使我国本土企业的薪酬管理受到了严峻的挑战。转变薪酬管理理念、加强薪酬管理的基础性工作、改革和完善我国薪酬管理制度、不断进行薪酬管理的创新是我们的必然选择。

□ 复习思考题

1. 如何理解薪酬国际化与国际化薪酬？它们之间有何联系与区别？
2. 国际化给薪酬管理带来了哪些影响？
3. 如何理解国际薪酬管理的一致性与差异性？
4. 跨国公司如何对外派员工进行薪酬管理？用资产负债表法对跨国公司的外派员工进行薪酬支付的操作要点是什么？
5. 谈谈你对国际化环境下我国企业薪酬管理所面临的机遇与挑战的认识。

□案　例

联想收购IBM PC业务后的薪酬对接

（一）新联想正面临着并购中的重要问题——薪酬文化的冲突。如何成功实现薪酬对接？当务之急：员工满意度调查

发言专家：北京外企太和企业管理顾问有限公司高级顾问侯继连

Q：新联想应该用什么样的思路解决并购后的薪酬整合问题？

A：薪酬问题首先是地域问题。合并后的IBM与联想面对的是同一个人才市场（不论国内还是国际），薪酬制度与薪酬水平的差距仍然存在。解决这一问题的思路包括四个环节：首先，整合后必然带来业务和流程的重组，继而是对部门和职位的重新设定与梳理，下一步是平衡员工的职责和绩效，最后才是薪酬的平衡与整合的具体工作。至于解决这个问题的大方向，我认为既然这么多员工在同一个价值链上承担不同的职能，解决问题的趋势是应该建立起内部的公平性。对于新联想来说，整合后采取的薪酬策略应该是一样的，同一个地域、同一职位级别的员工应该是同工同酬，但是考虑到员工个体能力的差别，同一职位级别的薪酬水平设计应该是宽带的，以便于公司操作。

我们都知道如果进行整合的两个公司之间同一职位的薪酬水平有差距，可能是由于薪酬给付的信息不对称和两家公司原来的薪酬策略不同等原因造成的。解决的方法要么是把低的提高，要么就是把高的降低。如果把收入较高的员工的工资降低，可能会挫伤这部分员工的工作积极性，还有可能造成员工的流失；但如果把收入较低的员工的薪酬上涨，会使公司人工成本在短时间内急剧增加。

最好是设计过渡的方案。比如，设定一年或半年的过渡期，在过渡期内，较高工资的员工和较低工资的员工的薪酬都暂不变化，同时，在过渡期内通过公司的职责梳理和评估、绩效考核和绩效管理办法，逐渐对同一职位级别的较低工资员工的薪酬和较高工资员工的薪酬进行调整，使其趋于内部公平和对外部具有竞争力，而这个时候调整工资会更有说服力。

Q：您认为新联想大概需要多长时间才能解决并购后的薪酬平衡问题？

A：至于期限，我觉得没有一个定式，对于公司来说还有很多变数，可以不去评估这个时间点。我上面谈到的四个步骤的流程是任何并购中实现薪酬平衡的通用思路。

Q：您认为新联想的薪酬制度将会更像原来的联想还是原来的IBM？

A：建立的新制度更像谁，这个判断并不重要。第一步，企业应该通过专业的方法建立起内部各个职位的价值体系，保证内部的公平性；第二步，提升薪酬的外部竞争力，保持员工的满意度、忠诚度和工作效率；第三步才涉及具体建立一个什么样的薪酬制度。但对于新建立的这套制度，企业不应该作出更像谁或更倾向于谁这样的说明，在联想内部可以把这个问题策略性地回避掉。考虑到促进员工文化的融合，充分体谅员工的心理感受，以更有效地激励员工，这才是最终的目标。

Q：您认为新联想在解决薪酬平衡问题时，还有没有什么细节需要注意？

A：因为员工的满意度、忠诚度和工作效率是企业并购中竭力要保持的，所以可以首先做一个员工满意度调查，了解员工的期望。即使不做调查，人力资源部也可以进行部分员工的访谈，尤其是更多地了解原IBM员工的想法。通过调查或访谈，将便于人力资源部门更全面地了解情况，在制定薪酬方案的时候也能尽量减少问题的发生。同时，新联想不仅可以参考国内IT行业PC企业员工的薪酬状况，还可以多了解IBM PC业务在其他国家的薪酬状况。其实，无论是什么样的企业合并，员工满意度的调查或访谈都是必要的，也是应该首先进行的。

（二）联想薪酬制度需要"换血"

发言专家：北京新华信管理顾问有限公司顾问徐建华

联想和IBM的薪酬激励体系存在极大的差异。IBM采用美国标准薪酬，待遇优厚，具有成熟的薪酬激励体系，这些都是原联想所不具备的。如果新联想减少或停止这些薪酬激励体系，IBM的原有员工将拒绝继续工作；但是如果原IBM的员工继续拥有与新联想中国员工不同的待遇，显然中方员工会产生极大的不满。并购之后的薪酬整合成为摆在新联想面前的主要问题。

新联想应该逐步引入IBM的薪酬激励体系，主要有以下几条原因：

第一，薪酬激励体系必须与公司发展战略相匹配。联想之所以并购IBM的PC业务，主要是借助IBM的PC业务品牌、客户资源、核心技术和高端人才，实现联想的国际化发展战略。在迅速变化的IT行业，人才是企业实现战略的核心资源之一。联想的这种国际化发展战略依托于高端的人才战略，而高端人才的吸引和留用必须依赖于国际化标准薪酬体系，IBM自然是这方面的代表。

第二，薪酬激励体系是企业文化的体现。行业不同，行业所处的发展阶段不同，企业文化也存在差异。经过阶段性的发展，联想迅速实现了战略转型，在并购了IBM的PC业务后，首先必须进行文化整合，但是文化整合的载体是员工。根据利益决定论，员工的背后是价值利益分配，因此同种工作性质所存在的薪酬体系差异，必将影响新联想企业文化的融合，从而导致企业经营的文化断层，影响新联想的内部协作，进一步损害新联想并购的效益。

第三，必须从广义的角度理解薪酬激励体系。目前，薪酬已不是单一的工资，也不是纯粹的经济性报酬。从对员工的激励角度来讲，可以将薪酬分为两类：一类是外在激励性因素，如工资、固定津贴、社会强制性福利、公司内部的统一福利项目等；另一类是内在激励性因素，如员工的个人成长、工作的挑战性、工作环境、培训条件等。根据我们长期的实践经验及调查，在目前中国的跨国公司中，员工关注的前三位因素分别为：员工发展计划、认可以及经济性薪酬。随着联想人才战略的调整以及人才层次的提升，原联想的薪酬激励体系必须逐步适应行业竞争和企业战略的需求。应该说，IBM的薪酬激励体系代表着行业国际化的发展方向，并购后的新联想必须善于汲取IBM成功的人力资源管理经验，其中薪酬激励体系是核心。

第四，薪酬激励体系的变更会削弱联想并购的品牌延续效应。联想并购IBM的PC业务，客户的认可对于品牌的延续至关重要，并且在很大程度上决定了联想并购的成功与否。一旦改变 IBM PC 业务已有的薪酬激励体系，必将导致人员大批离职，从而影响品牌的社会效应，这种负面的社会效应会逐步影响客户的消费选择，形成客户选择的马太效应，进而进一步削弱联想并购 IBM 的品牌延续效应。

薪酬激励体系趋向 IBM 是否会加大联想的薪酬成本？新联想是可以控制薪酬激励成本占年度利润的比率的。薪酬激励体系趋向 IBM，通过这种薪酬体系进行人力资源内部开发，盘活企业的人力资源，也能继续保持两家企业的外部人才吸引力，甚至会给企业带来更丰厚的利润。与此同时，在设计新联想薪酬体系的过程中，不以出身（联想员工还是 IBM 员工）论薪酬激励，而是在统一的薪酬激励下，将员工业绩与 PC 业务板块业绩、新联想的业绩捆绑在一起。只有这样，才能建立起一套公平、公正、公开的薪酬激励体系。

（三）各个击破新联想薪酬难题

发言专家：北京智鼎管理咨询公司高级薪酬顾问张登印

企业的薪酬理念和薪酬策略最能反映企业的人力资源理念，薪酬整合是企业并购诸多环节中至关重要的一环。对于被收购公司的员工来说，他们并不了解并购后的情况，因此稳定人心的首要手段就是物质方面的激励了。并且在企业管理中，薪酬不仅代表了物质激励本身，而且被赋予了更多的内涵，比如尊重、平等、归属感、奉献等等。

1. 保持相对人性化的薪酬理念

在一个完善的薪酬管理体系中，一定有一个明确的薪酬理念，比如是奖励业绩突出者，还是奖励能力突出者。不同的公司有不同的战略和企业文化，薪酬理念强调的重点自然也就不一样。就拿这次联想收购 IBM PC 业务来说，两个公司现在都比较强调业绩导向，但 IBM 的薪酬理念是一种激励文化，重奖不重罚，而联想的薪酬理念是既重奖也重罚。

员工对企业的认同方式不同，要使整合后的公司人员更稳定，必须首先考虑二者的薪酬理念问题。IBM 的员工很可能不习惯联想的末位淘汰制，那么最好的做法是保持相对人性化的薪酬理念，这有利于保持人员的稳定和企业的平稳过渡。

2. 制定不同的薪酬水平线

所谓市场薪酬水平的定位，是指本公司整体薪酬水平在整个市场上的位置是排在中等水平（50 分位线），还是排在领先水平（如 75 分位线），或较后水平（如 25 分位线）。两个不同的企业整合在一起，它们原有的市场薪酬水平肯定会有差异，必须根据薪酬理念和人力资源新战略对薪酬水平进行重新定位。IBM 公司认为，所谓一流公司，就应付给职工一流公司的薪资，员工也会以身为一流公司的职工而自豪，从而转化为对公司和工作充满热情。尽管联想的薪酬水平在国内已处于领先地位，但与 IBM 相比，肯定还有一定的差距。并购完成后，简单制定一个统一的市场薪酬定位的做法，在两个公司整合初期肯定是不合适的。联想必须根据薪酬市场的具体情况进行细分，细分不同的地域、不同的工作内容和工作要求，以此为依据制定不同的薪酬水平线。

3. 实现工作评估体系的融合

IBM员工的薪金与员工的岗位、职务重要性、工作难度、工作表现和工作业绩直接相关，而工作时间长短和学历高低与薪金没有必然联系，这与联想的“不唯学历重能力”的理念是基本一致的。但由于管理基础和背景不同，原有的操作方法也会有差异。因此，要对双方原有的工作分析情况进行梳理、比较，形成统一的工作分析和评价方法。

例如，对岗位和职务的重要性，原来两个公司是如何定义和评估的，这个因素在整个薪酬包中所占的比例是多少，新联想应该如何重新定义和评估？哪些因素是双方在工作评价时都会考虑到的，哪些因素一方没有考虑到，最终应该如何统一？在原联想，非常重要的一个评价因素是沟通对岗位价值的影响，特别是内部之间的沟通，在岗位评估过程中，认为内部沟通的难度和重要性并不亚于外部沟通，因此在评估时两者的分值是等值的。而对于有着较长历史的IBM公司来说，可能在内部沟通上更强调信息沟通的准确和清楚，这与需要说服客户的外部沟通相比难度就要小一些。这种因为文化差异导致的工作价值评估的不同必然需要双方文化上的互相理解和包容，需要互相学习，最终走向融合。

4. 重塑激励

在该并购案中，薪酬整合中最大的问题在于：通过什么手段使原IBM的员工认为得到了足够的尊重，使并购当中不出现大量的人员流失。这里面有薪酬理念的融合问题，有薪酬水平的统一问题，还有内部公平性的问题，以及如何使员工适应来自不同薪酬文化的刺激问题。也就是我们原先适用的激励政策，到了一个新的环境下，是否还能起到相应的激励作用呢？这恐怕是一个需要系统解决的工程。

联想和IBM公司长期以来形成了自己独特的激励方式。拿联想来说，其薪酬的可变性部分是非常大的，不仅有销售佣金、年终奖、红包，连工资也是浮动的，每个季度都会有所体现，而且执行起来非常严格。在薪酬激励上有奖有罚，就连总裁的工资都可以降。而IBM是一种激励文化，一般不会让员工有被罚的感觉，对员工基本上没有惩罚的方式，全部是激励——工作干得好，在薪金上就有体现，否则就没有体现。在这种情况下，员工的自我认同感很强，如果自己的工作一直没有得到激励，就意味着自己存在的价值受到忽视，许多员工在这种情况下都会主动调整自己。

调和两个公司之间薪酬激励方式的差异，要把握一个原则：就是以业绩说话，毕竟二者倡导的都是以业绩为导向的薪酬理念。在具体操作时，应根据当年营业额、利润等计算出定期提薪额，根据人头算出人均创利水平。工作效率高、人均创利水平高，薪酬当然就可以高。把两个整合公司的薪酬水平最终统一到业绩上来，从而解决不同来源的员工激励问题。

5. 给员工一颗定心丸

当企业并购发生时，在人力资源整合特别是薪酬整合上，沟通是再重要不过的了。因企业战略的需要，你不得不想方设法确保大多数（如果不能做到全部）想留下的员工在并购的磨合期结束后留下来，以实现人力资本的合理配置和优化组合。这就要求：

(1) 尽可能多地与收购公司的员工进行交流和沟通，尽量让其了解薪酬整合的理念和做法；

(2) 薪酬整合的内容和时间表应尽快确定，迅速展开工作，并进行充分、良好的沟通交流，因为很多人员因前途未卜，很容易禁不住猎头公司的诱惑而另攀高枝；

(3) 薪酬整合应尽可能先照顾到原有企业的员工，至少不要让“外来的和尚”薪酬高于原有员工；

(4) 薪酬整合工作需要成立一个工作委员会，制定一套公平、公正、公开的工作机制和工作程序。

有人问，联想这次并购，可能需要多长时间解决薪酬不平衡的问题。有人形象地说了一句话：“差不多需要像结婚前谈恋爱那么长的时间。”尽管这是一句玩笑话，但也不无道理，薪酬整合中最重要的还不是薪酬体系的整合，而是人的思想和行为习惯（企业文化）的融合，而融合是不会一蹴而就的，必须经历一些冲突并恰当地解决这些冲突，才能实现真正的融合。就像原来不认识的两个人，要想真正在心理上走到一起，没有一两年的磨合期，恐怕很容易出问题。

资料来源：中国人力资源网，http：//www.hr.com.cn，2005-05-12。

第Ⅱ篇　微观篇

第4章　战略与薪酬

重要的决策，即真正要紧的决策，是战略性的决策。

——德鲁克：《管理的实践》

随着市场竞争的不断加剧和经营环境的日趋复杂，越来越多的企业开始注重通过人力资源管理来培育内部核心能力和获取竞争优势。薪酬管理作为人力资源管理的重要组成部分，是企业吸引人才、引导员工行为以实现组织战略的一种有效手段。

一个好的基于战略的薪酬设计，能够支持组织战略，承受环境的压力，有效强化和传递组织文化与价值观。从战略高度而不仅仅在技术层面上思考薪酬管理成为现代人力资源管理的必然趋势和迫切要求。如何制定组织的薪酬战略？薪酬战略如何与环境和组织战略保持一致？薪酬战略如何帮助企业赢得竞争优势？如何通过薪酬设计有效激励员工为实现组织的战略目标而努力？

本章试图回答上述问题。在本章中，我们首先回顾组织战略的一些基本知识，通过对战略管理理论演变的梳理，理解和明确薪酬管理对组织战略的重要意义；其次，我们探讨什么是薪酬战略，薪酬战略由哪些方面组成，构建薪酬战略需要考虑组织内外哪些重要因素的影响；最后，我们探讨组织战略与薪酬战略之间的整合和匹配。本章内容具有承上启下的作用，它既是战略管理的延伸，又是薪酬管理的核心；既是宏观薪酬的总结，又是微观薪酬的统领。

4.1　组织战略

要理解组织战略与薪酬的关系，首先需要回顾组织战略的一些基本知识和理论。在这一节中，我们通过了解战略的本质、分类及战略管理理论的历史演变，明确人力资源与薪酬战略对组织战略的重要意义。

4.1.1 战略的概念

著名的战略管理大师亨利·明茨伯格认为，人们对战略形成的认识，就如同盲人摸象。每个人都紧紧地抓住战略形成的某一部分，而对认识不到的其余部分一无所知。明茨伯格在总结了战略发展的历程后，认为不同的学者对战略至少有五种定义：战略是一种面向未来的计划（plan）、方向、指南，是通向未来的前进路线、由此及彼的途径；战略是从以往经验中总结出来的一种模式（pattern），即长期行动的一致性；战略是一种定位（position），即特殊产品在特殊市场的定位；战略是一种观念（perspective），即一个组织做事的基本方式、企业理念；战略就是策略（ploy），即为了击败反对者或竞争者而采用的特定的计谋。①

尽管人们从不同的角度确定战略的含义，对战略有不同的理解和表达，但通常来说，需要把握和认识战略的一些根本特征。

首先，战略不是短期的，而是一个组织长期的发展目标和方向。尽管对长期的概念存在不同的理解，但长期性的思考和决策是战略之所以成为问题的根本原因，也是战略问题的基本属性。

其次，战略影响着组织的整体利益，因此它不仅是人们对未来美好期望的一个愿景描绘，而且是一种在资源配置约束条件下的目标和行为的选择。换句话说，战略包含着获取成功，但同时也需要牺牲。应当指出的是，人们在把握和理解战略时，往往忽略了这一点。

归结起来，我们认为，战略是一种在有限的资源约束条件下，组织对获取什么、牺牲什么的一种长期目标的思考和行为的选择。

4.1.2 战略的层次

战略在组织内可分为不同的层次。一个业务多元化的公司至少存在着三个不同层次的组织战略：公司战略（corporate-level strategy）、业务单位战略（business unit strategy）以及职能战略（functional strategy）。②

公司战略关注的是公司的整体目标和活动范围以及如何增加公司各个不同业务单位的价值；它可能包括公司覆盖的地域、产品和服务的多样化，以及如何将资源配置给公司各个不同的业务单位等。制定一个清晰的公司战略是很重要的，因为它是其他战略决策的基础。公司战略的一个基本类型是多元化战略，即组织必须决定它想要进入何种行业以及在多少种行业中展开经营。例如，通用电气公司选择在多个产品市场中经营，包括塑料、照明、电气用品、医药行业以及娱乐业等。但在美国，除了像通用电气公司等为数很少的公司实施这种多元化经营战略之外，大多数公司都实行主营业务集中的战略，比如，麦当劳仅从事汉堡包快

① 参见亨利·明茨伯格等：《战略历程——纵览战略管理学派》，7～11页，北京，机械工业出版社，2005。

② 参见［美］汤姆森，斯迪克兰德：《战略管理——概念与案例》，14版，30～31页，北京，北京大学出版社，2009。

餐，而波音公司从事飞机制造。

业务单位战略又称为竞争战略或者经营战略，即组织在决定进入何种产品市场之后，还必须决定如何在特定产品市场上展开竞争。波特指出，通常的竞争战略有成本领先、差异化和目标集聚三种：成本领先战略是以最低的成本提供为客户所接受的产品或服务；差异化战略要求向具有独特需求的顾客提供与众不同的产品或服务；目标集聚战略寻求在一个相对集中的竞争领域或细分市场上的成本领先或差异化，以获得竞争优势。另外一种关于竞争战略的分类是由迈尔斯和斯诺（Miles & Snow，1978）提出的，他们将竞争战略分为前瞻者、防御者和分析者三种：前瞻者通常试图成为产品或服务创新引入市场的第一人，期望抓住吸引新顾客的先发优势；防御者倾向于留在同一行业和产品线中，不断提炼、改进生产和营销流程，以实现更低的成本，保持盈利；分析者处于上述两者之间，它们扫描环境来发现新产品和新工艺流程（往往由前瞻者开发），致力于比最初创新者更有效率地进行生产。①

在组织确定了公司战略和业务单位战略之后，如何成功地实施或执行这两个层次战略的任务就落在职能战略上。职能战略是指为特定的职能活动、业务流程和职能部门制定的策略规划和行动方案。比如，营销战略、生产战略、研发战略、投资战略和人力资源战略（包括薪酬战略）等都属于职能战略的范畴。职能战略的首要作用是支持公司的整体战略和业务单位战略，使公司战略和业务单位战略得以落实和贯彻，所以，制定职能战略的出发点就是要与公司战略及业务单位战略保持一致。执行得力的职能战略能够为公司带来能力和资源上的优势。

4.1.3　战略管理理论的演进

战略问题博大精深，许多学者从不同的角度对战略进行研究，形成了多种不同的流派。亨利·明茨伯格等人在《战略历程——纵览战略管理学派》一书中将 20 世纪 60 年代以来主要的战略管理研究分为 10 个学派，它们是：设计学派、计划学派、定位学派、企业家学派、认识学派、学习学派、权力学派、文化学派、环境学派和结构学派。②

另外，国内外有不少学者对纷繁复杂的战略学派进行了归纳和提炼。比如，有人把战略流派的演进划分为四个阶段，分别是：战略规划学派、环境适应学派、产业组织学派以及资源基础和核心竞争力学派。③ 我们采用三个阶段的分类方法对战略管理理论的演进做一简单梳理。

（一）传统战略规划理论

传统战略规划理论主要形成于 20 世纪 60 年代。我们这里使用“传统”一词，并不是指过时的意思，而是因为它是最早形成的、较为完善的战略理论体

① 参见［美］巴里·格哈特等：《薪酬管理——理论、证据与战略意义》，232 页，上海，上海财经大学出版社，2005。

② 参见亨利·明茨伯格等：《战略历程——纵览战略管理学派》，4 页。

③ 参见周三多等：《战略管理思想史》，2 版，15 页，上海，复旦大学出版社，2003。

系。事实上，以钱德勒、安德鲁斯、安索夫等人为代表的战略规划理论体系从20世纪60年代确立直到现在一直得到传承和发展。直到今天，西方战略教科书的理论框架依然是以传统战略规划理论为基础的。

这一学派的核心思想是寻求企业内部资源与外部环境机会之间的匹配。1962年，美国著名管理学者钱德勒出版了《战略与结构》一书。在这部论著中，钱德勒指出：企业战略应当适应环境变化，而组织结构又必须随企业战略的变化而变化。① 美国哈佛商学院的著名教授安德鲁斯及其同事为传统战略理论奠定了坚实的基础，形成了战略规划的基本框架。他们认为战略规划的核心任务是机会与资源的匹配，并设计了SWOT框架来分析和评估组织所处环境中存在的机会与威胁，以及组织内部的优势和劣势。② 这种对组织内外部进行综合分析的框架是后来各种战略思想演变的基础。安索夫的主要观点认为，战略制定是一个有控制的、有意识的计划过程，他主张将企业战略分为总体战略和经营战略两大类，建立了以环境——战略——组织（environment—strategy—organization）为主线的企业战略管理的基本分析框架，即ESO理论，并且认为，只有当三者协调一致、相互适应时，才能成功地实现企业经营的总目标。③

（二）产业结构理论

产业结构战略理论是由哈佛大学的梅森、贝恩及波特等产业经济学家倡导的。波特于1980年、1985年和1990年分别出版了《竞争战略》、《竞争优势》和《国家竞争优势》三部战略管理经典著作，很快风靡全球。波特提出的产业结构理论得到了企业战略管理学界的普遍认同，成为战略环境分析和竞争战略选择最为重要的理论指导。

波特认为，形成竞争战略的实质就是在一个公司与其环境之间建立联系。尽管相关环境的范围广泛，但公司环境最关键的部分就是公司投入竞争的一个或几个产业。产业结构强烈地影响着竞争规则的确立以及潜在的可供公司选择的战略。一个产业内部的竞争状态取决于进入者威胁、替代威胁、买方和供方讨价还价能力以及现有竞争对手五种基本力量，这五种力量决定了竞争作用力的强弱，进而决定了产业的利润率。进入特定产业后，有三种基本竞争战略可供选择：成本领先、差异化和目标集聚。企业必须从这三种战略中选择一种，以赢得低成本或者差异化的竞争优势。④ 每一个企业都是设计、生产、营销、交货以及对产品起辅助作用的各种活动的集合，所有这些活动都可以用价值链的形式表现出来。价值链活动是竞争优势的来源，企业可以通过价值链活动的改进和调整来实施其基本战略。

---

① Chandler，A. D.，*Strategy and Structure*：*Chapters in the History of the American Industry Enterprises*，MIT Press，1969.

② Andrews，K.，*The Concept of Corporate Strategy*，Homewood，IL：Irwin，1987.

③ Ansoff，H. I.，*Corporate Strategy*：*An Analytic Approach to Business Policy for Growth and Expansion*，New York：McGraw-Hill，1965.

④ 参见迈克尔·波特：《竞争战略》，32～44页，北京，华夏出版社，2012。

（三）资源基础和核心能力理论

资源基础和核心能力理论主要是20世纪80年代中后期和90年代由沃纳菲尔特、格兰特、科利斯和蒙哥马利、普拉哈拉德和哈默尔等学者提出的。代表性文献有沃纳菲尔特于1984年在《战略管理杂志》上发表的《企业的资源基础论》、格兰特于1991年在《加州管理评论》上发表的《竞争优势的资源基础论》以及普拉哈拉德和哈默尔于1990年在《哈佛商业评论》上发表的《公司核心竞争力》等。与前面两个阶段不同，这一阶段的战略理论还处在发展之中，不够系统化，而且缺乏成熟的、可操作化的分析工具。

资源基础和核心能力理论认为，企业是异质的资源和能力的组合，这些不同的组合允许企业采用不同的战略，而不同的战略又会产生不同的收益。企业很难根据外部环境来决定战略，因为环境总是变化多端的；相反，企业应根据企业的内部资源和能力来决定战略，资源的差异和能力的独特性是形成竞争优势的基础。因此，分析和构建战略的切入点是企业内部的资源和能力，战略重点是培育、开发、获取和运用企业的异质性资源和能力。早期的资源观简单地把能力也看做是企业的一种资源，但并没有强调能力的作用。但是另外一些学者却指出，对竞争起决定作用的资源一般是在企业内部积累和形成的，并且通常是无法交易的，这种组织在长期学习过程中获得的独特的、难以模仿的能力是竞争优势的源泉，由此产生了“核心竞争力”的观点和理论。普拉哈拉德与哈默尔将核心竞争力定义为“组织中的积累性学识，特别是关于如何协调各种生产技能和有机整合各种技术的学识”①。一些学者认为核心竞争力具有价值性、稀缺性、不可替代性、难以流动性等特点，同时指出，培养核心竞争力是企业的一种战略行为。

（四）对战略管理理论演进的评述与总结

战略管理理论的基本问题是如何获得并保持竞争优势，特别是近20年来，战略管理理论发展的历程是与企业寻求竞争优势的过程紧密相连的。战略管理理论经历了从重视战略制定过程到重视战略内容本身，从重视企业外部环境到重视企业内部资源，从被动适应环境到主动培育企业的资源和能力的转变。

传统战略规划理论的思想是伟大的，其战略理论体系自20世纪60年代确立以来一直得到传承和发展，其后主流的战略思想都是从不同的角度对它的部分或整体进行的具体构建与应用，SWOT分析框架到现在仍然是当代战略管理教科书和咨询公司用于战略分析的最主要工具。传统战略理论的核心思想比较注重现有资源与外部环境机会的匹配，但是很少强调主动培育企业的独特资源和核心能力来赢得竞争优势，因此，它是一种被动适应环境的理论。传统战略规划理论的另一个弱点是：它假定环境是可以事先分析和预测的，企业对自身的优势和劣势有非常清楚的认识，但事实并非如此。因为任何组织的优势都必须受到实践的检

① Prahalad，C. K.，Gary Hamel，“The Core Competence of the Corporation，” *Harvard Business Review*，May-June，1990.

验，在未得到真实验证之前，组织无法仅仅通过思考、评估来判断自身的优势和劣势。因此，传统战略规划容易导致战略和实际执行之间的脱节。

传统战略规划理论更多地强调战略规划的过程，但是对战略内容本身很少涉及。产业结构理论则明显弥补了这方面的不足，它不仅有五种竞争力模型、价值链等工具可以用来详细分析企业所处的外部环境和内部条件，而且还提出了成本领先、差异化和目标集聚三种基本竞争战略。但是，产业结构理论过于重视产业环境而忽视了企业的内部条件。从产业结构理论很容易得出一个推论：如果企业所处的行业利润率不高的话，企业就会没有竞争力。但现实中，在没有吸引力的产业中也会存在经营业绩很好的企业，而吸引力很强的产业中也会存在经营业绩不佳的企业。这显然是产业结构理论难以解释的。

资源基础和核心能力理论的进步在于，它认为企业不仅要利用现有的资源和能力，而且要主动培育企业独特的资源和能力。即使一个企业在缺乏吸引力的行业经营，它也可以依赖它的独特资源和能力赢得竞争优势，关键是企业必须拥有对顾客有价值的、稀缺的、难以模仿的资源和能力。① 这种战略思想的转变使战略分析的重点又回到了企业内部，并发展成为目前战略管理领域中的理论前沿。这种转变也为人力资源管理上升到战略层面提供了理论基础。企业的核心竞争力具有价值性、稀缺性、不可替代性、难以流动性等特点，而企业的人力资源和人力资源管理无疑具备了这些特征，因而可以成为核心竞争力的来源。薪酬管理作为人力资源管理的一个重要组成部分，发挥着越来越重要的战略作用，不仅是企业吸引关键人才、提高人力资本存量的有效手段，也是激励员工、引导员工行为，以实现组织战略的有效手段。

4.2 薪酬战略

4.2.1 战略薪酬管理的兴起

我国企业的薪酬管理经历了三个阶段。在计划经济体制下，政企不分，企业的目标就是完成政府下达的指令性生产计划，企业没有人事管理的自主权，企业员工的薪酬管理活动受制于政府的集权管制，只能被动地执行政府的各项工资政策，谈不上企业的薪酬战略。

在建立和完善市场经济的过程中，企业开始成为市场的主体，政府把薪酬管理作为企业自主权的重要内容下放给了企业，企业开始制定自己的薪酬制度。但在这一阶段，企业更多地关注如何摆脱计划经济的烙印，探索建立适应市场经济的规范的薪酬制度框架。对大多数企业来说，还没有从战略的高度来看待薪酬问题。

在全球化和知识经济的今天，面对激烈的市场竞争和复杂的经营环境，越来越多的企业面临优秀人才的吸纳、保留和激励问题，一个优秀的企业必须重视从

① 参见周三多等：《战略管理思想史》，2版，10～11页。

企业内部培养自身的核心竞争力。在这种背景下，薪酬管理作为人力资源管理的重要内容，正在经历一个从单纯强调技术、工具和流程的应用到强调薪酬要与经营环境、组织目标和价值观相匹配的巨大转变。战略薪酬管理已成为企业吸引关键人才、引导员工行为，以实现组织战略目标的一种有效手段。

海氏管理咨询公司认为，“当迈进21世纪时，如何将薪酬管理与企业战略结合起来，通过薪酬体系来支撑组织战略，是组织在薪酬管理方面所遇到的最大的挑战”。美世人力资源咨询公司指出，未来薪酬管理发展的基本趋势是：“以前企业在薪酬管理中比较注重定性化的管理，现在则注重定量化的衡量；以前是把自身企业的薪酬水平和最佳企业标杆进行比较，现在则考虑怎样把薪酬与企业的内在需求、战略要求和文化要求相匹配。”

4.2.2 薪酬战略的内涵

薪酬战略（compensation strategy）和战略薪酬（strategic compensation）这两个概念经常出现在薪酬管理的文献和教科书中，那么薪酬战略和战略薪酬的定义是什么？二者的内涵是否一致？

戈麦斯等人认为，薪酬战略是能对组织绩效和人力资源利用的有效性产生影响的关于薪酬决策的选择。这些薪酬决策能适应组织面临的内外部环境的制约，能引导各个部门和员工为实现组织的战略目标而努力。薪酬战略的核心是以一系列薪酬选择帮助组织赢得并保持竞争优势。薪酬方案选择的成功与否取决于这种方案与当时组织的权变因素是否相符。①

米尔科维奇指出，薪酬必须支持企业的经营战略，战略视角的薪酬要关注那些能帮助组织获取和维持竞争优势的薪酬选择。不同的经营战略决定着不同的薪酬战略，企业经营战略与薪酬战略之间的联系越紧密或彼此越适合，企业的效率就越高。成功的薪酬体系可支持公司的经营战略，能承受周围环境中来自社会、竞争以及法律法规等各方面的压力。它的最终目标是使企业赢得并保持竞争优势。

关于薪酬战略和战略薪酬两个概念的异同，存在两种不同的观点。一种观点认为，薪酬战略是指导企业如何进行薪酬体系设计和管理的指导性文件和政策，是一种纲领性的表述，是一个静态的概念。而战略薪酬是指基于战略的薪酬管理，体现为一系列具体的薪酬管理过程和活动，是对薪酬战略的具体落实和实施。更普遍的观点则认为，无论是薪酬战略还是战略薪酬的提法，其目的都是为了强调薪酬管理的战略意义，都是为了突出薪酬管理必须与企业长期的目标和行为保持一致，因此，两个概念在内涵和本质上是一致的。从现有的国内外学术文献来看，绝大多数学者并没有对薪酬战略和战略薪酬作出明确的区分，这两个概念往往作为同义词在同一篇文献中混用。结合本章的内容看，我们主要是为了强调如何从战略高度看待组织的薪酬问题，如何实现薪酬体系对组织战略的支持作

① Luis R. Gomez-Mejia, Theresa M. Welbourne, “Compensation Strategy: An Overview and Future Steps,” *Human Resource Planning*, 1988.

用，因此，我们认为这两个概念的意义是一致的。

图 4—1 有助于我们更加深入地理解薪酬战略的内涵和机制。在公司整体层面上，最基本的战略决策就是明确组织应该进入哪些行业和领域开展经营活动。在事业部或者业务单位层面上，核心问题则变为确定相应的经营战略，考虑如何在特定行业的竞争中赢得并保持竞争优势，是采用低成本、产品差异化战略，还是采用其他一些竞争战略？在职能层面上，企业的战略决策就是制定相应的人力资源战略，以支持经营战略的实施。企业需要什么样的核心人才和核心能力？企业的人力资源部门应该作出哪些相应的辅助和配合？在明确了企业的人力资源战略后，相应的薪酬战略应该是什么？组织所处的社会、竞争和法制环境对薪酬战略提出了哪些要求？如何通过战略性薪酬决策引导员工的态度和行为，帮助企业赢得并保持竞争优势？

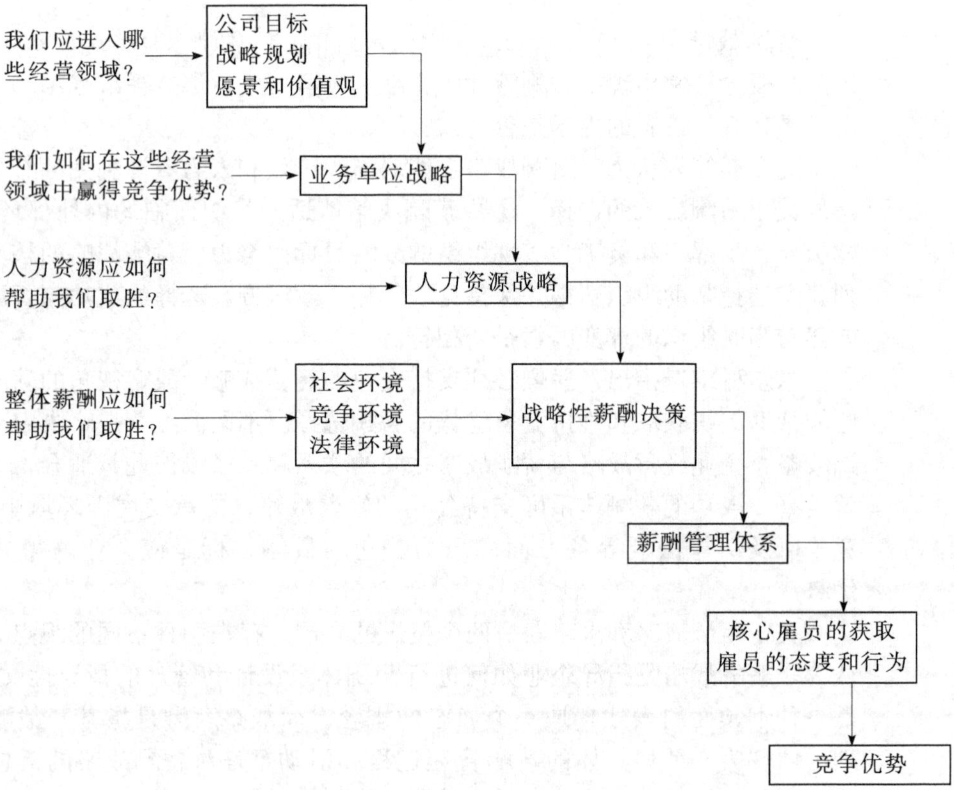

图 4—1 基于战略的薪酬体系

资料来源：George T. Milkovich，Jerry M. Newman，Barry A. Gerhart，*Compensation*，Eleventh Edition，McGraw-Hill，2013，p. 42.

4.2.3 薪酬战略的框架

薪酬战略就是要关注那些能帮助组织获取和维持竞争优势的薪酬决策。那么，哪些薪酬决策能对组织战略和绩效产生影响？为了分析薪酬战略与组织战略以及绩效的关系，不同的研究者对薪酬战略的构建维度并不一致。戈麦斯在一篇薪酬战略综述文献中对很多关于薪酬战略的研究进行了总结，并将这些研究归纳为薪酬水平的决定基础、薪酬体系的设计以及薪酬管理模式三个方面。① 米尔科维奇则认为，与薪酬目标、内部一致性、外部竞争力、员工贡献以及薪酬管理这五个方面有关的薪酬决策，整合起来就形成了一个组织的薪酬战略。综合现有的一些研究成果，我们认为薪酬战略可以从薪酬支付依据、薪酬水平定位、薪酬组合方式、薪酬结构（等级与幅度）以及薪酬管理模式等五个方面来考虑。

（一）薪酬支付依据

薪酬支付依据是指组织根据什么来向员工支付薪酬。员工所从事的岗位，所具备的知识、技能和资历，员工的工作绩效等因素都可能成为组织向员工支付薪酬的依据。

1. 基于职位还是技能（能力）

按职位来决定薪酬是最常见的一种付酬依据。企业可以通过职位评估来衡量一个特定职位对公司的价值。当然，也有企业根据相同职位在劳动力市场上的价格作为该职位的薪酬支付依据。基于职位的薪酬一般要求企业的职位结构有一定的稳定性，而不是经常流动和变化的。由于从事同一职位的不同人员往往会产生不同的绩效，因此，完全按职位支付薪酬难以保证薪酬激励的公正性。

技能工资一般应用于蓝领，比如制造业的技术工人；能力工资一般应用于白领。基于技能（能力）的薪酬观认为，员工的技能或能力是企业竞争力的源泉，企业应该根据员工的技能或能力水平来决定员工的薪酬。技能（能力）薪酬能引导员工努力提高自身的技能或能力，但是，技能（能力）薪酬往往依据员工的潜在能力，而不是对企业的实际贡献来决定员工的薪酬。技能（能力）工资也容易导致企业人工成本过高。在实践中，还会出现既考虑职位又考虑技能（能力）的薪酬方案，比如，岗位技能工资制度。

2. 基于绩效还是资历

除了职位和技能（能力），绩效或者资历也是决定薪酬的重要因素。许多学者认为，应该依据组织目标和组织衡量绩效的能力来决定到底是根据绩效还是资历来确定薪酬。如果组织确实能够精确地衡量员工绩效，并且相应地支付薪酬，那么这种薪酬制度也许就是最好的；否则，这种薪酬制度就不是公平的，甚至具有极大的破坏性。根据资历支付薪酬的一个假设前提就是：员工的资历越丰富，为企业创造价值的能力就越大。而且，与绩效相比，员工的资历比较直观，容易确定。许多企业希望能根据绩效来支付员工薪酬，但由于无法客观衡量员工的绩效，最终不少企业还是根据资历来支付薪酬。

3. 基于个人绩效还是团队绩效

把个人绩效作为薪酬支付的依据具有很大的激励作用。但是，由于管理者难

---

① Luis R. Gomez-Mejia，Theresa M. Welbourne，“Compensation Strategy：An Overview and Future Steps,” *Human Resource Planning*，1988；参见王凌云等：《论薪酬战略与经营战略的匹配》，载《外国经济与管理》，2004 (11)。

以精确地衡量个人绩效，经常导致绩效和薪酬不一致。如果员工感觉不到绩效与薪酬之间的强相关性，那么薪酬制度就无法发挥应有的激励作用。在企业中，很多工作和任务需要采用工作团队的形式来完成，团队内每一个成员的贡献难以精确衡量。采用团队绩效可以避免衡量个人绩效这一难题，也可以增强团队成员的合作意愿。但由于存在“搭便车”的现象，采用团队绩效可能会降低薪酬对个人的激励效果。为了充分利用个人绩效和团队绩效的优势，在薪酬设计中也经常同时考虑个人绩效和团队绩效对个人薪酬的影响。比如，团队绩效决定了可供团队分配的奖金总额，而团队里个人的奖金分配则需要考虑个人的绩效。

4. 基于公司绩效还是部门绩效

在一些公司，员工薪酬除了与个人绩效、团队绩效有关外，还与部门绩效甚至整个公司的绩效相关。重视部门绩效有助于提高各部门员工为本部门工作的积极性，这在国内企业的薪酬设计中是一个值得重视和需要解决的问题。当然也不能过分地强调这一点，因为它容易导致部门间丧失协作精神，不利于总部对部门之间的行为进行协调和控制。一般而言，企业经营者（如CEO）的努力程度会对整个公司的绩效产生影响，因此，以公司绩效作为付酬依据更多地体现在高层管理人员的薪酬设计中。而如果对所有员工都采用公司绩效标准，有些业绩不好的员工可能得到了不该得到的收入。就激励效果而言，当员工意识到自己个人的行为不能改变整个公司绩效的时候，无疑会降低努力程度。因此，我们说将所有员工的薪酬与公司绩效相联系，也许更多的是出于公司财务健康和长期发展的考虑，而不是为了实现对员工的短期激励。

5. 基于绝对绩效还是相对绩效

薪酬支付是基于绝对绩效还是相对绩效，这是从人力资源管理的角度来考虑的一个问题。计件工资是以绝对绩效为依据的，因为工人所能得到的薪酬只与自己的工作绩效有关，而与其他人的工作绩效无关。而如果在员工之间进行相互比较，只有胜出者才能获得奖励，那么这种薪酬就是以相对绩效为基础的。比如在很多律师事务所、会计师事务所或者高校，每年通常只有既定数量的合伙人位置或教授职称可以留给将被晋升的人，而往往有很多合格的人选在竞争这些职位，只有在竞争中脱颖而出的人才能得到较高的薪酬。相对绩效比较容易衡量，而且能够产生很强的竞争性激励，但是也容易导致员工之间的过度竞争，甚至破坏合作。国内一度得到推崇和引起激烈争论的末位淘汰制度，集中地反映了这一问题。

（二）薪酬水平定位

薪酬水平定位是指与竞争对手或市场平均水平相比，如何定位组织的薪酬水平。薪酬水平定位包括薪酬整体水平定位以及基础工资、奖金和福利等各部分的水平定位。

1. 薪酬整体水平定位

它是企业为了保持薪酬的外部竞争性而对员工的薪酬整体进行的定位。这里的薪酬整体是指各种可货币化的收入总和，包括基础工资、奖金和福利等。企业可以根据实际情况，采用领先于市场、与市场匹配或者低于市场的不同定位。当然，企业也可以针对企业内部不同类型的员工采取不同的薪酬水平定位。比如，对核心人才的薪酬采取市场领先型策略，对一般员工采取市场匹配型或市场落后型策略。一般而言，薪酬水平高于市场标准，能够提高企业吸引和留住员工的能力，并让员工感觉到自己属于一个层次较高的团体。然而，要使薪酬水平居于市场领先地位，一个前提就是考虑企业未来的现金流状况，即企业能否在不影响其现金流的情况下，持续向员工支付较高的薪酬。另外，企业也要综合考虑较高的人工成本对企业竞争力的影响。

2. 基础工资、奖金和福利水平定位

薪酬水平定位除了要考虑薪酬整体水平的定位外，也需要考虑薪酬的各个不同组成部分的水平定位。比如，一个薪酬整体水平在市场上领先的企业完全有可能在基础工资上落后于市场平均水平，而在奖金或者长期激励上远高于市场平均水平，以此激励员工努力工作并减轻现阶段现金支付的压力。

（三）薪酬组合方式

薪酬组合方式是指薪酬的不同组成部分及其比重。在企业管理实践中，薪酬组合通常由基础工资、绩效工资、奖金、津贴、福利等部分组成。但在理论研究中，我们讲的薪酬组合通常指的是有关固定和变动薪酬、短期和长期激励、内在和外在薪酬的选择问题。

1. 固定薪酬和变动薪酬

在薪酬组合中，如果固定薪酬比例高，意味着员工收入的保障程度高，但预期的总收入较低；如果变动薪酬比例高，意味着员工收入的风险高，但预期总收入较高。一般而言，对于偏好风险的员工，低固定薪酬和高变动薪酬组合的激励作用大；对于规避风险的员工，高固定薪酬和低变动薪酬组合的激励作用大。高成长性公司鼓励冒险，强调因此而带来的高额奖金和收入；成熟企业强调工作和收入保障。当然，企业到底采取哪种薪酬组合，除了考虑员工的风险偏好外，还要考虑产业环境、企业文化以及企业发展阶段等因素。

2. 短期激励和长期激励

短期激励关注短期绩效，但有可能使员工产生短期行为，不符合公司的长期发展目标。而如果过分关注公司的长期目标，就意味着放弃短期激励所能产生的激励效果。倾向于短期激励的原因是短期绩效容易衡量，而且短期内的激励效果好；长期绩效较难衡量，而且可能会因考核期限长导致结果的不确定，降低激励的效果。但是企业的高层管理者往往愿意接受长期激励，因为这使得他们可以把企业当做自己的长期事业来经营。长期激励能在一定程度上解决委托—代理问题，增加企业对管理者的信任，使其在经营企业的过程中具有更大的自主权。短期激励和长期激励的组合受到行业性质、企业所处的发展阶段、职位高低以及工作项目周期等多方面因素的影响。

3. 内在薪酬和外在薪酬

美国薪酬管理专家马尔托奇奥将薪酬划分为内在薪酬（intrinsic compensation）和外在薪酬（extrinsic compensation）。① 不少学者指出，公司要获取更有竞争力的地位，应该重视工作的内在报酬，如工作成就感、工作自主权、学习和成长的机会等，以满足员工的精神需要。相对而言，知识型员工更加重视工作的内在薪酬，而传统的员工更加关注可货币化的外在薪酬。

（四）薪酬结构

薪酬结构是对同一组织内部的不同职位或者技能等级之间的工资率所作的安排。它强调在一个组织中，职位或者技能等级的数量、不同等级之间的薪酬差距以及用来确定这种差距的标准。两种典型的薪酬结构是窄带薪酬结构和宽带薪酬结构。窄带薪酬结构的等级数量多，每一个等级的薪酬幅度相对较小，员工通常只能通过职位的晋升来增加薪酬。宽带薪酬结构的等级数量少，每一个等级的薪酬幅度大，在职位没有晋升的情况下，员工也可能因为绩效或能力突出而得到加薪。宽带薪酬结构使薪酬与职位的联系弱化，将员工的注意力由职位等级转向个人能力和团体绩效的提升，体现了组织结构趋于扁平和强调团队合作的趋势。但是，宽带薪酬结构使得员工的薪酬管理难度加大，在员工职位等级晋升困难以及测量的客观性面临挑战的情况下，这也可能会降低一些员工的工作积极性，甚至会导致员工跳槽。

（五）薪酬管理模式

薪酬管理模式是关于如何制定和执行薪酬制度与决策的问题。薪酬决策应该在多大程度上做到开放与透明？谁应该参与薪酬体系的设计和管理？如何管理和调整现有的薪酬制度？

1. 集权管理还是分权管理

薪酬制度由总部还是部门制定，是集权与分权管理的区分标准。一般而言，部门独立性小的公司，其薪酬制度倾向于由总部统一制定；反之，则由部门决定自己的薪酬制度。集权管理的薪酬制度还意味着直线经理对下属的薪酬很少有决定权，而在分权管理的薪酬制度下，直线经理对下属的薪酬有较大的决定权。

2. 员工参与度低还是高

员工参与度低意味着薪酬制度主要反映了公司高层管理人员的意志；参与度高意味着员工可以根据自己的需要来影响或决定薪酬的内容，从而提高薪酬的激励效果和员工的满意度。比如，在弹性福利制度下，员工可以根据不同的偏好来选择适合自己的福利组合。

3. 秘密支付还是公开支付

秘密支付有利于员工之间的相互竞争，为求得高薪，大家都努力工作，但秘密支付会导致员工之间互相猜疑，降低信任水平；公开支付能增加企业管理的透明度，让员工知道企业薪酬体系的运行状况，减少在秘密支付过程中可能存在的以个人好恶取代客观标准的弊端，还可以迫使管理者有效地管理薪酬制度。但

① 参见约瑟夫·J·马尔托奇奥：《战略薪酬》，4～5页，北京，社会科学文献出版社，2002。

是，公开支付薪酬会导致优秀员工遭受排斥和员工之间相互攀比等问题，不利于企业经营。

4. 薪酬制度偏刚性还是偏弹性

偏刚性的薪酬制度意味着员工能够较好地预测未来的收入状况，有助于稳定人心，但难以适应环境的变化。偏弹性的薪酬制度在环境发生变化时容易进行调整，具有较强的适应能力，但容易导致过去的薪酬政策难以发挥作用，员工无法预测其未来的收入状况，不利于稳定人心。一些专家认为，薪酬制度应该兼具刚性和弹性两种特征。

一个完整的薪酬战略可以从以上这些维度去考虑，但在实践中，对一个特定的企业来说，它所面临的人力资源管理实践的突出问题不同，因而，其薪酬战略可能主要体现在少数与自身发展高度相关的重要维度上，而不是面面俱到。

4.2.4　影响薪酬战略的重要因素

薪酬支付依据、薪酬水平定位、薪酬组合方式、薪酬结构以及薪酬管理模式这五个维度构成了完整的薪酬战略。无论是作为薪酬战略整体，还是作为构成薪酬战略的一个维度，都受到很多因素的影响。不同的学者对薪酬战略的影响因素作了不同的分类。有的学者认为，组织战略、组织文化和价值观、全球竞争和员工需求等因素会对薪酬战略产生影响。[①] 有的学者将薪酬战略的决定因素归纳为行业选择、企业的发展阶段、产品选择、产品定位和竞争方式选择五个主要方面。[②] 还有的学者把薪酬战略的影响因素分为所处行业的特点、组织本身的特点以及员工的特征三个层次。

在总结上述分类方法的基础上，我们认为，薪酬战略作为一种职能层面的战略，受到很多不同层面的战略因素的影响。我们把这些影响因素归纳为三类：其一是外部环境对薪酬战略的影响，外部环境会影响组织的战略，进而影响薪酬战略，一些外部环境因素也会直接影响薪酬战略；其二是组织战略对薪酬战略的影响；其三是企业内部的资源和能力对薪酬战略的影响。

（一）外部环境的影响

任何组织都存在于一个不断变化的环境之中，组织战略的关键就是要与环境保持协调一致。薪酬战略不仅要适应组织战略的要求，也要适应组织外部环境的要求。很多来自外部环境的因素都会对组织的薪酬战略产生极大的影响，这些因素包括国家文化、法律制度、劳动力市场、产业特点、竞争对手的薪酬战略等。

1. 国家文化

国家文化是指在一国国界内本国人民所共有的行为规范和思想信仰。霍夫斯泰德在对50个国家超过116 000名员工进行调查后，总结出了国家文化的四个维

① George T. Milkovich, Jerry M. Newman, Barry A. Gerhart, *Compensation*, Eleventh Edition, McGraw-Hill, 2013, p. 48.

② 参见文跃然：《薪酬管理原理》，2版，47～50页，上海，复旦大学出版社，2013。

度，分别是：权力距离、个人主义和集体主义、不确定性规避、男性主义和女性主义，不同的国家文化在这四个维度上的表现是不一样的。随着全球化时代的到来，国家文化已经成为制定薪酬战略时需要考虑的一个重要因素。戈麦斯基于国家文化的四个维度，分析了不同文化特征所对应的薪酬战略，后面我们将详细介绍戈麦斯的这一研究成果。

2. 法律制度

薪酬战略必须符合一个国家或地区相关法律法规的要求。比如，最低工资、个人所得税、社会保障等方面的法律制度都会对一个企业薪酬战略的选择产生重大影响。在美国，企业可以采用员工持股和管理层期权等手段来对员工进行长期激励，以此作为薪酬战略的一部分。而在中国，由于法律规定公司在上市时不能预留自己的股份，一个公司也不能买卖自己上市公司的股票，因此这种讨论得热火朝天的股票期权制度就只能停留在理论上，企业只能选择其他一些长期激励方式。

3. 劳动力市场

经济学中习惯将薪酬称为工资，并认为工资是劳动力的市场价格，是劳动力需求和供给均衡的结果。在劳动力供大于求的市场上，雇主可以用较低的工资招聘到合格的员工，降低劳动力成本。而在供不应求的劳动力市场上，公司不得不增加工资来吸引优秀的员工。所以，在制定企业的薪酬战略时还要考虑到当地劳动力市场的状况。

4. 产业特点

产业特点对企业薪酬战略的影响是巨大的。不同的产业在平均薪酬水平、薪酬支付基础以及薪酬结构等方面均存在很大的差异。高成长的新兴行业倾向于采用市场领先型策略，而传统行业和衰退行业倾向于采用市场落后型或市场匹配型策略。垄断性很强的行业中的企业通常会采用市场领先型策略，以强化和巩固其垄断优势；而竞争性的行业通常会采用市场领先型或市场匹配型策略，以保持低成本的竞争力。传统行业的薪酬等级较多，而在新兴行业，宽带薪酬结构成为一种流行的趋势。新兴行业处于高速发展阶段，短期现金流不太充足，多采用较高比重的长期激励，如股权激励等；而传统行业的短期现金流比较充足，发展相对比较平稳，多注重采用短期激励，如业绩奖金等方式。

5. 竞争对手的薪酬战略

企业在制定薪酬战略时还必须考虑主要竞争对手的薪酬战略。一个企业不仅与竞争对手在产品市场上展开竞争，同样在人才上也展开争夺。特别是在竞争对手与自己处于同一个地区，而且人才需求结构又非常类似的情况下，这种竞争就更加激烈。如果竞争对手在薪酬水平、薪酬结构等方面作出了重大调整，企业就必须相应调整自己的薪酬战略，以应对竞争对手的变化。

（二）组织战略的影响

在组织战略层面上，有很多因素会对薪酬战略产生直接的重大影响。目前关于薪酬战略的实证研究主要是在这一层面上开展的。这些因素包括公司战略、竞争战略、人力资源战略、组织文化与价值观、组织发展阶段，等等。

1. 公司战略

一个公司是否采用多元化经营的战略，或者采用何种多元化战略会对公司的组织结构和管理模式产生不同的影响，也会对公司的薪酬战略产生影响。多元化战略还涉及不同产业的选择，而不同产业的特点对公司的薪酬战略也会有不同的要求。

2. 竞争战略

波特把通用的竞争战略归纳为成本领先、差异化和目标集聚战略。竞争战略不同，企业或业务单位所采用的薪酬战略也会有所不同，比如，依靠低成本取胜和依靠差异化取胜的公司在薪酬战略的设计上显然是不同的。中国的企业在目前激烈的国际竞争中之所以能够得到发展，主要源于成本领先战略，这种成本领先战略的关键在于国内低工资的支持。要将成本领先战略改变为差异化的选择，必然会对薪酬水平和结构等造成决定性的影响。

3. 人力资源战略

薪酬战略必须与人力资源战略保持一致。人力资源管理包含绩效管理、薪酬管理、培训开发等许多职能，不同职能之间相互支撑和协调，共同组成人力资源管理系统，塑造员工的态度和行为，实现组织的绩效目标。比如，如果一个企业想要建立基于绩效的薪酬体系，那么前提是该企业必须有一个科学的绩效评价体系。

4. 组织文化与价值观

组织文化是指组织中的成员所共有的价值观、信仰和行为模式。任何组织都有自己的文化，尤其是企业组织，人们常把企业的组织文化称为企业文化。世界上优秀的公司都有优秀的企业文化。薪酬战略应该有助于传递和强化企业的文化和核心价值观。若公司想强化绩效导向的文化，则奖金的设置比例应较大；若公司想强化团队合作精神，则奖金的设计必须考虑团队的绩效而不仅仅是个人的绩效；如果公司想强化创新的文化，则创新带来的成果必须在薪酬上得到体现。

5. 组织发展阶段

组织是一个有机的生命体，组织的发展将依次经历创建期、成长期、成熟期和衰退期。当组织处在不同的发展阶段时，它的组织战略、人力资源战略以及内部的资源和能力都是不同的，这也决定了薪酬战略必须与组织的发展阶段保持一致。比如，在创建阶段，组织所采取的薪酬战略比较强调外部市场、较低的基本薪酬和较高的薪酬奖励；而在成熟阶段，组织则更加重视内部公平的问题，采取较高的基本薪酬。

（三）组织内部的资源和能力的影响

一个组织的薪酬战略除了要适应外部环境、支持组织战略以外，还要考虑组织内部的资源和能力，比如，组织的核心人力资源、组织的财务状况、员工的特点和需求等。

1. 核心人力资源

核心人力资源对组织的战略实现和价值创造起着特殊的作用。在组织的薪酬体系设计中，针对这些特殊人才，应制定特殊的薪酬激励政策。比如，在薪酬水平方面，为了吸引更多这方面的优秀人才，就要提高这类人才的薪酬水平，支付给他们领先于市场平均水平的薪酬；在薪酬结构方面，拉大与一般员工的收入差距。

2. 员工的特点和需求

员工的特点和需求也是薪酬战略的重要影响因素。不同的员工有着不同的特点和需求。传统的员工更重视有保障的收入以及较好的福利，而知识型员工更看重薪酬要能体现自身价值和业绩；年轻的员工需要大量现金来购房、购车等，年老的员工也许更愿意把钱加到退休金里。在福利制度的设计上，弹性福利也非常受欢迎，人们越来越看重根据自己的实际需要来选择福利。企业还需要根据员工工作性质的不同在薪酬上采用分类管理的办法，如对研发人才实施能力工资、对生产管理人才实施技能工资、对销售人才采取业绩工资、对资本运作和财务管理人才采取职位工资等。

3. 企业的财务状况

一个企业的现金流和利润状况将影响薪酬的支付能力。当企业的现金流非常充足、利润收益比较高的时候，薪酬水平在市场上处于领先地位；当企业在短期内的现金流不是非常充足时，基本工资水平通常定位较低。如果企业拥有较好的资本运作平台，预期能够保持比较好的发展势头，企业就会采用更多的长期激励计划来提高总体的薪酬水平。

上面我们简单探讨了影响薪酬战略的一些因素。当然，影响组织薪酬战略的因素有很多，而且在不同时间、不同地点，组织在制定薪酬战略时需要考虑的因素也是不断变化的。比如，20年前，当企业把主要精力放在本国经营的时候，可能在制定薪酬战略时，并不需要深入考虑全球竞争带来的影响。而在今天，全球化带来的跨文化因素显然是跨国公司制定薪酬战略时必须考虑的一个重要因素。

4.3 薪酬战略与组织战略的匹配

薪酬体系在引导员工行为、实现组织战略目标方面起着至关重要的作用。如果设计得当，薪酬体系将对组织绩效的提升作出重大的贡献。管理者要调整他们的薪酬体系，以适应组织的战略和外部环境。组织和薪酬战略之间的联系越紧密或越匹配，组织的效率就越高。

大量研究者基于“匹配”和“整合”的观点，主张用战略的方法来设计薪酬体系，使薪酬与环境、公司战略以及经营战略紧密相连。

4.3.1 薪酬战略与国家文化的匹配

霍夫斯泰德在对50个国家超过116 000名员工进行调查后，总结出了国家文化的如下四个维度：

（1）权力距离。是指员工愿意接受组织内等级系统和权力结构的程度。权力距离越大，越强调下属和上级之间地位上的差别。高权力距离的文化把不同等级之间的不平等看做社会生活的组成部分；而低权力距离的文化则不太接受这种不平等。

（2）个人主义和集体主义。反映了人们对独立性和群体性价值观的取向。个人主义的文化强调个人目标、自主性和个人隐私；集体主义的文化则强调家族、对组织的忠诚和认可。

（3）不确定性规避。这是关于一个社会为它的成员所采取的处理风险和不确定性的方式方法。高不确定性规避文化的社会倾向于控制和回避风险，社会会为成员努力提供一种安全保障；低不确定性规避文化的社会对风险和不确定性的容忍度较高，人们在面对风险和不确定性时不会有太大的心理压力，把未知和不确定性看成是富有挑战性的和令人兴奋的。

（4）男性主义和女性主义。反映了人们对男性和女性传统社会角色的看法。男性主义文化认为，男性无论在商业还是社会领域都是占统治地位的，这种文化重视并提倡对物质财富的获取和追求；女性主义文化认为，男人并不一定就比女人强，女性的各种社会角色较少地受到限制，这种文化强调生活质量而不是大量的物质财富。

戈麦斯分别从这四个维度出发，分析了与不同文化特征相匹配的薪酬战略，如表 4—1 所示。

表 4—1　　薪酬战略与国家文化的匹配

文化特征	基本价值观	薪酬战略
高权力距离	自上而下的沟通方式；对层级制度的认可；独裁主义；对上级的依靠；权力象征的吸引力；崇尚白领，贬低蓝领；金字塔式的组织结构。	强调等级的薪酬体系；高级职位和低级职位的薪酬差距很大；存在象征权力的有形报酬。
低权力距离	强调平等主义、民主主义；共同决策，重视员工参与；较少依靠上级；蔑视权力象征；尊重工作，包括蓝领；扁平的组织结构。	强调平均的薪酬体系；高级职位和低级职位的薪酬差距较小；提倡参与式的薪酬制度，比如，利润分享。
个人主义	强调个人目标、自主性和个人隐私；提倡个人业绩，相信个人创造自己的尊严；向员工强调契约关系而不是道德承诺，靠显性化的制度体系来确保员工遵守组织规范。	强调基于业绩的报酬，奖励个人业绩；重视薪酬的外部竞争性；外在报酬是个人成功程度的指标。
集体主义	强调对家族、组织的忠诚和认可，参与组织的各种活动；提倡团队业绩，强调牺牲精神；对单位和集体有依赖性；向员工强调道德承诺。	集体绩效是重要的薪酬支付依据；薪酬设计考虑年龄和资历；内在报酬很重要；重视薪酬的内部公平性；考虑员工个人和家庭的需要。
高不确定性规避	害怕不确定性；喜欢稳定和常规；低风险偏好，喜欢安全和保障；缺少压力和冲突。	官僚式的薪酬体系；集权式的薪酬管理；固定薪酬比可变薪酬更重要；上级在薪酬分配上没有决定权。
低不确定性规避	把不确定性看成是令人兴奋的；不喜欢循规蹈矩；高风险偏好，鼓励寻找机会；利用压力和冲突来促进创新。	较为灵活的薪酬体系；分权式的薪酬管理；可变薪酬很重要；强调外部竞争性；上级和事业部在薪酬分配上有较大决定权。

续前表

文化特征	基本价值观	薪酬战略
男性主义	重视物质财富；男人拥有更高的权力和地位；男女性别的传统角色比较僵化。	薪酬政策存在性别差异；薪酬决策受传统价值观的影响；"男性化"特征更容易得到晋升和奖赏；女性有一些特殊的福利，比如带薪产假、严格的工作时间限制等。
女性主义	生活质量比物质财富更重要；男人并不一定比女人强；男女性别的角色差异较小。	工作的价值不受性别因素的影响；根据工作内容而不是传统价值观来判断不同工作的价值；薪酬决策体现了公平；"男性化"特征在加薪和其他人事决策上不起作用。

资料来源：Luis R. Gomez-Mejia，"Compensation Strategy in a Global Context，" *Human Resource Planning*，Vol. 14，1991.

4.3.2 薪酬战略与公司战略的匹配

公司战略是企业最高层次的战略，主要涉及公司的整体目标、经营领域的选择与资源配置等问题。薪酬战略必须与公司战略保持一致。在公司战略中，业务多元化程度、业务关联形式和企业的发展阶段是最重要的三个变量。

（一）薪酬战略与相关多元化

当公司实施相关多元化战略时，薪酬战略应该配合公司的相关多元化战略。戈麦斯和鲍金的研究揭示了与相关多元化战略相匹配的薪酬战略，如表4—2所示。

表4—2　　薪酬战略与多元化战略的匹配

	单一产品	相关多元化
薪酬重点	激励薪酬	基本薪酬和福利
薪酬水平	低于市场	高于市场
薪酬政策	风险分担 弹性 薪酬信息公开 绩效薪酬 分权式薪酬 公平薪酬 员工参与 技能薪酬 长期取向	保障薪酬 内部一致性 薪酬信息保密 重视年资 集权式薪酬 层级薪酬 员工较少参与 职位薪酬 短期取向

资料来源：David B. Balkin，Luis R. Gomez-Mejia，"Matching Compensation and Organizational Strategy，" *Strategic Management Journal*，Vol. 11，1990，pp. 153－169.

（二）薪酬战略与企业生命周期

组织在不同的发展阶段通常需要不同的薪酬战略与之相适应。埃利希（Ellig）说明了组织在开发、成长、成熟和衰退四个阶段所应采取的薪酬政策，具体内容如表4—3所示。

表 4—3 薪酬战略与企业发展阶段的匹配

	开发	成长	成熟	衰退
基本薪酬	低：为了储备资金、增加投资，以促进组织成长。	中：由于组织获益能力日益增加。	中：由于组织获益能力已趋于稳定。	高：因为激励计划难以奏效。
短期奖励	中：为储备资金。	高：为促进新发展的事业稳定增长，借此向市场占有率高的组织提出挑战。	高：为维持目前的市场占有率。	中：针对部分地区市场占有率较低而设计的奖励计划，以应对困难。
长期奖励	高：因为资金短缺，借此使员工有与组织同舟共济的感觉。	高：为建立稳定的市场地位，市场价值的计划更盛行。	中：因为几乎不再成长，市场价值的计划更盛行。	低：因为长期的成功已不兼容于市场；此阶段中的市场价值计划亦消失。

资料来源：孟繁强：《企业薪酬战略的构建》，载《经济管理·新管理》，2004（5）。

（三）公司战略与薪酬战略的整合模型

美国学者戈麦斯和特雷莎·M·韦尔伯恩（Theresa M. Welbourne）在总结多位学者研究成果的基础上，将薪酬战略分为机械的薪酬战略和有机的薪酬战略两种模式，并在薪酬战略的关键维度上对两者进行了比较，如表 4—4 所示。

表 4—4 薪酬战略模式

	模式 A：机械的薪酬战略	模式 B：有机的薪酬战略
报酬支付基础		
评价单位	工作	技能
加薪标准	强调资历	强调业绩
时间导向	短期导向	长期导向
风险承担	风险规避	风险偏好
业绩水平的测量	个人业绩	个人和团队业绩
公平性（关注重点）	内部公平性＞外部公平性（强调内部一致性）	外部公平性＞内部公平性（市场驱动）
报酬分配	强调等级	强调平等
控制类型	行为监测指标	结果导向指标
设计问题		
基本工资支付水平	支付水平领先于市场	支付水平落后于市场
福利水平	支付水平领先于市场	支付水平落后于市场
报酬包中激励报酬的比重	（激励报酬低）固定报酬＞激励报酬	（激励报酬高）激励报酬＞固定报酬
整体薪酬	大量的短期支付，少量延期支付的未来收入	大量延期支付的未来收入，少量的短期支付
强化的周期	少量的、不经常发放的奖金	经常发放的、多种形式的奖金
奖励重点	非货币报酬	货币报酬
管理框架		
决策制定	集权化	分权化

续前表

	模式 A：机械的薪酬战略	模式 B：有机的薪酬战略
保密程度	保密政策	公开沟通
管理结构	没有员工参与	员工参与
薪酬政策的特性	官僚化的政策	灵活机动的政策
高层决定程度	高	低

以此为基础，戈麦斯等人还研究了不同的公司战略类型与两种薪酬战略的关系，总结如表 4—5 所示。

表 4—5　与不同公司战略类型相联系的薪酬战略模式

公司战略	薪酬战略模式
多元化的程度	
单一产品（single-product）	有机的薪酬战略
主导产品（dominant-product）	混合的薪酬战略（有机的薪酬战略和机械的薪酬战略兼而有之）
相关产品（related-product）	机械的薪酬战略
不相关产品（unrelated-product）	有机的薪酬战略
业务关联形式	
垂直一体化（vertical）	机械的薪酬战略
多业务（multi-business）	有机的薪酬战略
集团企业（conglomerate）	有机的薪酬战略
企业的发展阶段	
新兴成长的企业（evolutionary firms）	有机的薪酬战略
稳定发展的企业（steady state firms）	机械的薪酬战略

资料来源：Luis R. Gomez-Mejia，David B. Balkin，*Compensation*，*Organizational Strategy*，*and Firm Performance*，South-Western Publishing Co.，1992.

4.3.3　薪酬战略与竞争战略的匹配

对从事多元化经营的企业来说，竞争战略是事业部层面的战略，主要是明确如何在特定的市场上获取和维持竞争优势。

美国薪酬研究学者埃德尔伯多・F・蒙特梅尔（Edilberto F. Montemayor）认为，不同的薪酬体系支撑着不同的企业经营战略。他把企业可选择的经营战略分为三类：成本领先型（cost leaders）、创新型（innovators）和差异型（differentiators）。围绕薪酬体系与企业战略的关系，埃德尔伯多・F・蒙特梅尔用实证研究的方法对美国薪酬协会的 1 400 多家成员企业进行了研究，得出的主要结论有：

（1）成本领先型战略更强调薪酬体系侧重于“劳动力成本”目标，从而适应稳定的组织结构和传统管理模式。这些企业往往严格控制成本，尽量避免费用超支。

（2）创新型战略要求薪酬管理把重点放在吸引和留住有价值的员工上，网罗大量复合型员工，满足企业对员工技能的要求，借助从外部获得的人员来提升企业的竞争力。

（3）差异型战略强调的是薪酬的“激励”目标，鼓励员工对组织整体目标的认同。因此，与其他两种战略相比，差异型战略更强调员工高水平的协调和配合。

(4) 从薪酬水平来看，采用成本领先型战略的企业更倾向于采用低于竞争对手的薪酬水平定位，而采用创新型战略的企业则更有可能采取高于竞争对手的薪酬水平定位。

(5) 差异型战略和成本领先型战略倾向于采用激励工资。实施这两种战略的企业也会较多地采用定量方法来衡量工作成果并确定薪酬，如通过收益分享等措施来提高效率。而创新型战略提倡支付稳定的薪酬，基本工资水平较低，通常采用长期激励计划，追求的是员工强烈的组织归属感，而不是过多地采用短期激励计划。

(6) 创新型战略通常广泛地采用绩效加薪（merit pay）政策，承认员工过去令人满意的工作行为，在基本工资的基础上进行永久性加薪。因为这种加薪并不需要事先协商，所以可以带来员工进行创新、承担更大的风险、追求工作行为的长期效果。

(7) 实施创新型战略和差异型战略的企业的薪酬管理相对比较开放，注重员工参与薪酬决策。①

表 4—6 是埃德尔伯多·F·蒙特梅尔对前人有关企业经营战略和薪酬体系相互关系的研究所做的综述和总结。

表 4—6　　与不同经营战略相匹配的薪酬体系

薪酬体系维度	资料来源	经营战略		
		成本领先型	差异型	创新型
薪酬目标	Corroll (1987)	控制成本	激励	吸引/保留
薪酬水平	Miles and Snow (1984)	低于市场	与市场持平	高于市场
薪酬组合的刺激性	Miller (1986)	低——→高		
绩效加薪	Schuler and Jackson (1987)	有限使用——→广泛使用		
薪酬管理与控制	Tichy et al. (1984)	封闭——→开放		

米尔科维奇认为对应于不同的经营战略，企业要采取不同的薪酬方案。他把企业的经营战略也分为三类：创新者、成本控制者和关注顾客。这种分类与埃德尔伯多·F·蒙特梅尔的分类非常接近。米尔科维奇认为创新战略强调冒险，不再过多地重视评价和强调各种技能或职位，而是把重点放在激励工资上，以此鼓励员工大胆创新，缩短从产品设计到顾客购买之间的时间差。成本领先战略以效率为中心，注重控制劳动成本，强调少用人、多办事，采用的方式是降低成本、鼓励提高生产率、详细而精确地规定工作量。以顾客为核心的战略将顾客满意度作为员工业绩的评价指标，按顾客满意度来给员工支付报酬（见图 4—2）。

有的学者认为，经营战略的两种表现形式是成长战略和维持战略。那么对于

① Edilberto F. Montemayor, "Congruence between Pay Policy and Competitive Strategy in High-Performance Firms," 1996；转引自周欢：《基于企业 GREP 战略的薪酬体系设计》，中国人民大学硕士论文，2003。

经营战略	业务对策	人力资源的匹配	薪酬制度
创新者：提高产品的复杂性，缩短产品生命周期	• 产品领先 • 转向大批量、定制化 • 周期	• 灵敏、愿意承担风险和富有创新意识的人	• 奖励产品和生产流程的创新 • 薪酬以市场为基础 • 灵活的工作描述
成本控制者：注重效率	• 运作优秀 • 寻求节省成本的方法	• 少用人，多办事	• 重视竞争对手的劳动成本 • 提高可变工资的比例 • 强调生产率 • 重视系统控制和工作专业化
关注顾客：提高顾客期望	• 为客户提供解决方案 • 对市场反应迅速	• 取悦顾客，超过顾客期望	• 基于客户满意的激励工资 • 工作和技能的价值体现在与客户的交往上

图 4—2　调整薪酬体系与战略相匹配

资料来源：George T. Milkovich，Jerry M. Newman，Barry A. Gerhart，*Compensation*，Eleventh Edition，McGraw-Hill，2013，p. 43.

追求成长战略的企业和追求维持战略的企业来说，其薪酬战略有何不同呢？一般情况下，成长战略强调创新、风险承担以及新兴市场开发，因此它是与这样一种薪酬战略联系在一起的：与员工共同分担风险；同时，还使得他们能够通过分享企业未来的成功而有机会在将来获得较高的收入。这就意味着企业需要采用的方案是：在短期提供水平相对较低的固定工资，但是同时实行奖金或股票期权等计划，从而使得员工们在长期能够得到慷慨的回报。成长型企业也同样被认为能够从官僚主义习气的削弱中获益，这在工资方面体现为：在工资决策中进一步分权；更大的灵活性；承认个人的技能，而不是受到工作或等级分类系统的束缚。另一方面，以维持为导向的企业需要的是一种完全不同的工资管理系统，因为这种企业的增长率较低、劳动力队伍较为稳定，因而对工资决策中的连续性和标准化要求较高。

4.3.4　兰斯·A·伯杰的薪酬战略整合模型

美国学者兰斯·A·伯杰通过研究发现，薪酬体系与公司战略和公司转型密切相关，具有不同特征、处于不同发展阶段的企业应实施不同的薪酬体系。[①] 该模型把企业分为增长型企业、盈利型企业和成熟型企业。

图 4—3 完整地描述了不同类型的企业要达成的战略目标及其测评、企业的

---

① Lance A. Berger，Dorothy R. Berger，*The Compensation Handbook*，Fifth Edition，McGraw-Hill，2008.

运营战略、文化战略和基本的薪酬战略。

图 4—3 战略薪酬整合模型

资料来源：［美］兰斯·A·伯杰，《薪酬手册》，4 版，北京，清华大学出版社，2006。

4.3.5 薪酬战略与人才战略的匹配

美国康奈尔大学的斯科特·A·斯奈尔教授（Scott A. Snell）认为，评价组织人力资本的标准是价值和稀缺性。他根据价值和稀缺性这两个维度将组织中的人力资源分为核心人才、独特人才、通用人才和辅助性人才四类，并进行了有针对性的人力资源管理模式和薪酬体系的设计（见图 4—4）。

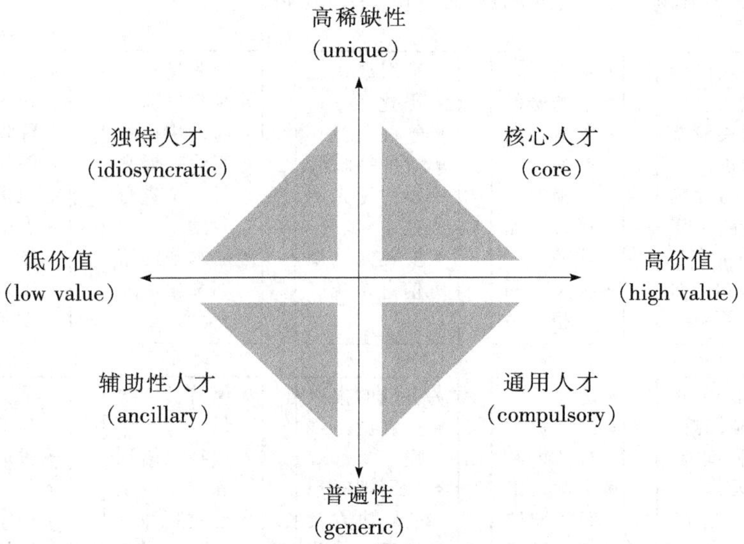

图4—4 组织的四种人力资源

资料来源：文跃然：《薪酬管理原理》，2版，51页，上海，复旦大学出版社，2013。

核心人才与企业的核心能力直接相关，对公司而言具有很高的价值。此外，核心人才具有公司所急需的、市场上不易获得的、不易通过简单学习和工作积累而获得的特殊知识和技能，因此非常稀缺和独特。

通用人才与企业所需的核心能力直接相关，价值较高，但由于这类人才拥有的是容易学习和获得的普通知识和技能，比较容易从市场上招聘和获取，因此不具有独特性。

独特人才与企业所需的核心能力间接相关，战略价值较低，但独特人才通常拥有非常特殊的、不易习得的知识和技能，因此相对比较紧缺。

辅助性人才在企业中的战略价值通常比较低，他们大多只具备一般的知识和技能，比较容易从市场上招聘和获取。

对这四类人员应该采取不同的人力资源管理模式，如表4—7所示。

表4—7 不同人才类型的人力资源管理特征

人才类型	工作类型	雇佣关系
核心人才	知识工作	以组织为核心
通用人才	传统工作	以职位为核心
辅助性人才	合同工作	劳动契约关系
独特人才	合作伙伴	协作关系

由于核心人才从事的多为知识型工作，工作的复杂程度和难度更大，因此，组织与核心人才的雇佣关系强调以组织为核心，即围绕组织的战略重点和发展要求来确定企业所需的核心能力，雇用组织所需的核心人才。

由于通用人才从事的多为具有传统的专业化特征的工作，如财务管理、人事管理等，因此，组织与通用人才的雇佣关系是以职位为核心，更关注岗位任职者的专业特长和技能。

由于辅助性人才从事的多为根据合同要求明确界定工作职责的工作，因此，组织与他们的雇佣关系是一种劳动契约关系。

由于独特人才通常是以企业合作伙伴的角色出现，如提供短期的咨询服务、一次性地帮助企业设计产品等，因此，他们和企业是一种协作式的、松散的雇佣关系。当企业或组织有需要的时候，就会请这类特殊人才为企业提供一些短期的特殊服务。

在明确了每一类型人才的人力资源管理的基本模式后，企业就可以相应地确定具体的人力资源管理手段，包括职位评价、招聘、考核、培训和薪酬体系的设计等。下面，我们重点分析针对不同类型人才的薪酬体系设计（见表 4—8）。

表 4—8　　不同人才类型的薪酬战略（Snell，2002）

人力资本类型	人力资源管理体系	薪酬战略
核心人才	基于承诺	● 外部公平（高工资） ● 为知识、经验、资历付薪 ● 股权和额外福利
通用人才	基于生产率	● 注重外部公平（市场工资率） ● 为绩效付酬
独特人才	基于合作关系	● 根据合同付酬，为知识付薪
辅助性人才	基于命令和服从	● 按小时或临时签订的合同付薪

对于核心人才，其人力资源管理体系以“承诺”为基础，强调员工对企业的忠诚，以建立稳固的心理契约。其薪酬战略的设计要点是：

（1）支付较高的报酬，薪酬水平通常领先于市场平均工资水平或与市场匹配，以确保报酬具有市场竞争力，吸引和获取一流的核心人才为企业服务；

（2）以知识、经验和资历作为报酬支付的基础，多采用能力工资体系；

（3）重视风险收益和长期激励，如采用期股、股票期权和员工持股等方式，将其报酬所得与企业的长期经营业绩紧密挂钩，以最大限度地激励和保留核心人才；

（4）给予核心人才较高的特殊福利，如住房、带薪休假、俱乐部会员金卡、养老年金等，这类特别福利通常采用延期支付或分期支付的方式，以尽可能地激励和保留核心人才。

对于通用人才，其人力资源管理体系以“生产率的提高”为基础，强调充分利用员工的专业技能，提高企业的经营业绩。其薪酬战略的设计要点是：

（1）支付较高的报酬，薪酬水平通常领先于市场平均工资水平或与市场匹配，以确保报酬具有市场竞争力，吸引足够合格的专业人才为企业服务；

（2）以绩效和业绩作为报酬支付的基础，多采用业绩工资体系，如对销售人员采用的佣金制度。

对于独特人才，其人力资源管理体系以“保持良好的合作关系”为基础，强调与独特人才之间的密切合作。其薪酬战略的设计要点是：按照合同约定，根据他们为企业提供的解决方案（知识方案、设计方案、技术解决方案等）和工作成果，支付给他们相应数额的报酬。

对于辅助性人才，其人力资源管理体系强调建立劳动契约关系，要求员工服从企业的职责安排。其薪酬战略的设计要点是：按小时或临时签订的合同支付报酬，如对生产工人实行的计件工资制度、企业与清洁工签署的小时工服务协议等。

4.3.6 对基于匹配的薪酬战略的思考

薪酬战略的匹配包括三个方面的内容：纵向匹配、横向匹配和内部匹配。纵向匹配是指薪酬与环境、公司战略和经营战略之间的匹配；横向匹配是指薪酬与其他人力资源管理职能之间的匹配；内部匹配是指薪酬战略内部不同维度（如薪酬水平和薪酬支付依据）之间的匹配。到目前为止，本节所介绍的薪酬战略模型基本上都是围绕薪酬战略与环境、公司战略以及经营战略之间的纵向匹配展开的，这是因为纵向的战略因素对组织薪酬战略的影响最为显著，而且现有的研究基本上都集中在薪酬战略的纵向匹配上。在本书中，我们仅收录了一些比较成熟的研究和模型，但需要强调的是，人力资源管理机制本身是一个整合的系统，任何一个单项人力资源管理实践（比如，薪酬管理）要想取得理想的效果，必然需要得到其他人力资源管理实践的支持和配合。从这个角度讲，组织的薪酬战略必须考虑与其他人力资源管理职能之间的横向匹配。另外，薪酬内部不同维度之间也存在匹配的问题。在很多学者构建的薪酬战略模型中，不同维度的取值往往都是以简单的线性方式发生共变的，这也使得薪酬战略能够被归纳为少数几个通用模型，并且与通用性竞争战略之间相匹配。但是，薪酬战略的不同维度之间能否发生线性方式的共变，也就是说，不同维度之间能否达到高度的整合，实际上还缺乏足够证据的支持。薪酬战略的诸多要素可有成百上千种不同的组合，我们不能简单地把薪酬战略划分为A，B，C几种类型，进而简单地判定甲公司应选择A薪酬战略，乙公司应选择B薪酬战略。

在现有的关于薪酬战略与组织战略的匹配研究中，一般都是采用基于通用战略框架的结构化研究的思路。比如，研究者先假定公司战略可以分为单一产品战略和多元化战略，竞争战略可以分为成本最小化战略和差异化战略，然后基于对不同战略的分析，说明应该如何设计不同的薪酬战略分别与不同的组织战略相匹配。但事实上，我们很容易发现，许多非常成功的企业的薪酬战略似乎都有自己的一些独特之处，并不能完全与某种通用的薪酬战略相吻合。而且也存在一些企业，它们采用类似的竞争战略和不同的薪酬战略，但都取得了很好的整合效果和经营业绩。这种理论和现实的困惑也让我们把视角转向基于资源的战略观。

基于资源的战略观认为企业应该从内部寻找稀缺的和难以模仿的资源，这些资源是企业核心竞争力的来源。如果薪酬战略能在一定程度上帮助企业以一种难以被模仿的方式培育和利用稀缺的、有价值的资源，薪酬战略就应当能对企业持续的竞争优势作出贡献。[①] 哪些因素使得竞争者很难模仿一个企业的内部资源和

① 参见［美］巴里·格哈特等：《薪酬管理——理论、证据与战略意义》，240页。

能力？巴里（Barney，1999）认为企业总是处于一定的历史环境中，企业的能力可能取决于在合适的时间处于合适的位置上。路径依赖的概念表明，企业可能经历了一个漫长的、艰难的学习过程来创建一项能力，其他企业很难复制这类经验。根据这种观点，通用型战略（包括组织战略和薪酬战略）忽视了企业内部独特的资源和能力，因此采用通用型战略很难给企业带来持久的竞争优势。就研究方法而言，在通用型组织战略和薪酬战略的纵向匹配中，研究者一般使用大规模、多厂商的定量分析。而基于资源的薪酬战略研究很少，方法也还不成熟，也许这方面的研究可能不得不更多地采用案例分析的方法。

那么，关于通用型组织战略和薪酬战略匹配的研究对薪酬管理实践究竟有多大的指导意义呢？这又需要重新回到"最佳实践"和"权变理论"的争论上来。在管理学中，存在两种不同的观点，即最佳实践和权变理论。最佳实践的观点主要来自人力资源管理领域的一些专家，该观点认为存在一种最佳的实践方案，能使企业取得高绩效，这些实践与环境无关。如果奉行纯粹的最佳实践观点，那么也许这个世界上只存在一种最好的薪酬战略。权变理论认为，在企业管理中要根据企业所处的内外条件随机应变，没有一成不变、普遍适用的最好的管理理论和方法，管理中要针对不同的具体条件寻求不同的最合适的管理模式或方法。如果奉行纯粹的权变理论观点，也许每个企业的薪酬战略都应该是独一无二的，因为每一个企业都是异质资源和能力的组合。"匹配"的观点其实是介于两者之间的，它强调薪酬战略要随着环境和组织战略的变化而变化，这是一种权变理论的观点。而目前的大多数研究都把薪酬战略归纳为几个与组织战略相匹配的通用模型，这显然又是一种最佳实践的观点。我们认为，最佳实践和权变理论的两难选择，可能表明在广泛的概念层次上存在最佳实践，但这些实践在企业层次的设计和实施中都需要进行差异化。

□ 本章小结

本章内容可以分为三大部分。首先，我们回顾了战略管理理论的一些基本知识。战略考虑的是组织发展的长期方向，影响着组织的整体利益；战略与组织、环境都相关，组织运用战略来应对变化着的环境。组织的战略有三个层次，分别是公司战略、竞争战略和职能战略。公司战略决定了组织想要进入何种行业以及在哪些行业进行竞争。竞争战略决定了组织在特定行业中如何展开竞争。职能战略决定了如何使公司战略和竞争战略得以执行和实施。

其次，我们探讨了什么是薪酬战略。薪酬战略属于第三个层面的战略，它是一种职能战略。薪酬战略可以从薪酬支付依据、薪酬水平定位、薪酬组合方式、薪酬结构（等级与幅度）以及薪酬管理模式等五个方面来考虑。薪酬战略作为一种职能层面的战略，受到很多不同层面因素的影响，我们把这些影响因素归纳为三类：其一是外部环境对薪酬战略的影响；其二是组织战略对薪酬战略的影响；其三是企业内部的资源和能力对薪酬战略的影响。

最后，我们介绍了薪酬战略与国家文化、公司战略、竞争战略、人才战略等不同层次战略之间的匹配模型。这些研究一般都是采用基于通用战略框架的结构化研究思路。研究所得出的与组织战略相匹配的薪酬战略模型对薪酬管理实践具有一般性的指导意义，但这些模型都需要在企业层次的设计和实施中进行差异化。

□复习思考题

1. 什么是组织战略？它分为几个层次？通用性组织战略有哪些？

2. 如何理解薪酬管理的战略意义？薪酬战略如何帮助企业赢得竞争优势？

3. 什么是薪酬战略？薪酬战略的维度有哪些？制定薪酬战略需要考虑哪些影响因素？

4. 现有的薪酬战略模型有哪些？这些模型有哪些不足？

5. 你如何理解薪酬战略的纵向匹配、横向匹配和内部匹配？

6. 请为一个你熟悉的企业制定薪酬战略。

□案　例

A公司基于战略的薪酬体系设计

A公司是一家20世纪90年代中期创办的集研发、生产和销售于一体的民营企业，主要产品为燃气用具、厨房电器、家用电器等。自成立以来，公司抓住市场机遇，以高科技为先导，引进吸收国内外先进的燃具生产技术和工艺，严格按照质量标准组织生产，通过建立自有营销渠道网络进行产品销售。经过10余年发展，公司员工达1 000多人，总资产8亿元，净资产3亿元，年销售额达到10多亿元。

随着燃气用具行业竞争的不断加剧、技术的快速更新、政府法规的严格管制，以及客户需求的不断变化等因素，A公司所处的经营环境发生了巨大变化。因此，公司提出了新的愿景——不断追求创新的方法来改进我们所提供产品和服务的质量；不断优化和培植我们的员工队伍，伴随公司的发展不断成长；在我们的员工、供应商和客户之间体现一种团队精神，以使我们在竞争中处于优势；以我们的产品和服务，使我们的客户享受美好生活。基于这一愿景，A公司重新制定了公司战略——以颇具竞争性的价格，为我们的客户提供最优的产品和服务；超越同比市场增长，在五年内使公司市场份额进入行业前三名，以使公司股东和员工获得合理回报；在公司内建立系统运营管理平台和塑造团队协作精神，为公司的可持续发展奠定坚实的基础。

但一年多以来，公司出现了开发周期过长、新产品问世跟不上消费者需求变化、向客户提供产品不及时、生产成本与竞争对手相比居高不下、销售业绩停滞不前等现象。为了应对新环境对公司产生的影响，A公司与大多数企业一样，也推行了业务重组、流程优化、组织精简等变革措施，以期提升企业的经营业绩。然而，公司付出的这些努力都没有取得预期的成果。

最后，公司在内部进行了一次员工民意调查，调查结果清晰地反映出了以下几个主要问题：除了高层外，大多数员工都不清楚公司愿景和战略，更不知道公司如何有效地实施战略，以及公司战略与自己有什么关系；公司在实施变革后，员工的工作责任发生了变化，但薪酬并未随之改变；员工薪酬的升降只以职务等级为准；员工的薪酬获取虽然以绩效考核确定，但绩效考核既没有显示与公司战略的联结，又缺乏相应的客观标准，基本上由上级说了算，等等。虽然调查结果不能令管理层满意，但管理层为找到问题所在而感到高兴，因为这有利于他们采取有针对性的措施来改变现状。

一、薪酬现状分析

A公司以前的薪酬制度是根据管理职务等级标准建立的，公司的薪酬项目主要包括三部分：基本工资、绩效工资和福利。这种基于管理职务等级标准来确定薪酬的内部等级体系，主要考虑的是岗位的职务高低、管辖范围、决策权力等，按此方法将所有岗位划分为12个等级，一个职务等级对应一个薪酬级别。

通过对A公司所有薪酬数据和政策文件的收集、整理，某管理咨询公司绘制出A公司的薪酬曲线，并分析如下：

1. 薪酬项目组合分析

A公司薪酬项目中的工资部分由基本工资和绩效工资组成，所有员工不论岗位高低都采用90/10的比例，没有反映出不同岗位（职务）对企业经营业绩产生的影响；这样的分布对于所有员工来讲，即使其绩效考核处于最末位，也能得到其对应工资（基本工资和绩效工资）总额的95%以上，绩效工资部分对员工已经失去了激励作用；而且，基于绩效的激励性工资不管对于高层还是低层员工都是短期性的，这使得员工特别是高层很难去关注企业的经营前景，也难以体会到企业成长给他们带来的好处。由于公司目前正处于变革时期，因此要求员工不断地提升能力、对企业忠诚、承担责任、勇于进取等，但这些在公司薪酬组合项目中并没有体现出来，员工看不到自己的付出究竟能够得到何种收益。

2. 薪酬外部竞争性和内部公平性分析

(1) 内部公平性。由于公司的整个薪酬等级体系是基于职务等级建立起来的，因此没有体现出不同岗位的性质、职责、能力、技术、经验等要求，使岗位内部价值分配等级体系缺乏对企业经营贡献方面的综合考虑。

(2) 外部竞争性。A公司在设计整个薪酬结构之初，没有考虑外部同行业的薪酬水平状况，从而造成管理职务人员的工资明显高于市场水平，而其他人员，如研究开发、人力资源和财务人员的薪酬水平明显低于市场水平，这给企业吸引和保留专业技术人员带来了不利影响。

3. 等级与幅度分析

(1) A公司的薪酬等级单一。公司薪酬等级共分12等，一等对应一级，在薪酬的实际运行中缺乏灵活性，难以使薪酬随着员工的业绩和能力以及岗位调整等作出动态变化，比如，业绩或能力提升薪酬缺乏弹性，即没有上升空间；绩效工资部分比例过小，难以达到激励员工的目的。由于薪酬晋升只与职务等级晋升相关，而与岗位贡献及员工能力提升无关，这使得员工缺乏学习、创新的动力。

因此，员工获得薪酬增加的唯一机会就是升职，追求职位晋升成了A公司薪酬对员工的主要激励导向。由于难以获得加薪机会，加上外部薪酬水平的变化，造成公司在吸引人才方面陷入困境，而且老员工对薪酬水平现状也非常不满。

(2) 薪酬等级的级差很大。虽然在A公司的薪酬等级中，反映出了不同岗位在薪酬上的差异，但是薪酬的每一次晋升的比例比较大，达到25%，薪酬晋升缺乏平滑过渡性。若薪酬不随岗位、业绩和能力进行调整，则会产生内部不公平；而若随着岗位、业绩和能力调整，则很容易就达到外部市场薪酬水平的高端，而过高地增加公司成本，从而使公司的薪酬级差陷入两难困境。

4. 薪酬与绩效分析

A公司体现员工个人公平是基于考核的绩效工资分配。公司每个月只通过对员工进行绩效考核来决定其绩效工资，主要集中在对生产和销售人员的考核，考核由员工的直接上级进行，人力资源部进行复核和归总。考核主要是从工作态度、工作任务和出勤方面进行，以确定员工的绩效等级。绩效考核结果共分为三级：一等（优秀）、二等（称职）、三等（不称职），其相应等级的考核系数为1.1∶0.9∶0.7；并采取强制分布法将员工考核一、二、三等的比例控制在1∶6∶3的范围内。但由于只对员工进行绩效考核，中高层管理人员未纳入整个绩效考核系统，因此在员工中造成了一种不公平感；而且员工的绩效工资所占的比例很小，考核结果受主观因素影响比较大，绩效高低对个人工资的总体收入影响很小等，以至于绩效工资失去了对员工绩效的激励作用。

5. 对公司薪酬现状的总结

A公司的薪酬主要是以管理职务为基本单位进行价值分配，公司根据职务等级的高低、管辖范围和决策权力来建立内部等级体系，薪酬与职务等级体系相匹配，且与晋升挂钩，所以，晋升也就成为员工获取薪酬增加的主要动力。因此，薪酬关注的是企业内部的等级或地位，再加上对员工的评价来源于其上级，从而使得员工行为的关注焦点由外部客户转变为自己的上级。

A公司不同工作性质岗位的薪酬晋升通道还没有打开，按照公司目前和未来的企业人员分布，公司高、中、低层管理岗不会太多，而专业技术类（研究开发、人力资源、财务管理、市场营销等）岗位将不断增加，因此，目前的薪酬晋升路线还难以适应专业技术类岗位在薪酬上的发展通路要求。

现在，A公司要想在激烈的市场竞争中取得经营业绩，必须将目光转向其外部客户，关注客户的需求、变化和想法。这就要求企业改变其经营战略和经营方式，转变员工工作行为的关注对象，不断增强能力，提高绩效，以员工的最优业绩组合来达到公司的经营目标。

二、基于战略的薪酬体系的建立

某管理咨询公司在对A公司薪酬进行了详细分析之后，认为A公司的薪酬显然与公司的经营战略基本没有什么关联，而且与公司近期需要提升经营业绩的关键成功因素也不匹配。所有薪酬激励都是面向权力和地位的，不仅没有加强员工和管理者的团结，而且把他们对立起来；基于绩效激励的薪酬部分，既没有与员工的工作业绩相联系，也没有与企业的经营业绩相关联，绩效工资在奖励业绩方面没有起到应有的作用；而特别奖励基本上是在中高层管理者之间相互竞争，大多数员工很少关注。

基于这些原因，A公司必须首先明确公司的薪酬战略。薪酬战略必须支持企业的经营战略和价值观，有利于强化公司的核心能力或关键领域。因此，公司对企业愿景和经营战略进行了重新审视，结合过去和将来，公司要想持续获得经营成长，以下几点是公司取得经营成功的关键：

(1) 关注客户（不论是内部还是外部客户）的需求，快速地对客户需求作出响应；

(2) 以客户需求为导向进行产品研发，并缩短产品研发周期；

(3) 鼓励员工创新，持续注重产品质量，压缩产品制造成本和生产周期；

(4) 增强员工的知识和能力，使员工快速地将其运用于工作实践；

(5) 在公司内部创造多渠道的晋升路线，使员工与公司一起成长；

(6) 不同的员工对公司的作用和价值虽各不相同，但都应从公司经营业绩的增长中获得收益；

(7) 团队的协作奋进有利于员工取得最好的工作成果。

为了强化A公司的这些关键成功领域，结合公司人才配置战略、经济承受能力和同行业薪酬现状等因素，确定了公司的薪酬战略。从A公司的现状和未来的经营战略出发，公司薪酬应具有以下四个目标：

第一，薪酬要能够吸引人员进入企业；

第二，薪酬要能够留住员工为企业持续服务；

第三，薪酬要能够驱动员工的行为和业绩；

第四，薪酬要能够激发员工提升能力。

因此，公司采用以市场薪酬水平为主导、结合内部岗位价值评估的价值定位法确定各个岗位的薪酬标准，中高级人员的薪酬水平定位于市场中高端水平，其余人员定位于市场薪酬中等水平，以保证薪酬的内部合理性和外部竞争性；建立多种工资结构，改变一岗一薪的现状，压缩公司薪等，扩展薪等内部的级数，为员工发展打开薪酬晋升的通路；建立薪酬业绩导向，针对团队和个人绩效，鼓励高层人员既要关注公司的近期目标，也要关注公司的长远发展；明确以能力为基础的绩效贡献是员工获得加薪的标准，从而创造一个在公司内部所有员工都能受到尊重、礼遇，享有应有的待遇、福利，追求个人最大发展的激励环境。

某管理咨询公司在明晰了A公司的薪酬战略以后，建议建立一种有利于公司内部公平和外部竞争的薪酬体系。

1. 建立员工职业发展通路

A公司原有薪酬的晋升标准与职务等级体系匹配——职务晋升成为员工获取薪酬增加的主要动力。为了改变这种现状，公司一方面强化以绩效为基础的可变薪酬激励，同时，通过改变薪酬晋升标准来改变激励导向——关注客户、不断增强能力和提高绩效，以达到公司的经营目标。

因此，基于上述思路，某管理咨询公司认为：A公司要在关键领域获得成功，以支撑公司经营业绩的成长，员工能力的提升对A公司的经营发展非常重要。为了鼓励员工不断学习、开发自己的潜力，以提升能力水平，公司采取了下列措施来激励员工：

（1）配合员工职业晋升路线建立任职资格体系。依据公司不同系列岗位的性质、特点等，分析公司成功的关键因素——达成企业战略成功需要在哪些领域取得成绩，如满足客户需求、快速的产品研发、高效的管理运作等。依据成功关键领域，通过多种方法和渠道明确不同岗位所需的核心能力，如培养他人、服务意识、主动性、影响力、创新能力或团队精神等，对这些能力进行清晰的定义和描述，并在企业员工中进行测试，从而建立起员工基于能力的任职资格体系。每一个员工，即便是普通工人，只要能力得到了提升，并经过公司内部鉴定，也可从初、中、高级操作员晋升到技师，或专业技术和管理类等岗位，这样为员工提供了广阔的成长空间。

（2）建立基于能力的绩效加薪标准。A公司的员工只有在能力得到提升、达到相应标准，并经公司员工能力评估中心认定后才有资格晋升工资标准——以能力为基础；否则，即使员工业绩再好，如果能力没有得到提升，也不能进行加薪；而对员工绩效的认可已在可变薪酬（绩效工资、年终效益工资和嘉奖）中充分体现出来了。

2. 薪酬组合策略

依据经营战略和对薪酬现状的分析，将A公司现有薪酬的三个主要组成部分——基本工资、绩效工资和福利，重新划分为六部分，即基本工资、绩效工资、年终效益奖金、分红、嘉奖和福利。在新的薪酬组成部分中，基本工资和福利是工资的基本部分，通过每年年底依据当年公司的经营情况做下一年度的薪酬预算进行控制；结合下年公司的经营情况预测和经营目标，最终确定年终效益奖金和分红，从而决定公司的薪酬总量，因此，员工薪酬＝基本工资＋绩效工资＋年终效益工资＋福利＋分红＋嘉奖。针对A公司对薪酬的要求，公司各个薪酬项目应达到如下目标：

基本工资是A公司员工具有保障的工资部分。基本工资定位于市场薪酬水平的中端，加上绩效工资，使员工的薪酬总量水平处于市场的相对高位，以保持公司薪酬水平的总体竞争力，从而保留和激励公司员工。基本工资的确定主要考虑岗位所需的能力、经验、贡献和任务繁简等，而不仅仅只考虑职位权力大小来确保薪酬的内部公平性。配合员工的职业发展通路，以基本工资的提升激发员工的能力和潜力，从而为公司经营服务。

绩效工资是员工基于绩效可能获得的相应的工资，绩效工资占基本工资的比例将得到加强。其评估方式是以团队业绩为基础，结合团队内部的个人绩效考核，以体现公司既注重团队绩效，也注重个人贡献。

年终效益工资并不是员工薪酬的必需部分，它与公司整个年度的经营业绩目标相关，为员工提供获得更多工资的机会，而不是获得更多工资的保证——为员工创造一种可以分享公司经营成长所带来的收益的机会。

年终分红是公司为高层人员提供的一种长期激励措施，以使高层在关注公司短期利益的同时，更关注公司的长远发展。年终分红采取递延支付策略，在公司经营阶段战略中逐步兑现。

3. 建立工资结构

依据工资结构建立的思路与方法，A公司采用以下方式建立了公司的工资结构：针对行业类似企业和公司不同工作岗位的结构和性质，将整个公司的工资结构数目定为四种——管理人员工资结构、专业技术人员工资结构、销售人员工资结构和生产操作人员工资结构。公司人力资源部依据岗位所需的能力、经验、贡献和任务繁简等提取岗位评价薪酬要素，组织人员进行评估，通过对评估结果进行统计和分析，将公司的薪酬划分为六个薪等。

确定薪酬级别的范围。内部等级结构代表水平结构（岗位评价分数），工资范围代表垂直结构（工资水平），包括中位值、最高值和最低值。首先，确定关键（基准）岗位评价结果与外部岗位市场价格之间的联系，公司在所有岗位中抽取与市场薪酬调查中获得的岗位说明书相对应的岗位作为基准岗位，对其与外部对应岗位进行市场薪酬对比分析，以确定公司基准岗位的市场薪酬水平——六个薪等的工资中位值水平。其次，参照市场同一薪酬级别岗位的最高和最低工资水平差额，综合考虑各个级别岗位所需的能力、技术、经验、责任和对公司的价值，以水平差额的方法来确定最高和最低薪酬水平的差额。比如，助理工程师岗位的中位值为4 000元，其所在级别的最高与最低差额为30%，则该级别最低工资水平＝中位值/［100%＋（差额/2）］＝4 000/［100%＋（30%/2）］＝3 478（元）；最高工资水平＝最低工资水平＋（30%×最低工资水平）＝4 521（元）。最后，以不同薪酬等级的差额水平，均等划分等级内部的小级，使员工在职位没有晋升的条件下，也能依据业绩和能力进行薪酬调整，从而建立了具有内部合理性和外部竞争性的公司薪酬结构体系。

4. 确定可变薪酬

某管理咨询公司依据上述可变薪酬的解决思路，在分析了A公司的各种影响可变薪酬的因素后，从以下几个方面确定公司的可变薪酬，使薪酬激励更特别，与企业经营绩效相联结。

绩效工资是公司对员工工作业绩进行激励所采用的薪酬对策，在公司所有岗位薪酬水平的基础上，依据不同岗位系列的工作性质和对企业经营的影响程度，绩效工资占薪酬总额的比例各不相同，不再是所有员工不论职位系列和级别高低都一样是90/10的比例。

年终效益工资和整个公司的经营目标挂钩，由董事会依据公司完成年度经营目标的实际情况进行计提，实际上是为员工创造了一种享有公司经营成长业绩的激励措施。

公司设置嘉奖主要是为了及时认可部门或员工的重大工作成果，以利于对工作贡献突出的相关部门和员工进行奖励，因此，应扩大嘉奖的奖励范围，使公司所有员工能有更多的机会得到，并于当月发放，以提高嘉奖对员工的强化作用。对于嘉奖总金额，从公司年初工资总额中预提2%备用。

分红是公司依据发展情况对中高级管理人员和关键核心员工的长期激励。参与对象主要是公司中高级管理人员和关键核心员工。具体做法是：

$$\text{本年分红所得现金}=\text{上年止该员工的累积分红资本金}\times\text{本年决算净资产收益率}$$

式中，分红的资本金由公司董事会决定，并可于每年依据考核进行增加；决算净资产收益率以当年财务年终核算为准。

净资产收益率低于10%～15%，则资本金不进行增加，只按已有的分红资本金进行分红；

净资产收益率低于10%，则当年暂停分红，资本金不再增加，但已有的分红资本金不取消；

分红资本金逐年增加，不能提取为现金和转让，且没有任何实际股东权利，也不实际拥有股份；

员工降职、离职、待职或因其他原因离开岗位，则不再参与分红；

每年的分红在下一年度分为12个月平均发放。

5. 强化薪酬与绩效挂钩

在公司新的薪酬组合项目中，只有基本工资和福利是固定部分，其余皆为可变薪酬部分。固定薪酬的增长可以强化个人能力的提升，而可变薪酬在注重团队结果的基础上强化个人业绩，以支持公司经营绩效。

公司原有的绩效管理只对员工进行绩效考核，中高层管理人员未纳入整个绩效考核系统。考核是从工作态度、工作任务和出勤方面由员工的直接上级进行，是一种典型的为考核而考核的绩效管理方式。绩效管理既没有为员工指明业绩成长的路径和体现员工业绩贡献与公司经营战略的关联，也没有展示出公司绩效管理体系是公司经营战略执行的强有力的策略工具。因此，配合此次薪酬变革，转变原有的薪酬激励——等级晋升导向，A公司通过下列思路重建了公司的绩效管理体系。

首先，公司以企业愿景和战略为基础，理解客户和他们的需求，这是绩效管理体系建立的前提——绩效成果应满足服务对象的要求，只有这样，才能更具意义和目的。

其次，明确企业要取得经营成功的关键领域。企业采用适合自己竞争的战略，并以此建立自己的竞争优势。这就要求企业的绩效管理能够为企业的经营战略提供支持和服务。比如，采用创新战略，其核心是以产品技术创新推动企业的经营发展，那么关键的成功领域就是快速的市场响应、新产品开发、客户服务质量等，这就要求企业员工具备更快地学习新知识、新技术，以及适应新环境和团队协作等能力。

最后，明确表达企业履行关键领域的指标。为了确保公司经营目标、计划以及相关政策、制度得到严格执行，公司运用平衡计分卡和目标管理的思想，从财务、客户、内部运营、学习成长四个方面展开，通过自上而下逐级分解的方法，先确定公司级的关键绩效指标，再依据公司级的关键绩效指标逐步分解到各个部门，进而分解到相关岗位人员。

通过以上措施，A公司的业绩考核分为两级：一级是考核团队——部门，二级是考核个人——员工。部门考核依据不同的指标采用多主体绩效考核的方式进行。员工绩效考核又分为部门负责人和其他员工考核，公司部门负责人考核采用自评和委员会评估相结合的方式进行；其他员工考核由岗位服务对象进行，部门负责人进行归总和审核，同时，采用百分制和强制排序的方法进行绩效考核系数的确定，并与员工绩效工资挂钩。

配合公司两级考核，员工绩效工资也做两级分配：一级由公司将绩效工资总额在部门间进行分配，部门绩效工资总额依据部门绩效工资标准总额、部门绩效考核等级和公司效益确定。二级绩效工资分配由部门依据对员工的绩效考核在部门内部员工间进行分配。而且，公司还根据员工的绩效考核结果，采取了相应的绩效改善和沟通、申诉、末位警告、淘汰机制等措施，以给予员工业绩改进的机会，并加重员工的危机意识。

新的薪酬方案实施以后，公司出现了前所未有的新面貌，令管理层大受鼓舞。在总结了 A 公司薪酬变革成功的因素后，我们得出的结论是：

企业薪酬体系的设计一定要以企业的战略作为出发点，薪酬战略要能够适应外部经营环境的变化，支持企业战略的实施。薪酬战略要有利于留住核心员工，强化企业的核心价值观，增强企业的核心竞争力。一个好的基于战略的薪酬体系应该成为企业吸引和留住人才、激励人才努力为企业作出贡献、帮助企业赢得竞争优势的一种有效手段。

资料来源：引自中国人力资源开发网，原作者：刘大东。

第 5 章　职位与薪酬

职位评价是研究职位的自然属性，确定职位的相对价值。

——佚名

在中国，一提起职位，人们自然而然地就想起经理、总监、主管等头衔，职位的头衔是职位的重要组成部分，但不是职位的全部，我们甚至认为，它并不是职位最重要的部分。在对职位的认识中，职位的工作职责和任职资格等才是薪酬管理人员最为关心的内容。只有在充分理解和认识职位工作内容与任职资格的基础上，我们才能真正开展科学的职位薪酬管理工作。

浏览一下大众媒体的招聘广告，我们可以发现，职位类别不同，职位层级不同，其所对应的薪酬水平往往也有高低之别；类别相同、级别相当的职位在不同的产业和企业中，其对应的薪酬水平也有所差异。按照传统上的理解，人们会产生这样的疑问：同样是属于中层领导的两个职位，为什么职位薪酬会不同？人们是怎样给职位"定价"的？如何理解内部公平性或内部一致性薪酬制度设计的原则？本章将系统介绍有关职位薪酬设计的理论和技术。作为一种传统的、主流的薪酬方式，职位薪酬的基本知识和设计方法，是每一个学习薪酬管理的人必须掌握的重要内容。

5.1　职位薪酬概述

5.1.1　职位薪酬：一种传统且主流的方式

实现最优的人职匹配，一直是人力资源管理者们追求的最高境界。职位，作为组织体系中与人发生直接联系和一一对应关系的单位，是人们实施和展开各项管理工作的重要基础。

职位薪酬（position-based pay/job-based pay）[①]，顾名思义就是一种以职位（价值）为基础的薪酬方式。在美国，基于职位的薪酬往往被认为是具有传统性的薪酬体系（见表5—1）。

表5—1　　薪酬体系的发展历史

	20世纪五六十年代	七八十年代	90年代至今
经济形势	基本稳定，变化不大	变革逐步出现	持续、快速的变革
主要方法	单一的职位评价体系＋有限的市场调查	标准化的职位评价体系＋细致的市场调查	多样化的技术（技能/胜任力体系，聚焦的市场调查，计算机模型等）
目标导向	基于职位的内部公平性	基于职位的内部公平性＋基于市场价值的外部竞争性	基于个人成就的内部公平性＋基于市场价值的外部竞争性
薪酬方式	职位薪酬体系	职位薪酬＋绩效薪酬	能力薪酬＋绩效薪酬

资料来源：Martin G. Wolf，"Compensation：An Overview，" *The Compensation Handbook*，Fourth Edition，2006，p. 41.

由表5—1可见，从20世纪50年代起，职位薪酬就已成为西方发达国家最主要的薪酬体系。尽管在过去的50年里薪酬体系发生了很大变化，出现了许多新的技术方法，但无论是从应用时间的跨度上，还是从应用范围的广度上，职位薪酬体系都无可争议地扮演着主流角色。特别是职位薪酬体系中包含的职位分析（position analysis）和职位评价（position evaluation）等技术，作为非常成熟的技术体系，它们既为职位薪酬的主流地位提供了技术支持，也能够为其他新的薪酬方式提供方法基础。1996年美国薪酬协会对200多个组织进行的调查表明，超过80%的组织仍把传统的职位分析和职位评价方案作为薪酬决策时最重要的依据。[②]

5.1.2　中国的现实需要：打好职位体系基础，完善职位薪酬机制

职位薪酬之所以能在美国流行如此长的时间，且其方法体系经久不衰，其中很重要的原因在于人们投入了大量的精力去进行职位基础设施的建设。美国劳工部（U. S. Department of Labor，DOL）从20世纪70年代就开始大规模地开发通用性的职位分析流程与方法，推出了标准化的《职位分析手册》。一些专业化的咨询研究机构也通过大量研究开发出各自的职位分析和职位评价的工具，为职位薪酬提供了大量的积累。随着其咨询业务在全球的扩展，这些方法和工具也逐渐成为主流。当前，伴随着信息化网络平台的建设，很多职位基础设施也已经开始网络化，美国职业信息网（O* NET）[③]的建设将几乎所有有关职位的信息（包括职责说明、任职资格、胜任特征、职位市场工资率等各方面的信息）都实

① 在西方主流教科书和文献中，职位薪酬所对应的英文多为"job-based pay"，也有"position-based pay"。虽然"job/工作"和"position/职位"这两个概念有着明显的区别（见本章表5—2），但是在作为概念使用时，人们更倾向于忽略两者的区别。本书将使用"职位"这样一种表述，并取其广义，既包含job的含义，也包含position的具体含义。本书其后所使用的概念亦将相应地采用"职位分析"、"职位评价"的说法（而非"工作分析"、"工作评价"）。另一个经常使用的词语是"岗位"，本书在引用的文献中将保持原文献所使用的"岗位"概念。

② *Raising the Bar：Using Competencies to Enhance Employee Performance*（Scottsdale，AZ：ACA，1966）.

③ 可登录网站 http：//online. onetcenter. org/。

现了网络化，你可以通过其网站轻松地搜索到你所需要的职位的全面信息。总之，在西方发达国家，有关职位的基础设施建设已经非常完善，这些都为职位薪酬的实施打下了坚实的基础。

在我国，职位体系和职业基础的建设取得了诸多成效，但是职位基础的建设不完善，仍是制约我国人力资源管理和薪酬管理规范化提升的重要问题。尤其是体现在薪酬上，各种问题比较突出。比如：(1) 长期以来，人们大多关注工作的政治等级属性，而忽略了职位本身的自然属性，“职位”的概念基本上是缺失的。“品位”及以此为标志的“身份”成为收入分配的主要依据，在这样的激励导向下，人们的工作目标往往是尽可能提升行政级别，而非更好地完成本职工作。(2) 由于缺乏职位体系作为基础，对职位的评估也就无从谈起，工资体系的结构性差异也就难以得到更加科学和细致的体现，制度内工资等级差别很小，不能体现职位的价值和工作绩效的差别。差距只体现在单位与单位之间、行业与行业之间；换句话说，我国企业有单位工资、行业工资，但没有职位工资。(3) 由于职位体系，特别是标准化职位信息不完善，不同职位之间市场工资率的可比性较差，工资水平的外部参照性也就不强。(4) 职位体系基础和职位信息建设不完善导致的内部差异性不合理和外部参照性不强，很容易产生工资调整的随意性很大的后果，管理通常为运动性管理而非制度管理。

可见，大力进行职位管理的基础设施建设，无疑是实现我国人力资源管理（包括薪酬管理）现代化所必须经历的步骤。建设职位分类和职业标准规范、推进人事制度改革、建立岗位管理制度、由身份管理向岗位管理转变、“按需设岗、竞聘上岗、以岗定酬”等来自国家文件的提法和举措，都体现了职位基础设施建设在中国人力资源管理实践中的重要地位。在工资制度上，2000年劳动和社会保障部发布了《关于印发进一步深化企业内部分配制度改革指导意见的通知》(劳社部发［2000］21号)，明确建议和提倡建立以岗位工资为主的基本工资制度：

> 按照建立现代企业工资收入分配制度的要求并根据人力资源管理的特点，积极探索建立以岗位工资为主的基本工资制度。提倡推行各种形式的岗位工资制，如岗位绩效工资制、岗位薪点工资制、岗位等级工资制等。要进行科学的岗位设置、定员定额和岗位测评，做到以岗定薪。要以岗位测评为依据，参照劳动力市场工资指导价位合理确定岗位工资标准和工资差距……

可以预见，一个以职位薪酬为主体、多种薪酬方式（绩效薪酬、能力薪酬等）并存的薪酬管理时代即将到来。其中，建立健全职位管理基础、建立并完善职位薪酬体系在相当长一段时期内仍将是最为主要的部分；即使是在理性地追赶各种薪酬管理新潮流的同时，职位薪酬的建设和健全仍是不可跨越的步骤，它也将为其他薪酬方式提供必要且坚实的基础。总之，打好职位体系基础，完善职位薪酬机制，正是当今中国推动薪酬管理实践发展的现实之需和主体之路。

5.1.3　职位薪酬设计的基本框架

前面已经介绍，职位薪酬是一种以职位的（相对）价值作为支付依据的薪酬方式。相对于能力薪酬①和绩效薪酬②来说，它并非直接关注任职者本身的能力水平，也不直接对已经完成的绩效结果进行认定和激励，而是以职位作为其激励发生的直接对象，也就是说，在职位薪酬体系下，任职者的工资主要取决于其所在的职位价值。

那么如何才能科学、有效地评定职位的价值进而设计出一套职位薪酬体系呢？一般需要经历如图 5—1 所示的五个基本环节。

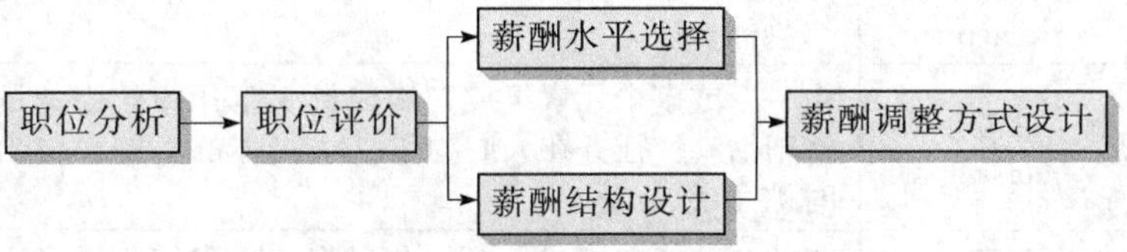

图 5—1　职位薪酬设计的五个基本环节

其中，职位分析作为人力资源管理的基础工作，完成对职位职责、工作环境以及人员任职资格的规范界定与描述，为职位评价奠定和提供了有关职位的全面信息的基础。职位评价则是用来评定组织内职位之间相对价值的方法与过程，是设计职位薪酬的核心环节，评定得出的职位价值分布则成为薪酬等级分布的基础。接下来的薪酬水平选择则是通过调查并参照劳动力市场职位价格的信息，选择相应的薪酬水平策略。薪酬结构设计则是要将组织内部职位价值的结构化分布与外部市场的职位价格分布相对应，对职位薪酬的薪等（pay grade）、薪级（pay range）、交叉（overlap）等方面展开具体设计。最后，在设定好的薪酬结构的基础上，对薪酬的调整方式进行规范和设计。

以上五个环节是设计一套完整的职位薪酬体系必不可少的基本方面，职位薪酬设计的各种具体的应用技术也都包含其中。

5.2　职位分析

5.2.1　职位分析概述

职位分析，又称工作分析（position analysis/job analysis），简单地说就是对与职位相关的整体信息和关键信息进行系统整理和准确描述的过程。这个过程包含了对职位信息进行收集、分析、界定和综合的一系列活动，进而明确规定职位所包含的任务及任职者成功完成工作所需的技能、知识、能力和责任，最终形成

① 有关能力薪酬的内容将在本书第 6 章具体介绍。

② 有关绩效薪酬的内容将在本书第 7 章具体介绍。

规范化、标准化的书面描述文本，即职位说明书。本节将系统介绍职位分析。

（一）几个主要概念

“职位”一词常与“任务”、“工作”等词互换使用。我们将一些基本概念进行总结，如表 5—2 所示。

表 5—2　　几个基本概念

概念	含　义
微动作（micromotion）	是最基本的工作单元，涉及基本的动作，如触及、抓起、安置或放下一个物体。
工作要素（work element）	两个或两个以上微动作的集合，通常被视为一个整体，如抬起或运送一个物体。
任务（task）	由一个或多个元素组成，构成员工工作绩效中的逻辑和必要步骤的一种清晰活动。任务在人们为了一个具体的目的而付出体力或智力上的努力时被完成。
职责（duty）	相关联的任务构成一项工作的职责。可以把任务看成是职责的子集；也就是说，一项职责中可以包括一项或多项任务。
责任（responsibility）	履行职责过程中所应尽的义务。
职位（position）	构成一个员工全部工作安排的任务和责任的集合，其最关键的含义在于：一个职位对应着一位任职者。
工作（职务）（job）	主要任务和责任相同的一组职位形成一种工作。与职位和任职者一一对应不同，一种工作可以对应一个或多个任职者。
工作族（职系）（job family）	一组性质和内容相似的工作可组成一个工作族（职系），如管理类职系、销售类职系、研发类职系，等等。
职业（occupation）	一组相似的工作或工作族可称为一种职业。

资料来源：［美］劳埃德·拜厄斯：《人力资源管理》，北京，华夏出版社，2002。

需要着重指出的一点是，职位与工作的概念往往容易混淆。两者最大的差别在于：职位与任职者具有一一对应的关系，而一种工作则可以有一个或一个以上的任职者。以职位为单位进行分析往往具有很高的具体性和针对性，信息的提炼和描述都可以直接落实到职位，得出的职位说明书可为任职者直接使用，但分析的成本也相对较大；以工作为单位的分析在操作成本上相对节约，但信息的精确性可能难以直接落实到具体职位。因此，在进行职位分析的现实操作中，人力资源管理者或咨询专家往往会在各种工作中选择具有代表性的关键职位进行分析，其他职位的分析可参照关键职位的说明书模板逐步完成。总之，无论是直接面对所有职位，还是基于工作类别选取关键职位，一个有效的分析过程只有落实到职位上，才具有切实的可操作性。这也是本书在相关概念上（如职位分析、职位评价）之所以采用职位（而非工作）这一说法的原因。

（二）职位分析提供的主要信息

在进行职位分析时，所要研究的对象是职位自身的特征及其职责要求（而不是职位上的任职者的特征）。在收集的信息内容方面，美国劳工部的《职位分析手册》规定应收集如下信息：工作内容、工作职责、有关工作的知识、精神方面的技能、灵巧正确的程度、经验、适应年龄、所需的受教育程度、技能的培养要求、学徒（见习）要求、与其他工作的关系、作业身体姿态、作业环境、作业对身体的影响、劳动强度、特殊心理品质要求等。

概括来说，职位分析所要回答的基本问题可以归纳为“6W1H”。6W，即做什么（what）、为什么做（why）、谁来做（who）、何时做（when）、在哪里做（where）、为谁做（for whom）；1H，即如何做（how）。如表5—3所示。

表5—3　职位分析所要回答的基本问题

做什么（what）	指从事的工作活动，主要包括：任职者所要完成的工作活动内容；任职者的这些活动会产生什么样的结果或产品；任职者的工作结果所达到的标准。
为什么做（why）	指任职者的工作目的，即这项工作在整个组织中的作用，主要包括：做这项工作的目的；这项工作与组织中的其他工作有什么联系；对其他工作有什么影响。
谁来做（who）	指对从事该项工作人员的必备要求，包括：身体素质要求；知识与技能要求；教育与培训要求；经验要求；个性特征要求等。
何时做（when）	指在什么时间从事各项工作活动，主要包括：哪些工作活动是有固定时间的；在什么时候做；哪些工作活动是每天必做的；哪些工作活动是每周必做的；哪些工作活动是每月必做的。
在哪里（where）	指从事工作活动的环境，主要包括：工作的自然环境，包括地点（室内或户外）、温度、光线、噪音、安全条件等；工作的社会环境，包括工作所处的文化环境、工作群体中的人数、完成工作所要求的人际交往的数量和程度、环境稳定性等。
为谁做（for whom）	指在工作中与其他职位发生的关系及相互之间的影响，主要包括：工作要向谁请示和汇报；向谁提供信息或工作结果；可以指挥和监控何人。
如何做（how）	指任职者怎样从事工作活动，以获得预期的结果，主要包括：从事工作活动的一般程序或流程是怎样的；工作中要使用哪些工具，操纵什么机器设备；工作中涉及的文件或记录分别有哪些；工作中应控制的关键环节是哪些。

职位分析的信息来源主要有四种渠道，即组织中原有的书面资料、任职者的报告、同事的报告、直接的观察。此外，职位分析的资料还可以来自该职位的下属、顾客和用户等。收集信息时要合理甄选可靠的信息来源，以免信息失真，同时要保证信息的完整性。

（三）职位分析的基础性意义

职位分析作为现代人力资源管理的基础性活动，能够为人力资源管理的各个模块提供支持，包括人力资源规划、员工招聘、人员配置、员工培训、薪酬与考核、组织结构设计等环节。职位分析对人力资源管理模块的基础性功能如表5—4所示。

表5—4　　职位分析支持其他人力资源管理模块的基础性功能

人力资源管理模块	职位分析的基础性功能
人力资源规划	组织要确认是否有合适数量的职工在合适的时间、合适的位置上为组织和客户创造最大的价值。职位作为与任职者直接匹配的单元，能够为整体或局部的人力资源规划提供完整的职位体系和信息基础。
员工招聘	职位分析有助于制定出符合工作要求的人员录用衡量标准，客观、公正地评价求职人员，避免经验主义，降低面试和录用工作中的误差。
人员配置	职位分析所提供的信息有助于组织和个人了解工作特征与职位要求，提高人与工作匹配的适应性，使每一个员工在他既能胜任又符合自己特点的工作中发挥作用。
员工培训	职位分析提供了任职资格的要求，这是每一个上岗人员在知识、技能、态度、行为、价值观等方面的最低绩效标准。根据这个标准，可以判断员工与工作要求的差距，从而可以帮助我们决定是否可以通过培训干预来提高工作绩效；同时，还可以帮助我们进行培训需求分析，确定培训方针、培训内容和培训方式，决定参训人员，衡量培训效果等。
薪酬与考核	一方面，职位分析能够帮助我们分析职位在组织中的相对价值，以及职位在相关的劳动力市场上的价值，从而明确职位等级；另一方面，职位分析可以帮助我们确定一项工作的具体内容，根据这些内容，制定出符合组织要求的绩效标准，然后，依据这些标准对员工工作的有效性进行考核。
组织结构设计	职位分析能够完整地描述工作识别信息、工作概要、工作职责与责任，以及任职资格标准等信息，管理者可以在此基础上进行职位分类。工作描述和职位分类是随着组织战略调整而进行修订的。通过调整工作内容、工作职责、工作关系等方面，能够明确组织绩效的调整标准，调整组织结构，促进组织实现战略调整。

5.2.2　职位分析的操作程序

职位分析作为一项复杂而又细致的工作，一般包括四个阶段，即准备阶段、收集整理阶段、形成分析结果阶段、进行结果反馈阶段。

（一）准备阶段

在正式启动职位分析项目之前，需要做好以下准备工作：了解情况、建立职位分析小组、制定职位分析的规范、采取必要的宣传方式等。

1. 明确职位分析的目的

明确职位分析的目的，是为了决定职位分析所取得资料的用途、确定资料收集的范围、明确进行职位分析的意义和作用、选择开展职位分析的方法和工具。例如，有的组织进行职位分析是为了解决招聘和考核中存在的问题，有的组织可能是为了改善员工的工作环境、提高工作效率，而有一些组织则是为了评估职位价值、对激励资源进行再分配。因此，开展职位分析，要结合组织的性质、发展阶段及其分析目的进行。

2. 确定所要收集的信息类别

开展职位分析时，对所要收集的信息范围加以明确，有利于节约时间、精力和费用。所要收集的信息类别主要取决于职位分析的目的。例如，如果以改善员工的工作环境、提高工作效率为目的，那么在进行职位分析时，收集的信息类别就主要是与工作环境相关的内容。

3. 选择职位分析的对象

对于职位分析而言，并不是要对组织内所有的职位都进行分析，而通常是在满足职位分析目的的前提下，选择一些具有代表性、重要性、复杂性和未来不确定性等特点的职位作为分析对象，其他的分析工作则可以依此作为参考进行。采用这样的方法可以节省操作成本。

4. 建立职位分析小组

在职位分析实践中，一般都会成立职位分析小组来进行操作，以保证职位分析活动的顺利进行。职位分析小组应该具有独立性和客观性，所以，在成立职位分析小组时，一般都会引入外部顾问。

5. 制定职位分析的规范

与项目管理一样，当完成了职位分析的实施计划和人员分工之后，还要制定职位分析的操作规范，使职位分析小组中各个成员的工作标准具有统一性，以便于交流和沟通。规范性涵盖职位分析的规范用语、职位分析的实施进度、人员之间的配合要求、职位分析结果的质量等，为职位分析的顺利开展打下基础。

6. 对职位分析工作的开展进行宣传

职位分析工作的进行离不开组织中全体员工的参与和支持，职位分析小组中的人员只是具体的操作者，关于职位的更多相关信息都来自实际职位的工作人员，因此，全体员工的支持非常重要。广泛的宣传有利于使员工明白职位分析的目的及重要性，增强员工的参与意识，从而使职位分析能真实地反映各个职位的情况，使职位分析的结果更接近工作实际，通过宣传，职位分析的结果——职位说明书亦能更好地得到全体员工的理解和认可。

（二）收集整理阶段

收集整理阶段的主要任务是根据调查方案，对职位的相关情况进行认真、细致的调查研究，取得所需的数据和资料。收集整理资料一般分为以下几个步骤：

1. 选择信息来源

信息的来源决定了信息的真实程度以及倾向性，同时也决定了不同信息之间的关联性，进而影响职位分析的信度和效度。提供信息的可以是目前职位的任职者、任职者的上级、任职者的同事、与任职者打交道的内外部顾客、职位分析人员、相关工具书等。通常情况下，任职者本人是最了解该职位的，对于工作的内容、职位的能力资格要求等，他们最具有发言权，因此，只要他们愿意，应当多采用他们提供的信息。但其中的问题是，一方面，任职者可能由于不明白职位分析的相关事项，在没有经过很好培训的情况下，会出现不知道如何为职位分析人员提供合适的信息的情形；另一方面，任职者可能由于不了解职位分析，认为提供相关信息是工作以外的事情，从而不愿意报告自己的工作内容；还有一种情况是任职者出于功利考虑，会夸大本职位的工作内容、重要性及复杂程度，导致职位分析失真。

2. 按照选定的方法和程序进行信息收集工作

在进行信息收集工作时，应该注意选择恰当的收集信息的方法和工具，并从不同的分析层次收集信息，要注意多角度地收集，同时考虑到信息之间的关联性，争取对职位的各个方面都能收集到充分的信息。需要注意的是，在收集信息的过程中，职位分析人员要保持准确、客观的态度。

3. 对收集到的数据及资料进行分析

根据上一步所收集的相关数据和资料进行职位分析。在这一过程中，一方面，可以查阅《职位分类词典》，参考其中的职位描述，但必须同时考虑到企业的情况，将职位的一般特征与组织的实际情况相结合；另一方面，组织图是职位描述中的核心部分，因为组织图表明了不同部门和职位之间的关系，清楚地界定了每个职位在组织中的位置，也反映了该职位在组织中的上下左右关系。

(三) 形成分析结果阶段

职位分析不仅是收集与职位相关的数据和资料。职位分析的核心是要全面考察职位的特征和要求，揭示出职位的主要特征和关键因素。通过对收集到的数据和资料的整理，最终形成职位描述、职位规范以及职位说明书，作为职位分析的最终结果。

(四) 进行结果反馈阶段

当得出了职位分析的结果以后，就形成了职位描述、职位规范和职位说明等文件，此时就要向在职员工验证职位分析结果的准确性，即进行职位分析结果的反馈工作，这也是职位分析的最后一个步骤。

在进行结果反馈时，要召集本职位的在职者及其主管，由他们判断职位描述、职位规范以及职位说明书的内容是否准确和全面。职位分析者与他们一道就每一项内容进行讨论，并记录下所有存在的问题，后期进行补充调查，修正分析结果。

5.2.3 职位分析的方法

(一) 职位分析方法的分类

职位分析的方法多种多样，我们可以按照信息收集的渠道将其划分为上行法和下行法。其中，上行分析法（bottom-up approach）是指自下而上的分析方法，通过对现有组织和工作的分析来完成职位描述，适合于对现有职位进行规范的情形。下行分析法（top-down approach）是指自上而下的方法，从分析组织的使命、目标和经营目的入手，确定要实现计划目标必须完成哪些工作、需要设定哪些职位，以及最适合于公司业务转型或者公司组织设定职位描述的时间。此外，也可从定性或定量的角度进行分析（见表 5—5）。

表 5—5　　职位分析方法的分类

	上行分析法	下行分析法	定性法	定量法
具体方法	● 工作日志法 ● 重要事件分析法 ● 工作描述法等		● 访谈沟通法 ● 观察法 ● 职位分析问卷调查法 ● 工作日志法 ● 核对法	● 职位分析问卷调查法（PAQ） ● 功能性分析法（FJA） ● 美国劳工部职位分析法（DOL）等
适用范围	对现有职位进行规范的情形	公司业务转型或者公司组织设定职位描述的时候		

具体而言，职位分析的方法包括访谈沟通法、观察法、工作日志法、职位分析问卷调查法、美国劳工部职位分析法（DOL）、功能性分析法（FJA）、核对法、工作实践法、典型事例法、重要事件分析法、工作描述法等，但并没有一种所谓的“最佳方法”。选用何种职位分析方法，取决于职位分析的内容，而职位分析的内容取决于职位分析的目的与用途。因此，根据人力资源管理活动的实践需要，可以选用不同的职位分析方法，比如在考核面试中，可以更多地使用观察法。表 5—6 是部分职位分析方法与人力资源管理用途的关系说明。

表 5—6　　职位分析方法与人力资源管理用途的关系说明

	工作说明	考核	面试	工作评价	培训方案	绩效评价系统	职业生涯
工作实践法		√	√		√	√	
典型事例法	√	√	√		√		
观察法		√	√				
访谈沟通法	√	√	√		√		
职位分析问卷调查法	√	√	√	√	√	√	√

说明：“√”代表方法与目的相适应。

（二）几种职位分析方法介绍

1. 访谈沟通法

访谈沟通法是一种应用最为广泛的职位分析方法。一般有四种访谈类型：（1）对每个员工进行个人访谈；（2）对做同种工作的员工群体进行群体访谈，这种方法适用于大量员工做相同或相近工作的情形，要求主管人员在场或事后作出评价；（3）对完全了解被分析工作的主管人员进行访谈；（4）对完全了解被分析工作的专家人员进行访谈。表 5—7 列出了一些典型的访谈问题。

表 5—7　典型的访谈问题

- 你所做的具体工作包括哪些？
- 在这些工作活动中你负有什么样的具体责任？
- 你在每一项具体的工作职责中的权限是什么？
- 你在工作中常常与哪些职位、部门发生工作关系？具体是怎样的？
- 你的工作环境与别人的有什么不同？
- 做这项工作所需要的具体受教育程度？工作经历、技能怎样？要求什么文凭或工作许可证？
- 你的工作需要哪些具体的知识？每项知识的重要性如何？
- 你的工作绩效标准有哪些？
- 工作对身体有什么要求？
- 工作对你的情绪和脑力有什么要求？
- 工作对健康和安全有何影响？

运用访谈法对职位分析人员的沟通和访谈技巧提出了很高的要求。一般来说，职位分析人员在访谈前都要接受全面、深入、有计划的访谈技巧训练，掌握访谈准则。通常访谈人员应遵循以下十大准则（见表 5—8）。

表 5—8　访谈的十大准则

1. 与主管人员密切合作，找到最了解工作内容、最能客观描述职责的员工。
2. 尽快建立与被访者的融洽关系，知道对方的名字，用通俗的语言交谈，简单介绍目的，解释为什么选择对方。
3. 用结构问卷指导访谈，但是要给对方留出发挥的空间。
4. 当工作不规律时，要求对方按照重要性和发生频率一一列举。
5. 要对访谈资料进行核对，这项工作与直接上级一起进行。
6. 消除被访谈者的防御心理，消除“对员工的效率进行评价”的想法。
7. 结构化。事先确定收集的信息内容并制定详细的提问单，便于整理对比信息。
8. 选择有经验的人进行访谈。善于引导和挖掘信息。
9. 保持友好、亲善的态度。
10. 与其他方法一起使用。

2. 观察法

观察法是一种传统的职务分析方法，源于泰勒时期。由职位分析人员直接到工作现场，针对某些特定对象（一个或多个任职者）的作业活动进行直接观察，收集记录其工作的内容、原因、方法、程序、目的等信息。观察法适用于体力型、技能型、主要由身体活动完成的操作工作，以及像流水线工人、门卫、会计等规律性、重复性强的工作。

为了保证观察法的有效性，采用观察法时，需要注意以下几点：

（1）要注意工作行为样本的代表性。

（2）避免机械记录，应主动反映工作内容，对信息进行比较提炼。

（3）观察力求结构化，包括：确定观察内容（工作的主要内容、上级与同事、设备、工具、时间、非正式组织、体能要求、工作环境）、观测时刻（瞬时观测、定时观测等）、观察位置（可观察到全部行为、不干扰对象人员的正常工作），准备问题结构单以便记录。

(4) 通常与访谈法结合使用。

3. 工作日志法

工作日志法由每个职位的员工填写工作日志表，要求对每件事情（活动）按照时间顺序以日志的形式进行详细的记录，不论这些事情是本职工作之内还是本职工作之外的。一般以连续记录一周到10天为宜。工作日志要经过直接上级的核对和签字。由人力资源部门对工作日志进行工作内容的分类、整理、抽象，然后将抽象出来的工作范围确定为职位职责。

4. 职位分析问卷调查法

职位分析问卷调查法即通过问卷调查来获取职位信息进而完成职位分析的方式。一般来说，问卷形式分为两类：一是结构式问卷，内容固定且详细，只要求被访问者核对项目；二是非结构式问卷，即开放问卷。

其中，1972年开发出来的PAQ职位分析问卷（position analysis questionnaire，PAQ）获得了广泛的运用。PAQ问卷包含194个要素，代表工作的各个方面，每一个要素按照重要性获得一个分数，每一个要素又按照使用工作信息的程度分为五等，可用于对工作价值进行排序。这五个分析维度是：

(1) 是否负有决策、沟通、社会方面的责任；

(2) 是否执行熟练的技能性活动；

(3) 是否伴随有相应的身体活动；

(4) 是否操纵汽车、设备；

(5) 是否需要对信息进行加工。

PAQ最初的研发目的，是开发一种一般性的、可量化的工具，以准确测量工作的任职资格，从而代替传统的测试程序。与其他职位分析方法相比，PAQ在确定工作的任职资格方面具有独特之处。PAQ通过标准化、结构化的问卷形式来收集工作信息，表现了一般的工作行为、工作条件或者职位特征，适用于公共或私营部门的许多职位。

5. 美国劳工部职位分析法

这种方法的理论基础是人与工作的关系理论。所有的工作都涉及工作执行者与数据资料、人、事的关系。通过工作执行者与三个关键要素发生关系时的行为，可以反映工作的特征、工作的任务和人员的职能。

6. 功能性分析法

功能性分析法（functional job analysis，FJA）又叫职能分析法。不仅用信息、人、物来对工作进行分类，还考虑以下四个因素：执行工作时需要得到多少指导；执行工作时需要运用的推理和判断能力应达到的程度；完成工作需要具备的数学能力；执行工作时要求的口头和语言表达能力。它还确定了工作的绩效标准以及工作对任职者的培训要求。

其他的职位分析方法还包括核对法、工作实践法、典型事件法和工作描述法等。我们将各种方法的基本含义和优缺点总结于表5—9。

表5—9　　各种职位分析方法的优缺点

职位分析方法	优点	缺点
访谈沟通法：通过有技巧的访谈获得职位信息。	● 应用最为广泛，适用性强，简单迅捷。可以追踪深度访谈，弄清问题。 ● 可以发掘出其他情况下不可能了解到的情况，如工作经验、任职资格等。 ● 提供了机会，可以向被调查者解释职位分析的必要性和功能。 ● 提供了一个让员工释放不满和挫折的机会，这些信息通常情况下不被重视。	● 访谈法受无意识或主观的影响，容易导致信息失真和扭曲。 ● 职位分析者的水平（所提问题的质量）影响信息的收集。 ● 问题回答者出于自身利益的考虑而不愿意合作，或有意夸大自己所从事工作的重要性、复杂性，导致工作信息失真。由于打断了工作执行者的日常工作，可能会带来一些生产损失。
观察法：在工作现场针对某些特定对象（一个或多个任职者）的作业活动进行直接观察，从而获得职位信息。	● 与工作的实际状态接触细腻，了解广泛，如工作活动、非正式行为、士气、价值观等隐含信息。	● 难以对周期长的工作和脑力劳动者进行直接观察（如律师、设计工程师等）。 ● 难以观察那些偶然发生但非常重要的工作。 ● 难以获得任职资格方面的信息。 ● 要求观察者对实际操作有足够的经验。
工作日志法：通过任职者自己填写工作日志来获得和分析有关职位的具体信息。	● 信息可靠性高，费用低，提供一幅非常完整的工作图景。	● 适用范围小，只适用于工作循环周期短、工作状态稳定、无大起伏的职位。 ● 信息整理量大，归纳工作烦琐。 ● 要求任职者认真填写，可能会影响正常工作。
职位分析问卷调查法：通过职位分析问卷调查来获取职位信息。	● 快速、高效地从一大群员工中获取信息。可用于数量众多的情形，节约时间和费用。 ● 可在工作之余填写，不会影响工作。 ● 可用于多种目的用途。	● 设计问卷和测算花费较大，耗时过多。如果不作统一说明，会因为理解差异而产生信息误差。因此要求问卷设计简明、具体。
核对法：通过对照事先拟定的工作清单对实际工作活动情况进行核对来确定职位信息。	● 结构化程度高，使用方便。	● 拟定很困难，很难包容工作的全部内容，也发现不了一些隐含的工作变量。
工作实践法：职位分析者通过实际从事被研究的职位而完成对职位的分析。	● 可以了解工作的实际任务以及在体力、环境、社会方面的要求。	● 不适用于那些需要进行大量训练才能掌握或有危险的工作。
典型事例法：又叫重要事件分析法。收集员工工作中典型行为和重要事件的完成情况，以完成对职位的分析。	● 由于重要事件往往要涉及其他部门或者外界，所以对重要事件的分析更能清楚地明确员工的职权范围和工作关系。	● 整理分类需要大量的时间，还可能遗漏一些不明显的工作行为。

续前表

职位分析方法	优点	缺点
工作描述法：与工作日志法类似，它是由员工进行口头工作描述，职位分析者进行提问并记录的一种方法。	● 适合不便于随时进行工作记录的员工，如经常在外奔波的市场人员等。	● 可控性差，受主观因素的影响较大。

5.2.4 职位分析的结果：职位说明书

职位分析不仅涉及对工作内容的分析，也涉及对分析结果的报告。这些结果通常以职位说明书和工作规范的形式呈现出来。

职位说明书（job description），集中在按工作当前进行的情况来对它进行描述，它以书面的形式解释一项工作叫什么、要做什么、在哪里做和怎样做。

工作规范（job specification），集中在完成工作所需要的特性上，它描述工作承担者为了完成工作所必须具有的能力、教育和经验方面的资格。工作规范可以做成一份独立的文件，或者更常见的情况是作为职位说明书的结尾部分。

一份完整的职位说明书包括以下方面：工作标识、工作概要、工作活动内容、工作任务、工作职责、工作权限、工作联系、工作设备信息、工作条件和工作环境、工作规范、任职资格、绩效标准等。具体解释见表5—10。

表5—10　　职位说明书的内容和结构

工作描述方面
1. 工作标识：是有关职位说明书的自然信息，包含工作名称、工作代码、编制日期、编制者、批准人、所在部门、直接主管职位名称、薪酬等级、薪酬水平、合同期限、所辖人数、定员人数等。在具体设计中，工作名称要尽量准确、美观、简练，借鉴国际通行的用法，与市场和国际接轨。工作代码要尽量统一、简洁，尽量传递出有关工作的多重信息。 2. 工作概要：用简练的语言说明工作的主要功能、工作性质、中心任务和责任。 3. 工作活动内容：活动内容、所需时间百分比、权限、执行依据、其他。 4. 工作任务。 5. 工作职责。 6. 工作权限：决策权限、监督权限、经费预算权限、人事行政权限。 7. 工作联系：与组织内部和外部人员之间的关系。最重要的是报告关系、监督对象、工作合作对象、外部人员、晋升调换的路径。 8. 工作设备信息：设备、工具、信息资料。 9. 工作条件和工作环境 ——工作场所：室内、室外、特殊场所。 ——工作环境的危险性：受到伤害的可能性、频率、原因。 ——职业病。 ——工作时间特征：正常工作时间、加班时间。 ——工作的均衡性：忙闲不均的程度和经常程度。 ——工作环境的舒适程度：高温、湿度、寒冷、粉尘、异味、噪声、震动。

工作规范方面
10. 任职资格（必备/理想） ——最低学历、理想学历、需要培训的时间和科目。 ——从事本职工作和其他相关工作的年限和经验。 ——一般能力：计划、协调、实施、组织、控制、领导、冲突管理、公共关系、信息管理。 ——兴趣爱好：兴趣、爱好。 ——个性特征：情绪稳定性、责任心、外向、内向、支配性、主动性等性向特点。 ——职位需要的性别、年龄、体能要求：工作姿势（比重）、精神紧张程度（视觉、精力）、体力消耗大小。 11. 绩效标准：时间、标准、质量、数量、结果。

从表5—10可以看出，一份完整的职位说明书是从职位和任职者两方面来进行分析与描述的，反映的是某个职位的全面信息及与该职位匹配人员的任职资格条件信息，它是一项复杂且重要的工作。编写时，要遵守一些相应的准则，尽量体现出结构完整、表达准确、逻辑顺畅、讲求实用、划分清楚、规范易读、体例统一的原则。

职位说明书通常不能定期更新以反映工作中发生的变化，这是每一份职位说明书都会遇到的问题。一种好的做法是让工作承担者及其主管人员每年查看最近一期的职位说明书，并确定这份说明书近期是否需要更新。这种查看一般不需花很多时间，但除非有计划地安排这件事，否则总是很少这样做。如果确定职位说明书需要更新，那么工作承担者应该在修订中扮演中心角色。类似地，在最初制定职位说明书时，工作承担者也应该参与这个过程之中。通过不断修订，保证职位说明书适应日常管理变化或重大组织调整的需要。

5.3 职位评价

5.3.1 职位评价的含义

职位分析的结果为评价不同职位的差异性提供了充分的职位信息基础。职位评价（position evaluation）则是在职位分析所提供职位信息的基础上，对职位的价值进行评估，建立组织的职位价值序列。特别需要强调的一点是，职位评价得出的是组织中各职位的相对价值（以保证相对的内部公平性），而非职位的绝对价值。

5.3.2 职位评价的用途

职位评价主要用于设计工资结构，而不是用于评价任职员工的绩效。职位评价的一般思路是：首先，列举某一职位的要求及该职位对组织的贡献，然后，按职位的重要性对其进行分类。对不同职位之间的相对价值进行评估，是职位评价活动最基本的特征。当然，尽管职位评价的主要目的是确定职位的相对价值，但它还具有其他一些用途，如表5—11所示。

表 5—11　　职位评价的用途

1. 为更简单、更合理的工资结构提供基础。
2. 为对新设或变更的职位进行分类提供一种统一的方法。
3. 为与其他组织的职位和工资率进行比较提供一种方法。
4. 为衡量员工绩效提供基础。
5. 为解决工资争议提供一种统一的标准方法作为依据。
6. 向为更高级别职位奋斗的员工提供激励。
7. 为工资谈判提供信息。
8. 提供职位关系数据，以进行内部和外部人员甄选、制定人力资源规划、开展职业管理以及执行其他人事职能。

职位评价为薪酬的内部均衡提供了调节的依据。通过职位评价，可以使员工和员工之间、管理者与员工之间对薪酬的看法趋于一致。职位评价在组织内部的职位之间建立起一种联系，这种联系构成了企业整个薪酬支付系统。在这种系统中，劳动报酬能够比较准确地体现按劳分配的原则。通过职位评价，组织能有效实现以事定岗，以岗定人，以职定责，以责定权、定酬的目标。

5.3.3　职位评价的操作程序

职位评价的主要操作程序包括四个环节，如图 5—2 所示。

图 5—2　职位评价的主要操作程序

1. 确定职位评价的目的

职位评价的目的在于为组织设计、维持公正且具有竞争力的薪酬；为每个职位等级（job grade）和薪酬支付提供统一的决策依据；基于整个市场和同行业竞争提供历史数据参考，提供具有市场竞争力的薪酬。职位评价目的的确定有利于保证职位评价的合理化和系统化。通过职位评价过程，组织将对每个职位所得的报酬与其对整个组织的贡献相比较，并对其中不合适的地方进行调整，从而支持整个工作流程；通过建立一个基于公平基础上的可行的薪酬结构来保证组织薪酬分配的合理性，减少员工的不满与抵制情绪；通过职位评价的过程，指引员工明确组织的价值重心、自己的工作主次，从而提高员工适应组织变化的能力。

2. 确定评价方案

一方面，要首先确定评价的范围，即组织要对哪些职位进行评价。一般情况下，组织不会对所有的职位进行评价，这样做不仅工作量大，而且实际操作的意义并不大，因为很多职位之间是没有可比性的。最常见的做法是先对部分标杆职位进行评价，然后再利用插值比较法将其他职位与标杆职位进行比较，建立整个组织的职位结构。另一方面，不同类型的职位之间由于不具有可比性，需要为其设计不同的评价方案；也就是说，相对于职位而言，评价方案可以个性化。主要是因为同一种因素在不同的职位其重要性可能是不同的，所以面对不同种类的职位，其评价的方案应该是个性化的。

3. 选择合适的评价方法

经过长期实践，职位评价的方法有很多种，比较传统的有排序法、归类法、要素计点法和因素比较法，而目前在国际上应用得比较多的是IPE职位评价系统和海氏职位评价系统。方法不同，其侧重点会有所不同，适用的范围也不尽相同。

4. 实施职位评价

在选定了职位评价方法后，下一步的工作就是进行职位评价了，最重要的是成立职位评价小组，确定小组成员。一般情况下，与最终结果利益相关的那些主管和员工都要参加评价结构的设计，最好有来自重要职能部门的代表加入。设计薪酬体系时要想体现出程序公平，必然少不了员工的参与，只有公平的过程才能产生公平的结果，这一点在职位评价过程中比较明显。

5.3.4 职位评价的主要方法

职位评价常用的方法有：排序法、归类法、因素比较法和要素计点法等，不同的方法有着各自的特点，适用于不同的职位。组织在进行职位评价时，应根据实际情况来进行选择。表5—12列出了几种常用的职位评价方法。

表5—12　常用的职位评价方法

常用方法	概念	优点	缺点	主要程序或技术
排序法	又称序列法，是评价者根据各种职位的相对价值和它们各自对组织的相对贡献来由高到低地进行排列的方法。	简便易行；将全体职位作为一个整体来评价，避免了因对工作要素的分解而引起的矛盾和争论。	组织规模大、需要定级的职位数量多时找到对工作内容都比较熟悉的职位评价人员比较难；主观性比较强。	衍生出了两种具体的操作方法：交替排序法和配对比较法。
归类法	又称分类法，是指通过建立明确的职位等级标准，将各个职位划入相应等级的一种方法。其结果是将具有不同责任及技能要求的职位放到不同的等级上去。	具有稳定的基础，尤其适用于目前中国的企业；强调以组织目标为基础，自上而下地进行职位梳理。实现了真正从组织战略目标出发来设计企业的评价系统。	对于职位等级的划分和界定存在一定的难度，有一定的主观性，如果职位级别划分不合理，将会影响对全部职位的评价；对职位的评价结果比较粗糙，不能量化。	收集与职位相关的资料→将职位分成不同的类别→确定分级的标准→划分职位等级。
因素比较法	是对评价因素进行量化打分的办法。	公平性和准确性。	实施复杂，周期长，所耗用的时间太多、费用太大。	职位分析等基础工作→挑选付酬因素→赋予点数→得分汇总→划分具体等级。

续前表

常用方法	概念	优点	缺点	主要程序或技术
要素计点法	指选择和定义一组通用性的评价指标并详细定义其中的等级，作为衡量一般职位的标准，以这种标准来衡量职位的相对价值。	更强的公平性和客观性。	更复杂，更耗时。	确定职位评价的范围→进行职位分析→选取报酬要素→确定指标等级→确定每个指标的权重→标杆职位试测→方案修正→方案推广。

下面分别介绍排序法、归类法和薪点法的过程和应用。

（一）排序法

排序法（ranking method）是指根据职位在组织中取得成就的相对价值以及贡献来对其进行排序的方法。通过这种顺序排列，我们可以清晰地比较出不同职位相对价值的大小。

排序法操作简单，容易让人接受。但如果只是简单地把多个职位按价值高低依次排列，那么这个过程中职位之间的区分度不易掌握。所以，实际工作中一般采用两种更容易操作的排序方法，即交替排序法和配对比较法。

（1）交替排序法。顾名思义，交替排序法就是按照职位相对价值大小交替进行排序。其操作程序是：先从多个职位中选出最有价值和最没有价值的职位，分别排在总体第一位和最后一位；然后，再从剩下的职位中选出最有价值和最没有价值的职位，排在总体第二位和倒数第二位；依此类推，进行排序，直到所有职位都排在序列当中。

（2）配对比较法。它是一种较为简单的互相比较的方法。它把所有需要评价的职位排列在一起，两两进行比较。最后按照出现频数的多少对其进行排序。例如，对不同职位进行的配对比较法如图 5—3 所示。

以上是两种常用的排序方法。这两种方法简单易行，但是排序法本身也存在局限性，主要表现在：

（1）排序法缺乏客观、具体和可量化的比较因素。无论是交替排序法还是配对比较法，都主要依靠评价人对职位整体价值和贡献的主观感觉进行排序，缺乏固定的排序标准，这就使得排序结果可能存在误差。

（2）排序法的应用范围受到限制。它只适用于规模较小、人员较少的组织或者部门，而在大型组织或者人员较多的部门，由于需要评价的职位众多，这种方法显然过于烦琐，缺乏信度。

（3）对评价者的要求比较高。评价者必须对所有职位都要有所了解才能作出相对价值判断。

针对排序法存在的以上问题，在使用这种方法时，我们建议：

（1）建立明确的职位说明书。一份好的职位说明书可以帮助我们全面认清职位，从而容易比较出不同职位对组织的重要性和贡献度。

	电工	机械工	焊接工	碾磨工	接待员
剪刀工	电工	剪刀工	焊接工	剪刀工	剪刀工
	电工	电工	焊接工	电工	电工
		机械工	焊接工	机械工	机械工
			焊接工	焊接工	焊接工
				碾磨工	碾磨工

职位名称	次数
剪刀工	3
电工	4
机械工	2
焊接工	5
碾磨工	1
接待员	0

→

最终结果
焊接工
电工
剪刀工
机械
碾磨工
接待员

图5—3　配对比较排序法

资料来源：George T. Milkovich，Jerry M. Newman，Barry A. Gerhart，*Compensation*，Eleventh Edition，McGraw-Hill，2013，p. 142.

（2）明确评价要素。例如，我们如果要以“对组织的贡献”来评价职位相对价值，那么就要向被评价者说明贡献具体包含哪些具体内容和评价标准，这样就使得评价有了客观的、可量化的依据。

（3）当按照不同的评价要素对职位进行多次评价时，可以按照每次的结果赋予职位相应的分数，然后把不同结果中每个职位的分数加总取平均值，最后按照平均分数为职位排序。这样的排序结果在一定程度上消除了按照单一比较因素引起的偏差，其结果更具客观性。

（二）归类法

归类法（classification method），就是按照一定的评价标准和要求把需要评价的所有职位并入几类。

我们或许有过这样的经历：上小学时，自己的学年鉴定上往往写着“优”、

"良"、"中"或"差"这样的评价，这四个等级是对学生综合素质的考查，其评价指标一般包括学习成绩、思想道德表现、课外活动参与次数等。综合考虑学生在这四个方面的表现，可以将其并入相应的等级。那些各个方面都表现出众的学生，往往会得到"优"。在这里我们讲的职位分类法，就是把所有职位分成几个大的等级，而每个等级的标准就是等级说明书规定的内容。

等级说明书是进行职位分类的前提，它规定每一个等级中的职位所要满足的具体标准和要求。这一过程中最关键的环节是要选择报酬要素。报酬要素通常涵盖了所有职位的共同特征。以美国的联邦分类体系为例，它的划分一般包括以下几个报酬要素：(1) 工作的复杂度和灵活度；(2) 接受和实施的监督；(3) 所需的判断力；(4) 要求的创造力；(5) 人际关系的特点和目的；(6) 责任；(7) 经验；(8) 要求的知识水平。① 通过对这些报酬要素的比较，联邦政府将其职位分成 18 个通用等级。一些等级定义如表 5—13 所示。

表 5—13　　联邦政府职位等级定义示例

等级	定　义
GS—1	包括那些只需照章办事、处于直接监督之下、只需很少或几乎无须独立判断的职位： (A) 办公室、商业、财务方面最简单的例行工作。 (B) 在专业、科研、技术等领域中几乎不具技术色彩的基础工作。
GS—2	包括具有以下特征的职位： (A) 在直接监督之下，从事需要有限的独立判断能力的工作，如办公室、业务、财务等例行工作，在专业、科研、技术等领域中需要在有限的范围内稍具技术特征的工作，要略做一些需经培训或需要经验的工作。 (B) 从事具有同等重要性、难度、责任以及要求相近资格的工作。
GS—3	包括具有以下特征的职位： (A) 在直接或全面监督之下，办公室、业务、财务方面有一定难度并要担负一定责任的工作或专业、科研、技术等领域类似的从属性技术工作，且符合以下任何一个条件： (1) 受过一定训练或具备一定经验； (2) 掌握了某种特定的专业知识； (3) 要根据既定的政策、程序或者技术进行一定的独立思考。 (B) 具有同等重要性、难度和责任，并有类似资格要求的职位。
GS—4	……

资料来源：加里·德斯勒：《人力资源管理》，6 版，422 页，北京，中国人民大学出版社，2001。

由表 5—13 中的例子可以看出，等级说明书的关键在于比较要素的选取。在选取要素、写等级说明书时，一般要注意以下两点：(1) 所选取的要素一般都是所要对比职位的通用因素；(2) 所选取的要素一般具有稳定性，通常不会随着外部因素的变化而轻易改变。

由此可以看出，与排序法相比，归类法有明确的等级说明书，其归类结果更具有客观性。而且评价者可以随时中断职位评价而不会影响评价结果，这就为评价过程创造了时间弹性。

① 参见加里·德斯勒：《人力资源管理》，6 版，422 页，北京，中国人民大学出版社，2001。

与此同时，这种评价方法也存在一些问题，具体表现在：（1）等级说明书的撰写一般比较麻烦，制定者需要全方位地衡量和考虑；（2）与排序法相似，这种方法的前提是对职位本身的了解，所以，一份明确的职位说明书往往很必要。通过职位说明书与等级说明书之间的对比，可以把职位更准确地分布到相应的等级上；同时，通过比较不同职位的等级说明书，可以使相同等级的职位保持更高的一致性。

（三）薪点法

薪点法（point method）又叫要素计点法，是通过计算出每个职位客观的点数值来比较不同职位价值大小的评价方法。与排序法和归类法相比，它是一种应用更为广泛、更为客观的量化方法。

薪点法包括三个主要特征：报酬要素的确定、可量化的等级划分以及每个要素的权数分布。在这里，报酬要素的确定是关键，它与企业战略、职位贡献及企业的核心竞争力密切相关。等级划分是把每个报酬要素具体量化为几个可以区分的等级指标。权数分布的根据报酬要素的重要性规定每个要素的百分比，并以点值的方式出现。

在用薪点法进行职位评价时，一般需要按以下几个步骤操作：（1）职位分析；（2）选取报酬要素；（3）报酬要素的等级划分；（4）报酬要素的权数分布；（5）计算职位点值。以下我们分别对这几个步骤进行较为详细的介绍。

1. 职位分析

职位分析是职位评价的起点，是衡量职位价值的依据，也是选取报酬要素的资料来源。它描述了职位的责任、环境、任职资格等相关内容，由此我们可以判断职位中包含哪些有价值的信息和要素。其具体操作过程前面已有介绍，这里不再赘述。

2. 选取报酬要素

报酬要素的选取是关键环节。报酬要素指的是在工作中受到组织重视、有助于追求组织战略并实现其目标的特征。[①] 报酬要素一般与以下因素相关。

（1）报酬要素与组织战略休戚相关。组织战略指明了组织发展的方向、未来的状况以及组织最终的实现目标，报酬要素就是战略目标实现的关键决定因素。报酬要素的选取直接与企业战略相关。例如，如果某企业采取的是低成本战略，那么成本控制无疑将成为我们所要关注的报酬要素；而如果企业的长远目标是建成一个现代化的、顾客导向的高科技企业，那么员工知识和交际能力以及顾客服务意识将成为企业重点考虑的因素；而一个以引领科技前沿作为使命的创新型企业无疑将把员工创造力纳入报酬因素之中。所以，报酬要素与企业战略密不可分。

（2）报酬要素与职位的任务、责任和任职资格紧密相连。报酬要素来源于工

---

① George T. Milkovich, Jerry M. Newman, Barry A. Gerhart, *Compensation*, Eleventh Edition, McGraw-Hill, 2013, p. 145.

作，并为工作服务。不同的职位对人员的胜任能力有不同的要求。例如，咨询服务业与研发部门的人员素质要求大相径庭。咨询公司的人员一般要具备良好的专业知识、解决问题的能力和较强的人际沟通能力。相对而言，一些研究性工作则对员工的人际技能没有太高的要求，取而代之的是认真的态度、谨慎的作风等。所以，不同职位要求的报酬要素是不同的。

制定报酬要素时不仅要考虑职位本身和组织战略，而且需要考虑一些其他因素。例如，我们要关注利益相关者的态度，以取得各方的支持，尤其是领导者的指导和员工的配合。

此外，报酬要素的个数不宜太多。有一项研究表明，使用 21 个报酬要素的评估结果与使用 7 个报酬要素的评估结果是一致的。当然，报酬要素也不能太少，否则就会缺乏说服力，使员工不易接受。现实工作中常用的报酬要素一般包括所需技能、努力程度、责任和工作条件等。

3. 报酬要素的等级划分

因为不同的职位对同一要素的要求标准是不一样的，所以每一个报酬要素都要划分为不同的等级。我们以美国国家金属贸易协会为“知识”这一要素制定的量表作为例子，看它是怎样为“知识”这一要素划分等级的（见表 5—14）。

表 5—14　美国金属贸易协会对“知识”的要素量表

知识	定义：执行某任务时所需的知识或相应的培训。
等级 1	所有整数的读、写、加、减；遵循一定的指标；使用固定的规格标准，直接阅读；无须给出解释。
等级 2	对数字（包括小数和分数）的加、减、乘、除；简单使用公式、图表、绘图、规格说明、进度表和路线图；使用可以调节的测量仪器；对报告、表格、记录以及可比数据的检查；需要一定的解释。
等级 3	数学与复杂图表的结合运用；使用多种类型的精密测量仪器；在一个特殊或专业化的领域有相当于 1～3 年的实践经验。
等级 4	高级贸易数学与复杂图表、绘图和手册上公式的结合运用；使用任何类型的精密测量仪器；在一个人们认可的行业内达到初级专业水平，或相当于受过两年技术院校教育的水平。
等级 5	……

在制定要素等级时需要注意，等级之间的差距应该是相同的，即等级 1 与等级 2 之间的差距与等级 3 和等级 4 之间的差距大致相同；同时，在定义报酬要素时，一般要使用容易理解的专业用语。

4. 报酬要素的权数分布

报酬要素的总权数是 100%，我们要把总权数分布于不同的报酬要素之间，并以点数的形式表示。例如，假设某职位共有“知识”、“技能”、“责任要求”和“工作条件”几个因素，那么就要把 100%的权重分布于这四个要素之中。我们可以根据需要把“知识”权数定为 20%、“技能”定为 35%、“责任要求”定为 40%、“工作条件”定为 15%，相对应的点数分别为 20，35，40 和 15。当然也可以根据组织和职位需要设定不同的权数值。

与报酬要素类似，权数的分布也与企业的战略、职位体系设置密切相关。例如，就知识要素而言，高科技企业里的权数会大于以顾客为导向的服务性企业；而就交际能力要素而言，技术职位的权数会低于管理职位的权数。

一般而言，权数的决定有一定的参考标杆，这个标杆就是市场上相应职位的要素权数分布。企业可以根据自身状况和发展需要制定大于或小于这个数的比重。权数也可以采用以前的经验值。

5. 计算职位点值

在确定了报酬要素和要素的权数以后，就可以确定要素的点值。计算点值可以采用不同的方法。一种比较传统的方法就是把等级与比重所代表的点值相乘，如图 5—4 所示。

	职位：书店经理 请选择一个岗位：V 管理性 □ 技术性						
报酬要素	程度 ×					权重 =	合计
	1	2	3	4	5		
技能：(40%)							
智力				V		20%	80
经验			V			20%	60
努力：(30%)							
身体方面		V				15%	30
精神方面				V		15%	60
责任：(20%)							
错误影响				V		10%	40
创造性			V			10%	30
工作条件：(10%)							
环境	V					5%	5
危险	V					5%	5

图 5—4 职位评价实例

资料来源：George T. Milkovich，Jerry M. Newman，*Compensation*，Eighth Edition，McGraw-Hill，2005，p. 135.

从图 5—4 可以看出，这种点数的计算是通过等级与比重所代表的权数相乘得到的，这是一种比较传统的做法。随着科学技术的发展，薪点法已经被制成了技术软件。在软件环境下只要输入相应的数据，就可以直接得到要素的点数。

当明确了职位的每个要素点数以后，把各个要素点数相加，就得到了职位的总点数。在确定了职位点数以后，下面的工作就是制定职位评价手册、修正并推广方案、建立职位价值序列。

以上介绍的是三种主要的工作评价方法，在这三种方法之外，还有其他一些方法，如要素比较法、IPE 法等，这里不做详细介绍。

5.4　职位薪酬的水平、结构与调整

完成了职位分析、职位评价这些基础性工作之后，接下来就可以进入确定薪酬水平、设置薪酬结构及安排薪酬调整方式的阶段。通过确定薪酬水平和设计薪酬结构来实现薪酬的外部竞争性和内部公平性，调整机制则有利于保证薪酬的灵活性和动态性，经过这三个方面的设计后，一个相对完整的职位薪酬方案也就基本形成了。本节将介绍这三个方面的设计要点。

5.4.1　薪酬水平的选择

薪酬水平通常是指企业支付给不同职位的平均薪酬水平。一个企业支付的薪酬水平的高低直接影响了企业在劳动力市场上对人员的吸引能力，从而影响了企业的外部竞争力。

市场经济条件下，不同企业支付给相同的工作或者技能的薪酬是不同的，不存在通行的薪酬水平。市场劳动力供求关系、产业环境、产品市场状况以及包括企业规模、企业经营战略等组织状态在内的诸多因素都会对企业的支付能力产生影响，进而影响实际薪酬水平的高低。

企业一般会根据薪酬调查（market surveys）获得的数据信息及市场薪酬线（market rate line，MRL）来描绘企业自身的薪酬政策线（pay policy line，PPL），选择自己的薪酬水平策略。① 通常，企业可选择的薪酬水平策略主要有四种：

（1）领先型策略。它常常以比市场平均薪酬水平高出 25％来界定。高成长企业、垄断性企业或极具竞争力的企业一般采用这种策略。

（2）跟随型策略。这是企业最常采用的策略，企业的薪酬水平与相关劳动力市场的平均薪酬水平相似。

（3）滞后型策略。企业的薪酬水平落后于相关劳动力市场的平均薪酬水平，它常常以市场平均薪酬水平的 75％来界定。采用这种薪酬策略的组织一般采用成本领先战略。

（4）混合型策略。所谓的混合型主要是指薪酬水平是浮动和权变的，它可以根据组织的战略、环境、文化、发展时期等因素进行调整。这一策略主要针对规模较大的企业，针对不同的人才、部门等采用不同的薪酬策略。混合型策略具有较强的针对性和灵活性，使企业能吸引和保留所需的优秀人才，也有利于组织对

① 有关薪酬调查的内容将在本书第 8 章进行系统介绍。

人工成本的控制。

这四种策略选择可通过 MRL 与 PPL 两条曲线的相对位置来体现，如图 5—5 所示。

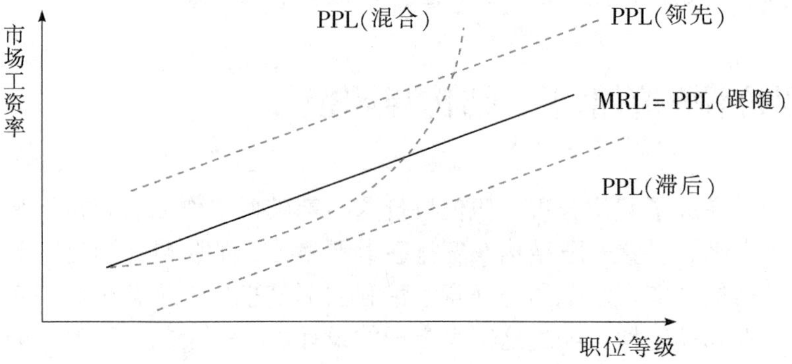

图 5—5　薪酬水平策略：MRL 与 PPL 的关系图

虽然薪酬水平设计主要有这四种类型，但是也应该看到，同一企业不同职位的薪酬水平也可有多种灵活的设计，对需要强化激励的核心职位可以采取领先型水平，对辅助性的职位可以采取跟随型或者滞后型水平。我国国有企业一段时期以来一直存在着一种不合理的现象：低端职位的薪酬水平是领先的，而一些中高级职位的薪酬水平却往往相对滞后。例如，某公司司机的年薪竟高达 10 万元，甚至高于某些中层管理者的收入水平。这种薪酬策略显然有失内部公平性和外部竞争性。

5.4.2　职位薪酬的结构

薪酬结构（pay structure），是指在同一组织内部不同职位（或不同技能）薪酬水平的排列形式。它强调薪酬水平等级的数量，不同薪酬水平等级之间的差距（即级差），以及决定薪酬级差的标准。薪酬结构包括内部薪酬结构与外部薪酬结构。内部薪酬结构从职位分析、职位说明书、职位评价等方面考虑，关注一致性的问题；外部薪酬结构从市场界定、市场调查、政策线等方面考虑，关注竞争力的问题。这里我们主要关注内部薪酬结构。外部薪酬结构将在薪酬调查中讨论。

基于职位的企业薪酬结构设计应包括以下三个基本方面：一是划分薪酬等级（pay grade），即回答“设定多少个薪酬等级”的问题；二是确定每一个薪酬等级内部的薪酬浮动范围（pay range），即回答“每个薪酬等级幅度多大”的问题，最高值、中间值以及最低值是三个关键的数值；三是确定相邻两个薪酬等级之间的交叉与重叠关系（overlap）（见图 5—6）。

（一）划分薪酬等级

划分薪酬等级的依据是通过职位评价所得到的职位的价值等级（如果使用要素计点法完成职位评价的话，则一般用点数来表示职位的价值等级）。把薪酬点数基本相同的不同职位归纳在一起形成一个等级，因此，每一个薪等应包括价值（点数）相同或相当的若干个职位。企业规模不同，薪酬等级的数量也不相同，

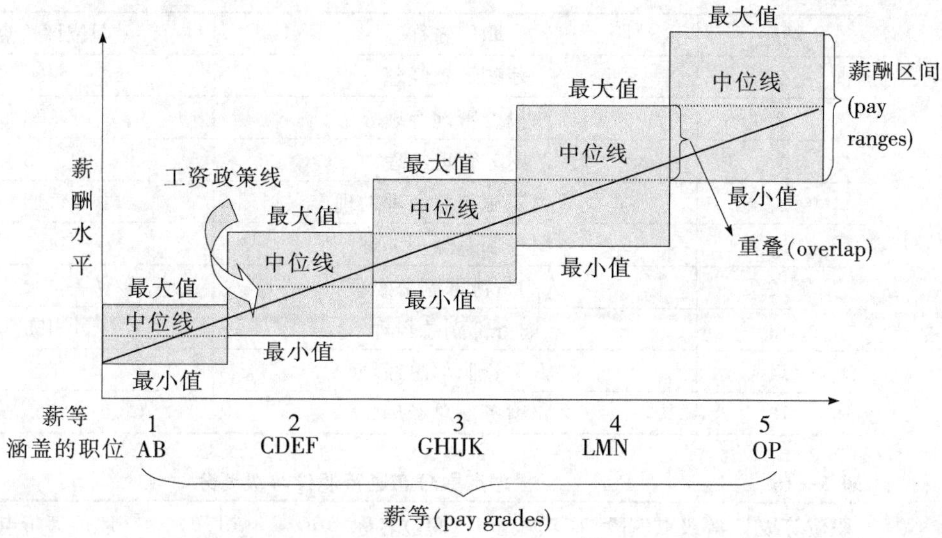

图 5—6　职位薪酬的结构

大企业的薪酬等级数量比小企业的要多，如华信惠悦的全球职等系统（global grading system）以全球 500 强企业规模数据为基础，得出了最高为 25 等的职位等级。一般来说，企业的薪酬等级平均在 10～15 个之间。而采用所谓“宽幅化”（broad banding）的结构设计时，薪酬等级一般在 5 个左右。

确定薪酬等级的数目时，主要考虑薪酬管理上的便利和各种工作之间价值差异的大小。在组织价值最大的工作和价值最小的工作的职位评价点值差异既定的情况下，一方面，如果建立职位等级的点值范围太大，即薪酬等级数量较少，那些在工作任务、责任和工作环境等要素上差别很大的员工因被划到同一级别而获得相同的薪酬，那么就会损害薪酬的内部公平性；另一方面，薪酬等级的划分还必须充分考虑组织内部的管理层级因素，组织内同一管理层级的职位最好能够划分到同一职位等级中，这样既可以体现相同的管理层级对组织价值创造的同一性，又使得薪酬管理更加便利。

下面我们以某企业划分的薪酬等级为例进行说明（见表 5—15 和表 5—16）。

表 5—15　　根据职位评价点数对职位进行的排序

顺序	职位名称	职位评价点数
1	秘书	160
2	信息与统计项目经理	210
3	出纳项目经理	235
4	薪酬绩效项目经理	255
5	投资管理高级项目经理	270
6	外事服务高级项目主管	300

续前表

顺序	职位名称	职位评价点数
7	薪酬绩效经理	360
8	投资管理经理	370
9	财务管理经理	375
10	人力资源部总经理助理	415
11	财务部总经理助理	425
12	人力资源部副总经理	480
13	财务部副总经理	485
14	人力资源部总经理	545
15	财务部总经理	555

表5—16　　根据点数分布进行职位等级划分

职位等级	等级点值段	职位名称	职位评价点数
2	140～199	秘书	160
3	200～259	信息与统计项目经理	210
		出纳项目经理	235
		薪酬绩效项目经理	255
4	260～319	投资管理高级项目经理	270
		外事服务高级项目主管	300
5	320～379	薪酬绩效经理	360
		投资管理经理	370
		财务管理经理	375
6	380～439	人力资源部总经理助理	415
		财务部总经理助理	425
7	440～499	人力资源部副总经理	480
		财务部副总经理	485
8	500～559	人力资源部总经理	545
		财务部总经理	555

（二）确定薪等的薪酬区间

薪酬区间，也就是薪等的幅度（往往也称为“薪级”），是指每一个薪酬等级内最低薪酬到最高薪酬的变动幅度，它是组织中处于相同职位等级内的不同员工获得的不同薪酬的范围。我们知道，同一薪酬等级内的工作具有相同的薪酬标准，但是在相同职位上工作的员工对组织贡献和价值的大小，除了受职位本身价值的影响外，员工个人的能力、经验、努力程度、绩效水平等因素也对其有影响。因此，在建立了薪酬等级之后，我们还应该为每个薪酬等级设计一个合理的薪酬区间，这个薪酬区间反映了企业针对某一特定职位，愿意支付给不同绩效或经验的员工的薪酬的合理差距。

确定薪酬浮动范围首先要确定薪酬区间的中间值。中间值通常是依据前面已经确定的每个职位等级的市场薪酬水平来确定。这个市场薪酬水平是由薪酬政策线得出的，薪酬政策线穿过的每一职位等级上的这个点，就是该等级薪酬浮动幅度的中间值，薪酬区间的中间值反映了员工经过实践经验的积累或培训后完全胜任职位时可得到的薪酬水平。图 5—7 中，该企业共有 15 个薪等，曲线代表所有职位的中位值。随着薪等的增加，每一薪等的区间逐渐加大。

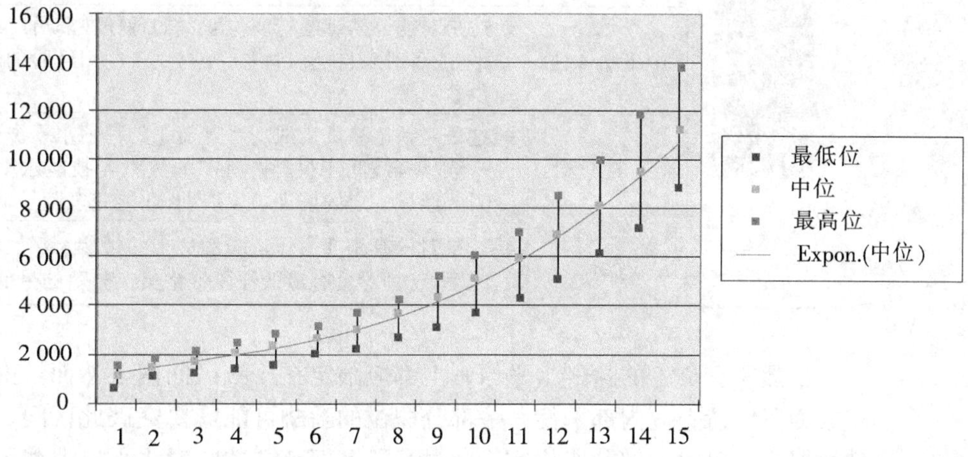

图 5—7　职位薪酬的薪等幅度

薪酬区间中间值确定以后，接下来就要确定区间的最高值和最低值。最高值和最低值代表了企业愿意支付给该职位等级的最高薪酬和最低薪酬。在设计薪酬浮动范围时，我们一般不直接确定薪酬的最高值和最低值，而是先确定等级的薪酬浮动幅度（即带宽），再根据中间值和浮动幅度确定薪等的最高薪酬和最低薪酬。带宽表示某个职位等级薪酬区间的最高值与最低值之间相差的比率，组织中不同职位等级的薪酬区间的带宽是不同的。一般来说，在一个组织内，职位价值越小，其对应的薪酬区间的带宽就越小；职位价值越大，其对应的薪酬区间的带宽就越大。另外，高等级的职位由于责任、能力、贡献的要求更高而晋升的空间更小，所以，高等级职位薪等的浮动幅度会更大，带宽也更大。当然，带宽与企业文化也相关：鼓励拉开收入差距的企业文化，企业的薪等浮动幅度就会设置得较大；平均主义倾向比较强的企业文化，其薪酬区间的幅度就会较小。

此外，在实务操作中，人们还经常对薪酬区间进行更加细致的划分，将区间内不同的薪酬水平与任职者的个人特征相联系，得到一些经验性的指导原则，我们将其总结为表 5—17。

表 5—17　　薪酬区间与任职者特征匹配的经验性原则

一个薪酬区间	区间内的分区	各分区水平与任职者特征的对应
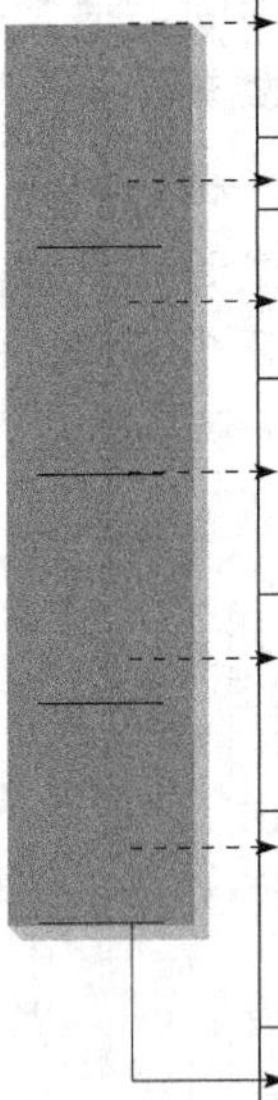	上限	● 这是在一个薪酬区间内员工可获得的最高薪酬水平，此类员工应是企业内部与业内具有最高绩效水平的员工，仅有极少数员工可获得。
	上 1/4 区	● 这是对一贯实现卓越绩效水平的员工的付薪水平。
	中上 1/4 区	● 这是对长期任职，且一贯实现卓越与优秀绩效水平的员工的付薪水平。
	中间值	● 这是对现任在职员工通过相当长一段时间的实践经验积累，完全胜任职位时的付薪水平。新员工起薪若高于中间值，则需特别说明。
	中下 1/4 区	● 这是对能够熟练履行职位职责的现任在职员工的付薪水平，或者对来自类似背景、具有直接适用经验的新员工的付薪水平。
	下 1/4 区	● 这是对新招募员工或新晋升员工的付薪水平。这些员工一般具有最低任职资格所需的教育与技能水平，但通常需要经过一定的培训与发展期，才能完全胜任新职位。
	下限	● 这是对没有相关工作经验的员工的付薪水平。在一般情况下，这是对具有最低任职资格员工付薪的最低水平。

虽然所有员工的薪酬水平原则上都应限定在薪酬区间内，然而，由于市场突变或为了维持企业内部平衡，一部分职位的薪酬可能需要突破此区间。在这种特殊情况下，可对一部分职位实行超过薪酬区间范围的临时水平，那些因特殊需要而设定在薪酬区间上限之上的职位通常称为“红圈职位”，用于认可那些的确需要高出上限的薪酬水平但无法获得职位晋升的任职者；相应地，设定在薪酬区间下限之下的职位通常叫做“绿圈职位”，它的功能正好与“红圈职位”相反，往往强调职位等级（而非薪酬水平）给任职者带来的激励效用。

（三）确定相邻薪等间的交叉

从理论上讲，组织中相邻薪酬等级之间的薪酬区间既可以设计成有交叉重叠的，也可以设计成没有交叉重叠的。然而，在实践中，大多数企业倾向于将薪酬结构设计成有交叉重叠的。相邻薪等之间存在适当的交叉重叠有着重要的功用，主要在于：职位等级越高，职位的数量越少，人们基于职位的晋升空间也越有限，时间也越长；相应地，基于职位等级晋升来提升薪酬的机会也就越小，时限也就越长，这显然会对薪酬的激励效果产生负面影响。这时，如果存在相邻薪等的交叉，那么在低薪等上的员工也有了获得相邻高薪等上较高水平薪酬的余地和机会，特别是在因得不到职位晋升而需要给予较高薪酬激励的情况下，交叉就提供了有效的空间。但是对于具体的薪酬结构中应设计多大的交叉程度，往往没有通用的标准，主要取决于企业的具体实际情况。同时，交叉程度的大小也反映了企业的管理倾向：交叉程度越小，表示企业越鼓励低职位等级的员工通过职位的晋升来获取更高的薪酬，从而引导员工去寻求并接受提升机会或接受所需的必要培训；相反，交叉程度大，表示企业不鼓励员工致力于职位的晋升，并控制员工晋升的速度。

5.4.3　职位薪酬的调整

薪酬管理是一个动态管理的过程，为了使相对静态的薪酬体系能适应组织外部环境和内部成长性的变化，需要对薪酬进行适度、适时的调整。因此，员工所获得的职位薪酬并不是一成不变的。职位薪酬的调整主要分为两个层次：一是企业整体性的调整，这是指按照统一的政策，针对企业内部所有员工进行的基本薪酬的调整；二是员工个体性的调整，即针对员工个体成长或绩效表现进行的基本薪酬的调整。

在进行企业整体性的薪酬调整时，往往关注当前职位薪酬的中间值能否客观反映各职位的市场薪酬水平，并对薪酬区间定期作制度性的调整。通常在每年年初（如每年的 1 月），人力资源部门基于相关市场数据的调查结果，同时考虑组织的盈利或费用预算情况，提出薪酬区间的调整建议，一旦该薪酬区间调整生效，通常保持一年不变。

在针对员工个体时，主要是将职位薪酬与员工在该职位上的绩效联系起来进行薪酬调整，即日常的考核调薪或年度的绩效调薪。[①] 绩效调薪一般遵循以下三个原则：第一，根据员工的绩效水平，处于薪酬区间不同位置的员工获得不同的绩效调薪幅度；第二，在薪酬区间处于相同位置的员工，绩效水平卓越的员工应获得最高的加薪幅度；第三，绩效水平为有待改进的员工将不能获得加薪，绩效水平为不及格的员工将被减薪。

此外，调薪一般不可使员工的薪酬超过上限，如果由于降职而导致员工的薪酬高于上限，通常需将薪酬水平降至薪酬区间的上限。处于上 1/4 区与上限的员工若期望得到更大的薪酬增长空间，应鼓励其寻求晋升机会。

5.5　职位薪酬与管理挑战

职位薪酬虽然是目前各类组织，特别是企业组织的主要薪酬制度，但是随着知识经济的兴起，以及企业的快速变化与发展，职位薪酬制度在现实管理中遇到了一些挑战。

（一）职位的内涵发生了变化

职位内容本身的确定性和稳定性是职位分析的前提。随着知识投入要素的增长，在现代组织中，职位本身从确定性向不确定性转变，工作从重复性向创新性转变，职位的变异程度加大，越来越多的职位具有更多不确定的性质，职位说明

---

① 有关绩效加薪及绩效薪酬的内容将在本书第 7 章进行系统介绍。

书中可以加以规范和标准化的内容越来越少。

另一方面，职位的界定变得更为困难。传统的职位分析强调对职位职责进行明确界定，通过职位之间的职责、权限的边界来提供管理的规范化基础。但是，随着知识型工作的增多，企业越来越允许甚至鼓励职位之间的职责与权限的重叠，以打破组织内部的本位主义与局限思考，激发员工的创新能力与意识。在边界模糊的条件下，何种工作内容应纳入职位说明书中，将成为更难以确定的问题。

团队工作、项目工作已成为组织解决相关问题的基本活动。知识型员工对组织所作出的贡献不再仅仅取决于个人直接的工作成果，还依赖于团队的整体业绩表现。团队中不再大量存在固定的、稳定的职位，传统的职位内涵已逐步发生了变化。

如何应对这种职位管理的困境？有效的解决之道在于：基于战略实现开展职位分析；建立职位分析体系；建立基于流程的职位分析方法；强调职位说明书的动态管理。

（二）职位评价应以职位内容为基础，还是以职位价值为基础

基于职位内容的职位评价是指从职位所要求的技能、职责和责任、工作条件等方面确定职位的价值；而基于职位价值的职位评价是指通过衡量职位在组织运行中的作用，即职位对组织目标实现的相对贡献来确定职位的价值。职位评价是以职位内容为基础，还是以职位价值为基础？对此存在不同的看法。基于职位内容的职位评价更多地强调职位的内在构成要素（职责、技能、能力等）价值，是独立于外部市场的。基于职位价值的职位评价则更多地着眼于职位对企业战略实现的相对价值贡献，是该职位在外部市场上的价值体现。有学者认为，职位内容的价值是以它在外部市场上所能获得的价值为基础的，它没有固有的价值。① 而海氏公司的方案与此相反，认为职位评价是根据职位本身的内容来确定它们的相对价值，与市场毫无联系。②

（三）职位评价在一定程度上阻碍了竞争优势的发展

通过职位评价，每个职位根据价值评估分数的高低被归入不同的等级，这样企业就为职位建立起了一个结构严密的“职位金字塔”。每个职位都有详细的职位说明书，每个员工据此知道自己应对什么负责，但另一方面也就知道了自己无须对什么负责。这就使得员工缺乏灵活性和主动性。这种森严的等级结构将员工固定在一个个具体的职位上，员工很难有机会从事其他职位的工作，除非其职位发生变动。这就必然阻碍了员工技能的提高，不利于员工职业发展，进而在一定程度上阻碍了企业竞争优势的发展。

---

① Donald P. Schwab, Job Evaluation and Pay Setting: Concepts and Practices, in *Comparable Worth: Issues and Alternatives*, ed. E. Robert Livernash (Washington, DC: Equal Employment Advisory Council 1980), pp. 49 - 77.

② Alvin O. Bellak, Comparable Worth: A Practitioner's View, in *Comparable Worth: Issue for the 80's*, Vol. 1 (Washington, DC: U. S. Civil Rights Commission, 1985).

（四）职位说明书是否会被胜任力模型取代

人力资源管理的核心是要解决职位与人之间的动态匹配关系问题。为了解决这一问题，形成了基于职位的人力资源管理与基于胜任力的人力资源管理两套思路。

基于胜任力的人力资源管理越来越受到理论界及实践界的关注。然而，根据目前胜任力模型的研究成果，职位分析在目前和未来相当长的一段时期内，还不会被胜任力模型替代。

从根本上讲，胜任力模型是一种完善人力资源管理的方法，它与职位分析并不是互相取代的，两者是相互补充的关系，职位分析是人力资源管理的基础，胜任力模型是人力资源管理的深入，二者的根本目的都是为了给职位找到最适合的人，让任职者更好地与职位相匹配，提高人力资源开发管理的效率。虽然工作方式已发生了相当大的变化，但工作作为一种组织和概括任务、责任的方法并没有消失，而且也不会消失。

□ 本章小结

职位薪酬是目前世界上大部分企业组织使用的一种技术相当成熟的薪酬管理制度，其最重要的基本特征即是以职位的（相对）价值作为薪酬支付的基础和依据，而非任职者自身的能力水平和已经实现的绩效成果。为了使职位与薪酬有机地联系起来，一系列设计活动成为了构建职位薪酬体系的必需环节，包括职位分析、职位评价、薪酬水平策略选择、薪酬结构确定以及薪酬调整方式建设等关键步骤。其中，职位分析是对职位的相关信息进行全面、准确的分析与描述，并形成规范化的职位说明书，为职位评价提供有关职位的信息基础。职位评价的主要目的则在于通过合理评估得出职位在组织内部的相对价值，划分出职位的“三六九等”，得到职位体系的价值分布等级。经过以上两个步骤，便在组织内部完成了对职位价值的结构化设定，接下来就需要进一步为这些内部设定的价值找到外部的价格参照标准，以保证职位价值在劳动力市场上的可比性和竞争力，这便是薪酬调查所要完成的任务。薪酬调查得出的市场工资率曲线可以作为组织薪酬政策曲线的参照基准，组织可根据自身实际和需要，选择领先、跟随、滞后及混合型薪酬水平策略。此时，将职位价值等级与薪酬市场价格进行对应，便可进行薪酬结构的整体设计。本章主要强调了薪酬结构中有关薪等、薪酬区间和交叉重叠三个关键方面的设计原则，并介绍了薪酬调整的基本方式。

本章除了对以上有关职位薪酬设计的基本原则与方法进行系统介绍外，还特别在开篇强调了职位管理、职位薪酬对于中国人力资源管理和薪酬管理实践的重要意义，并在结尾部分对职位分析、职位薪酬在当今薪酬方式日趋多样化的背景下所面临的一些挑战进行了探讨。总之，结合中国的实际，我们认为：中国的现代企业不仅不能抛弃职位说明书，而且更要认真做好职位分析这一基础性工作，为人力资源管理的规范化提供支持。事实上，中国大多数组织，包括政府机关、国有企业、民营企业、非营利组织等，即便在传统职位分析的使用上，也还做得远远不够。逐步完善职位体系建设、夯实职位管理基础、规范推行职位薪酬体系，是中国人力资源管理实践必须经历的过程。

□ 复习思考题

1. 职位薪酬设计的基本环节有哪些？
2. 职位分析的基础性功能是如何体现在人力资源管理中的？
3. 进行职位分析可采用哪些基本方法？它们的优缺点有哪些？
4. 什么是职位评价？其作用是什么？
5. 选择你感兴趣的一两种职位评价方法，比较一下它们的特点。
6. 薪酬水平策略包括哪几种基本形式？哪些因素会影响企业的薪酬水平选择？
7. 薪酬结构的设计要注意哪些关键点？其各自有哪些基本原则？
8. 职位薪酬面临的挑战主要有哪些？

附录1　以职位工资为主体：我国公立医疗机构工资制度的变革导向

我国公立医疗机构，特别是医生的工资问题，一直为人们所关注和讨论。一方面，很多民众舆论对“看病贵”、“医生开大处方追求创收指标”、“拿回扣”、“收红包”等不良现象进行了严厉的批评；另一方面，越来越多的业内和专业人士也纷纷指出，医生工资整体水平偏低、工资差距过小、工资支付基础和报酬要素不合理等问题所导致的激励缺位，也是促使医生职业化行为失准的重要原因。

2004年对全国东、中西部的省、市、县、乡共682所各级各类医院进行了一项调查，调查数据（与国外相应数据对比）见表5—18。

表5—18

专业		外科医生	妇产科医生	麻醉医师	内科主治医生	儿科主治医生	精神病科医生	家庭医生	牙医
水平的比值与社会平均收入	中国	2.69	2.97	2.64	2.53	2.31	1.60	1.02	2.52
	美国	4.03	3.92	3.87	3.73	3.43	3.34	3.26	3.24

资料来源：《中国医院管理》，专题研究，2006（1），19页。

综合以上各专业的值我们可以发现，中国公立医疗机构医生的工资水平与社会平均收入的比值比美国的该值平均低了近40%。再看看一位医生网友的网上留言①：

网易网友［202.204.176.＊］说（2006－01－12，16：09：37）：

我在某省级医院工作，是医学硕士，我光学医就学了5年＋3年，工作

① 参见网易健康频道《医生：报酬不到位哪有积极性?》等文章及相关评论。引用时对一些文字表述作了修正。http：//health.163.com/06/0117/10/27LNSUFR00181AAR.html。

了4年，中级职称。我每月工资1 500元左右，奖金1 500元左右，一年能有一次达到2 000元。这就是我的劳动价值？我要值夜班，每个周末都要花至少半天去查房，春节还要值班，有时晚上7点才能回家，这就是我的劳动价值？还有一个问题，就是后勤和行政部门都拿平均奖，他们的平均奖每月都在1 500元以上，可以说没有几个医生拿的奖金能比财务科、木匠的多。这就是我的劳动价值？……

相信这位网友的发言和质问能够代表公立医疗机构大多数医生对自身工资的看法。不仅与外部比水平低，在我国公立医疗机构内部，不同类型人员之间的工资水平差异也很小①，这种平均化倾向无疑削弱了工资的内部公平性和可比性，让医生们觉得激励不足。当然，工资的激励水平不足不应该成为医生的职业道德和职位行为失准的借口。但聚焦当前医生工资制度的弊端，结合医生的职业与工作特点，科学地改革和完善医生的激励机制和工资制度，无疑也是医疗系统改革中的一个重要方面，并会促进其他相关问题的解决和改善。人们也一直在进行这方面的实践。

自1993年国家第三次工资改革以来，我国公立医疗机构大多实行以专业技术等级（或职务等级）工资制为主的工资制度，这一制度至今已沿用了10余年。越来越多的人发现，这种基于身份、职务等级（套用国家机关的行政级别）、职称、工龄等资历条件的工资制度，造成了医生工资与其工作本身严重脱节的问题。职称晋升和行政等级提升，成为医生提高工资的基础依据。在这样的导向下，很多医务人员要么把精力放在论文写作上（职称是与学术成果相联系的），要么放在为人处世上（行政级别的提升需要有好的群众基础和领导赏识）；前者滋生了各种学术腐败，后者则往往造成医疗专业能力的断档和不足，而两者都造成了医生对实际的、具体的本职工作的忽视，给医疗机构的健康发展带来了较大的负面影响。

针对“忽视本职工作”的弊端，医疗机构在逐步强化自身独立经营实体的定位的同时，也对医生的工资制度进行了探索性的改革，力图激发医生对工作本身的热情。但是这次改革的普遍做法是将医生的工资与其工作量、工作创收等指标直接联系起来，实质上是一种基于绩效结果（完成的工作量与创收额度）的工资制度。在这一制度下，“激发工作热情”的本意逐渐畸变为“追求利益业绩”的导向，从而出现了诸如“一手拿手术刀、一手拿红包”、“一边见死不救、一边要回扣”等严重的失范行为；同时，一味追求工作量，也容易造成工作质量的下降（医生的正确诊断需要以与病人的充分沟通为基础）。可见，“创收工资”相对于以前的“身份工资”而言，拉近了医生的工资与其具体工作的联系，但遗憾的是，这种联系导致了工作的创收结果，却并没有切实地与职位本身的特征和内容联系起来。

① 2004年对全国东、中西部的省、市、县、乡共463所各级各类公立医院进行的一项调查表明，人员类型（医疗/行政/医技/护理/后勤）对医疗机构职工的工资水平没有显著影响。参见《中国医院管理》，专题研究，2006（1），20页。

事实上，医生这一职业及其工作性质具有相当的特殊性。比如，工作岗位对任职者的专业知识和技能水平要求很高，医生往往需要接受较长时间的专业高等教育，这种需要高人力资本投资的岗位自然具有相对较高的价值；医生必须持续地保持专注状态，以对各种不同的病症进行正确的把握和诊治，因此其工作的紧张度高、工作压力大；医生的工作还具有高风险的特性，其工作的接触对象都是疾病患者（包括大量的传染病患者）或病菌、病毒，这些都会给医生自身带来很大的健康风险，甚至生命风险（如面对SARS、禽流感等高危传染病时，医务人员的工作风险是相当大的）……这些岗位本身的因素才是能够更加科学、有效地体现医生工作“含金量”的成分，因此，这些岗位要素应该成为医生工资最主要、最直接的报酬要素——强调工资体系的岗位基础、建立以岗位工资为主体的工资制度，作为公立医疗机构工资改革的重要方向和方式，已经成为当前呼声最高的解决方案。它既可以改革“身份工资”对人不对事的根本弊端，也可以突破“创收工资”只关注工作量和岗位营收的狭隘与功利，而真正以岗位本身的特征和工作内容来实现以岗定薪，驱动人们立足本岗，切实做好本职工作。

相应地，有关岗位体系设计、岗位说明书编制和岗位工资设计的一系列技术方法（如要素计点法等岗位评估方法）也将得到应用。其中，完备、有机地选择符合医生岗位特点的报酬要素，科学、有效地进行岗位价值等级评定，是两个核心的技术环节，前者将工资与具体的岗位要素密切相连，后者为工资等级（差异）的设定提供岗位等级分布作为基础。而且，基于岗位体系提供的规范基础，岗位工资（作为工资成分中的主体）还可以和其他性质的工资成分（如基于知识的工资、基于绩效的工资等）结合应用。

此外，在医疗机构薪酬设计的这些方面，美英等发达国家也有了一系列相对成熟的方法系统。在充分结合中国公立医疗机构特点的前提下，我们也可以对其有所借鉴和学习。如美国卫生人员的岗位工资体系包含10个报酬要素：知识（knowledge）、工作中受到的监督（supervision received）、工作的指导方针（guidelines）、工作的复杂程度（complexity）、工作的范围及其影响（scope and effect）、工作中的人际联系（personal contacts）、工作联系的目的（purpose of contact）、体力要求（physical demands）、工作环境（work environment）和监督职责（supervisory duties）。其中的每一个要素都被划分为若干等级并被赋予点值，以此作为岗位相对价值评价的要素尺度，将卫生人员的岗位划分为15等，每一等对应一段点数范围。[①] 而且我们还可以发现，美国的这套针对卫生人员的岗位评价系统，在保持岗位要素为主体的基础上，还将任职者所应具备的知识（技能）要素嵌套其中，以体现工作岗位对卫生医务人员专业知识与业务能力的要求。

总之，从关注“身份”到激励“创收”，再到强调“岗位”，我国公立医疗机构的工资制度改革正在持续推进。我们相信，以岗位工资为主体的工资制度，必将成为中国公立医疗机构工资制度的主角。

---

① 参见《中国医院管理》，专题研究，2006（1），30页。

附录 2 海氏三要素评估法

海氏三要素评估法由美国工资设计专家海（Hay）于 1951 年开发，实际上是一种评分法，是目前国际上使用最广泛的一种岗位评估方法。据统计，世界 500 强企业中有 1/3 以上的企业在进行职位评估时都采用了海氏三要素评估法。海氏三要素是指：任职诀窍（know-how）、问题解决（problem-solving）、责任性（accountability）。

1. 任职诀窍

任职诀窍，是工作中所获得的、完成工作所必需的各种技能的总称，由三个必需的维度构成：实际的程序、特殊的技术和科学的训练，综合并调和了各种技能。它涉及运营、支持和行政管理领域的各种管理情形，包括组织、计划、执行、控制和考评等领域；行动、实践、在人际关系方面面对面交流的技巧。对任职诀窍的测量一般从广度（多样性）和深度（彻底性）两个维度进行。

2. 问题解决

问题解决是针对工作所要求的分析、评价、创造推理、总结等所进行的原始的、能动的思考。就思考标准所限制的程度及先例等所覆盖的程度来看，问题解决被缩小了，相应的重点放在了诀窍上。测量问题解决有两个维度：需解决问题的思考环境和需解决问题对思考所提出的挑战。在操作中，问题解决要素作为任职诀窍要素的一个百分比乘数来使用。

3. 责任性

责任性是对行动及结果的责任，有三个维度：(1) 行动自由度，个人或程序控制的程度以及在工作中所需要的指导程度；(2) 工作对结果的影响；(3) 数量级，对工作的重要性。

海氏评估法还涉及每个因素的评估标准和程序，以及评估结果的处理和形成一个公司职位等级体系的方法。

附录 3 IPE 职位评估系统

IPE（international position evaluation），是由美世人力资源咨询公司开发的国际职位评估系统。该系统已经开发出了第三版，共有 4 个因素、10 个维度、104 个级别，总分 1 225 分。评估的结果可以分成 48 个级别。

这套职位评估系统共有 4 个因素，分别是：影响（impact）、沟通（communication）、创新（innovation）和知识（knowledge）。

IPE 不仅可以比较全球不同行业、不同规模的企业，还适用于大型集团企业中各个分（子）公司的职位比较。

附录 4 全球职位等级系统

全球职位等级系统（GGS）是华信惠悦公司专有的职位评估软件工具，该系统共分为 25 个等级架构，通过了解企业业务及规模确定企业整体最高职位等级，通过回答详细的问题进行职等归类；而后详细分析各职位的专业知识、业务专长、团队领导、影响性质、影响领域、人际关系技巧等多方面因素，进行全方位平衡比较，以电脑软件的形式实现评估。GGS可与华信惠悦全球薪酬数据库快速链接，标杆亚洲、欧洲、中东、非洲、北美及南美等地企业的职等架构；同时，结合当地的人才市场行情，设计出一套符合公司需求且具有市场竞争力的薪酬制度。

第 6 章　能力与薪酬

在当前的劳动力市场，具备高技能、高学历的工人工资在持续上升，那些技能和学历水平较低的工人的实际工资则有所下降。

——海克曼：《提升人力资本投资的政策》

米尔科维奇教授在其编著的《薪酬》教材的第一章给我们提供了一个令人印象深刻的有关著名的音乐剧《猫》演员角色付酬的案例。① 该剧是英国的音乐剧作家安德鲁·劳埃德·韦伯的作品，在全球巡演都获得了极高的评价。该剧的排演对演员的要求很高；当然，一旦入选，演员们获得的报酬也是非常有激励性的。

该剧的演员有两类：一类是正式演员，他们必须参加每周定量的排练和演出。比如在百老汇每周必须演出 20 场，从而每周获得 2 000 美元的报酬。另一类是替身演员，他们是正式演员的替补，每场演出都在后台静坐待命。这类演员并不一定上台表演，但是，他们却被要求学会该剧中五个不同角色的表演，一旦某位正式演员因受伤不能演出，他们就换上该角色的装束登台救场。在报酬上，他们每周无论是否登台演出 20 场，都可以得到 2 500 美元。他们是因为能够表演五个不同的角色而得到这笔薪水，与他们是否登台表演无关。

为什么会这样？看起来替身演员似乎能够更轻松地拿到更多的报酬。其实，能够扮演五种角色是一种很高的技能要求，剧组正是基于这种能力要求来为替身演员付酬的。这是一种典型的基于人本身（的能力）来支付薪酬的方式，这也正是本章要讨论的以人为中心的能力薪酬。

① George T. Milkovich，Jerry M. Newman，*Compensation*，Eighth Edition，McGraw-Hill，2005.

6.1 按能力付酬——以人为本的激励方式

6.1.1 按能力付酬的原因

能力薪酬的起源据称可以追溯到公元六世纪的罗马军队，当时苏黎世将军（General Sauris）根据骑兵队中每位武士所学的武艺表现来分配薪资、粮食和决定升迁（Feuer，1987；Ledford，1993）。[①] 也有学者认为，能力工资的最初形式，源于中世纪以来存在的学徒制（Barkman，2002）。一个学徒最初在工艺流程中掌握很少的技能或知识，当获得更多、更高层级的技能时，他便朝熟练工的身份迈进，工资随着其技能和资质的增加而增长。这样，每一名学徒不必非得等到已有的熟练工离开或让位后（此时，“熟练工”这个身份并不是一个只能承载有限个人的职位，而是对技能水平的一个资质认定），才能获得工资和地位的提高，只要他们努力学习技能，实现自身技能水平的提升，就能得到相应的回报。

在东方，中华民族的管理智慧从来都不落后，《贞观政要》一书中就明确地记载了唐太宗针对能工巧匠（专业技术人才），建立独立于官位序列的俸禄制度的管理思想。现代意义上的能力薪酬计划则产生于现代公司的管理实践，20 世纪 60 年代，美国宝洁公司生产工厂的直线经理们为了激励员工学习多项技能，以更好地掌握生产的各个环节，开发出了被认为是现代企业组织中最早的技能工资计划。

可见，从一般的历史性视角来看，按能力付酬并不是什么新鲜事物，但从现代管理学（人力资源管理）意义上来说，能力薪酬的产生、应用和发展有以下几个方面的原因：

首先，随着社会分工的发展，人类劳动的专业化与职业化程度越来越高，这种专业化要求一方面落实为不同的职位和职业设计，另一方面则落实为对人们专业化技能和职业化素质的要求。为了鼓励人们的专业化技能不断提高，为能力付酬就成为一种自然而然的选择（这时主要是鼓励技能的纵向提升）。

其次，由于同种职业人员的工作性质和内容基本上是相似的，当通过工作、职位来区分其激励差别变得困难时，基于能力确定报酬等级就成为一种必要的方式。比如，大学教师作为一种职业，其工作无非包括了教学、科研等一系列内容，这样写出来的工作说明书也几乎是相同的，基于这种相似性很高的职位因素去定薪酬，就很难区分不同教师之间的激励差别。因此，人们想出了以职业资格等级来确定基本工资水平的做法，基于能力差异将同一职业工作性质和内容相同的人员划分若干等级，比如助教、讲师、副教授、教授等，将工资水平与这些职称等级挂钩。这里的职业资格等级、职称等实际上是一种关于人本身的能力等级。

再次，在分工走向细化带来效率的同时，每个人的能力发展也受到了一定的束缚。一些生产性企业发现，其实流水线上的工人可以完成更多的工作，从而创

① 参见黄锦：《20 世纪 70 年代以来技能工资理论研究的回顾》，中国人民大学劳动人事学院硕士论文，2003。

造更高的效率；社会也越来越开始强调人的能力的复合性发展。这时，能力薪酬则成为激励人们横向扩展技能的方式①，前面提到的宝洁公司通过推行技能工资来激励工人掌握生产线上更多专业技能的做法便是一例。

特别是进入知识经济和知识社会以来，相对于体力来说，人的智能在工作中扮演了更加重要的角色。工作对人的心智水平要求的提高，突破了传统意义上基于一纸职位说明书"照章办事"的机械工作方式，组织需要促进人们通过更多的学习来灵活地完成工作；同时，工作内容的丰富化、工作关系的团队化和复杂化使得对职位进行分析和评价的难度更大。因此，对能力的关注和激励在理念上日趋流行，在技术上也越发必要。

最后，随着人们自我开发意识的增强，特别是知识性的专业工作者，他们再也不愿意成为仅仅按照说明书来运转的工作机器。强烈的自我实现动机使他们更关注自身能力的提升和发展，他们需要基于能力的激励。

总之，人的能力的深度和宽度对于提高工作效率本身具有直接意义，这种意义在工作内容日趋丰富化、工作要求日趋智能化的今天日益突出，再加上组织和个人进行能力开发的意愿逐步增强（作为一种关注能力提升的激励方式），能力薪酬作为对职位薪酬的一种突破，获得了相应的应用和发展，并受到越来越多的重视。

6.1.2　能力薪酬的本质特征与内涵

基于以上对能力薪酬的起源及其现代应用原因的追溯和说明，我们可以发现，相对于本书上一章所介绍的职位薪酬（position-based pay），能力薪酬最大的特征就在于它并不以职位的相对价值来评定任职者的报酬，而是以人本身所具有的知识、技能及素质水平作为薪酬支付的根本基础（person-based pay），即以人的能力要素作为薪酬支付的直接对象，而无须通过职位要素进行过渡和作为"中介"（Ledford & Lawler，1987；Musselwhite，1988；Fox，1989；Atlieson，1991；Schuster & Zingheim，1992；Bergel，1994）。图 6—1 说明了能力薪酬与其他薪酬方式的基本特征差别。

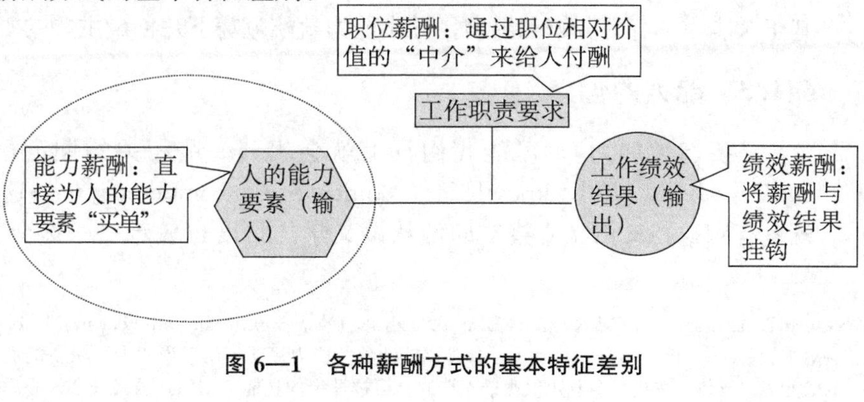

图 6—1　各种薪酬方式的基本特征差别

① 激励能力的纵向提高（即能力深度上的提高：在某项专业技能上不断提高，成为专家）和激励能力的横向扩展（即能力广度上的扩展：掌握更多技能，成为通才），是能力薪酬的激励功能最基本的两个方面。

可见，相对于职位薪酬“在其位、取其酬”的基本逻辑和绩效薪酬“干多少、得多少”的结果导向，能力薪酬的本质则是一种从人出发的、直接以人为中心和基点的薪酬方式。能力薪酬为员工提供的诱因主要就在于激励他们通过不断学习来提高任职技能和能力，而非鼓励他们去追求职位的提升；人们获得报酬的差异主要来自人本身能力水平的差异，而非职位等级的高下、职位价值的高低。正如米尔科维奇教授在《薪酬》一书中所说，支持以人为基础的薪酬体系的逻辑是：最终的薪酬结构应该更具有灵活性，而且能够促使人们不断地学习；报酬的差异是基于人们在与所开展工作相关的技能或能力方面的差别。[①] 其实，能力薪酬这种直接的特点背后蕴涵着这样的基本假设：为员工的能力开发买单，激励其提高能力，员工自然就会更好地完成工作职责，创造优良绩效。它关注对能力的输入进行把握和激励，并且相信“有好能力，就有好结果”。显然，相对于职位薪酬关注职位价值等级的死板和冰冷、绩效薪酬关注绩效结果变现的功利和苛刻，能力薪酬似乎蕴涵了更多的人性关怀，直指人自身能力的提高与发展，因而也被认为是一种充满了温情的、以人为本的激励方式。

基于“以人为中心”这个根本内涵，能力薪酬设计思路和具体方法不断得到发展和丰富，其适用对象也越来越宽泛。企业中的技术工人、技师、科技研发人员、专业管理者、职业经营者、专业化团队、咨询顾问；社会事业部门中的职业化人员或专家，如教师、医生、法官、律师、文艺工作者；政府部门中的职能官员、研究人员及专业公务人员，等等，都可以开发相应的能力薪酬计划。可以说，无论是企业还是事业单位，无论是专业技术人员还是职业管理者，无论其工作状态是以体力劳动为主还是以脑力劳动为主，只要我们需要对其能力发展与提升进行激励，就可以运用能力薪酬的基本设计思路和方法。

如果把能力薪酬的“关注能力”的内涵导向比做一个支点，基于它生成的设计思路、具体方法和具体工资计划等一系列薪酬激励方式就好比延伸而出的枝叶，其应用性的外延是非常丰富的。所以，我们通常所见到的能力薪酬计划，往往包含了技能工资（skill-based pay）、知识工资（knowledge-based pay）和胜任力工资（competency-based pay）等各种工资计划。这些工资计划对所需激励的能力进行了具体界定和把握，从而衍生出各自不同的适用对象及设计操作方法。以下我们就将基于对能力本身的分解和界定，导出能力薪酬范畴下几种最主要的工资计划。

6.1.3 能力的含义

一提起“能力”，可能我们马上就会想到一些相关的词汇，如 capability，ability，talent，skill，knowledge，competence，competency……这些能力的概念既各有侧重，又相互交错，即使从语义学的角度也较难一一区分。[②] 幸运的是，

---

① George T. Milkovich，Jerry M. Newman，Barry A. Gerhart，*Compensation*，Eleventh Edition，McGraw-Hill，2013，p. 169.

② 一般来说，capability，talent 及 ability 都是比较抽象的能力概念，用于说明人所具备的能力特征，且层次不尽相同；skill 则相对具体，多指由专业知识背景支撑的、可被评定的技能。比如，强调一个人心思敏捷的特征，这是 talent；体现出手指灵巧的特征，这是 capability；在操作上他很会打字，这是 ability；每分钟能打 100 个字，这是 skill。competence 和 competency（两者可作为同义词）也是指人所具备的特征、资质、素质和权能，但侧重于强调这些素质对某种职业或某项工作的胜任程度。

对于任何一个抽象的概念，只要我们能够在一个特定的范畴内去界定和理解，它便有了相对明确的边界和相对具体的内涵。

在传统的“掌握具体的技术的能力”的意义上，技能（skill）是一个比较容易界定的范畴。问题在于，在现代人力资源管理的范畴内，在国内引进了“胜任力”即“competency”的概念之后，我们应该如何定义“能力”。通常所说的“胜任力”首先要求与职位相关，是指在该职位上能够驱动绩效实现的一系列技能、知识、行为、品质等个人素质特征的总和。目前，人们几乎一致认为这个概念是由哈佛大学的心理学家戴维·麦克莱兰（David McClelland）于20世纪70年代初期首先引入并进行管理操作的①，此后人们便大多采用“competency（或competence)”来表示人的这种胜任能力。特别是在管理实务中，一些著名的管理咨询公司将胜任能力的概念逐步层次化、模型化和工具化。能力冰山模型是其中广受认同和应用的一个能力模型，如图6—2所示。

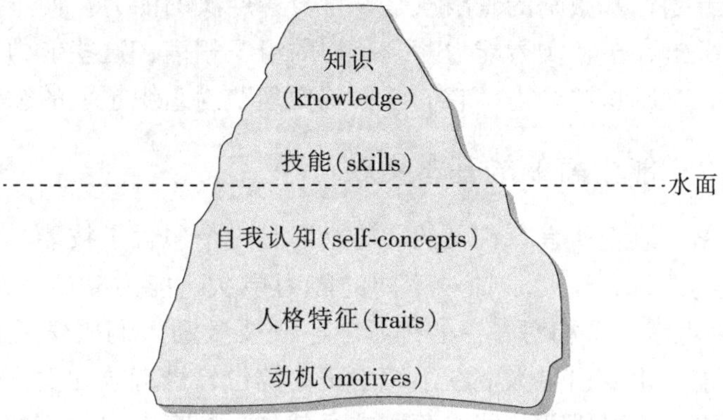

图6—2　冰山模型

在冰山模型中，人的能力是分层次的，包括“水面以上”显性的知识、技能和“水面以下”潜性的深层特质。其中，知识（knowledge）就是指一个人在特定领域中所掌握的信息。技能（skills）是指通过学习形成的某种可表现出来的专业行为活动，一般来说，通过反复的学习和训练，这种专业行为活动（即“技能”）的熟练程度会得到提高。自我认知（self-concepts）是指人自己形成的对自身的一个“内在定位”，是对自己的身份、态度、价值观等的一种自我假设。比如，当你在思考：组织中我自己到底要扮演一个怎样的角色（是做领导者、专家还是接受指挥的执行者），我应该以怎样的态度和原则来完成我的角色等这些问题时，你所得到的答案就是你的自我认知。人格特征（traits）即人在其行为过

① 20世纪60年代，美国国务院感到以智力因素为基础选拔外交官的效果不理想，许多表面上很优秀的人才，在实际工作中的表现却令人非常失望。在这种情况下，麦克莱兰博士应邀帮助美国国务院设计一种能够有效地预测实际工作业绩的人员选拔方法。在项目过程中，麦克莱兰博士应用了奠定胜任能力方法基础的一些关键性的理论和技术。其于1973年在《美国心理学家》杂志上发表的文章“Testing for Competency Rather Than Intelligence”（《测评胜任能力而非智力》）成为推进胜任能力在管理研究和实践中运用的标志。斯宾塞（Spencer，1993）的著作 *Competence at Work：Models for Superior Performance*（《工作中的胜任特征：绩效优异者的胜任特征模型》）也是这方面研究的代表之作。

程中所具备的某种相对稳定的特征，这种特征会驱动特定的行为方式，从而产生相应的行为结果。如果你在沟通时总是很喜欢向他人直接表达意见和想法，那么“坦诚”、“直率”也许就是你的一项特征。最底层的是你的深层动机（motives），它是促使你追求某种成就的内在动力。可见，冰山模型给出的其实也是一个广义的能力结构，包括了知识、技能及内在的个性特质。侧重于挖掘工作者内在特征与工作绩效关系的研究人员，在研究和构建“胜任力模型”（或“素质模型”）时，往往关注水面以下的部分；也有越来越多的咨询研究人员和实务工作者将“胜任力”的概念扩大化，将水面以上的“知识”和“技能”也都囊括其中。

总之，广义的“能力”是一个人的知识、技能及相关个性特质的总和，是一个有层次的结构，并且能够驱动人的行为，产生相应的绩效结果。相应地，我们所说的“能力薪酬”或“能力工资”也是一个广义的范畴，包含了针对技能、知识以及胜任力的各种激励计划。此外，特别需要明确的一点是，这些基于能力的薪酬计划，其激励的着眼点是人自身各层次的能力，而不是已经完成了的绩效结果。关键在于，实行能力薪酬计划的组织相信：这些能力会驱动人们产生相应的绩效，激励这些能力，它们就会“变现”为组织想要的绩效结果。

6.1.4 能力薪酬的基本构成

基于以上所言，广义的“能力”是一个包含了技能、知识和胜任力在内的有层次的结构，于是，针对不同的能力层次，能力薪酬（或称为广义的“能力工资”）也就有了相对宽泛的外延：它既要激励人们去学习可用的知识、提高可见的技能，也要引导人们在组织中正确定位、最有效地发挥个人特质、最有力地强化内在动机。因此，能力薪酬本身就是一个有层次的方案系统，包含了针对不同能力层次的各种相对具体的工资方案和方法。在各种研究和讨论能力薪酬的文献中，我们往往可以看到各种具体的能力工资计划（见表 6—1）。

表 6—1　　权威文献中对能力工资基本构成的划分

研究者	能力薪酬
G. T. 米尔科维奇和 J. M. 纽曼（G. T. Milkovich & J. M. Newman）	以人为基础的薪酬（person-based pay），主要包括技能工资（skill-based plan）和胜任力工资（competency-based plan）。
约瑟夫·J·马尔托奇奥（Joseph J. Martocchio）	以胜任力为基础的工资（competency-based pay），包括知识工资（pay for knowledge）和技术工资（pay for skills）。
杰拉尔德·E·莱德福和 R. L. 赫尼曼（G. E. Ledford & R. L. Heneman）	以技能、知识和胜任力为基础的工资体系，包括技能（skill）工资、知识（knowledge）工资和胜任力（competency/core competency）工资。

综合各种研究发现，在广义的“能力薪酬”（或“能力工资”）这个范畴下，包括了技能工资（pay for skills）、知识工资（pay for knowledge）和胜任力工资（pay for competency）等主要的工资计划。这些工资计划也与前面我们提到的能力的各种层次相对应。我们得出广义的“能力薪酬”（或“能力工资”）的主要构

成计划如图6—3所示。

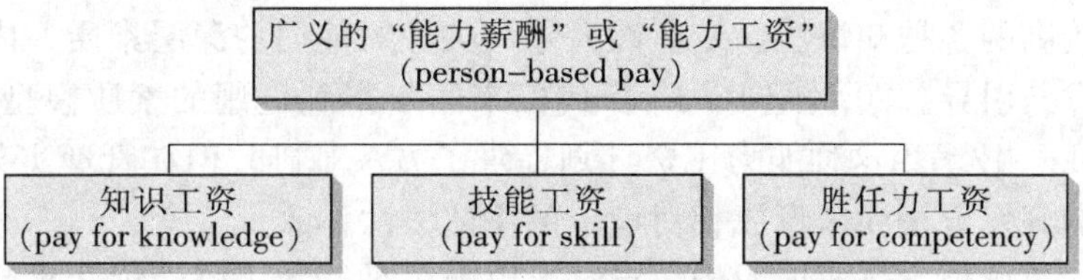

图6—3 广义的能力工资的主要构成计划

由于各种能力工资计划所激励的能力层次不尽相同，因此，这些具体计划在支付对象和设计方法上也存在一定的差异。

技能工资一般来说主要用于从事专业技术劳动的员工，也就是我们通常所说的“蓝领”技术工人①；主要用于鼓励他们在技能的专业化上不断深化（加强技能的深度），成为专家，以及在技能的广泛性上不断拓展（扩展技能的广度），以具备更多的技能，而这些技能一般都要求与具体的工作内容密切联系。20世纪60年代，美国宝洁公司生产工厂的直线经理们为了激励员工学习多项技能，以更好地掌握生产的各个环节，开发出了被认为是现代最早的技能工资计划。此后，技能工资的设计方法也逐步形成了基本的套路，特别是基于技能模块（skill blocks）来设计技能工资的方法已基本成熟。

知识工资通常和技能工资有着密切的联系，因为技能工资计划在鼓励员工学习多种技能时，一般都需要与相应的培训计划紧密挂钩，因此，知识工资和技能工资也往往被认为是同一种工资体系。② 然而纯粹的知识工资计划是直接基于培训设置的课程模块（class blocks）来支付报酬的，也有的以结合了技能等级和知识等级的任职资格系统（qualification system）作为报酬基础。后来，随着企业越来越强调组织学习和对人力资源的开发，培训的方式逐步多样化，培训的知识也逐步丰富起来（包含了与具体工作挂钩的专业知识和提升个人综合素质的基础知识），从而，基于技能和知识（培训）而递增工资的计划的适用范围就不再仅限于蓝领技术工人了，它们被越来越广泛地运用于对各种专业性的管理、服务和研究人员进行激励。现代企业的培训生计划、在职或脱产攻读学历的培养计划等，其学习结果都会与最终的报酬水平相联系，这些都是对知识工资方法的发展。

胜任力工资作为广义能力工资范畴下的一种工资计划，相对于以上两种工资计划来说是一种新的方案，伴随着人们对胜任力的关注而逐步得到开发和应用。如果说以上两种计划所关注的技能和知识还被要求与具体的工作内容密切联系的话，那么这里所关注的胜任力则相对抽象，且与具体的技术要求离得相对较远；

① 在美国，技能工资计划往往被应用于非豁免的技术员工（nonexempt employees）。Gerald E. Ledford，“Pay for Skills，Knowledge，and Competencies，” *The Compensation Handbook*，Fourth Edition，2000。

② 由于基本原理相似，杰拉尔德·E·莱德福将知识工资和技能工资看做一回事。约瑟夫·J·马尔托奇奥则在其《战略薪酬》一书中将知识工资单独列出，以强调其鼓励员工进行学习的导向和工资计划与培训计划的联系；同时，在设计方法上，知识工资与技能工资也略有不同。因此，本书将两者分别列出。

相应地，它离整个组织的愿景、使命、价值观及战略目标对该职位所提出的要求则近很多。因此，它往往被应用于企业中的中高级管理者、技术专家等层次相对较高的各种知识性、专业性人才，关注对他们的深层素质、内在特质与动机的开发与引导。20世纪七八十年代以来逐步得到运用的素质模型（competency models）技术为这种能力工资计划提供了方法基础，但在管理实务中，这种能力工资的开发方法尚未形成相对稳定的主流方法体系。

此外，还要说明的一点是，以上各种能力工资计划几乎都是应用于基本工资（basic salary）层面的，强调以技能、知识和胜任力作为基本工资的支付基础。而且，在这种以人为基础的技术体系下，以上各种基本工资计划往往都只能作用于个人而非团体，用于激励能力和行为过程而难以控制绩效结果。因此，从一个整体性的薪酬方案来看，相应的团队激励计划（如收益分享计划、目标分享计划等）或特别设计的绩效奖励计划（一些将能力过程和绩效结果联系起来的可变薪酬计划）往往被用来对以上各种能力工资计划进行补充。

总之，能力薪酬作为一个支付系统，包含了侧重于不同能力层次的工资计划，这些计划之间有着相应的联系和差异，同时还需要一些团队性的、可变的激励计划作为补充。表6—2对此进行了介绍。

表6—2　　能力薪酬的基本构成及其基本特征

<table>
<tr><th colspan="2">能力薪酬的基本构成（主要是基本工资层面）</th><th>侧重的能力层次</th><th>基本的联系面</th><th>主要应用对象</th><th>设计技术基础</th></tr>
<tr><td rowspan="3">以人为基础的报酬（能力薪酬或能力工资）</td><td>技能工资（pay for skills）</td><td rowspan="3">关注相对具体的技能与知识
- - - - - - - -
关注相对抽象的潜能与特质</td><td>与具体的工作要求密切联系（基于技能的深度和广度）。</td><td>蓝领技术工人及专业技术人员。</td><td>技能模块方法（skills blocks）。</td></tr>
<tr><td>知识工资（pay for knowledge）</td><td>与具体的工作要求密切联系或与个人的基本素质相联系（基于专用性培训与通用性培训）。</td><td>技术工人及专业管理、服务和研究人员。</td><td>课程模块方法（class blocks）及与各种培训开发计划相联系的工资设计方法。</td></tr>
<tr><td>胜任力工资（pay for competency）</td><td>与组织的使命、愿景、价值观、战略目标等密切联系，关注个人的胜任特质和深层动力。</td><td>中高层职业经营管理者及技术专家等白领人员。</td><td>胜任力模型（competency models）。</td></tr>
<tr><td colspan="2" rowspan="2">能力薪酬的补充激励计划</td><td colspan="4">关注能力过程和绩效结果的平衡：将能力水平与绩效结果相联系的专门奖励计划。</td></tr>
<tr><td colspan="4">关注个人能力和团队绩效的平衡：收益分享、目标分享等团队激励计划。</td></tr>
</table>

6.1.5　使用能力薪酬计划的对象

对于以上提到的几种主要的能力薪酬计划，特别是技能工资（或知识工资）计划，在管理实务中，近年来得到了越来越广泛的应用。各种各样的调查似乎都体现了这样的趋势。美国南加州大学的爱德华·E·劳勒（Edward E. Lawler）对《财富》杂志排名前 1 000 名的企业进行了有关薪酬实践的调查，关于使用技能工资[①]的调查结果[②]如图 6—4 所示。

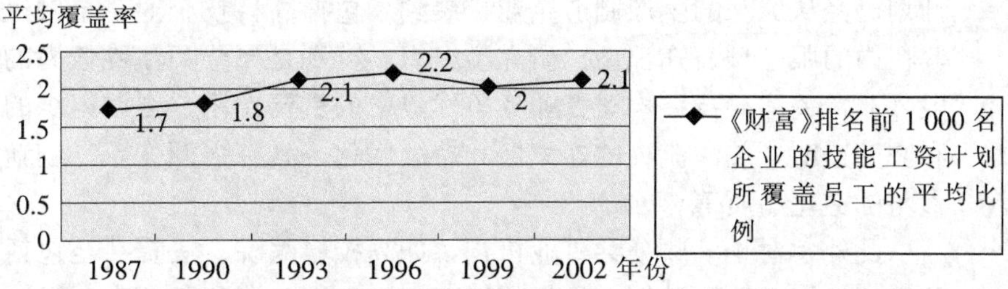

图 6—4　《财富》排名前 1 000 名企业技能工资员工覆盖率的平均水平

如图 6—4 所示，在过去的 15 年里，《财富》排名前 1 000 名企业中技能工资员工覆盖率的平均水平都保持在 2%左右，基本上是稳定的，有缓慢上升的趋势。我们进一步画出推行技能工资计划的企业比例，如图 6—5 所示。

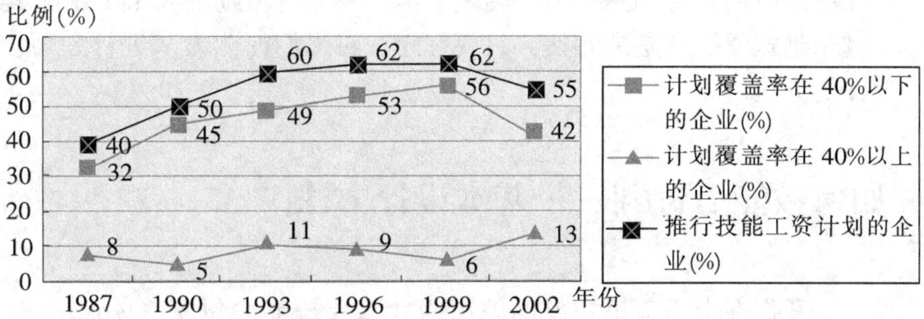

图 6—5　《财富》排名前 1 000 名企业中使用技能工资的企业比例

如图 6—5 所示，在过去的 15 年里，《财富》排名前 1 000 名企业中使用技能工资计划的企业比例也基本呈上升的趋势。

技能工资计划不仅在应用对象人群数量、使用企业数量上表现出增加的趋势，而且在关于其使用效果的调查中也得出了比较积极的结论。以上调查也显示，使用了技能工资计划的企业都表现出对该计划的高满意度，而且认为其技能工资计划成功的企业是认为其计划不成功的企业的 4 倍。一些管理咨询公司的调查结论与以上来自高校或研究协会的调查结论也是基本一致的，如韬睿公司 1998 年进行的一项涉及 700 家美国企业及 300 家欧洲企业的调查发现，16%的美国企

① 该调查主要针对技能工资和知识工资。

② 摘自美国薪酬协会的网站：www. worldatwork. com。"Pay Practices in *Fortune* 1000 Corporation，" by Edward E. Lawler，University of Southern California. 此处选取其表格数据转换成图 6—4 和图 6—5。

业使用了技能工资计划，并且有78%的企业声称将考虑应用相关计划；在欧洲，这两个比例分别为20%和50%；同时，有36%的美国公司能够清楚地列举出推行技能工资计划给企业带来的好处。

除了技能工资以外，包括胜任力工资在内的各种能力薪酬计划得到了越来越广泛的使用。许多耳熟能详的明星企业，如通用电气、摩托罗拉、本田、AT&T、宝洁、花旗银行、苏格兰银行、ABN Amro、麦肯锡、翰威特等，越来越重视对能力薪酬计划的使用。从技能工资、知识工资到胜任力工资，能力薪酬计划已经从原来的生产制造企业扩展到了包括高科技企业、金融机构、咨询公司等在内的服务型、知识型、研究型组织。特别是那些关注胜任力的企业组织，一般都非常关注科技在构建企业竞争优势中的重要作用，强调组织的灵活性、弹性和应变速度，关注流程的连续性和持续优化，具有强调变革、创新、授权及共同参与的文化品质等。

此外，对于一些公共事业机构，如高校、医院、法院甚至包括政府机构在内的组织，能力薪酬计划（包括技能工资、知识工资和胜任力工资）同样适用。如讲师、副教授、教授等作为高校教师的职称，其实并不是一种职位等级，而是一种基于能力的任职资格等级，与这些能力等级挂钩的薪酬计划同样是能力薪酬的题中之意。

总之，能力薪酬（及其范畴下的各种工资计划）已经在实践中得到了越来越广泛的应用，特别是作为一套基于能力来进行激励的薪酬方法，其使用边界也将越来越宽泛。还是那句话：只要你想针对人们的能力来进行激励，就可以使用这样的方法。

6.2 如何按能力付酬——基本设计方法

我们在上一节里主要回答了为什么要按能力付酬（why）、能力薪酬是什么及其包含哪些主要的工资计划（what）等基本问题。本节则主要回答如何设计能力工资（how）的问题。首先，介绍设计能力薪酬的基本思路；其次，分别就几种典型能力工资计划的设计方法进行说明；最后，总结出促使能力薪酬成功的关键，同时指出能力薪酬可能面临的主要问题。

6.2.1 按能力付酬的基本设计思路

我们首先梳理能力薪酬的基本设计思路，给出一个具有一定通用性的能力薪酬设计框架。如图6—6所示，总的来看，设计一个能力薪酬方案需要经过以下基本步骤。

图6—6展示了一个完整的有关设计能力薪酬的基本范式。

图中左上角的方块是从“能力”出发设计工资计划的关键流程，包括寻找能力、界定能力、给能力分类分级以及给能力定价四个基本步骤。其中在寻找能力的步骤中，我们主要是要把握能力的来源，比如，对于技能工资计划来说，技能

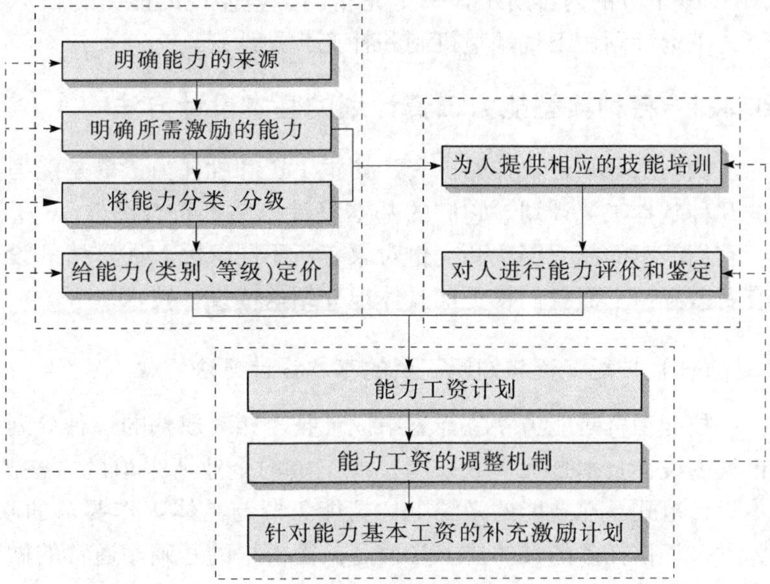

图 6—6　能力薪酬计划的基本设计范式

与具体工作要求的联系是非常密切的，因此，我们就可从详细的工作要求中去寻找对象所需要的技能；而对于胜任力工资计划来说，我们可能就需要更多地从企业的价值观和战略层面去挖掘对象所需要的胜任力。然后，对找到的能力进行明确界定，进行分类和分级。最后，针对每类、每级能力进行定价。在技能工资计划的设计中所使用的技能模块方法，就完整地体现了以上逻辑。

图中右上角的方块是在推行能力薪酬的过程中，必须对实施对象本身推行的两个基本做法：一是为其提供相应的技能培训；二是对该人的能力水平进行评价与鉴定。一般来说，技能、知识及胜任力的提升和发展都必须通过学习获得，并不断熟练和发展。因此，各种能力薪酬计划都会与相应的培训计划密切联系。不提供学习技能知识的培训计划，也就失去了为能力付酬的前提。同样，对培训结果进行考评，或进行专门的有关能力的评价（assessment）与鉴定（appraisal），也是必要的步骤。

我们可以发现，左上方基于“能力”所展开的四个步骤，实际上是完成了对“能力”价值等级标准的设定，右上方基于“人”所推行的两个步骤，是为了明确具体的个人处在哪个能力水平上；两者相互对应，便可以得出针对具体个人（或群体）的能力工资方案。相应地，“能力”线上的四个方面和基于“人”的两个方面，都可以成为调节能力薪酬的主要变量。企业所需能力的界定、类别、等级、定价等要素发生了变化，能力薪酬计划当然就要相应地作出调整；同样，激励对象本身的培训课程、培训成绩及能力鉴定等级的变化也会对能力薪酬计划产生影响。

最后，正如前面已经提到的，为了弥补能力薪酬计划往往关注个人能力而忽略团队绩效、关注能力过程而非绩效结果的缺陷，我们可以设计相应的团队激励计划或与能力挂钩的绩效奖励计划，作为对能力基础工资的有益补充。总之，如

图 6—6 下方的内容所示，一个完备的、整体性的能力薪酬方案，应包括基本的能力工资计划、工资调整机制和补充激励计划。

6.2.2 各种典型能力工资计划的基本设计方法

我们已经知道，技能工资、知识工资和胜任力工资是能力薪酬范畴下最主要的几种基本工资计划。它们的基本设计思路都符合图 6—6 所体现的范式，但由于它们针对的能力层次和支付对象有所不同，因此在具体的设计技术操作上也就有所差异，下面我们将更加具体地介绍这些设计技术。

（一）技能工资与知识工资的基本设计方法

技能工资是能力薪酬计划中设计技术相对成熟的一种计划，特别是基于技能模块的设计技术是大多数采用技能工资的企业所采取的方法。基于图 6—6 的基本设计范式，在技能的来源上，技能工资与具体工作要求的联系是非常紧密的，因此，工作任务的具体要求是设定技能模块的基础。通常的做法是将职位说明书或任务清单中的技能要求逐条进行提取梳理，然后通过专家（企业中的技术委员会）打分对技能项目进行评估，排列归整出技能的类别和等级。

对技能进行分类和分级是操作的关键，技能的“类型—等级”矩阵是一种简化的方法。通用磨坊公司（General Mills）就采用了这种方式，将其食品生产流程中的原料处理、混合、填料和包装四个主要步骤作为技能的大类，每类技能都划分出三个水平等级，从而得到了以下的矩阵图 6—7。

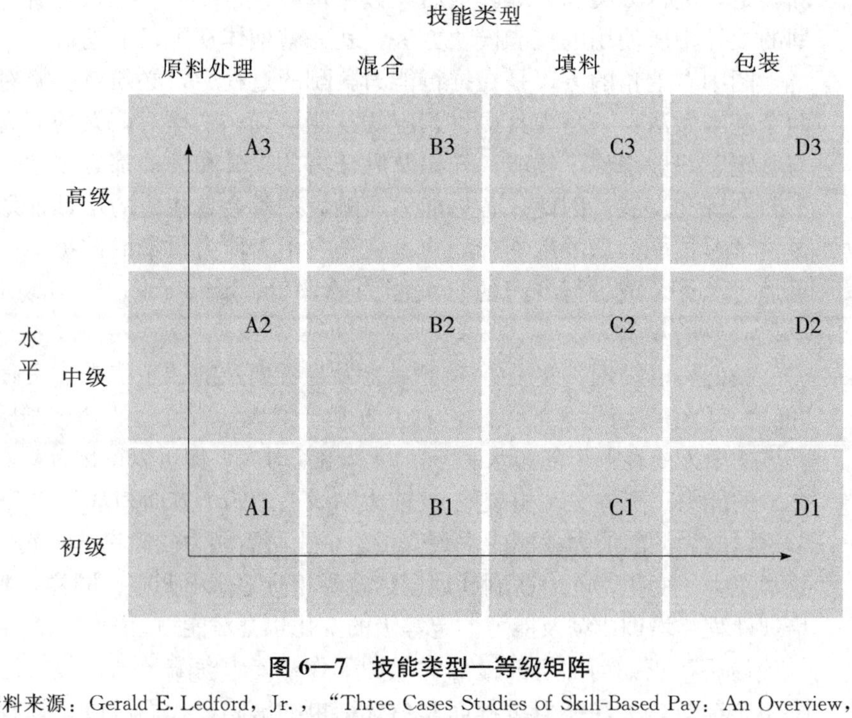

图 6—7 技能类型—等级矩阵

资料来源：Gerald E. Ledford，Jr.，“Three Cases Studies of Skill-Based Pay：An Overview，” *Compensation and Benefits Review*，March/April 1991.

矩阵中的每一个模块都应包含相应的培训计划和技能认证标准，对于一个进行原料处理的初级员工来说，当他完成了A1模块中的所有培训计划并且达到了所规定的技能认证标准后，就可以向更高的等级提升或向其他专业扩展技能（激励技能的深度和广度），相应地，他就可以获得与更高等级或更多技能类型相对应的工资水平。这就涉及另一个重要步骤，即给技能模块定价。图6—7矩阵中的每一个区块都对应着相应的工资水平（或者以点数来表示），员工所处的技能等级越高、掌握的技能类型越多，累计的点数就越多，工资水平也就越高。

另一种在设计技能工资时常用的技能模块方法是阶梯模型（stair-step model），即通过给具体的技能条目赋予点值，将技能与薪酬更加细致地联系起来。图6—8给出了一个相对细致、完整的技能工资方案。

如图6—8的阶梯模型所示，使用该计划的公司将技能划分为基础技能、核心技能及可选技能三大类，将支付对象的技能等级分为五等。右边的表格显示了每一类技能中具体的培训计划和技能条目。新入门的员工被要求必须完成基础技能中的培训课程，培训后通过鉴定，具备了所有基础技能的人员可成为一级技术员，此时他可以享受11美元/小时的工资水平。如果他还想拿到二级技术员12美元/小时的工资，就必须在核心技能内选择总点数为40点的技能条目，一旦经鉴定获得了这些技能，他便成为二级技术员，这样就可以拿到更高的工资了。依此类推，为了获得更高的技能等级和工资水平，员工必须不断学习并掌握达到点数要求的核心技能及相应的可选技能，达到四级的技术员则掌握了所有的核心技能（总共365点）和五项可选技能，他便成为了一个可以完成或参与任何一项任务的技术能手。显然，这种阶梯式的技能工资计划可以激励员工一步步地去掌握更多的技能本领。

同时我们可以发现，技能工资计划与相应的培训计划是密切联系的，具体技能项目的获得一般都要求通过各种方式的培训和鉴定来确认，因此，在实践中，也有的企业直接将工资水平与培训计划的课程设置联系起来，这些被定了价的课程等级，即所谓的课程模块，本质上就是技能模块的变形，将技能阶梯模型中的技能类别和条目转化为培训课程的类别和项目（见图6—9）。可见，技能工资和知识工资计划的设计方法基本是一致的，因此人们通常将两者作为同一种计划方案来使用。

（二）胜任力工资设计方法的探索

如果说技能工资和知识工资作为激励具体技能的方案，其技术路线已相对成型，那么对于关注人的抽象素质的胜任力工资来说，其设计方法尚未形成广泛认同的主流模式。或者说，前两种工资计划的基本设计方法都可以在能力工资计划中综合使用。它们与胜任力工资最重要的区别在于，这里所要激励的胜任力与组织的价值观和战略目标等层面的要求更加接近，其来源并非具体的工作内容和技术要求。比如，通用电气公司认为其管理层必须具备四个“E”的能力特质：精力旺盛（energy）、善于鼓舞士气（energize）、有锐气（edge，果敢决策的能力）及执行力（execute，推动实施以取得成果的能力），这样的员工才是符合公司价

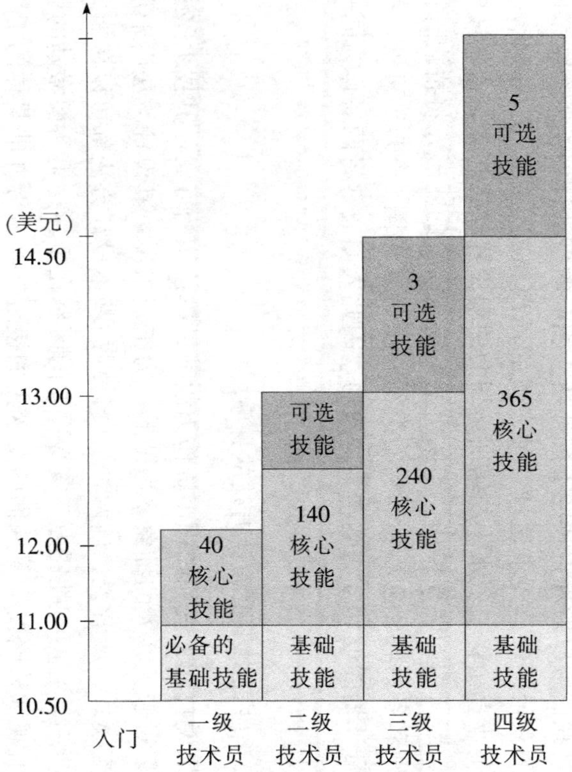

基础技能	核心技能		可选技能
质量课程	技能	点数	维护
商店地板管理	Longeron 捏造	10	后勤——JIT
材料处理	控制板捏造	15	公司安全
危险性材料录像	甲壳捏造	15	几何忍耐力
安全研习班	终端铸造焊接	20	计算机——Lotus
上岗培训研习班	润饰——油漆	20	计算机——dBASE Ⅲ
	润湿——Ablative/Autodave	20	计算机——文字处理
	润饰——表面准备	10	评价中心
	MK13 组装	15	舆论建设
	MK14 组装	15	达成一致意见
	完工检查	5	职业发展
	机器检查	20	全体决策
	焊接	15	公共关系
	漏洞检查/修补焊接	5	团队组织能力
	最终认可检验	10	培训
	焊接检查	15	共同解决问题
	火焰喷射	15	行政管理
	组装检查	5	
	手工组装安全度	15	
	使用机器 MK13	25	
	使用机器 MK14	25	
	工具安装	10	
	NCL 检查	30	
	零件去油污	10	
	组装	5	
	接受检查	5	

图 6—8 技能工资方案的阶梯模型

资料来源：George T. Milkovich, Jerry M. Newman, *Compensation*, Eighth Edition. McGraw-Hill, 2005, p. 154.

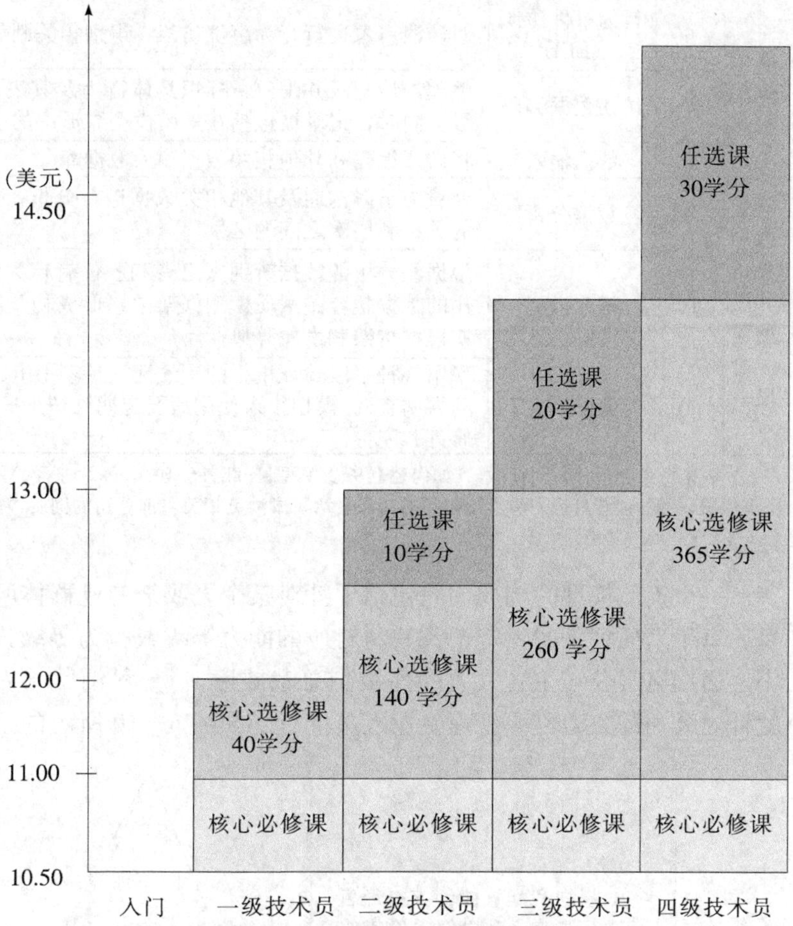

图 6—9 知识工资计划的课程模块阶梯

值观且能够支持公司战略实现的人才；相应地，企业的各种培训和能力激励方案也都基于四个“E”来展开。①

另一个重要的区别体现在具体的技术方法上。特别是 20 世纪七八十年代以来逐步得到运用的胜任力模型（也称素质模型）技术，作为挖掘绩效优异者特质和潜质的方法，为胜任力工资提供了一定的基础。素质模型的建立方法是一个复杂的程序，从操作的角度来说主要包括如表 6—3 所列的步骤。

表 6—3 素质模型的基本建立步骤

准备阶段	1	战略方向	明确战略方向、建模目的及素质模型应用的覆盖范围等。
	2	资源配置	确定数据收集手段，并制定项目管理方案，成立项目小组和决策指导委员会。
	3	访谈者培训	由专业顾问机构培训足够数量的访谈人员，明确访谈质量控制标准。
	4	专家小组	确定素质标准，作为区分杰出者和胜任者的依据。
	5	选择样本	根据讨论通过的绩效标准，选出一定的杰出者和胜任者作为研究对象。

① 登录通用电气公司的网站：www. GE. com，可查找到企业基于这些核心能力要求设计的相关培训计划说明。

数据收集阶段	6	行为事件访谈（BEI）	对访谈对象进行行为事件访谈，识别相关胜任力及其相关特征。
	7	访谈数据编码	整理访谈记录并编码，标识具体行为及其表现出来的素质和层级，同时，记录被包括在素质模型雏形中的素质及行为表现。
	8	数据输入	将访谈编码和其他相关数据输入数据库。
数据分析和模型建立阶段	9	数据分析	针对与下属沟通及其他相关数据进行分析，重点分析素质之间的关系和层次之间的区别。
	10	搭建模型	根据经分析的数据辨别杰出者和胜任者行为特征的区别，将有用的数据整合到素质模型框架中，形成初步模型，通常包括素质模型构架和素质辞典。
	11	验证模型	采用各种手段验证模型的有效性（专家小组、决策指导委员会、问卷调查）。模型投入使用后要定期维护，根据企业的发展进行修订和完善。

资料来源：张俊伟，司徒敏：《如何建立资质模型》，载《经理人》，2002（4）。本表作了调整。对素质模型感兴趣的读者可进一步参阅相关书籍和文章，或浏览相关咨询公司的网站，如 www. haygroup. com 和 www. mercer. com。

一个素质模型的构成一般包括了针对某个人或某专业群体所应具备的素质条目、每个素质词条的界定，及其所对应的能力等级或行为等级描述。比如，1993 年，通用电气公司主管人力的高级副总裁威廉·J·科纳蒂（William J. Conaty）就针对公司的人力资源管理专业人员推行了如图 6—10 所示的素质模型，它包括

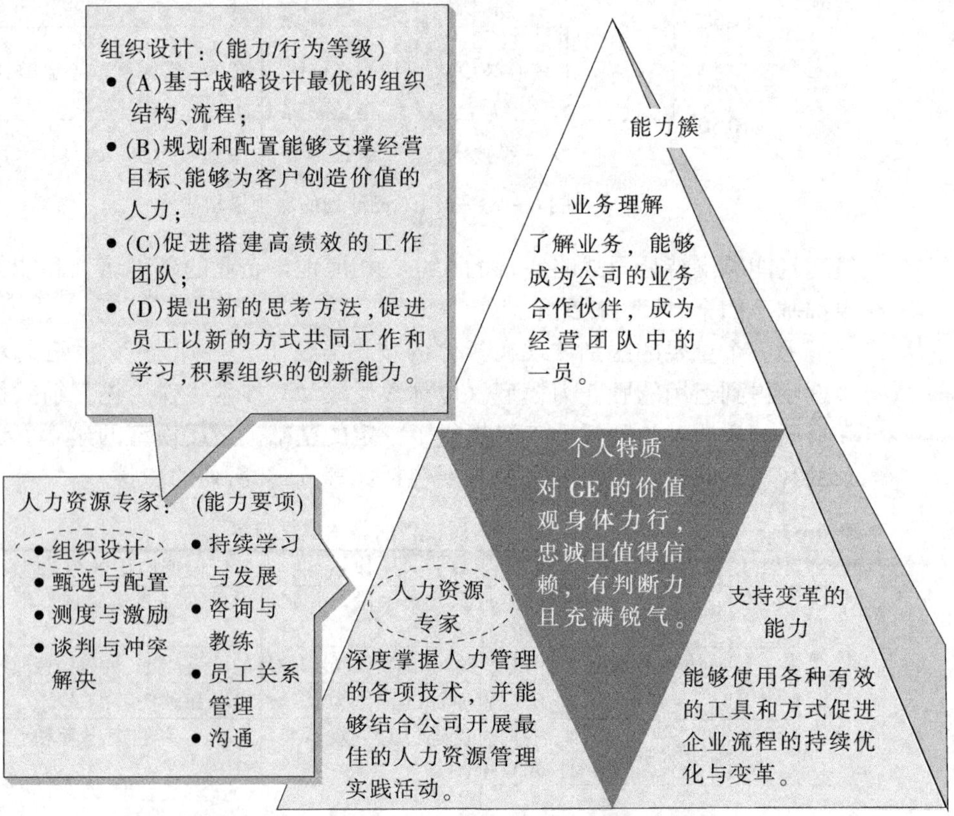

图 6—10　通用电气人力资源管理专业人员素质模型

四个方面的能力簇（competency clusters），每个能力簇中又包含了若干关键能力条目，针对每个能力条目又有具体的行为界定。

相应地，各种培训计划和工资方案都可与素质模型中的能力要项和行为等级等挂钩，与技能模块方法一样，人员所具备的能力要项越全面、行为等级标准越高，其获得的企业认同和激励水平相应也就越高。图 6—11 是一个将薪酬水平与素质模型匹配的例子。

胜任力等级 1	胜任力等级 2	胜任力等级 3	胜任力等级 4
顾客服务			
● 试着理解顾客的问题	● 负全责去解决问题	● 推断潜在的顾客需求	● 做一个令人信任的建议提供者
团队开发			
● 在传达团队绩效时担任领导角色	● 发展团队去解决自己每天面临的问题	● 使团队持续关注目标的达成	● 建立处理更复杂操作问题的相关人才网
等级 1 水平参照	等级 2 水平参照	等级 3 水平参照	等级 4 水平参照
对应职务　薪酬水平 初级客服主管　36 500 初级生产总管　37 200	对应职务　薪酬水平 客服主管　41 900 生产主管　42 800	对应职务　薪酬水平 销售经理　36 500 生产经理　36 500	对应职务　薪酬水平 区域经理　36 500 工厂　36 500
宽带			
胜任力等级 1	胜任力等级 2	胜任力等级 3	胜任力等级 4
带 1	带 2	带 3	带 4

36 500 美元　42 500 美元　53 125 美元　66 400 美元　83 000 美元

图 6—11　薪酬水平与素质模型匹配图

资料来源：海氏公司网站：www. haygroup. com。

此外，根据公司战略目标的调整，素质模型的各个方面都需要进行调整。同时，还必须注意对素质模型的维护，比如，每季度进行一次 360 度的能力分析与绩效反馈，看看工作者是否达到了素质模型中的能力要求和行为要求，并结合绩效结果对其进行评价。如果是能力要求本身有问题（过高或过低），就对素质模型进行调整；如果是个人本身没有达到合理的能力要求，就为其提供相应的培训；如果个人超出模型要求发挥出了更高的能力水平和潜质，就可以通过薪酬计划进行及时的激励和强化。

此外，由于胜任力工资的适用对象主要是组织中中高层的经营管理者和技术专家，企业都会特别强调与这些核心人力建立长期、深入的联系，因此，一些与职业生涯体系相联系的胜任力工资方法也被研究者提出，且在实践中得到运用。如职业生涯阶段模型（model of life-cycle stages）假设人的整个职业发展过程可以划分为四个阶段，每个阶段具有各自的典型特征，因此在每个阶段，个人所应侧重的胜任力要求也各不相同（见表 6—4）。同时，有关研究指出，组织中大约有 75%的人处在职业发展的第 1、第 2 阶段，25%的人处在职业发展的第 3、第 4 阶段。

表 6—4 职业生涯阶段模型*

职业发展阶段	阶段特征	能力要求
第1阶段——学习	学习如何工作并达到标准要求	技术能力与运营能力
第2阶段——应用	应用并进一步发展专业领域的技能，有可能达到较高的水平	
第3阶段——指导	在更广泛的领域应用专家技能，对他人进行开发与教练指导	人际交往能力与商业能力
第4阶段——塑造	提供战略性领导力，对整个组织发展作出贡献	理念形成能力与战略制定能力

*该模型由美国学者多尔顿（Dalton）、德赖弗（Driver）及博亚西斯（Boyatsis）等进行研究，美国药物公司进行了应用，取得了较好的效果。Dubois，David，*Competency-based Performance Improvement：A Strategy for Organizational Change*，HRD Press，1993；Duncan Brown，"Relating Competency to Pay，" *The Compensation Handbook*，McGraw-Hill，2000.

相应地，从时间发展来看，组织应基于核心人力的不同职业阶段，对所对应的能力进行开发与激励；从当前的人力结构来看，组织应基于不同的人力类型，强调对不同能力的开发与激励。

总之，胜任力工资计划关注与战略层面相联系的人的深层特质和潜力，而非与具体工作相联系的技能，是为比较抽象的能力买单。素质模型方法为它提供了有关能力分析、提取、界定、分级和动态维护的方法。而且，人们似乎更加关注如何确定胜任力，素质模型方法也似乎越来越流行，但是在将薪酬与素质模型联系起来方面，尚未形成一套非常主流的、受到广泛认同的方法体系，它正处在发展与探索之中。

（三）对能力层次的综合激励：基于任职资格的工资计划

以上分别介绍了侧重于技能、知识和胜任力的工资计划的设计方法，这里介绍一种将各种能力层级进行综合考虑的工资计划，即基于任职资格的工资计划（qualification-based pay）。任职资格体系其实是将有关任职者所需的知识、技能、经验、胜任力等各方面的"能力"要素进行整合、分类、分级的能力体系。

从发布主体的角度来看，任职资格体系可分为两类：一类是由国家相关部门、相关行业机构等颁布的通用任职资格，也就是我们大家熟悉的国家资格等级、专业职称等。比如，高级工程师、助理工程师；教授、副教授、讲师、助教；一级技工、二级技工、高级技工、技师、高级技师，等等。一类是企业内部自行设计和推行的任职资格体系，企业（或事业单位）一般会被要求使用以上的通用职称，但是，如果组织对人的能力有特别的要求，或需要有自主的能力体系来开发和激励员工，就可以自主开发内部的任职资格体系。

在一个组织（企业）内部，任职资格体系一般都基于职类、职种（职位簇）来进行分类梳理和设计，针对各类专业人员建立其任职资格序列等级（技术序列、销售序列、生产序列等），任职资格序列的每一等级都对应着具体的知识、技能、经验和胜任力等能力要求，这些能力要求的等级描述一般会作为进行职称评定的标准，通过评定的人员即获得相应的职称等级。基于任职资格的薪酬以任职资格等级作为薪酬支付的基础，薪酬水平等与职称（或内部任职资格等级）密切挂钩（见表6—5）。

表6—5　　任职资格与薪酬对应表

任职资格等级					研发类		技术支持、客服类		市场销售类		专业类	
一	二	三	四	五	等级	工资额	等级	工资额	等级	工资额	等级	工资额
				D	R16	8.00	M16	6.00	S16	4.00		
				C	R15	7.20	M15	5.50	S15	3.75		
				B	R14	6.40	M14	5.00	S14	3.50		
			D	A	R13	5.60	M13	4.50	S13	3.25	A13	4.00
			C		R12	4.80	M12	4.00	S12	3.00	A12	3.60
			B		R11	4.00	M11	3.50	S11	2.80	A11	3.30
		D	A		R10	3.50	M10	3.00	S10	2.60	A10	3.00
		C			R09	3.00	M09	2.70	S09	2.40	A09	2.60
		B			R08	2.50	M08	2.40	S08	2.20	A08	2.30
	D	A			R07	2.10	M07	2.10	S07	2.00	A07	2.00
	C				R06	1.80	M06	1.80	S06	1.80	A06	1.80
	B				R05	1.60	M05	1.60	S05	1.60	A05	1.60
D	A				R04	1.40	M04	1.40	S04	1.40	A04	1.40
C					R03	1.20	M03	1.20	S03	1.20	A03	1.20
B					R02	1.00	M02	1.00	S02	1.00	A02	1.00
A					R01	0.80	M01	0.80	S01	0.80	A01	0.80

同时，任职资格体系作为与职位、职务等级并列的序列系统，也往往成为员工职业生涯通道的重要基础。可见，任职资格等级作为一种综合了知识、技能、胜任力和职业生涯发展的能力标准等级，能够为薪酬提供较为丰富的支付基础，因此，相对于各种针对特定能力层次的工资计划来说，基于任职资格的工资计划在管理实务中往往得到更多的应用。

6.2.3　能力薪酬成功的关键

以上我们既介绍了能力薪酬设计的基本范式，也介绍了几种主要的工资计划的设计方法。下面我们简要地总结其中的关键要点，它们无疑是保证能力薪酬成功的关键。

第一，能力的来源和前提一定要明确。无论是关注技能、知识还是胜任力，作为其基本前提的关键工作任务、组织流程、组织价值观及战略目标等都应该得到明确，从而保证能力薪酬所激励的能力的确是企业所需要的。

第二，要基于组织的实际要求对能力进行清晰的界定、分类和分级，建立自己的能力等级或序列系统。不要被流行的能力方法所迷惑，直接借用其他组织的能力框架或直接采用通用能力框架的方法并不可取，组织应该根据自身情况，研究开发出适用于本组织的能力框架，以保证其有效性。即使所采用的能力条目本身具有通用性，对其内涵的具体界定和分级处理也一定要贴近企业及员工自身的特点。

第三，基于能力等级建立相应的能力鉴定和认证机制，是实行能力薪酬的重要保证。否则，那些花大气力设计出来的能力等级和能力条目，就难以真正落实到员工个体身上，能力体系和鉴定机制本来就应该是一体的系统。而且，有科学的鉴定和认证机制作基础，才能保证能力薪酬的公平性；否则，员工就会质疑凭什么说甲的能力就比乙的高。

第四，要认识到在一般情况下，能力薪酬并不适用于所有的员工和部门。在开发能力薪酬之前，最好先明确具体的激励对象。那些专业性非常强的部门和人员，往往是推行能力薪酬的首要对象。

第五，能力薪酬必须与其他人力资源管理功能相匹配。特别是培训计划，两者几乎不可分割。更好的状况是，如果其他人力资源管理功能模块的设计也包含或贯穿了能力线索的话，推行基于能力的薪酬计划也就是水到渠成的事了。

第六，要根据组织的发展状态，适时对开发出来的能力体系进行维护、评审和调整，保证能力薪酬的时效性，以及运行上的动态灵活性。牢记人的变化往往是最快的。

第七，在设计及推行能力薪酬方案的过程中，要保持与员工的充分沟通，创造强调参与、开放、学习及创新的企业文化氛围，这是很重要的过程保证。

第八，正如前面已经提及的，基于能力的基本工资计划往往针对个人且关注能力过程，因此，需要开发针对团队的分享计划，以及其他关注绩效结果的奖励计划对其进行补充。也有企业采用了绩效水平—能力等级矩阵的方法。如表6—6所示，可以考虑将激励能力与关注绩效结果结合起来。

表6—6　　绩效水平—能力等级矩阵

小时工资率（美元）／技能等级	绩效水平		
	差	一般	好
1级职员	5.25	5.75	6.25
2级职员	5.50	6.00	6.75
3级职员	5.70	6.30	7.25
4级职员	5.95	6.60	7.45
5级职员	6.20	6.85	8.25

资料来源：约瑟夫·J·马尔托奇奥：《战略薪酬》，142页。这是美国麦道公司的例子。

第九，关于能力薪酬的外部水平参照问题。目前的薪酬调查几乎都是基于职位进行的，基于能力进行的调查却难以有效开展。美国有咨询顾问和机构提倡基于能力的数据调查，他们的做法是：将对技能的描述转化为职位描述，然后去寻找外部数据。但是，大部分企业对此持观望态度，也有的企业采取基准职位转换法，即寻找包含企业所需技能的职位作为基准职位，以这些职位的调查数据作为技能点数的基础。针对一些专业性很强的技术或技能工种，目前美国基本上有关于其工资率的调查和发布（往往是由专业技术协会等机构作出的），它们为技能定价提供了最直接有效的基础。目前，我国在这方面的市场数据非常有限，如何获得相关数据来为能力薪酬提供外部参照，是保证能力薪酬有外部竞争力的重要方面。在实际操作中，由于能力薪酬一般只针对组织中的一部分专业人员，因此，在薪酬水平的确定上往往采用内部对应比较的方式，比如，将某职称等级与相应的职位等级对应，相对应的职位等级的市场价值就可作为该职称等级工资水平的参照。

6.2.4 能力薪酬可能存在的问题

作为以人为中心的激励方案，能力薪酬在设计和应用中同样有其局限性和问题。

第一，针对能力本身进行界定、分级和定价是一个复杂的研究和设计过程，要使员工获得一致认同，需要做大量的工作。此外我们知道，职位工资的基本水平可以通过薪酬调查来获得参照，而给能力定价的参照系就没有这么明显和丰富了。

第二，能力薪酬计划一般都必须与培训计划密切联系，这就可能产生公平性问题。也许不是每个员工都能够得到同样的培训机会，那些没有机会接受培训从而处于技能工资较低水平的员工，很可能会产生不公平感，他会想：我工资低并不是因为我的能力不够，而是企业根本就没有给我提高技能的学习机会！

第三，成本问题是能力薪酬最大的一个弊端。一方面，能力一旦被掌握便不会消失，在小时候学会骑自行车之后，你一辈子就都拥有这项技能了；另一方面，技能的变化方向是单一的，它会随着学习及经验的积累而不断增多，而不会像绩效结果那样可能时好时坏。这样，随着技能的增长，基本工资就要相应地递增，这就强化了工资递增的刚性。除了工资的增长成本之外，相应的培训成本、对能力体系的管理维护成本等，都使能力薪酬变得“昂贵”。特别是对于劳动和技能密集型企业来说，一定要慎用技能工资方案。

第四，能力薪酬的使用时限问题。技能工资计划与成本问题结合在一起，是摩托罗拉公司放弃该计划的主要原因，当公司发现三年之后技术人员几乎都达到了技能工资的最高水平时，接下来该怎么办呢？保持一个平均的增长量吗？显然对于技能密集型的摩托罗拉来说，这会大大增加公司的工资成本，从而降低企业的竞争优势。另一方面是由于技术体系本身的高速发展所带来的灵活性问题。现代技术更新换代的速度快得惊人，那么基于能力的薪酬方案就要“疲于奔命”地随着技术结构的变化而变化，再加上其开发过程复杂，可能在方案还未推出的时候，相应的技术体系和标准就已经开始全面变革了。

第五，关于能力薪酬专注于激励员工提升和扩展技能的基本理念，一直受到挑战和争议。因为个人掌握的技能数量增多并不一定就会产生更高的绩效，即使企业愿意为员工所掌握的“多余”能力买单，这到底是否符合经济原则呢？这些局限性和问题，目前仍在争论并需要继续探讨。

6.3 从职位薪酬到能力薪酬的过渡性方法

上一节介绍了能力薪酬及各种典型工资计划的设计方法。如果一切从零开始，并且要设计一套比较纯粹的能力薪酬，那么以上介绍的各种方法基本上都是适用的。但前面同时也提及，开发纯粹的能力薪酬的成本是比较高的，因此，人们在实践中想出了很多更加折中的、简便的办法——特别是基于体系相对成熟的职位薪酬来强化“能力”的过渡性方法，往往更易操作，也更有效。

6.3.1 能力薪酬与职位薪酬的差别比较

经过以上对能力薪酬各方面基本问题的介绍，我们可以进一步就能力薪酬和职位薪酬的差别作出概括性的比较。首先，我们从这两种薪酬方式的基本设计逻辑来看。

如图6—12所示，职位薪酬的设计是基于职位体系、职责要求及对职位的分析与价值评价来完成的，如图中的实线所示；而能力薪酬的设计则直指对人的能力要求（包括来自战略要求的能力和来自职责要求的技能等），通过对能力的评价与认证来设定薪酬，如图中的虚线所示。基本导向和逻辑上的不同，使得能力薪酬和职位薪酬在具体环节上有着相应的差异（见表6—7）。

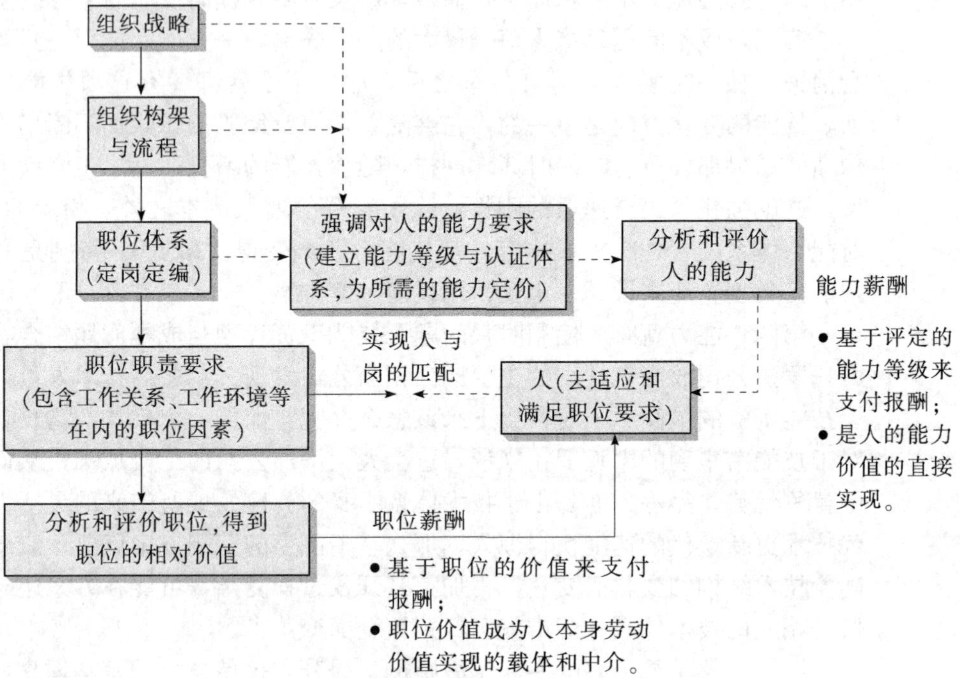

图6—12 能力薪酬与职位薪酬的基本设计逻辑的比较

表6—7 职位薪酬与能力薪酬的具体要点比较

	职位薪酬计划	技能（知识）工资计划	胜任力工资计划
支付基础	工作及市场水平	经过认证的技能及市场水平	经过确认的能力及市场水平
价值评价方式	职位分析＋职位评价	技能模块开发与认证	素质模型开发与认证

续前表

	职位薪酬计划	技能（知识）工资计划	胜任力工资计划
薪酬增长方式	职位晋升，或在薪级上提升	技能深度提高、技能广度拓宽	胜任力不断提高和发展
管理者关注的重点	● 员工与工作的匹配 ● 晋升与配置 ● 通过工作、薪酬和预算控制成本	● 促进员工有效地利用技能 ● 提供培训 ● 通过培训、技能认证及工作安排来控制成本	● 确保能力是企业所需的 ● 提供能力开发的机会 ● 通过能力认证和工作安排来控制成本
员工关注的重点	寻求晋升	寻求技能提高与发展	寻求能力提升
优点	● 清晰的期望 ● 有进取精神 ● 关注工作本身	● 促进不断学习 ● 灵活 ● 人员精简	● 促进持续学习 ● 灵活 ● 易横向调动
缺点	● 潜在的官僚主义 ● 潜在的刚性，不灵活	● 复杂 ● 成本较难控制	● 复杂 ● 不成熟

资料来源：George T. Milkovich，Jerry M. Newman，Barry A. Gerhart，*Compensation*，Eleventh Edition，McGraw-Hill，2013，p. 194. 引用时对相关内容作了修改和调整。

可见，职位薪酬和能力薪酬在设计和应用的各环节和导向上都有各自的特点和优缺点。这样我们在设计一套薪酬制度的时候，可能很难完全基于某种导向作出绝对的设计，但可以在汲取各种方式优点的基础上体现激励的导向性。

到目前为止，职位薪酬的技术体系相对来说还是比能力薪酬的方法更成熟和便于使用；特别是在对人进行评价时，也无法脱离工作本身的要求。因此，越来越多想强调能力的薪酬方法开始寻找中间路线：既利用职位体系这个稳定的基础作载体，又充分考虑能力因素的价值体现。以下我们将主要介绍三种在实务操作中比较常用的兼顾职位因素和能力因素的过渡性薪酬设计方法。

6.3.2　三种基于职位强化能力的过渡性方法

（一）在职位评价中强调能力要素的权重

众所周知，在设计职位薪酬时很重要的一步是进行职位评价（position evaluation），而其中关键的一个方面便是对职位评价要素的选取、界定、赋值和设置权重。目前比较流行的职位评价方法基本上都包含多维度的评价要素，如图 6—13 列举的海氏公司的职位评价要素和 IPE 系统①的职位评价要素。

① IPE 是 International Positional Evaluation（国际职位评估）的缩写。IPE 系统是 CRG 公司（Corporate Resources Group，企业资源集团，总部设在维也纳）集合人力资源专家开发的一种岗位评估新方法，这套系统也称为“IPE 码”，在欧洲得到了普遍应用。

海氏的职位评价要素	
报酬要素	子要素
技能水平	专业理论知识 管理诀窍 人际技能
解决问题的能力	思维环境 思维难度
承担的职务责任	行动自由度 职务对后果形成的作用 职务责任

IPE 职位评价要素
对企业的影响 监督管理 责任范围 沟通技巧 任职资格 解决问题的难度 环境条件

图 6—13　海氏公司的职位评价要素与 IPE 系统的职位评价要素

我们可以发现，其实各种职位评价体系中的报酬要素，除了包含与职位相关的要素之外，也几乎都包含了一定分量的能力要素。因此，在职位评估的过程中对评估要素进行权重设置时，职位要素的比重便会相对较大。当然，这里也就出现了可以调节的空间：如果需要强化对任职者能力的激励，便可以通过加大评价要素中能力要素的比重来实现这一目的。图 6—14 是一个基于 IPE 系统加大能力要素权重的例子。

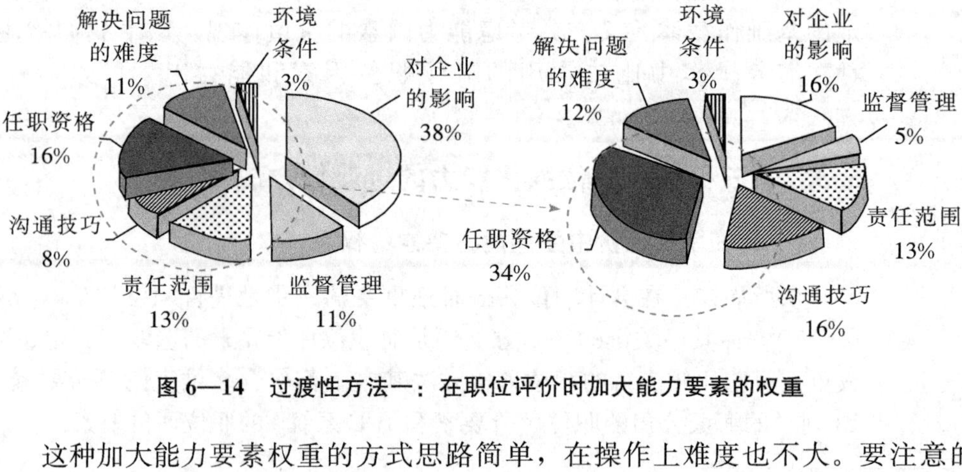

图 6—14　过渡性方法一：在职位评价时加大能力要素的权重

这种加大能力要素权重的方式思路简单，在操作上难度也不大。要注意的是，在进行职位评价之前，要就加大能力要素权重的目的和设置作出明确的说明，以使人们更易接受。

（二）以职位评价定薪等、以能力评价入薪级

第二种过渡性方法在思路上也比较简单，即首先通过职位评价的一系列步骤得出职位的相对价值［也就是得出薪等（grade）或基本的薪酬结构（pay structure）］，然后针对人的能力评价来确定任职者个体具体的薪酬水平［确定其薪酬水平在薪级（range）中的具体位置］，如图6—15所示。

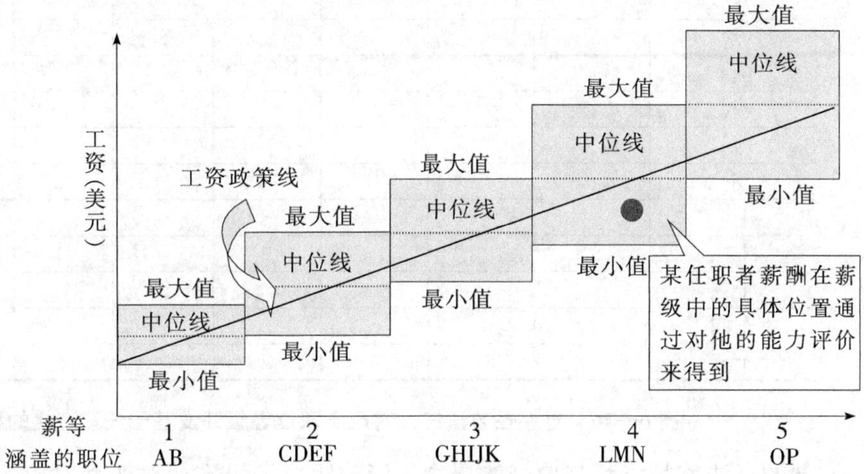

图6—15　过渡性方法二：以职位评价定薪等、以能力评价入薪级

可见，这是一种兼容职位评价和能力评价的方法。特别是针对那些在职位评价中位置不好放的职位，或者是在不得不考虑人的自身因素的情况下，能力评价就能够为灵活调整薪酬提供依据和方法。两种评价方式共同发力、相互有效支撑是使用这种方法的理想局面。但是，这种方法的操作比较复杂，必须经过两次评价（整体性的职位评价和针对任职者个体的能力评价），相应的技术成本、沟通成本就会相对较大。让人们同时认同和接受两套评价体系，是一件非常困难的、需要大量解释和沟通的事情。另一个问题是，这种方法既评估了职位价值也评估了能力水平，从评价的角度看的确是非常完整了，但是，薪酬的激励导向到底侧重于哪个方面？哪个更重要？这可能使得薪酬的激励导向不够鲜明。

（三）对应于职位等级开发基于任职资格等级的宽带薪酬

这种方式通常在针对某专业序列人员开发基于任职资格的薪酬时使用，是针对某序列人员将职位薪酬转化为任职资格薪酬的常用方法。这种方法的使用有一个前提，即要求组织已经比较系统地完成了职位评价工作，得出了基本的职位工资结构，这样便可以职位等级作为该序列人员任职资格等级的内部参照系，作横向对应，如图6—16所示。

这其实就是我们在前面介绍基于任职资格的薪酬时所提到的内部参照的方法，一个新的任职资格开发出来以后，如何基于任职资格等级来定薪酬呢？最简

职位评价得到的薪等与薪级	对应的职位				对应的某专业序列任职资格			
	职位123	职位456	职位78	职位910	一级	二级	三级	四级
一								
二								
三								
四								
五								
六								
七								
八								
九								
十								
十一								
十二								
十三								
十四								
十五								

图6—16　过渡性方法三：对应于职位等级开发基于任职资格的薪酬

便的做法就是将其与原来的层次相当的职位等级进行对照和对应，如图6—16中一级职称的工资带覆盖了职位序列中一至六的工资带，使职称工资带呈现出宽幅化的趋势。在确定薪酬水平时，通常会采用均值或中位数作为对应基准进行定位（即使得一级职称工资带的均值或中位数等于职位序列中一至六级工资带的均值或中位数），这时评上一级职称的任职者便可拿到这个均值或中位数水平的基本工资，同时随着其绩效的实现状况而获得在一级职称工资带内浮动的绩效工资（不超过一级职称工资带的上、下限）；在对象能力提升并获得认证——评上二级职称后，他便可拿到二级职称工资带的基本工资（这个值是与职位序列中六至十一级工资带的均值或中位数相对应的），同时在二级职称工资带内获得浮动的绩效工资。可见，这种采用对应基准确定、设计任职资格薪酬的做法，同时实现了职位、能力与绩效这些要素的综合处理。总之，在已有职位评价结果的前提下，要针对某序列人员开发能力薪酬时，这种内部对应的方法是比较有效的。

以上我们基于能力薪酬与职位薪酬的差异比较，通过把握各自的特点和优点，导出了两者在方法上的结合，介绍了三种来自实践的、基于职位薪酬实现能力薪酬设计的过渡性方法。相信更多更好的能力薪酬设计方法将在管理实践中进一步开发出来。

6.4　我国能力薪酬的实践与趋势

在前几节我们系统介绍了能力薪酬的基本问题。在本节中，我们将把视线聚焦于我国的薪酬管理实践，看看能力薪酬在中国的实践情况。特别是20世纪90年代到21世纪初这10年间，由国家（原劳动部）主导建议的岗位技能工资成为我国企业单位工资管理制度的主流。它是不是我们以上所介绍的现代意义上的能力薪酬，现代的能力薪酬方式对中国的薪酬管理还具有哪些实践意义这一系列中国化的问题，是我们想在本节中讨论和探索的。

6.4.1　此"技能工资"非彼"能力薪酬"

20世纪90年代初，为了打破分配上的"大锅饭"和平均主义，强化按劳分配原则；特别是为了稳定生产一线，鼓励工人学习技能，原劳动部发布了《关于进行岗位技能工资制试点工作的通知》（劳薪字［1992］8号）和《关于岗位技能工资制试点工作有关问题的意见》（劳薪字［1992］30号），在报酬分配上向苦、脏、累、险岗位和技术要求高、责任重的岗位倾斜，使得岗位技能工资成为整个90年代中国企业单位的主流工资体系。

当时，劳动部的文件还提供了完整的岗位技能工资的设计建议方案，在方案中说明：

> 岗位技能工资是以按劳分配为原则，以加强工资宏观调控为前提，以劳动技能、劳动责任、劳动强度和劳动条件等基本劳动要素评价为基础，以岗位、技能工资为主要内容，按职工实际劳动贡献（劳动质量和数量）确定劳动报酬的企业基本工资制度。它是企业内部分配制度的主体和基础。
>
> 岗位技能工资是一个系统工程，它包括劳动评价体系、基本工资单元和工资标准的确定，辅助工资单元的设置等方面，还涉及运行机制的建立以及加强宏观调控和配套改革措施……

可以看出，中国的岗位技能工资方案（具体内容见本章附录2）是一套综合了岗位因素和能力因素的系统方案，它在打破平均主义、突破身份等级工资制、激励当时的一线工人在艰苦工作条件下进行工作等方面无疑具有历史性的积极意义。而同时，在实践中，这套方案的问题也逐渐暴露出来，我们可以从方案使用者的评论中看出一些具体问题。

> 职工的技能等级与技能工资等级脱钩。由于技能工资是从计划经济体制下的等级工资制演化而来的，其晋级仍然按职工的工作年限、劳动成果、出勤率、违纪情况等考核，具有较浓的年功工资色彩，未能充分、准确地反映一个职工的真实技术水平。职工技能等级的考核与技能工资的脱节，形成了新的"大锅饭"。
>
> 技能工资的高低主要体现在工龄的长短和职工劳动贡献的积累上，实际是一种未和职工技能、职务、职称与贡献挂钩的等级工资，无法反映技能工资的职能作用，导致职工学技术、钻业务的积极性不高。
>
> 工资结构不尽合理。在实行岗位技能工资制之初，岗位工资与技能工资的比例约为5∶5，但在历年的调资中，许多企业的做法大都是偏重于对技能工资的晋级（而此时的技能基础实质上沿袭了传统的身份等级），背离了推

行岗位技能工资制的初衷（没有关注具体的岗位要求和岗位贡献），不利于调动职工的工作积极性和主动性。

岗位工资标准过低，级差小，工资与具体岗位要求的联系不紧密。

岗位技能工资制实行之初，强调岗位工资向生产一线的苦、脏、累、险岗位倾斜，而忽视了技术和管理岗位，造成专业技术人才的外流。①

……

结合这些具体问题我们可以发现，在实际操作中，中国20世纪90年代推行的岗位技能工资构成里，其技能工资部分其实仅仅是对传统身份等级工资的一种新的表述，在其所谓的岗位劳动评价中，劳动责任、劳动强度和劳动条件三个要素都与技能本身缺乏直接的联系，基本上都是我们现在所理解的工作职责和工作条件的内容（劳动强度是工作责任和条件在人体功效上的反映，与技能并没有多大关系）。其中，劳动技能要素和职工劳效评价这部分内容包容了知识、经验和专业技术要求，但是由于当时对能力分析与评价的现代人力资源方法还不成熟，更重要的是，该技能等级评价的实际操作原则和方式沿袭了长期实行的八级工资等级，因此，这里的技能水平等级实质上并没有褪掉身份等级的含义，与员工实际的技术水平缺乏有效的联系。现代技术的缺失与传统方式的沿袭，使得真正的技能要素并没有在实际操作中得到充分体现。

另一方面，该方案工资构成中的“岗位工资”是呼声很高的部分，人们希望这部分工资能够更加具体、真实地与岗位职责密切联系起来（呼唤规范的职位工资），但由于当时企业单位中规范的岗位（职位）体系尚未建立，甚至连岗位概念本身都还没有树立起来，品位、职务等带有行政等级色彩的“抬头”遮盖了真正的岗位或职位概念，从而在实际运作中这部分岗位工资比例低、标准低、级差小、与岗位要求联系得并不紧密。

总之，可以用“岗位基础尚未立足；品位导向仍占上风；技能只不过是身份的代表；各种问题日益突出”这四句话来概括对90年代中国岗位技能工资的评价。

2000年，劳动和社会保障部发布了《关于印发进一步深化企业内部分配制度改革指导意见的通知》（劳社部发［2000］21号），该文件在开篇就明确指出：

……建立以岗位工资为主的基本工资制度。

按照建立现代企业工资收入分配制度的要求并根据人力资源管理的特点，积极探索建立以岗位工资为主的基本工资制度。提倡推行各种形式的岗位工资制，如岗位绩效工资制、岗位薪点工资制、岗位等级工资制等。要进行科学的岗位设置、定员定额和测评，做到以岗定薪。要以岗位测评为依据，参照劳动力市场工资指导价位合理确定岗位工资标准和工资差距。提高

① 摘自新华网的有关评论文章，可登录网站：www.xinhua.com，通过该网站的搜索引擎输入关键词“岗位技能工资”，得到相关评论文章。

关键性管理、技术岗位和高素质短缺人才岗位的工资水平。岗位工资标准要与企业经济效益相联系，随之上下浮动。职工个人工资根据其劳动贡献大小能增能减。企业内部实行竞争上岗，人员能上能下，岗变薪变……

这一文件从官方认可的角度把岗位工资推到了中国工资制度历史舞台的前沿，同时也标志着岗位技能工资开始从官方的正式语境中淡出，结束了在岗位技能工资时代下，岗位工资和技能工资两者都不伦不类的尴尬。中国的工资制度进入了以岗位为基础的时代。

6.4.2　新的实践要求呼唤真正的能力薪酬

“中国的工资制度是为了在具体历史背景下解决具体历史问题而设计的”（曾湘泉，2005），每一种成为主流的工资制度都有其发生和应用的历史背景。当然，在制度变迁中，上一种制度影响的延续性和新制度建立的突破性必然同时存在，也正是在这样的“破”、“立”变迁中，制度才得以不断发展和优化。因此，我们首先必须承认每一种工资制度都有其阶段性的合理性和有效性。从早期基于身份、行政等级的计划分配方式，到岗位技能工资制，再到当前渐成主流的岗位（职位）工资、绩效工资制，都是基于特定历史条件下的具体问题而发生的，也都起到了相应的积极的效果（见表 6—8）。

表 6—8　　中国工资制度对应的特定历史背景与问题一览表

主流工资制度	历史背景特征及需解决的突出问题
基于行政等级的品位、身份、职务工资	● 革命经历需要高度认可，革命身份需要获得回报； ● 计划性的统一分配模式； ● 政府主导经济，一切向行政级别看齐。
岗位技能工资	● 人们都去追求行政级别，脏活累活谁来干？——工人阶级的生产工作需要获得认可，特别是一线苦、累、差的工作岗位，需要稳定和关照。
岗位工资、绩效工资	● 岗位技能工资中，技能工资和岗位工资两者都不伦不类，问题突出； ● 关注岗位基础建设，岗位概念亟须落实到管理实践中去，岗位职责越发需要明确，需要建立科学的岗位体系； ● 以岗定薪的技术已比较成熟、有效； ● 与效益挂钩，符合市场经济的体制要求。
能力工资	● 新科技革命和知识经济的时代背景，使得政府、企事业单位、员工个体的能力开发与建设日益重要； ● 科技产业的发展与竞争、核心能力的形成与强化，越发需要高智能、高技能人才； ●“技工荒”、高技能人才短缺，没人愿意去学技术，因为拿不到认可技能的工资； ● 职业技能培训和鉴定已经发展起来，配套的激励机制呼之欲出； ●“官本位”的积习需要基于能力实现突破； ● 对从业人员职业化素质提升的要求越来越强烈（如职业经理人、医生、教师、体育及文艺工作者等各种职业化人员）； ……

从回顾中国工资制度变迁的线索来看，现代意义上的能力薪酬在中国是缺失的，但是当前中国劳动力市场运行和人力资源管理的实践，已经对能力薪酬产生了日益迫切的需求。特别是2002年以来中国劳动力市场上出现的“技工荒”、高级技能人才短缺的问题等日趋突出。各种解决措施逐步出台，其中大力推进职业技能培训和鉴定的举措呼声最高；相应地，全国各地的职业技能培训学校、培训站、鉴定机构逐步发展起来，职业技能培训和鉴定的规模也逐步扩大。但是在培训和认证之后该怎么做？我们相信，开发、鉴定和激励三个方面只有形成相互联动的系统机制，才能够打通“能力培训——能力鉴定——能力激励”的完整链条。而且，技术工人薪酬水平的长期停滞和抑制，在促成中国低劳动成本优势的同时，也大大挫伤了人们学习技术、从事技术工作的积极性，技能激励的缺失对“技工荒”的出现不可谓没有责任。因此，从激励机制的角度来看，技能工资必然会成为呼之欲出的正确选择。而且，要想突破中国的低劳动成本优势，导出高劳动技能优势，在全面展开技能培训与鉴定的基础上，逐步提升和强化对技能的激励也是一个必要环节。

能力薪酬不仅有助于解决中国劳动力市场上的技工荒、技能人才短缺问题，而且从具体的管理层面来看，对于消除我国企事业单位长期以来“官本位”的积弊；建设技术、技能专业人才的激励体系和职业发展通道；强化专业人才、职业人员（如职业经理人、教师、医生、职业运动员、文艺工作者等）的职业化素养等各方面，能力薪酬（包括技能工资、知识工资和胜任力工资等）都有其广阔的用武之地。

总之，在当前以岗位工资为主流工资机制的基础上，能力薪酬的应用和发展也已经成为现实之需。我们相信，现代意义上的能力薪酬必将作为重要的角色登上中国工资制度的舞台，与岗位工资、绩效工资一起，发挥其不可或缺的现实功能。

□ 本章小结

作为一种直接以任职者的能力为基础和支付依据的薪酬方式，能力薪酬往往被冠之以“以人为本”的美誉，因为其最主要的激励目的就在于促进任职者不断地学习，以提高自身的任职能力，而非仅仅追求职位等级的晋升；推行能力薪酬的组织往往相信，得到能力提升的员工自然会有效地完成工作并创造好的绩效——这显然是充满了善意和信心的假设，同时也是能力薪酬区别于其他薪酬方式的本质特征。

落实到具体的薪酬计划上，能力薪酬包含了技能工资、知识工资和胜任力工资等多种主要的基本工资计划。其中技能工资和知识工资主要关注员工胜任职位所必需的、与具体职责密切相连的技能和知识要求，诸如技能模块、知识模块和课程模块等方法在设计这些计划时往往被采用；胜任力工资计划则主要是为任职者所拥有的那些能够在职位上创造出高绩效的内在素质买单，相对于技能工资多用于技术工人或技能人才而言，胜任力工资计划则多用于组织中的高端人力资本（高层管理人员或核心专家）。尽管近年来胜任力模型技术越来越流行，但将薪酬与胜任力有效联系起来的成熟方法仍不多见，这也是值得进一步研究和实践的领域。

从中国人力资源管理的实践和发展趋势来看，能力薪酬并未引起足够的重视。流行于中国20世纪90年代的岗位技能工资，作为针对当时中国现实劳动问题的解决方案，在实现了薪酬分配向一线岗位倾斜的同时，并没有真正起到激励能力提升的作用。在解决我国当前劳动力市场上所出现的“技工荒”、技能人才短缺等现实问题的过程中，能力薪酬制度必将发挥重要的作用。

□ 复习思考题

1. 与职位薪酬和绩效薪酬相比较，能力薪酬的本质特征和内涵是什么？

2. 谈谈你对能力薪酬中“能力”这一概念的理解。

3. 能力薪酬（或广义的“能力工资”）范畴下的基本工资计划包括哪些？它们各有哪些特点？

4. 基于能力薪酬设计的总体框架，比较几种典型的能力工资计划在设计方法上的异同。

5. 谈谈能力薪酬成功的要点及弊端。

6. 职位薪酬和能力薪酬的主要差异有哪些？

7. 在你看来，中国20世纪90年代实行的岗位技能工资制度是我们所谓的能力薪酬吗？为什么？

8. 你可以试着列举一下：当前中国哪些劳动力市场问题或人力资源管理问题可以从能力薪酬的角度寻找解决方案？

附录1 文物修复人才严重断档，技能激励亟待强化

中华民族源远流长的文明历史，为炎黄子孙积累了丰厚的文物资源。在文物修复专家巧夺天工的复原手艺下，我们才得以鉴赏祖先们留下来的文化遗产。

但是如今，我国大多数博物馆的文物修复人才已经出现了严重的断档，许多文物修复技艺正面临着失传的危险，而且这将直接导致许多文物的损毁和消失。据新华社报道，我国目前从事专业文物修复的人才不到500人，技术成熟的文物修复专家也就400人左右，以每人每月修复一件文物计算，仅修复现有的2 000万件破损文物，就需要至少2 000年！①

文物大国为何出现了文物修复人才严重断档的危机？除了这类人才的开发培训周期长、缺乏专门的人力储备规划等原因之外，人们发现，近几年来文博系统内文物修复人才的待遇低、激励不足，是导致各博物馆人才缺失和流失的重要原因。② 而这里“激励不足”的症结又在于对文物修复工艺和技能本身的开发、认

① 相关报道摘自 http://tech.tom.com/1121/1122/2005321-170944.html。

② 如中国文物学会文物修复委员会秘书长贾文忠曾向媒体指出：“博物馆修复人才稀缺的现状，主要是由两大原因造成的，一是现在文博系统文物修复人员的待遇、工资很低。解放初期，故宫从上海请的一位文物修复专家，工资是当时院长的两倍，而目前我国文物修复人员薪酬参照的是工人的标准。二是文物修复人员的行业地位低，得不到行业系统的重视，始终处于工匠的地位。”http://tech.tom.com/1121/1122/2005321-170944.html。

同和激励不足。

特别是在当前侧重于以学术研究水平论博物馆实力的主流导向下，文博系统内业务人员的学术研究成果和正式学历成为其聘任和职称晋升的最重要条件，其专业职称序列“助理馆员——馆员——副研究馆员——研究馆员”是以“学术研究能力”作为重要标准的。而对于以手艺和技能为主要能力特点的文物修复人员来说，进行纯粹的学术研究往往并不是他们的强项。此外，这类技艺型人才的技能开发方式独特，当前大多数文物修复专家的精湛手艺都是在老师傅和老前辈们口传心授的帮带下习得的，并没有经过高等业务教育，他们往往有“术”无“学（历）”。在缺乏学历优势和研究优势的情况下，他们的职称等级评不上去，与之挂钩的薪酬也就受到了很大的局限。

可见，当前文博系统专业人员的能力薪酬（薪酬和研究性职称序列挂钩）在鼓励学术研究能力的同时，忽视了对文物保护和修复技能的开发和激励。因此，从能力薪酬建设的角度，我们建议可以从以下四个方面进行改善：

第一，可探索性地开发和设计一条获得业内认可的、标准化的、以文物保护和修复技能为核心的专业技术序列，如“文物修复师”序列。① 文物保护和修复人员可以通过不断提升自身的文物修复技艺而在该新序列上获得职业发展和薪酬升级，且在薪酬水平等级上与相对应的馆员序列等级的薪酬水平大致相当。从而在文博系统内形成多序列的能力发展阶梯和能力激励体系（既关注学术研究能力，也激励文物修复技能），让不同能力类型的专业人才各得其所、和谐发展。

第二，由于文物修复人才的技能开发与培养具有独特性：基于经验和技巧积累的路径往往比基于课本教学的路径更加有效，因此，可考虑以科学、规范的方式更新性地重建“师承制”。相应地，也应开发和建立与“师承制”等学习计划相配套的技能工资（知识工资）计划。而且，这些与“师承制”的学习计划相配套的技能工资方案应涉及师傅和徒弟双方，不仅学生可以因习得技艺（经认证后）而获得薪酬的增长，师傅也可因传授技能而获得额外的认可和奖励。特别是在建设新的技能序列的同时，“师承制”可与其配套建设。

第三，也可让“手艺”的传承方式登堂入室。文博系统相关单位可以与院校合作，优化整合专家、师资等教育资源，建设文物修复工艺专业，让“手艺”获得高等教育的学历认证。

第四，注意保持文物修复人才薪酬总体水平的外部竞争性。特别是在当前文物市场景气且文物人才稀缺的情况下，文物修复人员的“手艺”在市场上的价格远远高于在博物馆里坐班工作的工资。使文物修复人员的整体薪酬水平与市场价格基本接轨②，也是保证其薪酬体系激励效果的重要方面。

资料来源：根据有关调研材料编写。

---

① 据《中国文物报》和中国国家文物局网站报道，目前中国文博界的相关机构已经开始对“文物修复师”序列的建设问题进行探索和讨论。参见 http：//www. nach. gov. cn/publishcenter。

② 与市场水平接轨可以有两种基本方式：一是参照外部市场价格，适度提高系统内文物修复人员的薪酬水平；二是在保证其不影响系统内工作并有严格限定条件的前提下，为其提供相对开放的空间，让其通过外部市场获得收入补充。

附录2 中国“岗位技能工资”方案的基本内容

中国“岗位技能工资”方案的主要内容，如图6—17所示。

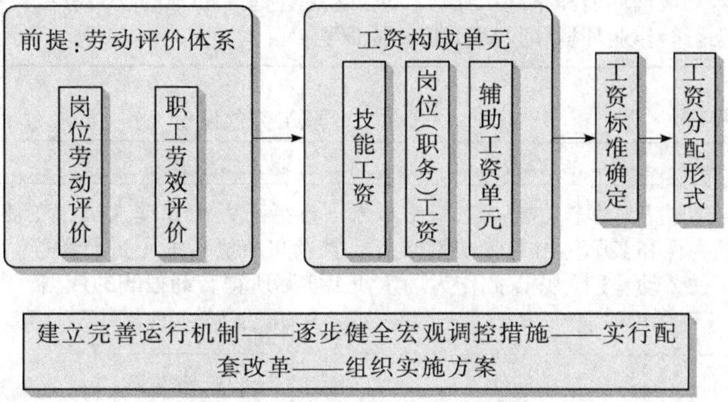

图6—17 我国岗位技能工资方案的构架

劳动评价体系是整个工资方案的技术前提。这个评价体系又包括两大方面：一是岗位劳动评价；二是职工劳效评价，其评价内容和要素分别如表6—9和表6—10所示。

表6—9 岗位劳动评价

（一）岗位劳动评价
将各类岗位、职位劳动对职工的要求和影响综合归纳为劳动技能、劳动责任、劳动强度、劳动条件四项基本劳动要素，通过测试和评定不同岗位的基本劳动要素，科学评价不同岗位的规范劳动的差别，并以此作为确定工资标准的主要依据。
评价要素
1. 劳动技能——主要指不同岗位、职位、职务对职工所要求的：
● 受教育（培训）程度，指文化知识水平和专业技术水平； ● 实践经验，指工人、管理人员和专业技术人员的工作经历和从事专门工作的资历，工作经验和积累程度； ● 实际工作能力，指工人的实际操作能力、管理人员的组织管理能力和专业技术人员解决实际问题的能力及研究能力。
2. 劳动责任——主要指因岗位、职位、职务不同：
● 对产品（服务）质量、数量、成本和消耗所负的责任程度； ● 对设备、财产所负的责任程度； ● 对安全生产，劳动卫生，企业生产经营、管理所负的责任程度； ● 对精神文明建设所负的责任程度。
3. 劳动强度——主要指因岗位、职位、职务不同：
● 体力、脑力劳动的紧张程度； ● 疲劳程度； ● 劳动姿势； ● 工时利用率。

4. 劳动条件——主要指不同岗位、职位、职务的：
● 危险程度，包括矿山井下、隧道作业，高空、高速、潜水、海上作业，接触易燃易爆物等； ● 危害程度，包括接触高温、辐射、热、低温、粉尘、噪声，接触其他有毒有害因素等； ● 自然地理环境和不同工作班次对劳动者生理、心理的损害程度，包括高原、野外、海上、飞行等作业环境和长期夜班、倒班等。

表6—10　　职工劳效评价

（二）职工劳效评价
通过考试考核办法，对职工本人（包括工人和管理人员、专业技术人员）技术业务水平的高低和实际付出的劳动量（劳动质量和数量）大小进行科学、定量的评价，正确区分职工的劳动差别，并以此作为确定职工实际所得劳动报酬的依据。
评价方式
1. 上岗、任职资格考试： 按照各类岗位、职务、职位的劳动规范或责任制要求进行考试，合格者方能上岗、任职。
2. 技能水平考试： 分别对工人和管理人员、专业技术人员进行技能水平考试，以确认其实际达到的技能水平。
3. 劳动实绩考核： 分别对工人和管理人员、专业技术人员完成劳动任务等方面的实际情况进行考核，以确认其实际付出劳动量的大小。

该方案提出要将岗位劳动评价和职工劳效评价紧密结合起来，通过全面评价岗位和职工的劳动差别，为贯彻按劳分配原则奠定科学、定量分析的基础。该方案还明确提出了岗位技能工资的构成（见表6—11）。

表6—11　　岗位技能工资的构成

主要成分
1. 技能工资： 是根据不同岗位、职位、职务对劳动技能的要求，同时兼顾职工所具备的劳动技能水平而确定的工资。
● 技术工人的技能工资可分为初级技工、中级技工、高级技工三大类工资标准，并相应设置若干档次，非技术工人（普通工、熟练工等）的技能工资视其岗位对劳动技能的要求程度原则上参照初级技工的技能工资档次确定。 ● 为鼓励普通工、熟练工钻研提高技能水平，其技能工资最高可延伸到中级技工的技能工资档次内，管理人员和专业技术人员的技能工资可分为初级管理（专业技术）人员、中级管理（专业技术）人员、高级管理（专业技术）人员三大类工资标准，并相应设置若干档次。 ● 根据培训、考核、使用、待遇相结合的原则，为使技能考试与技能工资相对应，并使各行业、各企业之间的技能考试具有可比性，技能工资各档次的设置应大体一致。

2. 岗位（职务）工资：
是根据职工所在岗位或所任职务，所在职位的劳动责任轻重、劳动强度大小和劳动条件好坏并兼顾劳动技能要求高低而确定的工资。 ● 工人的岗位工资可按照劳动评价中各岗位评价总分数的高低，并兼顾现行工资关系，划分为几类岗位工资标准，并相应设置若干档次。 ● 不同的行业和企业，其岗位工资类别的多少不一样，其岗位工资标准也应有所区别。 ● 岗位名称相同，但在不同行业、企业乃至同一企业的不同车间、班组，其劳动责任、劳动强度和劳动条件不尽相同，因此，其岗位工资也可以有所差别。 ● 管理人员和专业技术人员的职务工资按照所任职务、所在职位的劳动评价总分数的高低划分为三类，并相应设置若干档次。从低到高依次为初级管理（专业技术）职务、中级管理（专业技术）职务、高级管理（专业技术）职务工资标准。 ● 因企业规模、类型不同，同样职务的管理（专业技术）人员的责任、负荷也不尽相同。因此，大型联合企业、大型企业、中小型企业乃至同一企业的不同科室、车间，相同职务人员的工资也可以有所差别。
3. 辅助工资单元：
企业根据需要和可能可以设置符合自己特点的辅助工资单元。

在工资标准的制定上，该方案说明：从行业、企业岗位劳动测评和资金税利率、人均税利率、劳动生产率高低等情况出发，兼顾国家和地方的财政承受能力及大多数企业的经济承受能力，在国家拟定的全民所有制大中型企业职工基本工资（岗位技能工资）参考标准的范围内，合理确定各主要行业和不同地区的岗位技能工资标准水平，如表 6—12 所示。

表 6—12　　岗位技能工资水平确定的原则

主要方面
1. 合理确定基本工资的最低、最高工资标准。
最低、最高基本工资标准的确定，要综合考虑以下因素： ● 企业和机关事业单位职工现行工资水平，最低、最高工资的比例关系及近期预测的变化趋势； ● 企业职工现行工资结构情况及调整趋势； ● 城镇居民月平均生活水平及近期预测； ● 关于企业经营者收入的规定及个人收入调节税的起征点等。
2. 分行业合理确定岗位工资、技能工资单元的比重。
其原则是： ● 要从行业生产经营特点出发，技术要求较高、以劳动技能为主要劳动因素的行业、企业，其技能工资的比重可以适当大一些；反之，劳动强度大、劳动条件差的行业、企业，其岗位工资的比重可以大一些。 ● 要从有利于发挥工资的激励职能作用出发，调动职工提高技术、业务水平的积极性和到技术要求高、责任重以及苦、脏、累、险及有毒有害岗位工作的积极性。

3. 合理确定各类人员基本工资的区间及技能工资、岗位工资各档次的工资标准。

各类人员基本工资标准，由各主要产业部门参照职工基本工资（岗位技能工资）参考标准比重，根据下列原则，结合实际情况拟定。其原则主要是：

- 要符合对劳动技能、劳动责任、劳动强度、劳动条件的测评结果；
- 要妥善安排不同类型、规模企业同类人员的工资关系；
- 要妥善安排企业内部主要岗位（职务）和其他岗位（职务）以及同岗位（职务）人员内部的工资关系；
- 要恰当处理相关类人员的工资标准的衔接和交叉程度；
- 各地区参考产业部门拟定的行业岗位技能工资标准，结合本地区实际情况，分别拟定本地区各主要行业的岗位技能工资标准；
- 各部门、地区拟定的岗位技能工资标准要有一定的弹性幅度，以适应本行业、本地区不同企业的实际需要。

4. 各产业部门和各地区拟定的岗位技能工资标准，要报劳动主管部门综合协调、平衡并审核批准。企业及其主管部门在执行本行业或本地区工资标准时，可以结合实际情况进一步具体化。

除了以上介绍的评价机制、工资构成和工资水平确定机制等关键内容外，该方案还对工资发放形式、宏观调控机制、配套改革措施以及组织实施方式等各方面都作出了说明和建议。

资料来源：该方案的内容根据网络搜索资料整理（登录Google网站，输入“岗位技能工资”搜索所得资料）。

附录3　有关能力薪酬的理论研究

此附录系统地分类和回顾了美国及欧洲等国对能力薪酬的研究文献，探讨了国际上能力薪酬研究的整体走向和研究全貌。这些有关能力薪酬的研究理论的文献一是来源于EBSCO数据库，二是来源于国外被多次引用的、具有发展性研究方向的教材。此外，中国有关技能工资的文章与教材虽然数量很少，但毕竟具有标杆性，因此也将其主要文献列入，以表明中国学者对此主题的重视。本附录引用了44篇学术期刊文献，其中，关于能力薪酬研究的文献集中发表于九本核心期刊。表6—13从研究者、研究内容和研究类型等方面对这些有关能力薪酬的理论研究文献作了总结。

表6—13　　有关能力薪酬的理论研究总结

研究	技能工资内容	技能工资程序	技能工资绩效	组织/个人层面	研究类型
Gupta, N., Schweizer, T. P. & Jenkins, G. D. Jr. (1987)	技能工资计划的使用范围、组织环境、影响技能工资计划的成功因素、技能工资计划的将来、未来需研究的领域。		技能工资计划的优点。	组织层面	实证研究

续前表

研究	技能工资内容	技能工资程序	技能工资绩效	组织/个人层面	研究类型
Gerald V. Barrett (1991a)	技能工资计划的一般特征。		技能工资计划的益处、技能工资计划在法律上的弱点。	员工公平认知	描述
Ledford，G. E. Jr. (1991b)	什么是技能工资计划（SBP）、SBP计划的组织环境、关于SBP的经验及结论。	SBP计划设计过程、SBP计划的构造。			文献回顾
Leblanc，Peter V. (1991c)	目标、设计的初步考虑，从经验中所获的教训。	技能模块的限定、技能的定价、技能评估与鉴定、培训、职业选择、沟通计划。			案例研究
Ledford，G. E. & Bergel，G. (1991d)	组织环境。	技能工资的设计程序（八个步骤）。	技能工资计划的影响：包括组织效果和对员工的效果。	组织/个人层面（技能工资对员工的影响）	案例研究
Ledford，G. E. & Tyler，W. R. (1991e)	组织环境（包括条件、生产技术、组织设计）、技能工资计划的特征。	SBP设计程序（三个阶段：采用、修正与再形成）。	技能工资计划的影响：包括组织效果和对员工的效果。	组织/个人层面	案例分析
Jenkins，G. D.，Ledford，G. E.，Gupta，N. & Doty，D. H. (1992)	(1) 技能工资的定义。(2) 技能工资计划的使用者（包括，使用技能工资计划的行业、技能工资计划使用者的组织特性、包含在技能工资计划中的员工、与技能工资相关的组织实践）。(3) 技能工资计划的特征及与技能工资计划有关的其他问题，包括：1) 工会的角色；2) 对技能工资的法律思考；3) 培训问题。	技能工资计划的设计，包括：(1) 技能和技能单位的设计；(2) 设计要素和成功之间的联系；(3) 对技能和技能单位的评估。设计和执行技能工资制度。	技能工资计划的目标和效果，包括：(1) 使用技能工资的预期结果；(2) 技能工资计划的成功；(3) 技能工资计划使用的难点。		调查报告

续前表

研究	技能工资内容	技能工资程序	技能工资绩效	组织/个人层面	研究类型
Hill，R. Bradley（1993a）		形成技能工资计划的13个步骤。	产生重要的技能类目等八个潜在优点。	组织层面	案例研究
Lawler，Ledford & Chang Lei（1993b）	技能工资使用的趋向、技能工资使用的成功率、技能工资与员工参与、技能工资与全员质量管理、技能工资与组织结构变革、技能工资与其他组织革新、技能工资计划使用的未来。				
Parent，Kevin J.，Weber，Caroline L.（1994）	计划的结构、使用PFK（pay for knowledge）与未使用PFK的环境描述。		两个工厂间的数据比较，在生产率、质量方面有显著优越性。	组织层面	实证研究
Ledford，Gerald E. Jr.（1995）	能力（胜任力）的定义、关注能力工资的三点原因、实践中的能力工资、工资计划设计的八个考虑维度、能力工资的未来。			组织层面	描述
Morris，John L.（1996）	什么是技能工资、技能工资计划的不利之处、应汲取的教训。				描述
Ronald J. Recardo（1996）	什么是技能工资、如何确定技能工资是否适合你的企业。	技能提升、技能掌握的认证、工资提升、如何执行技能工资（九个任务）。	SBP计划的收益和成本。	组织/员工个人层面	描述

续前表

研究	技能工资内容	技能工资程序	技能工资绩效	组织/个人层面	研究类型
Henry Jahja & Brian Kleiner (1997)	定义能力、三个能力工资的案例、能力工资的适用范围。	设计一个能力工资计划。		组织层面	描述
Darrell J. Cira & Ellen R. Benjamin (1998a)	定义能力、建立一个能力模型、能力与工资的联结、能力工资的类型、能力工资的五个运用。	执行能力工资的六个步骤。		组织层面	描述
Gerald D. Klein (1998b)	最初的组织环境、工作群体设计、有助于知识付薪计划开始的因素、PFK薪酬系统的结构。	指导和评价程序、调整工资水平、贯彻PFK、与技能获取相关的问题、学习机会的问题、培训机会的平均分配。	组织方面的成果。	组织层面	案例研究
Murray, B. & Gerhart, B. (1998c)			技能工资计划对质量、生产率、劳动成本都有显著影响。	组织层面	实证研究
Cynthia Lee, Kenneth S. Law & Philip Bobko (1999)	有利于技能工资成功的组织特性、SBP特征。		对组织与个人产生的益处（结果）。	员工个人对技能工资计划的态度（公平认知）以及导致这些态度的过程分析。	实证研究
Lance A. Berger & Dorothy R. Berger (1999)	技能、知识和能力付薪计划的种类。技能工资计划的设计应考虑的因素：以经营为导向的目标的设立、组织结构与技术、组织文化。	如何设计付薪的技能单元：考虑薪酬管理、评估技能的获取、培训等方面。			文献回顾
James P. Guthrle (2000)			使用技能工资计划会导致员工离职率的下降。		实证研究

续前表

研究	技能工资内容	技能工资程序	技能工资绩效	组织/个人层面	研究类型
林文政（2000）	技能工资制的含义与目的；技能工资制的类别；技能工资制设计的六种模式，即阶梯层级模式、技术模组模式、学校课程模式、跨部门模式、薪级进阶模式、技能评核模式。	技能工资制设计应考虑的事项，包括一般事项、技术事项与过渡事项。			文献回顾
George T. Milkovich & Jerry M. Newman (2001)	以个人为基础的薪酬结构包括以技能或能力为基础的结构。技能计划的类型、技能计划的目的及优点、关于技能计划的研究。定义胜任力、胜任力计划的目的及优点、关于胜任力的研究。	技能分析、胜任力分析。			文献回顾

此附录根据已有文献，提出未来能力薪酬研究需要加强的方面，供以后的研究者参考。

一、统一相关名词

目前在能力薪酬的名词、名称、定义等方面尚未达成统一认识，能力薪酬研究在名称上具有很大的歧义，这会阻碍能力薪酬的学术进展，所以建议在现有学术领域进行统一。

二、加强实证研究的质与量

目前国内外有关能力薪酬的文献大多偏重于实务的说明和讨论，有关理论假设与实证研究的结果仍不充足。目前研究的另一项不足是，研究通常偏重于能力薪酬优点的说明与验证，有关缺点虽有提及，但仍缺乏实证研究，更缺乏能力薪酬成本效益的比较性分析。希望以后的研究在这方面有所加强。

三、扩充与深化研究主题

1. 关于能力薪酬与组织绩效关系的研究

默里和格哈特（Murray & Gerhart，1998）指出，未来在技能工资制与组织绩效关系的研究上有几点尚待努力：(1) 中介变量的种类和影响强度；(2) 在不同的薪资给付水平下，工作弹性与员工技能水平的程度与效用；(3) 在工作弹性与组织绩效的联结关系中，应该再考察不同员工技能水平的影响效果；(4) 精确估计技能工资制的运作成本（包括培训成本、技能认证的设计与执行成本、持续性评估与鉴定的成本、追踪记录员工资料的成本等），同时将成本与技能工资制的效益进行比较性分析；（5）员工对学习新技能可获得加薪的期望价值，可能受员工的自我尊严、自我效能、对培训与发展机会可能性的认知、对组织培训与评估系统的信任度、对工作分派体制空缺可能性的认知与信任等因素影响。

2. 关于能力薪酬与职务工资制的比较

可以从不同的组织、民族文化、组织结构、适用部门及管理方式等层面考虑这两种制度的差异。例如，究竟哪种文化比较适用何种薪资制度，是否民族不同会导致对某种薪资制度的偏好有所差异等。在组织结构上，可以进一步研究什么类型的组织结构适合采用技能工资制度；如果要实施能力薪酬制度，应对组织结构作何调整等。对这些问题可以作进一步探讨。

3. 探讨国内企业实施能力薪酬的可行性

近年来，已有一些国内企业采用了这种薪资制度。可以进一步追踪这些企业在组织年龄、组织特征、组织文化、组织技术等方面的特点，以检验能力薪酬制度在国内企业是否具有实施条件，并进一步作可行的实证研究。

资料来源：黄锦：《20世纪70年代以来技能工资理论研究的回顾》，中国人民大学劳动人事学院硕士论文，2003。

第7章 绩效与薪酬

一定要明确界定绩效，并且一定要让员工能够通过自己的工作行为影响绩效。

——亚当斯

当今时代，我们会听到越来越多的按绩效付薪之类的话语，而现实中，很多公司都采用了根据绩效支付薪酬（pay for performance）的理念和做法。正如劳勒（1971）所指出的，“大概所有组织理论都应当考虑的一个问题，就是工资与绩效的关系问题”①。

在本章中，我们将绩效薪酬分为三种类型：个人绩效薪酬、团体绩效薪酬、组织绩效薪酬，分别对应个人、团体、组织三种绩效任务。我们认为，以上三种绩效薪酬形式各有其优缺点，分别适用于不同的场合。个人绩效薪酬更加适用于那些可以明确衡量个人绩效的情境；团体绩效薪酬对应的是一个小组或者部门，其绩效衡量的依据是团体成员能否完成整体的团体绩效目标；而组织绩效薪酬则是指和组织整体绩效相挂钩的一种薪酬形式，只要组织完成了绩效目标，组织的所有员工就均能享受到。我们还分别从操作的角度，对在中国的环境下如何设计员工绩效薪酬提出了一些技术性的操作建议。在本章的最后，我们提出了“绩效薪酬真的能激励员工吗”、“团体绩效薪酬还是个人绩效薪酬”两个问题，来启发读者进一步对绩效薪酬理论和实践进行思考。

7.1 概述

7.1.1 绩效的概念

绩效，英文为 performance，又译为表现、业绩，绩效管理（performance

① ［美］巴里·格哈特：《薪酬管理——理论、证据与战略意义》，113页。

management）也称为表现管理、业绩管理。绩效是一个极其复杂的概念，到目前为止，人们仍然未达成一致意见。① 目前对绩效这个概念有着三种不同的理解，分别认为绩效就是结果，绩效就是行为，绩效就是能力。

将绩效视为结果的观点认为，绩效实际上是指个体行为的结果。如伯纳丁（Bernardin）等人将绩效定义为："在特定的时间内，由特定的工作职能或活动产生的产出记录，工作绩效的总和相当于关键和必要工作职能中绩效的总和（或平均值）"②。

将绩效视为行为的观点认为，绩效是指个体在工作场所的行为。如墨菲（Murphy）将绩效的范围定义为"一套与组织或个体所工作的组织单位的目标相关的行为"、"业绩不是行动的后果或结果，它本身就是行动"③。

第三种观点是将工作行为与胜任特性相联系，包括两种观点：其一是认为能力就是行为［如伍德拉夫（Woodruffe）认为能力"是一种明显的、能使个体胜任地完成某项工作的行为"④］；其二是以麦克伯咨询公司（McBer Consultancy）以及斯宾塞等人为代表的观点，他们认为，能力是个人的潜在特性。基于能力的评价是一种"向前看"的管理方式。

博尔曼和莫托维德罗（Borman & Motowidlo，1993）认为就个体绩效而言，可以分为两种类型：任务绩效（task performance）与情境绩效（contextual performance）。任务绩效是指个人能够运用其所拥有的知识和能力来完成一定的活动，这些活动能对组织的"技术核心"（technical core）作出贡献。这种贡献体现在两个方面：一是直接的（如生产工人）；二是间接的（如管理人员）。任务绩效实际上是指组织规定的与特定工作相关的活动。情境绩效是指虽然对"技术核心"没有贡献，却能支持实现组织目标的环境，如组织内部的社会、心理环境。它不仅包括帮助合作者的行为，成为团队中可靠的一员，也包括对如何改善工作流程提出建议。情境绩效实际上是指一种组织公民行为（organizational citizenship behavior，OCB）、组织自发行为（organizational spontaneity）、超职责行为（extra-role behavior），是与特定的工作任务无关的行为。情境绩效又可分为两个维度：人际促进度、工作奉献度。

实际上，就目前的研究而言，绩效的概念仍然是模棱两可的。从更广泛的定义上讲，绩效的概念既包括结果，也包括行为和能力⑤；既包括任务绩效，也包括情境绩效；既可指短期绩效，又可指长期绩效；既可指财务绩效，又可指非财务绩效。实际工作中，绩效包括工作结果以及与工作相联系的行为和能力，可以区分为两个维度：财务绩效和非财务绩效。财务绩效是指可以用财务指标加以衡量的绩效标准，如利润指标；非财务绩效是指不能用财务指标衡量的绩效标准，如管理类指标等。

---

① 参见理查德·S·威廉斯：《业绩管理》，130页，大连，东北财经大学出版社，2004。
② 蒋跃进，梁梁：《团队绩效管理研究述评》，载《经济管理》，2004（13）。
③ 理查德·S·威廉斯：《业绩管理》，101～102页。
④ 理查德·S·威廉斯：《业绩管理》，109页。
⑤ 参见理查德·S·威廉斯：《业绩管理》，130页。

7.1.2 绩效薪酬的概念

绩效薪酬并非一个新生事物，早在泰勒（Frederick Taylor）时代，就已经出现了一些形式的绩效薪酬。但是，当时的绩效薪酬是以计件工资、计时工资、差别计件工资等形式出现的。在计件工资制中，工人的工资和其完成的工作数量挂钩，在工人完成的数量超过生产定额之后，将获得一定的奖励。而在计时工资制中，绩效薪酬是与工人的超额工作时间相联系的，在工作时间超过额定时间后，将获得一定的奖励。可以说，泰勒所倡导的科学管理运动第一次对绩效薪酬的评定进行了较为科学的界定。

从泰勒时代发展到今天，人们已经普遍接受了按绩效付酬的观念，即所谓的“pay for performance”。但是，正如米尔科维奇和纽曼（2013）所指出的，当人们谈论绩效工资计划时，关于其含义的回答往往让人觉得语意含糊，而且你往往会听到诸如激励计划、可变工资计划、风险报酬、风险工资报酬、成功分享等不同的词汇。[①] 这表明，虽然人们已经认可了按绩效付薪的观念，但是，对绩效薪酬的概念并没有一个明确的、普遍认可的界定。

通过对目前流行的术语进行搜集和分析，我们发现，关于和绩效相关的薪酬概念包括以下几种：merit pay，merit bonus，incentive pay plan，variable pay 和 pay for performance。

米尔科维奇和纽曼认为，merit pay 是指根据员工的工作绩效，在原有基本工资的基础上增加的工资。国内有人将其译为业绩工资、绩效工资、绩效加薪，我们更倾向于将其译为绩效加薪。

根据美国薪酬协会的权威定义，merit bonus 实际上是指根据员工的工作绩效，以纯现金方式给予员工的、与基本薪酬相分离的奖励。与 merit pay 相比，merit bonus 是一次性给予员工的，需要每年重新“挣得”（re-earned），相当于我们平时所说的奖金，有人将其译为业绩红利，也有人将其译为业绩奖金，根据国内企业使用的习惯，我们倾向于采用后者的译法。

incentive pay plan 可译为激励薪酬计划，是指直接与某一特定业绩结果挂钩的薪酬，在绩效循环周期的开始，就应该明确奖励和期望结果之间的联系。激励薪酬计划可以是个人的，也可以是团体的、全公司范围的或者以上三者的结合。

variable pay 即变动薪酬，是指根据绩效或者结果而变动的薪酬，也可指风险报酬，实际上是指员工工资中可以变化的部分薪酬，可译为可变薪酬、浮动薪酬，是相对于全面薪酬中不可变化的部分而言的，是一种根据绩效完成情况所支付的薪酬。

pay for performance，即按绩效付薪，是指将薪酬（可以是基本薪酬和/或可变薪酬）整体或部分地和个人、团体、组织的绩效相联系。

---

① George T. Milkovich, Jerry M. Newman, Barry A. Gerhart, *Compensation*, Eleventh Edition, McGraw-Hill, 2013, p. 335.

以上五个概念的内涵是不同的。绩效加薪通常是指基本工资随着业绩的变化而增加，实际上是在对员工过去绩效认可的基础上所给予的奖励。同时，这种绩效加薪是永久性的，在以后的时间里，不管员工绩效如何变化，这部分已经增加的薪酬会一直给予员工。

业绩奖金通常是指根据员工工作绩效的完成情况所给予的一次性奖励，但是业绩奖金也是通过衡量员工过去的工作绩效，并根据工作绩效给予一定的薪酬方面的奖励。

与绩效加薪、业绩奖金相比，激励性薪酬更加面向未来，着眼于提高员工未来的工作绩效。

变动薪酬不仅包括短期的绩效薪酬，如业绩工资、业绩红利（或奖金），也包括为了长期激励员工而给予员工的激励，如利润分享、股票期权等。incentive pay从字面意思来理解，是指具有激励性质的薪酬，是可变薪酬的重要类别之一。而 pay for performance 则是笼统地谈绩效薪酬，并没有特指长期或短期的绩效。

从以上对不同概念的讨论中我们可以看出，绩效薪酬其实是一个非常宽泛的概念，既包括根据绩效给予的短期奖励，如业绩红利（奖金），也包括根据绩效完成情况给予的长期奖励，如利润分享、股票期权计划等。因此，绩效薪酬的定义可以表述为："是与工作绩效完成情况相联系的一种薪酬形式，包括短期奖励和长期奖励两种类别，其具体形式包括个人绩效薪酬、团体绩效薪酬、组织绩效薪酬三种类别。"其中，个人绩效薪酬是指与某个人绩效相联系的薪酬形式；团体绩效薪酬是指与某一团体绩效相联系的薪酬形式；组织绩效薪酬是指与组织整体绩效相联系的薪酬形式。

7.1.3 绩效薪酬的理论基础：激励理论回顾

从理论上讲，绩效薪酬基于一个基本的概念，即员工有各种各样的需求，满足这些需求就会促使员工按照组织的规定行事，这实际上说的是激励问题。因此，了解激励理论有助于我们更好地认识员工激励的过程，更有利于通过绩效薪酬调动员工的积极性，促进组织目标的完成。

（一）弗鲁姆关于激励的期望理论①

维克托·弗鲁姆（Victor Vroom）认为，某件事情之所以能对人们形成激励，是因为他们具有对成功的期望；也就是说，当某个特殊的结果对某人的价值非常高，并且此人认为他有较大的把握去完成这个任务以获得期望的结果时，激励就会产生作用。期望理论认为，为某种行为所付出的努力或行为的动机依赖于三个变量：期望值（E）、手段（I）、价值（V）。其中，期望值是指预期某种行为将产生成功的业绩的可能性，即个人感知到的努力与行为之间的联系；手段是指取得业绩成果后对个人产生的其他方面的影响，如升职，即感知到的行为与成

① Victor H. Vroom, *Work and Motivation*, New York: John Wiley & Sons, 1964.

果之间的联系；价值是指实现业绩对个人的最终价值，即个人预计从这些成果中获得的价值。根据期望理论，个人的努力程度可用下面的公式表示：

努力＝期望值×手段×价值

根据期望理论，当出现以下三种情况时，绩效薪酬计划可能不会产生激励作用：(1) 个人相信无论他付出多大的努力，都不会改善绩效；(2) 个人不相信更高的绩效水平将会以更高的工资水平的形式得到充分的回报；(3) 个人对工资会给自己带来的价值评价较低。

(二) 马斯洛的人类动机理论①

亚伯拉罕·马斯洛（Abraham Maslow）是美国著名的心理学家，他认为人类的需求可以分为五个类别：生理需求、安全需求、社会需求、自尊需求和自我实现需求，这五个类别的需求由低到高排列，从而形成一个需求等级（hierarchy）。一般情况下，总是在第一层次的需求得到满足之后，才会引发人类更高一级的需求。马斯洛认为：

生理需求是所有需求中最低层级的需求，包括衣、食、住等维持人类最基本生存的需求。

安全需求是指当生理需求得到满足后才会引发的需求，具体是指能够满足个人安全和保障其基本生理需求不被剥夺的需求，旨在保证个人在环境中的安全感。

社会需求是指人们得到了安全保障后，不必再为自身安全、衣食住行等问题操心时，就会产生更高一级的寻求和维持社会关系的需求，实际上包括个人努力去建立各种各样的社会关系。

自尊需求是指人们在建立社会关系、满足社会需求的同时，会寻求他人对自己的认可，是一种“心理增长需求”，包括赢得社会和他人的尊重、提高自己的名声、被人赏识和认同的需求。

自我实现需求是指当所有低一级层次的需求都得到满足后，所产生的实现个人理想的基本需求，努力使自己成为自己希望的那种人，这种需求很难得到满足。

马斯洛的需求层次等级如图7—1所示。

马斯洛认为，以上五种需求从低到高排列，当某一层次的需求得到满足时，立即就会出现其他更高级的需求，但是所谓需求的满足并非意味着100%的满意，往往是部分满足。马斯洛还指出，有时会出现需求层次倒置现象。需求层次倒置的原因可能是某种需求长期得到满足后，这种需要的价值被低估了，如当对食物的需求能长期得到满足时，就很容易低估饥饿的影响。产生倒置的另一个原因是这里的需求层次是以有意识的需求或欲望为依据，而不是以行为为依据，仅观察行为本身可能导致出现错觉。

① 参见孙耀君：《西方管理学名著提要》，123～135页，南昌，江西人民出版社，2011。

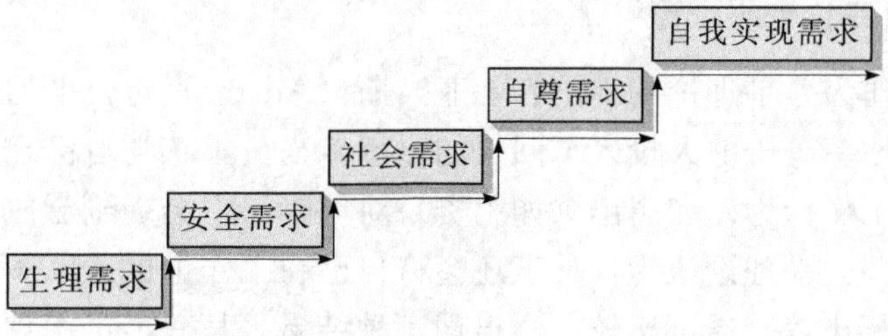

图 7—1　马斯洛的需求层次等级

（三）赫兹伯格的激励—保健理论①

赫兹伯格（Fredrick Herzberg）也是一位著名的心理学家，他在《哈佛商业评论》上发表了题为“再谈如何激励员工”的文章，全面阐述自己关于激励的想法。他认为，传统的员工激励方式存在巨大的缺陷，不能真正激励员工。传统方法最多只能消除员工对工作的不满意，但是并不能使员工感到满意，不满意的反面并不是满意，而是没有不满意；同样，满意的反面也不是不满意，而是没有满意。因此，赫兹伯格认为，传统的激励手段如为员工提供一个良好的工作环境、增加员工工资、和谐的人际关系等并不能真正激励员工，但是能降低员工不满意的程度，这实际上是一种保健因素，其本质是人类在工作中作为动物要求避免痛苦。要想真正激励员工，必须满足其成长的需要，强调员工责任和认可，这些因素能长远地激励员工，因此属于激励因素，其本质是人类作为人要求在精神上不断发展。

赫兹伯格进一步总结，保健因素是指工作外在的避免不满的因素，而激励因素是工作内在的促进成长的因素。两者最大的区别在于，激励因素对员工的影响时间要长得多。

赫兹伯格所说的保健因素实际上相当于马斯洛谈到的生理需求、安全需求和社会需求，而激励因素则相当于自尊需求和自我实现需求。

赫兹伯格的双因素理论（激励—保健理论）详见表 7—1。

表 7—1　　赫兹伯格的双因素理论

保健因素	激励因素
公司政策和行政管理	成就
监管	对成就的认可
人际关系	工作内容
工作环境	责任
薪酬	成长
地位和安全感	进步

① Herzberg，“One More Time：How do You Motivate Employees?” *Harvard Business Review*，January/Feburary 1968，pp，5－57；Herzberg，Snyderman，*The Motivation to Work*，Second Edition，New York：Wiley，1959.

（四）公平理论①

作为公平理论的提出者，亚当斯（Adams）对公平的定义是：个人投入与回报的比率等于他人投入与回报的比率。当员工感觉自己在工作上的投入（努力程度、工作行为）和产出（如工资）对等时，将会受到激励；反之，员工将会产生不满。公平理论认为，员工还会将自己在工作上的投入—产出与别人的投入—产出进行比较。通过比较，会出现三种结果：其一，员工认为自己的投入—产出与他人的投入—产出的比例大致相当，这时就会感到受到了公平对待；其二，认为别人的投入—产出比率高于自己的投入—产出比率；第三，发现别人的投入—产出比率低于自己的投入—产出比率。如果是第三种情况，员工可能会感到受到了不公平的对待，因而会产生消极的行为。

因此，亚当斯建议：

（1）一定要明确界定绩效测量，并且一定要让员工能够通过自己的工作行为影响绩效。

（2）如果员工所得到的结果与他们的期望不一致，员工将采取消极的工作行为。

（3）公司内部应公平对待全体员工的绩效工资，并且公司政策应前后一致。

（4）既然员工通过与他人进行比较来评估自己是否满意，那么员工之间的相对工资水平就很重要了。

（五）强化理论②

强化理论主要是由斯金纳（B. F. Skinner）提出来的，斯金纳认为，刺激是环境中能够促使人作出某种反应的因素，当个人面对外界的刺激时，会产生一定的反应行为，而强化则是个人选择一个具体反应的结果。强化理论的基本模式就是刺激—反应—强化。

强化的类型可分为四种：正向强化、反向强化、废除和惩罚。正向强化是指运用一个正向强化因素增加某种可能性，保证预期的行为在相似的情况下重复出现；反向强化是指当员工确立了一个希望实现的行为或恢复到一个希望实现的行为后，取消反向的刺激物；废除是指消除原来的正向强化因素，以终止一个不希望发生的行为；惩罚是指运用强化因素降低某种可能性，使不希望发生的行为不再重复发生。

强化理论认为，在行为被强化后，报酬一定要及时跟上，这样才能保持行为的一贯性，否则，一旦得不到报酬，行为也将难以持续。

---

① J. S. Adams, "Inequity in Social Exchange," in *Advances in Experimental Social Psychology*, ed. L. Berkowitz, New York: Academic Press, 1965, pp. 267 - 299.

② 参见［美］托马斯·J·伯格曼，维达·古尔比纳斯·斯卡佩罗：《薪酬决策》，80页，北京，中信出版社，2004。

（六）目标设定理论①

目标设定理论关注的是目标设置、意图和认同感等认知过程作为激励决定因素的作用。该理论认为，当员工面临着有一定难度且具体的目标时，会付出较多的努力。目标设定理论还认为，只有当货币化奖励影响到目标的选择和目标认同度时，奖励才会影响员工的绩效，关键是要告知员工哪些目标的实现对绩效评价结果最有利。另外，目标设定理论还认为，员工对目标的认同感与目标难度将会产生相互影响，从而共同决定绩效。当目标容易实现时，往往较易于获得员工的认同；而如果目标较难实现，则获得员工对目标的认同就较为困难。

具体来说，目标设定理论的主要观点是：

（1）绩效薪酬一定要随时与实现重要的绩效目标相配合，它必须能够影响员工对目标的选择和认同感。

（2）绩效目标应该是富有挑战性的和具体的，否则，员工只会关注那些明确的、可以得到回报的目标，而不会关注整体绩效的改善。

（3）奖金的数目应该与目标完成的难度相匹配。

（七）代理理论②

代理理论是与绩效工资相关的主要经济学理论，该理论假设：在工作中存在着信息不对称的问题，员工工作的信息是他个人的信息，因此员工有可能会选择偷懒，所以，必须向员工提供适当的激励，以保持员工的工作努力程度。

委托—代理关系实际上就是企业所有者和管理者之间的关系，而不同层次之间的管理者实际上也是一种委托—代理关系。在实际运行过程中，委托人和代理人的利益并非完全一致，同时，委托人也会受到与代理人有关的信息不对称的干扰，这些都是代理成本。代理理论探讨了通过选择最有效的合约安排，追求代理成本的最小化，这种合约应用于组织和员工身上就是绩效契约。这种绩效契约分为两种：一种是基于成果的绩效契约，将代理人的工资与委托人想要的成果度量指标相联系，如股东回报率；另一种绩效契约是基于行为的绩效契约，将代理人的工资与该代理人自己的行为相联系。

从以上观点出发，代理理论进而指出，工资引导并激励员工的绩效，与绩效薪酬相比较，员工更喜欢固定薪酬（如月薪）。如果能够精确地监控绩效，工资支付也应该依赖于员工工作职责的完成情况；如果不能够精确地监控员工的绩效，则应根据组织目标的完成情况对工资进行调整。

---

①② 参见［美］托马斯·J·伯格曼，维达·古尔比纳斯·斯卡佩罗：《薪酬决策》，308页；George T. Milkovich, Jerry M. Newman, Barry A. Gerhart, *Compensation*, Eleventh Edition, McGraw-Hill, 2013, p. 311.

7.2 绩效薪酬

7.2.1 个人绩效与薪酬

（一）个人绩效薪酬的种类

企业使用的个人绩效薪酬形式是多种多样的，简单地讲，它可以分为如下几类：生产工人的绩效薪酬、管理人员的绩效薪酬、销售人员的绩效薪酬、其他专业员工的绩效薪酬等。本节重点介绍生产工人和管理人员的绩效薪酬。

1. 计件工资制

计件工资制是以完成的工作数量或者产品件数作为计算报酬标准的一种绩效薪酬形式。员工的工资随产品数量的增减而不同，员工自身掌握工作时间的长短。其理论计算公式是：

工资数额＝合格产品数量×计件单价

式中，合格产品数量就是员工绩效的表现，在实践中可以用产品的品质系数和产量系数来进行测量；计件单价是指完成某件产品或作业的单位产量的工资支付标准，如果员工的工作技能熟练程度或者工作条件不同，计件单价也会有所不同。计件工资制一般适用于下列情况：工作性质重复，产品便于使用件数计算；工作监督困难，不便采用计时工资；有必要鼓励员工提高生产速度、增加产品数量。

早期工厂阶段时期，在那些劳动密集型的企业中，由于劳动力成本在总成本中占了很大的比例，劳动报酬与劳动者个人的表现紧密相连，因此，简单的计件工资制得到了一定的运用。直到19世纪末，泰勒提出差别计件工资制，才使其得到广泛的运用。其后，又有人发明了莫里克制、标准工时制和爱默生制，它们将员工的个人所得与其绩效相联系，从而起到了刺激员工作出企业期望的行为的作用。

目前，计件工资制主要有两种形式：直接计件工资制和有保障工资的计件工资制。直接计件工资制是指工资直接由员工的产量决定；有保障工资的计件工资制也称为超额计件工资制，其特点是实现保障员工的最低工资收入。使用这些计件工资制要考虑到企业生产的特点和员工的工作性质，以达到提高员工工作积极性、改善产品品质、提高企业效益的目的。例如，为了突出计件工资制的激励效果，可以对超过定额的部分，按照较高的固定工资率比例来计算工资。

2. 计时工资制

准确地说，绩效薪酬中的计时工资制与我们以往所说的计时工资制不同。以往的计时工资制是根据员工的实际工作时间和工资标准的乘积来支付工资报酬，而绩效薪酬中的计时工资制更多的是在一定的工作标准基础上，以员工节省的工作时间数量或者单位时间内提高的工作效率作为考察对象来计算报酬。以标准工时制为代表的计时工资制还结合了计件工资制的特点，衍生出很多形式，例如，Bedeaux计划、Haisey计划、Rowan计划和Gantt计划等。

标准工时制依据员工的生产效率高于标准水平的比例支付给员工同等比例的报酬。这里的生产效率也就是效率系数，是生产单位产品所需的标准时间和实际投入的工作时间之比。假设某位员工每天工作8小时，其基本工资是40元。按照该员工所处的职位要求，他的标准产量应该是每小时生产10单位的产品，即生产每单位产品需要6分钟。如果他工作1天生产了160单位的产品，那么生产每单位产品实际花费了3分钟。该员工的生产效率系数为2，其当天的收入就应该为40元×2=80元。

3. 短期奖励

短期奖励是指奖励短期经营成果的现金。“短期”是指一年或者更短的时间段。短期奖励一般用来奖励完成了特定财务绩效目标的员工个人，它一般用于企业的管理人员，但是，现在这种短期奖励的计划有向企业的普通员工扩展的趋势。以企业为管理人员提供的短期奖励为例，它需要考虑下列因素：

（1）短期奖励参与者的资格条件。这种资格条件由参与者的薪酬水平或者工作岗位决定。也就是说，参与者的工资水平必须达到某种界限（例如，中点工资水平），或者是他们处于关键岗位上，这需要岗位评价确定出对企业利益影响比较大的岗位。除此之外，公司的薪酬策略可能会影响资格的确定。例如，追求有风险的高薪酬支付标准的公司愿意对更多的员工使用短期激励，而偏重固定薪酬支付的公司却不愿意这样做。

（2）绩效考核标准。显然只有在公司绩效达到一定标准以后，经理人员才可能得到短期激励。基于绩效的短期奖励基金建立的方法有两种：一是以公司自身的某种绩效指标作为衡量标准。当用自身的绩效指标进行衡量的时候，可以与单一的绩效指标挂钩，如净收入、销售回报率等；也可以与多种指标挂钩，甚至可以是非财务指标。同时，也可以与上一年的绩效指标进行对比，例如，可以明确规定只有当年的收益或者净收入超过上一年的5%或10%时，才能进行短期奖励。二是与标杆企业的绩效情况进行对比，即把企业的绩效与行业平均绩效或者所选出的标杆企业集合的绩效进行对比。例如，当企业的绩效处于参照企业集合前30%的时候，可以进行短期奖励。

（3）奖金的分配。奖金的分配是一个难题。经理人员的奖金可能来自企业或者团队整体的业绩和该经理人员的个人业绩，在经理人员的个人绩效比较平庸，而企业或者团队的整体绩效比较突出的时候，该经理人员仍能拿到较高的奖金激励，这就造成了不公平现象的发生，因此，应该根据经理自身责任的大小和对公司整体绩效的影响力，确定团体和个人的相对权重。例如，企业总经理的短期奖励可能完全取决于企业的绩效，而小组负责人的短期奖励同等地取决于小组绩效（50%）和个人绩效（50%）。

（4）适用组织中各类员工和管理者的绩效加薪制度。绩效加薪工资是依据员工个人的绩效而增发的奖励性工资，具有一定的个人激励性质。尽管理论上它适合所有的员工，但是在实际的运用过程中，它更多地被用于白领、行政人员、文秘人员以及特殊的专业人员。绩效加薪工资与绩效工资计划及其他激励工资形式有很大的不同，在实施绩效加薪工资的时候，与员工绩效联系在一起的是员工的基本工资，具有累加性。

现在流行的很多激励员工个人的绩效工资形式，一般都采取一次性奖金的形式，员工在每年年终都依据自己的绩效得到相应的奖金，这部分加薪不计入基本工资，员工不论得到多少工资总额和加薪，每年都必须继续努力并取得相应的绩效，才能够得到加薪，因此，员工不能指望基本工资每年都会增加。从长期而言，这种具有一次性奖金性质的绩效工资形式，比绩效加薪工资给企业带来的成本增加影响要小一些（George T. Milkovich & Jerry M. Newman，2002）。

需要指出的是，要注意短期激励和利润分享计划的区别。前者是根据参与者真正的个人绩效确定所获金额的大小；而后者的实质是，不管个人的实际绩效水平如何，每个员工都可以根据公司的经营状况获得红利。

4. 长期奖励

长期奖励是指绩效衡量周期在1年以上的对实现既定绩效目标给予奖励的计划，因为企业的很多重要战略目标在1年之内无法完成，所以长期奖励计划的周期一般为3～5年。传统的长期奖励计划多运用于企业的高层管理人员。目前国外企业经理人员的薪酬一般由三个部分构成：一是基本工资；二是年度津贴或奖金；三是经理股票期权等。前两种形式发放现金，起短期奖励的作用，第三种形式是长期奖励。在美国一些大公司中，经营者的收入主要由激励性工资构成，基本工资所占的比例几乎可以忽略不计，例如，根据Hay Group与《华尔街日报》的调查，2010年350家美国大型公司CEO的平均收入为930万美元，其中66.7%来自股票收益，只有12.3%来自基本收入。①

长期奖励的益处在于能使企业高级经理人员关注企业的长期发展，并分享企业长期发展的成功（通过企业的股票积累财富），吸纳、保留企业的人才。很多长期奖励计划可以享受税收优惠，同时，股东的利益也能得到最大限度的保证。高级经理人员的长期激励主要有股票增值权、虚拟股票 、业绩股票、股票期权以及绩效计划支付等。

绩效计划支付是一种包含更多风险的长期激励方式，因为期权方式可能存在以下问题：给经理人带来的风险甚少，因为经理人员通常只需付出金钱很少或者无须付出金钱就可以购买股票，然后迅速转手，获得股票差价收益，所以很多企业开始实施绩效计划，即企业根据长期绩效目标的实现情况以现金或者股票的形式给员工支付奖励报酬，员工获得的报酬机会的大小与目标绩效的不同完成程度挂钩。在开始阶段，企业要设立一些目标，以衡量奖励期内的成功程度，这些目标既可以是财务或者业务经营方面的，也可以采用一个或者多个指标来衡量。同时，每个参与者在期初都得到一定数量的“单位”（“单位”价值可任意给定）或者份额（每份价值由授予股票份额日的股票公平市场价格决定），绩效的好坏将决定这些“单位”或者份额的期末价值。典型的绩效奖励周期为3～5年。例如，参与者可以获得4 000个1美元的单元，第一个1/4的部分在第四年年末支付，其余的部分依次在第五年、第六年、第七年年末支付。在第四年年末的时候，参

① 参见Hay Group关于CEO薪酬的研究，http：//www.haygroup.com/ww/press/details.aspx? id=30084。

与者可以把所有单元的第一个 1/4 部分变现，如果现在每个单元的价值是 2 美元，那么每单元会增加 1 美元，该参与者就可以得到 1 000 美元的现金报酬。

（二）个人绩效薪酬的优点和不足

毫无疑问，由于绩效与薪酬之间具有相关性和一致性，因此，实施以员工个人绩效为基础的薪酬制度会极大地增强员工的工作积极性，减少企业的监督成本，使员工把精力集中在企业认为重要的一些目标上，进而提高企业的整体业绩，有助于企业完成战略目标。由于大多数绩效薪酬形式属于可变薪酬的范围，因此，它们的实施有助于企业减轻在固定成本方面的压力，有利于企业根据自身的经营状况灵活调整自己的支付水平，同时还可以强化员工对企业的归属感。但是过于偏重个人绩效的薪酬制度又会产生一些问题。首先，它会导致员工重视自身的利益，而忽视企业或者团队的整体利益。例如，奖金使得经理人员偏向短期经营行为而忽视企业长期发展潜力的培养，使得他们操纵股价或者其他考核指标，这样，绩效薪酬就难以达到真正的激励目的。生产工人只对产出数量给予最大的关注，但是这与企业对产品的质量要求以及客户服务水平的关注相矛盾。其次，它使得企业内部员工之间的收入差距拉大，如果不能很好地加以控制，就会在企业内部引发恶性竞争，这可能对实现企业的整体利益不利。再次，要注意使用有效的绩效评估方法，因为它可以尽量确保绩效评估的公平性与科学性，如果做不到这一点，那么再好的绩效薪酬方案也会流于形式。管理学家爱德华·戴明曾对绩效工资制度提出过异议，他认为，对员工个人进行绩效评价是不公平的，因为“人与人之间所存在的绩效差异基本上都是由他们所处的工作系统本身制造的，而不是由于其个人原因”。工作系统所包含的各种要素如工作环境、上级的管理水平、同事的工作状况、客户等在很大程度上超出了员工个人所能控制的范围。最后，在实施的过程中，它可能会增加管理层和员工的摩擦次数，因为在很多绩效薪酬制度中存在讨价还价的问题。例如，一旦员工超额完成绩效指标导致收入增加过快，企业就会制定更严格的标准，员工就会对企业产生不信任感，可能会破坏企业绩效目标的完成。同时，有些绩效薪酬方案不易理解，从而影响了执行的效力。

7.2.2 团体绩效与薪酬

（一）团体绩效薪酬的种类

给团体成员支付薪酬时，必须考虑到整个团体的工作业绩。因为如果只是根据个人的绩效来支付团体成员的薪酬，那么这些个人就可能把自己看成该团体内某个独立工作的人员，而不会把自己与整个团体联系在一起；如果将团体成员的薪酬与整个团体的工作联系在一起，就有利于完成团体的目标。当团体成员在一起工作的时候，团体的工作流程也是影响团体薪酬的因素。比如，在连续型作业过程中，团队成员只有通过必要的帮助才能完成团体的目标。这时，采用团体绩效的方式来奖励全体成员是合适的。由于企业任务的多样性，要求的专业技术不同，同时，工作流程也会发生相应的变化，因此可能组成的团体也不一样，支付的绩效薪酬形式也就不一样。

根据团体成员间关系的紧密程度等指标，可以将团体分为团队和部门，团体绩效薪酬也就可以从团队绩效薪酬（即在某个团队的成员完成了一个特殊的目标后，将分享一笔奖金）和部门绩效薪酬（某个部门的成员获得生产效率提高的收益）两个方面来考虑，具体的团体绩效薪酬类别包括：班组或小团队奖励计划（team-based incentives）、斯坎伦计划（Scanlon plan）、所得分享计划（gain sharing）等。它们更能发挥基于员工个人绩效的绩效薪酬制度和基于组织绩效的绩效薪酬制度的优点，因此在企业中得到了广泛的运用。

1. 班组或小团队奖励计划

班组激励计划是前面计件工资制和标准工时制的变化形式，用来衡量团队业绩的指标既可以是产量系数，也可以是效率系数。它更多地强调评价工作班组在实物产出上的绩效指标，可分为下列三种形式：

（1）第一种形式是最简化的班组激励计划。在该种形式中无须确定团体或员工的工作标准，只是根据某个团队能够控制的绩效指标的变化情况确定团体共同能够获得的绩效奖金。

（2）第二种形式是根据团体的整体产出水平确定产量标准，然后所有成员根据团队从事工作既定的计件工资率获得相同的报酬。团队激励既可以使用计件工资制，也可以用标准工时制作为依据，但后者更普遍。

（3）第三种形式的情况比较复杂，它要求首先确定团体成员的工作标准和实际产出水平，然后依据以下三种方法计算每个员工应该得到的绩效收入：1）按照团体的平均绩效水平确定每个员工的绩效收入；2）按照产量或者效率最高的员工的绩效水平确定每个员工的绩效收入；3）按照产量或者效率最低的员工的绩效水平确定每个员工的绩效收入。小团队奖励计划不仅适用于生产工人，还适合其他类型的团队（销售、研发等）。此外，它可能包括更多其他的绩效指标，例如成本节约情况、团队销售业绩、项目完成进度情况等。在小团队奖励计划中，个人之间的竞争可能会被团队之间的竞争所取代。

2. 斯坎伦计划

该计划由美国联合钢铁公司的工会主席斯坎伦（Scanlon）于1937年首次提出，它强调员工的参与，对员工给予生产效率提高的奖励。其计算的主要依据是企业的实际销售率或者生产额。其基本思路是：在每个行业中，企业的销售额或者生产额都包括一个平均劳动力成本，用这个平均劳动力成本比率乘以该企业的销售额或者生产额，得到应该支付的工资总额，然后再用这个工资总额减去实际的工资总额，就得到奖金总额，其中工资成本占销售额或者生产额的百分比也被称为斯坎伦比率。其计算公式为：奖金总额＝销售额或者生产额×平均劳动成本率－实际工资总额。例如，某公司2005年度预计实现的销售额为5 000万元，工资率为15%，该年度实际支付的工资总额是400万元，那么2005年该公司可以支付的奖金金额是5 000×15%－400＝50（万元）。根据斯坎伦计划的实践经验，其成功需要具备以下几个条件：通常适合人数较少的企业（少于1 000人）；更适合产量和成本稳定的企业，因为劳动力成本与销售额保持稳定的比例非常重要；需要良好的监督和健康的劳动关系。

3. 所得分享计划

所得分享计划是指企业与员工分享由于绩效提高（可以是生产率提高、成本节约和质量提高等）而带来的“所得”的奖励形式，也译为收益分享计划。斯坎伦计划的实质就是今天被广泛运用的所得分享计划的早期形式。经过数十年的发展，现在所得分享计划已经有了一些改进，其典型的代表是拉克计划（Rucker）和效益增进分享计划（improshare）。

（1）拉克计划。拉克计划的实质就是以企业的净产值为基础来给员工发放绩效奖金。拉克通过对1914—1947年美国制造业的研究发现，美国制造业的人事费总额占生产价值（生产额扣除原材料价值后的剩余部分，即附加值或者净产值）的比例一般在39.395％左右。因此，他认为生产价值与39.395％的乘积就是人事费总额。已发的人事费低于按照这一比例提取的人事费总额的部分，应该以奖金的形式发给劳动者。相应的计算公式为：

奖金总额＝附加价值×标准劳动分配率－实际支付工资总额

（2）效益增进分享计划。效益增进分享计划由米切尔·费恩于1973年首次提出，这种计划从实物方面衡量生产效率的提高，其目的是用更少的劳动时间来生产更多的产品。奖金以劳动时间比率为基础。通过分析历史会计数据，估计完成一件产品所需的劳动时间并制定出一项标准，然后用标准劳动时间与实际劳动时间的比率来衡量生产效率。它与标准工时制有相似之处，只不过这里将它用于团体绩效的评价。

所得分享计划与利润分享计划存在很大的不同，首先，前者评价的绩效是某个群体或者某个部门的绩效，例如生产率、质量的改善等绩效指标，它们更容易被员工控制、容易接近，且与员工的联系更紧密。而后者评价的绩效是整个组织层次上的绩效指标，与员工的联系比较疏远，不易被他们控制。按照这个逻辑来推理，所得分享计划的激励效果可能比利润分享计划的激励效果更强。其次，所得分享计划比利润分享计划的支付周期更短，它可能每月或者每季度就支付一次，而利润分享计划至少要半年或者一年才支付一次。这就使得所得分享计划对员工的激励相对比较及时。

（二）团体绩效薪酬的优点和不足

市场环境的变化对企业提出了挑战，在企业内部，以团队作为基本工作单元的做法趋向流行，企业使用团体薪酬制度不仅是必要的，而且还会带来一些益处。首先，从工作的角度来看，工作产出是团体合作的结果，衡量团体的贡献比衡量个人在其中的贡献更容易。从企业管理方面来看，团体薪酬有利于企业建立良好的绩效文化和团队合作文化。当初，斯坎伦计划一个最基本的哲学基础就是强调管理人员和生产工人之间的合作，提高他们对整个团体利益的关注。企业在制定明确的目标并能够就绩效标准与员工进行良好的沟通时，会增加员工对决策过程的参与，结果，员工不仅会信任这种奖励计划，而且会有信心去实现它。当然，它也有不足之处，表现在会引发“搭便车”的问题。在监管不严的情况下，有些团队成员就会出工不出力。并且，在同一团队工作的员工因技能、知识和经验不同，其生产率也可能有区别，对团体所作的贡献就有高低之分，但是出工不出力的员工和低效率的员工却领取与高效率员工一样的团体薪酬。这会挫伤贡献率高的员工的积极性，增大其流动性。另外，由于收入的稳定性较低，薪酬的风险加大，因此会促使员工去追求基本工资比例高的工作。

7.2.3 组织绩效与薪酬

（一）利润分享计划

利润分享计划（profit sharing plan）是一种古老的绩效薪酬形式，早在工业革命时期就已得到实行。为了发挥工资的激励作用，管理学家巴比奇提出的利润分享计划包括两个方面：工人的部分工资要视工厂的利润而定；工人如果能够提出任何改进建议，就应该获得额外的好处，即建议奖金。尽管它曾遭到过某些专家的质疑，例如，泰勒就不赞同实行利润分享计划，因为员工不论贡献大小，都可以参加利润的分享，而且它离“获奖的日子太遥远”，以致对员工日常的激励作用不太明显，但是，它仍然被广泛使用。

利润分享计划是根据利润或者回报的某种衡量标准来确定工资的计划，这种衡量标准包括完全会计利润、投资回报、资本收益、销售收入、附加值率或者工资成本产出率以及其他可能的回报，员工按照一个事先确定的百分比，根据企业整体的业绩获得年终奖、股票、现金或者延期支付的奖金。在西方国家中，最常见的是现金现付制形式，即每隔一定的时期，把一定比例（通常是15%～20%）的利润额作为利润分享额。利润分享制适用于劳资关系比较好的企业、小型企业或者行政管理人员。它能够促使员工更多地考虑如何提高组织的绩效，提高员工的合作精神，而且由于不涉及员工的基本工资，因此当企业出现经营困难时，企业就不需要实行利润分享计划，也无须通过过多地解雇员工来渡过难关。

（二）员工持股计划

员工持股计划（ESOP）的基本形式是：企业把一部分股票交给一个信托委员会，其数额依据员工年报酬总额的一定比例确定，信托委员会把股票存入员工的个人账户，在员工退休或者不再工作的时候再发给他们。员工持股计划起源于美国，体现了当时“民主资本主义”的思想。1956年，美国前参议员路易斯·凯尔索认为，人类社会需要一种既能鼓励社会公平，又能促进经济增长的制度，它使得所有人都能够获得劳动收入和资本收入这两种收入，否则，社会将因贫富不均而崩溃。对于美国而言，让普通劳动者享有资本，将对美国经济产生重要的影响。为此，凯尔索等人设计了员工持股计划，这一做法使得员工可以通过提供自己的劳动来享有企业股权。

现在，员工持股计划越来越普及，在美国，实行全员持股计划的公司有17 000多家，其中至少有1 000家企业的大股东是全体员工。日本在20世纪60年代末开始实行员工持股计划，目前91%的日本上市公司都向本公司员工提供员工持股计划。从世界范围来看，欧、亚、拉美和非洲已经有 50 多个国家推行了该计划。随着市场经济改革的深入，自 20 世纪 90 年代末起，员工持股计划在我国也得到了一定的发展。

关于员工持股计划的详细内容，请参见本书后面的介绍。

7.3　绩效评价与绩效薪酬设计

在本章第 1 节中我们曾经指出，绩效薪酬实际上是和员工绩效完成情况密切相关的一种薪酬支付方式。在进行绩效薪酬设计的过程中，绩效评价的过程显得非常重要。通过绩效评价，组织可以获得某一特定周期内员工工作任务完成情况的各种资料，并据此作出奖惩及培训等人力资源决策。2003 年，国务院发展研究中心组织进行了全国人力资源现状调查，共回收了 1 883 份有效问卷。在被调查企业中有 67.3%的企业实行了绩效评价，其中 79.2%的企业将“业绩”作为主要考核内容，10.7%的企业选择“态度”作为考核的主要内容，7.7%的企业选择“技能”，另有 2.5%的企业选择“出勤”等。在考核结果运用方面，应用最多的是“奖金分配”和“调薪”，分别占被调查企业中已实施绩效评价样本的 76.05%和 66.76%，有 55.56%的企业用于“职务晋升”，另有 43.68%的企业用于“岗位调动”。①

在根据员工绩效评价决定绩效薪酬的过程中，组织一般会采用三个层次的绩效评价结果来设计绩效薪酬。第一个层次是对个人绩效进行评价并且根据评价结果支付绩效薪酬，这可以称为以个人绩效为基础的绩效薪酬。第二个层次是对团体的绩效进行评价并根据团体绩效完成情况支付绩效薪酬，这可以称为以团体为基础的绩效薪酬。以团体绩效评价为基础的团体绩效薪酬又分为两种类型：以团队如项目团队、工作团队等的绩效为基础的绩效薪酬和以部门为基础的团体绩效薪酬。第三个层次是以整个组织绩效为基础的组织绩效薪酬。

因此，本节主要从个人、团体、组织三个角度出发，就个人绩效评价技术、团体绩效评价技术、组织绩效评价技术及其对绩效薪酬设计的影响，以及绩效薪酬的管理等内容进行介绍。

7.3.1　个人绩效评价与绩效薪酬设计

（一）个人绩效评价技术

个人绩效评价技术包括：交替排序法、配对比较法、强迫分布法、特殊事件法、行为锚定法和目标管理法等。在关于绩效管理的教材中都会涉及以上几种方

① 引自《中国企业绩效管理现状调查报告》，见林泽炎主编：《转型中国企业人力资源管理》，75～101 页，北京，中国劳动和社会保障出版社，2004。

法，此处仅对应用较多的配对比较法、行为锚定法和目标管理法进行说明。

1. 配对比较法

配对比较法是指就某一特质（如工作数量和工作质量）将员工进行两两比较。假设要对五位员工进行评估，在配对比较法中，评价者就每一评价标准（特质）列出所有员工的配对，然后指出配对员工中谁的评价高、谁的评价低（用“+”、“−”号表示）。随后，将每个员工的“+”号出现的次数进行汇总，得出员工在某一标准上的绩效排序，如图7—2所示。

工作质量					
相对于：	A	B	C	D	E
A		+	+	−	−
B	−		−	−	−
C	−	+		+	−
D	+	+	−		+
E	+	+	+	−	

图7—2　配对比较法示意

说明：“+”表示“优于”；“−”表示“劣于”。加总各列“+”的数量，即可找到评价等级较高的员工。

资料来源：德斯勒：《人事管理》，421页，台北，晓圆出版社，1987。

2. 行为锚定法

行为锚定法（BARS）是指对考核的不同等级标准进行明确界定，以帮助考核者准确把握不同考核等级的含义，减少考核中出现的考核者对考核标准理解不一致的现象。

采用行为锚定法设计的考核如表7—2所示。

表7—2　采用行为锚定法设计的考核量表

团队工作	通常情况下甚至在存在较大压力时为群体绩效作出贡献的能力，采取措施鼓舞士气的能力。
超水平	1. 主动承担更多的组织工作。员工所在的群体总能保持很高的绩效水平和高昂的工作士气。员工能对所在组织作出较大的个人贡献，能辨别群体中不同类型员工的力量，并能提高他们的参与意识。采取积极态度防止员工之间的个性矛盾，有能力避免或有效调节各类冲突。尽力使组织的整体利益为员工所共享。
	2. 组织工作的积极完成者。能与各类员工和睦相处，偶尔能带动其他员工提高组织的绩效水平。有较强的调节组织冲突的能力。愿意作出努力使表现突出的员工获得应得的利益。
基本完成	3. 积极完成自己的本职工作。能与大多数员工和睦相处。从来不制造组织冲突，也不使他人制造组织冲突。
	4. 当组织任务要求员工积极参与时，能积极完成本职工作。在其他情况下，能做到不妨害他人的绩效水平。能与大多数员工和睦相处，不主动制造组织冲突。如果不是忍无可忍，不会介入组织冲突。

基本完成	5. 在组织任务的压迫下和其他员工的带动下，能积极完成本职工作，不妨碍其他员工开展工作，除非在忍无可忍的情况下，一般不介入组织冲突。
没有完成	6. 除了在个人的专业知识对完成组织任务是必不可少的情况下，一般不会被挑选来完成需要团队工作的任务。对组织目标不负责，无力抵制个人利益的诱惑。不能与同事和睦相处，要么退出，要么制造组织冲突。片面夸大对组织绩效的个人贡献并诋毁别人。
	7. 一贯不能完成本职工作，经常制造组织冲突。对组织目标漠不关心，除非个人利益得到保证，一般不会主动实现组织目标。为了个人目标的实现可能破坏组织绩效。一贯片面夸大个人贡献并诋毁别人。

资料来源：George T. Milkovich，Jerry M. Newman，Barry A. Gerhart，*Compensation*，Eleventh Edition，McGraw-Hill，2013，p. 378.

3. 目标管理法

目标管理法是一种常用的绩效管理方法，该方法强调可以通过对公司战略愿景和年度计划进行分解，制定各部门的年度具体工作目标，然后，将各部门任务分解至每位员工，设定员工具体的工作目标。目标管理法实际上是一个将公司战略和员工个人的日常行为联系起来的工具。

在具体设定目标时，该方法强调一个可以管理的工作目标应该满足五个基本的条件，即SMART标准：具体的（specific）、可衡量的（measurable）、可实现的（attainable）、相关的（related）、有时间限制的（time-bounded）；同时，在设定目标的过程中，该方法强调主管和员工要进行充分的沟通，一起设定员工的工作目标和实现目标的标准，在目标管理周期结束后，员工和主管共同检查工作绩效和工作目标，并根据目标完成情况作出绩效评定。表7—3是目标管理的实例。

表7—3　　目标管理的实例

绩效目标	结果标准
7月1日之前，比尔应完成一份有关员工对新绩效评价体系的反应的书面报告。准备一个有关新评价体系的口头介绍，并向由15～20人组成的小组中所有应该获知此信息的员工传达这一口头介绍。对新评价体系的介绍于8月31日前完成。用5分的量表来衡量员工对新评价体系的反应，平均分至少为3分。	书面报告于7月1日前完成。到8月31日为止，只有一个口头报告没有完成，由于休假计划方面不能避免的冲突，最后一个口头介绍直到9月15日才完成。员工对新口头介绍的反应程度的平均得分为3.4分，超过最低期望值分数。

资料来源：George T. Milkovich，Jerry M. Newman，Barry A. Gerhart，*Compensation*，Eleventh Edition，McGraw-Hill，2013，p. 379.

（二）个人绩效评价结果对绩效薪酬设计的影响

在薪酬设计中，根据对个人绩效的评价结果来为个人支付薪酬的方式，叫做个人绩效薪酬。根据前面提到的绩效薪酬的理论基础，个人绩效薪酬为我们提供了一个将员工个人的绩效和个人的薪酬联系起来的直接方式，至少从理论上来讲，由于员工能够看到自己的绩效与薪酬方面的直接联系，这会使他们更加努力地完成个人的工作目标。

以个人绩效为基础支付薪酬时，必须满足以下条件：

（1）员工必须有明确的工作。也就是说，组织必须有能力对每个员工的工作职责进行明确界定。只有这样，才可能在日常管理中落实每个人的责任，为进行个人绩效评价做好准备。

（2）组织必须设计一套合理的个人绩效评价系统，并且这个评价系统必须足够客观和可信，能从制度的角度保证每个员工受到公平对待。

（3）个人的工作和其他人的工作是相对独立的，这样才能对每个人的工作完成情况进行评价，并区分不同员工之间的工作责任。

（4）员工有能力控制自己的工作效果，即通过个人自身的努力能够达成一定的绩效水平。如果个人无法通过自身的努力来完成绩效，就无法实行以个人绩效为基础的薪酬制度。

如前所述，基于个人的绩效薪酬包括很多种类：其一是计件工资制和计时工资制，适用于工厂等生产类企业；其二是根据业绩完成情况而给予的绩效加薪；其三是一次性奖金的支付。

由于计件工资和计时工资大多应用于制造业企业中，而且在本章第2节中我们已经对计件工资做了较为详尽的描述，因此，下面的讨论将主要集中于绩效加薪和一次性奖金这两种类型的个人绩效薪酬设计。

在实际操作中，组织往往会根据员工个人业绩的完成情况，来确定员工应得的绩效加薪数额或者一次性奖金金额。给予绩效加薪意味着组织会根据员工业绩的完成情况增加员工的基本工资，增加的部分称为绩效加薪。在以后的年度里，无论员工业绩如何，其基本工资都会比以前有所增长。

要想使绩效加薪有效地激励个人，必须周密考虑绩效衡量方法、绩效加薪幅度、加薪时间等问题。

首先，组织必须充分考虑如何制定一个能准确反映个人贡献的业绩评价系统，以对员工个人的工作绩效进行公平、公正和客观的评价。这不仅对管理者本身提出了较高的要求，也对组织提出了较高的要求。从历史情况来看，设计一个客观、公正和合理的绩效评价系统永远是一个难点。

其次，在组织能够合理地评价个人绩效后，接下来就要决定绩效加薪幅度的大小。绩效加薪幅度是指根据业绩增加的基本工资的一定百分比。很多组织在实际操作时都会问到这个问题，但是对该问题却根本没有定论。[①] 有的专家建议在实践中，最好首先考虑某人的薪酬水平及奖金在薪酬中所占的比例，然后再来决定绩效加薪幅度，这种绩效加薪必须能够对员工个人产生激励作用。所谓“最低限度有意义的加薪”，实际上是指员工认为对薪酬改变有意义的最低加薪金额。[②]

① 参见［美］爱德华·E·劳勒三世：《卓越的价值：基于绩效的薪酬方案设计》，45页，北京，电子工业出版社，2004。

② 参见约瑟夫·J·马尔托奇奥：《战略薪酬》，231页。

米尔格罗姆和罗伯茨（Milgrom & Roberts，1992）的研究引入了一个奖励强度定理——“最优的奖励强度取决于四项因素：由额外投入带来的累计利润；决策活动能在多大程度上精确度量；代理人的风险容忍程度；代理人对奖励的敏感程度”①。其中，代理人对奖励的敏感程度实际上是指，绩效加薪能在多大程度上对员工产生激励作用。

一般来讲，组织会根据两个因素来确定员工业绩工资增加的幅度：员工绩效评价结果和员工在工资范围内所处的位置。一个典型的绩效加薪矩阵如表 7—4 所示。

表 7—4　绩效加薪矩阵

绩效评价结果 / 工资等级	不令人满意（%）	需要改善（%）	基本胜任（%）	值得表扬（%）	表现优异（%）
第四等级	0	0	4	5	6
第三等级	0	0	5	6	7
第二等级	0	0	6	7	8
第一等级	0	2	7	8	9
最低工资等级以下	0	3	8	9	10

资料来源：George T. Milkovich，Jerry M. Newman，Barry A. Gerhart，*Compensation*，Eleventh Edition，McGraw-Hill，2013，pp. 397 - 398.

最后，组织实行绩效加薪时，还应考虑加薪时机。国外很多公司都设有固定的加薪日，叫做例行加薪日（common review date）或例行加薪期（common review period）。有的公司还在员工加入公司的周年纪念日（employee anniversary date）考核员工的绩效并实行绩效加薪，但是这种方法会占用管理者较多的精力，造成管理上的负担。

国内一些公司一般在一个财务年度（a financial year）结束后，根据绩效考核结果对员工实行绩效加薪。对于那些工作时间不满一年的员工，则根据过去的这个财务年度中该员工在组织工作的时间长短（如工作月数）来确定该员工的绩效加薪额。

绩效加薪本质上是根据员工个人绩效的完成情况对基本工资给予一定的增加幅度，这种加薪不是一次性的，而是永久性的。在以后年度里，将以增加后的工资额作为员工的基本工资，在新的基本工资的基础上再给予其他的绩效薪酬，长此以往，实际上会增加组织的负担。我们通过表 7—5 予以说明。

表 7—5　绩效加薪和一次性奖金的相对成本比较表　单位：美元

	绩效加薪	一次性奖金
基本工资	50 000	50 000
第一年支出（上涨 5%）	2 500	2 500
新的基本工资	52 500	50 000
成本增加额总计	2 500	2 500
第二年支出（上涨 5%）	2 625（0.05×52 500）	2 500（0.05×50 000）
新的基本工资	55 125（52 500+2 625）	50 000

① ［美］巴里·格哈特：《薪酬管理——理论、证据与战略意义》，171 页。

续前表

	绩效加薪	一次性奖金
成本增加额总计	5 125	5 000
五年之后		
第五年支出	3 039	2 500
新的基本工资	63 814	50 000

资料来源：George T. Milkovich，Jerry M. Newman，Barry A. Gerhart，*Compensation*，Eleventh Edition，McGraw-Hill，2013，p. 339.

因此，如今越来越多的企业开始放弃传统的绩效加薪制度，虽然仍然根据员工个人绩效的完成情况实行业绩奖励，但是将永久性的绩效加薪转换为一次性业绩奖金，也可称为非重复性绩效加薪（nonrecurring merit increases）。这时，绩效加薪（merit pay）就变成了业绩奖金（merit bonus）。它是一次性支付给员工的，至于在下一个考核周期员工的绩效薪酬如何计算，则与本次业绩考核无关，绩效薪酬的起点又回到了最初的基本工资水平。采用这种方法，既达到了按个人绩效付酬的目的，又适度节省了组织的成本。

7.3.2 团体绩效评价与绩效薪酬设计

（一）团体绩效评价技术

团体绩效评价技术与团体类别密切相关，因此，我们可以对团体进行分类。根据团体的工作内容（是完成组织基本工作的团体还是完成某一特定任务的团体）、团体成员间依赖程度的高低（团体将权力、知识、信息传递给其成员的程度）、团体存在时间的长短（长期的或临时的），我们可以将团体大致分为两个类别：部门团体和团队。

（1）部门团体。以完成组织基本工作为目的而设立的团体，称为工作团体，这种类别的团体实际上类似于伯格曼（Bergmann）所说的以团队为导向的团体①，在这样的团体中，虽然也强调合作、共享和共同工作，但个人绩效是关键。组织中典型的工作团体是部门。部门设立的目的是完成组织赋予的基本职能或基本任务。部门内部成员之间的依赖程度互不相同，有的部门成员间的依赖程度很高，有的依赖程度较低；在同一部门内部，其成员间的依赖程度也有所不同。因此，在部门工作团体中，既可以对部门成员的工作予以明确划分，也可以对其绩效进行衡量。

（2）团队。以完成某一特定任务为目的而设立的团体，可称为团队，伯格曼称之为以团队为基础的团体，或叫团队，其典型特点是成员之间相互依赖，其工作只能用团队的效率来衡量。组织中典型的团队是以特定任务为目的的项目团队，如研发项目团队、以提高管理水平为目的的管理团队、以某项销售任务为目的的营销或销售团队。这种类型的团体之所以被称为团队，原因之一就是其内部成员间的依赖程度非常高，而且对团体绩效的衡量不宜采用个人衡量系统。如对某个研发团队的绩效只能以研发产品来衡量，不易细分为某个团队成员的工作。

① 参见［美］托马斯·J·伯格曼，维达·古尔比纳斯·斯卡佩罗：《薪酬决策》，468页。

团体绩效评价是指对团体的绩效进行衡量，对于以上两种类型的团体（部门团体和团队）的绩效评价技术也可以有所不同。

部门团体又可分为两种：一类是具有量化任务的部门，如销售部门或生产部门等业务部门；一类是其任务不易量化的部门，如财务部门、人力资源部门等职能部门。但无论哪种类型的部门，其本身都具有一定的职责任务，因此，可以采用目标管理方法对部门绩效进行整体衡量。同时，由于可以将部门的整体目标分解到部门内部的每位员工身上，每个人都有明确的工作任务和工作标准，因此，可以使用个人绩效评价方法对其绩效完成情况进行评估。

对于以完成某一特定任务为目的而设立的团队，由于其成员间的工作不易区分，因此无法采用个体绩效衡量技术来衡量他们的工作绩效，只能对团队整体工作绩效进行衡量。进行整体绩效衡量的方法主要是根据设立团队时所赋予的责任，采用目标管理方法来评价其绩效。

（二）团体绩效评价对绩效薪酬设计的影响

由于团体可以分为团队和部门团体，而不同团体的绩效评价技术也各不相同，因而对绩效薪酬的影响也会有所不同。我们可以采用图7—3的框架对团体进行分析，并采取不同的团体奖励计划。

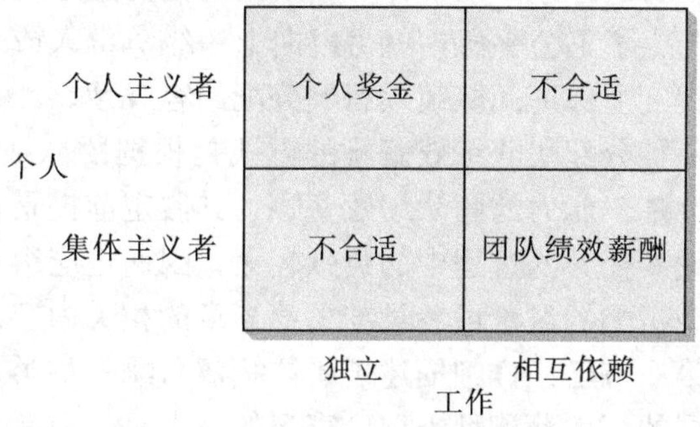

图7—3　团体奖励方法

资料来源：［美］爱德华·E·劳勒三世：《卓越的价值：基于绩效的薪酬方案设计》，155页，北京，电子工业出版社，2004。

从图7—3可以看出，当工作比较独立时，应该对团体中具有个人主义倾向的人实施以个人绩效为基础的绩效薪酬，这种绩效薪酬适用于部门；当工作不易区分时，应对团队工作的整体效果进行衡量，并采取团队绩效薪酬的方法来激励团队成员。

图7—3只是一个比较极端的例子。在实际操作中，我们常常遇到下面这个一直困扰着人力资源工作者的问题：如何在团队成员中分配绩效薪酬？比如，在某科技攻关团队或者研发团队中，很难区分团队的某一成员在团队目标达成的过程中所付出的努力，因为一个高科技研发项目的完成，也许仅仅依赖于某一天团队成员进行头脑风暴时产生的火花，而最初的火花也许必须经过其他人的完善才能对研发项目的最终成功产生作用。有的企业在实践中就采用了团体成员平均分配绩效薪酬的做法。例如，花旗银行采用基于团体的激励性薪酬制度，规定当其个人客户群体完成了年度销售目标以后，将会获得相当于基本薪酬6%的奖励，

但具体分配给每个人时，却采用平均分配的做法。

实际上，一些研究也表明了团队绩效薪酬遇到的困难。比如在施乐公司，团队在开始时实行报酬平均分配制度，但最终会发展成为依据绩效进行分配。[①] 有的学者认为，如果在同一团队的各成员之间存在较大差异，那么团队凝聚力、个人公平感以及团队绩效就都会受到不同程度的影响。[②]

我们认为，对于此类团队来说，只能由组织根据团队整体的绩效完成情况给予团体绩效薪酬，然后由团队负责人在团队内部进行分配。分配的方式有两种：一种是主观地分配，由团队负责人进行分配。这种分配可能是主观的，也可能会适度地根据团队成员在完成团队共同任务中的表现进行分配。在长期存在的团队中，团队负责人一般会比较客观地将团队薪酬分配给团队成员，因为如果团队成员觉得没有受到公正待遇，将会减少自己以后在团队工作中的付出，而团队负责人就可能承担难以实现团队任务的风险。在仅仅为一次特殊任务而组织起来的团队中（如某个临时组织起来的项目团队），团队负责人对团队成员的绩效薪酬分配可能会比较主观，因为特定任务完成后，该团队将被解散，而团队负责人不会继续成为团队带头人。这时，只能从绩效薪酬的分配程序上加以控制。比如，可以要求团队负责人将绩效薪酬的分配情况上报给其在组织中的上一级领导和人力资源部门。另外，还可以设计一个反馈与投诉渠道，团队成员如果对绩效薪酬的分配情况产生了不公平感，就可以向上一级负责人或人力资源部门申诉，这样也能在某种程度上保证团队绩效薪酬分配的客观性。

另外一种分配团队绩效薪酬的方式是根据团队成员的能力来分配绩效薪酬，可以称之为基于能力的团队绩效薪酬，其假定前提是具有较高能力的团队成员在完成团队绩效任务的过程中的贡献较大，因而也应得到较多的绩效薪酬。关于如何采用能力薪酬的讨论可参见本书第6章的相关内容。

本章第2节已经详细描述了团体绩效薪酬的种类，组织可以根据实际情况从中选取不同的绩效薪酬种类。应牢记的一点是，只有在团体中的每个成员都完成了个人绩效目标，并且团体也完成了整体绩效目标的情况下，才能给团体成员分配相应的绩效薪酬。

7.3.3 组织绩效评价与绩效薪酬设计

（一）组织绩效评价技术

团体薪酬虽然能激励某一特定团体如部门努力达成目标，但是在一个组织中，如果不同部门之间的协作性很强，即部门之间的相互依赖程度很高，实施团体绩效薪酬就会产生一定的不良影响。我们可以根据摩托罗拉公司实行团体绩效薪酬的案例进行分析。

为了激励团体达成目标，摩托罗拉公司在许多制造部门实行了基于团体的激

① George T. Milkovich，Jerry M. Newman，Barry A. Gerhart，*Compensation*，Eleventh Edition，McGraw-Hill，2013，p. 346.

② 参见［美］巴里·格哈特：《薪酬管理——理论、证据与战略意义》，175页。

励计划，其绩效薪酬数量巨大，而且都有其特定的绩效目标。在许多情况下，这种绩效薪酬确实对团体绩效起到了激励作用，但是在确认存在于团体之间的相互依赖关系方面却显得不够。因为摩托罗拉拥有的往往是大型制造部门，所从事的是相对复杂的工作，所以，团体在制造产品的过程中往往需要相互合作，同时，它们也共享了一些关键服务，如维护和技术支持。由于这些团体激励计划，不同团体之间产生了诸如谁先获得帮助和支持等相当多的摩擦。另外，当一些团体获得大额奖金（可能是30%甚至更多）而其他团体没有得到的时候，也出现了大量关于公平性的争论。最终，摩托罗拉公司放弃了基于团体的激励方案，因为他们无法创造出一种合作性的工作环境，而且这样做导致了公司许多部门以牺牲企业的整体绩效为代价来提高各自的部门绩效水平。①

摩托罗拉公司在实施团体绩效薪酬计划中所遇到的问题是普遍存在的。我们常常也可以看到企业的生产部门、销售部门、营销部门等因产品销路不畅而产生的争论，营销部门认为是由于产品质量不佳，而生产部门为了提高质量所采取的措施有可能导致产品上市周期的延长，这反过来又会对营销部门产生影响。究其原因，是由于不同部门（也就是我们所说的团体的一种类型）之间的工作具有比较紧密的联系，在这种情况下，实行团体绩效薪酬就可能会造成一些不利影响。

为了解决这一问题，一些组织采用了基于整个组织的绩效薪酬，根据组织绩效的完成情况，决定员工的绩效薪酬及其分配。基于组织的绩效薪酬系统认为，只有在每个人都为组织目标贡献力量时才能取得成功，除非组织内每个人都取得成功，否则没有人会被认为是成功的。

要想根据组织绩效来分配组织绩效薪酬，首先必须对组织绩效进行评价。常用的组织绩效评价方法包括三种：目标管理法、平衡计分卡、基于EVA的绩效评价方法。目标管理法前面已有多次论述，在评价组织绩效的过程中其基本方法是一致的，因此，下面仅对平衡计分卡和基于EVA的绩效评价方法进行介绍。

1. 平衡计分卡

平衡计分卡是由卡普兰和诺顿（Robert S. Kaplan & David P. Norton）于1992年提出的。他们认为，传统的仅仅依靠财务指标衡量企业绩效的考核方式无法适应今天的宏观环境，因此应对企业绩效进行全面的衡量。他们提出了另外三个指标作为传统绩效衡量指标的补充，这样，管理者就可以从四个角度来审查企业经营状况：（1）客户角度（客户如何看待我们），客户关心的问题可以分为以下四类，即时间、质量、性能和服务、成本；（2）内部角度（我们怎样做才能提高运营效率），管理者应把精力放在那些能够确保满足客户需要的关键的内部经营活动上；（3）创新与学习角度（我们能否不断提高并创造价值），公司的创新、提高和学习能力直接关系到企业的价值，只有这样才能为客户创造更高价值，从而增加股东价值；（4）财务角度（我们如何满足股东），典型的财务指标涉及盈利能力、增长率和股东价值。图7—4是某公司实行平

① 参见［美］爱德华·E·劳勒三世：《卓越的价值：基于绩效的薪酬方案设计》，149～150页。

衡计分卡的案例。

财务角度		内部角度	
目标	衡量指标	目标	衡量指标
生存	现金流	技术能力	竞争力
成功	各分部的季度销售额增长率和营业收入	制造优势	周期、单位成本
		设计生产率	芯片的性能、设计性能
繁荣	市场份额和股本收益率的增加	新产品推介	实际安排计划
客户角度		**创新与学习角度**	
目标	衡量指标	目标	衡量指标
新产品	新产品占销售额的百分比	技术领导力	开发下一代产品的时间
	专利产品占销售额的百分比	制造学习能力	产品进入成熟期的时间
供应速度	准时交货		
客户关系	按客户需求生产		

图7—4　某公司实行平衡计分卡的案例

2. 基于EVA的绩效评价方法

另一个组织绩效评价方法是基于EVA的组织绩效评价系统。与平衡计分卡相比，EVA方法更加侧重于对组织的财务指标进行衡量。

1964年，斯特恩（Stern）深感当时流行的会计准则、会计收益、EPS等在衡量公司市场价值方面存在严重缺陷，于是提出了EVA方法。1982年，斯特恩与G·伯纳特·斯图尔特（G. Bennett Stewart）合伙成立了斯特恩-斯图尔特财务咨询公司（Stern Stewart & Co.），专门从事EVA应用咨询，并将EVA注册为商标。到目前为止，EVA已经成为很多世界一流企业进行经营业绩评价的工具。

EVA（economic value added）是一个衡量业绩、以价值为基础的决策和激励报酬系统的综合框架，是指企业资本收益与资本成本之间的差额；换句话说，EVA是指企业税后营业净利润与全部投入资本（借入资本和自由资本之和）成本之间的差额。如果这一差额为正数，说明企业创造了价值；反之则表示企业发生了价值损失；如果差额为零，则说明企业的利润仅能满足债权人和投资者预期获得的收益。其基本公式为：

$$EVA = NOPAT - C\% \times TC$$

式中，$NOPAT$为税后营业净利润；$C\%$为资本成本系数；TC为使用的全部资本。

EVA的创始人认为，EVA是真实利润的度量指标。由于EVA在计算时考虑了企业的权益资本成本，并在利用会计信息时尽量消除了会计失真，因此能够更加真实地反映企业的经营业绩。更重要的是，EVA着眼于企业的长期发展，而不是像净利润那样仅仅只是一种短期指标，并创造了一种经营者更接近于股东的环境。因此，应用该指标能够鼓励经营者进行能给企业带来长远利益的投资决策，使他们不再追求企业的短期利润，而开始注重企业的长期目标与最大化股东财富目标的一致性，注重资本的有效利用以及现金流的增加，以此来改善企业业绩。①

（二）组织绩效评价对绩效薪酬设计的影响

如前所述，组织绩效薪酬的类别包括收益共享、目标共享、利润共享、股票期权、员工持股等形式。

在实践中，基于组织绩效的薪酬可以分为两种类型，其一是短期发放的组织绩效薪酬，是根据组织在某一绩效考核周期内的业绩完成情况，提取一定比例的利润作为全公司的绩效薪酬。然后在各部门进行分配，分配的原则前面已经做了介绍，再由各部门或团体在部门内部或团队内部进行分配。典型的短期组织绩效薪酬包括 7.2 节提到的斯坎伦计划、拉克计划、利润分享计划。

另一种典型的基于组织绩效的薪酬是长期才能兑现的组织绩效薪酬，典型的长期组织绩效薪酬包括股票期权计划（stock option plan，SOP）、员工持股方案（employee stock ownership plan，ESOP）。前者一般不是大范围适用的组织绩效薪酬方案，大多适用于组织的高层管理人员和骨干员工；后者则往往适用于大部分员工或全体员工。如今，基于股票的奖励制度已经逐渐成熟，很多企业都采用了这种奖励方案。如在 2003 年美国《财富》杂志 1 000 强公司当中，90%以上推出了股票期权方案。②

在薪酬管理实践中经常碰到的情况是，如何在组织内部不同团体之间分配绩效薪酬。这又分为两种情况：一种情况是在组织内不同团体间的工作任务能明确区分的情况下，如何分配组织的绩效薪酬，如怎样在组织内具有明确任务的不同部门之间分配组织绩效薪酬；另一种情况是在组织内团体间无法明确区分团体工作任务，或者不同团体间的相互依赖程度很高的情况下，如何分配组织的绩效薪酬。

对于前者来说，由于组织内各团体之间的工作能够明确区分，因此可在对不同部门之间的绩效进行衡量的基础上分配组织绩效薪酬。但是与此相关的另一个问题是，如何确定不同部门之间可分配的绩效薪酬数额；也就是说，每个部门的绩效薪酬增加幅度应该都相同，还是有所区别？或者根据每个部门的绩效来分配增加的工资，以使生产率较高的单位和直接为组织创造价值的单位得到较多的绩效工资。从理论上看，似乎更应该根据后者所说的方法分配绩效薪酬，只有这样才更加合理，也更符合我们最初进行部门绩效衡量的意义。

但是，一个相应的问题是，如果采取后者，我们如何确定不同部门之间绩效薪酬的分配比率。在那些容易以生产率衡量的部门之间，只要按照生产率提高的程度就可以分配绩效薪酬。但是在职能部门如行政后勤部门、人力资源部门、财务部门之间，如何确定哪个部门的生产率更高？另外，在职能部门和业务部门之间应该按照何种比率来分配绩效薪酬？

① 参见［美］A. I. 埃巴：《经济增加值：如何为股东创造财富》，2～8 页，北京，中信出版社，2001。

② 新华网，http：//news. xinhuanet. com/it/200310/24/content _ 1140808. htm。

对于以上问题，研究者并没有给出明确的答案。实践中通常的做法是：

（1）在部门设置、岗位分析、薪酬设计过程中，对各个部门的相对价值进行评价，然后按照一定的比例来确定不同部门员工的薪酬标准。在绩效薪酬的分配过程中，也可采用这个方法。

（2）根据各部门在价值创造过程中对最终结果作出贡献的直接或间接程度来确定部门绩效薪酬分配系数。此方法的假定前提是：那些处于价值链最前端的部门的价值最大。根据这种方法分配绩效薪酬的结果是，导致一些职能部门（如财务部门、人力资源部门）的绩效薪酬分配系数低于业务部门（如营销部门、销售部门）。

（3）采用第二种方法时，为了平衡那些在某个绩效周期内肩负特别责任的部门，组织可考虑用特殊项目薪酬的方式予以弥补。如组织在某个绩效周期内，要求人力资源部门在全组织范围内推行绩效管理系统，当人力资源部门实现目标时，可以给予一定的特殊项目奖励。又如为了在全组织范围内形成全面质量管理观念而推行 ISO 9000 系列认证，在实现目标后，可以给予质量部门一定的特殊项目奖励。

对于后一种情形而言，由于组织内不同团体间的工作无法明确区分或者相互之间的依赖程度很高，因此只能按照组织的主观判断在不同团体间分配组织绩效薪酬，或者规定各团体（如部门）绩效薪酬增加的比例相同，如平均增加的百分点相同，然后由各团体（如部门）在内部员工之间进行分配，分配时可参考上述提到的分配方法。

7.3.4 非营利组织的绩效评价与绩效薪酬设计

正如《21世纪非营利组织管理》的作者詹姆斯·P·格拉特（James P. Gelatt）所言，非营利组织（non-for-profit organization）的范围非常广泛，如宗教组织、环保团体、大学、不以营利为目的的医疗机构等。但是非营利组织中的管理问题也越来越突出，不仅影响着非营利组织的效率，也影响着它们的形象。非营利组织通常难以吸引和留住更多的优秀人才，员工经常筋疲力尽。① 这是许多非营利组织面临的严重问题。因此，格拉特认为，应解决这些问题，保持非营利组织员工高昂的士气。

非营利组织要想解决上述问题，必须了解如何才能激励志愿者，这就需要从绩效管理入手，懂得如何去激励他们。

格拉特认为，非营利组织中的绩效管理应该遵循五个基本原则：（1）绩效管理应该在一个正面的、具有启发性的、成熟的氛围中实施；（2）不要将绩效管理视为一年一次或一年两次的活动；（3）让目标显而易见；（4）双方都必须明确自己的责任；（5）绩效管理要求公平。格拉特特别强调公平的原则，指出在设定目标之初就坚持该原则。②

① 参见詹姆斯·P·盖拉特：《21世纪非营利组织管理》，6页，北京，中国人民大学出版社，2003。

② 同上书，142页。

尽管非常缺乏对非营利组织的衡量指标，但通常也可以用一系列问题来衡量其目标。赫茨琳杰认为可以从四个方面建立针对非营利组织的衡量目标，如表7—6所示。

表7—6　建立针对非营利组织的衡量目标

问题	目标与财务资源承受力的一致性	代际公平	可供使用资金与实际使用资金的匹配	可持续性
指标	资产周转率 资产变现能力 用户的社会人口统计特征 支出结构	扣除通货膨胀因素的资产负债表	资金来源与资金用途的可控性分析	财务与战略目标 综合计划 离差指标

资料来源：里贾纳·E·赫茨琳杰：《有效的监督：给非营利组织理事们的建议》，载《非营利组织管理》，26页，北京，中国人民大学出版社，2000。

在薪酬问题上，詹能（Jenen）认为，只有确定了机构目标，才能决定采取何种薪酬战略。虽然公共机构和私立机构在薪酬问题上存在很多差异，但它们面临的挑战是相似的。在非营利组织中，也可以选择采用绩效薪酬的方式，采用绩效加薪矩阵来支付薪酬。典型的非营利组织的绩效加薪矩阵和企业等营利性组织的绩效加薪矩阵类似（详见7.3节绩效加薪矩阵表）。在员工实现工作目标后，根据员工本人在工资范围中的位置选择不同的加薪比例。但是，在应用绩效加薪矩阵的同时，组织还应注意以下几点：

（1）并非所有工作都能识别出绩效的好坏。比如，试图在同样从事大量日常事务性工作的员工中区分出最优绩效者就比较困难且往往得不偿失。

（2）绩效加薪要求管理者受到良好的训练，能够作出准确的判断，并且与下属进行良好的沟通。

（3）要能够将目标明确地分配给下级并帮助他们很好地理解目标。

7.3.5　绩效评价的误区及其对绩效薪酬的影响

无论是基于个人的绩效薪酬、基于团体的绩效薪酬还是基于组织的绩效薪酬，都离不开对绩效进行评价。因此，绩效薪酬的前提就是能够准确地衡量绩效。但是，任何一种绩效衡量方法都存在一定的不足，绩效评价也会出现各种各样的误区。了解并努力避免出现这些误区，将有利于提高绩效薪酬的有效性。

一般来说，绩效评价的误区包括以下几种：

（1）晕轮效应，是指考核者在进行考核评价时，往往会对在某一方面表现突出的员工作出较高评价。当员工和主管关系融洽时最容易产生此问题，例如，对态度友好的员工评价更高。

（2）趋中倾向，是指考核者对员工的评价大部分集中于考核等级的中等位置，考核者既不愿意对员工作出优秀的评价，也不愿意作出不合格的评价。

（3）宽严不一，是指不同的考核者在运用同一考核标准来进行考核时，有些人对考核尺度的把握较宽，而有些人则较为严格，比如，有的考核者对下属要求很严格，打的分数普遍较低，有的打的分数普遍较高。

（4）偏见问题，是指考核者会对年龄、种族、性别等问题产生偏见，从而影响对员工作出客观判断。

以上仅仅是考核中面临的主要误区，不克服这些误区的影响，将会影响绩效评价结果的客观性，难以取得员工的信任。我们以趋中倾向为例，结合7.1节中绩效薪酬的理论基础之一——代理理论，说明绩效评价的误区如何对绩效薪酬设计产生影响。①

趋中倾向实际上反映了代理问题。前面已经指出，代理理论认为，为了能让员工努力工作，必须向员工提供适当的奖励，以整合所有者与员工之间的利益，同时必须监控合约（此处的合约是劳动合同）的履行。由于作为代理人的管理者不愿对员工作出极端评价，这实际上使得员工存在潜在的偷懒机会，但是由于绩效评价等级没有明显的差异化，因此会弱化工资和绩效之间的联系，即弱化绩效薪酬的作用。

如果绩效薪酬基于这种考核结果，那很可能给员工产生不公平的印象，进而影响绩效薪酬的激励效果。

7.3.6 绩效薪酬的管理

（一）既定预算下的绩效加薪

前面所说的绩效薪酬确定，是指一次性奖金的确定过程，仅仅和员工个人年度绩效考核、部门绩效考核、公司绩效考核相挂钩，并没有考虑到员工个人在工资范围中的位置，也没有对员工基本工资进行调整。前面曾经指出，绩效加薪实际上是对员工个人的基本工资进行调整。在预算既定的情况下确定绩效加薪时，一般会考虑到以下两个因素：个人绩效水平和个人在工资范围中的位置，公司可以根据绩效加薪预算对以上推荐的绩效加薪比例进行调整，以符合公司实际需要。关于其详细论述，可参见本书第10章“预算与薪酬”中的有关内容。在10.2节“薪酬预算编制”中，专门讨论了绩效与薪酬增长幅度的确定的有关问题。

（二）绩效薪酬的确定

在实践中，通常采用不止一种绩效薪酬制度。一个组织所采用的绩效薪酬制度，往往是将个人绩效薪酬制度、团体绩效薪酬制度、组织绩效薪酬制度三者结合起来，针对不同类型的员工或团体采用不同的绩效薪酬组合。另外，针对不同层级的员工，企业所选择的短期绩效薪酬和长期绩效薪酬的种类也会有所不同。

在我国，很多企业实行的绩效薪酬制度一般是以个人绩效薪酬为主，同时兼顾部门绩效薪酬，最后与全公司绩效薪酬相联系，以确定某位员工的绩效薪酬，大致可以用以下公式来描述：

---

① 本部分内容主要参考了［美］巴里·格哈特：《薪酬管理——理论、证据与战略意义》，163页。

$$\text{个人绩效薪酬总量}=\left(\text{个人绩效薪酬系数}\times\text{部门绩效薪酬系数}\times\text{公司绩效薪酬系数}\right)\times\text{个人浮动工资标准额}$$

式中，个人绩效薪酬系数根据对个人绩效完成情况的评价分数以及个人在部门中的岗位相对重要性确定；部门绩效薪酬系数根据对部门绩效完成情况的评价分数以及部门在公司中的相对重要性确定；公司绩效薪酬系数由公司根据年度经营状况确定。

对于组织中不同层级和不同部门的员工来说，以上三种绩效薪酬的比例也有所不同。一般来说，职级越高的人，其绩效薪酬就越多地与公司绩效相联系；与创造经营收入的联系越直接的部门，其员工的绩效薪酬占总薪酬的比例也越高。

具体操作中，可以遵循以下步骤：

(1) 根据公司年度经营目标考核结果，确定公司年度绩效薪酬系数。比如，某公司董事会根据年度经营目标完成情况确定公司年度绩效薪酬系数为 1.2。

(2) 确定部门年度绩效薪酬系数。根据部门工作绩效完成情况，由公司组织对各部门进行考核，并根据部门考核结果确定部门绩效薪酬系数。部门绩效考核结果与部门绩效薪酬系数对照表的例子见表 7—7。

表 7—7

部门绩效考核结果	A（优异）	B（良好）	C（合格）	D（较差）
部门绩效薪酬系数	1.5	1.2	1	0.6

(3) 确定个人年度绩效薪酬系数。根据个人工作绩效完成情况，由各部门根据公司考核的要求对员工进行评价，经公司审核后根据个人考核结果确定个人绩效薪酬系数。个人绩效考核结果与个人绩效薪酬系数对照表的例子见表 7—8。

表 7—8

个人绩效考核结果	A（优异）	B（良好）	C（合格）	D（较差）
个人绩效薪酬系数	1.5	1.2	1	0.6

(4) 确定个人年度绩效薪酬实际发放额。根据上述公式，确定个人绩效薪酬的实际发放额。

(三) 既定预算下的绩效薪酬确定

有的公司会事先确定年度绩效薪酬预算，然后再根据该预算来计算员工的绩效薪酬，其步骤为：

(1) 根据公司年度经营目标考核结果，确定公司年度绩效薪酬的提取比例（占净利润的一定比例）及公司年度绩效薪酬总额。例如，某公司根据对年度经营状况的考核，确定年度绩效薪酬提取比例为 8%。将年度绩效薪酬提取比例乘以净利润，即可得出年度绩效薪酬总额。用公式表示为：

$$\text{公司年度绩效薪酬总额}=\text{公司年度绩效薪酬计提比例}\times\text{年度净利润}$$

(2) 确定部门年度绩效薪酬总额。公司根据对各部门年度绩效目标的完成情况进行部门考核，并根据部门考核结果确定部门年度绩效薪酬系数。按照各部门考核结果和年度绩效薪酬系数将公司的绩效薪酬总额分配至各部门，用公式表示为：

$$\text{部门年度绩效薪酬总额}=\text{部门年度绩效薪酬系数}\times\text{部门年度平均绩效薪酬额}$$

（3）确定员工绩效薪酬额。由各部门根据年度部门绩效薪酬总额，结合员工绩效考核结果对应的个人年度绩效薪酬系数，确定每位员工的年度个人绩效薪酬额。员工年度绩效薪酬额可用公式表示为：

$$\text{个人年度绩效薪酬额}=\text{个人年度绩效薪酬系数}\times\text{个人年度平均绩效薪酬额}$$

7.4 对绩效薪酬的进一步思考

7.4.1 绩效薪酬真的能激励员工吗

本章我们着重对绩效薪酬做了一个全面的介绍，并且介绍了实践中如何设计绩效薪酬体系以及特殊人员的绩效薪酬系统。但是，正如前面已经指出的，自从有了绩效薪酬，对它的批评就从未停止过。著名的人力资源管理专家劳勒认为，自20世纪以来，通常使用的绩效薪酬包括两种角度。第一个角度是将工厂的工作和科学的管理密切结合起来，并在20世纪二三十年代达到鼎盛时期，有人也将其称为奖励津贴或计件薪酬制。但是随着时间的推移，这种方法常常因其自身的官僚主义而土崩瓦解，或者被那些想出办法对付该制度的聪明工人破坏掉了。正如怀特（1955）的研究所描述的，一位富有经验的员工告诉另一位对此所知甚少的员工该如何应付时间研究工程师：

> 要是你想得到任何价码，就得比那个狗娘养的更聪明！……你得加进去一些明知道完成工作时不会去做的动作……在他们记录你的时间之前……这些讨厌鬼拿工资就是为了占你的便宜……他们会半夜不睡，想着怎么从你这里榨出一毛钱。①

劳勒还认为，第二个使用绩效薪酬的角度是按照员工绩效支付薪酬。但是，很多研究表明，绩效薪酬在将薪酬和绩效联系起来时所起的作用太小了。根据绩效支付薪酬看起来的确是一个好主意，但是这个好主意却无法有效实施。②

对根据绩效支付薪酬的最猛烈的批评或许来自戴明。戴明以其全面质量管理理论享誉全球，但是他却强烈反对根据绩效支付个人薪酬。他认为，绩效常常会在员工中产生竞争，而员工工作结果更多地受到周围环境而非个人的控制，因此，应该废除绩效评价制度，代之以向每个人提供公平的薪酬。

虽然出现了众多针对绩效薪酬相关制度的批评，但是大量的研究表明了绩效

① 参见［美］巴里·格哈特：《薪酬管理——理论、证据与战略意义》，188页。

② 参见［美］爱德华·E·劳勒三世：《卓越的价值：基于绩效的薪酬方案设计》，40页。

薪酬对强化薪酬和员工工作结果之间联系的重要作用。正如劳勒所指出的，戴明所提出的向每个人公平支付薪酬的替代方法显然不是一个好的方案。因为很多情况下，只有向作出不同贡献的员工支付不同数额的薪酬才是公平的。格哈特和米尔科维奇发现在200个公司中，奖金规模每增加10%，资产就会增加1.5%。大量研究也表明，将工资与个体绩效相挂钩，会对员工工作绩效产生正面影响。更有人预测，每1美元的绩效工资将给组织带来2.34美元的收益，而奖金每增加10%将会导致公司的资产回报率上升1.5%。

实际上，简单地谈论绩效薪酬制度能否激励员工的做法是不可取的。一些研究者发现，有效的绩效薪酬制度必须满足下列条件：

（1）必须能够对工作进行明确界定，这意味着要进行科学的工作分析，要把公司经营战略转换成每个员工的工作目标。

（2）要有客观、公正、可信的绩效评价方法，只有当员工相信绩效评价体系时，才能感觉到自己受到了公正的对待，才能加强绩效和薪酬之间的联系。

（3）组织要有明确的意愿，公平地对待所有的员工，并且根据员工的相对绩效表现来支付薪酬。

（4）公司经营的最终结果在很大程度上取决于公司内部个人和团队的工作表现。

（5）个人和工作团队的贡献不仅在于他们的工作内容有所不同，而且在于他们的工作效果如何。

因此，在具体设计绩效薪酬体系时，必须关注效率、公平以及合法性问题。其中，效率是指绩效薪酬计划必须与组织战略相联系，符合组织的人力资源战略，设计明确的绩效标准；公平既包括分配公平，也包括程序公平；合法是指绩效薪酬制度应该与法律相吻合。

7.4.2 团体绩效薪酬还是个人绩效薪酬

关于绩效薪酬的另一个比较大的争论来自按个人绩效支付薪酬还是按团体绩效支付薪酬。在AT&T从个人绩效薪酬计划转向团体绩效薪酬计划之后，高绩效的员工要么减少了产出，要么干脆辞职，公司所挑选的208个绩效优秀的员工中只有1个人在团体激励计划下提升了自己的绩效，其他人感觉受了骗，因为奖励给绩效优秀的个人的奖金现在要在团体中进行分配。①

回顾一下7.3节中谈到的摩托罗拉公司实行团体绩效的例子，该公司实行团体绩效薪酬的结果是，导致不同团体之间对绩效奖金的争夺，有的甚至为了取得个别小团体优异的绩效，不惜作出不利于公司的举动，这些迫使该公司取消了团体激励计划。

奥尔森（Olson）曾经谈到了团体成员会出现“搭便车”的行为，他指出：

> 人们往往想当然地以为，至少是在涉及经济目标的场合，个人组成的有共同利益的团体通常会努力促进其共同利益的实现……但这一观点是不正确

① 关于AT&T的案例资料详见George T. Milkovich，Jerry M. Newman，Barry A. Gerhart，*Compensation*，Eleventh Edition，McGraw-Hill，2013，p. 218。

的，团体会以自利的方式行事的观点是从（团体具有）理性、自利的行为前提推理出来的……事实上，除非一个团体中的人数非常少，或者除非存在强迫高压以及其他特殊方式使个人按团体的共同利益行事，否则，理性、自利的个人将不会为达成共同的或团体的利益而展开行动。[①]

基德韦尔和贝内特（Kidwell & Bennett，1993）提出，当个人在团体环境下工作时，其抑制个人努力的倾向性包括三个方面：偷懒倾向、“搭便车”倾向、社会惰性。[②]

在本章前面的论述中，我们也曾提到了团体激励计划的若干不足之处。但是，确实也有很多研究表明了团体薪酬的优点。米尔科维奇和威格多（Milkovich & Wigdor，1991）在研究了收益分享计划后甚至得出结论，“团体奖励计划可能提供了一种包容工作复杂性和相互依赖性、对工作团体合作的需要，以及工作团体绩效标准的途径，同时提供了清晰的目标、明确的工资—绩效联系，以及相对较大的工资增长等潜在的激励因素”[③]。米尔科维奇和纽曼也指出，那些将工资与团体绩效相联系的公司，绩效大概每年增加4%～6%，而实践中，像科恩公司、纽柯钢铁公司、百事可乐公司等很多世界知名的公司也采用了团体绩效薪酬的做法。

由于当今经济环境的变化、工作性质的改变，以及团体可以提高员工参与的积极性等，越来越多的公司使用了团体这一管理方法。根据一项研究结果，1996年《财富》1 000强公司中有78%使用了工作团队，而1987年这个数字只有28%。[④] 因此，组织不可避免地会碰到设计团体绩效薪酬的难题，我们更应该着眼于如何在不同的环境下应用不同的团体绩效薪酬方案。

在设计团体绩效薪酬制度时，必须充分考虑以下因素：

（1）当无法准确地对团体内部成员的工作进行明确界定，或者团体成员之间工作的相互依赖度非常高时，可以采用基于团体的绩效薪酬。当工作是由独立的、重复性的任务组成时，往往并不需要采用团体和集体激励方案，而可以实行基于个人的绩效薪酬。正如劳勒所指出的，选择正确方案的关键是对绩效以及团体之间的相互依赖性作出正确的评估。

（2）要合理确定团体的规模，这实际上是一个团体报酬的“层级问题”。如果在一个非常宽泛的层次上定义团体，则采用团体绩效薪酬的有效性就会减弱。当团体规模过大时，个人往往更有可能认为自己的努力不会对整个团体的绩效产生太大的影响，因而更容易出现前面所说的偷懒、“搭便车”行为。

（3）在设计团体绩效薪酬时要注意可控性，可控性是指，团体绩效指标必须是团体成员能够通过自己的努力实现的绩效指标，否则就会出现不公平感。

（4）设计团体绩效薪酬时一定要注意保持良好的沟通，要让整个团体的成员都了解团体的绩效目标和基于团体绩效目标的薪酬计划。

①② 参见［美］巴里·格哈特：《薪酬管理——理论、证据与战略意义》，171～172页。
③ ［美］巴里·格哈特：《薪酬管理——理论、证据与战略意义》，190页。
④ 参见［美］爱德华·E·劳勒三世：《卓越的价值：基于绩效的薪酬方案设计》，138页。

□ 本章小结

绩效薪酬，也就是人们常说的按绩效支付薪酬，绩效薪酬是全面薪酬体系的一个非常重要的组成部分。绩效薪酬实际上是根据员工的工作绩效支付薪酬的一种形式，与固定薪酬相比，它属于薪酬中的可变部分或浮动部分，因此也可称为浮动薪酬或可变薪酬。绩效薪酬包含我们平常所说的绩效加薪、绩效奖金以及长期激励性薪酬（如股票期权、员工持股计划）等内容。

绩效薪酬可以从个人、团体、组织三个角度进行分类，包括计件工资制、计时工资制等个人绩效薪酬，班组或小团体奖励计划、斯坎伦计划、所得分享计划等团体绩效薪酬以及利润分享计划、员工持股计划等组织绩效薪酬。

由于绩效薪酬和绩效评价密切相关，因此，应当高度关注个人、团体、组织的绩效评价问题。绩效评价对绩效薪酬设计以及预算既定下的绩效薪酬设计有重要影响。组织中特殊的群体如高层管理者、销售人员、研发人员的绩效评价和绩效薪酬有着不同的特点。

本章最后针对目前关于绩效薪酬系统的争论，着重从绩效薪酬的有效性（绩效薪酬真的能激励员工吗）、团体绩效薪酬还是个人绩效薪酬两个角度说明了如何更好地设计和管理绩效薪酬。

□ 复习思考题

1. 什么是绩效薪酬？它在薪酬管理中有何重要作用？

2. 个人绩效薪酬有哪些种类？其优缺点有哪些？

3. 团体绩效薪酬有哪些种类？其优缺点有哪些？

4. 组织绩效薪酬有哪些种类？其优缺点有哪些？

5. 与个人绩效薪酬不同，团体绩效薪酬和组织绩效薪酬是根据团体的绩效完成情况对个人进行奖励。但是，在这种制度下，当员工个人绩效的完成情况不好时，该员工也会由于团体和组织绩效达标而得到一定的绩效薪酬，你认为这样的做法合理吗？应如何改进？

6. 销售人员的绩效薪酬包括纯佣金制、“底薪＋佣金”制等不同方式，如果你是人力资源经理，你如何决定采用不同的销售人员绩效薪酬制度？为什么？

7. 试以日常学生考核体系（考试）为例，列举学生绩效评价中的误区，并谈谈如何才能避免这些误区。

□ 案　例

东风EVA薪酬分配体系的理论与实践

一、历史演变

薪酬总量分配制度和员工薪酬分配制度见表7—9和表7—10。

表 7—9　　薪酬总量分配制度

时期	总量分配制度	计算依据
1985 年以前	简单加总	单位定编人数
1985—1992 年	固定工资包干，变动工资（奖金）考核浮动	单位定编人数、工时产量
1993—1998 年	全额辆份工资含量包干	工时产量
1999—2001 年	工资总额与经济效益挂钩	利润总额

表 7—10　　员工薪酬分配制度

时期	个人薪酬制度	分配依据	体制背景
1979 年以前	等级工资制	潜在劳动——劳动能力：经验、资历、年龄等因素	计划经济，业主制
1980—1992 年	等级工资＋奖金	潜在劳动，部分活劳动要素	双轨体制，业主制下的承包经营责任制
1993 年至今	岗位技能结构工资	活劳动，潜在劳动	市场经济，公司制

二、EVA 薪酬分配体系

（一）激励理念（见图 7—5）

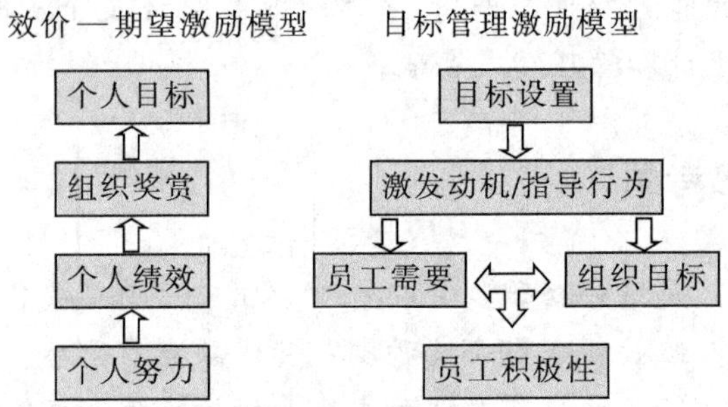

图 7—5　激励理念示意图

（二）按劳分配的三种表现形式

对应于社会再生产过程中的三种劳动形态：潜在劳动、活劳动、物化劳动，按劳分配有三种不同的含义，如图 7—6 所示。

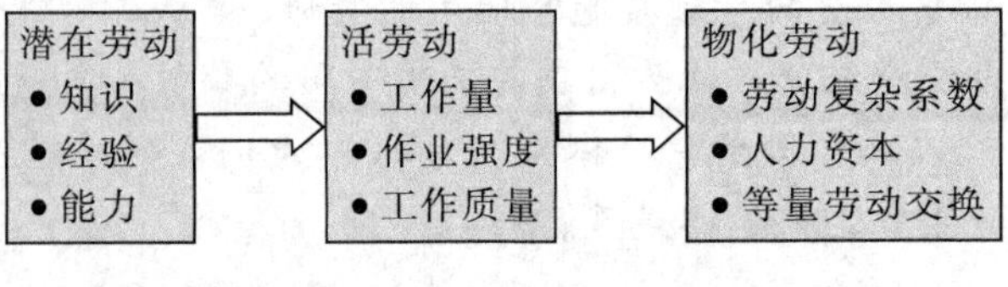

图 7—6　按劳分配的三种含义

活劳动向物化劳动的转化——劳动价值的实现，是市场经济下最关键的环节。一方面，存在着以社会必要劳动时间为标准的价值度量，直观表现为企业的经济效益水平；另一方面，又存在着简单劳动与复杂劳动之间的换算关系，直接对应于个人薪酬水平及其对比关系。

（三）关键业绩指标的选择

在借鉴西方国家成熟做法和充分调研论证的基础上，我们选择了经济增加值（economic value added，EVA）作为公司绩效考核的关键业绩指标。

1. EVA的要义

EVA的核心思想是公司的剩余收入（即投资人所要求获得的投资回报）必须大到能够弥补投资风险，即

EVA＝企业当年净利润－资金资本

如果会计上的经营利润等于或小于补偿投资风险的“必要回报”，就相当于没有为股东创造财富，甚至还侵蚀了股东的财富。这与只考虑利润而不考虑实际占用了多少资源的传统“盈亏观”和“成败观”有本质区别。企业可以通过四种方式追求EVA的持续增长：

- 在不增加资金的条件下，降低成本；
- 新增投资产生的税后利润增加额应大于新增资金成本支出；
- 在某些传统业务领域，如果资金成本的节约大于其税后净利润，就有必要考虑在资本上撤出该项业务领域；
- 调整优化资本结构，根据经营风险程度确定合理的债务比重。

2. EVA目标考核的现实意义

第一，体现了经营理念的更新和经营方式的转变。EVA的核心理念是以有限的资本占用，谋求高于行业平均水平的投资回报，在做强的基础上，有选择地做大，这标志着公司经营理念的提升。

第二，不失为公司乃至国有企业产权制度改革的有益尝试。企业所有权实质上是一种状态依存的所有权，股东、债权人、经营者、员工在特定的经营状态下都有可能拥有企业实际意义的控制权，如图7—7所示。

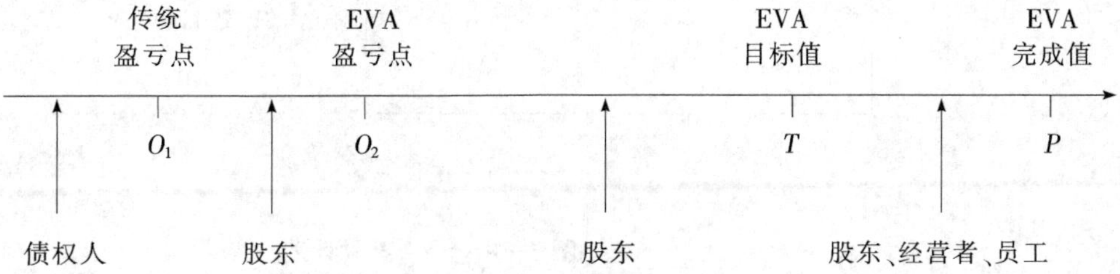

图7—7 状态依存所有权

第三，存量不变、增量分成、股东优先、超额激励，有利于改善公司治理，抑制内部人控制，确保国有资产的保值增值。EVA目标考核促使公司所有部门、所有员工都为一个目标——积极追求最好的经营业绩——而协同工作，真正使员工、经营者和股东的利益保持一致，促使经营者（包括员工）像股东那样思维和行动。

首先是保证国有资本存量不流失；其次是补偿存量资本的资金成本；再次是基本盈余（即介于资金成本和考核目标之间的收益部分）全额回报股东，以体现

股东优先；最后是超额盈余由员工、经营者、股东合理分享。

3. 资金成本率

一方面，对于特定行业的资本占用，出资人要求不低于行业的平均风险回报率是天经地义的，其依据是EVA的理论基础之一——货币时间价值理论。正如田径比赛中的风阻系数一样，在同行业环境中，企业如果创造高于行业平均水平的风险回报，无论其具体数值大小，都应该得到肯定和激励；反之，如果企业创造的风险回报低于行业平均水平，即便具体数值较高，也不应该受到激励。另一方面，资金成本率设定还必须考虑的另一个重要参数是宏观经济景气程度，在此隐含着EVA的另一个重要理论基础——机会成本理论。机会成本理论认为，一旦作出了某种选择，就意味着失去了另一种选择可能带来的收益，这种潜在的收益可能性就构成了前一种选择的机会成本；也就是说，即便企业创造的投资回报高于行业平均水平，但是如果低于同期宏观经济增长水平，股东势必会修正自己的投资方向，作出另一种投资选择，尽管这种投资调整时间或周期较长，反之亦然。

三、东风EVA薪酬分配体系的架构

把EVA的一部分回报给经营者和员工，从而创造使经营者或员工更接近于股东的环境，使经营者甚至员工像企业的股东那样思考。EVA奖励计划要点见图7—8。

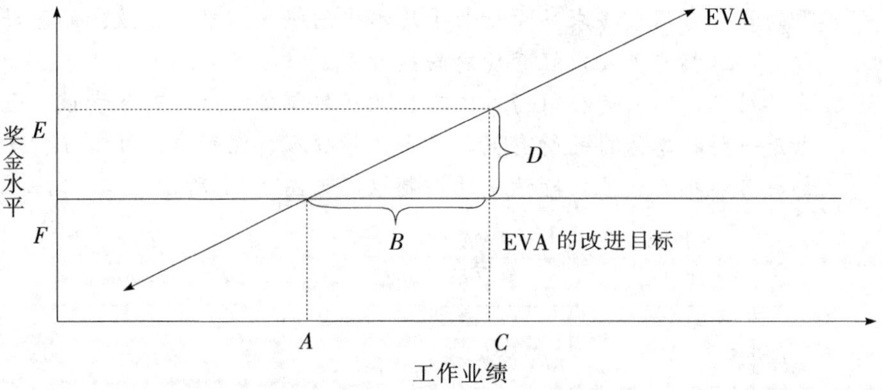

图7—8　EVA奖励计划

● 对EVA增量进行分配，将经营管理者乃至员工的报酬与其为股东创造财富的增量挂钩，保护股东权益。

● 不设临界值和上限，双向激励。

● 设立“奖金库”，长期激励，当年仅将其中的一部分以现金兑现，其余大部分转入专门的账户（奖金库），在以后若干年逐步兑现。

● 按照公式确定业绩目标，EVA目标随着实际业绩的变化而作相应的调整，与传统的年度经营目标核定方法相比，淡化了年度指标确定时“讨价还价”和“谈判”的色彩。

● 仅对达到或超过设定目标的经营管理者给予奖励。

四、对东风EVA薪酬分配体系实践的探索

（一）改革实践

自2002年起，对EVA薪酬分配体系实践的探索正式启动。上半年薪酬总量办法经职工代表大会审议通过先期出台，从下半年起，包括经营者年薪制、高级管理人员年薪制、员工岗效工资制等方面的岗位薪酬制度改革逐步展开，到年底已基本确定。在具体推进工作中注重强调：

● 目的明确——强调不是涨工资，而是以建立激励机制为目标。

● 改革与稳定并重，制度、理论设计与推进具体实践有机结合。

● 公开、公平、公正。岗位归级、竞聘上岗、转岗分流、考核兑现过程透明、结果公开。

● 坚持必需的民主决策程序。

●“三先三后”。先技术、营销、生产部门，后其他单位；先基层，后机关；先一般员工，后高层管理人员。

●“三落实三到位”。组织落实、计划落实、责任落实；观念到位、体系到位、程序到位。

（二）初步成效

通过业绩评价体系，可以客观地评价经营实体的经营绩效，有效地支撑公司业绩的迅速提升。2002年，公司汽车产量41.8万辆，销售收入704.8亿元，实现利润58.5亿元，分别增长了54.7%，49.8%和134.0%。原载重车公司超额EVA 6.1亿元，按照原薪酬总量办法结算，应提新增工资1.4亿元，按照现行办法结算，应提新增工资1.8亿元，新增工资增加了4 000余万元。同时，也基本实现了个人薪酬水平与其业绩贡献的对接。

资料来源：参见林泽炎等：《转型中国企业人力资源管理》，524～534页。

□案　例

安利营业代表的报酬及奖励制度

安利于1998年7月率先获得有关部门的批准，在中国采用自设店铺并雇用推销人员的方式经营。安利在全国主要城市设立店铺，产品明码标价，直接服务消费者，亦设有营销队伍帮助推广产品、服务顾客、开拓市场。

一、安利营业代表的报酬计算方法

安利营业代表的工作主要是通过产品示范和说明，帮助公司推广产品，促成顾客与公司交易。营业代表无须向公司购入任何存货，只需依照公司制定的统一顾客价，按顾客要求，提供订货供货服务；凭借良好的售前售后服务，帮助公司建立稳固的顾客群。

营业代表每售出一件产品，可获得该产品定价的20%（税前）作为为顾客服务的报酬，按月由公司支付至指定的银行账户。此外，安利会从每月净营业总额中统拨21%作为市场开拓经费，营业代表无论是以产品定价或以8折优惠价销售产品，每月均可按个人销售的净营业额获得公司发放的最高达21%的销售佣金

（见表7—11）。

表7—11　　劳动生产率与工资的变化关系

净营业额（元）	1 400	4 200	8 400	16 800	28 000	49 000	70 000
佣金率	3%	6%	9%	12%	15%	18%	21%

净营业额反映了安利营业代表实际的销售业绩，是以产品标价减除顾客服务报酬或折扣优惠乘以净营业额换算比率计算出来的。

为了循序渐进地提升营销人员的生产力，在2001—2002安利财政年度，3%～21%的销售佣金的相对营业额将回复至中国市场开业时的1 600元～80 000元的水平。

在随后的财政年度，安利会根据市场情况，就销售佣金的相对净营业额，逐年作出调整，以平衡通胀的影响，保障营销人员的收入水平。由于市场竞争激烈，安利产品价格的升幅不一定能赶得上通胀的幅度，因此，营销人员必须不断提升其生产力，才能维持相同购买力的收入水平。

二、安利的奖励制度

当安利营业代表有良好的工作表现时，公司会邀请他们成为“见习营业主任”，协助公司发展业务，支援营业代表的销售工作。营业代表可按业绩获得以下晋升机会：见习营业主任（9%～21%）、营业主任（银章、金章）、高级营业主任（直系、红宝石、明珠、蓝宝石）、营业经理（翡翠）、高级营业经理（钻石）。

经验有价，劳动有价。辅导、带动新人开展工作，将心得和经验与其分享当属有偿劳务。在从事产品推广与培训的过程中，会产生各项直接和间接费用，包括交通费、电话费、交际费、差旅费、办公用品费等（以上费用简称业务推广费），公司会根据提供的劳务和所获的效益，给予合理的劳务奖金，并在一定条件下，承担业务推广费。安利会把向营业代表支付个人销售佣金（在21%的市场开拓经费中扣除）后的余额发放给营业主任及经理作为劳务奖金。

通过不断的努力，部门的总业绩可以达到最高佣金率21%。此时，安利会从净营业额中另拨6%作为各项目月度及年度奖金，以奖励营业主任及经理在开拓市场、培训、支援营业代表工作上的成绩。对于通过稳健实干、守规经营取得指定业绩的营销人员，安利还会颁发一系列奖章并提供旅游奖励，以奖励绩优部门领导多方面的贡献。

三、奖衔表扬

通过颁发奖衔来肯定勤奋向上的人的成就是不少商业机构及学术、体育、文教组织的普遍做法。为了表扬安利营销人员在不同阶段所取得的成就，安利设有银章、金章、直系、红宝石、明珠、蓝宝石、翡翠、钻石等奖章，颁发给营业主任及营业经理。当然，员工在争取各项奖章时必须注意打好基础，并付出持续的努力，否则，荣誉可能只是昙花一现。

四、奖金奖励

安利的各项报酬和奖金全部以基于需求的产品销售业绩为计算基础，与加入时间先后或奖衔高低无绝对关系。各营销人员取得奖金的机会均等，奖金来自公司的市场开拓经费，是公司正常营运开支的一部分。安利颁发给营销人员的奖衔及奖金花红包括以下各项：

（1）领导奖金：营业主任（银章），将获得4%的领导奖金；连续12个月内有3个月取得银章业绩，可获金章奖励；连续12个月内有6个月取得银章业绩，可获直系奖章并晋升高级营业主任；以上均有相应的领导奖金。

（2）红宝石奖金：领导所在部门在一个月内取得净营业额14万元以上业绩，可获得公司另拨净营业额的2%作为红宝石奖，高级营业主任可获红宝石奖章。

（3）明珠奖金：同一个月内通过你的培训或带领，有三个部门达到21%的最高佣金，可获1%的明珠奖金。

（4）翡翠花红：你负责培训、带领的三个部门能够在同一财政年度内有6个月保持21%的业绩，将可晋升为营业经理并获得翡翠奖章，享受0.25%的翡翠花红。

（5）钻石花红：你负责培训、带领的六个部门能够在同一财政年度内有6个月保持21%的业绩，将可晋升为高级营业经理并获得钻石奖章，享受0.25%的钻石花红。

（6）行政钻石花红：你负责培训、带领的七个部门能够在同一财政年度内有6个月保持21%的业绩，将可享受0.25%的行政钻石花红。

五、旅游奖励

安利每年都会举办各类旅游研讨会，邀请符合业绩标准并严格遵守《安利营销人员营业守则》等有关规章制度的安利营销人员免费出席，使来自各地的绩优人员集聚一堂，交流业务心得与经验，并直接与安利高层管理人员沟通，为员工更好地做好未来的销售工作加油打气。安利（中国）自开业以来，曾经在曼谷、芭堤雅、香港、罗马及美国奥兰多举行过旅游研讨会。

资料来源：《商界》杂志社主编：《商界——中国营销模式经典》，北京，世界图书出版公司，2002。

□案　例

为医生和组织之间的鸿沟搭建一座桥梁——哈佛大学健康服务中心

哈佛大学健康服务中心归哈佛大学所有，它以一个独立的医护管理组织的形式运作，为学校学生和教职员工提供服务。关于健康保健保险，教职员工有几种选择，因此，哈佛大学健康服务中心需要和私人健康维护组织机构“争夺”患者。幸运的是，它已经获得了与众不同的、提供优质的医护服务的好名声，它还是成本最低的服务提供者。

哈佛大学健康服务中心面对和大多数医护管理公司一样的市场和服务压力。它的主要员工力量由内科和儿科医生、一支强有力的护士队伍、一个健康中心网络及行政服务人员构成。它和一些专业医疗团队（如外科和产科医疗团队）及波士顿的两个主要教学医院签有服务合同。

哈佛大学健康服务中心不断开发和实施提高自身疾病管理和医护服务能力的

改革计划。1994年，它决定采取大胆的步骤，改革医生的薪酬制度。正是这个决定导致的改革行动给该组织的文化和绩效管理带来了根本性的改变。

一、设计新薪酬体系的任务

哈佛大学健康服务中心决定改革医生的薪酬计划是出于以下几个方面的考虑。

首先，它在吸引和留住新人方面遇到了越来越多的困难。

其次，它从来没有完全弄清楚医生的工作期望。临床工作时间的可接受水平是多少？医生应该怎样加入到组织的各种委员会中去？应该为他们每个人分配多少名患者？医生应该对医院的运转负责吗？怎样处理让医生随叫随到或替别的医生顶班的问题？总之，组织的绩效要求在不断变化，这要求有相应的措施与之配套。

为了开始这个过程，健康服务中心主任、医学博士大卫·罗森达尔，行政部的助理主任玛丽·亨宁斯和负责临床医疗服务的几个主任一致同意，薪酬计划应该改革，并且要把上述问题弄清楚。

项目组每两个星期召开一次会议，这一做法持续了15个月。期间，他们向全体医生做了几次阶段性报告会。会上，项目组要求各部门提意见，并争取取得大家的共识。虽然许多这样的讨论会持续的时间总是很长，但最终，项目组提出了一个可行的工作计划，并得到了大家的认可。

最终形成的医生薪酬计划包括下列主要目标：

（1）激励和回报战略目标的达成；

（2）确保医护服务的质量；

（3）吸引和留住优秀的医疗人才；

（4）鼓励团队精神；

（5）培育组织的责任心。

二、工资期望和基本工资

设计组的第一个任务就是定义工作期望。他们要把工资和基本的绩效要求联系在一起，确保工资在内部具有公平性，在外部具有竞争力。基本的工作期望是指医生承担的责任的底线水平。当然，随着时间的推移，医生扮演的角色和组织的要求也会发生变化，基本的工作期望也要随之变化。对医生的工作期望必须和与其他公司具有可比性的理想薪酬水平相对应。这就是“市场工资对应市场工作”这一简单原则。如果个人达到了基本工作期望要求的水平，他们就能够参与浮动薪酬计划。

工作期望定义了下列关键责任：

（1）为哈佛大学健康服务中心的会员提供基本的医护服务；

（2）处理患者的医疗和社会心理学问题，内容包括临床工作小结、向患者提供医疗治疗方面的教育和咨询、必要时把患者转诊到合适的医疗专家手中，以及其他医护责任；

（3）在哈佛大学健康服务中心履行急诊医疗服务责任；

（4）允许患者到哈佛大学健康服务中心网络中的任何医院或其他后续医护服

务提供组织那里就诊；

(5) 视察患者的住院护理服务；

(6) 参加科室和组织举办的各种活动，例如，委员会、工作组、教学任务和后续医疗培训计划等。

上述每一条期望的具体定义比这里列出的要完备得多，它们都是通过在和医生们仔细讨论的基础上明确下来的。这些要素的衡量口径是把所有不同形式的工作时间安排都转化为全日制工作时间下的同等工作状况。医生们每年接受一次对上述每个期望要素方面的评价和考核，每个方面的最高得分为100分。通过这个评价，每个医生就可以得到一个绩效得分值。

最终的得分要以一定的方式转化为基本工资的增长和参加浮动薪酬制度的资格。最终得分低于80分的医生的基本工资将不会增长。如果绩效在三年的时间内都没有超过这个水平，那么，该医生就可能被辞退；得分在80～84分之间的医生，基本工资将上涨一档，但他没有资格参加浮动薪酬计划；得分超过85分的医生，除了基本工资将上涨一档外，还将有资格得到浮动工资；绩效得分为85分或以上的医生，如果他的基本工资已经处于工资级别的最高水平，那么，他只有得到浮动工资的机会，而基本工资将不再上涨。这样，工作期望就和基本工资档次的上升体系联系在一起了。

三、医生浮动工资计划

浮动工资计划的目的是承认被证明对组织作出了明显贡献的员工，并给予他们回报。首先，每年根据组织战略考虑的优先顺序，明确目标体系；然后，就这些目标体系与所有员工进行沟通，并和医生展开深入的讨论。

支付浮动工资的前提是哈佛大学健康服务中心必须达到或超过预先设定的目标预算。如果总体财务绩效水平没有达到预算要求，浮动工资的支付将暂停。浮动工资的百分比根据医生真正的工资档次水平决定，而不是根据得到上涨机会后的实际基本工资，这就是调整后的同等工作状况决定的水平。

浮动工资计划使用了五个相互独立的考核指标，其中每个指标的最大支付比例为3%。医生在任何一个指标上的表现，都能为他带来浮动工资收入的机会。而且，在每个指标上得到的支付比例是单独计算的，指标之间相互不影响。医生最终得到的浮动工资总额就等于在每个指标上得到的支付比例之和。因此，总绩效水平决定了浮动工资的总支付结果。

这些指标包括：

(1) 医护服务的优异程度。这个指标来自健康行业数据信息中心和国家质量保证委员会采用的指标体系。

(2) 合作。这个指标衡量的是医生是怎样与医护服务小组的其他成员进行合作和协调，来为患者提供医护服务的。通常，这种医护服务小组的成员包括医生、护士、专家门诊和辅助工作人员。对这个指标的衡量是通过问卷调查的方式进行的。

(3) 患者满意度。哈佛大学健康服务中心定期对患者进行满意度调查，调查结果要应用到每个医生身上。通过这个指标还可以检查每个医生手头负责的固定会员数的增长情况，以及在其中要求换医生的患者人数。

(4) 从业管理。这一指标涉及对哈佛大学健康服务中心内外资源的使用和管理。从业管理的范围包括住院治疗和上门提供医护服务、试验室和其他检查、医疗转诊以及各种具体活动。

(5) 总体贡献。这个指标涉及医生为改进医护服务质量、服务管理系统和完成科室的年度目标而作出的有意义的重大贡献。在这个指标上得到浮动工资的机会被限定在全部医生人数的10%的范围内，而且，这个指标上的支付比例要么是全部，要么是零，没有中间值。

如前所述，这五个指标代表着组织重要的绩效因素，它们支持了组织的基本使命和战略目标。毕竟，其中的每个领域都需要不断改进。医生们在这些领域都有很大的影响，他们需要各种各样的系统和工具来对这些指标提供支持。哈佛大学健康服务中心的重要理念是：开发这些指标是因为这些指标涉及的地方确实有重要的信息要反映出来，不是仅为浮动工资制度而开发的。因此，薪酬计划成为把人们的注意力集中到组织最重要的因素上的催化剂。

四、新薪酬计划的影响

当项目组第一次和医生们坐在一起，讨论工作期望和薪酬计划的时候，当时还有相当大的消极反应。医生们已经习惯于不怎么控制他们的活动，由于他们是在一个极其宽松的环境下工作的，因此，他们几乎不怎么施加个人的影响，无论是积极的还是消极的。但是，新薪酬计划反映了组织要澄清工作责任和绩效要求的愿望。现在，是否达到标准要求已经变得显而易见。在这次谈话后的接下来的几个星期，大多数能力较强的医生非常欣赏组织的这个想法，他们开始站出来对项目表示支持。于是阻力开始减少，甚至在一些地方，他们还看到了贡献自己的力量的机会。所有这些对项目的推进都是非常有好处的。

那些要利用同事之间的反馈信息的考核指标得到了医生们最高的评价。同僚和特定领域的专家作出的评价是非常有价值的。这些信息不但非常可靠，而且对“什么样的行为方式才是重要的”这个问题作出了有力的回答。事实证明，它们已经成为影响医生行为方式的一股重要力量。

许多医护服务质量指标上的表现已经改善，和服务有关的成本也下降了。这个成绩是医生采取更加积极的措施管理医护服务的结果。许多医生把更多的精力投入到支持医护服务的提供上来，他们没有把患者扔给“服务系统”不管。患者满意度调查结果的得分略有上升。哈佛大学健康服务中心处在一个要求非常苛刻的环境中，因为它的许多会员是哈佛大学的学生和教职员工，他们喜欢自己找相关的东西来看，并对医生开出的处方和治疗方法提出质疑。尽管如此，患者的满意度仍然相当高。

得到改进的另一个领域是医生承担的为患者服务的任务。医生在寻找增加自己手头的患者数量的机会，并致力于使患者和自己之间的关系正式化。医生们通过这种做法在会员和健康服务组织之间建立了一种重要的联系。人们现在很清楚他们需要到谁那里去看病。

当被问到这些结果是否值得付出那么多的努力时，玛丽·亨宁斯回答道：

“绝对值得。新方案已经讨论到了关键问题，它告诉我们要关注什么。我们已经产生了一种共同的目标和责任感。为了改进，我们还有很多事情要做，但是变化已经非常惊人了。”

五、医生激励的未来

在医生激励计划中，两个关键的地方有改进的余地。首先，有关考核指标的信息反馈需要以更快和更易理解的方式提供给医生。对医生们来说，在绩效考核期间了解信息非常重要，因为这样他们就有足够的机会调整和改变他们的行动。对这个问题的解决涉及信息系统的效率和考核指标的简化。

其次，关于如何使他们的绩效水平最大化，医生们需要得到指导。过去，是通过一个非正式的过程，让医生了解不同的工作计划，从中学习如何处理难度较大的患者，以及如何支持健康中心。其中，一些人可能会找到一种有效的方式，达到很好的效果，但是，其他人可能会一筹莫展。哈佛大学健康服务中心正在找出最佳实践案例，并把它们整理出来，做成教材向医生们提供培训，帮助他们掌握怎样较大地提高他们的贡献水平。其中大多数案例都不是讲临床任务的，而是讲怎样和患者打交道、怎样教给患者医疗知识、怎样管理整个健康保健资源网络的资源使用情况的。事实上，如果医生们的绩效水平出类拔萃，那么，组织里的每个人都将取得成功。

哈佛大学健康服务中心的变革已在路上，来自外部竞争对手的威胁不再像过去那么有效了。相反，组织正在指望医生和其他服务提供者关注组织的愿景。它想为在促进健康和管理疾病方面的重大发展奠定基础。其任务将是要把许多已经做得很好的事情做得更好，同时还要加强员工之间的协作和协调。而且，有一点是很清楚的：如果在实现这些重要的发展方面取得了成功，所有医生和组织的全体会员都将分享这些成功。

资料来源：［美］托马斯·B·威尔逊：《薪酬框架：美国39家一流企业的薪酬驱动战略和秘密武器》，250～258页，北京，华夏出版社，2001。

第 8 章　市场与薪酬

职业经理人是商品，决定于价值，左右于供求。这其中薪酬不但是个象征，而且也是莎翁笔下“to be or not to be”的问题。这句话被英若诚翻译为“生存还是死亡是个问题”，至少对职业经理人如此。

——《寻找你的高薪法则：让薪酬回归价值》

A 公司是一家大型国有制造业企业，尽管劳动力成本在总成本中的比重逐年上升，但企业的员工流失率，尤其是核心员工流失率却越来越高，对企业的人才竞争力造成了很大的影响。为此，A 公司请咨询公司对它的薪酬体系进行了诊断。咨询公司将 A 公司的薪酬曲线与薪酬调研报告中相同职位等级的回归曲线进行比较，结果发现，在低端职位上，A 公司的薪酬水平比市场的中值线要高，甚至接近中高水平线（75%线）。而职位越高，离市场的中位值水平就越远，到最高的几个职位，竟然比市场平均水平还低许多。这显然是公司无法留住核心员工的最直接原因。最后，他们还发现，尽管低端职位的人员在市场上供给大于需求，招聘、培训的替代成本也很低，对企业的贡献也有限，但由于低端职位上人数众多，浪费了过多的劳动力成本，总成本巨大。鉴于此，咨询公司建议该公司进行薪酬改革，即将低端职位定位在接近市场中值线的水平上，甚至可略低，高端职位则在市场中值水平以上，必要时甚至可以根据企业的付薪能力和薪酬市场定位策略而定得更高。

从以上案例中我们可以看到，劳动力的供求对一个公司的薪酬，乃至最后对公司的人才吸纳、保留和激励将产生巨大的作用。它最终会影响到企业的外部竞争力。正因为如此，在设计薪酬制度时，充分考虑劳动力市场对薪酬决定的影响，就显得十分重要。本章通过对市场与薪酬的讨论来阐明保持薪酬的外部竞争性的薪酬制度设计的理论和方法。

8.1 薪酬的外部竞争性与市场

8.1.1 薪酬的外部竞争性的概念

无论是按职位定价还是按能力取酬，一个职位的薪酬水平高低在市场上是不同的。市场的薪酬水平是指类似职位或员工在不同组织之间所表现的薪酬关系，即类似职位或员工在不同组织相对竞争的条件下所表现出来的薪酬水平的高低状况。而一个组织支付给某一竞争性职位或员工的薪酬水平高低，会直接影响到该组织在劳动力市场上获取劳动力的能力强弱，因此，所谓薪酬的外部竞争性，实际上是指一个组织中类似职位相对于竞争对手的薪酬水平高低，以及由此产生的该组织在劳动力市场上的竞争力大小。通常来说，市场薪酬水平及其外部竞争性对企业薪酬制度设计的重要性，主要表现在以下两个方面：

1. 吸引、保留和激励优秀的员工

在组织信息缺乏时，薪酬水平往往是员工选择工作的首要考虑因素。较高的薪酬水平不仅可以吸引更多的优秀员工，为组织形成充分的候选人蓄水池，降低招募成本，而且可以提高原有员工的忠诚度，减少员工流失。格哈特和米尔科维奇在1992年所做的文献评述中认为，“有足够的证据表明，薪酬水平的增加可提高工作申请人的规模，提高接受工作的可能性，以及优化工作申请人的质量”①。另有许多研究者利用实验研究或实证研究的方法证明了该观点，如威廉斯和德雷赫尔（Williams & Dreher）在考察了美国352家银行的薪酬实践后得出结论：薪酬水平与申请人的工作接受率存在正相关关系。② 同时，较高的薪酬水平有利于防止员工偷懒或消极怠工，因为薪酬水平高意味着失去工作的损失大，所以能够激励员工努力工作，降低组织的监督管理费用。此外，更高的薪酬水平具有公共关系方面的价值（Ronalds，1951），表明了组织人力资源的态度，避免了最低工资立法等规制的影响，能为企业创造良好的社会形象，增强政府与公众对组织的信心。③

反之，如果支付的薪酬水平过低，组织将面临更高的招募成本和员工流失率。如果薪酬水平较低，那么在招募时候选人的数量与质量都难以保证，从而造成甄选成本上升。不仅如此，过低的薪酬水平还有可能导致企业中原有的员工忠诚度下降，另谋他就的可能性上升。埃伦伯格和史密斯（Ehrenberg & Smith）在他们的研究中认为，薪酬水平与员工的离职率之间存在显著的负相关关系，即

---

① Gerhart，B.，Milkovich，G. T.，“Employee Compensation：Research and Practice，” in M. D. Dunnette & L. M. Hough（eds），*Handbook of Industrial and Organizational Psychology*（2nd ed.），Palo Alto，CA：Consulting Psychology Press，1992，p. 231.

② Williams，M. L.，Dreher，G. F.，“Compensation System Attribute and Applicant Pool Characteristics，” *Academy of Management Journal*，35，1992，pp. 571 - 595.

③ Reynold，L. G.，*The Structure of Labor Market：Wages and Labor Mobility in Theory and Practice*，Westport，CT：Greenwood，1951，p. 232.

薪酬水平越高，员工离职率就越低。[①] 一些实证研究也支持了这种观点，如弗里曼和梅多夫（Freeman & Medoff）在分析了七个国家的样本数据之后估计，如果整个组织范围内工资水平上升 20%，员工流动率就会下降 10%。[②]

2. 控制劳动力成本

尽管劳动力成本在不同行业、不同企业的经营成本中所占的比重不同，但对于任何一个企业来说，薪酬成本都是不容忽视的成本支出，尤其是在一些劳动密集型的行业。据美国劳工部 2001 年统计，薪酬成本占美国经济成本的 65%～70%。[③] 因此，有效地控制薪酬成本支出对于大多数企业的经营成功来说都具有重大意义。显然，在其他条件一定的情况下，薪酬水平越高，企业的劳动力成本就会越高；而相对于竞争对手的薪酬水平越高，则提供相同或类似产品、服务的相对成本也就越大。因此，通过劳动力市场了解劳动力的薪酬水平和劳动力成本信息，对于企业实施人工成本控制来说就显得非常重要。

8.1.2 劳动力市场对薪酬水平的影响

企业所在的劳动力市场和产品市场以及企业本身的状况会对企业的薪酬水平决策产生很大的影响。下面我们对影响企业薪酬水平决策的这几个因素进行较为深入的分析。

（一）劳动力市场运行的基本原理

劳动力市场是组织面临的市场之一，组织在劳动力市场上对既定的具备技术和能力的劳动者所展开的竞争，是对组织的薪酬水平甚至薪酬的外部竞争力产生影响的一个非常重要的因素。劳动力市场是公司的外部人员储备地，从那里，公司能够获得它需要的人员。劳动力市场是随时变化的，这就引起了一个公司劳动力的变化。在这个过程中，公司内部每个人的变化都会影响到管理者处理其劳动力问题的方式。劳动力市场由劳动力的供求关系决定，这种供求关系影响到企业的雇佣量和薪酬水平，并且影响到劳动力的流动。

劳动力市场理论的四个基本假设是：

（1）企业的目标是追求利润最大化；

（2）所有劳动力都是同质的，因此是可替代的；

（3）薪酬水平反映了与雇佣有关的所有成本；

（4）雇主所面临的市场是具有竞争性的。

就某个特定的劳动力市场而言，市场工资率由劳动力的需求和供给决定。我们知道，劳动力的市场需求曲线反映的是在某一特定工资率上市场需要的劳动力数量，而供给曲线反映的是在某一特定工资率上愿意接受雇佣的劳动力数量，如图 8—1 所示，S 曲线为劳动力供给曲线，D 曲线为劳动力需求曲线。在较低的

---

① Enrenberg，R. G.，Smith R. S.，*Modern Labor Economics*，Homewood，IL：Scott Foresman，1988，p. 368.

② Freeman，R. B.，Medoff，J. L.，*What do Union do*? New York：Basic Books，1984，p. 231.

③ 参见［美］巴里・格哈特：《薪酬管理——理论、证据与战略意义》，第 1 页。

市场工资率 W_1 上，需求大而供给小，存在劳动力短缺，企业为了吸引更多的员工，必然会增加工资，其结果是，更多的劳动力被更高的工资水平吸引到劳动力市场中，从而推动该市场整体工资水平的上升。相反，在较高的市场工资率 W_2 上，雇主希望雇用的劳动力人数少于愿意提供劳动的劳动力人数，导致劳动力过剩，最终，提供 W_2 工资率的雇主会意识到，他们不必支付那么高的工资就可以雇用到员工，没有工作的劳动者也会意识到，如果他们愿意接受较低的工资，就能得到一份工作。随着时间的推移，真实工资会降到 W_0。在 W_0 处，需求和供给相等，此时的工资率是市场出清工资或市场均衡工资。尽管均衡工资水平不能立即达到，但市场总是在朝这一方向调整。

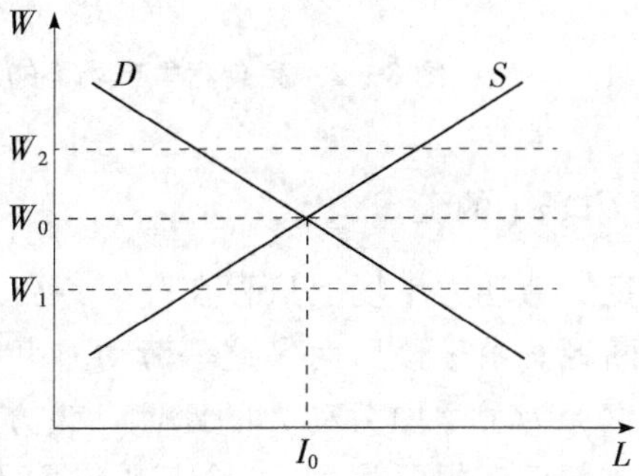

图 8—1　劳动力市场的运行

（二）完全竞争市场下的工资

完全竞争市场是指企业所处的产品市场和劳动力市场都是完全竞争的。根据完全竞争市场的定义，产品市场和要素市场上供求双方的人数都很多，产品和产品之间、劳动力和劳动力之间没有任何区别，产品和劳动力的供求双方都拥有充分的信息，产品和劳动力都可以自由流动。

在完全竞争市场上，均衡工资率由市场决定并向每个市场参与者“公布”，也就是说，任何单个雇主或劳动力的规模与市场力量都没有大到足以影响整体的市场现行工资率，每个企业都是市场工资率的接受者，而不是决定者。对于处于完全竞争市场的单个企业来说，在边际产品下降的情况下，只要劳动力的边际收益超过它的边际成本，厂商就应该继续增加它的劳动力使用量；相反，只要减少劳动力使用量所带来的成本节约大于它所带来的收入，那么厂商就应该继续减少它的劳动力使用量。所以，使用劳动要素的原则是利润最大化目标在劳动使用上的具体体现，即边际成本等于边际收益。在图 8—2 中，使用劳动的边际成本等于劳动的价格 W，而使用劳动的边际收益是边际产品价值 VMP。因此，完全竞争企业使用劳动要素的原则可以表示为：$VMP=W$。此时企业的均衡工资率为 W_0，劳动力使用量为 L_0。

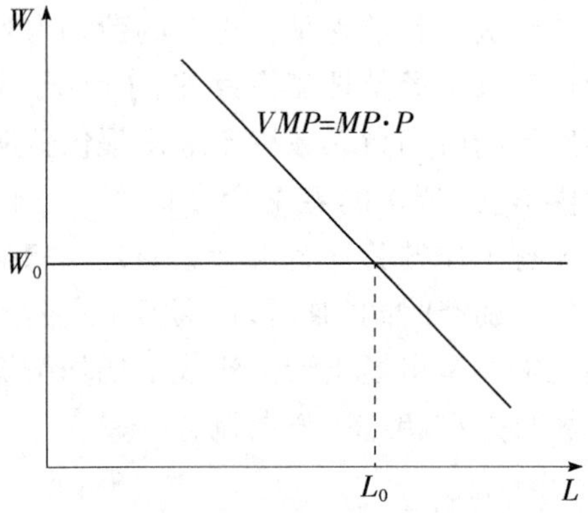

图 8—2　完全竞争市场下的工资决定

（三）垄断市场下的工资

当某一特定的劳动力市场上只存在一家劳动力购买者的时候，这个厂商被称为买方独家垄断者，由于该厂商是这一劳动力市场唯一的劳动力需求者，因此它可以影响工资率。为了增加劳动力的雇佣，买方独家垄断厂商必须提高工资率。如果一个买方垄断厂商想要雇用10个工人，而不是9个，除了支付多出的这一个工人较高的工资外，还必须向所有的工人支付更高的工资率。该厂商面临的是一条向右上方倾斜的劳动力供给曲线，雇用劳动力的边际成本超过了工资率这一事实会影响到买方独家垄断厂商的劳动力市场行为。我们知道，为了达到利润最大化，任何厂商雇用的劳动力都会保持在劳动力的边际收益等于劳动力的边际成本这一点上。因此，买方独家垄断厂商应当把劳动力的雇佣水平推进到这一点，即：

$$MLC=VMP$$

图8—3中厂商具有一条常规的边际收益曲线 VMP，但是它的劳动力供给曲

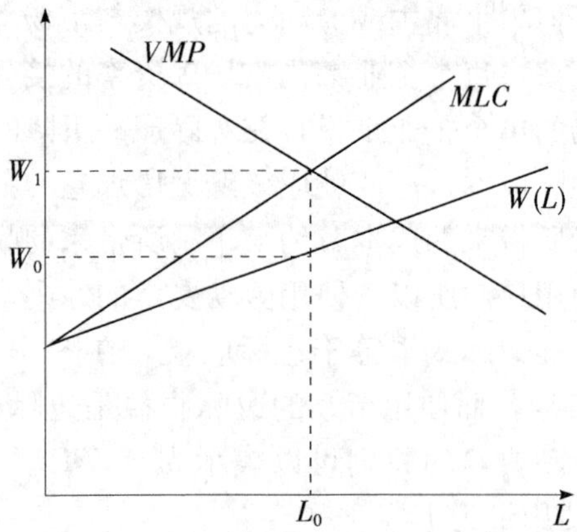

图 8—3　买方垄断市场下的工资决定

线却是向右上方倾斜的，由于雇佣劳动力的边际费用高于工资率，因此，*MLC* 位于劳动力供给曲线的上方，随着雇佣劳动力的边际费用上升，厂商的利润最大化雇佣水平也就位于 *VMP* 曲线和 *MLC* 曲线的交叉点，这样，买方垄断厂商愿意雇用的劳动力数量是 L_0，为吸引 L_0 个员工来企业工作所必须支付的工资率为 W_0。

（四）有组织劳动力市场下的工资

有组织的劳动力市场，也称不完全竞争的劳动力市场，是指存在工会的劳动力市场。如前所述，工会是改变劳动力市场结果的结构因素，因此在一定程度上对工资具有决定性的影响。工会的首要职能是为会员谋求工资等经济利益，其手段是通过控制市场劳动力供给、集体谈判和罢工威胁等影响工资水平。

工会可以通过控制劳动力供给将其会员工资提高到劳动力市场均衡工资水平以上。英国 18 世纪最早的技术手工艺人工会实际上就是通过限制产量的设计来控制市场的。它们通过“排外政策”（closed shop）① 排除外人进入特定的职业领域，从而实现对劳动力市场的垄断，进而对市场工资水平施加影响。在这种情况下，市场均衡工资会发生量与质的变化，主要表现是会员与非会员之间的工资差别。从美国工会化员工与非工会化员工的工资率比较看，1992 年，工会化员工的平均周工资率比非工会化员工高 35%，而对所有行业的蓝领工人来说，这一百分比达到 70%。② 但从经济学的角度看，这种工会会员工资的增加是以牺牲非会员工人的就业为代价的。如图 8—4 所示，假设在正常的劳动力市场上，劳动力需求和工资增长由产品需求、生产率、企业数量和其他资源价格决定，其工资率为 W_1，劳动量为 Q_1，两者的增长线为 S_1。一旦工会介入，使劳动力供给保持在 S_0 的水平而非 S_1，那么市场工资将上升到 W_u 而非原来的 W_1。

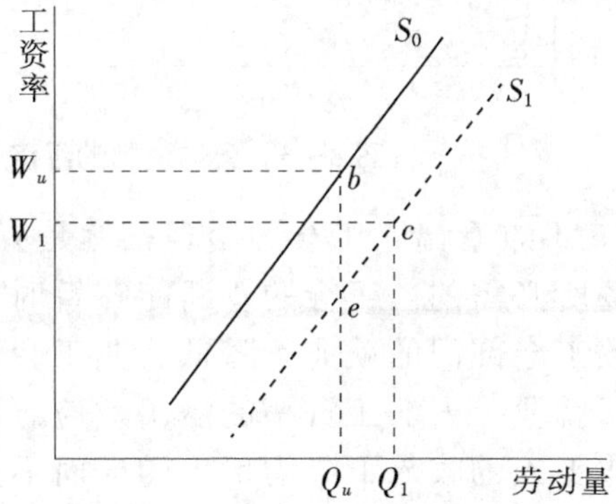

图 8—4　工会垄断下的劳动量和工资

工会提高工资更有效、更流行的方式是与雇主进行集体谈判。我们知道，工会的目的在于使其会员的利益最大化，而雇主所追求的是利润最大化，双方通过

---

① 这一做法在 18 世纪末的英国很流行，中文表述还包括“封闭企业”、“限于雇佣工会会员的企业”等，其核心内容就是工人只有加入工会才能被允许在某企业或车间工作。

② 参见［美］米尔斯：《劳工关系》，5 版，332 页，北京，机械工业出版社，2000。

集体谈判找到均衡点。一旦难以或无法找到均衡点，工会就会通过罢工威胁迫使雇主让步。集体谈判可分为分配性谈判和一体性谈判。在分配性谈判中，劳资之间为瓜分一定数量的经济利益和非经济利益而展开斗争，而在一体性谈判中，双方共同解决问题，谈判结果是双方受益，而不是一方受益一方受损。在劳资关系中，这两种谈判往往同时存在。①

当经济学家将边际生产率理论运用到企业的实践过程中时，发现了资本、劳动生产率、工资和雇佣量之间的相互影响和相互制约的关系，从而试图从经济学的角度解释集体谈判和罢工威胁对工资和就业量的影响，其中涉及的关键问题是工会和雇主在集体谈判过程中的力量对比。在这一方面，希克斯的研究最具代表性，并对现代产业关系理论的发展产生了很大的影响。他在《工资理论》中回答了“工会压力在多大程度上能够迫使雇主支付比在没有此种压力的情况下更高的工资（或在其他方面向员工提供更优惠的条件）”的问题，进而提出了集体谈判的经济学模型，即雇主的让步取决于其对潜在罢工成本的预测，工会的对抗曲线表示雇主预测的工会能够罢工的期限，两条曲线的交点，则是雇主为了避免罢工而愿意支付的最高工资，这就意味着罢工成本等于雇主支付工资增加的成本，如图 8—5 所示。

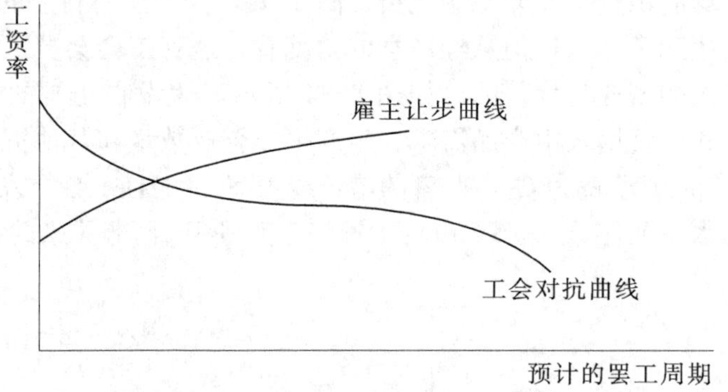

图 8—5　集体谈判的经济学模型

从图 8—5 不难看出，工会的出现虽然是劳动力市场运行的结果，但并不是劳动力市场所必需的。工会的垄断能够暂时带来工资增长，但由于工资率的提高会导致工会部门的就业率降低、非工会部门的就业竞争加剧，从而引起非工会部门就业工人的工资率的溢出效应。因此，工会化工人的收入增加是以非工会化工人的收入下降为代价的，而不是以资本的收入份额下降为代价的。

（五）劳动力市场分割与工资

理论意义上的劳动力市场，即劳动力在区域间、行业间与部门间的配置，表现为市场需求与市场供给之间通过自由交换而达到平衡的结果。这种纯粹由市场

① 参见［美］米尔斯：《劳工关系》，5 版，254 页。

力量决定的劳动力在区域间、行业间与部门间的流动形成了竞争性的劳动力市场，而这只是对现实的过于简单化的理论抽象。现实的劳动力市场竞争是不充分的，存在着形形色色的劳动力转移障碍，以及由此引发的劳动报酬上的显著差别，这就是劳动力市场分割。

劳动力市场分割是指劳动力市场按行业、地理区域或者性别、种族之类的人口特点而进行的分类。现实中，劳动力市场被划分为相互隔绝、自成系统的不同部分。刘易斯曾经明确地将劳动力所在的产业部门划分为两大类别：现代部门和传统部门，并由此产生了二元劳动力市场理论。二元劳动力市场理论的一个基本命题就是，两个劳动力市场内部的劳动力是流动的，但两个市场之间则是不流动或是有限制地流动。帕雷也提出了劳动力市场双元结构理论，其间有一级市场和二级市场的区分，一级劳动力市场具有工资较高、工作条件优越、就业稳定、升迁机会多等特征，而二级市场的工作往往工资低、工作条件差、毫无个人升迁机会等。同等劳动不能获得同等报酬，由此引起的劳动报酬上的显著差别是劳动力市场分割的具体表现。换句话说，这些劳动者之所以领取较低的劳动报酬，并不是因为其劳动素质低，而是因为他们无法进入可以领取较高劳动报酬的那部分劳动力市场，失去了在其中谋职的机会，从而出现劳动者素质和劳动报酬不对称的情况，即同工不同酬的现象。

我国就是一个劳动力市场分割的案例。这种分割首先表现为城乡劳动力两个市场。20世纪50年代中后期以来，我国所形成的城乡就业隔离政策，不仅是行政上的隔离，而且也是体制上的隔离，即不允许农村劳动力自由进入城市就业。我国经济体制改革以来，特别是80年代中后期以来，政府对农民的自由流动和就业选择权利的有条件的认可、城市对农村劳动力进入的行政控制的逐步放松，以及城乡之间依然存在的明显的收入差距，使得流向城市寻找就业机会的农村剩余劳动力呈日益增长的趋势。但农村劳动者和城市劳动者还不可能真正享受平等竞争的权利，在相当程度上还存在城市劳动力市场和农村劳动力市场同工不同酬的现象。改革开放以来，通过市场流动进入城市的农村劳动力，还无法与城市劳动力一样，进入同等待遇的职业领域，流入城市的农村劳动力大多从业于劳动强度大、劳动条件差的非技术性行业，领取比城市劳动者相对低得多的劳动报酬。

其次，我国的劳动力市场分割，也表现在行业之间同工不同酬的劳动报酬的差别上，即在行业之间也没有形成统一的、竞争性的劳动力市场。垄断行业高工资、高福利状况的存在，说明城镇内部不同行业劳动力市场仍处于相互分割的状态，缺乏必要的竞争性和流动性。垄断行业在缺乏适当的约束机制的条件下，将垄断收益大量地分配给职工个人，形成这些行业不合理的高收入。

8.1.3 产品市场对薪酬水平的影响

劳动力供求是决定企业薪酬水平的主要因素，然而，任何企业都必须有足够的收入来支付各种费用，包括薪酬，因此，企业的薪酬水平要受产品市场的影响。国外学者对此也进行了大量研究。早在20世纪50年代，斯利克特（Slichter）就在他的研究结果中发现，在美国蓝领工人的工资设定过程中，更重要的考虑因素是产品市场，而不是劳动力市场。① 最近的研究也表明，核心职位（如律师事务所的律师）的薪酬水平对产品市场的依赖程度较高（Trevor & Graham，2000）。②

一般来说，劳动力市场为薪酬水平设定了下限，而产品市场为薪酬水平设定了上限。③ 产品市场对薪酬水平的影响与组织的支付能力有关，产品市场的产品需求和竞争程度是影响支付能力的两个关键因素。

（一）产品需求

只有当市场上有对产品或服务的需求时，企业才需要劳动力，从这个意义上说，劳动力需求是产品需求的派生需求。假定特定组织可以利用的技术、资本和劳动力供给保持不变，如果产品市场对某种产品或服务的需求增加，那么无论价格如何，组织都能够出售更多的产品和劳务。一方面，为了实现自身对利润最大化的追求，组织自然会相应提高自己的产量水平，在给定的薪酬水平下，规模效应将增加对劳动力的需求量，而这种影响将进一步带来员工薪酬水平的提高；另一方面，产品需求的增加及企业销售水平的提高，也保证了组织能够向员工支付更高的薪酬水平。

（二）竞争程度

产品市场的竞争程度对薪酬水平的影响是相当重要的。对于竞争对手较少的企业，一般意味着企业的产品或服务需求弹性较小甚至无弹性，企业可以提高价格而不必担心消费者会减少对产品或服务的消费，所以，企业可以通过提高价格的方式将较高的薪酬成本转嫁给消费者，从而为企业在劳动力市场上的薪酬决策提供强有力的保障，保证企业向员工提供高出市场平均水平的薪酬。如果企业面临十分激烈的市场竞争，提高价格将会导致产品销量和销售收入减少，且企业无法将高水平薪酬所产生的成本负担通过较高的价格转嫁给消费者，那么支付高薪的基础也就不存在了。所以，当企业处于完全竞争或类似完全竞争的环境中时，组织支付的薪酬水平往往与市场平均水平十分接近。

8.1.4 组织因素对薪酬水平的影响

通过对劳动力市场实际运作状况的分析，许多学者还发现，劳动力市场模型与产品市场状况并不能完全解释薪酬水平的差异。越来越多的资料证明，薪酬水平随多个组织特性的不同而变化，例如，组织的规模、所处的行业、经营战略以

① Slichter, S. H., "Notes on the Structure of Wages," *Review of Economics and Statistics*, 32, 1950, pp. 80-91.

② Trevor, C., Graham, M. E., "Deriving the Market Wage: Three Decision Areas in the Compensation Survey Process," *Worldatwork Journal*, 9 (4), 2000, pp. 69-77.

③ Gerhart, B., Milkovich, G. T., "Organizational Difference in Managerial Compensation and Financial Performance," *Academy of Management Journal*, 33, 1990, pp. 663-691.

及所在的地理区域等都会影响实际薪酬水平的高低。

（一）行业因素

企业所处的行业对企业的薪酬决策有一定的影响。北京市人力资源和社会保障局 2012 年发布的工资指导线表明，房地产开发经营业从业人员平均劳动报酬较高，为 102 191 元；道路运输业、超市零售业从业人员平均劳动报酬较低，分别是 37 413 元和 36 888 元。[①] 同时，从表 8—1 可以看出，美国不同行业之间的小时工资水平也有很大的差距，与交通运输业相比，产品制造业和能源建筑业的薪酬水平较高。

表 8—1　　美国不同行业的薪酬水平（2013 年）

行业	能源建筑业	交通运输业	产品制造业	服务业
小时平均工资（美元）	32.78	25.15	34.58	30.50

资料来源：美国劳工统计局网站，http：//www.bls.gov/news.release/pdf/ecec.pdf。

行业特征对薪酬水平的最主要影响因素是不同行业所具有的不同技术经济特点。一般情况下，在规模大、资本密集程度高的行业（如软件开发、生物医药等）中，人均薪酬水平比较高。越是资本密集的产业，对资本投资的要求就越高，这会限制新企业的进入，从而易于形成卖方垄断结构，同时，资本对劳动的比例较高，意味着劳动报酬在企业总成本中所占的比重相对较小，资本的利润较高，从而使企业有能力支付较高薪酬。相反，那些对资本投资的要求低、新企业易于进入、以竞争性市场结构为特征的行业，其人工成本占总成本的比例较高，所以一般属于低工资产业部门，如服装加工业、纺织业等。

对于劳动密集型行业，企业需要的劳动力较多，同时，劳动力成本在总成本中所占的比重大，而劳动力的边际利润较小，因此，企业为了追求利润最大化，在制定薪酬策略时会考虑到这些因素，尽量控制劳动力成本，一般薪酬水平较低。相反，资本密集型或技术密集型的企业更倾向于高水平的薪酬政策，这类行业需要更大的资本投资与更高的技术水平，对新进入的企业有一定的限制，在产品市场容易形成卖方垄断的市场结构，而且资本对劳动的比例高，意味着劳动力成本在总成本中所占的比例相对较小，资本的边际利润为提供高水平的薪酬奠定了基础。

（二）企业规模因素

大量资料与研究表明，在其他因素类似的情况下，规模大的组织比规模小的组织薪酬水平高。同样是会计或司机职位，大多数情况下大企业的薪酬水平比小企业的更高。根据美国劳工统计局的调查，随着组织规模的扩大，组织的薪酬水平也不断上升，比如在制造行业，员工在 500 名以上的组织的小时工资水平比只有 1～49 名员工的组织高出 65%（见表 8—2）。

① 北京市人力资源和社会保障局，http：//www.bjld.gov.cn/xwzx/zxfbfg/201208/t20120803_27508.html。

表 8—2　　不同规模组织的薪酬水平（2013 年）

制造业不同规模组织的薪酬水平（2013 年 3 月）	
组织规模	小时工资水平（美元）
1～49 名员工	28.01
50～99 名员工	32.61
100～499 名员工	33.58
500 名员工及以上	46.36
服务业不同规模组织的薪酬水平（2013 年 3 月）	
组织规模	小时工资水平（美元）
1～49 名员工	22.27
50～99 名员工	25.70
100～499 名员工	28.76
500 名员工及以上	42.21

资料来源：美国劳工统计局网站，http：//www.bls.gov/news.release/pdf/ecec.pdf。

对于规模较大的组织比规模较小的组织薪酬水平高的原因，很多学者也进行了研究，目前有以下几种解释：其一，效率工资理论认为，较大的组织更有可能充分利用员工的能力。如与小型组织中的经理人相比，就职于大型组织中的高级经理人需要承担更大的责任，具有更大的价值（Henderson & Fredrickson，1996）①，相应的薪酬水平也较高。其二，企业规模越大，在监控员工方面遇到的困难就越多，特别需要激励员工在没有严密的监督下也能努力工作，这也是导致大企业对员工愿意支付较高水平薪酬的重要原因。还有一种解释认为，大型组织所使用的生产技术需要更高素质的员工，根据人力资本投资理论，高的人力资本投资也对收入产生了积极的影响。

（三）组织战略

企业战略对薪酬水平的影响无疑是非常直接的。成本领先战略的关键在于通过成本的领先获得竞争优势，如果企业选择低成本战略，那么它必然会尽一切可能去降低成本，其中也包括薪酬成本。这样的企业大多处于劳动密集行业，边际利润偏低，因而它们的薪酬水平比较低。相反，实施差异化战略的企业通过提供与众不同的产品或服务，满足目标顾客的特殊需求，从而获得竞争优势。很多实证研究表明，为了吸引有创造力的、敢于冒风险的员工，厂商愿意支付相对较高的薪酬，他们更关注薪酬投入给生产率带来的可能影响。如美国学者巴特(Batt) 通过研究美国四个通信行业——移动电话、固定电话、有线电视与互联网服务提供商的样本数据得出结论，更关注差异化战略的厂商需要更能干、激励意愿更强的员工，并可能用高工资作为构建这类员工队伍的手段。②

① Henderson，A. D.，Fredrickson，J. W.，"Information Processing Demands as a Determinant of CEO Compensation，" *Academy of Management of Journal*，39，1996，pp. 575 - 606.

② Batt，R.，"Explaining Wage Inequality in Telecommunications Services：Customer Segmentation，Human Resource Practices，and Union Decline，" *Industrial and Labor Relation Review*，54，2001，pp. 425 - 449.

8.2　市场薪酬调查

8.2.1　薪酬调查的目的

薪酬调查是针对市场上不同企业所支付的详细薪资情况，通过专业方法及技术进行数据收集、整理、统计和分析，以客观反映市场薪酬水平的状况，为管理者提供薪酬决策参考和依据的过程。简言之，就是通过科学的方法让管理者、决策者了解薪酬的市场水平。

随着劳动力市场的逐步建立和不断完善，市场机制对劳动力资源的基础性作用日益明显，研究市场薪酬水平及其外部竞争性日趋重要。在企业的整个薪酬战略体系中，薪酬调查是一个接口。通过薪酬调查，企业可以将自己的薪酬数据与市场数据进行对比，由此可以检查自己所支付的薪酬与预想的水平是否一致，或根据市场数据来确定为达到本企业的战略目标所应支付的薪酬水平。总之，薪酬调查有以下三个目的：

1. 完善薪酬策略的市场依据

企业在确定薪酬水平时，需要利用薪酬调查来评估竞争对手的薪酬和福利水平，以确定自己提供的薪酬组合是否足以吸引并留住组织所需要的劳动力。如果薪酬水平过低，组织就会面临员工士气低落或员工流失率上升的风险，而薪酬水平过高又会影响组织在产品市场上的竞争优势和盈利能力。在进行薪酬调整时，薪酬报告可以明确组织在行业中所处的地位，达到既能合理控制人工成本，又能有效激励骨干员工的管理目的，优化和提升企业内部薪酬管理的科学性。

2. 明确薪酬管理实践

组织薪资体系的内容涉及薪资体系、薪资结构、福利和保险政策等，薪酬调查所要了解的并不仅仅限于基本薪酬水平这样一个简单的信息，通常还包括奖金、福利和长期激励以及各种加班费等薪酬结构的信息，因此，组织可以借此了解薪酬管理实践的变化情况。

薪资调查报告可以清楚地显示目前本地区不同性质的企业、不同行业的企业所执行的薪资政策。例如，薪资调查报告表明，薪资结构呈现多元化的趋势，有基本工资＋奖金＋福利，基本工资＋奖金＋福利＋业绩提成，基本工资＋奖金＋福利＋内部股权，等等。组织应根据自己的基本管理模式、行业经营特点以及企业发展需要，定性地确立最适合自己的薪资政策体系。

3. 了解先进的人力资源理念

随着人力资源理论与技术的发展，一些先进的人力资源理念不断出现，如战略薪酬等。组织通过对薪酬调查结果的分析以及对自身薪酬制度的梳理，可以了解这些较为先进的管理思想。

8.2.2　薪酬调查的类型

现代市场经济国家可以获得各种各样的薪酬调查数据，如果现有的薪酬数据可以满足企业所要求的所有信息或者大部分信息，且企业能够合理利用已经存在的相关调查数据，那么就没有必要再进行新的薪酬调查了，这样企业就能够节省时间与精力，并降低调查成本。薪酬调查五花八门，种类繁多，按照调查的主体来分，主要有以下三种：

（一）政府部门的非营利性质的调查

政府部门的非营利性薪酬调查是由政府部门组织实施的对全国范围内各行各业薪酬水平进行的调查，为社会提供薪酬水平、薪酬成本及有关薪酬的其他信息，主要目的是发挥政府的宏观指导作用，促进劳动力市场的合理配置。这类调查由政府部门组织大量人力物力进行，涉及的样本范围广、数量多，从统计样本代表性的观点来看，数据的准确性和权威性较高。大多数调查结果类别十分细致，分类标准除了地区、行业和岗位之外，还包括企业的技术等级、行政级别、企业类型、所有制类型、劳动者的年龄、工龄、性别和学历等诸多细类。由于各地政府部门均执行相对统一的指标体系，且各个分类标准的定义清晰，被调查者对调查内容的认识分歧很小，因此，所提供的数据具有很强的可比性。最终调查结果一般会以多种形式公布，组织与个人都可以无偿使用这些信息，使用成本相对较低。

尽管由政府实施的薪酬调查有以上这些优点，但不足之处也显而易见。首先，此类调查涉及的范围广、行业多，调查耗时长，所提供的薪酬信息往往在公布时就已经过时了，在信息的有效性和及时性方面有所欠缺。对于使用者来说，关键在于明确收集调查资料的真正时间，以及对陈旧的数据进行更新。其次，由于覆盖面广，调查时只能选取行业中高度标准化的基准工作，不可能对每一个职位都详细调查，因此，无法满足企业个性化的信息需求。最后，调查仅集中在工资上面，未涉及其他形式的薪酬，因此很难描述各地区和各行业职工的实际收入水平。

1. 美国政府的薪酬调查

美国联邦政府进行的薪酬调查主要由美国劳工统计局实施，包括全国性的薪酬调查（National Compensation Survey，NCS）与行业工资调查以及专业人员、行政人员、技术人员调查。

NCS最早始于20世纪50年代，主要在美国的大城市开展，调查和公布的工资数据仅限于一些特定的岗位，如秘书、卡车司机等，并区分了这些职位的职责和工作等级。70年代末期，NCS又增加了福利项目及员工福利调查。可提供全面、详尽、系统的有关雇主福利计划的第一手资料。同时，人们对包括员工工资和福利在内的薪酬成本的变化情况普遍产生了兴趣，这又推动了就业成本指数（Employment Cost Index，ECI）调查的开展。1975年开展的ECI调查，是劳工统计局第一次尝试发布对雇主薪酬成本变动的单项调查。1986年，劳工统计局开始发布年度雇主薪酬成本水平、成本中各项构成部分的比例关系数据及雇主薪酬成本变动趋势分析报告。目前，ECI调查、员工福利调查和职位薪酬调查是NCS的主要调查项目。

NCS的目的是为使用者提供高质量、高相关度和及时的数据信息，同时能使数据使用者以最小的成本最有效地利用这些资源，所以，统一设计、组织和实施调查是非常重要的。

关于样本的选择，NCS是全国范围内的定点抽样调查，一般选取154个大城市和非大城市的地区来代表全美员工的薪酬情况，地区的选择要满足九大地区和四大地域的分组，样本从样本地区失业保险目录中选取，这一目录包括了该地区在一定时期内所有雇佣人员的机构，包括除联邦政府、军队、农场以及家庭自我雇佣之外的所有私有企业和州及州以下地方政府，样本机构在这一范围内随机选择确定。关于职位的抽样办法，按美国标准职业分类标准对各职业进行分类，并按照一定的因素评价方法确定各职业的工作等级。这种因素评价方法被称为联邦政府因素评价体系，主要由九个要素组成：知识、接受的监督、指导性、复杂性、影响及范围、人际沟通、沟通目的、工作环境和体能要求。

在NCS中，工资是指直接的工作收入，不包括加班工资。统计项目包括计时工资、计件工资、佣金、风险收入和其他直接与工资有关的报酬项目。职位工资水平数据按照主要行业、公共部门与私营部门、是否参加工会、全职与兼职、机构规模等维度进行分组，分别在地区、地域和全国发布。同时，工作时间也被列入调查项目之中，如每月、每周工作时间等。而福利调查的内容包括雇主成本、雇员分担部分、进入和参加福利计划的员工人数及详细的福利计划条款。列入调查范围的福利计划包括：带薪休假、有薪病假、加班工资、津贴、健康保险、人寿保险、短期残疾保险、长期残疾保险、医疗费用、联邦失业保险、州失业保险、解雇金和补充失业福利计划等。除福利成本水平外，NCS还提供员工参与各种福利计划的水平、条件、人数以及以医疗健康和退休金计划为主的福利计划的主要条款和内容方面的信息。薪酬成本指标作为反映联邦经济状况的重要指标，每季度颁布一次，数据分为工资成本、福利成本和薪酬成本，按照职业、行业、是否参加工会和地域分组。

NCS的调查结果可以通过多种途径获得。美国劳工部发布相关的主要经济指标，劳工部的期刊《每月劳动评论》和《薪酬和工作状况》上发布一些详细的数据分析。此外，大多数数据都可以从劳工统计局的网站 www. bls. gov/ncs/home. htm 获得。

此外，在美国，许多地方性和全国性的行业协会都对它们的成员进行工资与福利调查，为薪酬决策者提供工资和福利方面的资料。比如，美国工程师协会(American Association of Engineering Societies)、美国薪酬协会都会在一定的范围内进行薪酬福利调查。这些薪酬信息对组织也是非常重要的，因为行业协会的调查针对性较强，数据丰富，能帮助组织了解本行业薪酬的现状及发展趋势。

2. 我国政府的劳动力市场工资调查

我国劳动和社会保障部门从20世纪90年代开始开展劳动力市场工资调查工作。国家劳动和社会保障部门会同各级地方劳动部门和统计部门，抽调专门人员开始从事全国或本地区、各行业、各企业职位薪酬水平情况的调查，为我国政府制定工资宏观调控政策和工资指导线、城镇居民最低生活保障线等提供了依据。这类薪酬调查最有代表性的是我国劳动部在1997年在全国各省、自治区、直辖市开展的“企业人工成本抽样调查”及劳动和社会保障部随后开展的“劳动力市场工资价位抽样调查”。此外，国家人事部不定期公布有关行业和职位的薪酬数据。这些报告大都通过行政手段收集数据，取样主要来自各种报表，并放在网上供用人单位免费查阅。

截止到2012年年底，开展劳动力市场工资价位抽样调查的城市已达124个，调查范围包括城市行政区域内的所有城镇企业。调查内容为上一年度企业中的有关职业（工种）在岗职工全年工资收入及有关情况。随着工资指导价位制度建设工作的推进，有条件的地区还对普通劳动力的小时工资率进行了调查。调查根据以下要求分别确定调查行业、调查企业、调查职业（工种）和调查职工。调查行业包括16个大行业，以农林牧渔业、采掘业、制造业、电力煤气及水的生产和供应业、建筑业、交通运输仓储及邮电通信业、批发和零售贸易餐饮业、金融保险业、房地产业、社会服务业等10个行业作为重点，根据本地区的产业结构进行选择，并根据实际需要对大行业进行细化。调查职业（工种）根据当地产业结构确定，特别注重选择通用的或市场上流动性较强的职业（工种）。职业的名称、代码要按照《中华人民共和国职业分类大典》与劳动和社会保障部编制的《劳动力市场职业分类与代码》进行规范，保证职业分类的统一化和标准化。调查企业按以下方法确定：在选定的行业中，将企业（应为生产经营正常的企业）按上年职工平均工资水平从高到低排列，采取等距抽样办法抽取企业。为了保证调查结果具有代表性，调查应覆盖各类型企业，其中非国有企业应占较大比例，具体比例由各城市根据当地非国有经济的发展程度确定。若个别行业调查的企业经济类型有明显偏差，可适当进行调整。35个大中城市调查企业户数应不少于200户，其他城市不少于100户。根据当地产业结构确定调查企业在行业间的分布，具体是通过改变每一行业企业间的间距来调节各行业的调查企业户数。如对于本地区的主导行业，通过缩小企业间的间距增加调查企业户数。调查企业确定后，年度间距相对固定。将同一职业（工种）的全部调查职工工资收入从高到低进行排列，分别确定本职业（工种）工资指导价位的高位数、中位数和低位数。[①] 表8—3列出了2012年北京市的劳动力市场指导价位。

表8—3　　2012年北京市劳动力市场指导价位

职业	低位数	中位数	高位数
律师	43 825	48 070	245 856
广告设计人员	45 306	58 301	102 925
文字记者	34 800	74 633	126 134
美术编辑	27 500	48 903	72 386

资料来源：《2012年北京市劳动力市场指导价位与企业人工成本状况》，http://www.bjld.gov.cn/gzcx/。

（二）管理咨询公司撰写的营利性薪酬调查报告

市场薪酬调查本身是一项有价值的工作，因此，随着市场经济的发展，这项

① 参见劳动部：《关于建立劳动力市场工资指导价位制度的通知》，1999。

工作在市场的层面也推动和发展起来，从事薪酬调查的管理咨询机构应运而生、蓬勃发展。翰威特、美世、华信惠悦等国际咨询结构就是这方面的代表，国内的薪酬福利顾问公司，如北京的外企太和企业管理顾问有限公司（Taihe Consulting）等也开始开展薪酬福利调查。在调查的形式和规模上，它们一般都采用国际通行的会员制，即与会员单位签订协议，会员单位按照咨询机构拟定的调查表提供本企业翔实的数据，同时有偿享用最终的全部或部分汇总、统计和分析结果。数据来源多为某个特定行业或地区的代表性企业，调查结论对于企业了解地区内和业内平均薪酬状况有较大的参考价值。调查内容除工资水平外，还包括股票期权、培训计划、退休及医疗待遇、住房方案、出差津贴等其他薪酬形式。大多数调查报告都强调分析近期加薪的频度、幅度差异及前景预测等。

与政府部门开展的薪酬调查相比，管理咨询机构的薪酬调查最大的优点是能为组织提供"量身定做"的调查。由于管理咨询机构与企业无任何利益关系，更容易从其他企业取得相关的薪酬信息，因而它们能够按照企业的要求在相关劳动力市场上进行职位薪酬调查，调查范围也比较集中，区域性较强。调查结论对于企业了解地区内和业内平均薪酬状况有较大的参考价值，能为企业薪酬体系的设计提供合理化的建议。同时，调查内容除了工资之外，还包括股票期权、培训计划、退休及医疗待遇、住房方案、出差津贴等，信息更加丰富。

但委托咨询机构进行薪酬调查或购买薪酬调查报告一般成本较高，而且调查指标定义不统一，调查结果的可比性不高。仅"年薪"这一指标，各个调查的定义就有很大差距，导致不同的调查结果不能直接进行比较。

（三）网站媒体的营利性薪酬调查

随着网络技术的发展，网络薪酬调查也成为一个重要的渠道。在美国，每年200 多所大学的薪酬调查就是通过网络的方式进行的。国内目前对薪酬调查比较热衷的媒体主要是与人力资源管理内容相关的网站。调查方式大多采用在线调查方式。参与调查者以不记名的方式提交自身薪资情况，同时分享其他参与调查者提供的信息的处理结果。个人需提交的资料包括：年龄、学历、工作经验、目前任职行业、在该行业总任职时间、目前的税后年薪、外语水平、职业资格证书等详细内容。其调查内容专业性并不强，但比较贴近求职者，如各行业平均薪酬水平大排名、个人跳槽前后薪酬水平的比较等。加之网站会对调查结果给出一些评论和建议，也吸引了部分上网员工参与薪酬调查。

由于网络在线薪酬调查采取不记名的方式，且对被调查者缺乏直接的指导，因此容易导致对指标理解的不一致，最终造成数据的可信度下降。此外，这类调查随意性很强，使得参与调查的样本无法代表行业的平均薪酬水平。

8.2.3　薪酬调查的流程

（一）薪酬调查的准备工作

1. 界定相关劳动力市场

在进行薪酬市场调查之前，必须对企业薪酬所面临的环境进行分析，以确定企业外部薪酬市场调查的对象。企业的外部环境分析包括行业状况、竞争状态、产品市场需求、劳动力状况等，企业内部环境主要包括核心职能、现有薪酬、经济承受能力、成本结构等。通过对企业所处的内外环境进行分析，就可以界定企业市场薪酬调查的相关劳动力市场。相关劳动力市场的界定取决于薪酬调查的目的，要确定薪酬水平、薪酬结构或者评估对手的劳动成本。相关劳动力市场应界定为与本企业存在竞争关系的其他企业，主要包括：（1）与本企业竞争从事相同职业或具有相同技术员工的企业；（2）与本企业在某一地域范围内竞争员工的企业；（3）与本企业竞争同类产品或服务的企业。

职业技能水平与地理范围是界定相关劳动力市场的两个重要维度，一般来说，相关劳动力市场随着职位技能水平的不同而不同，所涵盖的企业可以是为同一职位或技能展开竞争的企业。对于技术水平要求较低的职位，比如文员、一般技术人员和半技术人员，调查的区域应该是与公司在地理位置上比较接近的地方。而另外一些高技术职位则是在全国劳动力市场上，甚至是国际劳动力市场上定价。同样，地方劳动力市场可用于调查文员、一般技术人员、不熟练员工等职位，因为具备这些职位所需要的技能的劳动力在较小的区域内就能满足。如果公司在北京，要了解秘书等职位的薪酬情况，最好就在北京进行调查，而不需要在上海、深圳等地进行调查。对于中高级职位，比如经理，所调查的区域应该更大。与之类似的还有大学毕业生，因为经理拥有相对稀缺的技能，而大学毕业生拥有各行业所需要的基本技能，这些技能在各行各业是可以转换的，因此，相关的劳动力市场可能是一个地区或者全国。而技术水平要求较低的职位，通常在小范围的区域内调查就足够了。

此外，一个组织所在的行业是影响薪酬水平的一个重要因素，所以，调查所包括的行业也是应该考虑的一个问题，对于低层级的职位来说，行业之间的差别并不大；而对于中高级管理人员和技术人员来说，最好是选择可能与公司竞争人才的行业来开展调查。表8—4列出了相关劳动力的市场范围。

表8—4　　相关劳动力市场范围

	高层	专业人员	员工
规模	同等	无限定	无限定
行业	同业/非同业	同业	无限定
地域	无限定	本地/多地	本地

资料来源：根据太和顾问管理咨询公司提供的资料整理。

2. 确定调查企业

在明确相关劳动力市场的基础上，还要确定参与薪酬调查的企业类型与数量。调查时一般会选择行业内知名的、具有代表性的公司，对于整个行业来讲，由这些公司组成的市场薪酬状况，不仅具有一定的代表性和竞争力，同时也能体现行业发展趋势。同时，这些企业一般员工较多，内部职位划分明确，薪酬制度与福利计划完善，可以提供更加准确、丰富的薪酬数据。很多咨询机构按照行业内的企业排名名单选择薪酬调查的对象，这样可以保证被调查的企业在行业内具有一定的影响力。

从统计学的观点来看，样本的容量越大，越有可能消除各种影响因素，缩小误差，反映薪酬的真实水平，所以，如果调查结果要求的准确度高，那么样本的容量就要扩大。但更多的样本意味着更高的调查成本，在预算约束的条件下，能够调查的样本是有限的，要尽可能在既定的条件下，得到期望的结果。

3. 确定调查职位

确立标准职位是明确该行业薪酬福利调研的职位范围和职位信息的过程。通常情况下，这是一个明确本行业标准职位的过程，以保证薪酬福利调研报告能够充分体现该行业的行业特点。基准职位是那些内容众所周知、相对稳定，且得到从事该职位员工广泛认可的职位，基本上能代表当前所研究的完整的职位结构。例如，在房地产行业薪酬福利的调研过程中，薪酬调查公司通过与客户的充分沟通，确定出包括前期市场调研、设计、工程概预算、工程建设、市场宣传、策划、销售、客户服务职位序列在内的一整套标准岗位列表，充分体现出房地产开发行业项目的基本运作过程，具有市场上独一无二的代表性。

同时，在进行基准职位薪酬调查时，必须对设置的基准岗位进行概括的职责描述，通过进一步明确每一个已确定岗位的工作内容和工作职责，为下一步的职位匹配打下基础，也为企业进行职位梳理提供一定的参考。

职位确定的内容与通常撰写的职位说明书的内容基本相同，包括每一职位的名称；职位目的，也就是该职位对公司的主要价值和贡献；核心职责，即该职位所从事的主要活动；任职者基本素质要求，即该职位对任职者的知识、学历、经验、能力等方面的要求等。同样的职位名称，可能其工作内容相差悬殊，或者其对任职者的基本素质要求有很大的差别，所以，职位确定和描述就显得相当重要，尤其是在国内的职位体系不太健全的情况下，这一问题显得相当重要。

（二）薪酬调查的实施

1. 职位匹配

同一职位（如人力资源经理）的外部市场价值由于其所在企业的价值链、内部运作方式、企业规模和性质不同，或由于职位的实际责任不同，而存在很大的差异，此时，即便获得市场薪酬数据，也难以实际应用。鉴于此，通过对各行业中不同类型的标杆企业进行分析，并采用职位匹配的方法，将参调企业的职位纳入标准职位体系，从而实现职位薪酬的横向比较，使获得的市场薪酬数据切实可用。

职位内容匹配工作是通过对职位职责描述的比较，判断薪酬调查中某一职位的职责与组织哪些职位的职责相同或相似，只有职责相似的职位，薪酬调查的数据才有一定的参考性。比如，A公司的某个职位叫做行政经理，薪酬调查中有一个职位称为办公室主任。从表面上来看，这是两个截然不同的职位，但是通过对其职责描述的分析，发现它们都是负责公司的行政事务，保证办公环境的舒适、整洁；做好外来人员的接待工作；控制好公司物品的发放等工作，那么我们认为这就是两个工作内容匹配的职位，因此就可以将这两个岗位的信息放在一起进行比较。在使用和购买薪酬调查结果时，一定要注意该调查是否包括所调查职位的职位描述，有职位描述的薪酬调查所获得的结果比没有职位描述的薪酬调查结果更为准确、可靠。应将调查所提供的职位描述与公司相应的职位进行比较，只有当两者的重叠度达到70%以上时，才能根据所调查职位的结果来确定公司相应职位的薪酬水平。①

除了考虑职位内容的匹配外，还要考虑职位等级的匹配。以人力资源主管为例，虽然A公司与B公司的人力资源主管在工作内容上比较一致，但是A公司的员工人数超过500人，人力资源主管直接向主管副总汇报工作，部门人员超过10人，需要了解一定的人力资源管理知识等；而B公司员工总数不足100人，部门人员也比较少，且只需了解本专业知识即可。很明显，这两个职位等级的价值是不一样的。一般来讲，可用于进行职位等级评估的因素包括组织的基本情况（员工人数、营业收入）、影响力（影响程度、影响范围）、知识水平与工作地点等。所以，在进行职位内容匹配后，还需要对职位按相关的工具进行职位评估，以便将职位纳入合适的职位等级，这样，薪酬调查的数据才更具有可比性。

最后，还可通过技能、责任和努力程度三个因素进行数据修正，重新衡量匹配程度，这种技巧称为调查数据修正（survey leveling）。如果所调查的职位在组织中承担的责任较小，分析人员可以对调查数据进行调整，比如乘以0.8，以使企业的职位具有可比性。反之，调查的数据也可以提高，如果所调查的职位在组织中承担的责任更大，也可将调查数据乘以110%。数据修正是在薪酬调查中应用主观判断的例子，对人们主观性的公平与公正提出了挑战。

2. 确定薪酬调查的内容

同样的职位在不同的组织中获得的报酬方式也是不同的，因此，在选定调查对象以及调查的职位之后，调查者还必须明确应当将哪些信息纳入调查范围。通常情况下，薪酬调查涉及的内容包括：

（1）组织信息。组织的规模、结构与财务状况等对薪酬有着很大的影响，在进行薪酬调查时，首先要了解关于所调查的组织的信息。其中组织的规模通常可以用组织的资产总额、利润总额、员工总人数来衡量；组织结构需要获得清晰的组织结构图，这可以帮助信息使用者了解组织形式及管理职位的重要程度，更准确地进行职位匹配；财务状况可以采用净资产、营业额与税后净利润等指标。

（2）薪酬信息。了解薪酬信息是薪酬调查的主要任务。目前薪酬的含义越来越广泛，包括的形式也日益多样化，所以在进行薪酬调查时，从理论上讲，所有的薪酬形式都应包括在内。

基本薪酬是员工为企业工作所获得报酬的重要部分，调查时应询问调查对象在某一具体时期的基本薪酬水平，最好填写被调查职位的薪酬浮动范围，即薪酬跨度的最高值、最低值及中间值，这有助于确认被调查企业所提供的基本薪酬数据是否准确。目前我国的劳动力市场工资指导价位经过汇总、分析和修正后，各种职业（工种）的工资都有高、中、低三组数据。此外，薪酬调查还应包括企业的奖金或其他年度现金支付，填写的数据应该是年度的平均数值。除了传统的年

---

① Jeremy Handel, Doug Grieser, "Salary Surveys Issue Statement," www.worldatwork.org, 2000.

终奖之外，越来越多的企业在实行利润分享、收益分享以及一次性加薪等各种现金奖励支付方式，因此，在调查中，要确保将所有这些可能出现的年度现金支付形式都涵盖进来，否则，就会导致对一些企业某些职位的薪酬水平的低估。

随着股票市场的发展以及企业管理实践的变化，股票期权或股票增值权等长期激励手段在过去20年中得到了一定的发展，特别是在一些高科技企业的中高层高级管理人员和技术人员中，长期激励计划已经成为一种重要的报酬方式。此外，在某些企业中，还实行了员工持股计划，员工所持有的股份数量在很多时候也与员工的职位相关。即使对于一个普通职位，可能也需要询问被调查者是否实施了股票所有权计划。因此，在调查中也不能忽视这类报酬要素。

从国际上看，员工福利和额外补贴主要是在第二次世界大战以后发展起来的，最初数量不大，发展也比较缓慢，但是后来已经成为雇主的一个重要成本开支项目，而对员工来说则成为一种重要的价值来源：用于儿童看护、卫生保健、学费报销以及弹性支出账户的成本相当一部分是由企业承担的。这些福利支出对于员工来讲，尽管不是以现金的形式表示的，但可以转化成具体的现金金额，也是一种收入形式。在国内，大型国有垄断企业和机关事业单位在福利方面有明显的优势，而且单位与单位之间相差悬殊。所以，收集福利开支方面的信息对于完整理解企业的薪酬水平也很重要。此外，如果调查的职位属于高级经营管理职位，那么诸如使用公车、乘坐头等舱旅行、享受公司支付的俱乐部成员资格等福利，也被看成是非常重要的福利和报酬，尽管其在总收入中所占的比重并不大。

（3）特别的薪酬激励政策方面的信息。除了各种短期激励、长期激励与福利计划外，调查者还可以考虑收集一些关于企业特别的薪酬政策和管理实践方面的信息，包括公司的加班政策、试用期长短、新毕业学生的起薪以及兼职人员的薪酬水平等。

3. 确定调查方式，收集数据

薪酬的调查方式指的是企业进行薪酬调查的方法。通常来讲，薪酬调查方法包括书面问卷、电话访谈、个人面谈等。不同的调查方式或方法对企业来讲其成本、效率和质量大不一样。使用哪种调查方式受到很多因素的影响，包括调查要求的期限、调查成本、数据要求的准确程度、参加调查的公司数量以及调查的职位数量等。

电话调查通常是最迅速、成本最低的薪酬信息收集方式，所以适合调查相近职位的简单信息，但调查结果的可靠性较低。个人面谈是成本最高、最耗时间的调查方法，但却能获得最有效的薪酬信息。而企业自身常用的调查方法主要是书面问卷方法，这种方法相比较而言，具有调查面比较广、信息相对可靠和较为经济的特点。

设计一份合适的调查问卷是调查的关键。由于通过前面的工作已经对行业情况有了充分的把握，因此，调查问卷只需包括企业本身的一些信息，如企业规模、所在行业、销售额或者销售收入，各种薪酬构成方面的信息，职位范围方面的信息，以及任职者的一些信息等。

作为一种数据收集载体，薪酬调查问卷的设计应当尽量方便被调查者使用。在进行调查以前，应提供一份有关开展本次薪酬调查的简单信函，信函至少应包括以下内容：调查目的、希望回复的日期、调查的大致内容、保密保证、共享调查结果的承诺、对参与者的感谢等。为了确保所有的调查者都能以相同的方式完成问卷，应当准备一份详细的问卷填写说明。薪酬调查问卷设计应当注意一些技巧，包括问卷易读、易回答；为回答者留出足够的书写空间；每一个问题只针对一个信息提问；语言尽可能准确，无歧义，未加注释，且无须上门讲解等。表 8—5 给出了薪酬调查问卷的一个例子。

表 8—5　　薪酬调查问卷示例

第一部分：组织基本情况	
企业性质：	所属行业：
注册时间：	
员工数量（指为组织服务的所有员工，含分支机构）：	
资产规模	
公司可控资产：	万元人民币
经营状况	
最近一个财政年度公司销售收入总额：	万元人民币
最近一个财政年度实现利润总额：	万元人民币
第二部分：薪酬政策	
薪资调整日：	
毕业生起薪点	
大专：	
学士：	
硕士：	
博士：	
职位薪酬	
职位名称：	职位等级：
基本月薪收入：	年度交通补贴：
年度膳食补贴：	年度职位津贴：
第三部分：福利计划	
补充养老计划	
提供方式：	计算基数：
公司投入比例：	员工投入比例：
补充医疗计划	
提供方式：	报销比例：
车辆福利	
提供方式：	车辆价格：
年费用：　　元/年	
第四部分：长期激励计划	
提供方式：	授予额度：
行权年限：	

（三）薪酬调查数据的分析

薪酬调查数据的分析方法一般包括频数分析、居中趋势分析以及离散分析等。我们以产品开发工程师的薪酬调查数据为例，分别对频数、居中趋势与离散趋势进行分析。

1. 频数分析

所谓频数分析，就是将所得到的每一职位相对应的所有薪酬数据从低到高排列，然后看落入每一薪酬范围的公司数目。这是一种最简单也最直观的方法。假定财务经理职位的薪酬调查数据经过频数分析之后，得到如表8—6所示的结果。从表8—6中我们很容易看出，该职位的主要薪酬在55 001元～57 500元之间浮动，这也是大部分企业支付的薪酬范围。

表8—6　　财务经理薪酬频数分析

薪酬浮动范围（元）	企业数量
40 000～42 500	0
42 501～45 000	1
45 001～47 500	2
47 501～50 000	4
50 001～52 500	5
52 501～55 000	6
55 001～57 500	7
57 501～60 000	2
60 001～62 500	1
62 501～65 000	1

2. 确定市场薪酬中点——平均值或中位值

中点是用一个数字来表示该组数据的典型数据值，有两种数据指标与其相关——算术平均值和中位值。平均值就是将表中的数据相加，然后除以数据个数即可获得。表8—7中的数据总和为602 000元，因此平均值为60 200元。企业可以利用这个简单的算术平均值来判断产品开发工程师的薪酬水平是高于还是低于市场薪酬水平。由于在计算平均值时将每个数据都纳入其中，如果数据变化异常，即某个数据特别大或特别小，可能会使代表市场薪酬水平的平均值失去代表性，因此，通常更多的是采用中位值或中位数来确定中点。

表8—7　　产品开发工程师薪酬调查数据统计

公司	年总收入（元）
A	59 000
B	58 000
C	60 000
D	61 000
E	60 000
F	59 000
G	60 000
H	62 000
I	61 000
J	62 000

中位值是指把所有数据从小到大进行排列后，位于数据列中间的数值。如果所有数据的数目是奇数，那么中间的数据刚好就是中位值；如果所有数据的数目是偶数，那么就将处于中间的两个数据相加，求其平均值。表8—7中数据的数目是偶数——10个，因此，其中位值为（60 000＋60 000）/2＝60 000元。由于

中位值不受每个数值大小的影响，因此，用中位值取代算术平均值将更有代表性。

3. 薪酬差异分析

薪酬差异分析主要是分析薪酬数据的离散程度，常用标准差、四分位数和百分位数进行分析。标准差是指每一个薪酬数据和平均数之间的差的平均数。运用标准差既可以表明企业员工的薪酬是高于还是低于市场薪酬水平，也可以表明大多数员工的薪酬范围——用平均值加减标准差来判断本企业的薪酬范围是否接近市场薪酬范围。

四分位数通过小于某一数值的百分比来说明薪酬差异。我们可以用四分位数把所有调查得到的数据分为四组，来说明数据的分布情况。依据表8—7中的数据，第一个四分位数是59 000元，表示从低到高25%处的薪酬数据；第二个四分位数是60 000元（中位值），即从低到高50%处的薪酬数据；第三个四分位数是61 000元，为从低到高75%处的薪酬数据。此时，25%线指有25%的组织的薪酬水平等于或低于59 000元这一点，而75%线指有75%的组织的薪酬水平等于或低于61 000元。

58 000
59 000
59 000 ——四分位数
60 000
60 000
—— 中位值
60 000
61 000
61 000 —— 四分位数
62 000
62 000

4. 其他分析

包括对新员工起薪、带薪休假、病假、保险福利等的分析，企业可以比较行业竞争性企业在工资之外还采取了哪些福利保障措施来支持和服务于其薪酬策略。

8.3 薪酬水平策略

8.3.1 市场薪酬水平线

市场薪酬水平线可以清楚地反映出组织薪酬的市场水平，对组织决定薪酬策略非常重要。如图8—6所示，市场薪酬水平线的X轴代表组织的职位结构，职位结构由A到P职位组成，如职位A，B，D，F，G，H，J，M和P是能与调查中的职位匹配的基准职位，计算出所有基准职位的频率分布为自变量x；Y轴为调查的基准职位的市场薪酬，薪酬水平 y 为因变量。通过回归分析 $y=a+bx$，可以找出两个变量的最优拟合线，把这条拟合线作为市场工资线。

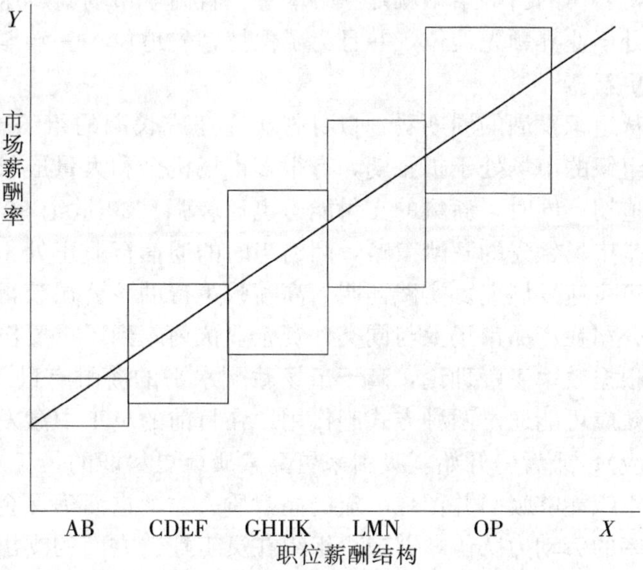

图 8—6 薪酬水平线

8.3.2 薪酬水平策略

虽然组织在确定薪酬水平时会受到来自外部劳动力市场和产品市场的双重压力，但是它们仍然存在一些选择余地。这个选择余地的大小取决于组织所面临的特定的竞争环境：在存在较大选择余地的情况下，企业需要明确，到底要将薪酬水平定在高于市场平均薪酬水平之上，还是将其定在与市场薪酬恰好相等或稍低的水平上。这就需要企业提出自己的薪酬水平策略。通常来说，供企业选择的薪酬水平策略有以下五种。

(一) 市场领先型策略

市场领先型策略是指薪酬水平在同行业的竞争中处于领先地位。从组织因素看，采用这种薪酬策略的企业，通常具有规模较大、薪酬在企业经营成本中所占的比例较低以及产品市场上竞争对手少的特征。首先，大型企业之所以能够向员工提供较高的薪酬，一方面在于它们的投资回报率更高，资金实力雄厚，支付能力更强；另一方面，大规模的组织在支付较高薪酬水平的同时，可以通过激励效应减少组织的监督管理费用。同时，较大规模的组织需要更高素质的员工，员工需要承担更大的责任，这些因素都要求组织为员工提供更好的薪酬福利。其次，当薪酬成本在总成本中所占的比例较小时，薪酬支出的增加对组织总成本的影响并不明显。在这种情况下，组织很可能会十分乐意通过提供高水平的薪酬，来达到更好的激励效果，为组织树立良好的形象。最后，产品市场上的竞争者少，一般意味着企业面临的产品或服务需求曲线是弹性较小或无弹性的；也就是说，企业可以提高产品价格，而不必担心消费者减少对自己的产品或者服务的消费，这种企业可以通过提高产品价格的方式将较高的薪酬成本转嫁给消费者。世界著名的思科公司的薪酬策略就是薪酬水平一直高于市场薪酬水平，它的整体薪酬水平一直处于业界领先地位，并且为了保持领先地位，一年至少做两次薪酬调查，并不断更新。①

从组织发展的周期看，自身处于高速成长期的组织更易采用市场领先策略。这些组织的市场处于扩张期，有很多市场机会和大量成长空间，对高素质人才的需求迫切；同时，薪酬的支付能力也比较强。20世纪90年代初，深圳华为采用的就是市场领先的薪酬策略，因为当时的通信行业正处于高速成长期，同时华为也处于飞速发展期。实践证明，高薪政策帮助该公司获得了大量创造性人才，从而对公司在产品市场上与同类外资企业抗衡起到了重要作用。

根据效率工资理论，高于市场薪酬水平的薪酬有助于组织实现更高的效率。这一效应可能通过两种方式起作用：在目前的员工中激发出更高的努力水平（激励效应）；或者一开始就吸引来更高素质或更尽职的员工（筛选效应）。筛选效应使得组织能够吸引并留住一流的高素质人才，进而确保企业保有一支高效率和高生产率的劳动力队伍，并减少组织在员工甄选方面的支出；激励效应表明较高的薪酬水平提高了员工离职的机会成本，有助于改进员工的工作绩效，从而降低员工的离职率，并减少对员工的工作过程进行监督而产生的费用，因为员工不希望冒失去"工资溢价"的风险，且不大可能逃避责任。② 较高的薪酬水平使得企业也不必跟随市场水平，经常为员工调整薪酬，从而节省了薪酬管理的成本，还有利于减少因为薪酬问题而引起的劳动纠纷。

但是，采用薪酬领先策略的企业也面临很大的压力，要求组织有良好的发展能力和较高的盈利水平，否则难以支付高于市场的薪酬水平。如果组织不能将高投入转化为高回报，那么高薪给企业带来的就不是资本，而可能成为一种负担，并且完全按市场付酬，薪酬的内部差距会加大，从而影响组织内部的公平性。

（二）市场匹配型策略

所谓市场匹配型策略，实际上就是根据市场平均水平来确定本企业的薪酬定位的一种常用做法。实施这种薪酬水平策略的组织，一方面希望自己能够吸引并留住一定的员工，并达到激励员工的目的，在劳动力市场的较量中保存实力；另一方面又不愿承担高薪酬水平带来的风险，以防止高薪成为组织的负担，影响产品市场的竞争力。因为采取这种薪酬策略的组织风险可能是最小的，所以它既能够吸引足够数量的员工为自己工作，人工成本的压力也不至于太大。

一般来说，在竞争性的劳动力市场上，实施市场匹配型策略的组织在吸引那

① http：//www.chinahrd.net/zhi_sk/jt_page.asp? articleid=92465.

② Yellen，J. L.，"Efficiency Wage Models of Unemployment，" *American Economic Review*，74，1984，pp. 200 - 205.

些非常优秀的求职者方面缺乏优势，所以需要投入更多的时间与甄选成本，通过广泛搜寻与精挑细选的方式来招募和雇用优秀的员工。此外，根据市场薪酬水平调整组织薪酬水平往往存在时滞，即组织无法及时了解市场薪酬水平的变化，从而出现员工流失率上升的现象或薪酬体系危机。所以当组织采用这种薪酬策略时，一定要注意随时根据外部市场的变化调整薪酬水平，力图确保本组织的水平与市场薪酬水平保持一致，这就需要组织坚持做好市场薪酬调查工作，以确切地掌握市场薪酬水平。

（三）市场落后型策略

市场落后型策略也叫成本导向策略，即企业制定的薪酬水平低于市场薪酬水平，企业只考虑尽可能地节约企业生产、经营和管理的成本。采用这种薪酬策略的组织一般实行的是成本领先型战略，组织的规模相对较小，大多处于竞争性的产品市场，边际利润率较低，成本承受能力很弱，很多是中小型企业。受产品市场上较低的利润率的限制，没有能力为员工提供高水平的薪酬，是企业实施市场落后型策略的一个主要原因。当然，有的市场落后型策略的实施者可能是将其作为一种薪酬结构的战略，如美国西北航空公司在 20 世纪 80 年代的做法即是如此。目前在我国国内，有些国有企业或事业单位实行市场落后型策略，是因为改革的难度太大，不得已而为之。

市场落后型策略虽然可以通过较低的薪酬水平节约组织经营成本，但组织在劳动力市场上的外部竞争力不够，很难吸引到高质量的员工，员工的流失率也比较高。即使组织可以招募到高素质的劳动力，也可能是由于较低的薪酬水平在短期内因为信息不对称等原因而不为员工知晓，或者是由于员工急需获取货币收入，临时接受比市场水平低的薪酬。但是从长期来看，员工早晚会掌握这种信息，他们的需要也将变得不那么迫切，这时，他们就会寻找获利更多的工作，从而影响到组织的人才竞争力。

尽管落后于竞争性水平的薪酬策略会削弱组织薪酬的外部竞争力，但如果这种落后型薪酬策略是以牺牲当前利益、提高未来收益作为补偿的，反而有助于提高员工对组织的承诺度，培养他们的团队意识，进而改善绩效。比如在信息或高科技企业中，一些企业支付给员工的基本薪酬可能低于市场水平，但是员工可以获得企业的股票或者股票期权，这种将市场落后型策略与未来的较高收入结合在一起的薪酬组合，不仅不会影响企业的招募和保留能力，反而有助于增强员工的工作积极性和责任感。此外，这种薪酬策略还可以通过富有挑战性的工作、理想的工作地点与良好的同事关系等其他因素得到适当的弥补。微软公司就在组织内大范围实施了员工持股计划，70％的员工都或多或少拥有微软的股票或股票期权，虽然微软在薪酬方面与同类型企业相比并无优势，但这种持股计划仍然保证了企业高素质劳动力的供给。

（四）浮动型策略

浮动型策略是指企业实施一种加大浮动薪酬部分的策略。通常，基本薪酬的水平较低，属于市场落后型，但如果加上浮动部分，则可能在市场上处于领先的状态。这是我国企业自改革开放以来大量采用的一种市场薪酬策略。

浮动型策略的好处是：企业的人工成本压力较小，激励作用较大。在我国国有企业甚至事业单位的改革中，人们乐于推行这种薪酬策略。其中一个很大的原因是：我们的就业制度是刚性的，人员能进不能出、能上不能下，成了改革难以解决的顽症。浮动型的薪酬制度设计为刚性就业制度提供了一个缓冲。

这种策略的缺陷主要是：员工收入不稳定，员工承担了较大的收入波动风险，企业对员工的长期投资不够，短期化严重。人力资源部门的绩效管理的工作压力较大，在一些难以量化的工作上，短期化的浮动薪酬的标准发放成为一个富有挑战性的课题。

（五）权变型策略

所谓权变型策略是指组织在确定薪酬水平时，是根据职位的类型或者员工的类型来分别制定不同的薪酬水平决策，而不是对所有职位和员工均采用相同的薪酬水平定位。比如，对核心职位簇采用市场领先型策略，而对其他职位簇则实行市场匹配型策略或市场落后型策略。通常的做法是，对组织的关键人才，如高级管理人员、核心技术人员，提供高于市场水平的薪酬；对一般员工，实施市场匹配型策略；对那些在劳动力市场上随时可以找到替代者的员工，提供低于市场价格的薪酬。

权变型策略最大的优点就是其灵活性和针对性，既有利于公司保持在劳动力市场上的竞争力，又有利于合理控制企业的薪酬成本开支。

□ 本章小结

无论是按职位定价还是按能力取酬，一个职位的薪酬水平高低在市场上是不同的。市场的薪酬水平是指类似职位或员工在不同组织之间所表现的薪酬关系，即类似职位或员工在不同组织相对竞争的条件下，所表现出来的薪酬水平的高低状况。而一个组织支付给某一竞争性职位或员工的薪酬水平高低，会直接影响到该组织在劳动力市场上获取劳动力的能力强弱，因此，所谓薪酬的外部竞争性，实际上是指一个组织中类似职位相对于竞争对手的薪酬水平高低，以及由此产生的该组织在劳动力市场上的竞争力大小。

薪酬的外部竞争性在吸引、保留和激励员工，控制劳动力成本方面都有着重要的作用。薪酬水平的高低主要受劳动力市场的影响，劳动力供给与需求共同决定了市场工资水平。同时，产品市场中企业面临的竞争程度与对产品的需求以及组织特征也会影响到组织的薪酬水平及外部竞争性。

了解市场薪酬信息是保持薪酬市场竞争性的前提。薪酬调查是针对市场上不同企业所支付的详细薪资情况，通过专业方法及技术进行数据收集、整理、统计和分析，以客观反映市场薪酬水平的状况，为管理者提供薪酬决策参考和依据的过程。薪酬调查的流程包括界定相关劳动力市场、选择数据来源、确定调查职位与内容、选择调查方式、进行职位匹配与调查数据统计分析等。

为了进行薪酬水平决策，可以利用回归分析的方法将市场薪酬率与内部职位结构进行整合分析，绘制市场薪酬线。薪酬策略分为市场领先型、市场匹配型、市场落后型、浮动型和权变型。

□复习思考题

1. 为什么薪酬的外部竞争性相对于内部一致性而言越来越重要?
2. 决定组织外部竞争性的因素有哪些?
3. 什么是相关劳动力市场? 它对薪酬决策有什么影响?
4. 薪酬策略的选择取决于哪些环境?
5. 收集国内企业所使用的薪酬调查数据，并对此加以评述。

□案　例

香港公务员薪酬调查

为了使公务员队伍的管理不断完善、与时俱进，并回应公众对现有公务员薪酬调查机制的意见，香港特别行政区政府2003年2月决定，在现行机制的基础上，制定一套更完备的公务员薪酬调整机制，包括用于比较公务员薪酬水平与私营机构薪酬水平的定期薪酬调查、根据改良的调查方法按年进行的薪酬趋势调查，以及一个可以向上或向下调整公务员薪酬的有效方法。

1. 比较公务员职位与私营机构的方法以及选取比较职位的方法

调查范围不包括在私营机构没有类似职位可作比较的公务员职系（如公安部门）、在私营机构没有类似职位的非首长类文职职系，以及属于首长薪酬水平的职系。此外，医疗部门、社会福利部门以及教育部门也未纳入调查范围，因为在过去的五年里，与之对应的私营机构在确定其员工薪酬水平或调查薪酬时，都是以公务员薪酬或公务员薪酬调整作为主要考虑因素的。为了确保所选取的公务员比较职位与私营机构职位配对，并在公务员队伍中更具代表性，同时也考虑薪酬调查所涉及的政策与技术因素，选取的职位应符合以下要求：

a. 公务员调查职位在很多家私营机构都能找到可进行合理配对的职位，而这些职位在工作性质、技能和经验要求各方面大致相似。

b. 公务员调查职位在公务员队伍中具有代表性，每个公务员职系的职位不能少于100个。

c. 从整体来说，被选取的比较职位应能涵盖不同的公务员薪级表、不同的职业范畴、不同的职位级别及不同的政府部门。

d. 在各职位级别能够选取足够数量的比较职位，以确保调查结果的可靠性。

表8—8列出了香港公务员的职位属系划分。

表 8—8　　香港公务员职位属系划分

职位属系 1：文书及秘书属系 这一属系包括从事文书工作的人员及从事秘书工作的职位。
职位属系 2：内部支援属系 这一属系的职位负责提供与机构的办公室运作、行政及其他与内部支援有关的支援服务，例如，政府律师、新闻主任、行政主任、程序设计和会计等。
职位属系 3：公共服务体系 这一属系的职位直接向市民公众提供服务或其他有关专门职能，或在执行有关工作时需与公众接触，例如，文化工作。
职位属系 4：工务属系 这一属系的职位负责公共设施及基建计划的规划、设计、建筑、安全监管以及与维修保养有关的专业服务（如工程师、建筑师）、技术支援和检查服务，部分职位负责与工务有关的全港性规划工作。
职位属系 5：操作支援属系 这一属系的职位负责为政府机构提供操作支援，例如非行政性质的服务，通常需要操作仪器或机器，从事体力劳动，在多处地点或户外工作。

公务员体系与私营机构在运作性质、工作要求以及薪酬安排方面在本质上存在差异。在公务员薪酬水平调查中，对特定职位的薪酬与私营机构配对职位的薪酬作非常精确的比较并不恰当，所以，在评价了职位配对法、职位属系法、工作因素比较法与资历基准法后，可以采用广义界定的职位属系法进行薪酬水平调查，因为这种方法较其他三种方法更能达到薪酬调查的目的。通过这种方法，可以选取一系列能广泛代表公务员的职位，同时能对在工作方面（如工作内容、工作性质、需承担责任的轻重及一般的资历和经验要求）相近的职位与私营机构职位进行比较。每个职位属系的职位级别分为：操作人员、技术人员、中层行政人员和专业人员、经理和高级专业人员、高级经理和最高层专业人员（见表 8—9）。

表 8—9　　职位配对示例

职位属系 2：内部支援属系		
公务员职位级别	公务员职级	可配对的私营机构职位
5 高级经理和最高层专业人员	总行政主任	高级人力资源经理 高级客户服务经理 高级会计经理
	高级系统经理	高级信息服务经理
4 经理和高级专业人员	高级行政主任	人力资源经理 客户服务经理 会计经理
	系统经理	信息服务经理
3 中层行政人员和专业人员	一级行政主任	人力资源主任 客户服务主任 会计主任
	一级程序分析/系统编制主任	系统分析主任

2. 选取私营机构纳入调查范围

选取私营机构纳入调查范围的原则是：这些机构能够合理代表香港市场普遍的薪酬水平，以便政府能制定一个具有竞争力且公平的公务员薪酬体系。具体原则如下：

a. 普遍认为是稳健、良好的雇主，在工资和薪金方面有一套完善、合理的管理方法；

b. 应在所属行业中被视为有代表性的雇主，通常雇用的雇员在100名以上；

c. 将适用于香港的因素，而不是适用于香港以外的因素作为制定薪酬的依据；

d. 若为某集团的下属公司，则是完全有权自行制定和调整薪酬的独立公司；

e. 并非将政府的薪酬调整幅度作为其制定薪酬的主要依据。

在进行薪酬趋势调查时，找出每年私营机构薪酬变动的趋势，此时并不考虑个别职位实际的薪酬水平。薪酬水平调查应以大致相近的职位类别作为比较基础，从而确定公务员薪酬与私营机构薪酬大致相近的程度。为了保证薪酬调查的结果具有公信力，在为薪酬水平调查选取私营机构时，必须保证参与调查的私营机构数目充足，包括可与公务员职位配对的职位。薪酬趋势调查要求所选取的机构能尽量反映香港从事经济活动的人口的整体分布状况。

3. 香港公务员薪酬调查的内容

香港公务员薪酬水平调查着眼于薪酬方面的比较，一个基本问题是：哪些项目可被当做基本薪酬。目前，私营机构在安排其薪酬体系时，倾向于以现金报酬总额为基础，因此，除底薪外，其他现金报酬项目，如固定奖金、浮动薪酬与津贴都是比较重要的薪酬项目。与公务员的薪酬安排比较，私营机构的薪酬结构一般有较大的弹性，而不同的私营机构也有很大的差异。基于上述原因，在进行薪酬比较时，如果计算所有现金薪酬项目，将更能反映出私营机构的薪酬水平。另一方面，公务员的薪酬安排在结构组成上较为规范，主要包括按有关薪级表发放的底薪；一些按明确规定计划发放的现金津贴，如房屋津贴；若干福利是以非现金的形式发放给有资格的人员的。由于私营机构与公务员在薪酬的组成结构方面存在差异，因此，为了全面比较私营机构和公务员的薪酬水平，在调查中调查在参照期间雇主向雇员发放的所有现金报酬与福利政策资料。收集的数据包括现金报酬项目（底薪、固定奖金、现金津贴、实际发放的浮动报酬）和福利政策资料（退休福利计划、子女教育福利、房屋福利、与旅游有关的福利、长期奖励与轿车）。

资料来源：海氏咨询公司：《香港公务员薪酬调查报告》，2004（11）。

□案　例

花旗银行：全球薪酬的中国落差

员工超比率流失

“我们大家都觉得在花旗这样全球知名的大银行里，待遇应该不至于这么差。”9月中旬，一位在花旗银行工作了三年多的经理向记者抱怨说。

他最近有点烦，从年初到现在，花旗感觉就像一只筛子，不停地往外筛人。

外资企业的员工离职时，一般都会习惯性地给现有的同事发出电子邮件，告知离职信息和新的联系方式。“从年初到现在，我平均每礼拜至少收到一封同事的离职邮件，而剩下同事之间私底下关于薪酬不满的讨论也日渐增多。”他说。这些流失员工的职务，基本覆盖了花旗的各个层级，既有普通的业务经理，也包括副总裁一级的高级执行人员。

花旗银行上海分行拥有大约400名员工，位于北京的分公司只有40～50人。以花旗每星期流失一名员工的数字作保守估计，今年其员工流失率应当在10%～15%之间。“外资企业员工流失率维持在7%～8%被认为是比较合理的，如果你所掌握的材料属实，花旗的这种情况显然有点不正常。”国际著名人力资源咨询管理公司美世咨询上海公司的总经理陆强在接受本报记者的咨询时说。在全球范围内，花旗银行也是美世人力资源顾问业务的客户之一。

花旗员工之所以对薪酬不满并以超出正常范围的比率辞职，该经理认为，主要是普通员工和人力资源部门对薪酬的认知差异所致。

“比如，同等级别的职位在别的外资银行可以拿到比花旗高10%～20%的工资；而在花旗即使拿与别的外资银行同样的工资，我们也要比这些外资银行的员工辛苦得多。”该经理说。正是出于这个原因，花旗离职员工中很多人的去向是诸如汇丰、德意志、渣打这些外资银行。

花旗银行人力资源部门并不完全认同这种看法。“工资不是公司给予员工唯一的报酬；完善的培训、好的从业背景及良好的晋升通道都被我们纳入吸引优秀员工的整体考虑。”花旗的一位人力资源经理回应道。

当然花旗不会因为员工离职的问题在业务上受到太大的损失，毕竟大多数客户是冲着花旗的名声和服务来的。“频繁更换客户经理给客户的感觉不好。另外，虽然有一个月的缓冲让离职员工将知识和技巧传递给新员工，但有些客户知识是无法传递的，同一个文件一个新人也未必能看得懂。”该经理说。一般而言，员工通过这一个月的工作交替最多只能传递40%的与工作有关的知识和经验，“如果人员相对稳定，很显然花旗的业务会做得更好。”他补充说。

矛盾：全球统一薪酬体系下的蛋

事出有因，透过冲突的表象，花旗中国员工和管理层的薪酬矛盾应该是花旗全球一系列内外部财务问题综合的结果，同时也跟花旗薪酬体系的全球统一化密切相关。

2002年，赔款问题和南美金融危机曾几次使一贯财大气粗的花旗集团焦头烂额。2002年9月，美国联邦贸易委员会（FTC）对花旗银行开出了2.15亿美元的天价罚单，理由是2000年年底被花旗并购的Associates First Capital公司在为信用历史不良的客户提供贷款时，利用欺诈诱使客户购买信用保险；数天后，花旗又因涉入安然事件，被指协助安然公司误导投资者，被美国监管当局勒令与摩根大通银行联合赔偿3.08亿美元；同时，由于花旗和摩根大通等四家投资银行对安然倒闭负有重大责任，因此，它们在向安然追索近50亿美元的债务中，被判优先次序较其他债权人低。福无双至，祸不单行，南美金融危机又让花旗银行直接损失了10亿多美元。各种因素交替作用，花旗的股票一度跌至26美元的历史最低点。

然而花旗毕竟是有生命力的企业，剧痛之后，公司马上想到的是如何振兴、如何使股票价格重新上扬的问题。

自然而然，除了发展更多的业务，花旗开始以更严格的姿态在全球进行成本控制，其措施之一就是冻结花旗集团全球25万名员工的薪水，禁止员工工资有任何涨幅，中国尽管业务发展很好，但也不例外。“尽管这一禁令到今年3月开始解除，但实际上对大多数员工造成了相当程度的心理上的影响。”该经理说。

薪水冻结只是事情的一方面，更让中国员工觉得不开心的是花旗银行全球范围内略显僵化的薪酬评判标准。

可以说，在花旗超过百年的发展历程中，关于如何平衡员工薪酬组合应该已经是不成问题的“问题”。遵循银行界的传统，花旗在中国区的职位从入门级的见习管理人员到副经理，到经理，再往上是助理副总裁，再到副总裁，副总裁再分若干级别，形成所谓的多级“晋升阶梯”。在不同的晋升阶梯上，花旗的员工分得不同的业务指标并获得相应的薪酬组合，这也是花旗在全球通用的做法。

“比如我是业务经理，今年分得500万美元的营业额；而你是副总裁，今年只分得1 000万美元的营业额，我们的工资基本上都是固定的。”该经理说。

这不是问题，问题在于如果业务经理工作十分卖力，他完成了1 000万美元的营业额，又会怎样呢？“花旗规定只有助理副总裁以上级别的员工才可以获得业务额提成的资格，而且这种提成也没有明文规定，更多依靠花旗银行中国区总裁理查德·斯坦利（Richard Stanley）的个人判断。”

“例如，我们北京分公司的一位业务经理每年可为公司赚进数百万美元的利润，但因为在花旗现行的体制下得不到业务分成，也在最近转投了汇丰银行。”该经理说。

这并非偶然现象。由于中国金融业以高出全球平均发展速度的水平发展，因此这种矛盾也更加凸显。“以我们自身的经验为例，基本上每个员工的业务额每年都以20%～25%的比例上升；而员工的工资平均每年只增长5%～10%，这当然会引发员工的不满了。”花旗的一位员工证实说。依照花旗的商业模式，其不成文的经营规则就是每投入1元钱成本，要求员工赚取2元钱的收入，这意味着花旗的毛利将和其营业额以相同的比率增长。

“而且近两年中资银行由于采用业务人员按营业额分成的方式，他们的实际收入迅速上升，相对于前几年花旗收入远远高于中资银行的状况，现在中资、外资银行的薪酬逐渐靠拢，这也令很多花旗员工产生失调的感觉。”该员工说。

据其介绍，花旗银行中国区总裁也意识到了员工超比率流失的现状，开始进行一些有利于提高员工积极性的做法，如适当地提拔一部分员工到更高的职位上。“我很高兴看到公司的这些举动，毕竟每个人都希望公司做得更好。”该员工说。

薪酬到底有多重要

简单地判断因为薪酬而导致员工异常流失，可能缺乏多角度的考虑。它至少可能是总体激励方案与员工的心理落差所导致的相互重新选择。

像花旗这样成熟的跨国公司每年都要进行薪酬方面的调查，以确保自己的薪资标准在市场上“行情”的合理性。当然这不是一个简单的取平均数的问题，花旗会按照自己的全球化体系，将薪酬放在一个福利组合中去全面衡量。

在一个全球化的薪酬体系中，比如按照花旗的观念，薪酬、奖励与认可、职业发展等综合因素将一起呈现给员工，其中薪酬并不处于十分突出的位置。

美世咨询上海公司总经理陆强的一些介绍也印证了这一观点——其实对于不同国家、不同时点的员工而言，薪酬对公司能否留住员工的重要性是不同的。

根据美世对40家跨国企业的调查，前两年薪酬在中国一直是最重要的因素，今年降到了第三位，位于员工发展计划、奖励和认可两项因素之后；而在新加坡等发达国家，薪酬在公司吸引力因素方面的排名已经降到了第七、第八的位置。

但全球化的薪酬体系依然要尊重当地的价值判断，也许花旗忽略的一个问题是，不同地区、不同时间由于业务环境的不同，薪酬在这个福利组合中的地位同样需要不断地进行调整。比如，在中国金融业发展参差不齐的情况下，国内金融企业通过加强激励措施鼓励员工拉客户的行为必将对花旗本地员工产生一定的刺激作用，加强他们对薪酬重要性的认知。

因此，全球化公司的本地化，绝不仅是市场策略的本地化，也不是简单的人才本地化，还有重要的一个环节是，评价体系相应地本地化——这个评价的一个重要标志是薪酬。

资料来源：http：//www. chinahrd. net/zhi _ sk/jt _ page. asp? articleid=92876.

第9章　福利与薪酬

在关心员工福利主张的基础上，建立起一个有关员工关系的思想体系，这将改善工作条件，而且有希望提高生产率。

——丹尼尔·A·雷恩：《管理思想的演变》

对福利这个概念通常存在着广泛的不同理解，但是我们此处所提到的福利是指员工福利（employee benefits）。在现代企业的薪酬体系中，员工福利扮演着非常重要的角色，是企业总薪酬中不可或缺的一个重要组成部分。完善的福利体系对于吸引和保留员工都非常重要，也是公司人力资源管理系统是否健全的一个重要标志。

福利反映了组织对员工的长期承诺，正是由于福利的这一独特作用，使许多追求长期发展的员工更认同福利待遇，而不仅仅是高薪。从世界范围看，在薪酬管理实践中，福利在整个报酬体系中的比重越来越大，成为组织的一项庞大支出。据统计，目前在西方国家，福利和保险费与工资的比例接近1∶1，并且有超过工资的趋势。

企业之所以愿意计划更多的成本支出用来支持福利项目，不是为了提高员工个人的工作绩效，而是希望以此为手段，吸引、保留和凝聚员工，满足员工的需要，提高员工的士气，培养员工的权利意识以及对组织的信任和归属感，提高企业的整体和长期绩效水平。

9.1　福利概述

9.1.1　福利的概念及发展历史

（一）福利概念的界定

对于福利的概念，不同国家的不同学者有着不同的界定。

米尔科维奇在《薪酬管理》一书中将员工福利界定为："总报酬的一部分，它不是按工作时间给付的，是支付给全体或一部分员工的报酬（如寿险、养老金、工伤补偿、休假）。"①

在我国，有的学者认为，职工福利是各企业、事业单位、国家机关等通过建立集体生活设施和服务设施以及补贴制度等方式贴补本单位（或本系统）职工在物质文化生活方面的集体消费以及共同性需要或特殊生活困难而举办的公益性事业。② 也有的学者认为，员工福利是企业基于雇佣关系，依据国家的强制性法令及相关规定，以企业自身的支付能力为依托，向员工提供的用于改善其本人和家庭生活质量的各种以非货币工资和延期支付形式为主的补充性报酬与服务。③

尽管对于员工福利有不同的定义，但总体来看其含义基本相似，都是指企业依据国家的相关法律规定以及企业自身情况为员工提供的各种非货币报酬与服务，包括各种社会保险项目、企业补充保险项目以及其他补贴制度，增加集体福利设施和举办文体活动等，从而为员工提供生活方便，减轻员工生活负担，丰富员工的文化生活。它是企业以货币或服务的形式支付给员工的工资之外的报酬，对维持劳动力再生产，满足员工对物质和文化生活多层次的需要，实现企业留住、吸引和激励人才的组织目标，起着十分重要的作用。

（二）福利的发展历史

员工福利是伴随着工业化的发展和产业工人的增加逐渐兴起的，它的发展历史可以追溯到19世纪初甚至更早的时期。那时，欧洲和北美一些国家的政府通过雇佣标准和事故赔偿立法等劳动力市场的规制措施，来要求雇主为员工的福利承担更多的责任。19世纪80年代，德国政府相继颁布了一系列社会保险法令，包括：1883年《工人疾病保险法》、1884年《工伤事故保险法》、1889年《老年和残障保险法》，标志着世界上第一个社会保险体系的建立。英国政府于1906年颁布了《工人补偿法》，1911年制定了全面、综合的《国民保险法》。在美国，劳工保护发展历史中的一个重要事件是：1938年颁布了《公平劳动标准法》（又称《工资工时法》）。其主要条款包括：每周40小时工时，每小时最低工资40美分；禁止使用16岁以下童工；在危险性工业中，禁止使用18岁以下工人；雇主安排雇员加班，必须按工资标准的150%向雇员支付加班费，等等。

20世纪40年代，员工福利在工业化国家得到迅速发展。第二次世界大战和朝鲜战争时期，美国联邦政府采取工资物价稳定政策，严格限制工资的增长，即使如此，对公司福利部分的开支也未加限制。由于战争状态的不稳定性，为了招募和保留人才，许多公司甚至增加了养老金、人寿保险和医疗保障计划这类福利措施。

20世纪中叶以来，随着企业员工福利项目的增加和水平的提高，企业员工

---

① George T. Milkovich, Jerry M. Newman, Barry A. Gerhart, *Compensation*, Eleventh Edition, McGraw-Hill, 2013, p. 429.

② 参见李怀康等：《社会保险和职工福利概论》，188～189页，北京，北京经济学院出版社，1990。

③ 参见仇雨临：《员工福利管理》，2版，8页，上海，复旦大学出版社，2010。

的福利支出不断增加。以美国为例，其员工福利除了法定的养老保险、失业保险、工伤保险等外，还有很多补充福利，如搬家费、利润分享、住房补贴、企业年金等。

(三) 我国员工福利的发展

中华人民共和国成立以来，我国员工福利的发展受计划经济与市场经济体制改革的影响，人们将其划分为“统包”阶段、过渡阶段和创新阶段。①

1. “统包”阶段

1951年中国政府颁布了《中华人民共和国劳动保险条例》，为企事业单位员工和国家机关工作人员建立了正规的退休计划。1954年以后，伴随着国有企业“大锅饭”分配制度的形成，统包式员工福利也逐渐发展起来，其计划内容囊括了衣食住行、生老病死等各方面。福利形式以物质为主，包括福利分房、公费医疗、免费教育等，费用完全由国家或企业承担。在这种体制下，企业对职工的生活，诸如住房、医疗、养老、子女入托、上学等要一包到底，对职工的生、老、病、死、残要承担无限责任，即企业办社会。而这些责任最终又都通过层层行政程序转为国家的“兜底”责任。当时认为，这体现了党和政府的关怀，是社会主义制度的优越性，是工人阶级“当家做主”的体现。

2. 过渡阶段

改革开放以后，在计划经济向市场经济体制转轨的过渡时期，货币形式的福利增多，包括奖金、津贴、补贴和救济金等。1979年，国务院发布《关于国营企业实行利润留成的规定》，实行职工福利基金从企业利润留成中提取的办法，1983年改为先按工资总额的一定比例在成本中提取，不足部分再在税后利润留成中列支的办法；实行利改税后，仍然坚持了上述政策，职工福利从此不仅有了经费保障，而且可以随着经济的增长不断改善。当然，这种变革也拉大了不同单位职工福利的差距。在这一阶段，从企业到员工的福利意识明显增强，但传统体制的惯性仍在延续，新型福利体系尚未建立，经营效益较好的企业逐步增加福利中的货币支付。

3. 创新阶段

自20世纪90年代中期以来，随着社会主义市场经济的目标定位和国有企业改革的逐步深入，员工福利和退休制度建设开始进入体制和制度创新阶段。在社会保障制度改革的过程中，新型的社会保障制度框架基本确立，“社会统筹与个人账户相结合”的社会养老、医疗保险制度的覆盖面扩大，补充养老保险和医疗保险计划日益发展，企业办社会的功能逐步分离，社会福利和企业福利进入协调发展时期。随着人们收入水平的提高，货币收入的边际效用递减，人们更注重生命健康，注重风险保障。同时，随着现代企业制度的建立，现代人力资源管理的概念逐步引入企业管理，人们开始将福利计划纳入企业的薪酬管理之中，不断探索和建立符合本企业特点的福利计划，合理地确定其“货币”与“服务”部分的

① 参见肇越，杨燕绥，于小东：《员工福利与退休计划》，21～22页，北京，中信出版社，2004。

构成，针对员工的特点建立弹性福利计划。

9.1.2 福利的作用

（一）福利对雇主的作用

1. 员工福利的避税功能

很多员工福利项目享有国家税收优惠政策，比如，国家规定培训费用按一定的比例在税前列支，这样既能够提升员工的知识和技能，又能够以最小的成本满足员工的培训需求。另外，增加福利较增加工资更能减少企业成本。增加货币工资会增加其他方面的支出，最直接的是增加社会保险缴费额，而增加福利则避免了这些成本的支出。

2. 员工福利成为雇主吸引和保留人才的有效工具

根据经典的需求层次理论，员工的需求是多层次的，货币工资更多的是起到满足成就动机的作用，而有些福利项目则能够满足人们的情感需要。现在，大量企业开始为员工举办集体生日晚会，定期提供情侣免费电影票以及各种家庭照顾计划等，这些都是从人的情感出发来考虑的。这些福利项目的支持成本并不高，但是可以塑造和谐的组织文化，达到吸引和留住人才的效果。

3. 员工福利可以起到提高员工工作效率的作用

雇主为员工提供诸如体检、保健等项目，可以预防职工患病；为员工提供各种休闲或者休假的福利，可以使员工保持良好的精神状态，能够全身心地投入到工作中去。因此，有效的员工福利项目既可以减少雇主的开支，又能够达到保障员工权益、提高工作效率的目的。

4. 福利设计可以起到激励作用

企业在设计福利制度的时候，可以适当地考虑差别因素。在设计时，可以将员工享受的福利水平与职位评价、绩效考核结合起来，对不同职位和不同绩效表现的员工提供有差异性的福利。这样，福利就可以在一定程度上起到激励的作用。

（二）福利对员工的作用

1. 适当的福利项目可以增加员工的收入

雇主一方面可以通过福利来达到避税的目的，同样，福利也可以为员工带来更多的收益，增加员工的收入。员工向各类基本社会保险以及符合政府规定的补充性保障计划所缴纳的费用都属于税前列支项目，免交个人所得税。尽管部分项目在领取最终收益额时仍需纳税，如企业年金以及在退休后领取退休金时，需缴纳个人所得税，但是由于退休后的收入低于在职时的收入，个人所得税属于累进制，且有免征额，因此在很大程度上，这类福利仍然起到了避税或减轻税负的目的。这对于高收入的员工来讲，尤其具有吸引力。而实物类福利因为本身的实物性特点，根本就无须纳税，所以，这类福利对员工具有同样的吸引力。

2. 有些福利项目可以解除员工的后顾之忧

除了国家的社会保险项目外，企业年金和企业补充医疗保险都可以起到这样的作用。企业通过自身的努力，可以为员工建立未来消费基金，保证员工在退休后能够获得足够的收入保障。

3. 合理的福利项目可以保障员工的身心健康和家庭和睦

企业为员工提供的各种医疗保健项目，可以及时反映员工的健康状况，达到及时预防的目的；有针对性地提供一些家庭福利计划，比如为绩效优秀的员工提供夫妻共同旅行计划，可以保障员工的家庭和睦。

9.1.3　福利的分类

福利自身包含的项目较多，从不同的角度可以对福利进行多种分类。通常依据福利项目的提供是否具有法律强制力，可以分为法定福利和企业补充福利。法定福利主要包括基本养老保险、基本医疗保险、工伤保险、失业保险、生育保险和住房公积金。企业补充福利是在国家强制之外由企业提供的福利项目，项目繁多，包括补充养老和医疗保险、住房福利、带薪休假以及其他各种服务项目。

依据福利选择的灵活性，可以将福利分为固定福利和弹性福利。固定福利设定后，员工没有选择的余地；而在弹性福利计划下，员工可以根据自己的偏好在一定范围内灵活选择。

根据福利的表现形式，可以将福利划分为经济性福利和非经济性福利。前者包括企业支付的各种保险项目、住房补贴等；后者主要表现为培训、职业生涯设计、良好的工作环境等。

总之，依据不同的标准可以将福利划分为不同的类别，但最基本的划分是上面介绍的第一种分类方式，即划分为法定福利和企业补充福利。

（一）法定福利

所谓法定福利，是由国家相关法律和法规规定的福利内容。国家法定福利具有强制性，任何企业都必须执行。《劳动法》第七十六条明确规定：用人单位应当创造条件，改善集体福利，提高劳动者的福利待遇。我国目前的法定福利主要包括社会保险和法定休假。

1. 社会保险项目

（1）基本养老保险。养老保险是国家和社会根据一定的法律和法规，为劳动者或全体社会成员建立的老年收入保障制度，是在劳动者达到国家规定的解除劳动义务的劳动年龄，或因年老丧失劳动能力退出劳动岗位后，为解决其基本生活保障问题所作的一项强制性的制度安排。经过多年改革与实践，我国终于建立了新型的社会养老保险制度。1997 年国务院颁布了《国务院关于建立统一的企业职工基本养老保险制度的决定》（以下简称《决定》），《决定》的出台，标志着我国新型社会养老保险体系的正式确立。

《决定》按照社会统筹与个人账户相结合的原则，从三个方面统一了企业职工基本养老保险制度。一是统一企业和职工个人的缴费比例。企业缴费比例一般不得超过企业工资总额的 20%，具体比例由各省、自治区、直辖市人民政府确定；个人缴费比例 1997 年不低于本人缴费工资的 4%，以后每两年提高 1 个百分点，最终达到8%。二是统一个人账户的规模。按本人缴费工资的11%为每个职工建立基本养老保险个人账户，个人缴费全部计入个人账户，其余部分从企业缴费中划入。随着个人缴费比例的提高，企业划入的部分应降至3%。三是统一基本养老金的计发办法。基本养老金包括基础养老金和个人账户养老金两部分，基础养老金月标准为省、自治区、直辖市或地（市）上年度职工月平均工资的20%，个人账户养老金月标准为本人账户储存额除以120。

（2）基本医疗保险。医疗保险是指由国家立法规定并强制实施的，为了分担疾病风险带来的经济损失而设立的一项社会保险制度，由国家、用人单位和个人集资（缴保险费）建立医疗保险基金，在人们生病或受到伤害后，由社会医疗保险机构给予一定的物质帮助。1998年国务院颁布的《关于建立城镇职工基本医疗保险制度的决定》，确立了新时期职工医疗保险制度的框架。

新的医疗保险制度的内容主要包括：基本医疗保险费实施职工和企业共同负担的原则；基本医疗保险基金实行社会统筹与个人账户相结合；用人单位缴费率为职工工资总额的6%左右，职工缴费率为本人工资收入的2%。职工个人缴纳的保险费全部计入个人账户；用人单位缴纳的保险费一部分用于建立统筹基金，一部分划入个人账户；划定统筹基金和个人账户各自的支付范围，确定统筹基金的起付标准和最高支付限额，起付标准原则上控制在当地职工年平均工资的10%左右，最高支付限额原则上控制在当地职工年平均工资的4倍左右。起付标准以下的医疗费用，从个人账户中支付或由个人自付。起付标准以上、最高支付限额以下的医疗费用，主要从统筹基金中支付，个人也要负担一定的比例。

（3）失业保险。失业保险是指国家通过立法强制实行，集中建立失业保险基金，为因失业而暂时中断生活来源的劳动者提供物质帮助，维持其基本生活的社会保障制度。1999年国务院颁布了《失业保险条例》，这是我国目前执行的失业保险制度的法律依据。

《失业保险条例》的主要内容包括：1）失业保险的覆盖范围是所有城镇企业、事业单位的失业职工，即包括国有企业、城镇集体企业、外商投资企业、城镇私营企业以及其他城镇企业的职工。2）失业保险基金由单位和职工共同缴纳。单位按照本单位工资总额的2%缴纳失业保险费，职工按照本人工资的1%缴纳失业保险费。3）失业保险基金的支出范围包括：失业保险金，领取失业保险金期间的医疗补助金，丧葬补助金和抚恤金，接受职业培训和职业介绍的补贴等。4）享受失业保险待遇的条件为：参加失业保险，单位和本人已按规定缴费满1年的；非自愿性失业的；已办理失业登记，并有求职要求的。5）领取失业保险金的期限：根据缴费时间的长短来确定，最长为24个月；最短为12个月。6）失业保险金的标准：按照低于当地最低工资标准、高于城市居民最低生活保障标准的水平，由省、自治区、直辖市人民政府规定。7）由各地劳动保障行政部门负责失业保险的管理工作。

（4）工伤保险。工伤保险是国家依法建立的，对在生产、工作等经济活动中遭受事故伤害和从事有损健康的工作从而患职业性疾病的劳动者及其家属提供医疗救治、生活保障、经济补偿、医疗和职业康复等物质帮助的一种社会保障制度。我国现行的工伤保险制度是按照劳动部1996年颁布的《企业职工工伤保险试行办法》实施的。国务院于2003年4月16日颁布了《工伤保险条例》，自2004年1月1日起施行。2010年12月20日，国务院颁发586号令，对《工伤保险条例》若干条目进行了修改，并自2011年1月1日起施行。这说明工伤保险已经从部委规章上升到国务院法规的高度，工伤保险被正式纳入法律体系。

(5) 生育保险。生育保险是国家通过立法筹集保险基金，对怀孕、分娩、生育子女期间暂时丧失劳动能力的女职工给予一定的经济补偿、医疗服务和生育休假福利的一项社会保险制度。其宗旨在于帮助她们恢复劳动能力，重返工作岗位。1994年劳动部颁布《企业职工生育保险试行办法》，是与中国经济体制转型相适应的一个生育保险规章。

《企业职工生育保险试行办法》规定：1）生育保险的实施范围是所有城镇企业及其职工。2）生育保险实行社会统筹。参加统筹的企业按照规定的比例缴纳生育保险费，职工个人不缴纳。具体缴费比例由地方政府确定，但最高不超过企业职工工资总额的1%。3）参保职工享受生育津贴和生育医疗服务。生育津贴按照本企业上年度职工月平均工资计发，以《女职工劳动保护规定》订立的产假时间为期限。生育医疗待遇包括妊娠、分娩全过程。女职工生育期间的检查费、接生费、手术费、住院费和药费均由生育保险基金支付。

人社部、国务院法制办于2012年11月21日公布了《生育保险办法（征求意见稿）》，该办法明确生育保险将实现各类职工人群的全覆盖。

2. 法定休假

(1) 公休假日和法定假日。目前我国实行每周休息两天的公休日制度。2013年12月公布了《国务院关于修改〈全国年节及纪念日放假办法〉的决定》，并于2014年1月1日起施行。修订后的全体公民放假的节日为：新年，放假1天（1月1日）；春节，放假3天（农历正月初一、初二、初三）；清明节，放假1天（农历清明当日）；劳动节，放假1天（5月1日）；端午节，放假1天（农历端午当日）；中秋节，放假1天（农历中秋当日）；国庆节，放假3天（10月1日、2日、3日）。在公休日和法定假日加班的员工，应享受相当于基本工资双倍和三倍的津贴补助。

(2) 带薪休假。带薪休假是指员工工作满一定的时期后，可以带薪休假一定的时间。我国《劳动法》第四十五条规定：国家实行带薪年休假制度。劳动者连续工作一年以上的，享受带薪年休假。

(3) 病假。员工因为身体疾病不能正常工作时，就应当享有病假。通常情况下，员工请病假要出示医院的诊断证明。大多数企业的病假政策是：员工在规定的病假期内能够享受正常的薪资待遇。

（二）企业补充福利

企业补充福利是指企业按照自身的需要和实际情况，依据员工的需要建立的福利项目。企业补充福利计划种类较多，设计上也更加灵活。主要包括收入保障计划、健康保障计划、员工服务计划和其他福利计划。

（1）收入保障计划。收入保障计划目前在我国企业中主要有企业年金、团体人寿保险。企业年金也叫企业补充养老保险、私人养老金、职业年金计划等，是企业或行业自主发起的员工养老金制度。它作为老年收入（主要是社会养老保险金）的一个补充来源，已经成为养老保险体系中的一个重要支柱。而对于企业来说，它已经成为人力资源管理战略的福利体系的一个重要组成部分，是延期支付的工资收入。大多数发达国家都建立了企业年金制度，有一些国家甚至通过立法，把企业年金变成了国家强制性的养老金制度。

企业年金一般由雇主缴费，也有的由雇主和雇员共同缴费建立保险基金，经过长期积累和运营作为退休雇员的补充养老金收入。国家鼓励企业开展企业年金计划，通过税收优惠政策吸引企业为职工建立补充养老金。团体人寿保险是由雇主为雇员提供的保险福利项目，是市场经济国家比较常见的一种企业福利形式。团体人寿保险的好处是：由于参加的人多，相对于个人来讲，可以以较低的价格购买到相同的保险产品。

（2）健康保障计划。由于社会医疗保险保障的范围和程度有限，客观上为企业建立补充医疗保险留下了空间。目前我国企业为员工建立的健康保障计划主要有企业补充医疗保险和定期健康检查等福利计划。补充医疗保险计划基本上都是针对基本医疗保险费支付封顶线（社会平均工资的四倍）设计的补充保险计划，负担封顶线以上的医疗费用开支。除此以外，企业还会为员工提供一些保健设施、体检等福利项目，以保障员工的健康。

（3）员工服务计划。除了以货币形式提供的福利以外，企业还为员工或员工家庭提供旨在帮助员工克服生活困难和支持员工事业发展的直接服务的福利形式。服务计划主要包括为员工提供心理咨询、家庭援助等福利安排。员工服务计划的目的是保证员工能够全身心地投入工作，避免由于家庭等因素带来的干扰。

（4）其他福利计划。有的企业在国家法定福利之外还会向员工提供企业福利项目，由于不具有强制性，因而没有统一的标准，企业通常根据自己的情况自主决定。常见的其他福利包括：员工个人发展福利，主要包括培训、继续教育或深造等。培训作为现代企业管理的重要内容和手段，越来越被企业重视。很多企业对员工提供教育方面的资助，为员工支付部分或全部和专业发展相关的培训教育费用，实行内部轮训、选送参加专业知识培训或出国培训。通过培训，一方面，可以增强员工自身的素质和能力，帮助他们增长知识、提高技能，激发他们的创造力和潜能，使企业直接受益；另一方面，可以改变员工的工作态度，让员工体会到企业对他们的重视。从公司未来发展的角度看，教育和培训跟上了，人才就具有了连续性，凝聚力也会大大加强。住房补助福利包括免费单身宿舍、夜班宿舍、廉价公房出租、购房低息贷款、购房补贴等。此外，企业有组织的集体文体活动、交通费补贴、午餐补贴等都是比较常见的企业福利项目。随着社会的发展，有些企业还为员工提供事件福利、Hop Day（发泄日）等比较有特色的福利项目。

9.2　福利的设计

9.2.1　福利设置的影响因素

企业为员工提供多少福利项目，受到来自企业外部因素和内部因素的共同制约和影响。国家关于福利方面的相关法律法规和政策、市场工资水平、相关税收制度、劳动力供求状况以及工会的力量等共同构成了影响企业福利设置的外部因素。企业的经营效益、薪酬战略、员工的构成、工作特征等共同构造了影响企业员工福利设置的内部环境。企业在设置自己的福利项目和福利水平时，必须要考虑以上因素，寻找最适合自身发展需要的福利管理制度，争取做到能够与企业所处的内外部环境相适应，达到力量的匹配效果，最终作出员工福利的合理选择和定位。

（一）外部环境

1. 国家相关法律法规和政策对福利设置的影响

通常来讲，与员工福利最密切相关的法律政策文件，是宪法和劳动法系列中对员工福利的规定以及社会保障法律的相关规定。我国 1982 年的《宪法》明确规定：实行各尽所能、按劳分配，在发展生产的基础上，提高劳动报酬和福利待遇；劳动者享有休息和劳动保护的权利；劳动者有获得物质帮助的权利。这是我国关于福利问题的最高法律规定。《劳动法》中明确规定的员工福利包括社会保险、工作时间、休息时间、职业培训、劳动卫生、女职工及未成年工的保护等内容。此外，国家的一些行政法规也规定了相关员工福利的内容，包括基本养老保险、基本医疗保险、失业保险、工伤保险和生育保险在内的社会保险方面的法规对员工的相关福利作了明确规定。国家出台的工时制度、特殊劳动保护制度等都是行政法规方面的福利规定。

2. 市场工资水平对福利设置的影响

市场工资水平是影响企业薪酬制定的重要因素，同时也对福利设置产生影响。企业要吸引优秀人才，必然要提供具有吸引力的薪酬，这就需要企业考虑当前市场薪酬的整体水平，对此作出判断和反应，进而调整自己的薪酬结构和福利水平，包括设计具有吸引力的福利待遇来吸引和留住人才。

3. 相关税收制度对福利设置的影响

国家对很多企业福利项目实行税收减免的优惠政策，这是企业愿意提供相应补充福利的一个重要动力。比如，为了调动企业和个人参加企业年金（过去一直称为“企业补充养老保险”）的积极性，国务院于 2000 年下发了第 42 号文件，明确规定试点地区的企业建立企业年金制，企业缴费在工资总额 4%以内的部分，可从成本中列支，享受税收优惠政策。国家的所得税制度是企业考虑如何通过福利设置改变薪酬结构，进而达到合理避税的一个因素。我国个人工资薪金所得税采用的是九级分段累进税率，2011 年 6 月 30 日，第十一届全国人民代表大会常务委员会第二十一次会议表决通过了《全国人民代表大会常务委员会关于修改〈中华人民共和国个人所得税法〉的决定》，从2011年9月1日起，将《中华人民共和国个人所得税法》规定的工资、薪金所得减除费用标准（俗称“起征点”）提高到3 500元/月，全月应纳税所得额不超过1 500元的，按照3%的税率征税；1 500～4 500元的部分，按照10%的标准征税。如果在设计薪酬结构时考虑避税问题，企业可以设计一些国家具有优惠政策的福利项目，在薪酬总额一定时，增加员工的效用。

4. 劳动力供求状况对福利设置的影响

劳动力供求状况对福利的影响是较为明显的。当劳动力供大于求时，企业提供的福利无论从数量上还是水平上都会减少。当然，法定的福利项目不会减少，但是由于工资总额降低，福利水平自然会随之下降。当劳动力供不应求时，企业会设法提高福利待遇水平，吸引人才为其服务。

5. 工会力量对福利设置的影响

工会是影响员工福利的一个不可忽视的因素，工会在发达资本主义国家的影响力非常大，通过集体谈判为工会会员争取更多的福利待遇。虽然目前我国工会还没有完全适应市场经济的需要得到发展，但是随着非公经济的发展，工会的力量会越来越多地体现出来。

（二）内部环境

1. 企业经营效益对福利设置的影响

企业经营效益的好坏是影响企业提供福利水平的决定性因素。企业经营效益好，就有能力为员工提供优厚的福利待遇；企业经营效益差，也就自然会影响到企业提供福利的水平。企业在提供福利的同时也要考虑其成本与收益之间的关系。企业在设计自己的福利制度时，一方面要考虑成本的支出，包括福利项目成本和福利管理成本等，另一方面也要考虑福利为企业带来的收益，包括提高员工满意度、提高工作效率、降低流动率等，从而把握成本与收益的平衡关系。因此，福利设置一方面受企业经营效益的影响，反过来也影响企业的经营效益。

2. 企业薪酬策略对福利设置的影响

薪酬策略一般可以分为市场领先型、市场匹配型、市场落后型、浮动型和权变型策略，通常，薪酬策略的选择与企业的盈利能力和所处的发展阶段相关。一般而言，经济效益好的企业有能力选择市场领先型薪酬策略，反之就要在市场匹配型和市场落后型中做抉择。在快速发展阶段，企业更愿意采用市场领先型薪酬策略，包括提供优厚的福利待遇。在成熟期，企业更多地采取市场匹配型薪酬策略。此外，企业一般要根据自身特点选择不同的薪酬结构，有的企业选择高弹性薪酬模式，实施低工资、高奖励、低福利组合；有的企业则选择高稳定薪酬模式，采用高工资、少奖金、高福利组合；也有低工资、高福利的实践。因此，企业的薪酬策略对员工福利的水平有重要影响。

3. 员工构成对福利设置的影响

员工的年龄和文化程度不同，对福利水平和福利项目的需求存在明显的差异。年轻员工一般倾向于高工资、低福利的薪酬结构，而年龄较大的员工对福利的接受程度较高。此外，年轻人更偏好休闲娱乐性的福利项目，而有孩子的员工需要更多的服务，如孩子的照料和子女的学费。这也是近年来弹性福利发展较快的主要原因。在一个企业内部，福利制度要尽量满足不同类型员工的需求，在设计上要合理安排，照顾到多方面、多层次的需要，尽量考虑员工的经济与生活需要、社交与休闲需要、健康与安全需要以及职业发展的需要。

4. 工作特征对福利设置的影响

福利的设置也要考虑到不同的工作特征这一要素。当前随着知识经济和信息经济的到来，工作方式发生了很大变化，弹性工作时间和工作地点这些新的福利方式随之产生，同时，由于工作绩效更多地来自有创造力的知识员工，利润分享方案、员工持股计划等福利方案被越来越多地运用。随着当前社会发展步伐的加快，工作压力越来越大，紧张程度越来越高，员工更需要生活服务，更需要方便自己，更关注生活质量，更希望释放压力，对这方面的福利需求也就越来越强烈。有些企业通过建立员工俱乐部、运动健身设施、文化娱乐设施和组织旅游等形式，让员工在紧张的工作之余放松身心，缓解疲劳。还有的企业建立了倾听员工诉说的制度，企业领导人定期与员工面对面交流，直接倾听员工诉说心中的烦恼，或聘请专家对员工进行心理指导，帮助缓解压力。这对高强度、满负荷工作的员工无疑是很大的安慰和激励。

9.2.2 福利计划的设计模式

员工福利计划的设计是保证福利制度发挥作用的重要环节。由于福利支出在企业中已成为一项重要的开支，而且员工福利的激励作用也逐渐受到重视，因此任何企业都不可能也不应该盲目实施员工福利，而应当根据企业的情况和员工的特点来向员工提供福利，这样才能保证福利制度的持续性和有效性，员工福利计划就是达到这一目的的重要手段和有力工具。企业设计员工福利时重点要考虑提供员工福利的目的、提供的水平、提供的项目内容以及企业福利制度的管理。在福利计划的制定中，要考虑企业的外部环境和内部环境，要根据国家法律法规的要求以及市场环境的变化制定和调整福利计划，同时要考虑企业自身的特点，依据企业的实际情况来制定符合实际需要的福利计划。

由于员工福利计划在设计时受到诸多因素的影响，因此在计划模式的分类上也有多种角度，通常可以从福利提供的水平、福利项目的内容以及福利提供的灵活性这几个角度来进行分类。

1. 依据员工福利提供的水平进行划分

按照企业所提供的员工福利的水平不同，可以将员工福利计划划分为市场领先型、市场匹配型和市场落后型三种模式。

（1）市场领先型模式。是指企业向员工提供的福利在整体水平上高于本地区或者本行业大多数企业的水平；也就是说，企业的整体福利是高于市场平均水平的。较高的福利水平意味着员工能够从企业那里获得较多的经济收入，这就可以为企业人力资源管理活动的实施提供有力的支持。这种模式的缺点在于会给企业的经营带来一定的压力，尤其是在那些人工成本占企业整个成本比例较高的企业，这种压力会更加明显，如果企业无法获得足够的收入和利润，较高的福利水平就会成为企业的一种负担，甚至会影响到企业的正常运转。

（2）市场匹配型模式。是指按照市场平均水平来确定本企业的福利水平；也就是说，企业向员工提供的福利在整体水平上与本地区或者本行业大多数企业的水平大致相当。这是最常见的一种福利计划模式，在实践中，大多数企业采取了这种模式。与市场领先型模式相比，市场匹配型模式由于是按照市场平均水平来提供福利的，在福利水平上并不像前者那样具有较强的外部竞争性，因此在吸引优秀人才、保持员工队伍稳定等方面也不像前者那样具有明显的优势。而且，由于要按照市场平均水平来提供福利，因此企业需要随时监控外部市场的福利状况，要根据市场水平的变化及时调整自身的福利水平，这就相应地增加了福利的管理成本。但是，这种模式的实施可以使企业福利水平的决策变得相对比较简单，市场平均水平是多少，企业的福利水平就确定为多少，这就降低了决策的难度。此外，与市场领先型模式相比，市场匹配型模式可以减少企业的福利支出，从而减轻了企业经营的压力。

（3）市场落后型模式。是指企业以低于市场平均水平的标准来确定本企业的福利水平；也就是说，企业向员工提供的福利在整体水平上低于本地区或者本行业大多数企业的水平。虽然从成本支出的角度来看，采取市场落后型的福利计划模式可以明显地降低企业的福利支出，从而减少企业的人工成本开支，但是这种模式的问题也是显而易见的，由于福利水平低于其他企业，因此员工从企业获得的经济收入相对就会减少，这样企业在吸引优秀人才方面就会处于劣势。此外，较低的福利水平也不利于稳定现有的员工队伍，往往会导致较高的员工流失率。

2. 依据福利项目的内容进行划分

按照企业提供的福利项目的内容，可以将企业的福利划分为经济型福利模式和非经济型福利模式。

（1）经济型福利模式。是指企业主要以直接发放实物的形式或者以货币或准货币的形式来向员工提供福利。企业采取团购的方式以实物形式发放福利，在采购价格上有一定的优势，在同样的成本支出条件下，员工就可以享受到更多的福利待遇。这种方式的弊端在于：实物的发放无法很好地满足员工的不同需要；同时，由于需要配备人员进行采购和发放，因此也提高了实物发放的成本。相比较而言，以货币形式发放福利具有一些优势。首先，由于不需要企业再来直接发放物品或者提供服务，这样就大大降低了福利管理的复杂程度，减轻了企业的管理负担，节约了管理成本。其次，在这种模式中，福利是以货币形式提供给员工的，这样他们就可以根据自身的实际情况来购买自己最需要的物品和服务，从而就能够更好地满足员工不同的需求。最后，以货币的形式来向员工提供福利，除了可以满足员工较低层次的需求之外，还可以满足他们较高层次的需求。例如，员工可以用这些资金参加各种活动，从而满足自己的社交需求。再比如，用股票期权的方式向员工提供福利，实际上是对他们工作成就的肯定，这样就可以满足员工的尊重需求和自我实现需求。

（2）非经济型福利模式。是指企业通过培训、职业生涯设计、精神激励和创造良好的工作环境等方式向员工提供福利。非经济型福利的优点在于成本低、有利于培养员工的责任感和主人翁意识，但它也有自身的局限性，需要配合经济型福利来共同发挥作用。

3. 依据福利提供的灵活性进行划分

依据福利提供的灵活性，可以将企业福利划分为固定模式和弹性模式。

（1）固定模式。在这一模式下，员工所享受的福利待遇是一致的，他们没有选择的余地。这种福利模式的好处在于设计比较简单、管理成本较低，但是这种模式由于没有考虑不同员工的需求，因此会导致员工对福利制度的满意度较低。

（2）弹性模式。是指在企业确定的员工享受福利的总额控制下，员工可以根据自己的喜好选择不同的福利项目组合。这种模式的优点在于可以在一定程度上满足员工的不同需要、提高员工的满意度，其缺点在于设计相对复杂、管理成本相对较高。由于弹性福利计划越来越得到企业的认同，使用的企业越来越多，因此在下一部分做专门介绍，这里不再展开论述。

9.2.3　弹性福利计划模式

弹性福利制又称为自助餐式的福利，因为员工可以从公司提供的各种福利项目的菜单中自由选择其所需要的福利，就像吃自助餐一样。弹性福利制是指组织提供一份福利菜单，由每一位员工参与福利菜单的内容选择，在一定的金额限制内，员工可依照自己的需求和偏好进行自由选择、组合，福利菜单包含现金及指定福利在内的两项或两项以上的福利项目。弹性福利制是由公司根据每个员工的薪水层次设立相应金额的福利账户，每一时期拨入一定金额，列出各种可能的福利选项供员工选择，直至福利金额用完为止。

（一）弹性福利计划的类型

1. “套餐”式员工福利

这是一种比较简单和容易操作的模式，其目的在于保证员工具有更多的选择权和满足员工不同的偏好。企业为员工提供不同的福利组合项目，员工可以根据自己的需要挑选适合自己的组合。

2. 附加型弹性福利

附加型弹性福利计划是指企业在原有的福利计划之外，增加一些员工可以自由选择的福利项目。企业可以根据当前员工的薪酬水平，在原有福利的基础上，为每位员工增加一部分福利认购限额，在这部分限额内，员工可以选择适合自己的福利项目，甚至可以折现。

3. 核心加选择型弹性福利

这种福利计划由核心福利项目和选择福利项目组成，其中核心福利项目是所有员工都享有的基本福利，不能随意选择；选择福利项目包括所有可以自由选择的项目，并附有购买价格，每个员工都有一个福利限额，如果总值超过了所拥有的限额，差额就要折成现金由员工支付。

弹性福利计划的类型多种多样，以上介绍的是比较普遍的模式。在实践中，各个企业的弹性福利计划都有各自的特点，但最根本的一点是：企业在设计福利时，更多地考虑到了员工需求的差异性，从而试图从制度设计上能够更好地满足员工的需求，提高福利的效用。

（二）弹性福利计划的设计原则

1. 设计要符合企业的支付能力

弹性福利计划在设计的初始阶段，要通盘考虑企业的整体支付能力。弹性福利在增加员工的选择权的同时，也增加了企业对福利成本的控制难度，因此，实施弹性福利计划要根据企业的实际情况确定弹性福利的方案，保障计划的顺利运转。

2. 做好充分的需求调查，调动员工参与的积极性

弹性福利设计的出发点是满足员工的多样化需求，因此在福利项目组合的设计上，要最大限度地征求员工的意见，根据员工的需求变化不断调整和更新福利内容，形成一种良性的互动，提高员工对福利设计的关注度，最大限度地发挥福利的作用。

3. 清晰界定不同项目之间的关系

例如，要弄清楚一笔奖金和一天的额外休假或者一定量的实物之间的换算关系，并且这种估算要当做企业的管理成本来计算，所以在估值的时候要客观反映福利项目的价值，否则，很多福利项目就会无人选择，造成设计上的浪费。

弹性福利制度是一个比较新的观念，在美国实施的企业越来越多，证明这是一个既被资方喜爱又受劳方欢迎的制度。一位希望塑造更好的企业文化的雇主，必须考虑将福利放在与报酬和工作环境同等重要的位置上。企业组织必须正视福利制度的问题，顺应时代潮流，从一个全新的角度思考员工福利问题。

9.3 几种典型的员工福利计划

9.3.1 企业年金计划

企业年金是企业及其职工在依法参加国家基本养老保险的基础上，在国家相关法律法规的框架内，根据本企业特点自愿建立的补充养老保险计划，是员工福利制度的重要组成部分。企业年金计划的建立早于社会养老保险，是多层次养老保险体系的重要组成部分。

（一）企业年金的性质

首先，企业年金可视为养老保险体系的第二支柱。随着人口预期寿命的延长及总体生育率的降低，老龄化程度加剧。为了应对老龄化过程中的养老资源短缺问题，发达国家和发展中国家正在（或已经）建立由世界银行提出的“三支柱”

养老保险制度体系。[①] 企业年金弥补了社会基本养老保险保障水平的不足。其次，它是企业薪酬福利结构的重要组成部分，是企业吸引和留住人才、增强企业凝聚力、提高企业竞争力的重要手段。最后，它是改善和强化劳资关系、激励劳动者提高生产效率的重要手段。

(二) 企业年金的分类

依据不同的标准，企业年金可以划分为不同的类型。根据创立主体的不同，可分为由单个企业创立的企业年金计划和由多个企业创立的企业年金计划。根据供款主体的不同，可分为个人单方缴费年金计划、企业（又称雇主）单方缴费年金计划、个人与企业联合缴费年金计划。根据筹资方式的不同，可分为现收现付制、积累制及部分积累制。根据缴费和受益关系的不同，可分为待遇确定型（defined benefit plans）、缴费确定型（defined contribution plans）及混合型年金计划，下面详细介绍其特点。

1. 待遇确定型企业年金计划

待遇确定型企业年金计划是承诺按事前确定的待遇水平给付收益人的企业年金计划。待遇水平通常取决于员工退休前的收入水平和参加计划的年限。

待遇确定型企业年金计划的特点是：(1) 待遇确定型计划通常由企业单方缴费，一般采用现收现付制。企业缴费的多少取决于退休人数与在职职工人数比例的高低。(2) 通常规定有享受待遇的资格或条件。例如，美国大部分补充养老保险计划规定必须工作满10年，也有规定必须满5年或15年的，达不到这一条件，职工退休时不享受任何养老金；达到这一条件的，每年享受的养老金还有最低限额和最高限额的规定。(3) 养老金权益的转移性差，职工退休前不能支取，流动后要转移至新的工作单位往往有很多限制（有的可保留资格，退休后仍按月支付，有的则不予支付）。(4) 企业承担投资风险，员工则承担企业倒闭和工作调动的风险以及退休前工资不再增加的风险。

2. 缴费确定型企业年金计划

缴费确定型企业年金计划，即预先规定缴费比例，退休时的收入水平取决于员工个人账户的积累额，积累额受缴费年限、投资收益等不确定性因素的影响，难以预知其实际待遇水平。

缴费确定型企业年金计划的特点是：(1) 一般由企业或者企业与职工共同缴费，按照一个预期的养老金水平确定企业和职工的缴费比例。企业和职工的缴费比例既可以是相同的，也可以有所差异。实行基金积累制。(2) 养老金权益易于转移，一旦参加者在退休前因种种原因终止养老金计划，参加者对其账户积累额的处置有广泛的选择权。他们可以把资金转移到人寿保险公司，或者可以至新企业的补充养老金计划中，也可以继续留在原养老金计划中，到退休时一次性支取。(3) 由职工承担有关投资风险。企业在原则上不负担超过定额缴费以外的保

① “三支柱”养老保险制度体系由国家主办的基本养老保险、企业补充养老保险以及个人储蓄性养老保险三部分构成。

险金给付义务。

尽管缴费确定型与待遇确定型企业年金计划具有不同的特点，但是均可为职工提供退休收入保障。

（三）国外企业年金的产生与发展

企业年金计划的产生早于基本养老保险。学术界一般将1875年美国运通公司（American Express）为其员工建立的退休金计划看做世界上第一个正式的私人退休金计划（企业年金）。企业年金发展的历史可划分为三个阶段。

1. 19世纪后半叶至20世纪初为企业年金发展的第一阶段

在这一阶段，企业年金制在美国及其他工业化国家盛行。雇主建立企业年金计划，主要是为了鼓励管理人员和技术工人继续为企业效力，解除将要退休的老职工工作能力下降后的生活之忧。企业年金计划为待遇确定型，采用现收现付制，在退休前离开企业的员工将失去这种津贴。

2. 第二次世界大战后到20世纪70年代中期为企业年金发展的第二阶段

在这一阶段，大多数工业化国家开始重建与发展企业年金计划，以弥补基本养老保险计划的不足，构筑完善的养老保险体系。这一时期，企业年金计划的覆盖范围、享受人数及其拥有的资产额迅速增加。

3. 70年代以后为企业年金发展的第三阶段

由于人口老龄化程度加剧，高福利与经济低增长并存，主要工业化国家的社会基本养老保险基金收不抵支、入不敷出，于是它们纷纷进行了以多支柱的养老保险制度为特征的重大调整和改革，企业年金迅速发展。例如，法国于1972年建立了全国统一的强制性补充养老保险制度；英国建立起了收入关联的补充养老保险制度；美国政府自20世纪80年代以来，进一步鼓励私人企业以企业福利的形式完善社会安全网。截至1998年，美国退休金资产拥有美国整个股票市场市值的27.3%，拥有美国所有公司和其他非营利组织债券发行额的11.9%。①

80年代以来，企业年金呈现两大发展趋势：（1）企业年金计划进一步得到政府鼓励，享受税收优惠。如美国国会于1982年通过了《税收平等和财政责任法案》，提高了企业福利支出的免税额，开放了自雇业主的企业福利等。（2）从待遇确定型变为缴费确定型（或混合型），以分散雇主承担的经营与投资风险。

（四）中国企业年金的发展历史

我国企业年金计划始于1991年。《国务院关于企业职工养老保险制度改革的决定》（国发［1991］33号）中确定了多层次养老保险制度框架，指出“企业补充养老保险由企业根据自身经济能力，为本企业职工建立……国家提倡、鼓励企业实行补充养老保险和职工参加个人储蓄性养老保险，并在政策上给予指导”。企业开始探索建立企业年金计划，并出台了相关文件，如原邮电部出台了《邮电企业补充养老保险和职工个人储蓄性养老保险暂行办法》，原能源部出台了《关

① 参见林弈：《美国的私有退休金体制》，19页，北京，北京大学出版社，2002。

于印发〈电力企业建立补充养老保险暂行办法〉的通知》(能源人 [1992] 102 号)。企业年金开始起步，当时主要在交通、石油、有色等行业及大型国有企业实行，行业主管部门制定建立企业年金制度的指导性意见，企业制定具体实施办法，自主建立经办机构管理企业年金计划。

1995 年，劳动部根据《国务院关于深化企业职工养老保险制度改革的通知》(国发 [1995] 6 号）精神下发了《关于印发〈关于建立企业补充养老保险制度的意见〉的通知》(劳部发 [1995] 464 号)，进一步推动了企业年金的发展，企业年金规模进一步扩大，建立企业年金的行业由原来的铁道、邮电、电力等五个行业扩大到交通、金融、有色等十余个行业及部分国有大中型企业。截至 2002 年年底，全国有 1.7 万家企业建立了企业年金，参保人数 655 万人，基金积累 260 亿元。① 企业年金在地区、行业、企业间发展不均衡，行业发展快于地方，沿海省份快于内陆省份。

2004 年 5 月，劳动和社会保障部相继颁发了《企业年金试行办法》与《企业年金基金试行办法》，规定了企业年金计划建立的条件、缴费、待遇以及管理监管等框架，规范了企业年金的发展。

(五) 中国企业年金计划的框架②

根据《企业年金试行办法》与《企业年金基金试行办法》的规定，建立企业年金计划的企业必须具备相应的资格条件：(1) 依法参加基本养老保险并履行缴费义务；(2) 具有相应的经济负担能力；(3) 已建立集体协商机制。企业年金计划应覆盖企业试用期满的职工，在坚持“效率优先、兼顾公平”的同时，防止方案歧视。企业年金计划要经过职工大会或职工代表大会讨论，并报劳动保障行政部门备案后才生效。

我国企业年金计划属于缴费确定型，实行完全积累，采用个人账户的方式进行管理，职工到达退休年龄后，才能一次性或按月领取年金。为了体现国家的鼓励政策，在东北三省完善社会保障体系试点地区和进行文化体制改革试点的地区和单位，企业缴费不超过工资总额 4%的部分，可以列入成本，给予税收优惠。企业缴费、企业与职工缴费之和有上限约束，规定了企业缴费每年不超过本企业上年度职工工资总额的 1/12，企业和职工个人缴费合计一般不超过本企业上年度职工工资总额的 1/6，以防止国家利润额减少与职工当期消费不足。

企业年金计划包括如下内容：(1) 参加人员范围；(2) 资金筹集方式；(3) 职工企业年金个人账户管理方式；(4) 基金管理方式；(5) 计发办法和支付方式；(6) 支付企业年金待遇的条件；(7) 组织管理和监督方式；(8) 中止缴费的条件；(9) 双方约定的其他事项。

我国企业年金采用信托模式管理，管理的治理结构主要是确定两种法律关系：一是委托人与受托人之间建立的信托关系，企业及其职工作为委托人，将基

---

① 参见劳动和社会保障部：《企业年金统计》，2002。

② 这部分内容主要依据《企业年金试行办法》与《企业年金基金试行办法》。

金财产委托给受托人管理。企业和职工拥有基金管理的决策权和知情权，受托人拥有基金财产的实际管理职责。二是受托人与账户管理人、托管人和投资管理人等专业机构之间建立的委托合同关系。各管理机构按照合同和受托人的要求提供账户管理、基金托管或投资管理服务。

我国企业年金计划实行市场化运作，并采取四项管理制度严格控制运作风险。

一是建立不同管理服务机构的相互制衡制度。受托人可依据《中华人民共和国合同法》的有关规定，委托相关金融机构管理基金个人账户、托管基金财产或负责基金投资管理。账户管理人、托管人和投资管理人之间存在着一种制衡关系。账户管理人主要负责核对缴款汇总数据，接触不到基金财产。托管人主要负责保管基金财产，监督投资管理人的投资行为，没有基金财产支配权。投资管理人主要负责基金投资，确保基金保值增值，但没有基金使用权，也接触不到基金财产。

二是建立报告和信息披露制度。受托人、账户管理人、托管人和投资管理人等管理运营机构，应当按照规定向有关监管部门报告企业年金基金管理情况，并对所披露信息的真实性和完整性负责。受托人应定期向委托人、受益人和有关监管部门提供企业年金基金管理报告。账户管理人、托管人、投资管理人应定期向受托人提交基金管理报告和审计报告。托管人一旦发现投资管理人的投资指令违反法律、行政法规、其他有关规定或合同约定，应当拒绝执行，立即通知投资管理人，并及时向受托人和有关监管部门报告。

三是建立投资管理安全保障制度。主要体现在企业年金基金投资工具和投资比例的规定方面。从理论上讲，企业年金是一项企业和职工自愿建立的福利保障计划，计划汇集的基金归职工所有，职工应享有充分的投资自主权。考虑到中国金融市场的现状和职工控制投资风险的能力，我们鼓励委托专业机构投资者管理运作，同时对基金投资的金融工具及比例作了比较审慎和适当的规定，并可根据金融市场和投资运作的变化情况进行适时调整。

四是建立主动监管制度。政府在企业年金监管中的主要职责是制定运作规则，对从基金筹集、投资管理到待遇支付实行全程监管和主动监管，及时纠正存在的问题，实现基金保值增值，维护国家利益和企业、职工权益。要逐步建立完善的企业年金监管信息技术系统，实现基金缴纳、投资管理、账户清算、收益分配和年金给付信息运行畅通，实现信息资源共享；逐步构建覆盖全国的企业年金监管网络，保障现场检查和非现场监督的及时性、经常性和有效性。通过实时监控系统，实现现场检查与非现场监督方式的结合，以及事前监督、日常监督与事后监督方法的统一。①

9.3.2 住房保障计划

在高福利、低工资的计划经济时代，住房是国有企业的一项最为重要的员工

① 参见《积极发展企业年金　完善养老保险体系》，劳动和社会保障部网站。

福利项目，国有企业的福利分房使其较之其他企业更具有优势，企业分房也是大多数员工获得住房的主要来源。虽然经过了由福利分房到住房商品化的住房保障制度改革，但长期历史传统的沉积、中国房地产市场的不成熟以及住房保障体系的不完善等种种因素，使得住房计划目前仍是企业吸引和留住员工的重要福利项目之一。[①] 同时，由于机关与企事业单位的功能与社会角色不同，其住房保障计划也略有差异。

（一）中国住房制度的历史沿革

计划经济体制下的住房分配制度带有浓厚的福利色彩，工资中只计入少量的住房消费成分。长期由国家拨款统一建设住房，根据规定的条件和住房标准统一分配，租住公房者缴纳较低的房租。据统计，1978年以前，住宅投资的90%以上来自中央和地方政府的财政拨款。[②] 计划经济下的企业提供的职工住宅有单身集体宿舍、倒班宿舍与职工家属住宅三种类型。福利住房制度虽然在一定程度上解决了职工的住房问题，使职工在住房问题上对单位形成了较强的依赖心理，但由于不同单位、行业的住房资金与来源不同，形成了在福利住房制度下，特殊的住房利益关系和利益格局。住房消费上存在严重的不公平，部分人员多占房，部分人员无住房，同时，让国家背上了沉重的包袱。

针对计划经济时代住房制度的弊端，国务院于1980年6月宣布实行住房商品化。1994年以前为试点阶段，包括公有住房出售、居民自建住房，使居民拥有住房所有权的试点及提高房租与给予住房补贴试点，十四届三中全会提出要通过改革，逐渐发挥市场机制在住房资源的配置中的基础作用，由住房的供求关系决定住房资源的配置。1994年7月，国务院发布了《关于深化城镇住房制度改革的决定》，进一步推动了住房制度改革，提出了住房制度改革的目标：建立与社会主义市场经济体制相适应的新的城镇住房制度，实现住房商品化、社会化；建立国家、单位、个人三者合理负担的住房建设投资体制；把住房实物福利分配的方式改变为以按劳分配为主的货币工资分配方式；建立以中低收入家庭为对象、具有社会保障性质的经济适用住房供应体系和以高收入家庭为对象的商品房供应体系；建立住房公积金制度；发展住房金融和住房保险，建立政策性和商业性并存的住房信贷体系。随后在1998年国务院出台了《关于进一步深化城镇住房制度改革加快住房建设的通知》，停止住房实物分配，逐步实行住房分配货币化；建立和完善以经济适用住房为主的多层次城镇住房供应体系。在国务院文件的指导下，各地分别制定了具体方案，在我国形成了新的住房制度。个人成为住宅投资的主体，企业除了按国家规定为员工建立住房公积金外，不再负有为员工提供住房的责任，住房成为企业可以自由裁量的一项福利制度。

经过住房制度改革、取消福利分房后，购买商品房成为城镇居民解决住房问

① 参见仇雨临：《员工福利管理》，2版，299页。

② 参见侯淅珉等：《为有广厦千万间——中国城镇住房制度的重大突破》，13页，桂林，广西师范大学出版社，1999。

题的重要途径。然而在中国城镇住房制度改革的过程中，由于房地产业发展滞后、住房市场机制不完善、城镇居民收入增长缓慢，商品房的价格远远超出一般收入水平居民的购买能力。以北京为例，2005 年北京市商品房均价为每平方米 6 975元，普通职工 60 平方米标准的住房价格约为 42 万元，公积金贷款的最高额度为 30 万元，按 20 年贷款，每月需偿付 2 000 多元，而当年职工月平均收入为 2 362 元，商品房价格高于职工的承受能力。

（二）住房计划类型

在住房商品化与市场化改革的过程中，由于当前住房价格偏高、职工承受能力弱，住房计划仍然是企业目前需要考虑的重要福利之一。企业通常提供住房公积金计划与补充性住房计划。

1. 住房公积金计划

住房公积金计划是依据国家的政策法令建立起来的、由国家承办、单位与个人共同缴费的强制性住房储蓄计划。住房公积金计划在税收、存贷款利率上享受政策优惠：单位缴纳的住房公积金可在成本中列支，个人缴纳部分免交个人所得税；住房公积金存款能享受较高的利率；建立住房公积金的职工，在购买、建造、翻建、大修自住住房时，可申请住房公积金贷款，贷款利率通常低于市场贷款利率。

1999 年国务院颁布的《住房公积金管理条例》对公积金的建立、运作、管理、使用与实施均作出了详细的规定，指出住房公积金是“国家机关、国有企业、城镇集体企业、外商投资企业、城镇私营企业及其他城镇企业、事业单位（以下简称单位）及其在职职工缴存的长期住房储金”。住房公积金采取职工和单位共同缴款的方式，其缴存比例均不得低于职工上一年度月平均工资的 5%；有条件的城市可以适当提高缴存比例。直辖市和省、自治区人民政府所在地的市以及其他设区的市，应当成立住房委员会，作为住房公积金管理的决策机构。直辖市和省、自治区人民政府所在地的市以及其他设区的市，应设立住房公积金管理中心，负责住房公积金的管理运作。住房公积金应当用于职工购买、建造、翻建、大修自住住房，任何单位和个人不得挪作他用。职工有下列情形之一的，可以提取职工住房公积金账户内的存储余额：（1）购买、建造、翻建、大修自住住房的；（2）离休、退休的；（3）完全丧失劳动能力，并与单位终止劳动关系的；（4）户口迁出所在的市、县或者出境定居的；（5）偿还购房贷款本息的；（6）房租超出家庭工资收入的规定比例的。

单位除在住房公积金缴费上承担强制性义务外，还需要为员工在住房公积金管理中心办理缴存和支取手续，为员工代扣代缴费用。国务院根据条例颁布三年来的执行情况，于 2002 年 3 月 4 日作出了修订。

截至 2007 年年底，全国累计住房公积金缴存职工超过 1.1 亿人，缴存总额达 16 000 亿元，缴存余额 9 600 亿元，通过提取和发放个人住房贷款，累计帮助 4 700万户职工家庭改善了住房条件；全国累计有近 5 000 万职工提取住房公积金 6 625亿元，其中 80%用于购建住房；累计有 830 万户职工家庭获得住房公积金贷款，贷款总额8 565亿元。截至2011年年底，全国住房公积金总额已经高达2.1万亿元。①

2. 补充性住房计划

补充性住房计划是指企业在国家法定的住房公积金计划外，根据自身的经营状况和实力，自愿建立的用于解决员工住房困难或改善职工住房条件计划的总称，通常包括补充性住房公积金、现金住房补贴、低息或无息贷款、利息补助计划、低价格的集体购房计划及由单位提供的公寓或宿舍计划。

(1) 补充性住房公积金。是指企业向员工住房公积金账户所缴存的超过员工个人公积金缴存额的部分。这种形式的住房计划率先由上海推出。补充性公积金的缴存、支取、使用与管理均纳入政府政策的规范下，其特征与住房公积金基本相同。

(2) 现金住房补贴。是指企业直接以现金形式发放给员工的用于住房消费的福利工资。具体可分为两类：第一类是国有企业，参照2000年建设部等部委颁布的《关于进一步深化国有企业住房制度改革加快解决职工住房问题的通知》(以下简称《通知》) 规定，凡符合《通知》和当地人民政府规定的发放住房补贴条件，且原有住房建设资金可转化为住房补贴的企业，可以建立职工住房补贴制度，对无房和住房未达到规定购房补贴建筑面积标准的职工发放住房补贴。第二类是有经济实力的单位，为了提高企业的竞争力，作为工资的一部分，企业可以自主设立住房补贴。

(3) 低息或无息贷款、利息补助计划。是指企业通过其建立的员工福利基金或专门的住房基金，为购房职工提供低息或无息借款，或帮助员工偿还住房贷款等计划。这一计划在补充性住房计划中，企业承担的管理责任最大，在设计上投入的精力也最多。

(4) 单位提供的公寓或宿舍计划。通常为刚参加工作的职工或单身职工提供，入住的职工或者不缴纳房租，或者缴纳比市场水平低的房租，住房位置通常便于职工上下班。

(5) 低价格的集体购房计划。是指单位直接与房地产开发商谈判，以相对较低的价格帮助职工购房或单位承担部分购房款。

(三) 住房计划设计

就世界范围而言，住房福利不是各国企业所实施的主流福利，发达国家则更少见。中国企业住房计划，尤其是补充性住房计划是中国特殊国情下的产物，它的起源和发展是以中国旧有的住房体制改革为背景，以中国住房保障现状、整体的社会和经济状况为依托的。② 企业需要根据国家的法律法规、本企业的经济实力、员工的住房需求、住房消费特点入手，设计合理、高效的实施方案，使住房福利真正达到为企业吸引和留住人才的目的。

---

① http://baike.baidu.com/view/5564.htm.

② 参见仇雨临：《员工福利管理》，283页，上海，复旦大学出版社，2004。

1. 影响住房需求的因素

职工的年龄是影响住房需求的重要因素之一，单位提供的公寓或宿舍计划受到刚参加工作职工的普遍欢迎，他们一方面需要住处，另一方面又不具备购房实力；有一定工作年限的中青年职工由于结婚生子，纷纷着手购房，但资金有限，因此，他们喜欢低息或无息贷款、利息补助计划与低价格的集体购房计划；中年职工与老年职工一般拥有自己的住房，则更加喜欢现金住房补贴，因为他们可以自由支配。

建立补充性住房计划时，除了考虑职工的年龄结构外，还需要掌握职工拥有住房的情况和住房消费需求的变化。

在进行住房计划方案的设计时，考虑引入弹性化的福利方式，赋予员工在住房福利方面更多的选择权，相对于养老、医疗方面来讲，员工在住房方面的需求差异更大。弹性选择更能满足职工需求，如在设计时，可以将不同种类的住房福利计划组合成一套福利备选方案：（1）由公司提供宿舍或公寓。员工按市场价支付租金，公司给予一定标准的补贴。（2）购房补贴。员工在购房时，享受一定标准的购房补贴，一次性支付。（3）购房低息贷款。员工按不同资历享受不同额度的低息贷款，低息享受日期随员工离开公司而终止，其余未还款部分按商业贷款支付利息和本金。（4）补充住房公积金。按一定比例为员工缴存补充住房公积金。员工可以从这套方案中的四项计划中任选一项。住房福利方案的设计与实施应置于整个薪酬福利体系中。

2. 机关事业和企业住房计划的特点

（1）住房公积金计划上的差别。根据国家规定，机关事业单位普遍建立了住房公积金计划，国有企业绝大部分也建立了住房公积金。非公有制企业中，建立住房公积金的单位比例比较低，仅高科技、效益好的企业为职工普遍建立了公积金。以浙江省湖州市为例，城镇非公有制企业建立住房公积金具有“封存户多、实施单位少、缴存比例低、缴费额少”的特点。

（2）补充性住房计划上的差别。根据国家相关规定，（在一定时期内）自用土地的企业，在符合土地利用总体规划、城市规划和单位发展规划的前提下，经批准可以在自用土地上自建住房。所建住房原则上按建造成本价向本单位职工出售。鼓励成立城市社会型住宅合作社，进行合作住房建设，按照住房建设成本向职工收取建房费用，解决城市低收入职工家庭中住房困难户的住房问题。对于有经济实力与自用土地的机关与企事业单位，均可采取自建住房来改善本单位职工的住房条件。

现阶段机关事业单位主要实施低价格的集体购房计划及由单位提供公寓或宿舍。有条件的机关事业单位（如城建部门、规划部门、国土资源部门等）一方面采取团购的形式以较市场低的价格为职工购房；另一方面利用其行政管理职能，采取“寻租”的形式，以较市场低的价格为职工购置住房。

企业单位实行补充性住房计划则主要受其经济实力的影响，通常包括上面提到的所有类型，如补充性住房公积金、现金住房补贴、低息或无息贷款、利息补助计划、低价格的集体购房计划及由单位提供的公寓或宿舍计划。

9.3.3　补充医疗保险计划

补充医疗保险计划是企业为员工建立的用于提供医疗服务和补偿医疗费用开支的福利计划。补充医疗保险与社会医疗保险制度的发展息息相关，当社会医疗保险制度比较健全、覆盖面比较宽、保障水平比较高时，补充医疗保险就不那么重要了。如在实行全民医疗保障制度的福利国家——英国、加拿大以及北欧国家等，公民的基本医疗保障由国家设立的社会医疗保障提供，实行免费服务或基本免费的医疗服务，企业建立补充医疗保险计划的要求并不迫切。相反，美国是唯一没有建立全民医疗保险制度的国家，只为65岁以上的老年人、低收入者、退伍军人等部分群体提供一定程度的医疗保障，因而大多数人要靠自己来进行保障，这就为雇主给雇员建立补充医疗保险计划留出了空间。

(一) 发展补充医疗保险计划的意义

1998年国务院颁布了《关于建立城镇职工基本医疗保险制度的决定》，改革原有的“劳保医疗”与“公费医疗”制度，建立城镇职工基本医疗保险制度，规定城镇所有用人单位及其职工都要参加基本医疗保险，实行属地管理；基本医疗保险费由用人单位和职工双方共同负担；基本医疗保险基金实行社会统筹和个人账户相结合。在缴费比例、统筹基金与个人账户规模方面作出了如下规定：“基本医疗保险费由用人单位和职工共同缴纳。用人单位缴费率应控制在职工工资总额的6%左右，职工缴费率一般为本人工资收入的2%。职工个人缴纳的基本医疗保险费，全部计入个人账户。用人单位缴纳的基本医疗保险费分为两部分，一部分用于建立统筹基金，一部分划入个人账户。划入个人账户的比例一般为用人单位缴费的30%左右。”

参加医疗保险人员的医疗费用支付渠道为：起付标准以上、最高支付限额以下的医疗费用，主要从统筹基金中支付，个人也要负担一定比例，起付标准原则上控制在当地职工年平均工资的10%左右，最高支付限额原则上控制在当地职工年平均工资的四倍左右。起付标准以下的医疗费用，从个人账户中支付或由个人自付。超过最高支付限额的医疗费用，因此可以通过商业医疗保险等途径解决。

由于基本医疗保险只保证基本医疗，统筹基金不支付封顶线以上的费用，因此无法防范高额大病医疗的风险，在这一环境下发展补充医疗保险具有重要意义：(1) 补充基本医疗保险的不足；(2) 保证企业职工队伍稳定，增强企业凝聚力和竞争力；(3) 适应不同群体的需求，建立多层次的医疗保障制度。

国家对企业补充医疗保险提供税收优惠，规定企业补充医疗保险费在工资总额4%以内的部分，从职工福利费中列支，福利费不足列支的部分，经同级财政部门核准后列入成本。

(二) 中国补充医疗保险计划的类型

在实践中，除了国家公务员补充医疗保险外，各地还摸索出了多种形式的企业补充医疗保险模型。补充医疗保险模式有三种形式：社会保险机构经办的补充医疗保险、商业保险公司提供的医疗保险以及经保险监督主管部门批准的其他医疗保险形式、总工会组织开展的在职职工医疗互助保障计划。

1. 社会保险机构经办的职工补充医疗保险

镇江市在城镇职工基本医疗保险的基础上，建立了大病高额医疗费用统筹（以下简称“大病医疗统筹”）制度。参加基本医疗保险的用人单位及其职工和退休人员，以及其他各类人员均必须参加大病医疗统筹。大病医疗统筹金用于支付参保人员年度内超过基本医疗保险最高限额以上部分的医疗费用。其具体支付办法为：参保人员年度内发生符合基本医疗保险有关规定的医疗费用，在基本医疗保险最高限额3万元以上的部分，由大病医疗统筹金支付95%，个人支付5%。大病医疗统筹金的缴费年限满5年，由大病医疗统筹金和个人按比例共同支付的年度内医疗费用的最高限额为5万元；缴费年限不足5年的，每相差1年，其最高限额即下降1万元。

大病医疗统筹金由个人负担，并与基本医疗保险费一并缴纳。其中，在职职工（含未达退休年龄的其他各类人员）每人每月缴纳5元，退休人员（含已达法定退休年龄的其他各类人员）每人每月缴纳4元（缴纳标准由市医保部门根据需要调整公布）。用人单位所属在职职工由用人单位按月从职工工资中代扣，所属退休人员由用人单位代缴或养老保险经办机构按月从退休金中代扣。

大病医疗统筹资金由镇江市医疗保险事业管理局负责统一筹集、管理和使用。

2. 商业保险公司经办的职工补充医疗保险

厦门市是国务院职工医疗保障制度改革扩大试点城市，自1997年7月1日起，在全市范围内全面推行了医疗保险制度。截至2002年6月，已有40万人参加了职工医疗保险，市社会统筹基金支付的最高限额也从最初的4万元调整到5万元。在实际运作过程中，超过该限额的医疗费用，用人单位与个人均难以承担，厦门市政府从社会稳定的角度考虑，通过商业补充医疗保险的途径来解决。其主要做法是：由厦门市职工医疗保险管理中心作为投保人，为参加厦门市职工医疗保险的职工集体，向商业保险公司（中国太平洋人寿保险股份有限公司厦门分公司）投保，参保职工作为被保险人，享受商业补充医疗保险对其大额医疗费用的保障。保险费每人每年24元，从2000年7月起，保险费调整为每人每年28.8元，主要从职工个人医疗账户中一次性提取，由市职工医疗保险管理中心根据每月参保职工人数，按每人每月1.9元的标准向太平洋保险公司厦门分公司缴纳，在起步阶段，从社会统筹基金中向每人每月补助0.5元。该保险费标准一经确定三年不变，自第四年起根据运行状况，在一定利润率的前提下进行调整。参保职工发生超过社会统筹医疗基金支付最高限额的医疗费用，由职工个人先垫付，然后由被保险人直接向保险人索赔，中国太平洋人寿保险股份有限公司厦门分公司赔付90%，个人自付10%。每人每年由商业保险公司赔付的补充医疗保险医疗费用最高限额为15万元。

厦门市从2013医保年度开始，城乡居民基本医疗保险筹资标准从每人每年

460 元提高到每人每年 500 元，其中财政补助标准由每人每年 360 元提高到 390 元。在此基础上，厦门市城乡居民基本医疗保险门诊医疗费还将在起付标准以上、对不满 5 000 元部分的报销比例提高 5 个百分点。同时，厦门市城乡居民补充医疗保险的报销比例提高 5 个百分点，从原来的 75%提高到 80%。补充医疗保险的赔付限额也进一步调高，职工补充医疗保险、城乡居民补充医疗保险基金赔付医疗费的最高限额，分别由原来的 26 万元、21 万元调高至 40 万元、35 万元。调整后，在一个医保年度内，职工医疗保险、城乡居民医疗保险最高支付限额分别为 50 万元、45 万元，进一步提高了参保人员医疗保险的保障水平。为减轻参保人员医疗费负担，厦门市还降低了参保人员门诊和住院医疗费社会统筹医疗基金的起付标准，起付标准不再随社会平均工资的增长而变化。调整后，在职职工和退休人员门诊起付标准分别为 1 500 元和 600 元，城乡居民门诊起付标准从1 000元降为 700 元。①

厦门市商业补充医疗保险通过社会医疗保险机构作为中介组织，统一向商业保险公司代办商业补充医疗保险，在基本医疗保障的基础上，提供了更高水平、多层次的医疗保障。相较于全国其他地方社会保险经办机构的大额医疗费用救助办法而言，具有保费低、保障水平较高、抗风险能力强等优点。

3. 工会经营的职工补充医疗保险

中国职工保险互助会是全国总工会主办的、以从事职工互助合作保险为主要内容的全国性社团组织，其业务范围是在职工自筹资金、自愿参加的基础上开展与职工生、老、病、死、伤、残或发生意外灾害、伤害等特殊困难有关的保险活动。职工互助保险现已开办的险种有：职工安康互助保险、团体人身意外伤害互助保险、职工补充养老互助保险、女职工安康互助保险、在职职工住院医疗互助合作保险。

各地均对在职职工住院医疗互助合作保险作出了规定。北京市 2011 年出台了《在职职工住院医疗互助保障计划》，计划规定：（1）凡中国职工保险互助会会员，参加北京市基本医疗保险的企业、机关、事业单位、社会团体、民办非企业单位（包括中央及外省市在京单位）的在职职工由本级工会组织参加本计划。同一单位职工参加本计划不少于单位在职职工总数的 70%，参保职工低于 30 人的单位必须 100%参加。（2）参保单位应提供本月或者上月加盖公章的《基本医疗保险缴费表十三》复印件；参保单位采取网络投保方式投保。（3）参加本计划需缴纳互助费 50 元/年。保障期满后，被保障人无论是否享受给付权利，所缴纳互助费不再返还。在保障期内只能参加一份本计划。投保不满一年的按月缴费 4.2 元，按月缴费只针对新参保单位。已投保单位本年度内新增人员的参保将在下一年度本单位续保时一并办理。（4）保险责任：在基本医疗保险统筹基金支付范围内（指起付标准以上至最高支付限额以内），由会员承担自付一部分的费用。首次住院扣除 1 300 元起付线后按 60%比例核算给付金，第二次及以上住院扣除 650 元起付线后按 50%比例核算给付金。90 天为一个住院结算周期，超过 90 天

① 厦门市政府网，http：//www.xm.gov.cn/zfxxgk/xxgkznml/zzywork/shbzxgdt/201305/t20130516_637365.htm。

视为第二次住院。

从严格意义上说，中国的上述企业补充医疗保险，还不是企业的健康保险计划。首先，它们不是企业自主建立的，而是由其他机构建立的；其次，它们不是作为员工福利计划建立的，而是作为基本医疗保险的补充。

□ 本章小结

在现代企业的薪酬体系中，员工福利扮演着非常重要的角色，它是企业总薪酬中不可或缺的一个重要组成部分。完善的福利体系对于吸引和保留员工都非常重要，它也是公司人力资源管理系统是否健全的一个重要标志。

对企业来说，员工福利具有避税、吸引和保留人才及提高员工工作效率的作用。对员工来说，适当的福利项目可以增加收入、解除后顾之忧，甚至具有保障身心健康和家庭和睦的功能。

可以从不同角度对福利进行多种分类。通常依据福利项目的提供是否具有法律强制力，分为法定福利和企业补充福利。法定福利主要包括基本养老保险、基本医疗保险、失业保险、工伤保险、生育保险和住房公积金。企业补充福利是在国家强制以外，由企业提供的福利项目，包括补充养老和医疗保险、住房福利、带薪休假以及其他各种服务项目等。

企业员工福利的设计受到来自企业外部因素和内部因素的共同制约和影响。国家关于福利方面的相关法律法规和政策、市场工资水平、相关税收制度、劳动力供求状况以及工会的力量等共同构成了影响企业福利设置的外部因素。企业的经营效益、薪酬策略、员工的构成、工作特征等共同构成了影响企业员工福利设置的内部环境。企业在设置自己的福利项目和福利水平时，必须要考虑以上因素，寻找到最适合自身发展需要的福利管理制度。

我国的企业福利设计正在发展和健全过程之中。企业年金、住房保障与补充医疗保险三种典型的补充福利计划反映了我国企业福利体系建设的主要内容和特点。

□ 复习思考题

1. 员工福利包括哪些类型？
2. 如何从人力资源管理的角度认识员工福利的功能和作用？
3. 简述弹性福利计划的特点。
4. 待遇确定型计划与缴费确定型年金计划有何区别？试述中国企业年金计划的主要特点。
5. 试述中国企业补充医疗保险计划的特点与类型。
6. 试述中国企业住房保障计划的特点与类型。

□案　例

某国有企业年金方案

第一章　总　则

第一条［法律依据］　根据《中华人民共和国劳动法》、《企业年金试行办法》（中华人民共和国劳动和社会保障部令第20号）、《企业年金基金管理试行办法》（中华人民共和国劳动和社会保障部令第23号）的有关规定，结合公司实际，制定本方案。

第二条［宗旨与原则］

（一）本办法旨在保障和逐步提高本企业员工退休后的养老金待遇，增强企业的凝聚力，激励职工的劳动积极性和创造性，促进企业发展。

（二）坚持“效率优先、兼顾公平原则，实行差别待遇”。企业为职工的缴费因工资不同而有所区别。

第三条［实施范围］　本办法适用于为企业服务满1年、上年度考评合格、与本企业建立了劳动合同关系的职工。

第二章　资金来源与缴费比例

第四条［资金来源］　企业年金由企业和个人缴纳。

第五条［缴费比例］　由企业代扣代缴企业年金缴费，并按时计入个人账户。企业每月缴费比例为职工工资总额的6%，职工按本人收入的6%缴纳。

第三章　个人账户管理

第六条［账户基金］　企业缴费和个人缴费按1：1的比例记入个人账户。

第七条［所有权］　个人账户受益人根据国家有关法律规定对个人账户积累资本享有所有权和继承权。

第八条［知情权］　个人账户受益人有权了解自己账户资金的运营情况，每年至少查询一次个人账户。

第九条［权益管理］

（一）职工每届劳动合同期满，该届合同期间记入职工个人账户的保险费，归职工个人所有；职工劳动合同期未满擅自离开用人单位的，或因违法违纪被解除劳动合同的，用人单位可适当扣回该届合同期间记入职工个人账户的企业年金缴费。

（二）职工企业年金个人账户的本息归职工个人所有，职工退休后可以按有关规定支取。

（三）职工调动工作时，其企业年金个人账户从原单位转入新单位，如果新单位未实行企业年金制度，其企业年金个人账户可暂由原经办机构管理，待具备条件时再予转移。职工升学、参军或出境定居时，其个人账户可直接结算发给本人。

（四）职工退休前死亡或其企业年金个人账户未支付完以前死亡的，其个人账户余额由其合法继承人继承。

第十条［个人账户中止］　参保职工在退休前因正当理由离开企业或者在合同期满后离开企业时，企业缴费终止，个人账户可以继续保留在原单位或转移到其他经办机构，个人也可以继续缴费，账户中的所有个人缴费和企业缴费及其本息完全归个人所有，但享受条件按第十一条的受益资格确定。

如果职工劳动合同期未满擅自离开用人单位、自动离职或因违法违纪被解除劳动合同的，可根据职工在企业的实际服务年限与其签订的劳动合同期限的比例确定其享受记入个人账户的企业缴费比例。

第四章　受益资格与待遇支付

第十一条［受益资格］　符合下列条件之一者，可以按国家规定享受企业年金待遇：达到国家规定的退休年龄、退休前去世、出境定居、因病（残）丧失劳动能力办理病退或提前退休。

第十二条［支付方式］　企业年金领取方式可以采取一次性结算、转购人寿年金产品按月支付，或两者混合的方式领取。

第五章　企业年金的管理与监督

第十三条［受托人］　公司成立企业年金理事会（以下简称“理事会”）。理事会作为法定受托人，受公司和职工委托管理企业年金。

企业应与理事会签订书面合同。合同一方为企业，另一方为理事会。

第十四条［理事会组成］　企业年金理事会由企业和职工代表9人组成。设立企业年金理事会办公室，负责理事会日常业务工作。

第十五条［理事会职责］　理事会管理本公司的企业年金事务，并依法履行以下职责：

（一）选择、监督、更换账户管理人、托管人、投资管理人以及中介服务机构。

（二）制定企业年金基金投资策略。

（三）编制企业年金基金管理和财务会计报告。

（四）根据合同对企业年金基金的管理和运营情况进行监督，并定期向企业和职工代表大会报告基金运行情况。

（五）根据企业年金实施方案和委托合同规定收取企业和职工缴费，并向受益人支付企业年金待遇。

（六）接受委托人、受益人查询，按规定定期向委托人、受益人和有关监督部门提供企业年金基金管理报告。发生重大事件时，及时向委托人、受益人和有关监管部门报告。

（七）依法保存企业年金基金管理有关的记录至少15年。

（八）国家规定和合同约定的其他职责。

第十六条［监督］　理事会应根据企业年金方案有关规定与托管人、账户管理人、投资管理人签订委托合同，并定期了解有关各方落实合同的情况，监督合同各方当事人依法、依合同履行各自职责。

第六章　方案变更与争议处理

第十七条［方案变更］　因公司生产经营状况发生变化等原因需要对企业年金方案作出重大调整，或暂时中止实施或重新启动企业年金方案时，由公司和工会协商确定有关内容，经职工代表大会讨论通过后作出决定。

第十八条［争议处理］　因履行企业年金委托合同发生争议的，当事人可以依法申请仲裁或者向人民法院提起民事诉讼；因订立或者履行企业年金方案发生争议的，按国家有关集体合同争议规定执行。

第七章　附则

第十九条［生效］　本方案自2004年1月1日起施行。

第二十条［未尽事宜］　本方案未尽事宜，由方案实施细则规定。

第二十一条［解释权］　本方案（含实施细则）由总公司人力资源部负责解释。

第二十二条［依法变更］　本方案有关条款与国家法律法规不一致的，执行有关法律法规规定。

□案　例

中国员工团体综合保障计划

上海市对外服务有限公司（以下简称外服公司）推出的《中国员工团体综合保障计划》，是市基本医疗保险、外服补充医疗保障、商业补充医疗保险三方面的组合，可供外商常驻代表机构、外商投资企业及其他企业在设计中国员工福利待遇时作参考。

本保障计划综合了目前上海保险市场推出的各类医疗险种，根据政府对职工医疗保险的规定，覆盖了员工子女的医疗需求，优于目前保险市场的各种商业保险。

（一）中国员工综合保障计划的组成

1. 团体人身保障：A类主险

因意外导致死亡，赔付20万元人民币；因意外导致残疾，按不同比例予以赔付，最高限额20万元人民币；因疾病死亡，赔付10万元人民币。

参保费用每月40元。

2. 团体综合医疗保障：A类附险

门急诊及住院责任：赔付100%，无赔付限额（含药品费、治疗费、检查费、材料费、住院床位费），但17种重大疾病除外。女职工计划生育费：无赔付限额。参保单位的被保障人在赔付超过保障限额时，经外服公司同意，可在风险基金中支付，赔付不封顶。

参保费用按参保单位的人数规模、平均年龄、所选择的免赔额等计算。例：10人以下，平均年龄31～40岁，免赔额为0，月付费为91元。

3. 重大疾病保障：B类

17种重大疾病门急诊及住院保障：每一保障年度最高赔付额10 000元（含药品费、治疗费、检查费、材料费、住院床位费）。在国家医保规定的自负段内赔付70%，共负段内（扣除医保承担费用后）赔付100%。参保单位的被保障人在赔偿超过保障限额时，经外服公司同意，可在风险基金中支付，赔付不封顶。

参保费用每月30元。

4. 住院补贴保障：B类

住院补贴：补贴标准100天/元（每一保障年度内给付天数累计不超过180天）。

参保费用每月20元。

5. 独生子女保障：B类

被保障人独生子女（16周岁以下）门急诊、住院（含药品费、治疗费、检查费、材料费、住院床位费）赔付50%。被保障人的独生子女托费属报销范围的，按规定报销。上述两款项，无赔付限额。

参保费用按人员规模分别计算。例：10人以下月付费42元。

6. 体检保健：B类

外服公司组织每年一次的体检。外服公司赠送医疗保健卡，凭卡去外服公司保健中心门诊的，免费领取药品，年限额120元/人/年（可分次消费）。外服公司保健中心免费提供门诊、专家咨询、B超、心电图诊断。

参保费用每月30元。

注：综合计划选择原则：(1) A类主险可单选，也可主附险同时选；(2) B类可在选择A类的前提下，任意选择。

（二）外服公司中国员工团体医疗保障综合计划的特点

(1) 综合性强，保障利益高、覆盖范围大：上述六大类保障基本覆盖了员工及子女医疗保健各方面的医疗需求，为员工及子女提供了周全的医疗保障。

(2) 规模优势，收费合理，减轻了用人单位的负担：上述保障项目收费合理，均低于保险市场价。外服公司以人数规模和其经济实力的优势，经过十几年的经营积累了丰富经验，兼顾企业的利益。

(3) 赔付不封顶：综合计划中的门急诊责任、住院责任、女职工计划生育费及重大疾病保障四项责任中，凡超过个人该项最高赔付限额的，可由外服公司在风险基金中支付赔付金。因此，员工在赔付额超过个人最高限额时，仍可获得充分的保障。

(4) 保健中心提供免费服务：公司保健中心将充分利用现有的医师专家和医疗设备，不收挂号费和诊疗费，免费为员工进行医疗服务和专家咨询，并充分发挥外服公司网点服务的优势。

(5) 赠送医疗保健卡：与保健中心的服务相配套，外服公司向参保员工赠送医疗保健卡，员工在保健中心门诊可免费领取药品，年限额120元/人。

(6) 安排组织体检：外服公司组织每年一次的员工体检，利用全市医疗网络，邀请专家为体检员工提供医疗服务，参保员工均可参加。

(7) 保留独生子女托费报销：考虑到政府计划生育和独生子女政策的连贯性，该保障计划保留了独生子女托费报销的项目，尽可能地保留了员工原先享有的福利项目。目前保险市场均无此保障项目。

(8) 参保费用的支付方式灵活：保障费的支付可采用年付和月付方式，考虑到外商机构付费的惯例，采用月付的方式，大大方便了费用的结算与管理，参保费用的支付方式比保险市场更灵活。

(9) 外服公司提供全程服务：外服公司将成立医疗保障服务中心，中心将配置足够的服务人员为各参保单位和员工服务。从政策咨询、申请赔付、赔付结果通知、赔付款到账，都由服务中心专职人员提供全程服务，不需要被保障人与市区医保中心和商业保险公司联系与交涉。服务中心将建立严格的管理制度，确保服务质量。

(10) 外服公司设立员工补充医疗风险基金：由于医疗保险和商业医疗保险具有一定的局限性，外服公司拟根据中国员工患病治疗和员工的承担情况，从中国员工补充医疗风险基金中列支部分医疗补助基金，以解决个别超大额医疗费用给员工带来的沉重负担。

资料来源：http：//www. efesco. com/others/book/china. htm.

第10章　预算与薪酬

凡是无法衡量的，就无法管理。

——德鲁克

据国外媒体报道，Google 正通过一家临时员工代理招聘技术解决方案工程师。[①] 分析人士认为，此举表明 Google 已经开始削减员工支出。由于员工的努力工作，Google 在短短几年内就成了高利润率的网络巨头。然而，员工薪金和医疗保险等福利也给 Google 带来了巨额支出，从某种意义上讲，员工已经成为 Google 提高利润率、增加股东价值的障碍。外包可以有效地解决这一问题，事实上，很多科技公司已经将大量工作外包给印度等生产力成本较低的国家。解决这一问题的另一个途径是通过代理招聘临时员工。根据 Google 发布的 2005 年第四季度财报，其第四季度业绩并未达到分析师的预期。分析人士认为，节节攀升的员工支出是 Google 业绩下滑的主要原因之一。目前，Google 又开始招聘全职技术解决方案工程师，但与以往不同的是，应聘者只能成为全职临时员工，而不是 Google 的正式员工。根据 Google 刊登的招聘广告，临时员工的最长工作期为 12 个月。调查产品误用，如"点击欺骗"是 Google 的临时员工将承担的职责之一。有分析人士对此提出质疑，"为什么 Google 不通过自己的核心团队来解决'点击欺骗'的问题，而是用临时员工呢?"

问题的答案与薪酬预算有关。薪酬作为企业的一项成本，直接影响着企业的盈利水平，即使是 Google 这样的网络巨头，也需要通过代理招聘临时员工，以削减员工的支出。本章所讨论的预算与薪酬的内容既涉及成本会计，又涉及薪酬管理的两个完全不同而又密切相关的研究领域。

预算是什么? 预算是一种财务计划。按照美国薪酬学会的权威解释，薪酬预

① 参见中国人力资源开发网。

算是公司在一定时期内，为员工提供直接或间接薪酬所安排的货币分配的财务计划（WAW，2004）。[①] 因此，从预算的角度看，薪酬对财务计划的最大影响就体现在企业的人工成本上。换句话说，如何通过财务计划这一手段，将薪酬这个影响人工成本最重要的部分控制在合理的范围之内，或者说，如何使薪酬管理所涉及的水平变动和结构调整符合企业财务计划的要求和安排，是薪酬管理人员必须正视的现实问题。当然，既然是薪酬管理，就需要思考财务计划安排如何更有利于体现人力资源管理战略的要求，即通过有效的财务安排，最大限度地满足人力资源管理战略所提出的吸纳、保留和激励优秀员工的发展目标和要求。正因为如此，预算与薪酬的关系一直是发达市场经济国家薪酬管理高度关注的问题。美国薪酬协会从 20 世纪 70 年代开始进行薪酬预算调查，至今已经有 40 多年的历史。目前这一世界上最大也是最广泛的薪酬调查，参与者已覆盖美国最大的公司，涉及 2 483 个单位，1 300 万名员工。

本章我们首先讨论薪酬与人工成本的关系，就薪酬对人工成本的影响等进行分析；其次，我们探讨薪酬预算编制的基本框架、所应考虑的影响因素及预算编制的方法；然后，我们将针对薪酬预算的监控、使用与评估问题展开讨论；最后，我们将讨论成本控制问题。

10.1　薪酬与人工成本

10.1.1　薪酬的核算

从财务的角度理解，薪酬核算涉及薪酬成本和人工成本两个概念和范畴。要理解薪酬预算和控制系统，必须明确薪酬核算中所涉及的薪酬成本和人工成本，厘清它们之间的区别与联系。

（一）薪酬成本

薪酬成本是指企业支付给员工的货币或实物成本。按照国际权威机构的界定，薪酬成本通常包括雇主支付给员工的所有现金报酬和实物，以及代员工向社会保障项目、私人抚恤项目、人身保险以及其他类似项目的缴款。薪酬成本实际上相当于企业人工成本中的员工工资总额、社会保险费用和员工福利费用三项之和，是人工成本的主要组成部分，对人工成本的变动起着决定性作用。一般来讲，企业人工成本与薪酬成本的比例大约为 1.7∶1，但随着企业规模的变化，这一比例也会略有不同。

（二）人工成本

企业人工成本（也称企业人工费用、人事费用）是指在报告期内，企业在生产、经营和提供劳务活动中，使用劳动力而支付的所有直接费用和间接费用的总

① http：//www.worldatwork.org.

和。在1966年10月召开的第11次国际劳动统计学家会议上，形成了《关于人工成本统计的决议》。根据该决议，人工成本包括工资总额、社会保险费用、福利费用、教育经费、劳动保护费用、住房费用、工会经费和其他人工成本支出等。我国人工成本的概念与该决议基本一致，原劳动部颁发的［1997］261号文件规定，我国企业人工成本包括员工工资总额、社会保险费用、员工福利费用、员工教育费、劳动保护费用、员工住房费用和其他人工成本费用等七大项。

（1）员工工资总额，指各企业在报告期内，以货币或实物形式直接支付给本企业全部员工的劳动报酬总额，包括计时工资、计件工资、奖金、津贴和补贴、加班加点工资、特殊情况下支付的工资。各企业直接支付给员工的全部报酬，无论是否计入成本，不论是否按国家规定列入征收奖金税项目，不论是以货币形式还是以实物形式支付的，均为员工工资总额。

（2）社会保险费用，指国家通过立法对劳动者在生、老、病、死、伤残、失业时给予物质帮助的费用。目前社会保险费用包含养老、医疗、失业、工伤和女工生育五项社会保险。

（3）员工福利费用，指在工资以外，按照国家规定开支的员工福利费用。主要用于员工的医药费、医护人员工资、医务经费、员工因公负伤赴外地就医路费、员工生活困难补助、企业举办的社会性服务机构中工作人员的工资，以及按照国家规定开支的其他员工福利支出，如物业管理费、冬季取暖费、独生子女费、托儿补助费、丧葬抚恤费、集体福利事业补贴、工会文教费、集体福利设施费、探亲路费、上下班交通补贴、洗理费和解除劳动合同的费用、员工困难补贴费、企业补充养老保险和企业补充医疗保险（在企业工资总额的4%之内）。

（4）员工教育费，指企业为员工学习先进技术和提高文化水平而支付的费用。

（5）劳动保护费用，指企业购买员工实际使用的劳动保护用品的费用，如防暑降温费、劳保用品费。

（6）员工住房费用，指企业为改善员工住房条件支付的费用，如住房公积金、提租补贴。

（7）其他人工成本费用，包括工会会费、外聘人员劳务及咨询费用、没有列入工资总额的劳动报酬、按规定对员工的特殊奖励等。

根据米尔科维奇的定义，企业的人工成本（亦称劳动力成本）的计算方法见图10—1。

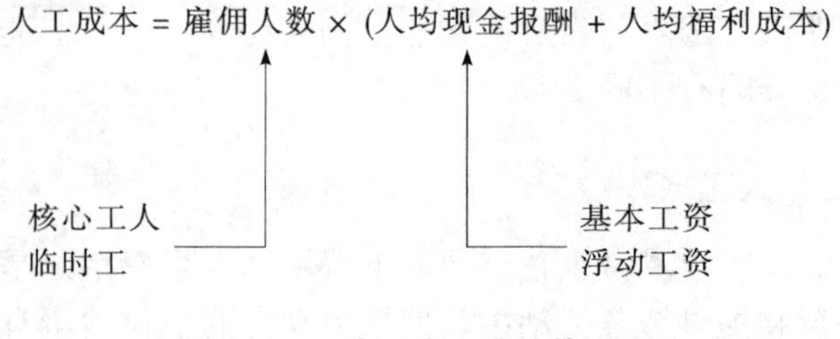

图10—1　人工成本的计算方法

资料来源：George T. Milkovich, Jerry M. Newman, Barry A. Gerhart, *Compensation*, Eleventh Edition, McGraw-Hill, 2013, p. 642.

总人工成本主要取决于企业的雇佣量（员工人数和雇佣时间）、人均现金报酬（主要包括工资、奖金和红利）以及人均福利成本（养老保险和其他社会保险等）。

（三）薪酬成本与人工成本的区别和联系

薪酬成本是企业人工成本的重要组成部分，与人工成本紧密联系，但是与通常使用的人工成本的界定并不完全吻合。① 值得注意的是，员工招募成本、员工培训成本以及工作场所的设施和服务，如员工餐厅、员工诊所以及一些公益服务等，均不包括在内。一些研究发现，在可以获得相关数据的国家，人工成本未被包含在薪酬成本中的部分所占的比例较小。

10.1.2　成本分析指标

不同的薪酬核算概念具有不同的分析指标，但它们之间是相对应的，如薪酬成本总额与人工成本总额是相对应的水平分析指标。在企业中人工成本指标最为常用，因此我们以人工成本为例，薪酬成本指标只需进行简单的替换即可。

（一）水平指标

人工成本水平指标反映的是企业人工成本的总量水平。人工成本水平指标主要用人均人工成本和企业产品人工成本来反映。

由于不同企业的员工人数不同，因此常用人均人工成本来反映企业人工成本水平的高低。该指标可以显示本企业员工平均收入的高低、企业聘用一名员工大致需要多少人工成本支出，以及企业在劳动力市场上对人才的吸引力有多大等。② 人均人工成本可以表示企业员工的工资和保险福利水平，也能作为企业向劳动力市场发出的劳动力价格信号。③

企业产品人工成本可以显示本企业生产每个产品需要投入的人工成本量，反映企业生产的产品在市场上的竞争力。如果人工成本高于平均水平，则表明本企业的生产效率低下，需要采取相应的管理措施进行调整。

1. 人均人工成本

人均人工成本是指一定时期企业平均花费在每个员工身上的人工成本。

$$人均人工成本=\frac{报告期人工成本总额}{同期同口径员工人数}$$

式中，员工人数是指在企业内工作并由其支付工资的人数。

人均人工成本反映出一定时期员工收入水平的高低，以及企业在劳动力市场

① 1966 年，在日内瓦召开的第 11 次国际劳动统计学家会议上，来自世界各国的劳动专家和代表就人工成本进行了认真的讨论与磋商，并形成了《关于人工成本统计的决议》。这一决议规定：人工成本是指雇主因雇佣劳动力而发生的费用，包括：对已完成工作的报酬；未工作而有报酬的时间、红利和赏金；食品、饮料费用的支付以及其他实物支付；雇主负担的工人住房费用；为员工支付的社会保险费用；员工技术培训费用；福利服务和其他费用（如工人的上下班交通费、工作服费和招工费用），以及被认为是人工成本的税收。

② 参见翁天真：《人工成本管理与邯钢经验》，11～12 页，北京，中国劳动出版社，1998。

③ 参见张莉，刘希宋：《企业人工成本的控制体系与对策研究》，载《中国软科学》，2001（3）。

上的竞争力。它可以用来分析企业间人工成本的结构差异，以及对各自的竞争潜力和用工效率产生的影响，对于研究人工成本与相关经济指标之间的关系具有重要意义，为调整人工成本的使用方向和提高其使用效益提供参照，也是各类企业进行横向和纵向比较的重要依据。

[例] 某企业2004年人工成本总额为3 000万元，企业共有500名员工，则2004年企业的人均人工成本为：3 000万元÷500＝6万元。

2. 企业产品人工成本

$$企业产品人工成本=\frac{报告期人工成本总额}{同期产品产量}$$

应按单一产品或价值量（或工作量）折算成同一产品产量计算。

它可以反映企业产品竞争力的强弱以及产品成本水平状况，表明了企业生产某种企业产品的人工成本耗费（投入）水平。

[例] 某企业2004年人工成本总额为3 000万元，企业共生产产品15 000件，则2004年该企业的企业产品人工成本为：3 000万元÷15 000件＝0.2万元/件。

（二）结构指标

人工成本结构指标由两大类构成：一是人工成本中各组成项目占人工成本总额的比例。具体是指员工工资总额、社会保险费、员工福利费、员工教育费、劳动保护费用、员工住房费用和其他人工成本费用七大项占人工成本总额的比例。二是人工成本占总成本的比重。

1. 报告期内人工成本某组成部分所占比重

$$报告期内人工成本某组成部分所占比重=\frac{报告期某组成部分数量}{同期人工成本总额}\times100\%$$

总人工成本中各组成部分所占比重指标，可以说明各组成部分在人工成本中的结构比例的变化。企业应根据指标的变动，分析其中具体的结构性变动原因，并采取措施加以控制。

在各项指标中，工资比重是最为重要的指标，反映工资占人工成本的比重。

$$工资比重=\frac{报告期工资总额}{同期人工成本总额}\times100\%$$

[例] 某企业2004年人工成本总额为3 000万元，其中工资成本为2 055万元，则2004年该企业的工资比重为：2 055万元÷3 000万元＝68.5%。

2. 人工成本占总成本的比重

人工成本比重是企业、行业和国家间商业竞争的重要指标，因为在市场经济条件下，商品的竞争主要是质量和价格的竞争，其中价格的竞争主要是成本费用的竞争，而成本费用的竞争又与人工成本的竞争相关。

$$总成本中人工成本比重=\frac{报告期人工成本总额}{同期成本费用总额}\times100\%$$

成本费用总额，是指企业为生产经营商品和提供劳务所发生的各项支出，具体来说，应包括五部分：（1）销售工厂成本；（2）销售（货）费用；（3）管理费用；(4) 财务费用；(5) 其他业务支出。简单地说：

总成本费用=物化成本+人工成本

[例] 某企业 2004 年人工成本总额为 3 000 万元，企业成本费用总额为 8 400 万元，则 2004 年该企业的人工成本比重为：3 000 万元÷8 400 万元×100%=35.71%。

在计算出基期和报告期人工成本某组成部分所占份额后，利用比较法分析该部分所占份额在人工成本总量中重要程度的变化情况，从而反映人工成本各组成部分的此消彼长及合理程度。

一份 2004 年的调查显示：73.0%的企业人工成本在 30%以下，其中 10%以下的企业为 22.4%，10%～30%的企业为 50.6%，如表 10—1 所示。

表 10—1　　人工成本占企业总成本的比例

人工成本比例	10%以下	10%～30%	30%～50%	50%～60%	60%以上
企业比重（%）	22.4	50.6	17.7	6.0	3.4

资料来源：林泽炎主编：《转型中国企业人力资源管理》，145 页。

从不同行业来看，大多数行业人工成本总额占总成本的比重集中在 10%～30%之间，其中，比例较高的行业（超过 50%）大多数为劳动密集型行业，如农林牧渔业、制造业、公用事业、建筑业和批发零售业等。人工成本占总成本的比例明显高于总体平均水平的行业，有通信与信息技术业、金融保险业和社会服务业。人工成本比例最低的行业是采掘业。

从企业是否上市来看，上市公司的人工成本比重明显低于非上市公司。从企业规模来看，规模越大的企业人工成本越低。而从产权属性来看，外企、港澳台资企业的人工成本比重略低于其他性质的企业。从不同地区来看，东部地区的人工成本比重略高于中西部地区，西部地区最低。

在实际操作中，可以采用比较法确定本企业合理的指标比率。比较法分横向比较和纵向比较，所谓横向比较，是指本企业的某一指标与本地区或者本行业的相应指标的平均水平作比较；所谓纵向比较，是指根据本企业的历史数据，得出某一指标的平均值，以此来观察该指标在过去多期的变动情况。纵向比较分年度、季度和月度；横向比较分行业和地区，行业分行业内外，地区有地区内和地区外，且行业内有规模和产权属性等差异。

（三）投入产出指标

人工成本投入产出指标采用人工成本利润率、劳动分配率、人事费用率来反映。

1. 人工成本利润率

$$人工成本利润率=\frac{一定时期企业利润总额}{同期企业人工成本总额}\times 100\%$$

[例] 某企业 2004 年人工成本总额为 3 000 万元，企业利润总额为 3 378 万元，则 2004 年该企业的人工成本利润率为：3 378 万元÷3 000 万元×100%=112.6%。

对企业主管部门来讲，人工成本利润率的变动趋势基本可以说明企业经营环境的变动趋势。如果人工成本利润率下降，就应分析其原因：如果是由于产品卖不出去，就应加大销售力度，或尽快进行产品结构调整；如果是因为原材料价格上涨或人工成本过快增长，就应采取措施，努力降低物耗成本或人工成本。

2. 劳动分配率

$$劳动分配率=\frac{报告期人工成本总额}{同期增加值总额}\times 100\%$$

［例］某企业2004年人工成本总额为3 000万元，企业增加值总额为8 648万元，则2004年该企业的劳动分配率为：3 000万元÷8 648万元×100%=34.69%。

劳动分配率指标表示在报告期内新创造的价值中有多少比例用于支付人工成本，它反映劳动投入对企业净产出的影响，以及人工成本要素的投入产出关系。同一企业在不同年度的劳动分配率比较，以及同一行业内部不同企业之间劳动分配率的比较，可以说明人工成本相对水平的高低。

企业增加值是指报告期内（如一年）企业新创造的价值。如果按生产法计算，企业增加值=总产出－中间投入。由于对大多数行业来说，这种方法计算起来比较困难，因此可以按照分配法计算。计算公式为：

企业增加值=劳动者报酬+生产税净额+固定资产折旧+营业盈余

这里的劳动者报酬不是工资的概念，如果不考虑在企业人工成本中，有一小部分企业利润用于支付部分住房费用，则劳动者报酬与人工成本相差无几。因此，计算公式可改写为：

企业增加值=人工成本+生产税净额+固定资产折旧+营业盈余

3. 人事费用率

$$人事费用率=\frac{报告期人工成本总额}{同期销售收入总额}\times 100\%$$

［例］某企业2004年人工成本总额为3 000万元，企业销售收入总额为46 150万元，则2004年该企业的人事费用率为：3 000万元÷46 150万元×100%=6.5%。

人事费用率表示企业生产和销售的总价值中，有多少用于人工成本支出，同时也表示企业员工人均收入与劳动生产率的比例关系、生产与分配的关系、人工成本要素的投入产出关系。它的倒数表明，投入一个企业的每单位人工成本能够实现多少销售收入。

销售收入是指企业在报告期间的生产经营活动中通过销售产品、提供劳务而获得的收入，包括产品销售收入和其他销售收入。这一指标可以衡量企业的支付能力，如果企业的销售额很大、销售业绩较好，那么人工费用可以相对增加，因为企业有能力支付人工费用的增加额；相反，如果企业的销售业绩较差，那么就应该谨慎考虑人工费用的增加，在必要的时候，甚至可以采取措施控制人工费用的支出，如实施薪酬冻结等。

（四）成本指数指标

1. 人工成本总量增长分析

对人工成本总量进行统计分析，可以反映出一定时期一个企业人工成本的总体情况和增减趋势，对于研究人工成本总体情况具有重要意义。一般以人工成本增长相对数（增长率）和人工成本总量增加的绝对值来反映。计算公式如下：

$$人工成本增长率=\frac{报告期人工成本总量-基期人工成本总量}{基期人工成本总量}\times 100\%$$

［例］某企业 2002 年共支付人工成本 100 万元，2001 年支付 80 万元，则该企业 2002 年比 2001 年多支付人工成本 20 万元（100－80），人工成本增长率为：100 万元÷80 万元×100%－100%＝25%。

除了将报告期与基期的水平进行比较外，还可以将报告期与某时期的平均水平、历史最高或最低水平相比较，或计算出一定时期内（如 5 年、10 年）人工成本的年均增长量和增长速度，以反映人工成本在一定时期的平均发展水平或在各个时期的一般发展和增长情况，它也是制定与检查人工成本长期计划的依据。

2. 平均人工成本增长情况分析

这一分析通过计算人均人工成本的增长数量（绝对值和相对值）或通过计算单位产品人工成本的增减情况来展开。与人工成本总量分析方法相同，该方法也反映平均人工成本的增长变化情况。

10.2 薪酬预算编制

10.2.1 薪酬预算

（一）薪酬预算的目标

如前所述，按照美国薪酬学会的权威解释，薪酬预算是公司在一定时期，为员工提供直接或间接薪酬所安排的货币分配的财务计划（WAW，2004）。企业之所以关注薪酬预算的编制，其主要原因是一个好的薪酬预算能够实现以下目标：一是薪酬预算可以作为下一年度薪酬和财务分配的基础；二是薪酬预算能够预测由于绩效增长和晋升增加所带来的实际年度费用以及下一财政年度每一部门每一员工的总薪酬，提供年度薪酬信息的对比数据；三是薪酬预算可以为管理者提供从一个年度至另一年度的员工薪酬分配信息，以及制定下一预算年度新老员工平均薪酬成本的详细计划。

（二）薪酬预算的两大特征

1. 薪酬预算的人力资源管理特征

薪酬预算是一项较为复杂的工程，它通过成本—收益分析控制企业成本支出，同时为企业评估提供基础。薪酬预算的难点不在于预算的编制，而在于预算实践所反映出的组织结构和薪酬设计的困难程度。薪酬预算影响着组织权力的分配，是人力资源部门与财务部门、运营部门功能的结合。薪酬预算作为一种沟通工具，提供了调和组织内部部门冲突的手段。薪酬预算传递着组织的管理风格和权威，有助于形成特定的组织气质。

因此，薪酬预算不仅是财务管理的工具，更是完善人力资源管理技术的工具，应该鼓励所有的管理者检验预算过程的相关问题。如果薪酬预算过程不能清晰地表明必要的管理行为路径，而只是强调薪酬预算的量化尺度，那么薪酬预算对企业管理的价值将大大缩减。薪酬预算通过对未来的预测，帮助企业构建更广范围的组织决策要素。管理者必须清楚地认识到，薪酬预算不是一个简单的财务行为，而是企业管理的一部分，每一位管理者都必须了解薪酬预算程序，这样他们才能够完全参与到薪酬预算的构建和随后的使用过程中。

2. 薪酬预算的灵活性特征

鉴于当今经济环境下不确定性的增加，在企业中进行准确的测量是不可能的，如何保证预算的灵活性，成为薪酬预算的难点。薪酬预算必须灵活反映环境的变化，预算控制程序应该能够满足管理者的决策需要。与静止预算相比，灵活预算更能适应企业的实际需要。灵活预算强调准确区分固定成本和可变成本的重要性。从图10—2中可以看出，对固定成本的低估会导致预算的低效运营。薪酬成本通常被视为可变成本，但是在很多情况下由于管理或其他方面的原因，薪酬成本的相当部分是固定的。

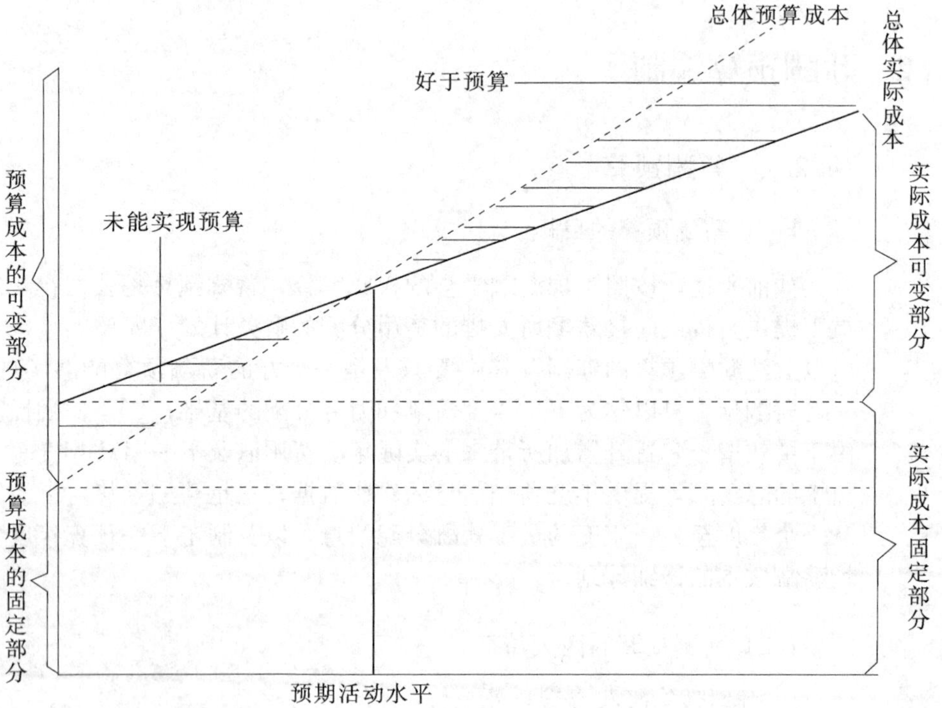

图10—2　固定成本导致的预算偏差

资料来源：Angela M. Bowey，Tom Lupton，*Handbook of Salary and Wage Systems*，Gower Publishing Company Limited，1975，p. 419.

对应于薪酬预算的灵活性，企业薪酬预算应该做到：通过组织、部门和职位将薪酬预算与预算实施联系起来；将员工绩效与薪酬增长指导线相连；存储薪酬调查数据，将其与公司职位相连；制定可变薪酬计划和奖励计划。

（三）薪酬预算的三维技术框架

薪酬预算必须建立在对员工、企业及环境三方面因素详细了解的基础之上，这些因素构成了薪酬预算的三维技术框架，薪酬预算的准确程度依赖于三维技术框架的精细程度。三维技术框架是预算编制的基础，然而，不同的预算方法其侧重点是不同的，自下而上的预算方法重点考虑员工因素，而自上而下的预算方法则重点考虑企业因素。

1. 员工因素

首先，明确员工的平均薪酬水平状况。一般情况下，企业进行薪酬水平的调整，要么是因为比率（compa-ratio）分析显示平均水平低于预算水平，要么是因为市场水平（market rate）分析显示实际薪酬曲线（salary practice curve）偏离了薪酬政策线（salary policy curve）。

其次，考察员工薪酬增加的可能性。一般而言，薪酬增加主要通过绩效加薪和晋升加薪两种形式体现出来，具体需要考虑以下几个问题：（1）员工的绩效状况如何？是否存在着改进绩效的可能性？（2）员工薪酬与绩效水平是否一致？（3）员工的晋升情况和分级情况如何？在这些基础上，考察比率，考察薪酬水平调整的幅度，预计薪酬预算的增减幅度。

最后，考察员工流动状况，明确员工数量的增减情况。具体需要考虑：（1）预算年度可能的休假及有谁计划退休？（2）新雇用的人数显著吗？单位员工的减少数量明显吗？员工流动会降低企业的平均薪酬水平，因为在员工离开企业后（通过解雇、辞职或退休），会有较低薪酬水平的员工替代他们，较低的平均薪酬直接影响了企业的薪酬预算。流动效果可被计量为：流动效果＝年流动率×预计平均增长率。例如，一个每年人工成本为 100 万元的企业，劳动力流动率为 15%，预计平均增长率为 6%，那么流动效果是 0.9%（15%×6%），即 9 000 元。这样，为了达到该年度 6%的薪酬增长目标，企业的薪酬预算只需 51 000 元，而不必作出 60 000 元的预算。

2. 企业因素

（1）企业支付能力。企业支付能力是决定薪酬预算最重要的因素之一，主要考虑营业收入、利润等财务指标。财务状况良好的企业可以增加薪酬预算，提高员工薪酬水平，从而增强企业在劳动力市场中的竞争地位；相反，财务状况不佳的企业则可能采取裁员、降低基础薪酬的上涨幅度或缩减可变薪酬的做法，来减少薪酬预算或避免薪酬预算的大幅增长，确保企业渡过危机。

（2）企业本年度薪酬增长。将本年度薪酬增长作为下一年度薪酬预算的参照，有利于保证企业不同年度薪酬政策的一致性和连贯性。这种做法对保持组织结构的稳定性、为员工提供心理上的安全保障、实现稳健经营都是十分必要的。年度薪酬增长用公式表示为：

$$\text{薪酬水平年增长率}=\frac{\text{年末人均薪酬}-\text{年初人均薪酬}}{\text{年初人均薪酬}}\times 100\%$$

（3）企业薪酬策略。根据企业薪酬水平在劳动力市场中的地位，企业薪酬策略可以分为市场领先型、市场匹配型和市场落后型等。薪酬策略是对企业劳动力市场竞争力的反映，不同的策略类型反映不同的预算趋势。在同行业中采取市场领先型策略的企业，其薪酬预算比其他企业都要高，特别是当劳动力市场薪酬水平上涨时，企业薪酬预算会呈现较大幅度的增加。

(4) 企业就业需求。企业就业需求与企业发展密切相关，在对预算年度企业就业需求进行预测时，需要区分可能的雇佣替代和新增雇佣需求两部分，这两部分导致的薪酬预算的增加幅度是不同的。

(5) 企业组织设计。人力资源问题是薪酬决定的基础，薪酬预算应该考虑到组织设计的合理性，工作结构是否最佳？如果改变工作内容，那么企业整体绩效是否会提高？如果存在这种情况，那么薪酬预算应该相应作出一定的调整。

3. 环境因素

(1) 社会生活成本变动。社会生活成本变动要求薪酬水平作出相应的变动，因此企业在进行薪酬预算时，需要适度考虑生活成本的变动情况。生活成本与员工的消费模式、婚姻状况、赡养人数、年龄和个人偏好等相关。测量生活成本比较困难，不同的员工有不同的生活成本，不可能对每个员工的个人开支进行逐一测量。一个较为简便的办法是将消费者价格指数（CPI）作为衡量生活成本的指标。然而，CPI忽视了个人消费模式中的替代效应，而且消费者价格指数的消费结构也存在不合理的部分，它只能代表部分人口的消费习惯，因此，企业利用CPI衡量生活成本的变动，是一种比较粗略的做法。

(2) 劳动力供求状况。企业薪酬预算受劳动力供求状况的影响。当劳动力市场需求大于供给时，企业为了稳定地获得劳动力，会提高薪酬水平，这将直接导致企业的薪酬预算增加；反之，企业薪酬预算将减少。

10.2.2 薪酬预算的编制方法

(一) 薪酬预算的编制原则

1. 薪酬预算的编制时间

薪酬预算通常是企业财务预算的一个组成部分，它一般在企业支出预算时进行。薪酬预算至少包括两个年度：当前财务年度和下一财务年度。如果企业试图编制第三年或更长时间的薪酬预算，那么企业必须意识到，这样的薪酬预算应该是富有弹性的，最好拥有能够预测重大变化的早期预警系统。

实施两阶段薪酬预算，可以保证薪酬预算的有效实施。假如财务年度预算实施始于1月1日，那么初期预算应该在当前年度的5月和6月开始准备，最终预算则在当前年度的11月和12月着手进行。薪酬预算属于财务预算的一部分，薪酬预算的时间应该与财务时间保持一致，以便薪酬预算能够自动纳入财务预算系统。

初期预算需要的文件包括当前年度的实际薪酬预算。如果当前财务年度后半年的预算有所改变，那么应该在5月和6月确定，初期预算应该对这些改变予以考虑。11月和12月的最终预算是管理者对下一财务年度的运营状况的最佳预期和最终决定。预算计划周期如图10—3所示。

本财务年度		下一财务年度	
1月	5—6月 确定本年度下半年的预算 准备下一财务年度的初步预算	10—11月 准备下一财务年度的核定预算	1月

图 10—3　预算计划周期

资料来源：［美］兰斯・A・伯杰，《薪酬手册》，4版，132页，北京，清华大学出版社，2006。

2. 薪酬预算的重点

薪酬预算的重点是整体基础薪酬，虽然它也包括绩效和晋升方面的信息，但是预算关注的重点是薪酬的整体而不是局部。在一些公司，薪酬预算报告倾向于将重点放在监督和控制绩效增长方面，这种做法有很大的局限性。例如，在高流动导致高薪员工的企业以及高速增长的企业，新雇用员工人数和晋升的增长，可能比绩效增长带来的薪酬费用增长效果更为明显。因此，在进行薪酬预算时，应该在警惕绩效和晋升的同时，重点关注薪酬费用的整体状况。

（二）自下而上法

自下而上法是首先由管理者预测下属每一个员工下一年度的薪酬水平，然后将这些个体数据进行汇总，得到整个企业薪酬预算的一种方法。

1. 自下而上法的实施步骤

薪酬预算编制需要经理设计每一位员工的薪酬，它将薪酬管理的责任放到了经理的肩上，薪酬经理则作为直线经理的顾问。自下而上法在具体实施过程中应该包括以下步骤：

（1）告知经理薪酬政策和技术。对经理进行正确的绩效工资概念，诸如使用工资增加指导线和预算等薪酬技术方面的培训，同时，向经理们传递工资范围和市场数据的有关信息。

（2）分发预测说明书和表格。为经理们提供表格和使用说明书。

（3）为经理们提供咨询。应要求为经理们提供建议和工资信息方面的服务。

（4）核查数据和编辑报告。审计预报的增加额，以确保它们没有超过工资指导线和合理的范围。然后用这些数据来反馈工资预测和预算的结果。

（5）分析预测。检查每一位经理所做的预测，对于所观察到的不同经理之间的差异，建议其进行修正。

（6）与管理层共同回顾并修改预测与预算。向做分析和建议修改的经理咨询，获得高层对预测的许可。

（7）为管理者提供反馈。对部门预测的数据进行统计分析、总结并设定部门目标。

（8）监控预算和实际的增加。通过追踪和向管理层报告周期状况，来控制预计的增加与实际的增加。

预测循环的结果是形成每个组织下一年的预算，同时形成每个员工的薪酬水平。预算并不是限制管理层对员工的薪酬进行调整；相反，它仅仅代表了一个计划，因未能预见的改变如绩效改进，以及未预见的晋升等而导致发生偏离是很正常的。

图10—4列出了自下而上薪酬预算编制法的步骤。

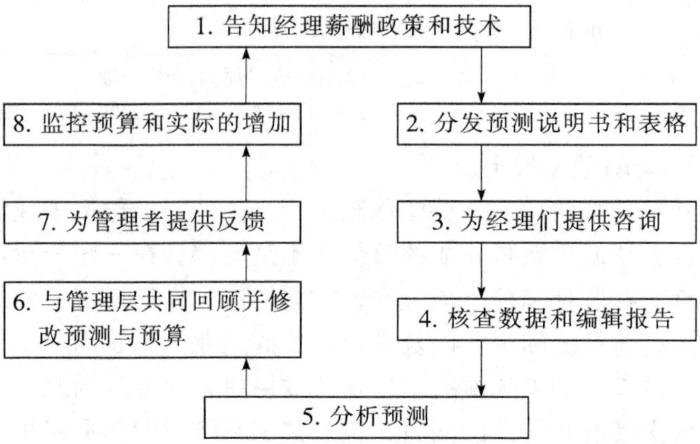

图10—4　自下而上的薪酬预算

资料来源：George T. Milkovich，Jerry M. Newman，Barry A. Gerhart，*Compensation*，Eleventh Edition，McGraw-Hill，2013，p. 652.

2. 薪酬预算报告

薪酬预算的编制过程就是薪酬预算报告的形成过程。

（1）薪酬预算初期报告。薪酬预算初期报告由以下三部分组成。

1）当前员工数据。包括姓名、编号、身份地位（全职或兼职）、职位名称、工作等级、薪酬等级（包括这一级的最低、中等和最高薪酬）、当前的基础薪酬、上次增长的时间、上次增长的幅度、增长类型（绩效或晋升）和比较比率等。

2）当前年度计划。包括当前年度预计加薪日期和新的年度基础薪酬（在计划增长后）两部分内容。

3）下一财务年度的薪酬计划。包括计划增长百分比、到下一次增长的月份数和增长类型（绩效、晋升）等。

（2）薪酬预算最终报告。薪酬预算最终报告是对本年度薪酬预算实施情况和下一年度薪酬预算概况的总结，它使管理者了解企业薪酬预算的整体状况以及本年度实际薪酬预算的实施状况，可以作为管理者编制下一年度薪酬预算的参照。一份完善的薪酬预算最终报告对于预算的成功非常重要。它一般包括如下信息：

1）本年度的整体基础薪酬。这个数据是下一年度薪酬预算的基础。

2）预算年度的整体基础薪酬。这个数据是预算年度对基础薪酬水平的预计。

3）预算年度的薪酬增长。这个数据通过2）减去1）得到。

4）预算年度的薪酬百分比增长。这个数据由3）除以1）得到，为管理者提供了一个检验其部门薪酬增长率的良好尺度。

5）本年度的实际薪酬增长。这个数据是一个实际值，等于本年度薪酬增长耗费的成本。

6）本年度的实际薪酬增长百分比。这个数据由5）除以1）得到，使管理者了解薪酬增长的实际百分比，它是预算年度薪酬增长比率的参考值。

7）本年度与预算年度薪酬的比较比率。这个数据告诉管理者实际薪酬与等级中点的关系。

8）主要部门的人员数和基础薪酬费用。

9）主要部门的人员预计变化和基础薪酬费用。

10）按人事行为划分的基础薪酬（绩效增长、晋升、重新定级）。

（三）自上而下法

自上而下法的具体流程是：首先对公司的总体业绩指标作出预测，然后确定企业新的薪酬总额，最后再按照一定的比例分配给各个部门的管理者，由管理者负责进一步分配到具体的员工身上。自上而下法的复杂程度与组织结构的繁简程度成正比。

1. 薪酬总额的确定

（1）薪酬比率推算法。根据薪酬比率推算合理的薪酬费用总额。在企业采取的各种薪酬预算方法中，这是最简单、最基本的分析方法之一。对于经营业绩稳定且适度的企业来说，可使用本企业过去的经营业绩，推导出适合本企业的薪酬比率，以此来对未来合理的薪酬总额作出预算；若本企业经营状况不佳，则应参考行业的一般水平，来确定合理的薪酬比率，并由此推断合理的薪酬总额。薪酬比率的计算公式如下：

$$\text{薪酬比率}=\frac{\text{薪酬总额}}{\text{销售额}}=\frac{\text{薪酬总额/员工人数}}{\text{销售额/员工人数}}=\frac{\text{薪酬水平}}{\text{人均销售额}}$$

由上式可以看出，要维持一个合理的薪酬比率，同时使薪酬总额有所上升，必须增加销售额，即薪酬水平的提高必须在员工平均销售额的上升范围之内。根据一般经验，薪酬总额与销售额的比例大致为 14%，其具体情况又因企业的规模和行业而异。

（2）盈亏平衡点推算法。这里我们需要明确三个概念。一是盈亏平衡点，是指在该点处企业销售产品和服务所获得的收益，恰好能够弥补其总成本（含固定成本和可变成本），而没有额外的盈利；也就是说，企业处于不盈不亏尚可维持的状态。二是边际盈利点，是指销售商品和服务带来的收益，不仅能够弥补全部成本支出，而且还可以付给股东适当的股息。三是安全盈利点，是指销售商品和服务带来的收益，在确保股息之外还能为企业应付未来可能发生的风险或危机积存一定的盈余。显然，这三点与企业的销售额密切相关。盈亏平衡点、边际盈利点和安全盈利点所要求的销售额的计算公式分别为：

$$\text{盈亏平衡点销售额}=\frac{\text{固定成本}}{1-\text{变动成本比率}}$$

$$\text{边际盈利点销售额}=\frac{\text{固定成本}+\text{股息分配}}{1-\text{变动成本比率}}$$

$$\text{安全盈利点销售额}=\frac{\text{固定成本}+\text{股息分配}+\text{企业盈利保留}}{1-\text{变动成本比率}}$$

根据上面三个公式，我们可以推算出企业支付薪酬成本的各种比率：

$$薪酬支付的最高比率（最高薪酬比率）=\frac{薪酬总额}{盈亏平衡点销售额}\times 100\%$$

$$薪酬支付的可能限度（可能薪酬比率）=\frac{薪酬总额}{边际盈利点销售额}\times 100\%$$

$$薪酬支付的安全限度（安全薪酬比率）=\frac{薪酬总额}{安全盈利点销售额}\times 100\%$$

举例来说，现在假定某企业的固定成本为2 000万元（含薪酬成本1 200万元），变动成本比率为60%，则在实现盈亏平衡经营时：

$$盈亏平衡点销售额=\frac{2\ 000万元}{1-60\%}=5\ 000（万元）$$

$$最高薪酬比率=\frac{1\ 200万元}{5\ 000万元}\times 100\%=24\%$$

在实现边际盈利时，假设公司欲实现600万元的微弱盈利，则

$$边际盈利点销售额=\frac{2\ 000万元+600万元}{1-60\%}=6\ 500（万元）$$

$$可能薪酬比率=\frac{1\ 200万元}{6\ 500万元}\times 100\%=18.5\%$$

假设企业除了有适当盈余分配600万元之外，还打算为企业的发展保留1 000万元的盈余，则

$$安全盈利点销售额=\frac{2\ 000万元+600万元+1\ 000万元}{1-60\%}=9\ 000（万元）$$

$$安全薪酬比率=\frac{1\ 200万元}{9\ 000万元}\times 100\%=13.3\%$$

该企业比较恰当的薪酬比率应当是13.3%。如果企业的薪酬比率为18.5%或者20%，则其经营已超越常规限度，该企业可能已经处于比较危险的状态。盈亏平衡点推算法有助于企业将薪酬比率较为准确地限定在安全薪酬比率和最高薪酬比率之间，但是具体的薪酬比率还需企业根据经营状况自行确定。在确定了薪酬比率后，结合薪酬比率推算法可最终推算出企业薪酬总额。总体来说，盈亏平衡点推算法非常实用，它为企业划定了安全的薪酬成本（人工成本）的底线。在薪酬成本（人工成本）控制中经常采用该方法，以此作为确定薪酬总额的一个重要参数。

（3）劳动分配率推算法。劳动分配率推算法是根据目标劳动分配率，推算出可能支出的薪酬总额（人工成本总额）及其增长幅度。企业劳动分配率可以从借贷平衡表中进行推算，也就是首先计算出增加值中资本分配的部分，然后得出劳动分配率。其计算公式为：

$$劳动分配率=1-资本分配率$$

下面我们举例说明如何利用劳动分配率推算出薪酬总额。

［例］假定某公司上年度薪酬总额为1 225万元，增加值为2 988万元，本年度第一季度薪酬总额为423万元，增加值为986万元；按照惯例，企业拟从4月份起调整薪酬，预计接下来三个月的月平均增加值可达364万元，则合理的薪酬总额及其调整幅度计算如下：

$$上年度劳动分配率=\frac{1\ 225\ 万元}{2\ 998\ 万元}\times 100\%$$

$$=\frac{102.1\ 万元（月平均）}{249\ 万元（月平均）}\times 100\%=41\%$$

$$本年度第一季度劳动分配率=\frac{423\ 万元}{986\ 万元}\times 100\%$$

$$=\frac{141\ 万元（月平均）}{329\ 万元（月平均）}\times 100\%=43\%$$

可见，本年度第一季度的劳动分配率与上年度相差不大。经营者在综合考虑各种因素之后，决定本年度第二季度的劳动分配率与第一季度相同，仍为43%，则

第二季度月平均目标薪酬总额=364万元×43%=156.5（万元）

公司4月份平均薪酬可调升幅度为：156.5万元−141万元=15.5万元。

调升比率为：15.5万元/141万元×100%=11%。

经济发达国家的调查资料显示，在企业增加值中，大企业的劳动分配部分约占40.9%，而小企业则为54.5%。[①] 从绝对数的角度来看，大企业的劳动量是资本量的0.9倍，而中小企业则为0.5倍。假定纯利为零，增加值仅包括薪酬费用（人工费用）与资本费用，即处于成本结构的最低限度，则

$$大企业劳动分配率的最低限度=\frac{1.0}{1+0.9}\times 100\%=52.6\%$$

$$中小企业劳动分配率的最低限度=\frac{1.0}{1+0.5}\times 100\%=66.7\%$$

但是，这是最低限度利润为零的情形。实际上，如果大企业的劳动分配率达到48%左右，中小企业的劳动分配率达到61%左右，企业就要有所警觉，检查本企业的经营状况。比较理想的状况是，劳动分配率大致保持不变，而分子中的薪酬总额与分母中的增加值同时提高。

劳动分配率推算法的实质是，确定净产值在资本和人力资源之间分配的比率。采用该方法的优点在于，薪酬成本（人工成本）控制与企业的净产值挂钩，充分考虑了企业的支付能力和盈利能力，保证了企业发展的后劲。但是劳动分配率推算的确定是依照历史数据，而不是根据企业对人力资源的价值认定，带有一定的盲目性，忽视了激励效用。

上述三种方法都是在封闭的系统中进行的，只考虑了企业的支付能力，即仅仅从财务和成本控制的角度来确定薪酬总额，没有顾及市场环境及竞争对手的影响，同时，未来人工成本的确定是历史数据的延伸，薪酬的激励效应滞后。

（4）人工成本比重基准法。人工成本比重基准法是以人工成本比重为基准，根据目标企业总成本，推算出合理的企业人工成本总额。由于各行业的要素密集程度不同，可分为资本密集型、技术密集型、劳动密集型，因此，不同行业人工成本占总成本的比重这一指标可能差异很大。

① 参见华婷，郭海华：《企业薪金总额确定的指标分析法》，载《上海统计》，2003（11）。

2. 薪酬增长幅度的确定

（1）平均及最大/最小原则。即指规定平均加薪水平，比如平均5%的加薪，同时规定最低和最高增长幅度（例如，最低3%，最高10%）。如果没有完善的绩效评价系统，比如对于那些初创的小企业来说，这将是最简单实用的指导原则。

（2）绩效—回报原则。这种形式的加薪办法将绩效与加薪相联系，应当与绩效评价原则结合使用，如表10—2所示。

表10—2　　加薪比例分布表

考核结果	加薪比例（%）
A：杰出	10
B：优秀	6～8
C：良好	5
D：合格	3或0
E：不合格	0

资料来源：Michael Armstrong，Helen Murlis，*Reward Management：A Handbook of Salary Administration*，Kogan Page Ltd. in association with the Institute of Personnel Management，1988，p. 378.

这种加薪原则依赖于正式的评价系统，比平均及最大/最小原则更有指导意义。它将绩效水平与加薪幅度相对应，能够较好地体现绩效与薪酬的一致性，但是它不能控制加薪幅度的分布，这是其缺点。

（3）强制分布原则。顾名思义，这一原则通过规定绩效评价中分布在某一绩效水平上的员工比例，进而规定了获得相应加薪幅度的员工比例，如表10—3所示。

表10—3　　加薪比例分布表

考核结果	分布比例（%）	加薪比例（%）
A：杰出	5	10
B：优秀	10	6～8
C：良好	35	5
D：合格	30	3或0
E：不合格	20	0

表10—3中的分布将给出5%左右的总加薪幅度，如果要提高或者降低这一比例，也可以很方便地进行调整。比如，有的企业认为自己的员工素质很高，那么可以适当减少分布在“不合格”一栏中的比例，从而增加其他栏中的比例。这种方法提供了相对来说最严格的加薪原则，因此也最容易控制，能在各个部门之间保持最大限度的一致性。但这种严格的规定削减了部门经理的权力，而且它所依赖的前提——整个组织内各部门的素质分布基本一致——也是值得怀疑的。同时，它很难应用到较小的部门，员工人数越少，越难执行。

3. 预算的分配

下面以绩效加薪预算为例，说明如何进行预算的分配。首先讨论业绩工资表的设计原理。仔细考虑预算问题是非常重要的，预算限制了每个单元格业绩工资增加的百分比。绩效加薪预算（merit pay increase budget）表述为员工当前基本工资的百分比。例如，假设一个公司的首席财务官和薪酬专业人员批准了 5%的业绩工资加薪预算，并且假设所有员工当前基本工资的总额为 1 000 万美元。在这个例子中，员工平均增加 5%的业绩工资。前面曾经提到，员工个人增加的业绩工资是根据其绩效水平及在工资范围内的位置来决定的。但个人工资增加的平均水平不能超过业绩工资加薪预算，在该例中是 5%。

薪酬专业人员通常通过下列四个步骤来确保业绩工资的增加不超过预算金额。

（1）薪酬专业人员请经理和主管算出绩效类别的员工百分比。表 10—4 的业绩工资样表列出了五个绩效类别。为了说明问题，我们假设员工的绩效分布为：优秀，10%；良好，20%；合格，40%；较差，25%；不合格，5%。

表 10—4　　员工百分比计算

	优秀	良好	合格	较差	不合格
第四个四分位数	10% × 20% ＝2%	20% × 20% ＝4%	40% × 20% ＝8%	25% × 20% ＝5%	5%×20%＝1%
第三个四分位数	10% × 25% ＝2.5%	20% × 25% ＝5%	40% × 25% ＝10%	25% × 25% ＝6.25%	5%×25%＝1.25%
第二个四分位数	10% × 40% ＝4%	20% × 40% ＝8%	40% × 40% ＝16%	25% × 40% ＝10%	5%×40%＝2%
第一个四分位数	10% × 15% ＝1.5%	20% × 15% ＝3%	40% × 15% ＝6%	25% × 15% ＝3.75%	5%×15%＝0.75%

资料来源：约瑟夫·J·马尔托奇奥：《战略薪酬》，236 页，北京，社会科学文献出版社，2002。

（2）薪酬专业人员需要明确工资分布在各个四分位数范围内的员工百分比，以此决定员工在工资范围内的位置。比如，假设每个四分位数内员工的分布为：第四个四分位数，20%；第三个四分位数，25%；第二个四分位数，40%；第一个四分位数，15%。

（3）薪酬专业人员根据以上两组信息计算每个绩效单元格中员工的百分比。如果绩效水平为优秀，那么基本工资在第四个四分位数范围内的员工有 2%（10%×20%）。所有单元格的百分数的总和为 100%。

（4）薪酬专业人员推荐每个单元格绩效工资增加的百分比，然后把这一百分比和前面算出的每个单元格里员工人数的百分比相结合，以此来确定每一单元格的业绩工资增加量占总业绩工资加薪酬预算金额的百分比。假定将绩效良好且在第一个四分位范围的员工工资统一提高 10%，用 10%乘以表 10—4 中这一单元格的员工人数百分比 3%，等于 0.3%。换句话说，在原基本工资 5%的总业绩工资增加预算中，有 0.3%将奖励给绩效水平良好、工资在第一个四分位数范围内的员工。在这个例子中，业绩工资加薪预算金额是 50 万美元。0.3%×500 000 美元＝1 500 美元。每个单元格中算出的这一金额的总和，不应高于总业绩工资加薪预算，在这个例子中是基本工资的 5%。在业绩工资表的设计结束之前，薪酬专业人员可以根据他们希望业绩工资增加可能造成的影响，来确定每个单元格不同的工资增加百分比。

（四）两种方法的比较

自下而上法的最大优点在于它对员工的绩效水平进行了翔实的考察，其不足之处则是工作复杂、不准确、周期长，管理者的决策通常是短期的，不能将组织的长期发展和短期利益有效地结合起来，不易控制总体薪酬成本和人工成本。薪酬预算与企业战略的不一致，会影响或破坏公司达到预期目标的能力。

自上而下法的突出特点是与企业战略紧密相连，服从企业发展。自上而下法虽然能够控制总体的薪酬水平，但却使薪酬预算缺乏灵活性，而且确定薪酬总额的主观因素过多，降低了预算的准确性，不利于调动员工的积极性。

自上而下法与自下而上法可以做到一定的优势互补，企业可以考虑将二者结合起来。企业高层进行总体财务预测，管理者参考总体财务预测预计薪酬变动幅度，为其下属每一位员工编制薪酬预算。薪酬预算是一个反复的过程，在这一过程中，每一级管理者完成预算提议，然后由组织上层逐级汇总，每一层级都应在本级目标下，结合对其他部门的影响对下级的薪酬预算进行重新检验。最后，将统一的全年和部门预算分发给预算编制者，对改动的地方进行重点检讨，如有不同意见，仍然存在进行最后调整的机会。

10.3 薪酬预算的监控、使用与评估

10.3.1 薪酬预算的监控

企业通过薪酬预算，已经对企业在薪酬方面的具体标准和衡量指标有了比较清晰的认识，薪酬预算监控的主要作用就在于确保这些预算标准的顺利实现。薪酬预算和预算监控是一个不可分割的整体，企业的薪酬预算需要通过薪酬监控来实现，薪酬预算监控过程中对薪酬预算的修改，意味着新一轮薪酬预算的开始。薪酬预算和预算监控贯穿于薪酬管理的整个过程，在任何情况下都不能将它们简单地视作企业一年一度的例行公事。预算监控是预算管理的关键环节，预算监控的目的在于：使预算的最终结果与既定的预算目标相符合（结果控制）；随时提供信息，便于及时修正作业错误（过程监控）。

（一）预算监控的目标

通常来说，预算监控有以下四个目标。

（1）通过总结整体实际/预算基础薪酬费用数据，为管理者提供薪酬管理绩效方面的直接反馈。

（2）告知管理者实际薪酬费用与预算薪酬费用之间的差距，为管理者提供控制的工具。如果有必要，管理者能够在剩余的年度时间内，对薪酬预算进行修订或寻求例外的薪酬预算。

(3) 为管理者提供实际薪酬费用与预算薪酬费用的直接反馈，使管理者关注导致整体基础薪酬预算变化的特殊因素。

(4) 通过对年终薪酬费用的估计，使管理者预见对实际薪酬费用的财务影响。

在薪酬预算监控中，对以上数据的回顾，有助于管理者时刻了解薪酬预算的执行情况，保持实际费用与原始预算的一致。

(二) 预算监控报告

薪酬预算监控报告包括三个互相关联的报告。

1. 薪酬预算概要

这一报告是薪酬预算实施报告的核心。薪酬预算概要包括三方面的数据：整体基础薪酬费用、绩效增长费用、晋升增长费用。薪酬预算实施报告的焦点是公司每一部门的整体基础薪酬费用数据，同时监控绩效增长和晋升增长，在大多数情况下，它们是导致整体基础薪酬变化的主要原因。这一报告使管理者对薪酬预算和薪酬实际支付行为有一个总体的了解。报告包括四部分。部分Ⅰ，人均基础薪酬：逐年比较；部分Ⅱ，人均基础薪酬：预算与实际比较；部分Ⅲ，主要部门整体薪酬增长数据：预算与实际比较；部分Ⅳ，绩效增长和晋升增长数据：预算与实际比较。

这个报告为管理者提供了一个明确、完整的关于实际状况和预算支付行为的概况。通过每一部分的数据变化和对比，管理者能立即知道实际支付与预算是否相符。如果不符，管理者也拥有足够的信息来分辨究竟是实际支付的哪些方面偏离了预算，而且可以有针对性地了解薪酬预算实施报告中的第二部分内容——员工详细报告。

2. 员工详细报告

这份报告包括部门经理对员工个体实施的薪酬管理行为。员工详细报告是薪酬预算概要的基础支持信息，它揭示变化的产生原因。员工详细报告是一份月度报告，记载一个部门从年初到某一日为止计划的薪酬和人事行为与实际发生的薪酬和人事行为（如新雇佣、调动、雇佣关系终止）。员工详细报告是直接管理者概述报告的补充，同时可以作为部门人事变化的参考工具。

3. 员工报告

这份报告为管理者提供每一部门的人员数量信息，包括详细的每一等级序列的人数、全日制员工和非全日制员工的数量、薪酬分类的员工数。这一报告包括三个时期的人数：上一年度末的实际人数、计划年度预算人数、计划年度当前人数。员工报告是一份月度报告，通过该报告，管理者可以对部门实际员工与计划员工数量进行比较分析，在企业出现重大变化时对计划员工数量的合理性进行分析。

(三) 报告信息的传递

薪酬预算监控报告应该以月度形式送达管理者，使他们获得实际薪酬的持续反馈，准确把握薪酬预算实施中出现的变化，不至于因发现太晚而无法补救。每季度应该将部门薪酬预算监控报告汇总，形成季度薪酬预算总结报告并送达高层管理者，使他们了解企业不同层级的薪酬管理情况。

10.3.2 薪酬预算的使用

以往人们关注的重点都集中在预算控制程序设计的不同方法上，对于如何使用预算报告却少有人问津。实际上，考虑预算报告的不同使用方式是相当重要的，霍普伍德（Hopwood，1973）通过研究预算信息在管理绩效评价中的应用价值已经证实了这一点。[①] 薪酬预算的使用通常分为三类。

1. 预算限制型

预算信息往往被作为绩效评价的指标，尽管还存在这样或那样的问题，但在评价管理者的绩效时，首先还是看他能不能在短期内持续地将薪酬成本控制在预算范围之内。对这一绩效目标的强调，是以其他有价值且重要的目标为代价的。例如，在不考虑其他指标的情况下，如果本部门的薪酬成本超出了预算，部门经理将在考核时得到较差的评价结果。因此，经理们往往在重视预算控制的同时，忽视了其他绩效目标。

2. 利润导向型

评价管理者的绩效时，主要看他能否在保证部门目标与组织战略一致的同时，提高部门运行的整体效率。例如，从企业整体来讲，如果某部门的短期成本位于中位水平，无法对经理的绩效作出好或差的评价，那么，此时就要看他是否关注降低长期运营成本。但是，对长期绩效的评价始终不如短期评价直接和明确，因此，对于预算信息的灵活使用应该格外谨慎。

3. 不考虑型

在上级对管理者的绩效进行评价时，预算信息所起的作用并不重要，是否将薪酬成本控制在预算之内也未受到关注。

经验证据表明：与对预算信息不做任何考虑的模式相比，预算限制型和利润导向型都更多地与薪酬成本相关联。然而，只有利润导向型能在保持与薪酬成本相关的同时，不带来经理们对本部门更大的感情保护和防卫行为，这些感情保护和防卫行为对组织的健康发展都是不利的。预算限制的方式会让人觉得评价是不公正的，会引起（经理们）普遍的紧张和对失去工作的担心。尤其令人不可思议的是，这种片面关注成本的方式最终可能导致经理人员对会计报告的操纵，他们甚至会作出对组织不利的决策，从组织整体来看将产生更大的总运营成本。经理们和预算控制主管的关系可能不断恶化，部门之间的工作任务本质上是相互联系、相互依赖的，而对于短期预算结果的过分强调，会导致经理们直接关注眼前利益，这种功利性的关注将慢慢改变同事之间的关系。当经理们被问及部门预算的变化，而自己很少或几乎没有能力控制的时候，经理们所能做的将只能是不断要求增加本部门的预算。对整个组织来讲，这种影响是十分有害的。而这种相继

① Hopwood, A. G., *An Accounting System and Managerial Behavior*, Gower, 1973.

发生的竞赛行为通常会妨碍（部门之间的）合作，最终使得经理们相互依赖的管理行为失去控制。

相反，利润导向的方式基本不会导致任何紧张，上级主管也比较满意，同事之间的合作也很愉快，这些都与不做考虑的情况相似。同时，很少发生预算报告做假的行为。然而，要想使这种方式被接受，甚至被尊重，确实也要费一番力气。

预算报告是一个传递手段，通过它，经理们可以很容易地表达出他们对待工作的一般方式和态度。① 以哪种方式使用预算报告，实际上是一个反映公司各个部门管理风格的极好指标。比如，解决管理问题的办法有很多，而利润导向型只是其中的一个方面；一些复杂的管理行为之间通常是高度依赖的，而预算限制型却试图对它们作出简单化的测量，因此，这两种类型是截然不同的。当以预算限制的方式使用预算报告时，绩效考核变得尤为重要，它会影响到管理者行为的各个方面。这样一来，人们就不会认为考核是管理过程中持续进行的部分并与工作的其他方面相互关联；相反，它将被当做一项直接的、决定性的活动，是影响和控制的主要手段，管理过程的其他关键因素都显得不那么重要了。预算不仅没有为管理带来帮助，反而可能成了对管理的束缚。

总之，那种认为随便以哪种方式使用预算信息都无所谓的想法是极其错误的。就像薪酬系统本身一样，预算过程被予以极大的关注。但它要和其他管理过程一起，承担管理中的不公正和不精确。预算系统并不完美但却很有价值，如何对其进行有效利用是当前国内外企业面临的挑战。在国内企业推行全民预算管理的大背景下，这一问题也刚刚被认识到。

10.3.3　薪酬预算的评估

薪酬预算评估的重要作用在于通过考察预算的作用与效果，为薪酬政策的调整和新预算的制定提供决策依据，提高薪酬预算的科学性。根据评估内容，薪酬预算评估主要可分为以下两种：一是执行性评估。通过预算与实际支出情况的对比，分析引起预算偏差的原因。二是影响性评估。通过企业薪酬水平与市场薪酬水平的对比，以及预算执行前后员工行为的对比，分析预算对员工流动率和生产率的影响。

（一）预算执行性评估

薪酬预算的执行性评估即我们通常所进行的薪酬预算考评过程。预算考评的对象是企业内部各部门，预算考评的依据是预算，因此，预算考评是一种“基于预算的考核和激励”。它在对当期业绩进行评价时，是以预算而非上年同期业绩为基础；其奖惩计算依据不仅考虑实际业绩的好坏，而且考核预算的差异方向及大小，以激励组织成员尽可能准确地规划未来。在此基础上，通过分析预算方案设计与执行的偏差，为工作改进提供依据。

1. 执行性评估原则——可控性

预算考评的基本目标是评估预算与实际支出之间的差异，进而实现预算的激

① Angela M. Bowey, Tom Lupton, *Handbook of Salary and Wage Systems*, Gower Publishing Company Limited, 1975.

励与约束作用，为此，预算考评应该遵循可控性原则。这一要求的集中体现就是各责任主体以其责权范围为限，仅应对其可以控制的预算差异负责。通常情况下，部门主管是本部门薪酬预算控制的责任主体，对依照企业的薪酬政策进行预算控制负主要责任。

2. 执行性评估过程——以绩效评价过程为例

薪酬预算评估的任务，是对薪酬预算方案设计和预算执行结果进行比较，找出差异并分析其产生的原因，其核心部分是总差异分析。

总差异分析表示实际薪酬发生额与薪酬预算额之间的差异，其计算公式为：

总差异＝实际薪酬－薪酬预算

总差异分析的目的，是比较成本工资与实际薪酬的差异，找出差距发生的环节与产生的原因。在大多数组织中，薪酬增长往往与绩效评价结果相联系，因此，预算评估的过程也与绩效评价相联系。

为了评估薪酬预算的执行情况，企业通常定期评估管理者推荐的工资增长率与其绩效评价等级的关系。如果发现差异，人力资源部门会要求管理者进行调整，要么修改工资增长率，以适应绩效评价；要么修改绩效评价，以适应工资增长率。如果管理者拒绝调整，则必须向上级汇报原因。最终由企业高层来决定两者之间的差异。

3. 执行性评估主体——预算监督主管部门

预算监督主管部门要对预算执行情况按季度和年度分别进行评估，对于当期实际发生数与预算数的差异，无论是有利的还是不利的，都要认真分析其原因，写明拟采取的改进措施等。预算评估的重点是形成差异的原因及应采取的措施。通过分析差异的原因，找出管理中的强项和弱项，总结经验教训，加强管理。

在薪酬预算的实施过程中，作为薪酬发放依据的绩效信息，薪酬支付的数量、方式与结果，特别是薪酬支付中出现的问题，要由人力资源部门来牵头解决。人力资源部门要及时了解薪酬预算的执行情况，将这些情况与人力资源管理的其他方面联系起来，把握薪酬预算管理的效果，从而不断加以改进。在该过程中，还要通过管理沟通，贯彻宣传薪酬预算的政策含义，在企业中创造公平和高效的工作氛围。

（二）预算影响性评估

薪酬体系是为影响个人的行为而设计的。事实上，薪酬能影响工作绩效和离职行为，进而影响生产力和效率，因此，生产力和效率是组织保证薪酬得到公平支付与有效管理的基本标准。①

1. 评估薪酬与员工流动的关系

对离职的监控可以通过分析离职效应的相关指标和与离职员工直接面谈来实现。

---

① 参见［美］托马斯·J·伯格曼，维达·古尔比纳斯·斯卡佩罗：《薪酬决策》，431页。

常用的流动指标是流动效应指标（turnover effect，TE）。流动效应反映某一群体内员工的增减、晋升以及薪酬水平的变动，既可以为正值，也可以为负值，但经常为负值。流动效应用来分析报告期内，平均薪酬水平的增长百分比与薪酬调整费用的总增长百分比之间的差异。薪酬调整费用的总增长已经包含了所有类型的增长，即业绩、公平、常规调整、晋升调整等。

如果没有流动效应，平均水平增长比例与薪酬总额增长比例就是相同的。对这一指标的观测，依赖于组织拥有完善的薪酬数据平台并保存相关的历史数据，以观察薪酬计划中不同等级的流动效应。

当然，各类组织也可以根据自身的需要设计其他指标，以研究薪酬预算与流动之间的各种关系，如：（1）薪酬水平与流动的关系；（2）报告期内相对比率与流动的关系；（3）绩效评价与不同绩效水平的员工的流动行为的关系；（4）薪酬与工作的关系、离职者与在职者的任期对比；（5）薪酬结构对在职者与离职者职业生涯的影响。

2. 评估薪酬与绩效之间的关系

对公平理论的研究表明，绩效对薪酬过低有两种反应：产品数量的下降和产品质量的降低。①

为了确保员工感受到待遇的公平性，组织需要在薪酬调整政策中纳入数量和质量标准。例如，如果薪酬调整以工作团队的激励计划为基础，则这些计划就应该清楚说明获得不同水平激励工资的产品数量和质量标准；如果工资调整以管理者的绩效评价为基础，这些标准就应该直接来自员工的工作描述，并且包含在员工的绩效评价表中。把工资调整的质量与数量标准纳入评估当中的行为体现了组织的绩效期望。如果这一点得到贯彻执行，就有助于得到期望的绩效水平。

3. 评估薪酬与员工组织行为的关系

公平理论表明，当员工感受到薪酬的不平等时，会表现出各种反映其组织身份意识弱化的行为，来试图平衡薪酬的不平等。这些行为包括：（1）减少工时，旷工次数增加；（2）破坏和偷窃企业财物；（3）拒绝接受晋升机会，因为这些机会被认为意味着员工的责任增大，而工资却没有相应增加。

因为这些弱化的身份意识行为反映了员工对薪酬体系的感受，所以，组织应当考虑这些消极行为和薪酬体系之间的关系，作出相应的调整，在某些时候甚至可以推动工资体系的变革。

将这些指标综合起来，可以使组织相当准确地把握薪酬体系与其试图影响的行为之间的关系。管理层一旦认识到这些关系，就会考虑薪酬预算和薪酬计划，以及在下一个预算期内预算分配的过程。②

---

① J. S. Adams，“Inequity in Social Exchange，” in *Advances in Experimental Social Psychology*，ed. L. Berkowitz，New York：Academic Press，1965，pp. 267 - 299.

② 参见［美］托马斯·J·伯格曼，维达·古尔比纳斯·斯卡佩罗：《薪酬决策》，431 页。

10.4 成本控制

10.4.1 薪酬控制方法

薪酬控制方法主要有三种：一是通过薪酬体系设计本身来实现；二是通过人工成本管理模型来实现；三是通过人工成本弹性控制来实现。前者是薪酬控制的制度手段，后两者是薪酬控制的行为手段。本节之所以用人工成本指标分析成本控制，是因为人工成本是企业的常用指标。由于薪酬是人工成本的主要部分，所以薪酬控制与人工成本控制是高度一致的。

（一）薪酬体系设计控制方法

科学的薪酬体系既考虑企业内部职位的相对价值，又着眼于企业外部的竞争状况，其本身已经包含了薪酬有效支出和控制的内容。在薪酬体系设计中，通常通过以下三点来达到控制的目的。

1. 薪酬最高值

一般来说，企业在设计薪酬体系时，会对每一薪酬级别设定最高值和最低值。薪酬最高值代表了组织对特定职位产出赋予的最高价值，薪酬最高值的设定是控制企业薪酬成本的一种较为直接的方式。在特殊情况下，比如晋升机会不足或资深员工到达薪酬等级极限，会出现企业对员工的薪酬支付高于薪酬最高值的现象，通常将这些薪酬标准称为红圈工资标准（red circle rates）。如果红圈工资标准非常普遍，企业就需要考虑重新进行职位评价和设定薪酬范围了。

2. 薪酬中值

薪酬中值体现了企业为适应外部竞争而制定的薪酬政策线，是绩效表现居中的员工理应得到的薪酬水平，在理想状况下，企业支付薪酬的平均水平应该等于薪酬中值。薪酬中值对企业薪酬成本的控制是一种理想状况的软控制，它受员工流动、绩效等因素的影响。在实际成本控制中，需要对薪酬比较率指标进行分析。计算公式为：

$$薪酬比较率=\frac{实际平均薪酬}{某一薪酬等级的中值}$$

通过薪酬比较率，可以考察特定薪酬等级的员工薪酬分布和水平状况。薪酬比较率低于1表明，薪酬等级内的员工平均薪酬低于薪酬中值，即薪酬支付低于已定的控制要求；薪酬比较率高于1表明，薪酬等级内的员工平均薪酬高于已定的控制要求。这种情况发生的原因可能是：大量员工具有很深的资历；高绩效；低流动率；新近雇用的人很少或晋升率低。根据发生原因的不同，企业需要采取不同的措施加以改善。

3. 薪酬构成

基本薪酬和可变薪酬构成企业薪酬的两大部分。通过薪酬构成来控制薪酬成本的一个重要方法是，降低基本薪酬比例和提高可变薪酬比例。基本薪酬与可变薪酬对企业薪酬成本控制的影响都取决于加薪的规模、加薪的时间以及加薪的员工参与率。二者的不同之处在于：基本薪酬加薪累计形成更高的基本薪酬，从而推动企业薪酬成本的全面上涨；可变薪酬加薪属于一次性支付，并不计入基本薪酬，因此对企业的影响也是一次性的，不会作用于随后的年份。另外，降低基本薪酬比例还能减少企业福利成本的开支。企业的很多福利，如养老金等，都与基本薪酬成一定比例。因此，可变薪酬与基本薪酬的相对比例越大，企业薪酬成本控制的弹性就越大。

（二）人工成本管理模型控制方法

从人工成本管理模型可以看出，管理人工成本需要重点控制雇佣量（员工数和工作时间）、人均现金报酬（例如，工资、奖金）和人均福利成本（例如，健康和生命保险、养老金）。据此，我们提供两种控制人工成本的方法。

1. 通过员工人数和工作时间控制雇佣量

控制雇佣人数是控制劳动力成本的重要方法，许多公司的实践也证明了，裁员是企业减少成本开支的有效措施。与雇佣人数控制相比，工作时间的控制更为方便和快捷。在企业的日常经营中，对于增加员工还是增加工作时间，企业需要进行薪酬成本—收益分析。增加员工存在准固定成本的问题，增加工作时间则存在加班工资的问题。准固定成本是企业每雇用一名工人，就要承担的一笔不随工作时间变动的成本，如雇佣与培训成本、员工福利成本等。加班工资比正常工作时间工资高，一般为原有工资的 1.5 倍。有些企业，特别是劳动密集型企业，倾向于通过变相增加工作时间的办法，来达到控制企业劳动力成本的目的。

2. 通过人员构成控制人均现金报酬和人均福利成本

企业员工通常被区分为核心员工和临时工，企业与核心员工的雇佣关系是长期、稳定的，与临时工的雇佣关系则是短期、不稳定的。临时工与核心员工相比，通常只有现金报酬而无福利，在福利占总薪酬比例较大的企业，劳动力成本中的固定部分很小，而可变部分很大，临时工的使用可以使雇主承担的总成本大大减少。临时工对核心员工的比重越大，则薪酬成本的可变部分越大，企业控制成本的弹性也越大。

（三）人工成本弹性控制方法

人工成本是影响企业竞争优势的因素之一，在激烈的市场经济竞争形势下，我国企业也逐渐提高了对人工成本的管理意识。人工成本控制不等于降低员工收入或机械地减员，人工成本控制的最终目的，在于提高企业整体的、综合的经济效益，而不是单纯地缩减成本。致力于提高薪酬竞争力的人工成本控制方法，其目的也在于此。所以，人工成本控制是指在确保经济效益和产品竞争力的前提下，确定合理的人工成本水平，寻求最佳的人工成本投入和产出的度。下面我们重点介绍通过人均人工成本弹性指标控制人工成本的方法。企业人工成本的弹性指标，是考察企业人工成本的增长状态，即从动态的角度，分别通过人均人工成本变动幅度与人均增加值、人均销售收入、人均总成本变动幅度的比值，把人工成本的提高控制在经济效益和投入产出允许的范围之内。

1. 人均人工成本的增加值弹性

它是指人均人工成本对于增加值增加的敏感性；也就是说，增加值增加1%，企业的人均人工成本将会发生多大的百分比变化。其计算公式如下：

$$E_V=\frac{(L-L_0)\ /L_0}{(V-V_0)\ /V_0}$$

式中，E_V为人均人工成本的增加值弹性；L为当年的人均人工成本；L_0为上年的人均人工成本；V为当年的人均增加值；V_0为上年的人均增加值。通常情况下，人均人工成本的增加值弹性控制在大于0小于1的范围内。如果人均人工成本的增加值弹性大于1，则意味着企业中存在无效的人工成本，或者增加的人工成本不仅不能带来收益，反而导致企业经济效益下滑。如果人均人工成本的增加值弹性小于0，则意味着出现了人均人工成本下降的情况，尽管效益指标可能有所增长，但对于调动劳动者的积极性和开发人力资源是不利的；尤其是当人均人工成本下降伴随着人均增加值的下降时，会使企业的生存和发展受到威胁，应该引起企业的高度重视。

2. 人均人工成本的销售收入弹性

它是指人均人工成本对于销售收入增加的敏感性；也就是说，销售收入增加1%，企业的人均人工成本将会发生多大的百分比变化。其计算公式如下：

$$E_S=\frac{(L-L_0)\ /L_0}{(S-S_0)\ /S_0}$$

式中，E_S为人均人工成本的销售收入弹性；L为当年的人均人工成本；L_0为上年的人均人工成本；S为当年的人均销售收入；S_0为上年的人均销售收入。与人均人工成本的增加值弹性一样，通常，人均人工成本的销售收入弹性也控制在大于0小于1的范围内。

3. 人均人工成本的总成本弹性

它是指人均人工成本对于总成本增加的敏感性；也就是说，总成本增加1%，企业的人均人工成本将会发生多大的百分比变化。其计算公式如下：

$$E_C=\frac{(L-L_0)\ /L_0}{(C-C_0)\ /C_0}$$

式中，E_C为人均人工成本的总成本弹性；L为当年的人均人工成本；L_0为上年的人均人工成本；C为当年的人均总成本；C_0为上年的人均总成本。在其他条件不变的情况下，人工成本的增加必然会引起总成本的增加，二者是一种同向变动的关系。人均人工成本的总成本弹性也应控制在大于0小于1的范围内。

10.4.2 薪酬控制的实践与思考

（一）薪酬控制的实践：RSS Survey①

2004年度国际上发布了RSS Survey，该项目通过对美国500名人力资源专

① IOMA's Report on Salary Surveys，Exclusive RSS Survey：Top 15 Ways to Control Your Compensation Costs，Trade & Industry，11，Nov. 2004，p. 1.

员的调查，总结出了目前企业界最为常用的 14 种控制薪酬成本的方法。这些方法包括：

（1）减少或停止绩效加薪增长。42.4%的人力资源专员谈到他们的公司已经减少、消除或延迟了绩效加薪增长。调查中 70%的政府机构、55.8%的企业应用了这一方法。

（2）扩大高绩效者与低绩效者间的差距。当绩效加薪预算紧张时，这一做法非常有用，对一个仅有 3%的绩效加薪预算的企业来说，奖励优秀绩效者显得尤为必要。将钱从使用在无绩效者身上转移到奖励高绩效者身上。通过设定特殊的目标和预期的绩效水平，去除了低绩效者，增加了高绩效者。高产出和高质量的工作意味着做同样的工作需要更少的员工。但是，调查表明，在政府和其他非营利组织中，该方法使用得较少。

（3）停止招人或裁员。研究表明，大多数中小企业倾向于采用这种方法。

（4）改变福利。在控制薪酬水平的同时，改变福利计划。该方法在不同规模的企业中被不同程度地采用。

（5）为绩效付酬。

（6）薪酬按市场定价。

（7）改变薪酬/奖金构成。即减少基本薪酬，提高奖金比例。

（8）减少奖金。特别是减少不管是否获得了预期的利润水平都发放奖金的情况。

（9）实施报酬冻结。

（10）使用更多的兼职和临时工。这样做能节约组织的福利成本，使组织雇佣更具灵活性。企业和其他非营利组织都普遍采用这一方法。

（11）改变管理者报酬计划。在一些情况下，公司调整经理报酬，以减少薪酬成本。

（12）制定新的激励计划。

（13）制定宽带薪酬。宽带薪酬已不再是薪酬的热门话题，但它仍然是控制薪酬成本的可行方法。对于已经实行宽带薪酬计划的组织来说，只需简单地加以改善，就有助于控制成本。

（14）削减报酬。减少薪酬成本的最明显的方法是削减报酬。这是最不受欢迎的方法，但也有一些企业发现仍然有必要使用它。与裁员相比，降薪可能更易为员工所接受。

从我国薪酬控制的实践来看，尽管平均来说人工成本较低，但实际上，薪酬发放的无效性仍然是薪酬管理中一个很大的问题。因此，加强薪酬控制的研究，仍然具有非常重要的理论意义和实践价值。研究表明，我国目前控制薪酬的方法主要有以下五种：裁员、薪酬冻结、延缓提薪、延长工作时间、控制福利和其他费用支出。

（二）薪酬控制的进一步思考

1. 薪酬控制的实质

当企业的成本上升时，我们除了运用上面提及的成本控制方法进行控制外，还应该深入思考这样一个问题：促使成本上升的原因是什么？从成本核算公式中很容易发现成本上升的部分，然而这些可能只是成本的表层，而来源于劳动生产率、组织运营效率等深层次的原因可能被忽略了，我们将之称为无效率成本。无效率成本可能表现为：持续加班、任务在到期日才完成、将时间浪费在争吵而不是管理上的工作管理团队、工作进程的打断和物料运输的时间消耗等等。我们越是注重标准时间，就越容易忽略真实的成本驱动者：生产的不良设计、不良的生产指挥、不完善的生产计划等。

薪酬控制的实质是追求企业利润的最大化，薪酬成本收益的最大化，而不是薪酬成本的最小化。薪酬控制与提高劳动生产率、提高组织运营效率是紧密相关的。单纯的薪酬控制只能在短期内降低企业成本，但不能真正提高企业的成本收益率，而且薪酬具有一定的刚性，在市场经济条件下，为了取得人才竞争优势，企业薪酬不可能过低，相反还可能需要保持适度的增长。发达国家企业的平均单位时间的人工成本较高，但单位时间内创造的社会财富也较多，主要原因就在于发达国家企业的劳动生产率和组织运营效率高。因此要实现企业利润最大化目标，必须同时提高劳动生产率和组织的运营效率。

2. 我国薪酬控制战略的选择

在高度集中的计划经济体制下，国家通过工资总额控制等指令性计划直接对企业进行薪酬调控，企业薪酬成本管理观念淡薄。随着市场经济的发展，企业所面临的外部和内部环境都发生了根本性的变化，传统的薪酬成本管理越来越不能适应新形势的需要。为了能在激烈的市场竞争中站稳脚跟，企业必须进行薪酬成本管理的变革，变传统的被动式成本核算管理为主动的战略成本管理。

（1）从孤立地降低成本转向成本与效益的最优组合，有效提高企业竞争力。在传统的薪酬成本管理中，降低薪酬成本就意味着增加企业效益，企业必然将成本管理的重点放在降低成本上，从而陷入单纯为降低成本而管理成本的滞后状态，无法为决策提供所需的正确信息。随着市场经济的发展，获取持续性的竞争优势是现代企业必须考虑的首要问题。现代企业薪酬成本管理的内容不仅仅是孤立的降低成本，其目的是从成本与收益中寻求成本的最小化。成本优势已不再构成企业竞争力的主体优势。因此，现代企业的薪酬管理必须把薪酬成本管理的重点放到战略地位上来，一切降低成本的措施都应以成本—效益分析的结果为依据。

（2）从成本动因入手，做到成本的真正控制。成本动因是指导致成本发生的因素，企业只有真正了解了成本发生的前因后果，才能真正控制成本。当薪酬成本比率上升时，传统的薪酬成本管理往往倾向于减少薪酬，以降低薪酬成本比率。然而在高度自动化的现代制造过程中，直接人工成本比例日益降低，仅占总成本的5%～10%，减少薪酬的作用将越来越小。现代战略成本管理将成本扩展为一系列的成本动因，通过对成本动因和相关成本关系的分析，找到引起成本比率上升的真实原因，寻求降低成本比率的有效方法。传统成本管理未考虑的一些无形成本核算动因，如企业的规模、产品开发、市场开拓、企业内部结构调整、生产流程设计、生产技术、生产准备、供应链衔接等问题，都会导致企业销售量下降、附加值减少，从而引起薪酬成本比率上升。因此，现代战略成本管理必须做到从源头控制薪酬成本比率上升，这同时也为成本控制提供了新途径。

(3) 制定竞争进取的薪酬成本战略。在市场经济中，企业面临两个市场的竞争。一个是商品市场的竞争，如果薪酬成本过高，则企业难以在市场份额的竞争中凭借价格优势取胜；另一个是劳动力要素市场的竞争，如果薪酬成本过低，则企业难以在人才竞争中凭借薪酬优势取胜。因此企业的薪酬成本战略应该是：人均薪酬成本要略高于竞争对手，而人事费用率、劳动分配率要低于竞争对手。

(4) 建立新型薪酬增长机制。薪酬总额在人工成本中起决定作用，如何确定员工的薪酬水平是人工成本控制的重点之一。

现代人工成本管理既不能置企业的经济效益和长远发展于不顾，一味追求提高员工的薪酬水平，也不能牺牲员工的经济利益来谋求企业的发展，应当权衡二者并作出最佳选择。在确定薪酬总额和薪酬水平的增长幅度时，应坚持贯彻两个低于的原则，即薪酬总额的增长低于企业效益的增长，平均薪酬的增长低于劳动生产率的增长。新的薪酬增长应依靠新增加的经济效益来解决，防止薪酬总额失控，侵蚀原有的效益，给企业的长远发展造成隐患。市场经济条件下，企业的经济效益波动很大，具有不确定性和不可控制性，企业应引入薪酬浮动机制，使员工薪酬随着企业经济效益的变化得到合理调整。

(5) 提高劳动生产率。劳动生产率是控制薪酬成本的内在机制。提高劳动生产率，单位产品消耗的劳动时间减少了，也就意味着单位产品成本中的人工费支出减少了。劳动生产率由工人的平均熟练程度、科学的发展水平和它在工艺上的应用、生产过程的社会结合、生产资料的规模和效能，以及自然条件等多种因素决定。

现代企业提高劳动生产率应该将重点放在以下三个方面：一是优化劳动分工，做到人员的合理配置，发挥人员的最大效用；二是优化工作流程，提高管理水平，提升组织效率；三是推进技术进步，加大企业培训力度，员工素质的不断提高，这是劳动生产率持续提高的重要保证。我国企业长期以来实施的劳动定额定员管理，实质就是提高劳动生产率的重要手段。

劳动定额定员管理，是通过对劳动者在劳动中的活劳动消耗，即通过对劳动时间、劳动方法及劳动的价值量因素、条件因素的研究，制定劳动的量和质，使劳动成为一种标准化的技术性活动和务实的经济性活动。当前，国有企业可以通过优化劳动定额定员管理来提高劳动生产率。传统的定额定员管理在很大程度上只讲工时不讲效益，没有发挥效率管理的功能。现在要改变传统的管理方式，结合企业科技进步和劳动者素质的提高，开展以改进工作方法和降低实耗工时为中心的新型“双定”效率管理。

□ 本章小结

薪酬预算是公司在一定时期内，为员工提供直接或间接薪酬所安排的货币分配的财务计划。薪酬预算必须以明晰的薪酬核算概念为基础，薪酬成本和人工成本（劳动力成本）是薪酬核算的基本范畴，薪酬成本是人工成本的重要组成部分。无论是薪酬成本还是人工成本，都可以建立四个维度的指标分析体系：水平指标、结构指标、投入产出指标和成本指数指标。

薪酬预算具有两大特征：一是人力资源管理特征；二是灵活性特征。薪酬预算必须建立在对员工、企业及环境三方面因素详细了解的基础之上，这些因素构成了薪酬预算的三维技术框架，薪酬预算的准确程度依赖于三维技术框架的精细程度。

在薪酬预算的编制过程中，必须注意薪酬预算应该至少包括当前财务年度和下一财务年度两个年度。薪酬预算的重点是整体基础薪酬。薪酬预算的编制方法主要有自下而上法和自上而下法。自下而上法的最大优点在于它对员工的绩效水平进行了翔实的考察，其不足之处则是工作复杂、不准确、周期长，管理者的决策通常是短期的，不能将组织的长期发展和短期利益有效地结合起来，不易于控制总体薪酬成本和人工成本。自上而下法的突出特点是与企业战略紧密相连，服从企业发展。自上而下法虽然能够控制总体的薪酬水平，但却使薪酬预算缺乏灵活性，而且确定薪酬总额的主观因素过多，降低了预算的准确性，不利于调动员工的积极性。自上而下法与自下而上法可以做到一定的优势互补，企业可以考虑将二者结合起来。

薪酬预算和预算监控是一个不可分割的整体，企业的薪酬预算需要通过薪酬监控来实现，薪酬预算监控报告包括三个互相关联的报告：薪酬预算概要、员工详细报告和员工报告。以往人们关注的重点都集中在预算控制程序设计的不同方法上，对于如何使用预算报告却少有人问津。实际上，考虑预算报告的不同使用方式是相当重要的。薪酬预算的使用通常分为三类：预算限制型、利润导向型、不考虑型。

薪酬预算评估的重要作用在于通过考察预算的作用与效果，为薪酬政策的调整和新预算的制定提供决策依据，提高薪酬预算的科学性。根据评估内容，薪酬预算评估主要分为以下两种：一是执行性评估。通过预算与实际支出情况的对比，分析引起预算偏差的原因。二是影响性评估。通过企业薪酬水平与市场薪酬水平的对比，以及预算执行前后员工行为的对比，分析预算对员工流动率和生产率的影响。

薪酬控制方法主要有三种：一是通过薪酬体系设计本身来实现；二是通过人工成本管理模型来实现；三是通过人工成本弹性控制来实现。前者是薪酬控制的制度手段，后两者是薪酬控制的行为手段。由于薪酬是人工成本的主要部分，所以薪酬控制与人工成本控制是高度一致的。

薪酬控制的实质是追求企业利润的最大化，薪酬成本收益的最大化，而不是薪酬成本的最小化。随着市场经济的发展，企业所面临的外部和内部环境都发生了根本性的变化，传统的薪酬成本管理越来越不能适应新形势的需要。为了能在激烈的市场竞争中站稳脚跟，企业必须进行薪酬成本管理的变革，变传统的被动式成本核算管理为主动的战略成本管理。

□复习思考题

1. 什么是薪酬预算？它与薪酬管理有什么关系？

2. 影响薪酬预算的因素有哪些？

3. 如何进行薪酬预算的编制、监控及评估？

4. 成本控制的实质是什么？谈谈我国企业薪酬成本管理面临的挑战及其战略选择。

5. 如何认识我国企业人工成本低，同时劳动生产率也低的困惑？

□案 例

M 企业运用预算控制管理人工成本的实践

在 M 企业快速成长的过程中，老板感到很困惑：成立一个投资公司/子公司/项目部，各负责人就会说人不够，逼着我签字招人，而且人总是不够。负责人力资源的总经办也拿不出很好的建议，能压就压，压不住就逼到我这里来了。财务中心年底利润核算时看不到预期利润。企业内部出现了营销中心“签单很热闹”、财务中心“资金运营紧张”、总经办“工资成本逐年水涨船高”、员工抱怨“收入偏低”的现象。下属和管理人员抱怨：“老板真小气，销售额越来越高，怎么发的工资没见涨多少？”财务部门也抱怨：“管理费用太高，能发的工资就这么多，总经办怎么不控制人员？”总经办更是觉得冤枉：“老板要扩展业务，我能不花钱招人进来吗？再说平均工资涨得很少啊！”

随着 M 企业对知识型人才的依赖性越来越大，人力成本成为企业支出的一个重要方面。企业老板迫切想知道：“我的钱到底用在了什么地方，在人力成本上我能支付多少？达到公司最高业绩目标时能发多少？达到公司最低目标时又能发多少？”因此，预算控制便成为重中之重，属于人工成本的事前控制。

M 公司作为一家集团化公司，为了真正发挥作用，达到适度控制的目的，决定对下属单位采用薪酬总额控制的预算管理模式，具体采用自下而上（下属公司和部门依据历史测算数据上报）和自上而下（与销售收入等关键业绩指标挂钩）相结合的方式，既引入新的人力成本管控模式，又与历史接轨保证平稳过渡。以下介绍五步法。

第一步：确定薪酬类型

（1）年薪类；（2）提成类；（3）其他类（不与效益直接挂钩）。

第二步：各薪酬类型的具体人员划分

（1）年薪类人员划分。如：总经理、副总经理、总工、技术中心经理/副经理、营销中心经理/副经理、商务中心经理/副经理、工程中心经理。

企业的高层管理人员、影响企业盈利的业务核心人员（营销中心、技术中心、商务中心、工程中心）正职可以实行年薪制。考虑到部门内部的协调性和配合性，副职岗位（营销中心副经理、技术中心副经理、商务中心副经理）也实行年薪制，让副职与正职共同努力，做好配合和分管工作。

(2) 提成类人员划分。如：B1 营销中心业务员/营销助理、B2 技术中心部长、B3 技术中心设计员、B4 调试技术员、B5 化验员、B6 商务中心预算员、B7 研发中心维修部全体人员。

考虑到 B 类人员年度薪酬总额的市场竞争性、月标准工资的延续性、月标准工资和提成的比例关系，逐年在保证年度收入逐步增加的同时加大提成的比例，降低月标准工资的占比。这是 M 公司薪酬策略的一个重要方面。B 类人员没有年终奖。

(3) 其他类（不与效益直接挂钩）人员划分。如：C1 总经理助理、总经办全体管理人员、财务部全体人员、商务中心采购人员、网络管理员、C2 后勤工人、C3 工程中心管理人员。

比如技术中心的网络管理员，虽然该岗位在技术中心工作，但因为该岗位对整个公司负责，不享受技术中心提成分配。由于 C 类人员对公司的价值不一样，他们的年终奖总额不同，所以对 C 类人员进行 C1/C2/C3 的分类。

第三步：A/B/C 类人员薪酬结构

薪酬结构包括月标准工资、津贴、年终奖、提成、其他几部分，其中标准工资包含岗位工资和绩效工资。

A 类：年薪。

B 类：标准工资（岗位工资＋绩效工资）、津贴、提成、其他。

C 类：标准工资（岗位工资＋绩效工资）、津贴、年终奖、其他。

第四步：方法和内容

依据公司年度经营目标、历史工资水平、B 类人员《提成类人员管理办法》、最高/考核/最低毛利额目标值、各类人员的年薪总额相对比例（比如年薪占工资总额的比例）、工资总额的计提比例（工资总额与毛利额的比例）确定各类人员的薪酬总额的预算。

薪酬总额预算内容：标准工资总额、津贴总额（住房、电话、夜班、出差等）、其他（加班、福利等）总额、提成、年终奖。

津贴、其他类总额预算是企业相对固定的支出，不与企业的效益直接相关，故对这两项支付单独做预算。主要是制定工资总额（标准工资、提成、年终奖）的分类预算，工资总额预算依据毛利额的一定比例 R（工资计提比例）提取，体现员工与企业同享成功、共担风险。

标准工资总额预算方法有两种：一种是自上而下的测算。将工资总额预算（根据 R 与毛利额计算出来）减去年薪制人员薪酬总额、提成类人员的提成总额、年终奖总额，余下部分即为标准工资总额，基于此再确定 A/B/C 类人员的工资占比（比如 A 类人员工资总额占工资总额的比例）。

另一种是自下而上的测算。参照历史工资水平（各类人员的年度收入）、市场水平、历史上 A/B/C 类人员的工资占比，A/B/C 类人员的年度总额制定标准工资总额预算。

这两个过程需要反复多次测算才能确定一个合理的总表，特别是对于第一次做的企业而言。

第五步：各类人员的薪酬总额预算

(1) 年薪类人员依据公司年度经营的最高/考核/最低目标确定最高/考核/最低年薪发放总额。依据年薪制岗位的重要性确定合理的标准年薪。实际年薪＝完成经营业绩对应的标准年薪×年度考核系数。

(2) 提成类人员依据 B 类人员现有的职务、标准工资总额、年度薪酬水平、B 类人员《提成类人员管理办法》、公司业绩目标，分别测算出 B1/B2/B3/B4/B5/B6/B7 人员的全年薪酬总额。

(3) 其他类人员年薪预算。C 类人员的标准工资总额依据历史平均值和增长比例确定，重点是确定 C 类人员年终奖总额预算。为了体现年终奖与公司效益挂钩，依据经营业绩确定年终奖总额。

在严格执行薪酬总额预算确定了年度薪酬总额之后，在日常薪酬发放管理时可以采用月度相对总量控制和年度决算控制。所谓月度相对总量控制就是将月度标定薪酬总额与销售收入等关键业绩指标的完成情况进行挂钩以确定月度应发薪酬总额。年度决算控制则是将年度标定薪酬总额与全年销售收入等关键业绩指标进行挂钩，其目的是保证全年不突破，同时建立削峰填谷、以丰补歉的薪酬总额管理机制，比如各子公司及部门年度薪酬最高发放额度不得高于预算总额的 1.3 倍，对于超出部分，形成薪酬调节池；在由于各种原因导致薪酬总额减少到一定程度时，可以通过薪酬调节池适当补充，避免薪酬产生太大波动。

另外，由于该企业正处于快速成长过程中，为了鼓励各子公司及部门负责人通过充分挖掘现有人员潜力、提高流程效率、优化岗位设置来提高部门效率，避免人员过快膨胀，在预算控制中坚持“加人不加预算，减人不减预算”的原则，这样就将控制人工成本的责任转移到用人部门。

总之，通过严格控制，不仅能够让各子公司和部门负责人了解到人工成本与公司总体效益的关系，同时，人工成本的压力也被传递到各用人部门。这样，前文中描述的困惑就不存在了，而且变成了推动各级管理者、员工工作的动力。

第 11 章　长期激励

有恒产者有恒心。

——《孟子·滕文公上》

20 世纪 90 年代，伴随着美国股票市场的牛市局面，在员工激励和薪酬制度设计方面，令人印象深刻的莫过于股票期权制度了。正如米尔科维奇在《从工资到薪酬——变化的一百年》一文中所指出的："与费塞尔 1952 年提出范围更大的期权相比，微软公司大力推广全员股票选择权，这使得比尔·盖茨成为 20 世纪 80 年代的领头羊。而这一制度的价值则远远超过了基本薪资、奖金和各种福利。"对企业的发展而言，员工的短期激励固然重要，但长期激励制度的设计，无论从理论还是实践的角度来看，都是十分重要的研究课题。

我国从 90 年代末期开始引入市场经济国家员工长期激励的理论、方法和技术。党的十六大报告指出："大力推进企业的体制、技术和管理创新。确立劳动、资本、技术和管理等生产要素按贡献参与分配的原则，完善按劳分配为主体、多种分配方式并存的分配制度。"这为我国企业探讨建立符合我国国情的长期激励分配制度指明了方向。本章将系统阐述长期激励与公司长期绩效的关系，总结并分析我国公司长期激励的实践状况，简要介绍员工持股、股票期权、虚拟股份、收益分享、管理层收购等基本知识和操作程序，通过案例描述和总结，加深人们对长期激励分配制度的实际感受和理解。

11.1　长期激励概述

11.1.1　长期激励的重要性

（一）长期激励可降低代理成本，提高长期绩效，推动公司薪酬制度的改革和创新

自 20 世纪 50 年代的“经理革命”以来，经营管理人员控制型的现代公司已经成为西方国家公司的典型特征，公司经营管理人员使得公司逐渐摆脱了所有者的控制而成为公司经营权力运行的实际主宰，从而在公司众多股东与经理人员之间产生了委托—代理（或称内部人控制）问题。降低代理人道德风险的基本途径有两条：一是增加代理成本，加强监督；二是报酬激励。代理成本是由于经营者代替股东对公司进行经营管理而发生的成本，包括支付给经营者的薪金等显性成本、经营者过失所造成的损失、股东的监督和管理成本等。由于信息不对称，股东无法及时掌握经营者的经营状况，通过长期激励方式，可以使公司长期利益与个人利益更好地保持一致，激发经营者的竞争意识和创造性，使公司发展壮大，在公司业绩提升的过程中获得巨大收益，从而有利于减少经营者过失给公司造成的损失，降低股东的监督和管理成本。

长期激励减少了经营者的短视行为，使决策的利益取向和风险取向更加符合公司的长期发展目标；同时，也提高了管理层的决策水平和管理效率，激发了经营者的积极性、竞争性、责任心和创造力。在一项决策不仅会影响公司的利益，同时也会明显地影响自身利益的时候，管理层在决策时就会慎重得多。如果对一项重大决策的后果并无完全把握，管理层就会反复斟酌、权衡，以选择最佳和最可行的决策，也会很自然地启动民主化决策的程序，接受专家或员工们的意见，进行决策；如果对一项重大决策的后果有了十足的把握，为了增加公司的利益，同时使个人利益最大化，管理层就会抓住商机，及时决断。所有这些都会在一定程度上避免或减少盲目、轻率的决策行为，有利于提高公司的运营质量和效率，改善公司业绩和效益，使公司得到长足发展。

在我国，国有公司和国有控股公司还没有建立真正意义上的现代公司治理结构。如何促使公司的管理人员增强工作的责任心，更加注重长远目标，真正把个人的利益与公司的利益结合起来，需要企业薪酬制度的改革和创新。长期以来，我国上市公司代理人的薪酬结构基本上是工资加奖金，公司与代理人之间的短期利益关系较重，难以形成长期的激励作用。长期激励计划可以使公司的长期利益与经营者的长期利益融为一体，有助于克服工资、奖金、年薪制等过于注重短期行为的现象，从根本上解决经营者行为的短期化问题，能有效地解决我国上市公司代理人长期激励不足的问题，还可增强经营者经营公司的动力，使经营者爱岗敬业，精心经营，矫正短视心理，在一定程度上消除“59 岁现象”。

（二）长期激励有利于公司吸纳、保留和激励优秀人才

公司的发展离不开人才，公司间的竞争归根结底在于人才的竞争。当前，许多跨国公司在我国设立了分支机构，利用高薪、出国机会、舒适的工作环境及良好的发展前景等吸引和挖走了国有公司大批人才。国有公司单纯依靠传统的基本工资加奖金的薪酬方式，已无法与之进行人才竞争。如何防止人才流失，是摆在国内企业，特别是国有公司面前的严峻课题。长期激励计划是解决上述问题的一项好措施，由于长期激励制度保证了有才能和有贡献的员工有机会获得相应的报酬，有利于公司形成开放式的股权结构，有利于吸引优秀人才，有利于稳定人才队伍，因此能比较有效地防止人才因报酬不对称而流失。对经营者和科技人员而言，这一点表现得尤为突出。

（1）长期激励的实质就是让公司拥有控制权的高级管理人员和技术人员，能够拥有一定的剩余索取权。长期激励使经营者和技术人员有正当的致富渠道。我国公司当前的通病是经营者制度外收入多、灰色收入多、缺乏责任心，约束机制并没有真正建立起来，其根源与经营者的收入偏低有一定的关系。长期激励有利于使经营者合理、合法致富，同时也有助于上述问题的解决，管理人员由被动地位转为主动角色，主动监督经营管理者的经营行为，主动抵制现有的一些腐败行为，因为腐败行为在损害公司利益的同时，也在损害管理人员的自身利益。

（2）能鼓励经理人员和技术人员承担必要的风险。传统上，管理层和技术人员不是公司的股东，管理层和技术人员在从事风险较大的投资活动或研发活动时，如果取得成功，成果归股东，管理层和技术人员无法分享；如果失败，管理者和技术人员的声誉下降，个人职业价值受损。因此，管理层和技术人员成了风险规避者和厌恶者，一般都不愿意冒太大的风险，而更偏好追求不出差错，过太平日子。实施长期激励制度后，管理层和技术人员的风险和收益比较对称，因此他们会改变原来的思想，在项目决策中承担风险的意识会明显增强。

（3）能激励经理人员进行长期项目的投资，矫正短视心理。美国学者比彻（Bechow）、斯洛恩（Sloan）和墨菲等人的研究证明，经理人员的短视心理是其在任期有限和传统薪酬制度下追求实现自身利益最大化的一种心理行为，尤其在接近离职时，他们往往会减少有价值的研究开发项目和投资项目，原因是他们的收入基于本年度或上一财政年度的财务数据，而会计数据本期只记入这些长期投资项目的支出，其结果必然会对现任经理人员的收入产生不利影响；而由于时滞原因，长期投资项目的收益将被记入下期的会计数据，有利于其继任者。实行期权分配以后，当公司长期投资的期望收益的贴现值大于短期投资的期望收益时，经理人员就会放弃短期投资，而偏好于进行长期投资，在增加公司未来利益的同时，增加个人的未来收入，而不会出现“自己栽树，他人乘凉”的现象。

（4）有助于体现经营者和技术人员人力资本的价值。长期激励有利于增加公司效益，而增加公司效益又是经理人员和技术人员业绩的一种表现，是对他们的经营领导才能和研发能力等各方面素质的一种肯定。对于他们来说，这就意味着其人力资本得到了增值。这会强化经理人员和技术人员的职业生涯，有助于他们

在未来取得更大的成功。

11.1.2　长期激励在我国的实践及面临的问题

（一）我国企业实施长期激励的现状

尽管我国公司实行长期激励的程度不同，范围不同，方式也千差万别，与西方真正意义上的股票期权等长期激励也有所不同，但是长期激励这种西方国家普遍采用的公司激励机制在我国公司中推广应用已是大势所趋。目前长期激励的主要形式包括：员工持股、虚拟股份、股票期权、管理层收购等。

从 1998 年开始，财政部便开始对期权长期激励分配制度的改革进行调研，并在中关村选择了联想、北大方正等六家公司进行试点。2005 年，财政部和国家税务总局联合下发了《关于个人股票期权所得征收个人所得税问题的通知》（财税［2005］35 号），对股票期权所得性质的确认和具体征税，以及对员工因拥有股权而参与企业税后利润分配取得的所得缴纳个人所得税作出了规定。2005 年 12 月 31 日，证监会发布《上市公司股权激励管理办法（试行）》，规定股权激励计划的激励对象可以包括上市公司的董事、监事、高级管理人员、核心技术（业务）人员，以及公司认为应当激励的其他员工，但不应当包括独立董事。上市公司全部有效的股权激励计划所涉及的标的股票总数累计不得超过公司股本总额的 10%。未经股东大会特别决议批准，任何一名激励对象通过全部有效的股权激励计划获授的本公司股票累计不得超过公司股本总额的 1%。上市公司董事会可以根据股东大会审议批准的股票期权计划，决定一次性授出或分次授出股票期权，但累计授出的股票期权涉及的标的股票总额不得超过股票期权计划所涉及的标的股票总额。北京市社科院、北京中关村高新技术公司协会对北京中关村园区 500 余家新技术公司的调查表明，公司经营者最关注的报酬方式是股权激励，占样本总数的 43.6%。

1997 年年底，上海率先推出公司经营者期权长期激励分配制度的试行方案，1999 年年中，在一些具备条件的市属国有独资和控股企业中开始试行。上海仪电控股（集团）公司成为第一家试行股票期权长期激励分配制度的公司，现在，公司除合资企业之外的所属九家子公司、分公司的经理管理层已全面实行了期权期股的改革，取得了显著的效果。如仪电集团下属的金陵股份、飞乐音响、飞乐股份等上市公司实行期股期权，充分调动了经营者的积极性和创造性，企业的发展势头十分喜人。以金陵股份为例，通过几年的运作，公司高层经营者个人累计拥有的期股期权达 100 多万元。经营者与企业结成了利益共同体，从“要我做”变成了“我要做”。

1998 年，东方通信开始实行内部职工虚拟持股制度。虚拟持股是指公司发行虚拟的股份，职工认购持有虚拟股份。这种虚拟股份不改变公司的股本结构，也不参与公司的利润分红，不具有投票权。虚拟持股的收益在于认购和收益结算期间的 A 股二级市场价差。虚拟股自认购起三年后结算。每年都有一批虚拟股份供认购。

1998 年，天津泰达股份股东大会在批准对管理层建立长期激励机制的基础上，于1999年9月正式推出《激励机制实施细则》，规定：公司将年增长15%作为重要考核指标；公司提取年度净利润的2%作为公司董事会成员、高层管理人员、重要技术骨干的奖励基金。该基金只能用于为激励对象购买泰达股份的流通股票并作相应的冻结，不得挪作他用。

1999年7月，北京市出台了《关于对国有企业经营者实施期股激励试点的指导意见（试行）》，并于11月25日正式宣布在10家公司进行试点。该指导意见规定：期股的奖励对象主要是董事长和总经理；经出资者与经营者商定，经营者在任期内可获得一定数量的公司股份；期权股份以既定价格认购；股份收益延期兑现；经营者以每年股份期权的收益或实股收益补足购股所需款项；经营者群体持股；所持股份一般为出资额的1～4倍。

1999年7月，上海贝岭推出了虚拟股票期权计划。公司每年根据经营状况和利润大小，从税后利润中提取一定的份额作为奖励基金，构成虚拟股份的物质基础。通过对奖励对象的业绩考核，制定分配虚拟股份的分配比例系数和额度，并与奖励对象签订合约，以签约日的市场价格的一定折扣作为虚拟股票的内部价格，从而计算出奖励对象所获得的虚拟股票数量，并在合约中规定兑现时间和条件。

2004年，《深圳市属国有企业建立经营者长效激励机制的指导意见（试行）》将股权激励的长效经营机制与年薪制结合起来，选定赛格集团、国际信托公司、机场集团、盐田港集团等13家代表性的大型国有公司先期试行。产权单位可选择增值奖股、直接购股、虚拟股份、分红权、股份期权等方式作为对公司经营者的长效激励。[①] 经营者所得权益由控股股东统一托管、分户管理，任期内不得转让；除分红外，其他权益均可继承；对经营者的激励上不封顶。

2005年6月，天津某民营公司实施虚拟股份制，既可以对高级经理进行激励和约束，也没有动摇家族持股的根基。公司是家族型企业，主要股份控制在夫妇二人手中，由于创业艰难，两人都不愿意实质性出让股权。但随着公司的发展壮大，管理层会自然而然地产生对股权的要求。既要激励管理者，又要保持对公司的绝对控制，防止高级管理层尾大不掉，一个看似并不矛盾的问题正在成为家族型企业老板普遍面临的"二律背反"难题。实施虚拟股份将公司的未来收益和未来业绩紧密挂钩，起到了应有的长期激励作用。

2010年1月1日至2011年6月30日的一年半间，中小板及创业板块政策放开，带动了A股上市企业的长期激励实践。其间，86家A股上市公司实施了长期激励，其中，中小板及创业板上市公司就有52家，150家公司通过股东大会审议即将实施长期激励，而此前的一年半间（2008年7月1日至2009年12月31

---

① 增值奖股：指在公司净资产收益率超过预定目标时，在扣除非经营收入后超出目标以上的部分，分档按递增比例、按当期每股净资产的价格折算成公司股份奖励给经营者。直接购股：指经营者在任期内可按当期净资产价格或一次性或分期付款购买本公司股份。虚拟股份：指经营者完成经营目标所获得的奖励按当期每股净资产的价格折算成虚拟股份，经营者依此享受分红和股份增值收益，并可在适当时机将其所有的虚拟股份转为等量实股。分红权：指经营者完成经营目标时可获得一定数量的分红权，分红可逐年累积。

日），A 股上市企业中实施和通过审议的公司分别为 23 家和 33 家。[①]

(二) 目前实施长期激励存在的主要问题

1. *观念落后*

在计划经济时期，我国对公司实行集中、统一的管理体制，公司没有自己的独立利益，没有自主分配权，经营者和职工生产的积极性、主动性和创造性主要靠思想政治觉悟和提升机遇来调动，因而也就没有实施长期激励的必要。当时的价值观认为，股权、期权分配只能是资本主义的东西，受到彻底的否定和批判。

20 世纪 90 年代以来，企业开始实施工资收入与贡献和效益挂钩、多种要素参与分配、工资总额决定、适度拉开收入差距等一系列改革措施，并取得了一定成效。但是进一步改革面临观念更新的问题。比如，许多人认为，长期激励是一种未来概念，公司的未来业绩具有不确定性，不如年薪制现实和实惠。人们对薪酬制度的改革创新意识不强，习惯于使用传统的比较简单的分配管理方法和措施。或者，人们虽然对现状表示不满，但仅停留在发发议论或牢骚上，不愿意大胆尝试，怕承担制度改革的风险。一旦实行长期激励，他们也担心公司经营者与职工的收入差距明显拉大，超出职工的心理承受力。

2. *法人治理结构不完善*

长期激励的设计离不开建立健全现代公司制度。[②] 产权多元化和完善法人治理结构是公司长期激励分配的财产权利基础。而我国国有企业目前面临的一股独大和董事会虚设等法人治理结构问题，严重制约了公司有效分配机制的建立。

3. *市场环境不利*

股票价格应当是一定时期社会经济运行状况的晴雨表。如果市场投机性强，内部人操纵市场行为突出，使股价不能正确反映经营者的业绩和公司的价值，经理人业绩难以得到市场的公允评价，那么长期激励的激励依据就失去了科学的基础。特别是如果证券市场管理水平低，信息披露不规范，经理人就可以利用虚假信息掩盖其实际业绩的低下，上市公司、券商、庄家联手炒作更会使股价偏离内在价值。在市场监管乏力、管理手段缺乏这样的背景下实行长期激励，其作用将大打折扣。另外，建立健全劳动力市场，形成灵敏、准确的劳动力市场价格和经理人员的自我约束机制，也是非常重要的。而在我国国有公司，包括大多数改制公司经营者的选拔上，目前仍然缺乏公平、公开的竞争，而是以委派任命方式居多。勉强推行长期激励制度，不能获得绝大多数人的理解和支持，也很难行

---

① 普华永道：《2011 年中国企业长期激励调研报告》，2012。

② 美国的公司治理结构比较健全。以外部独立董事为主的公司董事会承担审定公司经营战略、任免 CEO 的责任。董事会下设三个委员会，分别是：提名委员会、薪酬委员会和审计委员会，成员主要由外部独立董事（outside directors）组成，分别承担公司 CEO 等高层管理人员的提名、薪酬决定、公司财务审计等职能。公司实行全面的信息公开制度，高层人员的股票期权计划及其实行情况、薪酬最高的前五名人员的详细薪酬项目及数量金额等必须向股东和证券交易委员会（SEC）报告，会计制度明示股票期权成本。上市公司的股票期权计划必须得到股东会的承认，而且股东代表诉讼制度为小股东提供重要的保护。有的公司董事会下设福利委员会，将针对职工的福利计划与长期激励的结构制定方案。

得通。

4. 科学、合理的考评指标和体系有待完善

长期激励的设计离不开相关评价指标的确定。目前在对经营者的考核中，只考虑年度业绩，对考评长期激励的实施效果的指标研究不够。如何增强与市场关联程度的指标、如何增强长期激励收益的横向可比性的指标、如何增加关于公司战略发展和发展潜力方面的指标等，在目前我国资本市场不规范的前提下，都是有待深入研究和探讨的问题。没有科学的考核指标，当股票价格远远背离公司业绩时，就会产生要么经理人员轻而易举地一夜暴富，要么一夜之间使其权益化为乌有的现象，最终都将降低长期激励应有的作用。

5. 法律法规体系建设滞后

严格的法律法规体系的建设对确保公司合理和合法实施股票期权等长期激励制度，信息公开和公正披露，阻止高层经理滥用权力、搞内部交易以及不合规持有股票，确保资产评估中介机构的健康发展等都有着十分重要的作用。我国目前有关法律规定，上市公司不能预留公司股份、不能买卖自己的股票等，这些都极大地制约了上市公司实施股票期权激励。对经营者所拥有的权利和应该承担的责任、经营者违法时应受到的惩罚，以及中立审计机构规制等，都需要从法律的层面加以健全和完善。①

11.2 员工持股计划

员工持股计划最早试行于20世纪50年代的美国，在随后的半个世纪中，被世界大多数国家和地区广泛采用。在长期激励制度的设计中，它是一项十分重要的内容。

11.2.1 员工持股计划的基本知识

（一）员工持股计划的概念

员工持股计划是指由企业内部员工出资认购本企业的股权，委托给员工持股会作为社团法人进行托管运作，从而达到企业员工参与企业管理、分享红利的目的的新型股权形式。该计划产生的理论背景主要有以下几点：

1. 路易斯·凯尔索和他的双因素理论②

美国经济学家兼律师路易斯·凯尔索（Louis Kelso），基于他青年时期对美国经济大萧条的观察和理解，在其《充分就业的谬论》和《资本主义宣言》两部著作中，先后论述了他的经济思想，即生产要素只有资本和劳动两种，随着社会

---

① 比如，许多西方国家的法律规定，在公司破产时，除了依法追究公司经理渎职行为的责任外，还规定原公司经营者在一定时间内或者永远不得担任经理、董事等职务。

② 参见路易斯·卡尔萨，皮·卡尔萨：《民主与经济力量——通过双因素经济看员工持股计划革命》，南京，南京大学出版社，1996。

工业化进程的逐步深入，资本要素对生产的贡献要大于劳动要素，由此决定了资本的拥有者在社会财富分配中的所得要大于劳动要素的所有人，众多劳动者只能分享本来就不多的劳动要素占有的财富份额，从而导致在经济增长效率不断提高的同时，经济公平性越来越低，贫富差距拉大。凯尔索认为，解决此类问题的关键在于建立一种使资本主义所有权分散化的新机制，使得所有人都可以同时分享从劳动和资本中获得的收入。他的这种经济思想被经济学界总结为双因素理论，也被认为是员工持股计划最重要的理论依据。1967 年，路易斯·凯尔索正式提出了员工持股计划，1974 年，美国参议员拉塞尔·朗吸收了凯尔索员工持股计划的主要内容，主持制定了《退休员工收入保障法》，这是美国第一部有关员工持股计划的法律，也是迄今规范美国企业制定员工持股计划的最重要的一部法律。

2. 马丁·魏茨曼和他的分享经济理论

美国经济学家马丁·魏茨曼（Martin Weitzman）针对美国出现的经济滞胀问题，于 1984 年在其著作《分享经济——用分享制代替工资制》中做了视角独特的分析，并提出了自己的解决建议。他认为，可以将员工的报酬制度分为工资制度和分享制度，从而可以将资本主义经济划分为工资经济和分享经济。资本主义经济出现滞胀，主要是因为有效需求不能持续、稳定地存在，其症结就在于分享制度带来的收入远远不足，解决方法就是通过舆论宣传、税收优惠等手段把一部分工资制度变为分享制度，提高分享收入。该理论为员工持股计划的广泛推进营造了宽松的舆论环境和优惠的宏观政策。

3. 人力资本理论

舒尔茨在 1962 年论述了人力资本及人力资本产权问题。他指出，必须承认劳动是一种资本，劳动者拥有这种资本的产权。企业建立在人力资本拥有者和物质资本拥有者达成的合约的基础之上。这种思想奠定了人力资本理论的基础。经明塞尔、贝克尔等学者的不断完善和发展，人力资本理论在当今社会得到了广泛认同；同时，随着知识经济时代的到来，企业员工作为知识的拥有者，其资本含量和重要性不断上升，这些都为实施员工持股计划创造了有利条件。

（二）员工持股计划的基本术语

认股权——公司授予员工在一定时间内以约定价格购买约定数量公司股票的权利。

实施股票转让——员工使用认股权购买股票。

公平市场价格——在指定日期，证券交易最高价与最低价的平均数。

（三）员工持股计划的实施效果及评价

在西方国家，员工持股计划的设计和实施主体是企业，主要追求经激励而产生的更高的劳动生产率。从效果上看，大多数计划都比较理想。比如，美国西北大学的梅伦（Mehran）教授针对 382 家实施员工持股计划的企业所做的研究显示：四年内，与没有实施员工持股计划的同类企业相比，这382家企业平均每年的资产收益率高出2.7%，股东收益率高出6.9%；四年后，382家公司中有303家公司继续存在，与行业平均水平相比，其资产收益率高出14%，股东收益率高出12%。[①] 其他一些相关研究也得出了类似的结论。[②]

但是，实际情况要复杂得多。员工持股计划属于一种长期激励方式，由于从购买到有权处置股票（往往是退休时）这个时间跨度对个人来讲过于漫长，因此造成了员工对今天努力工作与很多年后公司股票价格大幅度上升是否相关，或相关度多大产生怀疑。另外，公司股价不仅是由公司业绩决定的，经济周期的变动、关键历史人物的更迭、行业的景气程度、国家政策调整、股票市场的规范与否（尤其是在不规范的证券市场上，资金操纵使股票市场价格往往不能反映公司的真实业绩）等诸多因素，都对股价产生着非常重要的影响，这些影响又具有突发性和难以预料性。

11.2.2 员工持股的分类

（一）全员持股

全员持股是最常见的一种员工持股形式，凡是在实行该类计划的企业中连续工作年限符合本企业规定的员工，都可以获得一定额度的认股权。员工的资历、技能、职级等均可能影响其获得认股权的数额。

（二）技术人员持股

技术人员持股大规模地出现在20世纪90年代的北美。知识经济的到来和新技术的广泛应用，使得技术人员对企业的重要性和不可替代性提高到了一个前所未有的高度。技术人员获得大量的认股权有助于防止优秀人才和核心技术流失。

（三）管理人员持股

目前，美国基本上所有的大公司对管理者都采取短期激励和长期激励相结合的激励方式，管理者持股即属于所谓“金手铐”的重要组成部分。同时，认股权的多少与管理者的工作绩效紧密挂钩，为了获得行权时的高收益，管理者必须把自己的利益与公司的整体发展联系起来。

11.2.3 员工持股计划的实施流程、实施方式和实施中应注意的问题

（一）实施流程

（1）确定实施员工持股计划所需股份的来源。公司可以采取发行新股的方式，也可以由所有者出让股份。

① Godfrey, J. E., “Does Employee Ownership Really Makes a Difference,” *CPA Journal*, 1, 2000, p. 13.

② Chilton, Kenneth W., “Lincoln Electric's Incentive System: A Reservoir of Trust,” *Compensation & Benefits Review*, Nov/Dec 94, Vol. 26, Issue 6, p. 29.

（2）成立评估小组或外聘专业公司对实施员工持股计划进行可行性分析，包括整体成本及公司财务状况、公司大股东的意见、市场可能出现的波动、员工士气等。

（3）对公司价值和实施计划所需股份进行价值评估。上市公司可以计算市值，未上市公司要聘请专门的会计师事务所等机构进行独立评估。

（4）设计实施方案。

（5）确定资金来源。资金可通过公司赠与、贷款、利润分享等渠道筹集。

（6）成立员工持股计划基金会，选择合适的信托机构实施计划。

（二）实施方式①

1. 通过发行新股筹集股票的实施方式

主要步骤如下：

（1）成立基金会，作为购买和运作股票的主体。

（2）由基金会向银行或其他出资人筹资。

（3）由基金会以市场公平价格购买股票。

（4）基金会控制股票，公司保证偿还贷款，基金会以手中的股票作为抵押。

（5）公司向基金会提供足以偿还贷款本息的资金。

（6）基金会偿还贷款。

2. 通过市场方式筹集股票的实施方式

主要步骤如下：

（1）成立基金会，作为购买和运作股票的主体。

（2）由基金会以计划购买的股票作为抵押担保，向出资人借款。

（3）由基金会用借款以市场公平价格购买股票。

（4）由基金会用所获利润偿还贷款。

（三）实施中应注意的问题

（1）要保证基金会是独立的、合法的实体，不受公司控制。只有基金会不受公司的控制，才能保证整个过程的公正性，监督公司真正履行义务，及时、足额交割所需股票；同时，也能防止持股的员工违约。

（2）要严格评估参与计划的员工资格。作为激励手段，只有保证激励对象正确，才能充分发挥激励的功效。

（3）要注意员工的持股比例。持股比例过小，会降低激励作用，也会减弱员工代表在董事会的发言权，不利于公司治理；持股比例过大，将影响市场对资本的配置。

（4）要避免强迫员工参与员工持股计划。

---

① 参见李素君，张曙光：《企业员工持股计划及其应用》，载《现代管理科学》，2005（5）。

11.3 股票期权

根据有关资料考证，早在公元550年，有关在古希腊时期开发橄榄油期权合约的实例，已经在历史书中有所记载。在古罗马文献中也发现了有关西班牙的金属，特别是银的期权交易的实例。20世纪70年代，期权市场进入了以场内交易为主的有组织的标准化发展时期。1973年4月，美国芝加哥期权交易所（Chicago Board Options Exchange）的成立，标志着有组织的标准化期权市场开始出现。正如考克斯、罗斯和鲁宾斯坦（Cox，Ross & Rubinstein）在他们著名的二叉树模型中所概括的那样，“期权交易已经有了几百年的历史，但是直到1973年引入了场内编号交易以前，期权交易一直是相对不著名的金融工具。此后，在美国的证券市场上，期权交易有了前所未有的扩大”①。尽管近年来，微软公司的股票价格持续低迷，使股票期权失去了原有的吸引力，公司正在考虑将提供期权直接改为提供股票，但在90年代IT产业蓬勃发展的阶段，微软公司利用期权策略吸引了大量人才加盟，公司获得了巨大成功，也使许多员工通过期权和股票成为了百万富翁。

11.3.1 股票期权的基本知识

（一）股票期权的概念

股票期权是指上市公司授予公司人员，如高级管理人员和核心技术人员在未来一段时期内，以事先商定的价格和条件认购本公司一定数量股票的权利。股票期权是公司所有者赋予公司人员的一种特权，这种权利不能转让，期权的价值只有经过公司人员的若干年努力，公司得到发展、每股净资产提高、股票市价上涨后，才能真正体现出来。当这些所购的股票在市场上出售时，公司人员即可以获得当日股票市场价格与事先商定的价格之间的差价。股票期权是一种未来概念，如果在股票期权到期日之前，管理人员离开公司，或者经营者无法达到约定的业绩目标，那么这种权利就会被放弃。

（二）股票期权的基本术语

标的股票——根据股权激励计划，激励对象有权获授或购买的上市公司股票。

权益——激励对象根据股权激励计划获得的上市公司股票期权。

授权日——上市公司向激励对象授予股票期权的日期。授权日必须为交易日。

行权——激励对象根据股票期权激励计划，在规定的期间内以预先确定的价

① John C. Cox, Stephen A. Ross, Mark Rubinstein, “Option Pricing: A Simplified Approach,” *Journal of Financial Economics*, 7, 1979, p. 229.

格和条件购买上市公司股份的行为。

行权价格——上市公司向激励对象授予股票期权时所确定的激励对象购买上市公司股份的价格。

可行权日——激励对象可以开始行权的日期。可行权日必须为交易日。

看涨期权——购买股票获益的权利。

到期日——期权有效期的最后截止期限。

看跌期权——卖出股票获益的权利。

欧式期权——只有在合约到期日才允许行权的期权。

美式期权——在合约到期日以前的任何时间都可以行权的期权。

11.3.2　实施股票期权计划的方法步骤

（一）股票期权的赠与

（1）股票期权的赠与对象。具体人员由董事会选择，被赠与人员主要是公司的高级管理人员和科技开发人员，一些公司面向全职员工赠与期权。一般规定，当某高级管理人员拥有该公司 10%以上的投票权时，未经股东大会批准，不能参加股票期权计划。大多数公司的外部董事按照公司规定都不能参与普通股票期权计划。参与制定期权计划的人不能享受股票期权。

（2）股票期权的赠与计划的审批。该赠与计划必须是一个成文的计划，且计划的制定与实施必须经过股东大会批准。

（3）股票期权的赠与程序。董事会决定向员工赠与期权时，必须以信函形式通知被赠与人，被赠与人自赠与之日起在若干天内确定是否接受期权赠与，如果超过可以考虑是否接受的时间接受，或在期权赠与计划终止之后接受，则不予受理。被赠与人是否接纳以其在通知单上的签字为证。被赠与人可以在期权允许的限额内自行决定被赠与数量。

（4）股票期权赠与所需股票来源。股票一般来源于四个方面：库存股票、增发新股、从二级市场回购、大股东转让。公司将这一部分股票放入库存股票账户，不在外流通。当期权持有人发出行权指令时，公司将利用库存股票行权。公司承担所有的库存股票成本费用。

（5）股票期权的不可转让性。经理人员购买股票期权后，成为公司的人力资本股东，其目标与股东目标一致，从而可以有效地防范道德风险问题。假如经理人员通过行权将股票期权处理或卖掉，激励作用将不复存在。为了避免这种情况发生，必须对代理人的转让行为进行限制。一般的做法是不允许经理人员出售其拥有的股票期权，除非通过遗嘱转让给继承人，不得以交换、记账、抵押、偿还债务或利息支付等形式将期权给予有关或无关的第三方，其配偶在某些特定情况下对其股票期权享有夫妻共同财产权，同时规定股票期权的保留期和保留率。如果违反这些限制性条款和规定，将受到处罚。

（二）股票期权的时间管理和行权价格的确定①

股票期权授权日与获授股票期权首次可以行权日之间的间隔不得少于1年。股票期权的有效期从授权日算起，不得超过10年。在股票期权的有效期内，上市公司应当规定激励对象分期行权。股票期权有效期过后，已授出但尚未行权的股票期权不得行权。

上市公司在下列期间内不得向激励对象授予股票期权：一是定期报告公布前30日；二是重大交易或重大事项决定过程中至该事项公告后2个交易日；三是其他可能影响股价的重大事件发生之日起至公告后2个交易日。

激励对象应当在上市公司定期报告公布后第2个交易日，至下一次定期报告公布前10个交易日内行权，但不得在下列期间内行权：一是重大交易或重大事项决定过程中至该事项公告后2个交易日；二是其他可能影响股价的重大事件发生之日起至公告后2个交易日。

上市公司在授予激励对象股票期权时，应当确定行权价格或行权价格的确定方法。行权价格不应低于下列价格中的较高者：一是《股权激励计划草案摘要》公布前一个交易日公司标的股票的收盘价；二是《股权激励计划草案摘要》公布前30个交易日内公司标的股票的平均收盘价。

（三）股票期权的权利调整②

上市公司因标的股票除权、除息或其他原因需要调整行权价格或股票期权数量的，可以按照股票期权计划规定的原则和方式进行调整。上市公司依据前款调整行权价格或股票期权数量的，应当由董事会作出决议并经股东大会审议批准，或者由股东大会授权董事会决定。律师应当就上述调整是否符合《上市公司股权激励管理办法（试行）》、公司章程和股票期权计划的规定向董事会出具专业意见。

11.3.3 股票期权的税务问题

财政部、国家税务总局《关于个人股票期权所得征收个人所得税问题的通知》规定：一是员工接受实施股票期权计划企业授予的股票期权时，除另有规定外，一般不作为应税所得征税。二是员工行权时，其从企业取得股票的实际购买价（施权价）低于购买日公平市场价（指该股票当日的收盘价）的差额，是因员工在企业的表现和业绩情况而取得的与任职、受雇有关的所得，应按“工资、薪金所得”适用的规定计算缴纳个人所得税；对因特殊情况，员工在行权日之前将股票期权转让的，以股票期权的转让净收入作为工资薪金所得征收个人所得税。三是员工将行权后的股票再转让时获得的高于购买日公平市场价的差额，是因个人在证券二级市场上转让股票等有价证券而获得的所得，应按照“财产转让所

①② 参见《上市公司股权激励管理办法（试行）》。

得”适用的征免规定计算缴纳个人所得税。四是员工因拥有股权而参与企业税后利润分配取得的所得，应按照“利息、股息、红利所得”适用的规定计算缴纳个人所得税。

目前按照个人所得税计算缴纳的税收是较高的。假定某公司于 2012 年 1 月 1 日授予某高层管理人员 5 万股股票期权，行使期限为 10 年，当年约定价格为 1 元/股。如果到了 2015 年 1 月 1 日，公司上市或股票价格上涨到 10 元/股，该高层管理人员可以按 1 元/股购进，再按 10 元/股卖出，获利 45 万元。按照个人所得税税率表，适用 45%的税率，应纳个人所得税为 450 000×45%－13 505＝188 995（元）。

11.3.4　股票期权计划的实施和监督

1. 股票期权计划的实施

公司通过董事会来管理实施股票期权计划，董事会有权决定每年的股票期权赠与额度、赠与时间表以及在发生突发性事件时对股票期权计划进行解释并作出重新安排。当因股票期权计划而增发股票、修改股票期权计划受益人范围以及修改股票期权赠与数量的上限时，需在年度股东大会上获得股东批准方可实行。当税法变更或者股票期权计划的规模过大时，董事会有权在未征得股东同意的情况下变更股票期权计划中的部分或全部条款，甚至中止该计划。董事会有权终止股票期权计划或者终止薪酬委员会对股票期权计划的管理权限。即使股票期权计划已经终止，经理人持有的可行权的股票期权仍然可以执行。公司可依据股东大会或董事会的决议在任意时间终止股票期权方案的实施，一旦终止，将不再赠与期权，但方案的其他条款将继续有效。

2 建立比较规范的监督制度

对期权计划设立与行使人的权利、获授人条件、赠与条件和数量、期权变更和丧失等条款作出明确规定，力求计划合理和公正。为了避免经理人操纵信息披露和制造概念，增大不正当的期权获利空间，在行权时间上必须作出严格规定，比如在重大信息披露前后 10 个交易日不得行权。

11.4　虚拟股份

股票期权制度实施的前提是存在上市公司，且该公司具有或能获得公开发行的股票。而在我国，大量公司并未公开上市，即使上市目前法律也不允许预留股份或在市场上买卖自己的股票；换言之，实施股票期权的股票来源产生了困难。正因为如此，一种称为“虚拟股份”的长期激励制度便产生了。

11.4.1　虚拟股份的基本要点

（一）虚拟股份的概念

对虚拟股份目前存在几种不同的解释。

定义1：虚拟股份并非真正的公司股份，而是在公司内部虚构出一部分股票，仅在账面上反映，采用内部结算的办法，在公司奖励资金中单独列出虚拟股分红专项资金。以虚拟股份授予时和行使时股份的差价乘以持有的股数，计算应得的收益。这样做既产生了激励作用，又解决了股票的来源问题。由于未来收益和未来业绩紧密挂钩，因此更容易被高级经理人接受。①

定义2：虚拟股份制与购股期权制的设想是：政府给国企管理者虚拟股份，拥有虚拟股份的人只拥有按股份分红的权利，不拥有实际股份资产。虚拟股份以风险金的形式购买，管理者按分配的虚拟股份缴纳风险金后，就可以在公司盈利的情况下按分配的股份参与分红，在公司亏损的情况下按分配的股份比例扣风险金。政府也可以在制度允许的情况下给有决策权的主要管理者购股期权，使管理者利益与企业利益能够高度一致。②

定义3：虚拟股份的概念是：按照在册在岗职工人数，根据职工个人的工龄长短、贡献大小、专业技术职务高低等，将公司拥有的全部资产折算为职工个人股份。这种股份，职工个人只有经营权而没有所有权，不能分割后变为个人财产，不能作为遗产继承，而且只在本公司有效，经营好坏与职工的切身利益包括养老退休金相联系，终身受用。③

定义4：虚拟股份是指公司授予激励对象一种虚拟的股票，受益人可据此享受一定数量的分红权和股价升值收益，此时的收入即未来股价与当前股价的差价，但这部分虚拟股票没有所有权，没有表决权，不能转让和出售，在离开公司时自动失效。

我们认为，虚拟股份首先是虚拟的，即不是真正意义上持有的股份；或者说，持股人不是真正意义上的股东。其次，它是借助于股份计算的给予激励对象的一种长期收益权利。这种收益有两种形态，一种是借助上市公司的股价变动计算的收益，国外通常将这种计划称为股票增值权计划；另一种是借助非上市公司的股权收益（如分红）所计算的奖励型基金收益。

（二）虚拟股份的基本术语④

虚拟持股的收益——名义收益是认购和结算期间的二级市场价差，或者公司的股权收益，实际收益则源于公司为此设立的奖励性基金。

虚拟股份的发行——按一定比例分成两种：固定性虚拟股份和激励性虚拟股份。为了使风险和收益对称，固定性股份每股需缴纳一定数额的定金；激励性虚拟股份用于奖励当年有突出劳动贡献和重要岗位的人员，无须缴纳定金。

收益资金来源——结算时的收益资金源于每年的奖励型基金预算。而预算总

① 参见《东方通信股权激励的新尝试》，中国改制网，2001-11-29。

② 参见鲁醒：《国企出路在于建立利益共享分配机制》，http：//www.daixie.com/Article/lunwenzs/zqgl/200608/787.html，2006-08-23。

③ 参见卢恒武：《用虚拟股份形式统一权责利》，载《中国船舶报》，2002-05-10。

④ 参见《东方通信股权激励的新尝试》，中国改制网，2001-11-29；高波，崔苏玲：《年薪虚股制：非上市公司的激励设计》，中华财会网，2004-01-08。

规模与公司经营状况相联系。这就使职工持股的收益与二级市场股价及公司经营业绩相挂钩，从而达到股权激励的作用。

虚拟股份的标的物——可选择某一关键的财务指标作为虚拟股份的标的物，一般可选用净资产收益率，也可根据公司的实际情况选用其他的财务指标或者若干个财务指标的加权综合。所选用的财务指标必须是一个相对量指标，以保证不同年份之间的可比性。为消除财务指标的异常波动和人为操纵的影响，可将平均值作为激励的结算依据。

虚拟股份的保证金——保证金比率的制定具有极其重要的意义，因为它直接决定着激励程度的大小。保证金比率过小，未来所能带来的收益较小，同样，可能带来的损失也就较小，则激励程度较小；保证金比率过大，未来所能带来的收益较大，同样，可能带来的损失也就较大，则激励程度较大。保证金比率的制定，可在保持一定激励程度的前提下，由经理人员自己决定。在决定了保证金比率后，用股份价值乘以该比率，就可以得出每份股份所应缴纳的保证金。初始保证金从当期利润奖金中扣除，它等于当期利润奖金中扣除现金收入后的剩余部分。

虚拟股份的购买价——以当前的财务指标数值或前几个会计年度财务指标的加权平均值，作为高级管理人员买入虚拟股份的依据，也可以高于这一数值，但不能低于它。

虚拟股份的变现——变现期限可规定为三年左右，不宜太短。根据虚拟股份购入期限的不同，到期后分批变现。

投机行为的预防——由于虚拟股激励中杠杆效应的存在，个别高层管理人员可能会专门投机于虚拟股激励方案，人为操纵各种财务会计指标，以获取暴利，而不把精力放在经营管理上。由此，要在激励方案的设计上尽可能做到详细完备；同时，要制定有关处罚规定，对这种投机行为进行严惩。

（三）对虚拟股份计划的简要评述①

（1）实行虚拟股份后，股东大会将代替职工代表大会的职能。股东代表通过股东大会选举董事会和监事会，决定公司的重大方针政策，行使当家做主的权利。职工所持股份在公司内可以通过契约的形式在一定的期限内向所信赖的人聚集，由小股变成大股，大股东是众多小股东的代表，把大股东推入董事会，由董事会聘任经理等管理人员。如果对大股东失去信任，可在一定的时限内按一定程序收回个人股份，重新进行组合。

（2）虚拟股份的杠杆效应可以激励职工关心公司，开源节流。将职工的未来和公司股票的市场表现捆绑在一起，能极大地激发职工的工作意愿、责任心、成本意识和主人翁精神。职工所持股份不仅是一张凭证，它还是领取工资，获得福利、年终分红和缴纳社会养老保险金的凭证，其价值每个经营年度调整公布一

① 参见卢恒武：《用虚拟股份形式统一权责利》，载《中国船舶报》，2002-05-10；《东方通信股权激励的新尝试》，中国改制网，2001-11-29。

次。这种股份还具有一定风险，一旦公司亏损或破产，职工所持股份自然贬值消失，直到失去依托而失业。

（3）虚拟股份有助于完善分配制度，强化激励与约束机制。职工虚拟持股制度在按劳分配原则的基础上，引入股权分配制度，将虚拟股本和贡献一并纳入分配体系，进一步体现了分配的公平性和科学性。虚拟股份不仅具有收益性，而且具有风险性，一旦公司经营状况不佳，职工持有的虚拟股份将会相应地贬值。这可以使职工加强自我约束，追求公司财富的最大化和长期、稳定的发展。

（4）虚拟股份有利于强化监督机制。虚拟股份使员工具有“员工”和“准股东”的双重身份。作为“准股东”，员工会对公司的各种经营行为进行监督。

（5）实行虚拟股份制后，公司仍可以接受外来投资入股，也可以对外联营或投资设立合资公司。已经离退休的职工继续按已有的办法过渡到完全与公司脱钩。公司依法经营，照章纳税，承担必要的社会义务。公司的目标是利润的最大化。公司的运作可基本按照《中华人民共和国公司法》的规定相对规范化，成为新型的公司制公司，现代公司制度也就随之建立起来了。

但是虚拟持股制度与国际上通行的员工持股计划及期权激励相比，仍有一些缺陷。第一，虚拟股份并非真实的股份。持有虚拟股份的员工不能像真实股东那样行使股东投票权，对公司经营产生重大影响。第二，虚拟股份与二级市场的联系并不十分紧密，虚拟股份的收益虽然来自二级市场价差，但实际收益受奖励性基金预算规模的限制，员工并不能从二级市场的抛售中获取收益。对于公司而言，虚拟股份的分配收益只能从公司经营费用中支出，不能从利润中分配，对公司而言是一个较大的负担。

11.4.2 实施虚拟股份计划的方法步骤①

1. 确定公司每年发放虚拟股票的总股数

确定虚拟股的总股数是虚拟股份制的第一个要点，必须为以后各年虚拟股的增加留出空间。如果今后随着虚拟股的增加，每股利润分红减少得太多，容易引发高级经理人员的不满；但是，如果虚拟股设置过少，激励力度不足，也不会起到预期的激励效果。因此，需要充分考虑公司的支付能力和对经理的激励力度的平衡；同时，虚拟股总股数的确定要充分考虑公司未来可以达到的经济收益，在实际执行中主要考虑高级经理的奖励基金以及老板的虚拟股票赠送。

2. 确定虚拟股票的内部市场价格

公司虚拟股票的内部市场价格并不等同于同类公司实际股票的二级市场价格，但是应参考后者的股价水平，以留出充分的虚拟股升值空间，但今后将根据相关公司的股价进行调整。具体调整办法是：在受益人离开公司要求兑现虚拟股时，如果同行业股价的升幅高于本公司虚拟股价的升幅，则予以适当的股价补偿。

3. 确定公司虚拟股票计划的受益人

通常，第一批受益人主要是高级项目经理及其他管理人员，由人力资源部确

---

① 参见张一：《天津某民营公司：虚拟股份制》，载《中国商业评论》，2005-06-14；高波，崔苏玲：《年薪虚股制：非上市公司的激励设计》，中华财会网，2004-01-08。

定并对外公布。中层管理成员则首先考虑工作年限和工作岗位的重要性（例如，一线的市场部就更重要一些），在该范围之内，再根据当年的业绩考核数据，选择绩效考核前20%的成员作为受益人。

4. 确定各计划受益人当年所获虚拟股票奖励的数量

根据公司每年确定的总股数和各计划受益人的分配比例，按各人相应的分配比例确定其当年所获的虚拟股票的数量。分配虚拟股权时，公司运用了“二八法则”，即在获得虚拟股票的人员中，占总数20%的核心项目经理获得总额度的80%，其余人员则获得剩余的20%。虚拟股权每年发放一次，形成一个滚动发展的格局。这样，公司的虚拟股总量每年都会有所增加。

5. 虚拟股票的兑现

公司虚拟股票的获得者可以在持有虚拟股票一定时间后逐步将其兑现（它需要在持有股份合同中加以明确规定），在不能兑现期间只有分红权，没有决策权。兑现期限一般设为四年。持股人获得兑现权后可以自由选择是否兑现。根据公司目前的实际情况，虚拟股票收入在经理收入中所占的比重控制在20%～50%之间。

11.5　管理层收购

自20世纪60年代起，全球范围内的通货膨胀加速，公司市价持续下跌。而英国在70年代仍然追求大而全的多样化的大公司，其结果是公司机构臃肿、效率低下、官僚作风盛行。现实迫使这些大公司求变，于是公司剥离成了它们甩掉包袱最常用的方法，亦即用分拆的方法使业绩不佳的子公司及辅助业务脱离母公司，以达到母公司在市场竞争中无羁绊的效果。而这些剥离的方法通常是将这些子公司出售，但在大环境不景气的情况下，这些经营业绩不佳的子公司很少有人问津。然而，这些子公司的管理层则熟知其经营业务、发展前景以及不为外人所知的潜力，于是管理层收购便发生了。因此我们说，在很大程度上，起源于英国的管理层收购制度是公司分拆的结果。管理层收购在我国是近些年出现的新生事物，诸如宇通客车、粤美的、深圳方大、佛塑股份等上市公司试行了管理层收购方案。

11.5.1　管理层收购的基本知识

（一）管理层收购的概念

管理层收购（management buy-outs，MBO）是杠杆收购（leveraged buy-outs）的一种特殊情形，是指目标公司的管理层通过借贷融资购买本公司的股权或资产，从而改变本公司的所有者结构、控制权结构和资产结构，使管理层以所有者和经营者的身份控制目标公司，并获得预期收益的并购行为。

1. 关于MBO概念的争议

理论来源于实践。在实践中，管理层收购不仅顺利地剥离了母公司业绩不佳的子公司和辅助业务，而且实施了管理层收购的子公司，并没有因此退出市场的舞台，反而在竞争中展示出了生机勃勃的活力。1980年，英国经济学家迈克·怀特（Mike Wright）率先提出了管理层收购的概念，并在理论上给予新的发展。怀特认为，MBO应该包括两种：一是MBO（management buy-out），是指由在职管理层收购所任职的企业、公司的股权；二是MBI（management buy-in），是指由外部人员实施收购，随后在所收购公司、企业内部担任高层管理人员。显然，怀特提出建立MBO制度的最初目的是，认识到MBO制度中的管理人员也就是公司的所有人，这会使公司的代理成本大大降低，所以他并不认为MBO的收购者必须是目标公司的管理者，而是允许外部人员收购，只要收购以后成为被收购公司的高层管理人员即可。而目前我国的一些学者却对MBO的概念有不同的见解。①

2. 关于MBO制度的理论基础分析

科斯在其《企业的性质》一文中论述：企业可以看做市场的替代物，企业之所以存在，是因为它能节约市场的交易成本。企业不会完全代替合同，但却使合同大大减少了，因为企业不必与它的员工签订一系列合同。而企业规模的效率边界是：企业将倾向于扩张，直到在企业内部组织一笔额外交易的成本，等于通过在公开市场上完成同一笔交易的成本或在另一个企业中组织同样交易的成本为止。由此可以看出，20世纪70年代，英国追求大而全的多样化的大公司所导致的机构臃肿等问题并不是偶然的，利用MBO制度剥离不景气的子公司和辅助业务却是公司继续生存的必然选择。从经济分析的角度来看，企业实施MBO制度的另一个理由是代理人成本理论。如前所述，怀特提出MBO的初始动力是，认识到了实施管理层收购可以使企业的代理成本大大降低。如果管理层没有或者只有一小部分股份，其结果就是管理层工作缺乏动力并导致额外的职务消费，而这些消费将由企业的所有人或者其他所有的股东来承担；而如果在像上市公司这样股东特别分散的情况下，其监督管理层的成本就更高了，而且单个股东也没有动力和财力来对管理层进行监督。"代理人问题"大量出现在60年代的美国，职业经理们享受着豪华轿车、办公室和高级秘书，无休止地追求权力的支配感，并试图通过公司的多元化发展和规模扩张来满足自我。而我国目前的很多国有企业同样存在这种情况。当然，除了代理人成本理论外，理论界还认为马斯洛的激励机制理论、产权学派的产权激励理论、魏茨曼的利润共享理论等都为MBO制度提供了理论依据。

（二）管理层收购的基本内容

1. MBO的主要特征

（1）MBO的主要投资者是目标公司的管理层以及掌握某种核心技术的具有

① 郎咸平认为，国际上讲的MBO不是指管理者购买自己所在企业的产权，这里的BO是指buy out，是购买外边的股票，像中国这种"自购自"应当叫做MBI，即购买内部股（buy in）；但是国内也有学者认为，无论是西方、转轨国家还是第三世界国家提到的MBO，都是指经理购买本企业，BO的意思是buy out，就是"完全买下"、"买断"之意，而不是"买外边的"意思。

不可替代作用的职工，他们通过 MBO 以所有者和经营者合一的身份控制目标公司。

（2）MBO 主要是通过借贷融资来完成的，目标公司的管理人员要有较强的组织运作资本的能力，融资方案必须满足贷款人关于风险—收益的要求，也必须为权益持有人带来预期的价值和收益。

（3）MBO 的目标公司要有巨大的资金潜力（指成长良好的现金流量），或存在潜在的管理效率空间（指提高效率，降低代理成本或可出售部分业务、部门）。

（4）收购成功后，管理层要通过重新调整资产、剥离低盈利性资产、降低运营成本、革新技术、改变市场策略、提高销量来增大现金流；同时，也可以通过资本运作的方式，使公司重新上市，或者将股权出售套利。

（5）MBO 多发生在成熟行业。成熟行业产生的现金流量较为稳定，这将加强企业的负债能力，从而有助于 MBO 中的债务融资。此外，稳定的现金流量同时也是管理人员进行人力投资所得回报的表现形式。

2. MBO 的方式

（1）收购资产。MBO 的收购资产方式是指管理层收购目标公司的大部分或全部资产，以实现对目标公司的所有权和经营权的实际控制。

（2）收购股票。MBO 的收购股票方式是指管理层从目标公司的股东那里直接购买股票，以实现对目标公司的所有权和经营权的实际控制。

（3）综合证券收购。MBO 的综合证券收购方式是指收购主体对目标公司提出收购要约时，其出价是现金、股票、公司债券、认股权证、可转换债券等多种形式的组合。综合来看，采用综合证券收购，既可避免支付太多的现金，又可以防止控股权的转移。

（三）对管理层收购的简要评述

1. 管理层收购的优点

管理层收购集产权改革和股权激励优势为一体，制度适用面广，能够在较大程度上实现所有者利益与经营者利益的一致性。具体来说，实施管理层收购有以下优点：

（1）有利于企业明晰产权。由于历史的局限性和外部因素的干扰，我国绝大多数集体所有制企业都存在产权界定不清、名义产权界定和事实利益分配不一致等问题。MBO 可以帮助这些企业理顺现有的产权关系，以规范化制度重新确认企业产权的归属关系，解决它们的燃眉之急。

（2）有利于降低代理成本，解决委托—代理关系中激励不足、约束乏力的问题。MBO 在很大程度上实现了公司所有权和经营权的结合，经营者利益与所有者利益趋于一致，大幅降低了交易成本，有利于提高公司的经营绩效和市场价值。

（3）有利于实现管理者的自我激励与自我约束。MBO 可以将经营者的风险责任和经营绩效挂钩，有力地调动经营者的积极性，提高经营管理效率；同时，所有权和经营权合一，使经营者获得了自我约束的动力，因为经营失败意味着管理层不仅会损失全部自有资本，还可能为此承担巨大的偿债压力。

（4）有利于国有资产的剥离和重组。通过MBO国有企业可以调整现有资产结构，剥离非核心业务，将有限资源集中配置在具有竞争优势的核心业务上；而选择向管理层和员工出售股权是最稳妥、最快捷的方式，不仅可以保持经营者队伍的稳定性，提高资产经营效率，而且可以通过与原母公司（或集团）达成合作协议，使被剥离的资产继续为其提供服务。

2. 我国MBO实施过程中存在的一些问题

（1）我国现行法律制度滞后于管理层收购发展的需要。MBO的运作必须在现有法律框架允许的范围内完成。《中华人民共和国证券法》和《中华人民共和国公司法》的有关规定是MBO操作中无法回避的问题。在具体操作过程中，由于我国尚无针对管理者收购的明确政策规定，所沿用的法律依据主要是来自涉及国有及集体资产转让的有关规定，以及证监会颁布的《上市公司收购管理办法》、《上市公司股东持股变动信息披露管理办法》中有关管理层收购的方法、信息披露及监管等内容。现行政策法规中存在诸多限制，阻碍了MBO的发展。另外，各地区的规定不尽相同，不具备统一适用性和立法权威，这也在一定程度上制约了管理层收购制度的顺利推行。2005年，国资委和财政部共同颁布了《企业国有产权向管理层转让暂行规定》（国资发产权〔2005〕78号），同年12月，国务院公布国资委《关于进一步规范国有企业改制工作的实施意见》（国办发〔2005〕60号），自此以后，没有新的文件推出，如何在我国实施MBO有待在国有企业深化改革中继续探索和研究。

（2）金融市场发展滞后，阻碍了管理层收购的顺利实施。管理层收购标的金额巨大，远远超出管理层个人支付能力，整个收购过程需要金融资本的大力支持。目前我国资本市场尚不健全，员工入股或持股方式以个人出资或职工集资为主，银行只允许向证券公司提供股票抵押贷款，尚不允许向企业或个人提供股权贷款。我国《银行贷款通则》中“不得用于股本效益性投资”的规定制约了银行向MBO提供融资的行为；证券公司和保险公司也不允许介入这种融资业务，股票市场和债券市场发展滞后，信托公司与MBO基金才刚刚起步；银行即使向MBO提供变通融资，往往也会因为“收购方不能以被收购公司的资产作抵押”的规定而受到限制。

（3）股权定价缺乏公允性，成为市场争论的焦点。在MBO实施的过程中，最关键且最敏感的问题在于收购价格的确定。目前我国MBO的转让定价不透明，流通股股东不能同等享有低价受让非流通股的权利，MBO在现阶段的实施存在国有资产流失的嫌疑。如果没有一个明确的法规来约束和规范MBO的操作过程，将极有可能导致管理层收购行为发生扭曲，并存在脱离原有轨道的危险。

（4）缺乏相应的专业中介机构作为管理层的配套因素。我国中介机构总体发展水平不高，缺乏高素质的投融资、金融理财、资产重组和企业管理方面的专家团队，专业素质参差不齐，其业务经营还受到一定的政策限制，这已成为部分已完成MBO的公司未能实现资产重组和价值提升预期目标的重要原因之一。

（5）缺乏真正的企业家和完善的企业家市场。我国目前的企业领导人还不具备独立发展企业的应有条件，仍有相当数量的国有企业领导人是通过党政干部标准任命产生的。由于缺乏完善的职业经理人市场，经营管理人员的流动缺乏必要的管理规范手段，企业家价值很难通过市场竞争得到公正体现，从而增加了实施 MBO 的过程中管理层持股比例确定标准的难度。由于缺乏经理人市场，MBO 的实施有可能变国有股的“一股独大”为管理股的“一股独大”，管理层可能利用其相对控股地位，通过损害其他股东的利益来谋取自身利益最大化，并最终断送企业的发展前景。

11.5.2　实施管理层收购的方法步骤

（一）实施程序

1. 方案策划设计阶段

由于各个企业的情况千差万别，各地对国有或集体资产的管理归属等问题又有各种不同的规定，同时有效运用当地的政策法规可极大地促进 MBO 的运作成功，因此，成功的 MBO 首先取决于良好的方案，主要包括组建收购主体、协调参与各方的工作进度、选择战略投资者、收购融资安排等。

2. 收购操作阶段

这一阶段是 MBO 实施方案确认后的实际收购操作阶段，主要工作环节包括评估、定价、谈判、签约、履行。实施的焦点主要是收购价格的确定及其他附加条款的确定。操作阶段涉及许多 MBO 的实施技巧，纯熟的资本运作将减少从方案到现实的成本。

3. 后续整合阶段

这一阶段最重要的工作是对企业进行重新设计和改造，包括未来发展规划的制定、对公司业务和资产的重整、资产结构的改善等等。通过本阶段的工作，解决 MBO 过程中形成的债务，同时实现 MBO 操作的各种终极目标。

（二）实施技术

1. MBO 的融资渠道

管理层收购涉及的标的金额较大，通常远远超过管理层个人的支付能力，因此，MBO 的成功实施必然伴随着融资活动才能实现。现阶段主要的融资渠道有以下四种：

（1）银行借贷资金。通过股权质押的方式向银行借贷，这种方式成本相对较低，可以通过逐年转贷的方式减轻还款压力，这是目前大多数企业实施 MBO 最主要的融资渠道，但是其资金使用的合法性受到较多质疑。

（2）信托资金。《中华人民共和国信托法》为 MBO 带来了可操作性的融资工具，也为信托投资公司拓展了一个崭新的业务品种。在 MBO 的实施过程中，创造性地运用信托这一法律关系，可以解决 MBO 过程中收购资金的来源和安全性等方面存在的难题，使向信托公司融资的渠道变得十分畅通。例如，苏州精细化工集团公司董事长徐建荣和总经理顾一平就是借力苏州信托 1.25 亿元的杠杆资金完成了MBO。

（3）风险投资和战略投资者资金。通过设计合理的融资方案，保证上述机构的资金安全和收益，并对退出渠道作出合理的安排。

（4）由股东单位提供融资。

2. MBO的还款资金来源

我国企业实施MBO主要的还款资金来源是：经营分红、部分资产变现、部分股权转让、引入战略投资者等。

3. 如何进行资产的处置和定价

如何进行定价是MBO实施的重点和难点之一。由于当前大多数企业（尤其是上市公司）都是以评估后的净资产作为定价的依据，这样基本保证了国有资产的保值增值，但是由于大多数国有企业的资产盈利能力较差，很多国企还存在着大量的非经营性资产，因此，在评估之前，资产的处置是非常必要的，即在收购之前压缩目标公司的资产泡沫并在合理的范围内处理坏账，剥离非经营性资产（或以一定的折扣打包出售），以提高资产质量，降低收购成本与收购后的经营压力。另外，在评估方法选择方面，建议将成本法与收益法有机结合起来，这样评估出来的结果能更贴近资产的真实价值。在对资产定价时，应在职工补偿安置的基础上，充分考虑到管理层和员工的贡献，同时兼顾国有出资者的利益，最终匡算出一个双方都能接受的价格。

4. 如何设计合适的收购主体

在MBO的实施过程中，构建合适的收购主体是重要的一环，改制后的公司可以是有限责任公司，也可以是股份有限公司，应在收购前对收购的相关法律主体进行预先布局，防止出现违反上述规定的事项发生。收购主体可以是管理层以自然人的身份持股，也可以由经营管理层组成管理层控股公司持股，非上市公司还可以由员工以职工持股会的名义持股。收购主体的设计是否合适对企业MBO的成败影响较大，丽珠医药集团股份有限公司的管理层收购就是由于收购主体的设计存在问题而导致MBO最终流产。

5. 如何进行股权结构安排

在安排股权结构时，管理层和员工共同成为新公司的股东，其中，管理层应在新公司中实现控股；同时，一般都考虑引入战略投资者或者基金共同持股。为了解决将来新进骨干的持股问题，建议保留一定量的内部法人股。

（三）实施中应注意的问题

由于企业实施MBO改制涉及企业产权体制上的重大变革，因此必须高度重视，加强领导，有效组织和协调整个改制工作。

聘请在MBO改制方面有成功案例和丰富经验的专家担任改制顾问，保证改制的顺利进行。

在员工中进行无记名调查，以掌握持股者的心态。无论是劳方还是资方，无论是大股东还是小股东，了解他们每个人的真实想法，寻找他们都能认同和接受的临界点和平衡点，作为持股方案的立足点。

应考虑方案中涉及的其他问题。除上述内容外，作为一个完整的 MBO 改制，如何做好改制的宣传工作及未来的战略发展规划，如何兼顾改制各相关主体的利益等，这些都是在实施 MBO 时必须认真考虑并加以妥善解决的问题；否则，改制将很难获得圆满成功，即使草草做完了，也可能蕴藏着极大的法律风险和经营风险。

□ 本章小结

20 世纪 90 年代以来，在发达市场经济国家，特别是美国，长期激励获得了前所未有的高度重视。与短期激励相比，长期激励可降低代理成本，提高长期绩效，推动公司薪酬制度的改革和创新，并有利于公司吸纳、保留和激励优秀的人才。尽管我国公司实行长期激励的程度不同，范围不同，方式也千差万别，与西方真正意义上的股票期权等长期激励也有所不同，但是长期激励这种西方国家普遍采用的公司激励机制在我国公司中推广应用已是大势所趋。目前长期激励的主要形式包括：员工持股、虚拟股份、股票期权、管理层收购等。

在我国实施长期激励所存在的主要问题是：观念落后，法人治理结构存在缺陷，市场环境不利，科学、合理的考评指标和体系有待完善，法律法规体系建设滞后等。

员工持股计划最早试行于 50 年代的美国，在随后的半个世纪中，被世界大多数国家和地区广泛采用。在长期激励制度的设计中，它是一项十分重要的内容。在理论上，它源于路易斯·凯尔索的双因素理论、马丁·魏茨曼的分享经济理论，以及人力资本理论等。在实践层面，它包括全员持股、技术人员持股和管理人员持股等多种形式。

股票期权计划是 90 年代以来最流行的一项长期激励计划。它是指上市公司授予公司人员，如高层管理和核心技术人员在未来一段时期内，以事先商定的价格和条件认购本公司一定数量股票的权利。股票期权是公司所有者赋予公司人员的一种特权，这种权利不能转让，期权的价值只有经过公司人员的若干年努力、公司得到发展、每股净资产提高、股票市价上涨后，才能真正体现出来。

虚拟股份是针对国内实施股票期权计划的限制而产生的一种长期激励制度。虚拟股份是虚拟的，即不是真正意义上持有的股份，它是借助于股份计算的给予激励对象的一种长期收益权利。

管理层收购即 MBO，是指目标公司的管理层通过借贷融资购买本公司的股权或资产，从而改变本公司的所有者结构、控制权结构和资产结构，使管理层以所有者和经营者的身份控制目标公司，并获得预期收益的并购行为。MBO 的初始动力是降低企业的代理成本。在中国，一些公司已开始实施这种制度。完善我国现行的法律制度、发展金融市场、公平确定股权、建立专业化的中介机构和推动企业家市场的形成，都是有效实施这种长期激励制度的重要条件和内容。

□复习思考题

1. 简述公司建立长期激励制度的作用和意义。
2. 简述公司长期激励与短期激励的联系与区别。
3. 试述我国建立公司长期激励制度的现实基础。
4. 论述员工持股计划的主要经济学思想。
5. 试述期权激励的一般操作规程。
6. 论述管理层收购在国有企业及国有控股企业的可行性。

□案　例

天津某民营公司：虚拟股份制

公司背景

公司成立于1987年，是国家一级建筑施工企业，天津市重点骨干企业。公司2004年营业额达8亿元，利润为5 000万元。2003年来，随着房地产市场的升温，建筑安装市场的竞争也日趋激烈，公司的高级项目经理出现了流失现象。这使公司不得不对其产权制度进行改革。公司是家族企业，主要股份控制在夫妇两人手中，由于创业艰难，两人都不愿意实质性地出让股权，思来想去，他们精心选择了一种虚拟股份制，既可以对高级经理进行激励和约束，又没有动摇家族持股的根基。大多数家族企业老板的创业历程都充满了酸甜苦辣，因此，对股权和控制权相当敏感，不愿意实质性地出让股权。但随着企业的发展壮大，管理层会自然而然地产生对股权的要求。既要激励管理者，又要保持对企业的绝对控制，防止高层管理人员的尾大不掉，一个看似并不矛盾的问题正在成为家族企业老板普遍面临的“二律背反”难题。天津某大型民营企业的虚拟股份制，为我们实现家族企业老板与管理层的股权制衡提供了一个典型的模板。

公司设计的虚拟股权方案实施步骤如下：

第一步，确定公司每年发放虚拟股票的总股数。该公司的方案设置了1 000万股，每股1元，之所以最终确定设置1 000万股，是考虑到新增虚拟股也有分红权，也要参加以后各年的利润分红，因此将其控制在第一年占全部分红权的10%左右，而后老板又从自己的利润分红中拿出500万股，作为对高级管理人员的虚拟股赠送。因此，实际虚拟总股本为1 500万股。

控制点：高层管理人员出走往往会使民营企业遭受极大损失。因此，民企老板在激励高层管理人员时，往往是既想激励又怕激励。

虚拟股份的分配方式则巧妙地解决了这一矛盾。用奖金变相购买＋赠与，一方面可以体现老板对高层管理人员的激励，同时，由于用自己的奖金购买了部分股份，高层管理人员也容易产生一种依赖心理，其离职会受到企业的限制，不容易采用无法控制的出走方式。

第二步，确定虚拟股票的内部市场价格。在第一年定价的基础上，未来公司股票价格的计算方式为：重点考虑税后利润和净资产收益率的变化，两个因素所占的比重分别为60%和40%，另外，还要考虑同行业目标公司股价的变化。例如，按照这种方式，假定第二年公司的利润增加了20%，净资产收益率增加了10%，那么公司的虚拟股价格将上升20%×60%+10%×40%=16%。但是，如果同行业公司的利润平均增加了30%，净资产收益率平均增加了15%，那么，公司的盈利上升可能是行业市场中较好的，这是由市场决定的，公司管理人员的努力在其中的作用可能并不大，因此可以从公司的股价上升中扣除这一市场因素。按照公司给出的数字，公司与行业平均水平的差距为50%（这是一个简单的数字，如果与行业平均水平的利润和净资产收益率都不同，也是按上述比重计算复合差距），那么，虚拟价格的上升比例也要扣除50%，最终股价为提升8%。差距越大，扣除就越多。如果公司的盈利水平高于同行业水平，也会有一个相应的虚拟股价格的二次调整，例如，如果公司的盈利水平高于同行业水平50%，股价就会在现有的基础上再提升50%，即提升24%。在确定了第二年虚拟股价的基础上，进行第二年虚拟股的设置工作（假定新股价是1.8元，如果增加1 000万股，则需要1 800万元）。

这种做法虽然表面上损失了一些利益，但会对当前在职者产生一个稳定的预期，使其安心工作，与上市公司的员工相比，达到一种利益平衡。

第三步，确定公司虚拟股票计划的受益人。第一批受益人主要是高级项目经理及其他管理人员，由人力资源部确定并对外公布。中层管理成员则首先考虑工作年限和工作岗位的重要性（例如，一线的市场部就更重要一些），在该范围之内，再根据当年的业绩考核数据，选择绩效考核前20%的成员作为受益人。

控制点：对受益人进行考核评价，并据此确定虚拟股票的分配比例系数，是方案的关键控制点之一。因此，一定要确定科学的考核标准。目前，公司使用的考核方法是关键业绩指标法。

第四步，确定各计划受益人当年所获虚拟股票奖励的数量。在分配虚拟股权时，公司运用了“二八法则”，即在获得虚拟股票的人员中，占总数20%的核心项目经理获得总额度的80%，其余人员则获得剩余的20%。考虑到公司目前的现状，公司主要管理人员所获虚拟股份额以15%为上限。虚拟股权每年发放一次，形成一个滚动发展的格局。这样，公司的虚拟股总量每年都会有所增加。

第五步，虚拟股票的兑现。公司虚拟股票的获得者可以在持有虚拟股票一定时间后逐步将其兑现（它需要在持有股份合同中加以明确规定），在不能兑现期间只有分红权，没有决策权。兑现期限一般设为四年。持股人获得兑现权后可以自由选择是否兑现。根据公司目前的实际情况，虚拟股票收入在经理收入中所占的比重控制在20%～50%之间。

在初期，经理不必出钱购买股权（只是从其年度奖金中扣除一部分购买虚拟股）；在工作满一定年限之后，可套现所有股权；若中途离职，则根据实际工作月份按比例套现其股权。

控制点：虚拟股在不能兑现期间只有分红权，没有决策权。套现有前提条件，当前的规定是在公司工作满四年。

资料来源：张一：《天津某民营公司：虚拟股份制》，载《中国商业评论》，2005-06-14。

□案 例

新浪 MBO 收购

一、简介

2009年9月28日，以CEO曹国伟为首的管理层将以约1.8亿美元的价格购入新浪约560万普通股，成为新浪第一大股东。根据这项购股计划，新浪管理层将通过 New-Wave Investment Holding Company Limited（新浪投资控股有限公司，以下简称新浪投资控股）进行此次管理层收购。新浪投资控股是一家在英属维尔京群岛注册的公司，由新浪公司总裁兼CEO曹国伟以及其他管理层成员控制。新浪向新浪投资控股增发约560万股普通股，收购总价约1.8亿美元。增发结束后，新浪的总股本将从当时的约5 394万股扩大到约5 954万股。新浪投资控股占新浪增资扩股后总股本的约9.4%，成为新浪第一大股东。根据美国证券交易委员会的规定，单一机构投资人在上市公司中的持股比例不得超过10%，新浪投资控股加上新浪董事会和管理层（共计11人）持有的2.19%的股权，合计超过了10%，这样新浪投资控股的力量就显得非常稳固。曹国伟声称："不可能再有其他玩家能从资本层面入侵新浪。"

这项收购已经得到新浪董事会的批准，同时无须履行其他审批手续。新浪投资控股持有的新浪股份将有6个月的锁定期，而增发筹措的1.8亿美元资金将会用于新浪公司未来可能发生的收购以及公司的正常运营。

二、实施步骤

1. 设立壳公司

在MBO的实施中，管理层通常需要共同设立一个壳公司并以法人的名义展开收购活动。为了完成大业，曹国伟精心设计了一个"加长杠杆"的MBO方案——在英属维尔京群岛注册成立新浪投资控股作为杠杆。和大多数MBO案例通过借钱增持股票的路径不同，曹国伟引入了三家私募资金作为控制公司的股东，以分散其中的风险。新浪投资控股公司的普通股股东主要包括新浪的管理团队，同时中信资本、红杉中国以及方源资本等三家私募基金作为优先股股东投资了新浪投资控股公司。以上各家私募基金将有权指派一位董事加入新浪投资控股的董事会，而新浪管理层有权指派四位董事从而占有董事会的多数席位，并对新浪投资控股公司拥有控制权。然后，新浪向新公司增发约560万股普通股，作价1.8亿美元。增发结束后，新浪投资控股占总股本的约9.4%，成为新浪第一大股东。曹国伟的方案还有一个妙处，就是定向增发，"这只需新浪董事会批准，无须其他手续"。曹国伟后来透露，新浪董事长汪延对此感到非常兴奋。

2. 收购定价

MBO定价成为收购过程中最敏感的问题，其中的关键是优惠程度。由于购买股权者是对本企业做过重要贡献并且企业将长期依赖的管理层，无论从情感上还是在企业长期利益上，都要给予一定的优惠。本次收购中，新浪管理层将以每股32.14美元的价格买入560万股普通股，这一价格与上一交易日收盘价的35.25美元每股相比，有了8.8%的折扣。对此，专家表示，管理层增持的股价打9折完全是遵照国际惯例，对这个问题不存在什么疑问。

3. 收购资金来源

MBO的前提是解决收购资金来源问题，这是成功实现收购的关键。由于管理层出资一般比较有限，为实现杠杆效应，收购融资就成为一项要求高度技巧的工作，需要在一系列融资安排如赠送、借贷、信托融资、分期付款中选取合适的手段和手段组合。本次收购中1.8亿美元巨额资金的来源为管理层、私募加贷款。以曹国伟为首的新浪六人管理团队出资5 000万美元，曹国伟抛售50万股个人持有的新浪股票，套现2 251万美元；三家私募基金出资7 500万美元；美林证券提供5 800万美元贷款。

三、后续

收购毕竟只是一种手段，并不是最终目的。收购的最终目的是对企业的后续发展有利，因此，对实施MBO的上市公司来说，应对企业实施MBO之后的发展予以高度重视。在谈及未来的规划时，曹国伟表示："未来新浪一方面会继续围绕企业的核心竞争力在网络媒体以及网络广告方面扩大领先优势，同时也会在垂直领域进行深入拓展，在手机互联网、游戏及电子商务等各方面开拓新的业务和新的收入来源。"从目前的情况来看，随着经济的复苏，网络广告市场正在不断回升。相信新浪的发展前景是美好的。

资料来源：http：//blog. sina. com. cn/s/blog _ 70a4c0cd0100o36h. html.

第Ⅲ篇　趋势篇

第 12 章　薪酬管理变革与创新

变革时代已经来临。变革无所不在，而且持续不断，这已成为一种常态。

——迈克尔·哈默，詹姆斯·钱皮：

《改革公司——企业革命的宣言书》

在经济全球化和外部竞争不断加剧的今天，变革和创新是当代管理领域讨论最多的话题，也是最热门的话题。变革和创新涉及管理领域每一个方面，也是薪酬管理理论研究与实践发展不可回避的重要内容。本章我们试图对现代薪酬管理变革的动因、目标及效果进行较为深入的分析，并结合国际薪酬管理理论和实践的发展，探讨影响我国薪酬管理实践的理念变化与技术创新问题，并在此基础上预测我国薪酬管理实践的发展趋势。

12.1　薪酬管理变革的动因与目标

12.1.1　薪酬管理变革的动因

薪酬在整个人力资源管理中起着领导、支持和变革诱因的作用，人力资源管理的最终目标是为企业赢得并保持竞争优势。① 有效的薪酬管理能够支持企业的人力资源战略，并最终支持企业整体经营战略的实现，有助于企业应对来自社会、竞争对手以及法律法规等方面的挑战。20 世纪以来的管理实践证明，没有一种薪酬制度可以适用于所有的企业，或者为企业不同的发展阶段服务，但不管采用哪种薪酬管理方案，都要尽可能地顺应迅速变化的商业环境并支持企业的持

① Gerhart, "Pay Strategy and Firm Performance," in *Compensation in Organizations: Current Research and Practice*, eds. S. L. Rynes and B. Gerhart (San Francisco: Jossey-Bass, 2000); Barry Gerhart and Sara Rynes, *Compensation: Theory, Evidence, and Strategic Implications* (Thousand Oaks, CA: Sage, 2003).

续发展。正如德鲁克所说，“今天还是肯定无疑的事情，明天总是成为荒谬绝伦的”①。今天最合适的薪酬方案也许到明天就会成为过时的东西。

自第一部有关薪酬的教材 *Methods of Industrial Remuneration*（David Schloss，1892）② 问世 100 多年来，有关薪酬管理的变革持续不断，新思想、新概念、新工具层出不穷（见表 12—1）。薪酬管理的主题也随着时代变迁发生了明显的变化，如表 12—2 所示。

表 12—1　　薪酬管理实践的持续变革

时间	薪酬管理变革	说明
1895 年	泰勒的激励性报酬计划	推行差别计件工资率，将个人的绩效水平与所得报酬总量联系起来
1904 年	第一个股票红利计划（stock bonus）	杜邦公司为高绩效的管理人员设计了第一个股票红利计划（每年最高 1 万美元）
1914 年	基于工作的福利计划（work-based welfare programs）开始广泛应用	该年美国已有超过 2 500 家企业开始使用某种工作福利计划
1916 年	第一个延期利润分享计划（deferred profit sharing）出现	哈里斯信托储蓄银行（Harris Trust & Savings Bank）应用了第一个延期利润分享计划
20 世纪 20 年代	技能工资首次出现	H. H. Franklin 公司首次使用了技能工资（每掌握一项新技能，将获得 4%的工资增长）
1929 年	美国首次出现年收入超过 100 万美元的 CEO	伯利恒钢铁公司（Bethlehem Steel）的 CEO 成为美国第一位年收入超过 100 万美元的 CEO
1933 年	颁布《美国国家工业复兴法案》（National Industrial Recovery Act）	确立工人有集体谈判的权利，规定了标准工作时间和最低工资
1938 年	颁布《公平劳动标准法案》（Fair Labor Standards Act）	政府加强了对工作时间、加班时间、最低工资和童工问题的规制
1938 年	第一个海氏工作评价系统（Hay Point Plan）问世	首次应用于宾夕法尼亚州一家有 1 100 名员工的商业银行
1945 年	关于斯坎伦计划（Scanlon plan）的首次报道出现	由约瑟夫·斯坎伦于 1938 年提出的一种团体奖金制度，因劳动力实质节省而增加的利润将由全体员工与雇主分享
1950 年	股票期权（stock options）出现	受税收政策的影响，越来越多的公司开始应用股票期权计划
1952 年	全员股票期权计划（employee-wide stock options）出现	美国辉瑞公司引入了第一个全员股票期权计划
60 年代初	工资指导线（wage guidelines）出现	将工资和福利的增长与生产力的增长相挂钩

① 彼得·德鲁克：《大变革时代的管理》，51 页，上海，上海译文出版社，1999。

② George T. Milkovich, Jennifer Stevens, “From Pay to Rewards—100 Years of Change,” *ACA Journal*, Vol. 9, No. 1, First Quarter 2000.

续前表

时间	薪酬管理变革	说明
1963 年	《公平工资法案》(Equal Pay Act) 颁布	同工同酬，禁止工作中的性别歧视
1964 年	美国《民权法案》第七章（Title Ⅶ）颁布	严禁因种族、性别、民族或宗教信仰而导致的雇佣歧视
1974 年	灵活的福利计划（flexible benefits）出现	汤普森·拉莫·伍尔德里奇公司经过四年半的研究，应用了第一个自助餐式的灵活福利计划
80—90 年代	高绩效工作系统（high performance work practices）出现	组织更加关注绩效和工作结果、群体激励，以及基于团队的报酬计划
80—90 年代	组织层级的削减（delayering）和工资的宽带化（broadbanding）出现	通用电气削减组织层级，采用宽带化的薪酬管理模式，成为时代的弄潮儿和引路人
90 年代至今	全员化的股票期权成为总薪酬的重要组成部分	微软及其他一些软件公司从根本上改变了员工的薪酬构成，与传统的基薪和奖金相比，它们更加强调股票期权对全体员工的重要性

资料来源：根据 “From Pay to Rewards—100 Years of Change”（Milkovich & Stevens，2000）一文整理。

表 12—2　　薪酬管理的主题变化

	1900—1925 年	1925—1950 年	1950—1975 年	20 世纪 90 年代
薪酬政策	个人契约	内部劳动力市场	内部公平	战略 绩效 市场导向
对绩效的关注	计件工资 约定工资	利润分享	绩效加薪	以绩效为基础
如何对应竞争	市场导向	内部公平 市场调整	内部公平 市场调整	市场导向 灵活的结构
总报酬的关注点	现金激励 福利性服务	货币性福利 政府规制	政府规制 灵活福利	总回报 可选福利
职业安全	合同	稳定性 组织承诺	可预见性 组织承诺	受雇能力 灵活性

资料来源：George T. Milkovich，Jennifer Stevens，“From Pay to Rewards—100 Years of Change,” *ACA Journal*，Vol. 9，No. 1，First Quarter 2000.

作为一个开放性的功能体，企业必然受其内外部环境的深刻影响。这里所说的“环境”是指影响薪酬的多方面因素，包括产品和劳动力市场的压力、法律法规的约束、文化差异带来的影响、不断变化的劳动力特征、组织的价值观和期望等，而环境的改变无疑是组织变革的首要动因。企业所处的环境、发展阶段和所在的地域不同，其使用的薪酬方法也不相同。① 企业之所以要进行薪酬管理变革，一方面是因为企业必须适应外部环境的变化，如经济全球化、信息化、政治

① Lance A. Berger，Dorothy R. Berger，*The Compensation Handbook*，Fifth Edition，McGraw-Hill，2008，p. 16.

和社会的制度变革、相关法律法规的制度约束等；另一方面是由于企业发展战略、所处发展阶段、人员构成、职能变化等内部因素的变化，促使企业进行薪酬管理变革，以应对可能的管理困境。

（一）薪酬管理变革的外部动因

薪酬管理变革的外部动因是指促使变革产生的外部力量或外部环境。随着经济全球化、知识经济化和信息时代的到来，知识、信息、创新已成为经济发展的强大推动力，变革的时代已经来临。变化无所不在，而且持续不断，这已成为一种常态。[①] 越来越多的组织面对的是一个动态的、变化不定的环境，这反过来又要求组织适应这样的环境。日益加速变化的外部环境深刻影响着企业的经营理念和运作方式，进而影响企业的薪酬决策。

一般来说，企业面对的外部环境主要包括政治、经济、科技、社会文化等因素，这些因素共同构成薪酬管理变革的外部动因。

1. 政治因素

政治因素主要包括国家的政治体制、政治稳定性、国际关系、国家政策、法律法规等对组织发展具有重大影响的因素。以美国为例，1920年美国国会的调查表明，当时60%的雇主（他们雇用了全美80%的雇员）采用计件工资制，他们所关注的是市场工资水平而非不同工作的可比价值。随着罗斯福新政一系列法规的出台[②]、20世纪50—60年代的民权运动，以及70年代女权运动的兴起，政府通过立法强调公平付酬、同工同酬和消除工作中的歧视，使得企业逐步强调制定薪酬决策时对内部公平的关注，并由此带来了工作评价方法研究与应用的兴起。直至20世纪80年代末，由于外部劳动力市场的变化，一系列新的管理实践打破了传统的内部公平做法，才使得人们对公平的关注又重新回到外部竞争性上来。在第二次世界大战和朝鲜战争期间，美国政府采取了严厉的工资与物价管理措施，通过政府规制严格限制最高工资与工资增长，但允许福利适度增加。正是由于相对较松的福利控制，促进了工会与雇主通过福利的方式来满足员工的需要，使得福利逐步成为薪酬管理研究的一个重要领域。[③]

2. 经济因素

经济因素主要指经济发展状况、国民经济结构、通货膨胀水平、市场运行机制、劳动力素质、劳动力市场的供求关系以及产业的发展态势等。企业的发展受制于一国或一个地区的经济发展水平，而其所处行业的发展态势和所在劳动力市场的供求状况，直接影响企业可能的薪酬决策。许多传统的日本企业在其薪酬结构中强调年功的作用，但是全球竞争的日益激烈和日本经济的持续疲软，使得这

---

① 参见迈克尔·哈默，詹姆斯·钱皮：《改革公司——企业革命的宣言书》，19页，上海，上海译文出版社，1998。

② 第二次世界大战罗斯福新政期间，美国相继通过了 Securities and Exchange（1934），Social Security Act（1935），Wagner Act（1935）和 Fair Labor Standards Act（1938）等对雇主薪酬决策行为具有重要调整作用的法案。

③ George T. Milkovich，Jerry M. Newman，Barry A. Gerhart，*Compensation*，Eleventh Edition，McGraw-Hill，2013，p. 430.

种成本变得相当高昂，难以接受，它们不得不改变这种以往相当有效的付酬方式而开始更多地关注结果。从图 12—1 也可以看出，所处产业的增长速度和劳动力市场人才的可获得性，直接影响着企业的薪酬决策。

产业增长速度 \ 人才的可获得性	低	中	高
高	高度个性化		
中		具有适度弹性的薪酬包	
低	有选择的个性化		高度标准化的薪酬包

图 12—1　选择合适的薪酬体系

资料来源：Lance A. Berger，Dorothy R. Berger，*The Compensation Handbook*，Fifth Edition，McGraw-Hill，2008，p. 576.

3. 科技因素

科技的迅速发展与应用为组织创新和薪酬管理变革提供了技术基础。在计算机发展基础上的电子化的薪酬管理方兴未艾，诸如薪资核算、工资发放、绩效考核等常规性事务。得益于计算机和自动化程度的提高，企业不再需要大量的资源投入就能够轻松、高效地完成薪酬工作管理。得益于通信技术的快速发展，薪酬管理人员能够更迅速地进行交流与沟通，互相借鉴经验与吸取教训，使得薪酬管理变革能够在更短的时间和更大的范围内，取得更广泛的影响。

4. 社会文化因素

社会文化因素主要包括社会结构、社会风俗、社会理念、宗教信仰、文化传统等。随着经济全球化进程的加快，组织内部人员构成的日益多样化、文化多元化，以及不同文化间的碰撞与融合，已成为当今时代的特征之一。随着改革开放的逐步深入，中国企业原有的统一的薪酬结构发生了很大变化，对薪酬公平性的判断标准在各种压力的推动下也在不断变化。被打破的“铁饭碗”、多样化的薪酬制度、差异逐步增大的薪酬水平，以及跨国公司通过本土化管理不断开发可行的薪酬工具，体现了跨国公司对所在国文化的理解，如按照所在国的传统节日设计福利项目，并调整奖金发放时间，使员工有被认可和受尊重的感觉等，这些都与社会文化因素密切相关。

（二）薪酬管理变革的内部动因

薪酬管理变革的内部动因主要包括企业的内部变化，如战略调整、流程再造、文化变革、人员更新、管理提升，以及企业所处发展阶段的变化等。这些因素的变化为企业薪酬管理变革提供了内部动力，其中组织战略、生产运作和公司文化的微小变化都可能引发组织对现行体系的重新审视。具体来说，影响薪酬管理变革的内部动因包括以下几个方面。

1. 组织战略的调整

薪酬管理是企业人力资源管理的核心内容，也是高级管理者最关注的领域之一。在现代人力资源管理中，薪酬被赋予了更多全新的内涵，薪酬管理已经与企业发展和人力资源开发战略紧密地联系在一起，薪酬管理创新也日益成为支持企业战略调整和管理创新的重要内容。

20世纪80年代以来，越来越多的薪酬管理专业人员认识到，企业的薪酬管理策略只有与自己的竞争战略相匹配，才有可能增强企业的竞争优势。一般来说，企业可选择的经营战略有成本领先型（cost leaders）、差异型（differentiators）和创新型（innovators）等。而配合这些经营战略，薪酬策略要达到的目标则包括：

- 主要目标：劳动成本控制、吸引和保留竞争性人才、激励员工等。
- 辅助目标：工资水平、浮动工资的比重、可接受的绩效水平、业绩改善的员工范围、采用绩效加薪的人员比例、薪酬决策的员工参与程度等。①

不同的企业薪酬策略支撑着不同的企业经营战略，企业的薪酬策略随着企业经营战略的变化而变化。当组织战略进行调整时，企业的薪酬实践往往通过调整相应的辅助目标来实现主要目标。围绕薪酬策略如何更好地支持组织战略的实现，现有的研究观点认为②：

- 成本领先型战略更强调薪酬策略侧重于“劳动成本”目标，以适应稳定的组织结构和传统管理模式。采取这种战略的企业往往严格控制成本，尽量减少成本超支（Miller，1986）。
- 差异型战略强调的是薪酬的“激励”目标，鼓励员工对组织整体目标的认同，并在此框架下进行目标定位，完成任务。与其他两种战略相比，它更强调员工高水平的协调和配合（Schuler & Jackson，1987）。
- 创新型战略将薪酬策略的重点放在吸引和保留有价值的员工上，网罗大量复合型员工，满足企业对员工技能的要求，借助从外部获得的人员来提升企业的竞争力（Miller，1986）。
- 一般来说，采取成本领先型战略的企业可能选择低于竞争对手的薪酬水平，而采取创新型战略的企业则更有可能选择高于市场水平的薪酬水平（Arthur，1994）。
- 差异型战略和成本领先型战略更倾向于采用激励工资，激励工资所占的比重较高。实行这两种战略的企业，较多地采用定量方法来衡量工作成果，并以此确定薪酬额，如通过收益分享等措施来提高效率等。而创新型战略更多地追求员工强烈的归属感，提倡稳定的薪酬，而不是以激励计划来形成商业氛围浓厚的企业文化（Kerr & Slocum，1987）。
- 创新型战略可能更广泛地采用绩效加薪（merit pay）策略，承认员工

① Edilberto F. Montemayor，“Congruence between Pay Policy and Competitive Strategy in High Performing Firms,” *Journal of Management*，22（6），1996，pp. 889-908.

② 参见何燕珍：《国外企业薪酬政策及其对我国企业的启示》，载《外国经济与管理》，第25卷，2003（6）。

过去令人满意的工作行为，在基薪的基础上进行永久性加薪，以鼓励员工进行创新，承担更大的风险，追求工作行为的长期效果（Schuler & Jackson，1987）。

● 创新型战略和部分差异型战略往往采用更加开放的薪酬策略，在薪酬决策中强调员工的参与（Schuler & Jackson，1987）。

由此可见，随着企业日益重视对内外部变化的快速响应，及时调整组织战略以应对变革的挑战，薪酬策略也需要更加具有动态性，只有这样，才能满足企业经营战略调整的要求，这在很大程度上加快了薪酬管理变革的速度，促进了薪酬管理实践的发展。

2. 对员工素质和能力需求的变化

随着现代教育水平的不断提高，企业员工的素质和能力也在不断提高，同时，随着经济全球化的深入和社会文化的变迁，员工构成日益多元化，员工需求也越来越难以统一，依靠原有的模式化的薪酬管理方式，已经无法满足企业吸引与保留高素质员工的需要。美国薪酬协会会长沃利·尼古尔斯（Wally Nichols）把未来的 10～20 年称为“员工时代”，基薪、福利、工作环境，以及学习和培训都已成为员工薪酬的重要组成部分，当雇员选择雇主时，能否获得学习和培训机会成为愈来愈重要的权衡因素，“公司将不得不允许人们拓展自身发展的机会，提高个人在人才市场上的畅销性”①。

对员工素质和能力需求的变化极大地推动了分层分类的人力资源管理实践，进而推动了个性化薪酬方案的广泛应用。人力资源部门正在按照类似市场营销部门制定竞争性服务或产品战略的方式来设计和管理薪酬战略，基于工作的相对价值、市场薪酬水平、绩效产出、任职者的技能水平与能力等，分别为不同类别的员工设计差别化的付酬方案，以通过有限的激励资源达到激励效果的最大化。2004 年中国国务院发展研究中心对 2 000 多家企业的调查也表明，我国大部分企业（75.7%）在薪酬管理上对不同类别的员工实行分类管理，采用不同的薪酬构成形式。②

3. 企业自身成长周期的变化

每个企业都有各自的生命周期或成长周期，处于不同发展阶段的企业对自身管理要素的要求也各不相同。随着企业在不同发展阶段间的转变，企业薪酬管理的决策选择也会发生相应的变化。刚刚起步和处于发展阶段的公司，会在新产品开发和高增值性产品上大量投资，基于绩效的现金支付方式成为首选的付酬方式。而处于成熟和衰退阶段的企业，却常常面临高素质员工的流失问题，这就要求企业调整付酬结构，利用有限的激励资源为核心员工支付高于市场的固定薪酬，以降低核心员工的流动动机。表 12—3 就企业发展阶段如何影响企业薪酬设计给出了一个粗略的框架。

---

① Lance A. Berger, Dorothy R. Berger, *The Compensation Handbook*, Fifth Edition, McGraw-Hill, 2008, pp. 19 - 20.

② 参见林泽炎主编：《转型中国企业人力资源管理》，121 页。

表 12—3　　企业发展阶段对薪酬设计的影响

	发展阶段			
	初期	发展期	成熟期	衰退期
基薪	低	有竞争力的	有竞争力的/高	高
短期激励	有竞争力的	有竞争力的	高	低
长期激励	高	有竞争力的	有竞争力的	低
福利	低	有竞争力的	高	高
额外补贴	低	有竞争力的	有竞争力的	高

资料来源：Lance A. Berger，Dorothy R. Berger，*The Compensation Handbook*，Fifth Edition，McGraw-Hill，2008，p. 315

另一项研究则表明，企业在由最初的创业阶段逐步走向成熟的过程中，其薪酬管理变革也在重复着相同的变革路径（见表 12—4）。最初，CEO 控制着公司的报酬水平，他所依据的主要是个人的需求和感觉。随着公司的成长，薪酬确定过程逐渐程序化，CEO 和直线经理们开始依赖公司全体员工的帮助。当组织越来越庞大、管理层级逐渐增多、工作分工更加细化、部门数量大幅增加时，更加复杂的、基于量化可比价值的薪酬方案成为重点。尽管越来越多的员工参与薪酬决策的过程，但薪酬管理的关注点已经转变成“工作”，而不再是“人”。

表 12—4　　组织中薪酬管理的变革路径

关注点		对工作的关注		
		低	中	高
对人的关注	高	（1）初创阶段或企业家型企业阶段 重点：方便合算 方案类型：以个体为基础的任意方法 方法：主观、本能的直接反应 确定者：CEO 90%，员工 10%		（5）持续变化、高度竞争的企业环境 重点：组织的有效性 方案类型：以人为基础的一体化报酬体系 方法：市场定价/技能工资 确定者：CEO 或直线经理 70%，员工 30%
对人的关注	中		（2）早期成长阶段 重点：内部公平性 方案类型：基于工作的定性体系 方法：排序/等级分类 确定者：CEO 或直线经理 60%，员工 40%	（4）竞争性不断加强的市场环境 重点：对员工个人的激励 方案类型：基于工作的定量体系+激励计划 方法：要素计点或因素分析 确定者：CEO 或直线经理 50%，员工 50%
对人的关注	低			（3）晚期成长阶段 重点：控制 方案类型：以工作分析为基础的质量体系 方法：要素计点或因素分析 确定者：CEO 或直线经理 20%，员工 80%

资料来源：Lance A. Berger，Dorothy R. Berger，*The Compensation Handbook*，Fourth Edition，McGraw-Hill，2000，p. 44.

随着企业所面临的市场日臻成熟，竞争日趋激烈，基于个人贡献的激励方案对许多职位而言变得越来越关键。CEO 和直线经理再次介入薪酬方案的设计，由他们负责确定激励计划的实施对象和支付额度。最终，随着企业所处的环境越来越多变和富于竞争性，组织的有效性成为企业发展的核心问题。此时，焦点又回到了员工个体身上，CEO 和直线经理再次在薪酬管理变革中承担起了变革领导者和推进者的关键角色。

4. 全球化经营的挑战

越来越多的公司正在将自己的业务范围扩展到全球，这将使它们的人力资源战略发生质的变化，从而也会对企业的薪酬决策产生重大影响。跨国公司全球化经营首先要面对的就是，如何为遍布全球的员工确定薪酬方案和进行薪酬管理。全球经济发展的不平衡和各国劳动力成本的极大差异，首先对跨国公司的薪资管理实践提出了挑战，主要的问题是如何为其海外员工付酬，如何为海外公司的本地员工付酬，以及如何在本地员工、外派员工、海外公司的本地员工之间的薪酬差异中，寻找最佳的平衡方案。许多国际化企业的薪酬战略，仅仅是简单的“我们如何将员工派往海外工作和我们应该怎样给他们支付报酬”，但是随着一个公司全球化程度的不断提高，跨国界的经营方式使得它不可能再像一个民族企业那样经营。全球化经营的挑战，一方面极大地促进了跨国公司薪酬实践的发展，国际化的薪酬管理也已经成为薪酬管理研究的重要内容；另一方面，跨国公司的薪酬实践也通过与所在国薪酬实践的相互借鉴和影响，在很大程度上加速了当前薪酬管理变革的进程。

5. 应对管理困境

企业在面临具体的管理困境时，如工资增长失控、人员流动增加、组织文化转型、公司合并、大规模裁员等，都会促使企业借助薪酬管理变革，选择合适的薪酬技术来应对。表 12—5 将 9 种不同的管理情境与 16 种常见的薪酬技术联系在一起，提供了一个支持薪酬管理变革的工具，以帮助企业在应对管理困境时作出理智的选择。

表 12—5　　薪酬技术在不同管理情境下的有效性

管理情境 薪酬技术	高度的周期性循环	初创阶段	遭遇财务困境	工资膨胀	控制离职	裁员	企业文化转型	培育企业家精神	工作内容频繁变动
利润分享	xxxxx	xx	xxx				xxxxx	xx	
个人最佳奖	xxxxx	xxx			xx				
机会/收益分享	xxxxx		xxxxx				xxxxx		xxx
团队激励			xxxxx				xxxxx	xxxxx	xxx
个人激励	xxx		xxx				xxxxx		
关键贡献者方案	xx	xxxxx			xxxxx		xxxxx	xx	xxx
为知识、技能和能力付酬			xxxxx				xxx		xxxxx
宽带化	xxx		xxx		xxx		xxxxx		xxxx
长期激励	xx	xxxxx			xxxxx		xxxxx	xxxxx	
减薪			xxxxx	xxxxx		xxx			

续前表

管理情境 薪酬技术	高度的周期性循环	初创阶段	遭遇财务困境	工资膨胀	控制离职	裁员	企业文化转型	培育企业家精神	工作内容频繁变动
工资冻结			xxxxx	xxxxx		xxxxx			
双轨式薪酬体系*				xxxxx		xxxxx			
一次性加薪			xxxxx	xxxxx					
职业生涯		xxxxx			xxxxx			xxxxx	
非货币报酬	xxx	xxx		xxx	xxxx			xxxxx	xxxx

注：x表示技术的有效性，其个数的多少表示有效性的强弱；*表示新进员工的工资低于现有员工。

资料来源：Lance A. Berger，Dorothy R. Berger，*The Compensation Handbook*，Fifth Edition，McGraw-Hill，2008，p. 557.

（三）日益加速的薪酬管理变革

随着经济全球化的日益推进和竞争激烈程度的持续提高，宽带工资、为绩效付酬、为能力付酬、自助餐式的灵活福利系统、薪酬外包、电子化的薪酬管理等变革策略纷纷出笼，新的薪酬工具不断涌现。20世纪80年代以来，战略薪酬的兴起，总报酬的深刻影响，绩效管理的广泛应用，为技能和能力付酬的方兴未艾，销售人员、高级管理人员和知识性员工的报酬方案，薪酬工具的整合与应用（如团队可变报酬计划）等，使得薪酬管理以超出人们预料的速度发生着变革，并在很大程度上影响和改变着全球企业的薪酬实践。

就我国企业而言，在市场经济改革的进程中，薪酬管理变革比产品、技术和科研创新等开展得更晚，加上长期以来一直按照国家统一的薪酬结构和基本原则来制定薪酬制度，企业普遍缺乏对现代薪酬管理的基本认识。但是自20世纪90年代以来，在各种因素的综合影响下，我国企业的薪酬实践经历了从传统计划经济体制下的品位分类、身份工资向发达市场经济国家实践所证明的职位分类、体现职位价值的职位定价、绩效导向的绩效薪酬、市场驱动的薪酬体系及以技能、知识和能力为基础的薪酬体系的变革，薪酬管理变革的步调之快超出人们的想象。

20世纪80年代以来薪酬管理变革日益加速，究其原因可以概括为以下几点①：

（1）全球化和技术进步导致竞争日益激烈，组织逐步将薪酬管理作为支持组织战略实现的有效工具。

（2）薪酬管理的研究与实践日益脱节，薪酬管理的实践较之以前更多地先于薪酬管理的研究，企业在实践中的摸索和试错过程相对而言就会更长，新的变化也会更多地出现。

（3）人们对于新的薪酬工具能否为组织创造价值变得日益敏感。企业在薪酬管理变革中更希望扮演领头羊的角色，而不只是被动地应对变革的压力。

（4）薪酬工具的多样性也为薪酬管理变革的丰富化提供了必要的基础。比

① Zingheim，Patricia K.，Schuster，Jay R.，“Introduction：How are the new pay tools being deployed?” *Compensation and Benefits Review*，Jul/Aug 1995.

如，个人激励与团队激励相结合、结果导向与能力工资相结合、构成内容日益丰富的总报酬计划等。

一项对美国薪酬协会 350 家会员企业的调查研究所得出的唯一结论就是：企业所处的环境、发展阶段和地域不同，其使用的薪酬方法也不同。① 正是企业在发展过程中的不确定性，为薪酬管理的变革提供了无限的可能性。

12.1.2　薪酬管理变革的目标

对于企业而言，薪酬管理变革和企业重组、流程再造、文化整合，或新产品（服务）的推出一样，都是一个比较复杂的过程，因为对组织内部任何一个环节的变革都会影响和波及组织的其他方面。薪酬管理的变革，可能是对薪酬管理流程的某个环节进行优化，也可能是对整个薪酬管理体系的彻底再造，但与其他管理变革一样，企业最终关注的不是变革本身，而是变革能否达到预期的效果，解决企业的实际问题。

设计和管理薪酬系统就是为了达到某种目标，通常这些基本目标包括：效率、公平和合法。② 企业之所以要进行薪酬管理变革，一方面是因为企业要适应外部环境的变化；另一方面是由于自身的薪酬管理出现了问题，已经不能有效地应对当前的管理困境，不进行薪酬管理变革，将影响整个人力资源管理系统的工作成效和组织的运作效率。薪酬管理的变革直接表现为对薪酬管理系统的优化与再设计，除了顺应不同管理情境下的具体要求外，一般而言，效率、公平和合法也是薪酬管理变革的三个基本目标。

1. 效率

变革的目的在于增强组织效率。③ 薪酬管理变革需要充分发挥薪酬的激励与导向作用，引导员工关注企业发展目标，强化绩效与目标意识，增强员工对企业的认同感和对自身发展的责任意识，尽可能地调动员工的积极性和工作潜能，达成一系列诸如期望的绩效改善、对产品或服务质量的有效控制、取悦于顾客、控制人工成本的细化目标。

2. 公平

公平是薪酬体系设计的基础，薪酬管理的变革至少应该促进内部一致性和外部竞争性的实现。除此之外，准确反映员工的贡献程度和薪酬管理的程序公平，也日益成为薪酬管理变革的重要目标。通过设计与应用公平的付酬体系，使得不同岗位的重要性和价值能够得到体现，不仅为企业的理性付酬提供了一个长期和可靠的基础，也使企业能够吸引、保留和激励高素质的员工，以更好地实现组织目标。

---

① Lance A. Berger，Dorothy R. Berger，*The Compensation Handbook*，Fifth Edition，McGraw-Hill，2008，p. 16.

② George T. Milkovich，Jerry M. Newman，Barry A. Gerhart，*Compensation*，Eleventh Edition，McGraw-Hill，2013，p. 19.

③ 参见托马斯·卡明斯，克里斯托弗·沃里：《组织发展与变革精要》，20 页，北京，清华大学出版社，2003。

3. 合法

薪酬管理的变革应在相关法律法规允许的范围内进行。一旦影响薪酬管理决策的法律法规发生了变化，企业就必须尽快调整自己的薪酬实践，以保持与这种变化的一致性。由于跨国公司在进行全球化经营时必须面对不同国家和地方的相关法律法规，所以薪酬体系的合法性已成为薪酬管理变革的重要目标。

但是具体而言，不同的企业有着不同的薪酬问题，比如薪酬制度是否完善、是否合法，薪酬管理系统与其他人力资源管理子系统间的衔接是否合理，薪酬管理方式及管理者的管理行为是否需要调整，以及薪酬专业人员的素质是否符合要求等。相应地，薪酬管理变革也难以形成固定的模式，更不可能采用一成不变的方法。现实世界中，薪酬管理变革的目标总是随着管理情境的变化而变化。

薪酬管理变革的目标不仅是实施薪酬管理变革的指导方针，还可以作为衡量变革成功与否的标准。如果某一薪酬管理变革的目标是激励组织的核心员工，然而被激励的对象却不断跳槽到其他企业另谋高就，那么我们至少不能说这种变革是成功的。长期以来，无论是企业的经营者，还是为企业提供咨询服务的薪酬专家，在操作和指导薪酬管理变革时都假设了一个基本前提，即通过薪酬管理的变革，可以解决企业薪酬管理工作存在的问题，达到激励员工努力工作、提高组织绩效水平等一系列目的。但是目前针对薪酬管理变革效果的研究还不多见，相关的实证研究更是缺乏。大多数研究者在研究薪酬管理变革的效果时，往往从理论的角度出发，来推断薪酬管理变革应达到什么效果，而很少在管理实践中加以证明。对薪酬管理变革成败与否的评价一般需要相对较长的时间间隔，而对整个薪酬管理体系变革的效果评估，往往需要一个财务周期（通常为一年）甚至更长的时间才能进行，这也在一定程度上限制了对薪酬管理效果评估的研究。

毫无疑问，薪酬管理变革本身的难度相当大，对薪酬管理变革的评价所需要的时间、实施薪酬管理变革所要花费的成本，以及长期的可靠性都必须加以慎重考虑。或许一项变革尚未完成或生效就已经过时了。随着薪酬管理战略角色的日益突出，评估企业薪酬管理变革的成效已变得相当重要。评估企业薪酬管理变革成效的因素通常包括以下几个方面（Sunil J. Ramlall，2003）①：

- 当前的薪酬体系是否与企业战略相匹配？
- 薪酬能在多大程度上吸引并激励新员工？
- 薪酬体系是否反映了组织的文化和员工的个人价值？
- 薪酬能否保留优秀员工？
- 员工对薪酬的整体满意度如何？
- 薪酬体系是否存在应对外部挑战和机会的足够弹性？
- 薪酬体系的总成本是否与它所带来的总收益相匹配？

① Sunil J. Ramlall, "Measuring Human Resource Management's Effectiveness in Improving Performance," *Human Resource Planning*, Vol. 26, Iss. 1, 2003, p. 51.

12.2　薪酬管理变革的内容和特点

12.2.1　概念的变化

（一）从“工资”到“薪酬”

从中华人民共和国成立初期到现在，我国的薪酬管理实践发生了一系列转变，对薪酬概念的表达也随之发生变化。在传统的计划经济体制下，我们使用的是“工资”的概念和范畴。工资是在全国范围内实施按劳分配的计量单位，由中央政府制定统一的工资标准、工资等级、升级时间、升级比例、升级做法、奖金金额等①，也就是实行高度集权的中央分配体制。在这种体制下，工资关注的只是员工的年龄、资历、职称和行政级别等因素，很少被作为一种激励员工工作效率的手段，有时更被看成是一个“资产阶级法权”的概念，是从雇佣劳动体制下借用的一个范畴，工资并没有获得一个名正言顺的地位和角色。

改革开放以来，对物质激励的重视使得人们给工资正名，在企业的层面，人们开始关注工资管理体制的变化。扩大企业的自主权、实施多种形式的工资分配形式、发挥奖金的激励作用等，使工资应有的激励功能和作用获得前所未有的认识和重视。

20 世纪 90 年代以来，工资的概念逐渐被流行的“薪资”和后来的“薪酬”概念所替代。这一概念演变主要受以下几个方面因素的影响。

首先，与我国劳动力市场上的变化有关。90 年代以来，除国有企业以外的其他所有制企业，特别是外资企业的发展，使得我国劳动力市场上的工资运行机制发生了较大的变化。即使在国有企业内部，员工身份和分配的体制与机制也发生了根本性的变化。参与市场竞争的企业，其员工工资都是由劳动力市场决定的，不仅受到企业内部劳动计量差异的影响，更重要的是受到产品市场以及外部劳动力供求关系等因素的影响。这种状况不仅对普通工人产生了影响，而且对传统的干部身份的管理和技术人员也产生了影响。薪资包括薪水和工资概念的演变，它首先成为在涉外企业流行的一个不同于传统工资决定机制概念的表达。

其次，与工资概念的外延演变相联系。计划经济时代实行的是低工资，而这种低工资更像是一种低的名义工资。当时的整体工资包括基本工资和奖励工资。实际上奖励工资的比重小到可以忽略不计，而企业保障和住房分配并未纳入员工工资分配的概念之中。换句话说，如果说我们的工资还有一定的激励作用的话，那么，“大锅饭”的福利则完全与工作绩效脱钩了。90 年代以来，国内劳动力的改革力度加大，“待业”的概念被“下岗”所替代，后来又被“失业”所替代。与此同时，加大养老、医疗和失业保险制度的改革力度，实施住房商品化等，都

① 参见杨永华：《论计划工资改为市场工资》，载《武汉冶金管理干部学院学报》，1995（3）。

大大改变也丰富了传统意义上员工个人分配的内容和体系。在50年代初的《人民日报》上可以发现的“薪酬”概念，再一次成为人力资源管理，特别是薪酬管理工作者的共同语汇。传统意义上的“工资”这样一个带有浓厚计划经济色彩和受国家控制影响很大的、在个人收入分配中又相当狭窄的概念，被逐渐市场化和国际化，其内涵和外延已经被扩展的“薪酬”所代替。

尽管从工业化国家的历史演变中观察，薪酬概念经历了一个逐渐演变的过程：从实物工资（truck system）到货币工资（money wage）；从货币工资再演化为工资（wage）和薪水（salary）的区分；从纯粹意义上的工资制度（payment system），发展到包含非货币福利和延期支付的薪酬（compensation）或报酬（reward）概念。中国的工资、薪资和薪酬概念的演变受到这种历史演变的影响，但更具有受到经济和社会变革各种因素推动的背景。

（二）总报酬范畴的含义与发展

近来，国际上开始越来越多地使用总报酬（total rewards）这一概念，作为薪酬这一概念的替代物。所谓总报酬，有的人译为全面报酬体系，是指雇主用于吸纳、保留和激励员工可能采用的所有手段和方法。它包括从雇佣关系中产生的员工感知到的所有有价值的事物（WAW，2005）。显然，总报酬这一概念可以很好地把员工所有的报酬，甚至内在报酬都囊括进来。对企业的人力资源管理来讲，不失为一个好的管理范畴，但在国内外，特别是针对中国的实际，如何实施对总报酬的管理，包括如何进一步规范和把握这一范畴的内涵和外延，仍有待进一步研究和发展。

12.2.2 薪酬管理对组织价值贡献的新理解

（一）薪酬管理功能的变化

从中华人民共和国成立初期至今，随着薪酬概念的变化，薪酬包含的内容日益丰富，薪酬管理的价值也逐步提高。从组织中负责薪酬的部门或人员的角度来看，在计划经济时期，组织中负责工资的部门更多地是以“劳资科”的形式出现的，负责“劳资”的工作人员也通常只有有限的1～2个人，他们的工作任务包括工资发放等一般事务，在组织中的地位不高，对组织的价值贡献有限，远不如其他部门重要。

20世纪90年代以来，薪酬管理的变革日益加快，组织中负责薪酬的部门或人员的工作量大量增加，工作任务除涉及员工基本工资、奖金的计算与发放等工作之外，职位评价和绩效管理的工作量迅速上升，研究外部劳动力市场价位，如薪酬调查的工作也日趋重要。

在这种情况下，随着薪酬管理内涵和工作任务的不同，薪酬管理自身在组织中的价值迅速提升，无论是组织的高层管理人员，还是组织的基层员工，都开始密切关注组织的薪酬管理，重视薪酬管理对员工激励作用的发挥。

（二）战略贡献和角色变化

随着企业薪酬战略重要性的上升，企业薪酬管理工作者的角色也在不断变化。最突出的一点就是，如何使企业的薪酬管理与企业战略相联系，以起到支撑企业战略的作用。战略性薪酬管理是一种看待薪酬管理的理念，也是制定薪酬制度的依据。薪酬管理最根本的目的是提高组织的效率。员工作为人力资本，作为组织核心的竞争力资源，为组织创造价值，而薪酬则是组织对员工价值的回报。在组织中实行战略性薪酬，有助于组织目标的实现。

薪酬管理工作者需要通过绩效管理，发现那些对组织贡献大的员工，以及那些行为、态度与组织目标一致的员工。运用薪酬管理的手段，按员工对组织贡献价值的大小进行薪酬分配，以达到激励员工的目的，激励他们继续为组织作出贡献，激发他们发挥更大的潜能，进而为组织创造价值，真正实现提高组织效率的目的。

薪酬管理工作者对新的理念和技术的有效运用，向员工传达了“在组织中什么东西才是最重要的”① 这样一个信息，可以帮助员工更好地了解组织战略，指导员工的行为。薪酬管理与企业战略相统一，使企业战略得以有效实施，提升了企业的核心竞争力，成为企业的竞争优势。

12.2.3　公平

人们对薪酬的认识不同，对薪酬公平的感觉也就会不同。随着薪酬支付基础的不断变化，人们对薪酬公平的理解也在不断变化。薪酬的公平取决于薪酬决定的基础。薪酬决定基础的恰当选择和正确实施，将有助于员工产生公平的感觉，促进组织薪酬公平性的实现。

在实行计划工资体制的时期，人们认为平均主义、“大锅饭”式的工资分配制度就是公平的，它是以员工的工龄、职称等作为支付基础的。在市场经济时期，为了适应市场经济价值分配的要求，薪酬的支付基础逐渐演变为基于职位的价值，并结合市场工资、文化风俗、政府政策等因素来确定。在新的薪酬体系中，我们将薪酬的公平性划分为内部公平（内部一致性）、外部公平（外部竞争性）和个人公平（员工个人贡献的可比性）三部分。组织努力实现这三类公平，将有助于员工公平感觉的产生及其积极性的发挥。薪酬管理的实践表明，加大引进科学的职位评价技术，开展市场薪酬调查和推动科学的绩效管理系统，对培育先进的薪酬文化、良好的员工关系和树立正确的公平观，都有着积极的推动作用。

12.2.4　参与和沟通

（一）全员参与

薪酬管理不只是人力资源部门的事情，它关乎组织内部的每一个人，需要组

① 参见姜农娟，邓冬：《中国企业薪酬管理问题研究》，载《经济问题探索》，2003（2）。

织的全员参与。

1. 薪酬管理需要组织高层的参与

组织高层管理人员最清楚组织的发展战略和经营目标，他们参与薪酬管理，有助于薪酬管理符合组织发展战略的要求，通过薪酬的激励作用，达到支撑组织战略的目的。

2. 薪酬管理需要中层经理的参与和配合

中层经理最熟悉和了解各部门的整体情况，可以及时针对各部门的实际情况向薪酬管理专员反映问题或提出建议。中层经理的帮助有利于薪酬制度的实施与开展，并缓解薪酬专员的工作压力。

3. 薪酬管理需要薪酬专业人员的参与

人力资源部门的薪酬管理人员（或外部的咨询专家）熟知薪酬管理理论，他们熟练掌握薪酬管理的实务操作，是薪酬管理方面的专家。薪酬管理由专业的薪酬管理从业人员负责开展，有利于薪酬管理的专业化、规范化和科学化。

4. 薪酬管理也需要基层员工的参与

薪酬是关系到每一个员工切身利益的事情，也是员工为组织创造价值的回报，因此员工对薪酬的反应也是最为敏感的。只有让员工参与薪酬制度的制定与实施，听取员工的意见，才能提高员工对薪酬的满意度，才能发挥薪酬应有的激励作用，提高员工的工作积极性和组织效率。

（二）人力资源部门与组织中其他部门的合作与分工

人力资源部门的薪酬管理专员的职责通常包括：负责有关薪酬的各种规章和制度的制定，向组织的每一位员工宣传薪酬政策的理念和方法，组织开展各项考核并负责薪酬工作，为其他部门的中层管理者提供必要的指导，辅助他们对本部门的员工进行考核；随时准备接受各方的反馈意见，并根据反馈意见和企业战略作出政策调整；与组织高层管理人员进行沟通，熟悉组织的发展方向和经营目标，确保薪酬管理工作有利于促进组织战略的实施；根据公司的考核结果与工资预算，计算薪酬，并组织薪酬的发放工作。薪酬管理专员在工作中一定要保持与各方进行不断的沟通。

直线部门是最直接接触员工的部门，可以最快捷地获取员工的意见。因此，直线部门的职责是收集员工的意见与反馈，并转达给薪酬管理专员，适时地做好员工工作，让员工了解企业的薪酬政策。它们还需要配合薪酬管理专员的工作，搞好员工业绩与能力的考核，保证考核客观、准确。薪酬管理工作令员工满意的一个重要前提就是员工对考核结果没有异议。直线部门最了解自己的员工，他们对员工的考核评价也是最主要的。因此，直线部门对考核工作要本着认真、客观的原则进行，以保证考核结果的准确性。

12.2.5 专业化

（一）薪酬管理人员专业化的历史背景

如今，薪酬决定基础不断变化，从以岗位付酬到新兴的以能力付酬、以知识付酬等，需要薪酬管理工作者系统掌握新的薪酬操作知识、技术与方法。为了适应市场竞争，组织的管理必须不断改进，以实现组织战略，寻求生存之道。薪酬管理也要随着组织环境的变化和各方施加的压力而不断调整，以满足组织变革的需求，提高组织效率。因此，薪酬管理从业人员不能对薪酬管理的新兴技术与方法一无所知；相反，他们必须非常熟悉所有这些方法，以根据组织战略和市场竞争等要素的影响，调整薪酬策略。

在这种情形下，旧有的企业挑选薪酬管理从业人员的方法就不可取了。以前我国企业很多薪酬管理人员要么是退伍军人，要么是业务部门能力一般的老员工等。由于当时薪酬方面的工作只是发放工资、简单的一般性工资管理等很容易上手的基本事务，因此这些员工承担薪酬管理工作并未受到真正的挑战，甚至可以说他们的工作能力和水平也是基本可以胜任的。但是随着全球化和市场化条件下人才竞争的日益加剧，现代薪酬管理变革成为一种常态，而且其技术和方法也日新月异，薪酬管理工作者的工作价值不断提升，对组织战略的实现也愈发重要。对薪酬管理专业知识和技术不精通的人，已很难适应这份工作。薪酬管理变革的这种背景变化，是对薪酬管理人员素质和能力要求变化最重要的影响因素。

（二）薪酬管理人员的专业化

薪酬管理人员的发展应当走专业化和职业化的道路。他们应该是组织的战略伙伴、内部咨询师和变革代言人，而不仅仅是薪酬管理的技术专家或支持性人员。① 如何通过专业化的训练来提高自己不断受雇的职业能力，是薪酬管理人员所面临的真正挑战。美国薪酬协会早在 1976 年就推出了薪酬管理从业人员（CCP）的专项认证，随着薪酬管理实践的不断发展，又于 1994 年推出了福利管理从业人员（CBP）的专项认证。如今通过美国薪酬协会认证的人员已经遍布全球，这在很大程度上推动了薪酬管理人员的专业化进程。②

随着薪酬管理实践的变化，美国薪酬协会关于薪酬管理的各种专业认证也在不断变革和完善。如今，已推出了包括高级经理人的报酬（executive compensation）、国际薪酬管理（international remuneration）、薪水管理（salary administration）、福利项目管理（benefits program administration）、退休计划管理（retirement program management）、健康与福利项目管理（health and welfare program management）等在内的六大体系认证。薪酬管理变革一方面进一步充实着薪酬管理的内容构成，另一方面又对薪酬管理从业人员的专业化不断提出更新和更高的要求。

我国目前还没有薪酬管理人员的认证制度，这从一个方面说明，与发达国家相比，我国薪酬管理人员的专业化和职业化程度仍有较大的差距。显然，薪酬管

① Norman A. Handshear, Sandra O'Nea, "Challenge and Opportunity: The New Pay and the New Pay Professional," *ACA Journal*, Vol. 2, No. 1, Spring/Summer 1993.

② Shenenberg, Ted, Smith, Denny, "Certifying Compensation and Benefits Management Competencies," *Human Resource Management*, Vol. 38, Iss. 2, 1999, p. 161.

理人员需要掌握现代薪酬管理的专业知识和理论，接受专业化的技能训练。要成为一名合格的薪酬管理专业人才，需要建立一定的职业门槛和技术壁垒。如何推动这项对我国薪酬管理具有战略意义的工作，仍需要我们吸收国际经验，结合我国的现实情况，进行大胆的探索和思考。

12.2.6 政府规制和工会的作用

（一）政府规制

在由计划经济转向市场经济之后，政府不再对企业的薪酬实施传统的直接干预和行政管理。但是，这并不意味着政府在企业薪酬管理中不再发挥任何作用。政府出台的最低工资立法和政府的税收政策等，都对企业的薪酬管理起到了很大的作用。

1. 最低工资立法

很多国家都实行最低工资立法，我国也不例外。我国劳动部早在1993年就下发了《关于印发〈企业最低工资规定〉的通知》。① 1994年7月5日第八届全国人民代表大会常务委员会第八次会议通过的《劳动法》第四十八条明确规定："国家实行最低工资保障制度。最低工资的具体标准由省、自治区、直辖市人民政府规定，报国务院备案。用人单位支付劳动者的工资不得低于当地最低工资标准。"同年，劳动部又下发了《关于实施最低工资保障制度的通知》。为了配合《劳动法》的贯彻实施，1994年劳动部还颁布了《工资支付暂行规定》。这一规定是"为维护劳动者通过劳动获得劳动报酬的权利，规范用人单位的工资支付行为"而制定的。如何科学地制定最低工资标准，特别是根据我国经济发展水平和劳动力的状况科学地制定最低工资标准，以在充分顾及我国经济增长的同时，有效保护劳动者的合法权益，这项工作任重而道远。

2. 税收政策

税收政策不仅体现在科学地制定个人所得税政策方面，而且也体现在诸如股票期权计划等企业长期激励计划的实施与发展过程中，以及政府相关税收政策的支持方面。股票期权计划是一项针对企业高层管理人员的现代薪酬支付手段，是为了解决企业委托代理中的信息不对称问题而产生的，旨在激励经营管理者的行为，使其与股东利益保持一致。有研究指出，目前在美国《财富》500强企业中，90%以上的公司实行了这一制度。这项制度在美国的广泛推行与美国出台的相关税收政策不无关系。美国税法规定，如果持有股票时间在12～18个月之间，则长期资本利得的最高税率为28%，如果持有期超过18个月，则最高税率为20%。② 此外，美国税法还制定了一系列对股票期权计划实行优惠的政策，以鼓励高层管理人员参与这一计划。我国股票期权计划的实施尚处于起步阶段，而有关税收等方面的激励政策还有待完善。我国应积极推动诸如股票期权等有利于企业长期发展的薪酬管理制度的出台和发展。

---

① 参见宋关达：《中国工资改革50年》，载《中国劳动》，1999（12）。

② 参见王红领：《关于股票期权税收问题的探讨》，载《经济论坛》，2004（20）。

3. 国家对公务员薪酬制度的规范和发展

国家对建立现代公务员的薪酬制度负有重要的使命和责任。而现行的国家公务员薪酬制度与建立现代职业化的公务员队伍的发展目标相比，仍有较大的距离。一些地方政府相继实施了规范公务员收入和提高公务员薪酬水平的改革措施。如 2003 年上海市实施的“阳光收入工程”、2004 年北京市实施的“3581 工程”等，都引起了社会的广泛关注。这些改革的主要目的是统一政府所有公务人员的收入标准，实施规范化和透明化的薪酬管理。尽管这些改革对于工资的规范化和透明化，以及加大职位的工资差距、提高工资的激励作用等起到了一定的积极作用，但如何在规范的职位分类和工作职责界定的基础上，考虑地区、部门等因素，推动职位评价和引入绩效与市场因素对工资产生有效的影响，仍需积极加以研究和探讨。

（二）工会的作用

在市场经济条件下，工会作为劳动者的利益代表，有必要通过对企业薪酬管理施加影响，对劳动者的合法权益实施积极的保护。

企业拥有工资分配的自主权，根据企业的经营状况和工资指导线等，在符合国家有关工资政策法规的前提下，制定企业的薪酬制度，并根据制度为员工发放薪酬。但如果企业实施的薪酬管理违反了劳工法规，严重损害了劳动者的利益，如出现拖欠工资、薪酬水平低于最低工资，以及不支付加班工资等行为，工会就应当出面对雇主施加压力，实施对劳动者正当权益的保护。

工会进行干预的手段是集体谈判。集体谈判制度是现代工业社会，特别是市场经济国家处理劳动关系的一种基本形式。它是雇主代表与工人代表（通常是工会）之间就劳动者的劳动条件进行谈判并签订集体协议的法律程序。工资问题一般是劳动者最为关心的问题，也是最直接涉及劳动者利益的问题，因此，一般来说，雇主与工会进行集体谈判最通常提到的问题就是劳动者的工资问题。

2000 年 11 月 8 日，我国劳动和社会保障部颁布了《工资集体协商试行办法》。该办法规定，职工一方由工会代表，未建工会的企业由职工民主推举代表，并得到半数以上职工的同意。企业代表由法定代表人和法定代表人指定的其他人员担任。集体协商的内容包括：工资协议的期限；工资分配制度、工资标准和工资分配形式；职工年度平均工资水平及其调整幅度；奖金、津贴、补贴等分配办法；工资支付办法；变更、解除工资协议的程序；工资协议的终止条件；工资协议的违约责任等。从目前的情况来看，我国企业的集体协商制度对劳动者工资权益的保护作用并不显著，其原因是：一方面，我国集体协商制度流于形式，另一方面，工会人员不了解现代薪酬管理的理论、方法和技术，从而大大影响了这一制度作用的发挥。为此，在工会组织的层面，推动现代薪酬管理理论和实践的总结与学习，也是我国薪酬管理变革的一项重要内容。

12.3 薪酬管理的技术创新

12.3.1 职位价值与薪酬调查

随着经济体制改革的深入，我国企业对人员的管理正在逐渐从品位管理向职位管理转变，相应地，企业的薪酬制度也逐渐转变为以职位价值为基础。不同的职位拥有不同的薪酬结构，但无论哪种薪酬结构，都取决于其所在职位的价值以及该职位对组织目标的相对贡献。为此，确定职位价值就成为众多企业关注的问题。

现代组织通过职位评价技术和方法，可以确定职位的相对价值，得出一个由高到低的薪酬结构。这个薪酬结构具有内部公平性，得到雇佣双方的认可，但是在我国现有的组织架构和职位体系状况下，仍不能简单地套用国外现有的职位评价的技术和方法，包括职位名称、职位分类体系、职位评价要素的选择和软件技术的开发使用等。我国科学的职位评价工作才刚刚起步，在我国现行的条件下，对各类组织来说，目前职位评价工作仍存在大量亟待研究和解决的课题。

薪酬调查是现代薪酬管理的重要内容和技术。组织应该经常进行薪酬调查工作，以确保企业支付给员工的工资在劳动力市场上具有竞争力，这是现代企业进行薪酬管理的重要内容。在发达国家，大企业定期进行薪酬调查已经相当普遍，薪酬调查数据已经成为企业制定发展战略的基本信息。大量的第三方调查，包括政府部门、咨询公司、专业和行业协会所进行的调查，其调查数据也为企业的薪酬决策提供了非常有价值的参考。例如，美国劳工统计局向公众提供免费的薪酬调查，由专业调查人员和统计人员负责完成。现在，劳工统计局有关薪酬的调查包括：国家薪酬调查、小型私营企业员工福利调查、大中型私营企业员工福利调查、州和当地政府员工福利调查。① 一些咨询公司也专门从事对某些具体职业或行业的调查，提供给客户及其他希望购买这些资料的单位和个人，比如韬睿、Forster 和 Crosby 公司，它们均擅长对中高层管理者的薪酬调查。② 除此之外，专业和行业协会也会对它们的成员进行一次或多次薪酬调查。

在我国，各种机构组织实施并向社会公布的薪酬调查也越来越多。其中包括政府部门的薪酬调查、管理咨询机构的薪酬调查、专业网站所进行的薪酬调查、学术研究机构组织的薪酬调查等。③ 尽管我国的薪酬调查已经有了较大的发展，也受到越来越广泛的重视，但是我们也应该看到，由于受到各种因素的限制，目前我国的薪酬调查总体质量不高，其在我国的运用还有相当大的局限性。我国薪酬调查的内容、方法和技术仍有待进一步突破和创新。

（1）从技术上讲，作为薪酬调查的基础，薪酬的概念、劳动力市场的界定等

① 参见［美］约瑟夫·J·马尔托奇奥：《战略薪酬》，196页。

② 参见［美］托马斯·J·伯格曼，维达·古尔比纳斯·斯卡佩罗：《薪酬决策》，240页。

③ 参见孙健敏：《薪酬调查的现状及存在的问题》，载《人力资源》，2003（3）。

问题在我国还没有完全解决。目前国内由于制度外收入的差距不断加大，制度内工资概念的作用越来越小，实际生活中所使用的薪酬概念非常混乱。我们至今仍没有一个大家能广泛接受的较为一致的薪酬测量范畴。

（2）目前在国内建立现代人力资源管理体系的过程中，科学、规范的职位体系和工作说明书仍在发展之中。薪酬调查是调查职位的价格，首要的问题就是要明确职位之间不同的工作内容和任职资格要求，使其具有基本的可比性。对于在一个落后的人力资源管理体系的基础上发展起来的劳动力市场职位调查，调查数据之间的可比性深受怀疑。

（3）对薪酬调查的技术和方法研究不够。我国国内从事薪酬调查的机构较多，调查特点也各不相同，但是这些调查问卷的设计、调查样本的选择、调查所应开展的规范流程等，目前都鲜有公开，特别是针对此的学术研究几乎还是空白。这些调查的信度和效度并不清楚。因此，通过这些薪酬调查，我们只能粗略地观察和评价我国劳动力市场的薪酬总体行情。

（4）应建立能客观反映我国劳动力市场薪酬状况的权威的中国企业薪酬调查数据系统。目前境外专业咨询机构纷纷进入我国，它们虽有较成熟的市场评估体系和方法，但缺乏对我国国内劳动力市场状况的深入了解，所使用的薪酬调查方法和所提供的薪酬数据与国内实际情况有一定的差距，加之费用昂贵，因此，包括政府在内的各类组织应该加大对国内薪酬调查研究的投入，探索对我国企业更有价值也更加经济的薪酬调查技术和方法，以建立适应我国企业薪酬管理需要的薪酬调查系统。

我国的薪酬调查，应在与国际相应调查方法接轨的基础上，从多方面来完善现有的薪酬调查系统。比如，重视调查问卷的科学设计、调查过程的严格规范、调查手段的合理运用和选取具有行业代表性的单位，以及采集共同的典型职位、采用多样化的统计方法对数据进行处理，并对统计结果给予一定的解释或探讨，逐步建立和形成多行业、具有权威性和代表性的劳动力市场价格指数，使薪酬调查结果对组织的薪酬水平确定具有更大的参考价值。

12.3.2　为业绩和能力付酬

近年来，随着市场竞争日趋激烈，工作更富有弹性，职责不断变化，许多企业逐步意识到要提高生产率，实现企业的经营战略，就不能再把员工的工作拘泥于特定的职位，必须给员工更大的空间，鼓励他们不断学习、钻研。在变化的环境中，一个仅能做好本职工作的员工，对于大多数组织来说，其价值比一个能很快适应环境变化的员工要小得多。① 与之相适应，发达国家的薪酬管理制度有了很大的创新，在传统的以职位为基础的薪酬管理制度的基础上，越来越多的企业开始为员工的业绩或能力付酬。

许多企业改变了以往按照职位付酬的做法，采取以任职者为基础的付酬方

① Kevin Ford，"Competencies in the Real World：Performance Management for the Relationally Healthy Organization，" *Compensation and Benefits Review*，Jul/Aug 2001.

式，把个人拥有的技术、技能和实现的业绩、贡献作为薪酬决定的基础。基于业绩和能力的薪酬体系关注个人的价值。现在，价值也取决于个人能做什么，而不仅仅是他实际做了什么。①

在业绩和能力比职务和资历更重要的情况下，企业逐渐认识到，基于业绩和能力的薪酬管理体系，能够提高员工的业绩期望；吸纳和保留高绩效员工；增加对顾客的关注；有助于建立真正的团队；提高组织内部的协作创造力等等。

传统上，我国企业的薪酬制度严格坚持内部均等原则，旨在满足所有员工的需求，薪酬与员工个人能力和业绩几乎没有联系，我们至今仍没有真正意义上的绩效薪酬。企业和员工在薪酬管理活动中，并没有树立起通过有效的薪酬发放机制，创造驱动员工高绩效工作的环境的理念和意识。在激烈的竞争条件下，适应当前外部环境和内部机制的变革，企业需要深刻认识到把薪酬与个人能力和业绩联系起来的重要性，并且需要通过加大绩效薪酬体系的创新，强化个人薪酬支付与业绩和能力的内在联系。

绩效薪酬和能力薪酬计划成功的关键在于绩效和能力评价。绩效薪酬体系的建立要求科学设计工作，建立明确的绩效评价标准，包括质量、数量和工作时间等，能够精确衡量员工的工作绩效。要让员工知道，如果他们付出努力，达到了明确的工作标准，他们的薪酬就会增加。

能力是指可以带来绩效的知识、技能、行为等个人特征。② 传统的人力资源管理以职位为基础。但自20世纪90年代以来，认为人力资源管理将逐步转向以能力为基础的呼声日益高涨，能力工资体系的兴起就是对这股潮流的一种响应。根据员工所拥有的与工作相关的知识或技能水平来报偿他们的劳动，适应了知识经济的本质与特征。③ 为了避免传统刚性薪酬体系所带来的各种弊端，以技能为基础的薪酬制度已经成为企业薪酬改革的一种潮流。为最有能力的员工支付最高的报酬，是最佳薪酬实践。这种薪酬体系是根据员工所掌握的技能付酬，而不是根据他们在特定时间所从事的工作付酬。

基于能力的薪酬制度在职位变化和新技术应用方面，具有很强的适应性。不论外部环境如何变化，高绩效者都会得到保留与激励。能力薪酬体系强化了对高绩效者的激励，同时也鼓励一般员工努力提高绩效。实行按能力付酬后，管理的重点将转变为最大限度地利用员工已有的能力。这一薪酬体系能传递信息，使员工关注自身的发展，鼓励员工自觉掌握新的工作技能和知识。

以能力为基础的工资方案适用于技术、管理和专业人员。通常对这些人员很难根据观察或具体的行为来判断他们的工作绩效。如对于从事科学研究、计算机软件开发、管理咨询等工作的人员来说，知识和能力是其取得成功的关键要素。采用能力薪酬体系的企业，通常具有扁平化的组织结构、宽幅化的薪酬结构，并

① Martin G. Wolf, "Compensation: An Overview," *The Compensation Handbook*, Fourth Edition, 2006.

② Kevin Ford, "Competencies in the Real World: Performance Management for the Relationally Healthy Organization," *Compensation and Benefits Review*, Jul/Aug 2001.

③ 参见谢晋宇，李新建：《发达国家企业人力资源管理中的薪酬管理创新》，载《技术经济与管理研究》，1999(6)。

且十分注重员工培训与开发。

对于企业来说，业绩工资制由于把薪酬与可量化的业绩挂钩，因此更具有激励性和公平性，但是需要有合理的目标设定方法和良好的绩效考核系统来支持。业绩工资制可能出现的问题有：（1）员工无法准确理解业绩目标，制度设计不合理或者获取奖金的机会有限；（2）难以预料的不可控因素将导致个人绩效的波动；（3）把依赖于与他人合作才能取得的个人绩效全部归功于某人，会增加员工的不公平感，降低合作精神；（4）员工认为与经理的关系是左右业绩评估结果的首要因素，导致绩效薪酬系统缺乏足够的说服力；（5）绩效管理水平低，缺乏支持薪酬体系正常运转的专业人员。

而能力工资制所面临的最大问题，则在于如何界定和评价员工所具有的能力，以及能否将这种工作中的潜能转化为实际的工作业绩。实行能力工资制可能会增加企业成本，因为它支持员工学习技能，要求企业更加关注员工培训并进行大量投资。能力薪酬并不适用于所有的企业和所有的员工，社会上存在着对能力工资制实施效果的一些争论。比如，有学者认为，能力工资制的缺陷在于：员工不愿意公开承认自己的能力缺陷，因为他们知道这可能会影响到其工资；能力很难准确界定和衡量，难以为薪酬支付提供有效的基础；有时能力薪酬计划过于复杂，容易失败。① 也有人认为，能力工资制度会增加管理负担，相对于传统的薪酬体系单位劳动力成本的上升，可能产生能力过时的问题，需要将基于职位的市场数据转化为基于任职者的工作环境等。②

对中国的企业而言，很清楚的一点是，业绩或能力薪酬体系非常重要，管理的技术要求则更高，对薪酬管理人员也更具有挑战性。在解决现有组织业绩、能力与薪酬管理问题的现实领域，存在着大量的现实需求，也需要高水平的研发技术和工具。

12.3.3　薪酬管理的效果评估

我国企业实施薪酬管理的进程已经明显加快，现代薪酬管理体系正在逐步完善。但是，应当看到，我们对实施现代薪酬管理技术和方法引进的效果仍不十分清楚。对企业薪酬管理实践进行有效评估，通过评估及时发现问题并进行调整，以提高薪酬体系的生命力，帮助企业赢得竞争优势，是我国目前薪酬体系变革和创新过程中应当高度关注的命题。

从对企业的薪酬管理实施效果的评估标准来看，一个有效的薪酬体系需要具备四个基本特征。③ 内部公平性（按照员工工作的相对价值公平地支付薪酬）、外部竞争性（参考市场的工资水平为员工支付薪酬）、对个人的激励性和薪酬本身的可操作性。实践中要同时实现这四个特征几乎不可能。内部公平性与外部竞

① Gerald E. Ledford, "Pay for Skills, Knowledge and Competencies," *The Compensation Handbook*, Fourth Edition, 2000.

② John M. Bremen, Maggi Coil, "Comparing Alternative Base Pay Methods: Which One Meets Your Organization's Needs?" *ACA News*, June 1999.

③ Martin G. Wolf, "Compensation: An Overview," *The Compensation Handbook*, Fourth Edition, 2006.

争性往往相互矛盾，而要达成第三个目标又需要强调个性化，从而使薪酬管理的可操作性变得复杂起来。有效的薪酬管理体系就是在一定条件的制约下，在这几个目标之间寻求一个相对最佳的平衡点。所以在对薪酬管理实施效果进行评估时，通常也需要综合考虑下列一些因素。

（一）企业角度的评估因素

1. 有效性

有效的薪酬管理实践，可以提高劳动生产率、经营业绩等；可以增加员工的工作经验，提高产品/服务质量、客户满意度；有助于鼓励员工持续学习，在工作中不断创新。此外，还可以补充和增强企业的人力资源管理系统。

2. 合法性

企业的薪酬管理制度是否符合国家的相关法律法规，包括最低工资立法、反歧视立法、社会保险立法等。企业的薪酬水平至少不能低于法定的最低水平，必须尊重员工的利益，不能侵犯其合法权益。此外，还需要考虑到国家对一些特殊行业工资的限制等。

3. 人工成本控制

企业的薪酬管理实践应该有助于控制人工成本。因为企业薪酬水平对人工成本有巨大影响，一般情况下，薪酬水平越高，劳动力成本也越高，这对企业赢得竞争优势不利，所以，企业薪酬水平决策应考虑到企业薪酬总额和实际承受能力，以及所需人才的可获得性等，在加大激励力度的同时，也要注意节省成本支出，不能影响企业的长期发展。

（二）员工角度的评估因素

1. 满意度

一个好的薪酬管理制度，能带来员工的积极反应，可以有效提升员工的成就感，鼓舞士气、加强归属感。员工满意表现为工作热情高涨，工作态度积极，团队间的协作增加；工作中更注重客户意见，自我要求更严格，主动接受培训和进修，等等。员工精神面貌的改变和业务能力的提升，既是薪酬管理成功与否的重要衡量因素，也可以帮助企业开拓更广阔的发展空间。

2. 公平感

薪酬体系能否根据员工所提供的劳动并参照市场上同类职位公平地支付薪酬，将影响员工对企业薪酬管理的公平性和公正性的看法。成功设计的薪酬体系应尽可能消除不公平现象，使员工有公平感，涉及员工对本人薪酬与其他企业薪酬状况、企业内部从事相同工作以及不同工作的其他员工薪酬水平的对比结果。

3. 变动率

成功的薪酬管理实践对员工有激励和促进作用，能使员工把自己的行为集中到帮助企业获得竞争优势的方向上去；能够降低员工，特别是高素质员工的离职率。如果薪酬体系能得到员工的认可，就可以减少自愿离职的人数，降低人员变动率，使企业能够保持相对稳定，有利于企业的长期发展，实现吸纳、保留和激励高素质的关键员工的目标。

12.3.4　薪酬管理人员的胜任力要求

一项研究表明，人力资源管理部门作为组织的职能部门，要想驱动组织绩效、增加股东价值，其专业人员的战略能力是最为重要的。此外，还需具备的知识和能力包括：影响/说服他人的能力、人际交往能力、技术知识以及处理不明确事务的能力。该项研究还表明，人力资源经理所需具备的五项重要的能力包括：组织能力、领导他人的能力、沟通能力、人际交往能力和持续学习的愿望。①

美国劳工部职业信息网（O* NET）由美国劳工部就业和培训司开发，其中既包括了有关工作的信息，也包括了有关员工的信息。员工信息代表成功完成工作所需的员工特征，包括知识、能力等方面的胜任力要求。美国职业信息网对薪酬和福利经理（compensation and benefits managers）的任职要求提供了一个参考框架。

● 知识。

人力资源管理知识：人员招募、甄选、培训、薪酬与福利、员工关系和人事信息系统方面的知识。

管理知识：涉及战略规划、资源配置、人力资源建模（modeling）、领导技术、协调人与资源的业务与管理原则方面的知识。

法律和政府知识：法律、司法程序、政府规制、代理规则方面的知识。

事务性工作知识：文字处理、管理档案文件与记录、速记等办公程序和术语知识。

顾客与劳务服务知识：提供顾客与劳务服务的原则和程序方面的知识，包括顾客需求评估、达到服务质量标准、评价顾客满意度。

其他：经济与会计知识、语言知识、数学知识、教育和培训知识等。

● 技能。

人力资源管理：工作时激励、开发、指导员工，辨别工作的最佳人选。

理智思考：运用逻辑和理智辨别可选解决方案、结论或者解决问题的方法的优势与不足。

监控：监控/评估自己、他人和组织的绩效，能加以改进或采取正确行动。

社会理解力：察觉其他人的反应及其原因。

所需其他技能：时间管理、主动倾听、阅读理解、表达、写作、财务资源管理等。

● 能力。

问题敏感性（意识）：判断已经出错或者有可能出错的能力，不包括解决问题，只是发现问题的能力。

信息整理能力：根据具体规则，合理安排事情或活动的顺序的能力。

① Liz Wright, "HR Competencies: Getting Them Right," *Canadian HR Reporter*, Vol. 14, Nov. 5, 2001.

所需其他能力：文字理解力、语言理解力、口头表达能力、书面表达能力、语音识别能力、演绎推理能力和归纳能力。

● 兴趣。

要有强烈的事业心以及社会交往方面的兴趣。

● 工作作风。

正直、可信任、自控、合作、为他人着想、关注细节、适应性/灵活性、领导力、主动性和能够忍受压力。

上述对薪酬管理人员的任职素质的要求，大都来源于发达国家，特别是美国的模型要求。我国目前对这方面的研究仍相当欠缺，为此，在我国推动薪酬管理技术的创新时，一个重要的任务就是加强对我国薪酬管理专业人员素质能力模型的研究和开发。

12.3.5 薪酬管理的咨询与外包

随着全球化、知识经济和信息经济时代的到来，产品和服务日新月异，企业面临着更加激烈的竞争。薪酬管理作为企业的一项重要职能，也在不断发生变化，薪酬方案日益纷繁复杂，薪酬管理系统日趋强大和烦琐，其维护成本也渐趋高昂。薪酬水平及结构的设计、调整，大规模数据处理，跨地区薪酬管理等问题日益凸显。这些变化对薪酬管理专业化程度的要求越来越高，许多企业自身的人员已经无法满足这一要求，或者说一个企业雇用高水平的薪酬专业工作者面临较高的薪酬成本。为此，不少企业开始借助外脑，聘请专业咨询公司设计本企业的薪酬制度和方案，或者通过外包服务机构，代理本企业薪酬福利方面的一些事务，帮助企业减少成本，提高效率，赢得竞争优势。

广义上说，薪酬管理咨询包含在薪酬外包之内，是企业通过整合利用其外部最优秀的专业化资源，从而降低成本、提高效率、充分发挥自身核心竞争力和增强企业对环境的迅速应变能力的一种管理模式。企业把薪酬管理的部分或者全部业务，交由外部服务机构负责和处理。这样做给企业带来的益处主要有：

（1）可以降低企业的经营风险，引导企业把资源集中于与企业核心竞争力有关的事务上，发展自身的核心竞争优势；可以使人力资源部门从事务性工作中解脱出来，专注于战略管理，从而使人力资源部门能真正成为企业的战略合作伙伴、管理专家、变革的推动者，以及员工利益的维护者。

（2）能够帮助企业建立完善的薪酬管理制度，在不增员的情况下获取额外的技术专长。特别是对处于高速发展期的中小企业，以及缺乏专业人力资源业务素质的企业来说，现有人员不擅长或无力满足企业的发展要求，将一些业务外包给专业服务公司或顾问人员，无疑是较好的选择。

（3）有助于更好地管理薪酬成本，控制管理成本。将企业的薪酬管理业务部分或全部外包出去，可以减少企业分配在事务性、操作性和非战略性人力资源事务上的专门的人力资源，从而降低薪酬管理成本的开支。

（4）可以吸收最新的薪酬管理技术和方法，帮助企业吸纳和保留优秀员工。如何留住关键职位上的优秀人才，已经成为企业人力资源管理过程中的一个突出问题，是企业发展所面临的最大挑战。借助外部专业公司对现代薪酬技术和方法的熟练掌握和运用，可以帮助企业建立起一整套全新的薪酬管理体系，有助于提高员工满意度，降低员工流失率，从而帮助企业吸纳、保留并激励优秀员工，打造企业的核心竞争力。

越来越多的中国企业也开始把薪酬管理外包作为一项重要管理内容加以考虑。随着薪酬管理咨询业务的不断成熟，许多客户越来越不满足于传统的服务，比如代发工资、代缴国家法定保险（养老保险、失业保险、医疗保险、住房公积金）等，一些新服务项目如职位评价、薪酬调查、薪酬方案设计、福利津贴方案的设计等受到越来越多的欢迎。同时，企业不仅需要外部专家提供一个解决方案，而且需要他们帮助将方案变成现实。

但并非所有的企业都适合进行薪酬管理外包。这是因为薪酬管理外包使得企业机密外泄的风险增加；会对企业人力资源部门的人员产生一定的冲击。此外，由于难以有效监控外包服务商，企业可能达不到预期目标。因此，企业需要结合实际情况，考虑开展薪酬管理咨询和外包业务。

一般而言，具有下述特征的企业适合进行薪酬管理的外包：大量的管理活动，通常与市场数据息息相关；承诺妥善地管理薪酬计划；期望节省管理工作所耗费的时间，以便投入更多的时间来解决与薪酬设计相关的经营问题；尝试和体验过外包其他人力资源管理工作。①

而具有下列特征的企业则一般不适合进行薪酬管理的外包：将管理视作一项核心能力（单独或针对薪酬部门而言）；认为薪酬管理过于机密化或独特，外部供应商难以提供有效的支持；未尝试过外包服务或不喜欢这一理念；难以有效地管理外部服务机构或不希望与第三方建立合作伙伴关系。

12.3.6　薪酬管理的信息化

从 20 世纪 60 年代起，计算机在企业的薪酬管理中发挥重要作用。② 当今社会，科技和信息技术日新月异，网络已成为人们获取信息的主要手段之一，知识经济初见端倪。知识正日益取代物质资源，成为决定企业命运的关键性资源。今后，企业竞争的焦点将集中在掌握知识的智力资源——人才的竞争上。知识型员工大多富有开拓进取精神，敢于面对挑战，他们更倾向于开放、透明和积极向上的工作环境和氛围。为此，企业需要一个更灵活的管理模式，而不是传统低效率的管理方式。企业能否建立长效机制支持人才发展，成为企业生存与永续发展的关键，这也是对企业人力资源部门最大的挑战。

在这样的背景下，企业对人力资源管理的要求不断提升，人力资源管理的难度也不断增大。传统的人力资源管理已经跟不上企业高速发展的需要，建立在手工基础上的人力资源管理，其高成本和低效率制约了企业对人才的吸纳。同时，

---

① 参见吴宇：《薪酬外包管理》，载《今日工程机械》，2003（9）。

② Martin G. Wolf, "Computers and Compensation Administration," *The Compensation Handbook*, Fourth Edition, 2006.

企业人力资源部门人员的时间将重新进行分配，用于日常管理型的活动所占的比重将下降，而在服务和沟通以及战略规划方面所花费的时间则有所上升。因此，为了降低成本、提高效率，企业人力资源的信息化进程就显得尤为重要。企业信息化建设对于促进管理现代化、加快技术进步和增强市场竞争力都具有深远的意义，是带动企业人力资源管理工作创新和升级的重要突破口。这无形中为人力资源领域的服务创造了巨大的市场空间，许多软件厂商不断介入为人力资源管理提供下游服务的人力资源管理信息化领域。

e-HR，即电子化的人力资源管理或网络人力资源管理，就是通过现代信息技术手段，帮助企业建立人力资源服务的网络系统，使人力资源管理流程电子化和自动化，提高管理效率，实现信息共享。"e"包含了两层含义：电子化（electronic）和提高效率（efficiency），即通过电子化的手段，达到提高效率的根本目的。①

20世纪90年代初，e-HR作为ERP软件或财务软件中的一个薪资模块进入中国。到90年代中期，e-HR才作为独立的人力资源管理软件出现在市场上。从2000年开始，国内e-HR软件市场逐步成熟。华信惠悦咨询公司在e-HR调查中发现，在中国，人力资源专职人员与公司员工总数的比例分别是1∶81.5，而北美地区的相应比例为1∶95。该比例是衡量公司人力资源服务效率的主要标准之一。从华信惠悦的调查来看，中国的人力资源职能部门承担了太多的行政性工作，尚未充分利用e-HR的技术优势。但是数据也同时表明，国内的e-HR市场巨大。中国公司"在加强技术运用，以达到提高人力资源流程、效率、生产力及降低成本等预期结果方面，还刚刚起步"②。2003年，《21世纪人才报》与其合作伙伴曾对国内企业进行过一次针对e-HR的调查，该调查的统计分析发现，企业使用最多的功能依次是人事信息管理（71%）、薪资（68.2%）、报表（62.2%）、考勤（59.5%）、招聘（56%）、福利（53.8%）等。③ 近十年来，半数以上企业HR部门使用e-HR系统开展工作，北森的《中国企业人才管理成熟度调查》显示，2014—2015年，58.5%的企业运用了e-HR系统，30.1%的企业采用了更加前沿的专业人才管理软件。④ 韬睿惠悦发布的《2014全球人力资源服务与技术调研》显示：运用云服务，即选择SaaS（Software-as-a-Service，软件即服务）模式作为人力资源信息系统，人才管理e化管理，以及引入人力资源门户网站在中国企业中渐成趋势。有83%的参调企业表示已经或正在考虑用SaaS解决方案模式来取代现有的人力资源信息系统，并期望通过云计算和各种应用程序在接下来几年内提高人力资源管理的效能。⑤

不同的薪酬管理软件往往在功能上存在较大差异，有些能够满足不同企业薪

① 参见章凌：《e-HR：是成本太高还是时候未到?》，载《中国上海人才市场》，2003（8）。

② 林清扬：《将e-HR进行到底》，载《21世纪人才报》，2003-07-30。

③ 参见郑大奇：《中国e-HR现状调查》，载《21世纪人才报》，2003-03-19。

④ 参见《2014—2015中国企业人才管理成熟度调查报告》，北森官网，www.beisen.com/datadetail/159.html。

⑤ 参见韬睿惠悦：《2014全球人力资源服务与技术调研》，http：//www.towerswatson.com/zh-CN/Press/2014/08/HRSD-2014-Chinese-Release。

资核算的需要，灵活定义企业的薪酬结构并随时调整，通过对比市场薪酬调查数据及时调整薪资水平；有些能对工资核算的全过程进行处理，自动完成每次工资核算员工个人所得税的计算、福利保险的扣减、各种特殊工资项目的处理，以及各种工资报表的打印等；有些针对中国各地区、各行业的政策，进行薪酬福利方面的核算处理，并能根据法律政策的变化随时进行升级更新；还有一些更为先进的薪酬管理软件，能够支持企业建立薪酬模型，通过对不同员工和职位进行比较，协助管理者作出最优的薪酬决策。

积极推进薪酬管理信息化的建设，可以在以下几个方面取得显著成效。

（1）提升企业薪酬管理的专业化水平。通过加快企业薪酬管理的信息化进程，企业的薪酬管理人员可以及时、准确地收集薪酬方面的信息，并根据这些信息作出正确的薪酬决策，建立相应的薪酬制度及其调整方案，促使薪酬管理定量化和科学化。

（2）提高人力资源部门的工作效率。将事务性薪酬管理活动自动化，可以增加企业薪酬管理工作的透明度，减少薪酬管理人员事务性工作的时间耗费，使其更加专注于战略性管理工作。例如，明基电通公司有几千名一线工人，他们的流动性较大，有的还要当场计结薪水，在使用信息系统后，电脑可以在瞬间完成复杂的薪酬管理过程，大大提高了人力资源部门的工作效率。①

（3）降低薪酬管理成本。实现企业薪酬管理的信息化，可以加快信息汇总速度，降低薪酬管理人员工作的操作成本，加强人力资源部门与其他部门员工之间的沟通，减少通信费用，最终达到降低企业薪酬管理成本的目的。

（4）建立薪酬管理的员工参与平台。信息化建设增加了企业薪酬管理过程的透明度，使薪酬管理体系延伸到企业各个职位，让普通员工也能参与到薪酬管理活动中来。比如，员工可以看到自己的考勤、薪资、福利等相关信息，了解企业薪酬管理的动态。这有助于增加员工的公平感，建立良好的员工关系，减少企业内耗。

□ 本章小结

20世纪以来的管理实践证明，没有一种薪酬制度可以适用于所有的企业，或者为企业不同的发展阶段服务。薪酬管理的价值提升、理念发展与技术创新，在很大程度上取决于管理实践的发展。在特定的历史情境中，内外部环境的变化直接影响企业及其员工的薪酬决策行为，进而使薪酬管理在内容、目标和方法上发生相应的变化。自20世纪80年代以来，薪酬管理变革呈现出日益加速的态势，并已成为企业适应环境变化和应对管理困境的有力工具。

我国企业的薪酬实践，经历了从品位管理、身份工资向职位管理和市场定价的逐步转变。为业绩付酬已经成为主流，为能力付酬的实践也方兴未艾，尽管仍没有充分的证据表明何种付酬方式更具优势，但人们对薪酬能否为组织创造价值

① 参见赵萍：《明基的高效能团队效应》，载《人力资源开发与管理》，2004（4）。

和怎样才能创造更大的价值日益敏感。由此我们可以清楚地看到，薪酬管理的功能日益强化；有关薪酬的咨询、培训与外包成为薪酬管理的重要内容；薪酬管理人员的任职资格要求正朝着专业化的方向发展；对薪酬管理的实施效果进行评估越来越受到重视；e化的薪酬管理手段正逐步成为效率的代名词；企业在薪酬管理变革中更希望成为领头羊，而不只是被动地应对变革的压力。

薪酬工具的多样性，为薪酬管理的变革提供了必要的基础。而企业在发展过程中的不确定性，则为薪酬管理的变革提供了无限的可能性。尽管未来的薪酬管理充满未知数，但可以肯定的是，变革仍将无所不在。

□复习思考题

1. 如何理解薪酬管理变革，它产生的内外部动因主要有哪些？

2. 自20世纪80年代以来，薪酬管理变革呈现出日益加速的态势，其主要原因有哪些？

3. 如何从薪酬管理的角色与内容变化来理解薪酬管理对组织价值的贡献？

4. 试从薪酬管理专业化的角度，讨论薪酬管理人员需要具备哪些任职能力，以应对持续的变革挑战？

□案　例

前进航空公司的人力资源管理变革

一、背景：并购后消化不良陷困境，管理层频繁换将雪上加霜

前进航空公司在1983—1995年间换了10个总经理。管理层的频繁变换使得公司的政策缺乏连续性，人员流动性过高，公司表现不尽如人意。这种状况直到1995年孟南上任后才出现了转机。

回顾历史，20世纪70年代末的收购使前进航空消化不良，开始陷入困境。当时，政府放松了对航空业的管制，引发了一场“航空大战”。各航空公司纷纷采用降价、乘客飞行积累奖励等方法竞争。由于优胜劣汰，一些风光一时的公司在竞争中衰落了。前进航空公司趁此机会收购了3家公司。

1983年，前进航空公司的总经理由于与工会意见不一致，几乎解雇了所有的员工，然后以比原来低得多的工资聘用了新员工。尽管劳动力成本降低了，但因服务质量上不去，顾客的投诉率很高，在各航空公司中“名列前茅”。于是，管理层将重点转到提高服务质量上。经过一段时间的努力，顾客投诉减少了，前进却陷入了财务困境。为了进一步降低成本，公司在1990年又裁减了600名员工。这时前进的工资总额仅占总成本的22.8%，而其他航空公司的工资总额约占34%。低报酬使得前进的员工跳槽率很高，劳资关系一直很紧张。

事实上，前进航空在这一阶段公司文化混乱，员工士气不高、无安全感；管理层也面临信任危机。而且高层管理人员鼓励员工进行跨层越级对话，这样，中层管理者就被排斥在沟通链之外，部门之间不一致的状况也进一步恶化。

除了上述原因，前进公司还存在人事转换频繁导致缺乏责任心、被前进并购的公司的员工没有融入集体、缺乏合理的绩效评估标准等问题。

对于人力资源部而言，这一时期同样是混乱的。部门没有系统的记录保持体系，工作人员把大部分时间花在与员工交谈、寻找他们所要的信息上，只剩下不到10%的时间用于管理人力资源问题。公司认为没有必要做绩效考核，也没有预算用于培训开发项目。1983—1994 年间，前进在航空业的许多重要方面（如收益、劳工关系、交通部评估名次等）从来没有突出表现。

二、变革："前进计划"扭战局，"共同努力"收奇效

1994 年 2 月，孟南走马上任，担任前进航空公司的 CEO，他给公司带来了一种信念，即公司一定能重振雄风，成为航空公司中强有力的竞争者。上任之后孟南为公司制定了振兴企业的"前进计划"。"前进计划"综合考虑了前进航空面临的问题，并提出计划的重点不应仅放在提高效益上，更应考虑到员工的工作生活质量以及他们的发展问题和满意程度。

"前进计划"主要包括四方面内容：

(1) 飞行取胜（fly to win）。"飞行取胜"是最基本的企业目标。取消一些不能盈利的项目，同时扩展一些收益较高的航线，如远东和拉丁美洲航线。

(2) 为将来蓄资（fund the future）。这主要是针对前进的高负债情况（当时的债务资本比是 30：1）提出的。要求把还债与取得较优惠的贷款待遇视为首要任务。

(3) 变可能性为现实（make reliability reality）。这是为了提高服务质量而提出的，争取在交通部的各项评分中名列前茅。前进还建立了以顾客满意为基础的绩效评估标准。

(4) 共同努力（work together）。这是为了改变公司过去的文化而提出的。努力塑造团队精神，尊重每一个员工，不断加强管理层与员工之间的沟通，给予员工合理的薪酬。

在整个"前进计划"的实施过程中，人力资源部门始终参与，并把重心放在"共同努力"这一战略上。大家认为"共同努力"应包括六个工作要素：取得一致、能力、合作、忠诚、成本效率和兑现承诺。

"取得一致"是指要在公司中形成一种实施"前进计划"的气氛：人力资源部门首先与管理人员进行会谈，解释"前进计划"的含义和实施该计划的目标；为了完成这一计划，每个部门和每个人要做哪些努力。然后管理人员再和下属交流，确保每一个人都了解这一计划和自己的角色。绩效评估则根据"前进计划"的实施程度来进行。

前进公司过去的培训一直以满足公司内部需要为主，而新的战略要求员工有满足顾客的能力。随着计划的推进，人力资源部发现员工的能力不足以胜任新的环境，于是进行了一系列"能力"培训。

达到公司目标的另一个关键点是全公司能够齐心协力，要求各部门、工会、管理层以及供应商之间能保持良好的合作关系。高层领导者意识到，只有实行团队"合作"才能成功。

“忠诚”是六个要素中最难实现的一个，也是共同努力的基础。许多员工由于在过去几年中产生了对公司的不信任感和对立情绪，他们不相信可以从中受益。要建立员工的忠诚度，首先就要找到激励员工的有效措施。

前进公司过去一直十分重视成本控制，但也因此导致了顾客、员工和股东的不满。“成本效率”旨在找出最有效的运营方法，而不是简单地控制成本，有时甚至要牺牲成本来提高顾客的满意度。

“兑现承诺”指在新计划实施以后，要让员工体会到公司的变化将给每个人带来光明的未来。

“前进计划”取得了令人满意的结果。1996年，前进公司盈利56亿美元。员工面貌焕然一新，公司的缺勤率和主动离职率大大降低。同时，顾客满意度上升，公司在航空业中多次得到奖励，甚至获得了“最佳航空公司”的称号。

三、实践：员工——激励、培训、考核团队——打破藩篱、协调运作

在实施“前进计划”的过程中，人力资源部门主要采取了下列措施：

（1）奖励。前进公司人力资源部意识到要让员工对整个战略实施有信心，必须及时奖励表现优秀的员工，这需要高层的支持以及有一定的资金作为基础。

最初的奖励为：如果前进航空公司在每月交通部的评比中能够进入排名（在所有航空公司中）的前一半，则每个员工能得到65美元。当员工发现公司的确在朝“前进计划”的方向努力时，他们开始改变自己的行为，以得到奖金。员工之间开始合作，当他们发现某些行为会影响目标的达成时，会主动提出解决办法。

前进人力资源部接着对奖励计划进行了进一步的修正。如果在每月的评比中得第二或第三，每人奖励65美元；如果得第一，则奖励100美元。公司组织出勤率极佳的员工参加大型庆祝晚会，两位总裁亲自出席并抽奖，获奖的员工将得到一辆标有前进公司标记颜色的福特豪华车。另一项奖励措施是“收益分享”——公司每年拿出收益的15%（税前）来奖励职工，还包括一个非货币奖励——庆功会。在第一个庆功会上，每位员工都得到了一张支票。

人力资源部重新制定了实施细则，很快就建立起了绩效工资系统，确保及时、公正地对员工作出评估。前进员工时隔十年之后重新得到了绩效工资。

（2）人员。前进公司首先对高级管理层进行改组，36名高层管理者（大部分为副总裁）被21名在公司中表现优异的新的副总裁代替。这种从上做起的改革为公司的其他部门树立了榜样。被裁减的经理通过培训后，被安置在公司的其他岗位。

（3）培训。前进公司过去的培训受财务的影响很大。有钱时，就搞一些培训；若没钱，就取消所有的培训项目。实施“前进计划”后，人力资源部门开始进行有计划的持续培训。培训是围绕着“前进计划”设计和实施的，包括绩效目标的培训、跨职能团队的培训、管理技能的培训等。

（4）评估。人力资源部对所有的经理进行绩效培训，包括如何将个人绩效与公司绩效挂钩。当所有部门都明白了绩效标准的重要性后，人力资源部才可能协助各部门制定现实可行的绩效目标。如对销售人员而言，绩效标准就是商务飞行的销售额。

(5) 劳工关系。前进公司管理高层定期召开面向所有员工的大会，时间定在每月的最后一个工作日的最后两个小时。会上，高层经理要解答员工提出的问题。如果不能当场解答，则必须在 24 小时内作出回答。每次会议都有来自世界各地的 25～150 名员工参加。中层管理人员也参与会议，以免出现“沟通真空带”。

人力资源部还帮助各部门之间建立良好的协作关系。他们开展各种培训，努力使各部门把其他部门当做自己的内部客户来看待。

为了消除现场员工与公司办公室员工之间的隔阂（这种隔阂由来已久，过去双方互不配合，影响了顾客满意度），两位总裁在 1995 年的劳动节以及随后的一些节假日中，关闭所有的办公室，让管理人员到前进的 20 多个主要机场和员工一起劳动，隔阂逐步消除。

(6) 信息技术。“前进计划”使人力资源部配备了先进的智能通路系统和信息系统，提高了部门人员的工作效率，使得该部门从繁杂的行政事务中解脱出来，更着重于战略的计划与实施。

资料来源：王其明：《激励员工重塑团队扭转战局》，载《中国经营报》，2003-08-14。

□案　例

如何成功实施人力资源管理变革

人力资源管理已不再是什么新鲜事了。无论什么行业，或什么职位，似乎每个管理人员都能就人力资源管理谈出一大堆理论和新概念。可真正说到如何将人力资源管理运用到现实企业中，恐怕还是有人摸不着头脑，即使一些人力资源部本身的运作，往往也会出现“雾里看花”的效果。事实上，每一种新管理理念都是一种建立在目前缺陷和不足基础上的超现实的美好愿望，它需要学习者不断通过认知和对现有情况进行比较后，调整原有的思维方式和操作技巧，以逐渐靠近理想境界。因此，并非所有的新理念都是正确的，因为它们有太多的完美成分和时间局限性。所以，我们只能把它们作为一种思维倾向，而非执行标准。那么，企业如何根据自身的情况，有效地将人事工作提升到人力资源管理，继而提升人力资本呢?

企业应当明确人力资源在现代企业管理中的作用。从过去的人事管理到今天的人力资源管理，其管理本质已经发生了显著的变化。

20 世纪 90 年代以前，传统的人事工作只把精力放在员工的考勤、档案、合同管理等事务性工作上，人事部门被定位为后勤服务工作。而 90 年代后，伴随着企业基础管理模式的深刻变革，在管理中，人作为一项资源，而且是一项重要的战略资源的思想得到了越来越多的认同。在这一管理思想的指导下，以人才测评、绩效评估和薪资激励制度为核心的人力资源管理模式得以确立，并逐渐显现了它的重要作用。

进入 21 世纪，人力资源管理的作用已被企业界提升到企业战略的“高度”，人力资源管理部门逐渐由原来的非主流的功能性部门，转而成为企业经营业务部门的战略伙伴。而人力资源管理者也逐渐从过去那种行政、总务、福利委员会的角色，转变成为高层主管的咨询顾问、战略业务伙伴、管理职能专家和变革的倡导者等。他们的工作更多的是人力资源政策的制定、执行，中高层主管的甄选，员工的教育、培训、生涯规划和为业务发展开发、圈定人才等，具有前瞻性。

总的来说，人力资源管理的最终目的，是为企业建立一种稳固的、积极向上的、可靠的劳动关系和企业运转的能量基础。

那么对于企业来说，如何才能成功实施人力资源管理呢？

首先，应当确定合格的人力资源管理人员。

(1) 明确人力资源管理人员所必需的个人素质：第一是热情（passion），对烦琐工作事务的热情；第二是专业（professional），即良好的人力资源管理专业知识；第三是耐心（patient），对烦琐、乏味的工作的耐心；第四是道德（morality），即我们通常所说的职业道德，公平、公正的职业情操。

(2) 分析本公司人事部门的人力资源，可以找出基本符合上述条件的人选，让他们接受专业的人力资源管理知识培训。这种做法的好处是：人员是本公司的，所以对本企业的情况和企业当前的人力资源管理瓶颈有较深的了解，在培训中容易带着问题去学习；学员对企业的忠诚度高，流失的可能性较低；培训本身就对其他企业的员工树立起了“企业关心员工的职业规划”的旗帜。但缺点是：成本高，风险大；培训周期长，一般在三个月以上，容易影响工作；由于在本企业的工作时间长，会或多或少有一定的人事关系，不利于将来的工作开展。

(3) 积极引进企业外部的人力资源管理人员。其优点是：人力资源管理经验丰富；成本小，培训风险低；管理人员是新来的，不易受人情的影响。其缺点是：对企业缺乏深层次的了解，个人主观意识可能较强；工作关系的稳定性差，容易受薪酬、环境、人事等因素的影响，易流失；外聘人员的薪酬可能会高于本企业，容易使本企业其他管理人员产生情绪上的不满；容易打击本公司有上进心的人员。

此时，应当一方面选派本企业的员工去接受培训（注意，人不能太多），一方面外聘人力资源管理人员。结合两者的优点，开始本企业的人力资源管理。

企业进行人力资源管理的第一步，是分析本企业的人事管理情况。分析的内容有：了解现有企业在人力资源管理制度上的规定；了解企业的人力资源、各种专业或各层次管理人员的具体情况；了解企业各岗位的工作情况；了解企业现有的人力资源招聘和选拔情况；了解企业原有的培训方式和方法；了解企业现有的激励措施或手段；了解现有的薪酬管理情况。

接下来就可以进行岗位分析了，分析目前企业各工作岗位的工作职责、工作内容、工作权限以及岗位能力需求等，并要求充分计算各岗位的工作量是否饱和以及岗位合并的可能性。然后重新修订企业的岗位说明书，并调整个别工作岗位（可能还需要反复修订）。

制定企业的绩效管理方案，争取在三个月内开始实施，再根据绩效管理的初步结果制定企业培训管理办法，并同时修改企业的薪酬管理制度。实施半年后，检讨、修正前面制定的绩效管理、薪酬管理、培训管理等办法，并制定出本企业的招聘和选拔管理办法。接下来不断进行改进，并适时加进其他管理制度。这样企业的人力资源管理体系就算初步建立起来了。

要注意的是，企业在实施人力资源管理变革时，应避免以下六个误区：

误区一：人力资源管理是人力资源部门的职能和工作。

谈到人力资源管理方面的工作，很多企业领导自然就想到这是人力资源部的事。但实际上，人力资源管理的工作和每位员工的日常工作是分不开的。人力资源管理存在于一个企业的任何一个角落，各个部门的每位主管首先应该是一位人力资源主管，而人力资源部主管只不过是整个管理过程中的主要协调者和推动者而已。

误区二：培训很容易，公司出钱就可以了。

对员工进行培训在外企和一些大企业中已经相当普遍。求职者在找工作时，也往往把有没有培训列入加盟某公司的因素之一。有调查显示：国内企业每年人均脱产培训时间为18小时，可见很多企业对培训投入得并不少，但效果却往往不佳。很多企业认为只要出钱就可以把培训做好，这是对培训的狭隘理解，没有把培训和发展放在一起考虑。有的公司随大流，看人家培训，自己也组织一些培训，却没有对员工进行分析，也没有培训的长期计划；有的企业把培训看成是员工福利的一部分，大家轮流上课，培训后也不进行任何评估，没有做好如何使员工学到新技能的计划。

误区三：只要给高薪，不愁招不来人才。

外企往往以高薪吸引人才。对此，有些国内企业也认为，如果它们有财力的话，也不愁吸引不到人才。但事实上，企业现在能吸引人才的地方恰恰是薪酬之外的其他因素，比如：是否有施展自己才能的舞台、领导对自己的工作是否作出了正确的评价、事业是否有发展的空间等。

误区四：员工的学历越高越好。

据了解，现在很多企业过分强调员工的学历标准，往往以计算企业员工的学历平均有多高为荣。在用人的时候，往往强调“研究生多多益善，本科生研究研究，专科生不予考虑”。实际上，它们忽视了各种学历者都有其相应的职位，并不是学历越高，就越能体现员工的素质水准。

误区五：人力资源管理系统是万能的。

许多人力资源管理者过分重视在人力资源服务技术（eHR）上大量投资，认为购买了人力资源管理系统就可以很好地实施管理。但实际上，只有规模较大、人力资源功能较完善的公司，eHR的运用才有助于公司价值的提升，那些规模较小的公司并非如此。

误区六：外来的和尚会念经。

很多企业重视外部招聘而忽视内部人才的培养，往往把希望寄托在从外面招来的人才身上，希望这个高人能有出奇制胜的方法把企业带出困境，扭亏为盈。

企业应竭力避免以上问题的发生，所以在企业实施人力资源管理变革的初期，对中层部门主管的人力资源管理意识和实施技巧进行培训是非常必要的。既然公司真正重视人力资源的实施，就应该把它当成一个项目去经营，设立组织机构、制定行动计划并跟踪进度和效果。当然，还要进行适当的宣导，以改变公司各部门对人力资源部职能的重新认识并提升其职能地位。如同设备一样，你只有投入先进的机台，并安装调试好后，才能指望它后期能自动、高效地运转。

资料来源：胡文进：《为HR插上起飞的翅膀，谈人力资源管理变革实践》，博锐管理在线，转引自中国人力资源开发网，2005-04-30。

第 13 章　薪酬管理研究及趋势

缺乏理论和研究的重复实验，将冒着随意、即兴和无效的风险。

——米尔科维奇：《从工资到薪酬——变化的一百年》

2000 年，米尔科维奇教授应美国薪酬协会的邀请，撰写了《从工资到薪酬——变化的一百年》这篇对百年薪酬史进行总结的著名文章。他在文章中写道："这 100 年是实践和实验的历史，大部分的时间与正式的理论思考不相关、不同步。尽管在实际工作者的脑海中，存在着隐含的、未能明示的理论模型和理念，并由此决定他们的管理实践和态度，但毕竟不是正式的学者们所搭建的模型在指导这些变革和创新。为此，依照薪酬决策这样一种注重实效和应用性极强的特点，有些人可能就会反问，薪酬理论和研究在管理薪酬中的有效性和有用性如何。但无论如何我们都坚信：缺乏理论和研究的重复实验，将冒着随意、即兴和无效的风险。"① 也正是在这个意义上，本书在总结薪酬管理实践发展的各章内容时，也没有忽视有关理论的讨论和介绍。而且，在本章我们将就薪酬理论以及薪酬管理研究的发展趋势，进行进一步集中的总结和讨论，其目的在于：既能够给部分从事教学和研究工作的读者提供一个有关薪酬管理理论研究的整体性描述，也为从事薪酬管理的一线实际工作者展示一个可供理性思考的逻辑框架和分析思路。

本章首先从个人和企业的薪酬决定两个层面，总结现代薪酬管理领域主要理论的基本观点、研究动向和研究方法；然后，我们将焦点转向国际学术界有关薪酬管理研究领域所关注的热点和前沿方面；最后，我们回到中国，来分析和探讨我国薪酬管理研究的现状和发展趋势。

---

① George T. Milkovich, Jennifer Stevens, "From Pay to Rewards—100 Years of Change," *ACA Journal*, Vol. 9, No. 1, First Quarter 2000.

13.1 现代薪酬管理的理论和研究思路

13.1.1 关于薪酬水平决定的理论：个人层面

（一）人力资本理论

20世纪劳动经济学最重要的突破和贡献之一，是从劳动供给角度出发的人力资本理论。创立于20世纪60年代的人力资本理论突破了传统的经济学分析框架，为我们揭示出经济增长中人力资本超出物质资本的巨大贡献，开辟了人类关于人的生产能力分析的新思路。沿着这一思路，人力资本理论对工资差别的成因也作出了一番经典的解释。该解释建立在三个基本假设之上：（1）市场是完全竞争的，“边际产品＝工资”；（2）人力资本投资最主要的两个途径是教育和“干中学”，员工的人力资本存量会随着教育水平和工作经验的提高而提高；（3）人力资本投资能带来员工生产率的提高。①

基于上述三个假设，人力资本理论认为，员工工资随着年龄、经验和教育水平变动的根本原因在于他的人力资本存量，进而他的边际生产率也会随着这几个变量的变化而变化。进一步，员工之间的工资差距主要是他们在年龄、经验、教育水平等人力资本禀赋上的差异导致的。

人力资本理论在解释基于个人特征的工资差别方面作出了巨大的贡献，而且它的许多推论都得到了实证的验证。比如，教育人力资本投资与员工终身工资水平的正相关关系；教育水平的差异对工资差别的影响；人们在进行人力资本投资时对收益和成本的权衡等。学者们通常采用的实证方法是借助明瑟的工资函数：

$$\ln W = \alpha + \beta_1 SCH + \beta_2 EXP + \beta_3 EXP^2 + \alpha$$

式中，SCH 为受教育程度；EXP 为工作年限；EXP^2 为工作年限的平方项；β_1 为教育的回报率，即多受一年教育带来的工资收入的变化；β_2 和 β_3 分别为工作年限和工作年限的平方项对收益的影响，一般而言，前者的符号为正，后者的符号为负。

明瑟（Mincer，1974）在解释收入差异时，认为教育和工作年限是最重要的因素，明瑟收益率也成为教育经济学领域中研究个人人力资本投资收益率最重要的指标。

上述结论为企业薪酬管理实践提供了很多重要的启示。例如，由于只有当预期收益的现值至少等于现在支出的现值时，人们才愿意进行人力资本投资，即人力资本投资必须得到补偿，因此，在企业的薪酬体系设计中，高学历者的初始薪酬水平应高于低学历者的初始薪酬水平，特别是对于进行了较高层次专项人力资本投资的员工，应在尽可能短的时间内，使他们的收入能够抵补或超过学习成

① Mincer，J.，“Schooling，Experience，and Earnings，” *National Bureau of Economic Research*，1974；Becker，G.，*Human Capital：A Theoretical and Empirical Analysis，with Special Reference to Education*，Second edition，Chicago：University of Chicago Press，1975.

本，否则人们就不会愿意投资于教育，以提升自己的人力资本。同时，对于稀缺的通过大量人力资本投资才能形成的专业技术人才，包括高级技术工人、管理人才等，设计具有市场竞争力的薪酬，以形成一种促进人们努力提高专业技术素质的学习行为，即促进人力资本投资的机制。另一方面，生产力产出受教育水平和工作经验的影响，员工入职伊始的工资是受教育程度的递增函数，受教育水平越高，工资就越高；而且受教育水平越高的员工，一般来说，其学习能力提高得也越快，人力资本的积累也越快，那么他受到提升的概率相对就越大。根据员工学习能力的不同而导致的员工人力资本提升速度的不同，组织就可以对未来员工的薪酬水平进行调整。

随着新经济时代的到来，人力资本理论在工资分配领域表现出更为重要的意义。经济学的要素分配理论认为，员工按照劳动获得劳动报酬，而出资者按照资本获得资本收益。根据人力资本理论，将员工付出的劳动视为其人力资本的贡献，那么员工所获得的工资收入，就成为了人力资本的收益。这种收益的多少，主要取决于人力资本和物力资本力量的博弈。

在现代社会，企业内部竞争力的提高以及知识和技术的创造、利用和增值，越来越需要通过依存于人这一主体中的人力资本来实现，而人力资本承载者具有较强的流动意愿，由追求就业终身饭碗转为追求终身就业能力。对个体而言，流动是人的内在需求，追求人的价值增值。然而，对企业而言，人才的频繁流动，特别是关键人员的流失，则给企业带来了深重的危机。因此，在人力资本和货币资本的力量博弈中，人力资本占有的优势越来越大。

（二）补偿性工资差别理论（职位特征对个人薪酬的影响）①

补偿性工资差别理论最早可以追溯到经济学之父亚当·斯密，他在《国富论》中用了相当的篇幅来论述这个问题。他指出，一方面对某些职业的微薄货币报酬给予补偿，另一方面又对一些职业的优厚报酬加以抵消。归纳起来，斯密提出的形成工资差别的五个因素是：工资因职业有难易、有污洁、有尊卑而不相同；工资因学习业务有难易，学费多少而不同；工资因职业的稳定程度各异而不同；工资因赋予一个职业的责任大小而不同；工资因胜任职业的可能性大小而不同。

斯密所讲的补偿性工资差别产生的根本原因，用现代规范的经济学语言来表达，就是员工的主观偏好不同。有些员工宁愿从事工资低但更愉快的工作，于是就会出现补偿性工资差别。这可以用以下简单的经济分析来描述。

首先我们假定所有员工偏好都是相同的情况，即大家都同等程度地喜欢或厌恶一种工作。假设有 A 和 B 两种工作，二者对人力资本的要求没有差别。假如工作特征上也不存在相应的差别，那么 A 和 B 的工资相等，如图 13—1 所示。该图表明对工作 A 的员工供给，是 A 与 B 相对工资（W_A/W_B）的函数。供给曲线 S_1 代表偏好相同且没有工作特征差别的情况，因为各种工作在所需技能或工作

① Duncan, Greg, Bertil Holmlund, "Was Adam Smith Right After All? Another Test of the Theory of Compensating Wage Differentials," *Journal of Labor Economics*, 1, October 1983, pp. 366－379.

特征上没有相应的差别，S_1曲线位于相对工资为 1（$W_A=W_B$）的地方；又因为偏好相同，所以 S_1是水平的。如果大家都认为工作 A 不满意，供给曲线就较高（但仍是水平的），如 S_2所示。高出的那部分工资是吸引人们接受不愉快工作条件所必需的差别补偿。如果 A 工作更令人愉快，则结果正好相反。此时，A 的供给曲线 S_3位置较低，补偿性工资差别则由 B 工作中的工人获得。

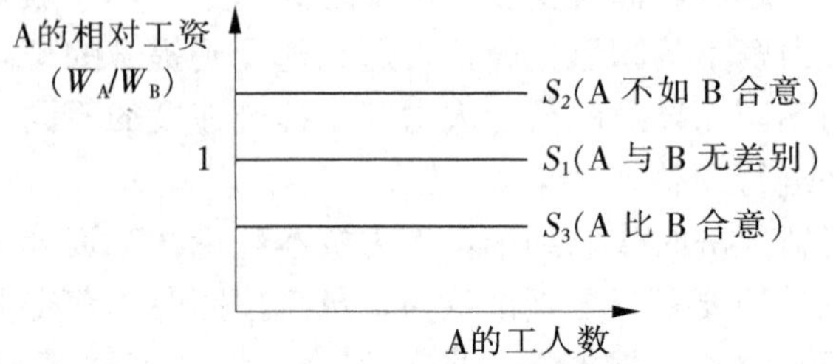

图 13—1　员工偏好一致时的补偿性工资差别

当然，员工追求效用而不是收入最大化，并不是补偿性工资差别产生的充分条件。如果员工不了解对他们十分重要的工作特征信息，如粉尘、噪音、辐射、高温、高速和危险性等，或者工作特征模糊，补偿性工资的差别就很难产生。此外，员工的流动性也是补偿性工资差别产生的必要前提之一，即员工可以有一系列可供选择的工作机会。如果员工只能从事具有危险性的工作，那么工伤危险的补偿性工资差别就不会出现。

13.1.2　关于薪酬水平决定的理论：企业层面[①]

这类理论期望解释的是，公司如何确定自己所支付的工资水平是高于或者低于其竞争者，还是与市场工资水平相当。或者说，雇主在决定工资水平方面拥有多大的自主权。

（一）新古典经济理论：边际生产率理论与供求均衡工资理论

供求均衡工资理论的产生与早期的边际生产力理论是密不可分的。19 世纪末，美国经济学约翰·克拉克根据边际分析方法创立了边际生产力理论。他将最后追加的生产要素单位的生产率称为边际生产力。他认为，在其他生产要素保持不变的情况下，不断增加某一生产要素的投入，那么追加的每一生产要素单位的生产率会递减，这被称为边际生产力递减规律。

根据边际生产力理论，可从逻辑上推演出边际生产力工资理论，即企业应根据边际生产率的大小来确定工资的高低，工资取决于劳动边际生产力。显然，边际生产力工资理论既为企业制定薪酬提供了一个理论上的标准，又可以考虑各种生产要素之间的替代关系，有助于企业寻求最少的投入要素的组合。然而，边际生产力工

① 详细内容可参考约翰·克拉克：《财富的分配》，北京，商务印书馆，1983；马歇尔：《经济学原理》，北京，商务印书馆，1964。

资理论的不足之处在于，它只从人力资源需求的角度分析了薪酬界定问题，为此，它遭到了新古典学派的创始人、微观经济学的奠基者马歇尔的反对。

马歇尔以供求均衡价格论为基础，建立了一种新的工资理论——供求均衡工资论。在他看来，工资是劳动力市场中劳动力的需求价格和供给价格均衡时的价格。他引入边际劳动生产力和劳动的生产成本理论来分别分析需求和供给价格。从需求方面看，厂商愿意支付的工资水平，是由劳动的边际生产力决定的。从供给方面看，工资取决于两个因素：第一，劳动力的生产成本，即劳动者所需的教育、培训费用，以及养活自己和家庭成员的费用；第二，劳动的心理成本，即劳动的负效用，或闲暇的效用。

由此产生的模型如图 13—2 所示。在这一模型中，劳动力的供给和需求相交，以确定工资水平和各行业、职业、厂商的雇用人数。W_e 是市场出清时的均衡工资率，此时的就业水平等于 L_e。

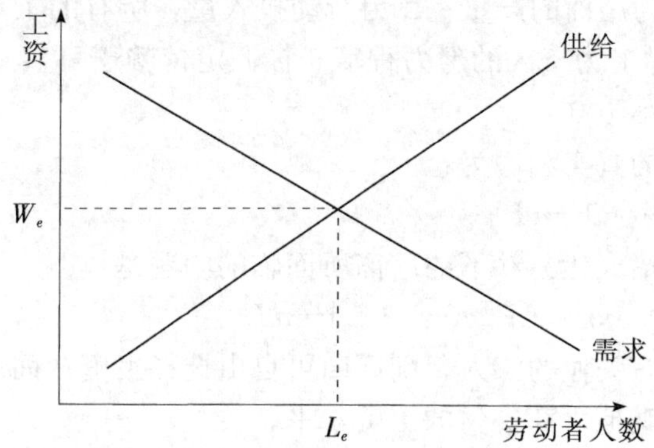

图 13—2　工资、劳动力供给和需求的新古典模型

经济学家进一步假定，均衡工资率是市场中全体劳动者和全体雇主所面对的单一工资率。换言之，单个厂商在确定其劳动力成本时，只能作为市场工资水平的接受者，他们将市场视为已知条件，并且不会有意识地建立这一领域的“政策”。没有哪一家雇主或雇员的规模或市场力量大到足以影响市场的均衡工资水平。

马歇尔的均衡工资论确立了工资的市场决定机制，虽然是高度简化的模型，但它有着很强的生命力，至今仍是薪酬理论研究和企业制定外部薪酬策略时的重要依据。但是，现实经济环境远不能满足均衡工资理论的假设条件。首先，产品和要素市场的竞争都不充分；其次，劳动力也并非同质的。这些都制约了均衡工资理论对现实经济现象的解释力。

（二）效率工资理论①

效率工资理论（efficiency wage theory）于 20 世纪 70 年代由索洛等人提出，

① Akerlof，G. A.，“Gift Exchange and Efficiency—Wage Theory：Four Views，” *American Economic Review*，74，1984，pp. 79－83.

80年代由夏皮罗和斯蒂格利茨等人进一步发展。该理论的出现，正是为了解释当时各种令边际生产力理论和均衡工资理论束手无策的经济现象：为什么存在大量的非自愿性失业，人们以低于现行工资的水平却找不到工作？为什么企业不借非自愿性失业之机削减工资成本，反而支付给工人高于市场水平的工资？

效率工资理论的基本观点认为：工资等于边际产值并不是使劳动生产率最大化的条件，劳动力的投入还取决于工人实际的努力程度。而厂商之所以愿意支付给工人高于市场出清水平的工资，原因就在于真实工资与工人的努力程度正相关。降低真实工资将降低劳动生产率，不利于利润最大化。由此便导致了劳动市场上的非自愿性失业。以下是索洛效率工资基本模型的数学表达。①

假定一个经济中所有的厂商都是同质的，且处于完全竞争市场上，那么每一个厂商的生产函数为：

$$Q=AF[e(w)\cdot L]$$

式中，Q为厂商的产量；L为劳动投入量，所有的工人都是同质的；A为生产率变动因子；e为工人的努力程度，被假定依赖于真实工资w，且一阶导数大于0，二阶导数小于0。

厂商的真实利润为：

$$\pi=Q-wL$$

利润最大化驱动下的厂商所面临的问题是：

$$\text{Max}\pi=AF[e(w)\cdot L]-wL$$

如果有失业的工人，则厂商可自由选择工资；而如果失业为零，厂商就必须至少支付其他厂商支付的工资水平。

当厂商未受约束时，L和W的一阶条件为：

对L求导得：$AF'[e(w)\cdot L]\cdot e(w)-w=0$ (13—1)

对W求导得：$AF'[e(w)\cdot L]\cdot L\cdot e'(w)-L=0$ (13—2)

由式（13—1）可得：$AF'[e(w)\cdot L]=\dfrac{w}{e(w)}$

代入式（13—2）得：$\dfrac{w^*e'(w^*)}{e(w^*)}=1$

w^*是最优时的效率工资，此时工人的努力程度对工资的弹性为1，工资每增加1%，努力程度就提高1%。

图13—3（a）为努力曲线，表示努力程度与真实工资正相关。在切点M处，e/w最大；反过来，在图13—3（b）的切点M处，w/e即每效率单位的平均工资成本最低。在图13—3（b）的M的左侧，努力的工资弹性>1；在M的右侧，努力的工资弹性<1。

由式（13—1）可以得出：

$$AF'[e(w^*)\cdot L^*]\cdot e(w^*)=w^*$$

求出均衡工资w^*，便可以求出均衡就业水平L^*。由于厂商是同质的，总的

① Solow, Robert M., "Another Possible Source of Wage Stickness," *Journal of Macroeconomics*, 1, 1979.

劳动需求便是 NL^*。如果劳动供给 $L>NL^*$，就会出现非自愿失业 $L-NL^*$。为维持工人的生产率，厂商将效率工资定在高于市场出清的工资水平之上，于是产生了非自愿失业。

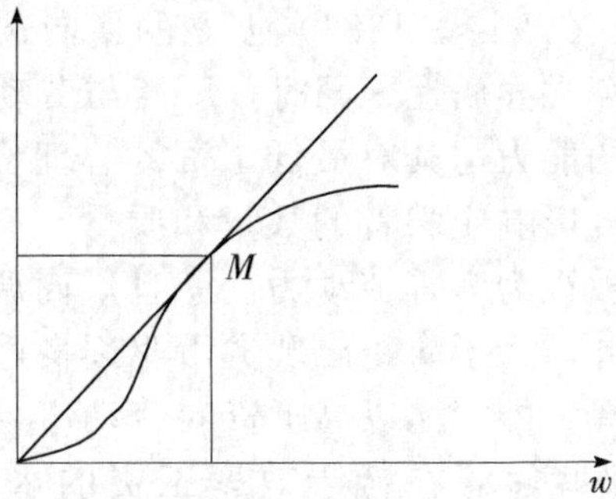

图 13—3（a）

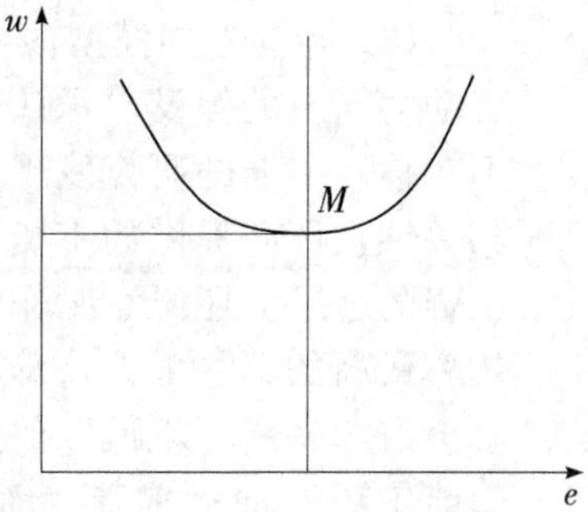

图 13—3（b）

得出上述结论的一个重要前提就是索洛提出的 $e'(w)>0$，即努力程度与真实工资正相关，但索洛并没有解释其原因，后来由斯蒂格利茨等人开发的怠工模型、离职成本模型和逆向选择模型等从不同方面给出了理由。

（1）怠工模型（the monitoring and shirking model）。① 在以上几个模型中，怠工模型流传最为广泛，几乎成为效率工资模型的代名词。该模型由夏皮罗和斯蒂格利茨于 1984 年开发。它的基本观点是：几乎所有的劳动合同都是不完善的，不可能就工人责任的每一方面都作出具体规定，如果工人的努力程度难以监督，将产生工人的努力自选（effort discretion）。对工人而言，$u=w-e$，努力将产生负效用，工人有偷懒的激励。但一旦工人偷懒被抓住，解雇将是惩罚，工资损失则是偷懒的成本。当效率工资高于市场出清水平时，一方面，工资损失高；另一方面，由于存在大量非自愿失业，因此工人重新再就业的难度加大。工资损失及失业后备军的压力共同构成了员工偷懒的负激励，从而督促员工更加努力地工作。

怠工模型可以解释现实中企业采取工龄工资制度的原因。为了防范怠工，加强工作激励，企业对新就业工人支付低于其边际生产率的工资，但许诺以后随着工龄增长，支付的工资将高于其边际生产率。但是，如果发现有怠工等不良行为，就可能将其解雇，工龄与工资的关系自动脱钩。

（2）离职成本模型（the turnover costs model）。② 离职成本模型的一般假设是：员工离职对于企业来说是有成本的（Salop，1979）。因此，企业会制定相应的工资政策，以避免离职、培训和雇用新员工带来的成本。在特定的公司，每个职位都需要特定的训练，以确保一个普通的员工能提高他的生产率。这是因为公

① Shapiro C.，Stiglitz，"Equilibrium Unemployment as a Worker Discipline Device，" *American Economic Review*，Vol. 74，1984.

② Salop，"Self-Selection and Turnover in the Labor Market，" *Quarterly Journal of Economics*，90，1979，pp. 619－627；Salop，S.，"A Model of the Natural Rate of Unemployment，" *American Economic Review*，69，1979，pp. 117－125.

司和职位拥有自己的特性，需要资本与劳动之间的匹配。用于聘用和培训的固定成本越高，企业希望员工留任的期限也就越长。因此，为了减少离职，企业会提供一份高出市场工资水平的奖金。离职成本模型从另一个角度也解释了企业将工龄与员工工资水平挂钩的原因。

（3）逆向选择模型。[①] 由韦斯（Weiss，1981）创立的逆向选择模型放宽了劳动力同质的假设，承认劳动力存在异质性；同时，厂商与劳动者之间的信息不对称。韦斯的研究发现，工人的能力与其对最低工资的心理价位有较大的正相关性，厂商提供的工资水平直接影响应聘者的数量和质量。任何在低于效率工资的水平上还愿意工作的人将被视为劣等劳动力。一旦厂商调低工资，生产效率最高的那些工人将辞职。因此，为了防止出现劣币驱逐良币的现象，厂商就会有“就高不就低”的逆向选择，即宁愿以高工资向劳动市场发出信息，吸引能工巧匠前来应聘，而回绝那些愿意在低于效率工资的水平上就业的求职者。

（4）社会学模型（sociological model）。[②] 上述各种模型都假设所有企业均追求利润最大化，然而，工资刚性问题也许与社会习惯的相关性更大，合理的社会行为准则并不完全是个人性质的，因此社会学模型也提出了自己的效益工资假说。该模型的开发者阿克洛夫（Akerlof，1984）认为，雇主与雇员的关系远不止是纯粹的劳动和货币的交换。社会规范和工作群体的道德原则对雇员态度具有强大的影响力。个人工作的努力程度取决于他所在的特定群体的工作标准，这个标准从某种程度上来说是约定俗成的。如果员工能在同事间和公司中获得认同，他就会委身于公司的目标，从而更加努力地工作。与此同时，员工也期望从公司获得公平的薪酬回报。这个薪酬包不仅包括超出工人最低要求的货币薪酬，而且包括非货币薪酬，诸如较小的监督压力、公司对工作的认可、工作中的培训机会、就业的保障等。社会学模型解释了现实中为什么企业不解雇生产能力低的工人，为什么在可行的情况下不采用计件工资，以及实证研究中普遍显示的职位之间的工资相关性。

13.1.3　关于企业薪酬支付制度的讨论

以上我们回顾的理论的侧重点都在于薪酬的水平问题。在这一部分，我们将讨论的重点转向企业内部的薪酬制度问题，包括企业如何设计薪酬的构成、不同职位之间的薪酬结构、绩效工资体系，以及薪酬战略与企业战略的整合等。我们将发现，许多在实践中被企业普遍遵循的薪酬制度设计原则，都有着深厚的理论背景和实证支持。

（一）激励理论与企业薪酬制度选择

薪酬问题之所以引起实践和理论界的广泛关注，可归功于其激励功能。设计

① Weiss，Stiglitz，“A Credit Rationing in Markets with Imperfect Information，” *American Economics Review*，1981.

② Akerlof，“The market for ‘Lemons’，” *Quarterly Economics*，3，1984，pp. 488－500.

有效的薪酬体系能向员工传递企业所倡导的行动方向和模式，激励员工实现企业的最终目标。因此，薪酬制度设计要回答的一个根本问题是："什么能激励员工?"各种激励理论致力于从分析人的需要入手，来解答这个问题。

激励理论可以分为两类：第一类集中于人们需要的结构，即确认对个人而言什么是最重要的。例如，马斯洛的需求层次理论和赫兹伯格的双因素理论都归于此类。这类理论有一个共同的暗示：货币形式的外在薪酬并非工作激励的主要决定因素，而体现为工作的成就感、丰富性、多样性等形式的内在薪酬对人们的行为会产生更有力的影响。

需求层次理论是美国心理学家马斯洛首创的一种理论，他提出了需求的五个层次：生理需求、安全需求、社交需求、尊重需求以及自我实现需求。① 五个层次需求的发展顺序是由低级到高级的，在较低级的需求得到了适当满足后，就会出现较高级的需求。一种需求一旦被满足，便无法再起到激励作用，于是又出现另一种有待满足的需求。在不同的时期，会有起主导作用的优势需求。马斯洛需求层次理论的实质，是指出了人的需要具有层次性和阶段性。

在组织行为学中，需求层次理论是基础知识，自提出以来一直受到管理界的重视。根据需求层次理论，企业在选择薪酬制度时，应使薪酬的结构符合不同层次需求的发展。心理学中有"外酬"和"内酬"之分。"外酬"，如"重赏之下必有勇夫"，是物质激励；"内酬"，如"士为知己者死"，属精神激励。较之"外酬"，"内酬"的实施成本更低，且效果更好。这是因为人不仅是自然的人，需要各种物质利益的满足，同时还是社会的人，需要各种精神利益的满足。而且，随着人们物质财富的不断丰富，对精神享受的追求越来越迫切。因此，企业在用货币薪酬保证员工的物质需求得到满足后，也要注重满足员工更高层次的精神需求。我们能从许多流行于企业的薪酬模式中看到需求层次理论的影子，如灵活的报酬方案（让员工从一系列报酬和福利中进行挑选）、总报酬方案等。

双因素理论又称"保健因素—激励因素"理论，是由美国另一位心理学家赫兹伯格提出的。② 他把态度作为工作的动机，把能引起员工工作满意的因素称为激励因素，包括成就感、责任感、晋升、个人发展的可能性等，这些因素的改善可以对员工产生强大而持久的激励作用。把引起员工工作不满意的因素称作保健因素，包括工资、工作条件、人际关系、公司政策等，这些因素的改善可以预防或消除员工的不满情绪，但不能直接起到提高绩效的作用。双因素理论对于薪酬管理具有重要的借鉴意义，作为一名管理者，要想有效地激励下属，首先应该明确哪些因素属于保健因素，哪些因素属于激励因素，以此为基础来制定激励措施和薪酬制度。

第二类激励理论（诸如公平理论、期望理论）较少关注需求的状态，而较多地关注第二个因素——雇员与雇主之间交易的公平性。这些理论推动了现实薪酬

① Maslow, A. H., "A Theory of Human Motivation," *Psychological Review*, 50, 1943, pp. 370 - 396.

② Herzberg, F., "One More Time: How do you Motivate Employees?" *Harvard Business Review*, 1987, pp. 5 - 16.

制度对公平交易的重视。

公平理论（equity theory）是由美国心理学家斯达西·亚当斯（J. S. Adams）于1965年根据认识失调论提出的。[①] 公平理论揭示，个人不仅关心自己经过努力所获得的报酬的绝对数量，而且也关心自己的报酬和其他人的报酬的关系。人们通过比较自己与他人的报酬而得到的心理平衡感与他的行为积极性之间存在密切的关系：如果员工感觉到自己的“收入”（包括金钱、工作安排以及获得的赏识等）与自己的“投入”（包括受教育程度、工作努力、用于工作的时间、精力和其他无形损耗等）不相称，就会产生不公平感。不公平感会导致员工采取心理和行为上的手段，以求重建公平，包括要么改变自己的投入或产出，改变对他人投入与产出的看法；要么自己选择离开，甚至采取行动迫使他人离开。

公平理论认为，员工所选择进行比较的参照对象可以划分为三种：他人（内部）、他人（外部）和自我。这种对比的思路对企业的薪酬设计和管理具有十分重要的影响。首先，员工会将自己的收入—付出比与组织内部从事同一工作和不同工作的他人进行对比从而产生公平感的思想，有力地支持了薪酬设计和管理的“内部公平”原理；员工与组织外部从事相同或相似工作的他人进行比较产生公平感的思想，则支持了“外部公平”原理；同时，员工与自己过去的工作经验相比较而产生公平感的思想，则支持了“个人公平”原理，即员工的薪酬水平应与其绩效相对应，薪酬涨落反映绩效变化。

亚当斯的公平理论着眼于分配公平（distributive justice），许多后续研究丰富了公平的含义，认为公平也应考虑程序公平（procedure justice）——用来确定薪酬分配制度的程序是否公平，包括程序的公开、沟通、参与及申诉。[②] 有证据表明，分配公平对员工满意度的影响比程序公平更大；相反，程序公平更容易影响员工的组织承诺、对上司的信任和流动意图。[③] 因此，通过提高程序公平感，员工即使对工资、晋升和其他个人产出不满意，也可能以积极的态度看待上司和组织。

公平理论突出了社会比较及由此产生的公平感在解释员工态度和行为上的重要性。而管理学家弗鲁姆的期望理论则认为，促成人们某种行为的动机强度取决于效价、期望值和媒介知觉三者的乘积。[④] 效价是指组织的奖励满足个人目标或需要的程度，以及这些潜在的奖励对个人的吸引力；期望值是个体认为通过一定的努力会带来一定绩效的可能性；媒介知觉是个体相信一定水平的绩效会带来所希望的奖励结果的程度。根据这一理论，绩效工资计划可能在以下条件下不具有

---

① Adams, J. S., “Wage Inequity, Productivity, and Work Quality,” *Industrial Relations*, Vol. 3, 1963, pp. 9-16; Adams, J. S., “Inequity in Social Exchange,” *Advances in Experimental Social Psychology*, Vol. 2, 1965, pp. 267-299.

② 参见 Wallace & Fay (1988)。

③ 相关研究参见 Wallace & Fay (1988), Lawler (1971), Milkovich & Anderson (1972), Lawler & Jenkins (1981)。

④ Vroom, V. H., *Work and Motivation*, New York: Wiley, 1964.

激励作用：（1）个人相信自己无论付出多大程度的努力，都不会改善其绩效；（2）个人不相信更高的绩效水平将得到充足的薪酬回报；（3）个人对工资所赋予的价值较低，特别是与较大努力和绩效可能带来的其他成果相比时（如疲劳感、压力、较少的工作时间）。

现实生活中，我们经常听到有些企业发出这样的抱怨：尽管企业制定了非常优厚的激励措施，但员工的工作积极性并没有随之提高，个体绩效也不尽理想。究其原因在于，企业的管理者忽视了这样一个事实：如果员工无法预测自己通过努力可以取得享有这份待遇的成就，或者即使取得了成绩却不相信企业能够真正实施奖励措施，那么员工就不会产生强烈的工作动机。期望理论给予企业薪酬设计者重要的启示是：只有发掘员工最偏爱的诱因并据此确立合理的、可兑现的薪酬结构，个体的绩效才会大大提高。此外，在预测工资制度的某种转变可能导致的后果时，期望理论也是一种有用的工具。例如，企业考虑由一种主观决定的奖励制度转向由公式确定的奖励制度。可以预计，这种变化将提高工资制度的媒介知觉：如果个人达到了目标，他就可以确切地知道自己将获得多少金钱奖励。企业还可以通过建立一项清晰、明确的生产目标，提高员工对达成目标的信念。而如果企业将一种个人奖励制度转向团体奖励制度，尽管媒介知觉仍保持较高的水平，但人们的期望值会下降，因为目标是否达成不仅取决于个人的努力。

（二）新制度经济学①与企业薪酬制度选择

1991 年，80 岁高龄的罗纳德·科斯教授因为自己在年轻时撰写的两篇论文《企业的性质》和《社会成本问题》，赢得了诺贝尔经济学奖。尽管科斯教授的著述较少，但影响巨大。他的论文不仅具有经济学理论的真知灼见，更重要的是充满了想象力，激发了其他人的灵感。在他之后，一大批经济学家起而追随，这些人对科斯的理论仁者见仁、智者见智，并运用和发挥其提出的理论方法，创建了自己的研究领域，其中，产权理论②、企业理论③、委托—代理理论④等为企业

① 该理论的创建源于科斯的两篇文章：《企业的性质》和《社会成本问题》。科斯首度打开了新古典经济学框架下企业的黑箱，提出了著名的科斯定理：“只要交易成本为零，财产的法定所有权的分配不影响经济运行的效率”（《新帕尔格雷夫经济学辞典》，1 卷，475 页，伦敦，麦克米伦出版社，1987）。换言之，只要交易存在成本，产权的分配就是重要的。从这个角度而言，企业之所以出现，是因为“市场的运行是有成本的，通过形成一个组织，并允许某个权威（一个‘企业家’）来支配资源，就能节约某些市场的运行成本”（Coase，R.，“The Nature of the Firm，” *Economica*，Nov. 1937）。

② 产权理论由科斯创建，后由阿尔钦、德姆赛茨等人发展，参见 Coase，R.，“The Problem of Social Cost，” *Journal of Law Economics*，Oct. 1960；Demsetz，H.，“Toward a Theory of Property Rights，” *American Economic Review*，57，May 1967，pp. 347－73。

③ 企业理论是运用产权和交易费用的内涵对企业制度进行的分析，由阿尔钦、德姆赛茨等人在科斯的理论基础上创建。参见 Alchain，Armen，A.，Demsetz，H.，“Production，Information Costs and Economic Organization，” *American Economic Review*，Vol. 62，Dec. 1972。

④ 由 M. 詹森、W. 麦克林和 E. 法马等人创建，参见 Jensen，M.，Meckling，W.，“Theory of the Firm：Managerial Behavior，Agency Costs and Ownership Structure，” *Journal of Financial Economics*，Oct. 1976；Fama，E.，“Agency Problems and the Theory of the Firm，” *Journal of Political Economy*，1980，p. 88。

薪酬制度的选择提供了有别于新古典经济学的新诠释。

企业理论的一个基本命题是，将企业理解为一组合约关系的联结（Alchain & Demsetz，1972）。签订企业合约的各方当事人出于自身利益最大化的考虑，结合在一起组成企业，组成企业的各签约方是拥有不同生产要素的所有者，包括物力资本所有者和人力资本所有者。由于企业合约本身具有的不完备性，即当不同类型的生产要素所有者作为参与人组成企业时，每个参与人在什么情况下干什么、得到什么并没有在合约中明确说明，因此产生了企业的剩余（Hart，1995）。①

现代产权理论认为，剩余权包括剩余索取权和剩余控制权。剩余索取权是相对于合同收益权而言的，指的是企业收入在扣除所有固定的合同支付（如原材料成本、固定工资、利息等）后的余额（利润）的要求权。剩余控制权指的是在契约中没有特别规定的活动的决策权。哈特（Hart，1995）将剩余控制权定义为资产的所有者“可以按任何不与先前的合同、惯例或法律相违背的方式决定资产所有用法的权利”。剩余权在企业合约的当事人——人力资本所有者和非人力资本所有者——之间的分配方式，就成为激励生产要素的关键。

现代企业理论和产权理论认为，剩余在企业合约各方之间的分配取决于各方承担风险的程度（Alchain & Demsetz，1972）、资产的专用性（Williamson，1975）② 等。这些因素决定了合约各方在剩余分配中的谈判能力。为了降低违约风险和交易成本，同时激励企业剩余的贡献者，剩余倾向于被分配给承担风险更大或者专用性更强的一方。不同的剩余分配方式具体体现为企业不同的薪酬制度安排。分配方式不同，由此产生的对各合约方的激励也不同。如果分配方式不合理，某一合约方就会偷懒，甚至以退出合约相威胁，以损害其他契约方的利益。

随着社会分工的深化，人力资本的专用性、对风险的承担性等特征不断增强，其谈判力量也日趋强大。因为专用性人力资本是企业准租金的源泉之一，拥有这些专用性资产的人一旦退出企业，将会给企业或退出者本人带来重大的损失（Williamson，1985）。③ 为了避免员工的欺诈、偷懒、离职等行为，理性的雇主被迫承认和尊重员工的产权权益，人力资本所有者开始参与企业剩余权的分配，具体表现为现代企业纷纷采用的利润分享、股票期权、员工持股等薪酬制度。这些长期激励项目的实施对象通常锁定在企业核心管理层和技术研发人员身上，因为他们对企业准租金的大小最有影响力、最难以替代。同时，任何一种要素所有者的谈判力都是随着技术条件和市场状况的发展变化而变化的，相应地，企业的薪酬制度安排也应随之变化。

作为新制度经济学另一个最重要的发展分支，委托—代理理论对企业薪酬制度设计也有一番经典阐释。④ 与企业理论和产权理论一样，委托—代理理论的根

---

① Hart，O.，*Firm，Contracts and Financial Structure*，Oxford University Press，1995.

② Williamson，O.，*Markets and Hierarchy*，New York：Free Press，1983.

③ Williamson，O.，*The Economic Institutions of Capitalism*，New York：Free Press，1998.

④ 代表人物有尤金·法马、詹森和麦克林等。参见 Jensen，M.，Meckling，W.，“Theory of the Firm：Managerial Behavior，Agency Costs and Ownership Structure，” *Journal of Financial Economics*，Oct. 1976；Fama，E.，“Agency Problems and the Theory of the Firm，” *Journal of Political Economy*，1980，p. 88。

源也来自交易成本，但它们诠释经济现象的视角有所不同。

委托代理关系泛指任何一种涉及信息非对称的交易，交易中拥有信息优势的一方称为代理方，另一方称为委托方。体现在企业内部，则雇主为委托人，他通过提供工作合同，委托雇员来完成他所希望完成的工作任务和目标。而雇员是代理人，他通过签订和接受合同规定条款的内容，执行雇主所期望的工作要求。在以合同为纽带的劳动关系中，雇主和雇员各自追求的目标是不同的，员工可能有摆脱雇主控制的倾向，产生机会主义的行为，其原因在于：

一是合同的不完全性。在契约缔结的过程中，存在着三种不得不考虑的交易成本：首先是合同关系中可能发生的各种情况，以及作出应对计划需要付出的成本；合同形成要进行谈判，而谈判是有成本的；当合同出现纠纷时，需要第三方解决争议，这也需要成本。因此，雇主不可能事先通过完善的合同来规定雇员的各种行为。

二是信息的非对称。这种非对称可能发生在当事人签约之前（ex ante），也可能发生在签约之后（ex post），分别称为事前非对称和事后非对称。在信息经济学文献中，常常将拥有私人信息的参与人称为“代理人”（agent），把不拥有私人信息的参与人称为“委托人”（principle）。事前的信息不对称，例如，招聘时雇员知道自己的技能和类型，而雇主不知道，双方签订合同，就会导致逆向选择（adverse selection），雇员也许会制作一份过高评价其能力的简历。事后的信息也不对称，比如，雇员可以选择工作的努力程度，因为雇主无法直接观察到，结果引起道德风险（moral hazard）。

从经济学的角度看，道德风险并不是一个道德问题，而是一个激励问题。为了解决这一问题，委托人需要设计一个激励合同，以诱使代理人从自身利益出发选择对委托人最有利的行动：雇主不能观察到雇员是否努力工作，但可以观察到雇员的任务完成得如何，因此，雇员的报酬应该与其完成任务的情况挂钩。正是基于这一原理，雇主在设计薪酬制度时，总是既提供一定数量有保证的最低工资，以降低雇员必须承担的风险，又根据雇员的工作业绩给予奖惩，以取得风险和激励之间的某种平衡。

随着现代企业制度的建立和完善，企业所有权和经营权的分离，出现了不同于工人与厂商之间的新的委托—代理关系，即企业的所有者和经营者。企业所有者把经营权授予经营者，委托其从事公司的经营管理工作；而经营者成为代理人，代替所有者从事经营管理工作。在这种委托—代理关系中，代理人并非总是按照委托人的最大利益行事，这是因为：

（1）所有者和经营者的目标不一致。首先，所有者拥有公司的剩余索取权，他们期望实现公司利润最大化，即在长期中企业的股票价值最大化。而经营者的目标是使自己的收入极大化，尽管经理人的报酬与企业的经营状况是相关的，但两者并非完全正相关，当经营者因挥霍、贪污、作弊或偷懒所带来的效用超过与企业经营状况相联系的报酬时，理性的经营者会选择前者，从而损害所有者的利益。其次，在大多数情况下，与企业所有者相比，经营者更厌恶风险，因为经营者担心高风险项目一旦失败，会大大降低他们的未来薪酬。

（2）所有者和经营者之间的信息不对称。一方面，所有者可能并不完全了解经营者的能力；另一方面，经营者是实际运作企业的人，他们拥有的企业内部信息比所有者多。

目标不一致和信息不对称共同作用，可能会引起经营者两种类型的机会主义行为：逆向选择和道德风险。为此，所有者需要对经营者进行监督，但监督要付出成本，被称为代理成本。为了使代理成本最小化，委托—代理理论认为，较有效的合约安排是基于成果的合约。

基于成果的合约将代理人的工资与诸如总体股东报酬率、生产率等成果度量指标联系在一起。这种合约方式具有以下优势：首先，它将代理人与委托人的利益紧密结合在一起，使管理者以与股东一样的心态去经营管理；其次，它将委托人的风险转嫁给代理人，并且不要求委托人具备监督代理人行为的能力。这一特性在监督成本很高的情况下显得尤为重要，例如，在所有者不具备具体的业务技术，或厂商的地理位置分散时。因此，在经营者的薪酬构成中，除了基本工资和短期激励之外，股票期权等长期激励尤为必要。

（三）锦标赛理论与企业薪酬制度选择

标准经济理论习惯于以边际生产力来解释收入差别。一小时可以砌砖 50 块的工人，收入应当是另一位一小时只能砌砖 25 块的两倍。如果不是这样，工头就有机可乘。如果前者的工资不是后者的两倍，那么每个工头都会想雇用他，没有人愿意雇用那个动作慢的。只有当他的工资是后者的两倍时，工头才乐意雇用任何一个人。

这种解释意味着报酬差别取决于业绩差别。但实际生活中的很多报酬差别并不能由业绩差别来解释。最典型的例子是两名本领差不多的古罗马角斗士在竞技场上比赛。两个人的本领或运气略有差别，但得到的奖励完全不同：生或者死。当今世界已不会再有古罗马角斗士，但在许多情况下，胜败仍然非常重要。运动世界有许多这样的例子。奥林匹克金牌得主可能仅凭 1/10 秒甚至 1/100 秒的优势获胜，但这小小的差别带来的却是巨大的金钱利益。

但是，如果用工作业绩的相对差别来解释工资的差别，以上现象就可以得到合理的解释。这种解释称为锦标赛理论（tournament theory）。[①] 该理论将员工视作晋升竞争中的比赛者，在这个顺序竞争的锦标赛（sequential elimination tournament）中，即使比赛者的成绩之间只存在微小的差异，也只有赢家才能获得全部奖金。正如拉齐尔和罗森（Lazear & Rosen，1981）所言："一旦某人从副总经理晋升为总经理，他的薪酬水平可能会在一天之内成倍增加。我们很难说（是由于）这个人的能力在一天内就翻番了。"

据此，锦标赛理论认为：与既定晋升相联系的工资增长幅度，会影响到位于该职位等级以下的员工的积极性；只要晋升的结果尚未明晰，员工就有动力为获得晋升而努力工作。因此，企业应该通过晋升激励员工。

锦标赛理论为企业中委托人对代理人的激励方式提供了重要启示：当监控是

---

① Lazear, E. P., Rosen, S., "Rank Order Tournaments as an Optimum Labor Contract," *Journal of Political Economy*, 89, 1981, pp. 841 - 864.

可信的而且成本低廉时，可以根据经营者的边际产出确定其薪酬，从而获得最优努力水平。当监控成本很高而且不一定可信时，同基于边际产出的激励合同相比，锦标赛具有以下三个潜在的好处。

首先，薪酬基于代理人边际产出的排序，而不是具体的边际产出，度量边际产出的排序要比度量具体的边际产出更简单，因此可以降低监控成本。其次，薪酬差距可以鼓励基层管理人员参与排序竞争，从而提供激励，降低监控的必要性。最后，过去晋升中的获胜者具有继续前进的动力，而不是躺在历史的功劳簿上。这些优越性发挥的条件是随着行政层次的提高，薪酬水平也会提高，相邻层次间的薪酬差距会加大，同时，CEO 和其他高级管理层之间的薪酬差距将达到最大（Rosen，1986；赵增耀，2002）。

总体来看，锦标赛理论认为在合作生产和任务相互依存的团队活动条件下，随着监控难度的提高，大的薪酬差距可以降低监控成本，为委托人和代理人的利益一致提供强激励，因此，加大薪酬差距可以提高公司绩效。

(四) 企业战略理论与企业薪酬制度选择

传统的薪酬理论主要是从经济学和心理学的角度来思考企业的薪酬问题，前者倾向于通过市场定价来指导企业的薪酬决策，后者则将满足员工的内在需求作为薪酬设计和管理的基本原则。但管理学在思考企业薪酬问题时，更加关注薪酬管理对企业战略目标的支撑，即如何通过薪酬体系来有效地帮助企业获取竞争优势。

所谓战略薪酬，就是指将薪酬上升到企业的整体目标和长期发展方向的层面上，来思考企业通过什么样的薪酬策略和薪酬管理系统支撑企业的竞争优势。一般认为，薪酬并不是对员工贡献的简单承认和回报，更应该成为公司战略目标和价值观转化的具体行动方案，以及支持员工实施这些行动的管理流程（Thomas B. Wilson，1999）。美国斯坦福大学教授普费法伊夫（J. Pfefief）在其著作《经理人员获得的竞争优势》中，比较系统地描述了提高公司竞争优势的 16 种人力资源管理实践，其中有 5 种就是有关薪酬管理实践的，而有效的薪酬管理实践源于与企业经营战略目标密切相关的薪酬战略。

米尔科维奇（1988）认为，战略性的薪酬管理就是对组织绩效具有关键性的薪酬决策模式，即凡是对组织绩效产生重大影响的薪酬决策就具有战略性。① 在《薪酬管理》一书中，米尔科维奇指出，企业薪酬体系的设计必须基于组织的战略来展开。而组织的战略又可以分为两个层面：一个是公司层战略，包括整个公司的战略目标、计划、愿景和价值观等；另一个是业务单元战略，它是建立在整个公司战略基础之上的针对每项业务的竞争战略，主要是确立每个业务单元的战略目标，以及实现这样的战略目标所需采取的竞争策略。

在确立了公司层战略和业务单元战略的基础上，需要根据这两个层面的战略

---

① Milkovich, G. T., "A Strategic Perspective on Compensation Management," *Research in Personnel and Human Resources Management*, 6, 1988, pp. 263 - 288.

来安排企业的人力资源战略，即思考人力资源在企业战略规划中的作用，以及企业通过什么样的人力资源系统来支撑企业的战略与目标。薪酬战略是建立在人力资源战略基础之上的，属于人力资源战略的一个组成部分，即在整个企业的人力资源系统设计中，把薪酬系统作为其中的一个子系统，来思考它如何支撑整个人力资源战略的实现。

在确立了薪酬战略之后，还需要通过进一步的薪酬系统设计，来使薪酬战略得以落实，即将薪酬战略转化为具体的薪酬制度、技术和薪酬管理流程。只有这样，才算完成了战略性薪酬体系的设计。通过战略性薪酬体系，企业就可以有效地引导和改变员工的态度和行为方式，并使其与组织的战略相配合。而一旦实现了这种配合，企业就可以通过人的行为来获取竞争优势。

米尔科维奇还给出了根据几种典型的战略来安排人力资源战略，并据此设计企业薪酬战略的例子，如表13—1所示。

表13—1　　薪酬体系与经营战略

经营战略	商业反馈	人力资源策略	薪酬体系
创新者：提高产品的复杂性、缩短产品生命周期	● 产品的领导地位 ● 转向大众化生产和创新	● 灵敏、有冒险精神、富有创新意识的人	● 奖励对产品创新和生产过程的改革 ● 薪酬以市场为基础 ● 灵活的工作描述
成本控制者：注重效率	● 操作精确 ● 寻求节省成本的方法	● 少用人、多办事	● 重视竞争对手的劳动成本 ● 提高可变工资的比率 ● 重视生产力 ● 重视系统控制和工作分析
关注顾客：提高顾客期望	● 密切与顾客的关系 ● 售后服务 ● 对市场的反应迅速	● 取悦顾客，超过顾客期望	● 以顾客满意为基础的激励工资 ● 以与顾客的交往为依据评价工作和技能

资料来源：George T. Milkovich，Jerry M. Newman，Barry A. Gerhart，*Compensation*，Eleventh Edition，McGraw-Hill，2013，p. 43.

世纪之交，著名的薪酬管理专家米尔科维奇教授和史蒂夫发表了题为“从工资到薪酬——变化的一百年”的学术文章①，该文以在《纽约时报》（*The New York Times*）上公开发表的和期刊索引中的学术刊物上有关薪酬的文章，以及具有代表性的四部薪酬管理的经典著作②的目录作为分析和研究的对象，围绕the changing “deal”，pay for performance，benefits and services和bellwether四个主题，回顾了美国100年来的薪酬制度变迁，并总结出了将对未来的薪酬决策产

① George T. Milkovich，Jennifer Stevens，“From Pay to Rewards—100 Years of Change，” *ACA Journal*，Vol. 9，No. 1，First Quarter 2000.

② 分别为：David Schloss，1892，“Methods of Industrial Remuneration”；Daniel Bloomfield，1923，“Financial Incentives for Employees and Executives”；David W. Belcher，1955/1974，“Compensation Administration”；Milkovich and Newman，1999，“Compensation”。

生影响的四点经验：(1) 最终寻求适合于组织的薪酬战略：不同组织的薪酬制度是不同的，即便在同一个组织内部，现在的薪酬制度也不同于过去和未来的薪酬制度；(2) 洞悉环境的变化：提高对相关环境变化的洞察力，将有助于确定薪酬制度所需的变革；(3) 支持、鼓励注重实效的试验：反复试验推动薪酬制度变迁；(4) 持续学习有关薪酬的知识。

13.1.4　关于宏观经济环境对企业薪酬管理影响的理论

以上我们回顾的理论主要是从个人层面和企业层面探讨了薪酬的决定机制。除了个人因素和企业因素之外，宏观经济环境也是我们在探索薪酬问题时不可忽视的因素。

(一) 劳动力市场状况对薪酬管理实践的影响 (劳动力市场分割理论)[①]

现实的劳动力市场是不统一的，始终存在着一些妨碍劳动者充分流动的障碍，比如，性别和种族歧视、户籍制度、不充分的劳动力市场信息等，这种现象在发展中国家的劳动力市场尤为显著。因此，学者们放弃了主流经济学的研究假设，探究劳动力市场的非竞争性对劳动者工资收入的影响，这种理论被称为劳动力市场分割 (labor market segmentation，LMS) 理论。

LMS 理论 (Dunlop，1957；Kerr，1954) 在放弃了新古典的研究假设的同时，也放弃了人力资本理论的两个关键假设，即劳动力市场是充分竞争的；工资差别仅源于劳动力质的差异。LMS 理论认为，在现实经济生活中，劳动者工资的差异不仅来源于其所提供的劳动质量的差别。从劳动力需求方来看，在工资决定的过程中，行业、部门、职业、职位的结构性特征，同样是导致工资率不同的决定性因素。生产率特征相同的劳动者，由于所在的行业、企业或职位不同，工资率也会有悬殊。

LMS 理论最重要的分支之一就是二元劳动力市场理论 (Doeringer & Piore，1971)。[②] 它由两个最基本的命题构成。首先，现实经济生活中存在两个彼此分离的劳动力市场：主要市场和次要市场。两个市场的划分依据是工作的特征和劳动者的特征。主要市场的特征是：就业稳定、工作条件较好、以熟练技术型劳动力为主、工资水平较高、存在较多的提升和受训机会。与此相反，次要市场则工资福利水平普遍较低、工作条件较差、职位极不稳定、劳动力流动程度大、提升和受训机会也不多。其次，在每个劳动力市场内部，劳动力是流动的；但在两个市场之间，由于受到各种非市场因素的制约，劳动力无法流动或只能有限地流动。

---

① Dunlop，J. T.，"The Task of Contemporary Wage Theory，" in Taylor，W. and Pierson，F. C. (eds)，*New Concepts in Wage Discrimination*，pp. 117 - 139，New York：McGraw-Hill，1957；Kerr，C.，"The Balkanization of Labor Markets，" in Bakke，E. W. et al. (eds)，*Labor Mobility and Economic Opportunity*，pp. 92 - 110，Cambridge，Mass：Technology Press of MIT，1954.

② Doeringer，P.，Piore，M.，*Internal Labor Markets and Manpower Analysis*，Lexington，Mass.：D. C. Heath，1971.

二元劳动力市场之间的差别不仅产生于经济因素、社会因素以及制度因素，而且还会由于两种劳动者行为模式和习惯差别太大而被强化或固化。总之，二元劳动力市场强调的一个重要思想是，劳动者个人的工资率并不主要取决于所受的教育程度，而是取决于就业发生在劳动力市场的哪一部分。

劳动力市场分割理论，特别是二元劳动力市场理论，在解释发展中国家的工资差别问题时，受到了学者们的青睐。他们关注的领域多集中于劳动力市场在现代和传统部门之间的分割、正式和非正式部门间的分割、公有和私有部门间的分割，以及内资和外资之间的分割等。

（二）经济转型对薪酬管理实践的影响

经济体制转型国家的薪酬实践也受到了学者们的广泛关注。这个领域的代表是维克托·尼（Victor Nee）提出的市场转型理论。该理论的建立是基于维克托（1989，1991）对中国厦门、福建等地郊区乡镇的实地调查。市场转型理论的核心是市场经济的形成和发展给社会分层结构带来的改变。其中，市场转型社会中不同经济体系之间的收入分层现象，不仅是该理论关注的焦点，也是检验该理论相关假设的重要证据。关于收入分层问题，市场转型理论的核心观点包括以下两点。

观点1：产权不同的企业会派生出不同的工资决定机制。

市场转型理论的出发点在于对转型社会中经济体系的二元划分：国家社会主义再分配体系和市场体系。维克托认为，市场体系和再分配体系代表两种根本不同的资源配置逻辑。再分配体系的特征是，通过中央计划来垂直化地配置资源和分配产品。而市场体系则是通过法律上平等的买卖双方基于契约建立的横向关系来协调经济活动。

市场转型理论主张，市场经济体系和再分配经济体系本身代表着两种不同的工资分配机制（Nee，1989，1996；Zhou，2000）。[①] 在市场经济体系中，人力资本诸要素，特别是教育对个人的工资收入起着决定性作用，因为生产要素的配置是通过竞争性的市场交易进行的。与此相反，再分配体系通常对政治资本的回报高于人力资本，因为它是通过权力配置资源的。因此维克托主张："市场经济体系对人力资本的回报率高于再分配经济体系"（Cao & Nee，2000）。按照这一逻辑，维克托进一步推论：随着社会从再分配体系向市场体系的转型，以及资源配置从政治配置向市场配置的逐步转移，政治资本的影响力将逐渐被削弱，而人力资本的影响力则不断加强。因此，市场转型必然带来人力资本回报率的上升和政治资本回报率的下降（Nee，1989；Cao & Nee，2000）。

观点2：在向市场体系转型的过程中，不同类型的企业工资决定机制的改变不同。

---

① Victor Nee，"A Theory of Market Transition，" *American Sociological Review*，54，1989，pp. 663－681；Xueguang Zhou，"Economic Transformation and Income Inequality in Urban China：Evidence from Panel Data，" *American Journal of Sociology*，Vol. 105，No. 4，January 2000，pp. 1135－1174.

维克托（1992）认为，随着市场的拓展，那些受政府控制越少的企业，会越早经历工资决定机制的市场化。① 因为政府对经营活动进行行政干涉的程度在不同所有制类型的企业中差别很大，那些越少受政府控制的企业，就越容易挣脱再分配体系的束缚，也越容易靠近市场交易体系。因此，随着市场的发展，企业与再分配经济的联系会发生变化，进而不同类型企业的资源分配方式也会发生改变。在改革阶段，经济收益模式更有利于那些靠近市场交易、较少受再分配体系控制的企业。

维克托认为，转型经济带来了组织形式的多样化和产权的多重性。按照企业靠近市场体系的程度不同，维克托将转型时期的中国企业分为三种类型：非市场化、市场化和私营企业。非市场化企业的代表是国有企业，市场化企业相当于集体企业，这类企业的产权具有混合型的特征。为了描述在不同的产权关系下三类企业的行为模式所表现的行为差异，维克托使用了一个模型（见表 13—2）。该模型展示了一个象征性的管理结构，分析了渐进式改革中不同所有制类型企业在一些行为上的特征。

表 13—2　　非市场化企业、市场化企业和私营企业的行为特征对比

特征	非市场化企业	市场化企业	私营企业
企业自主权	0	＋	＋＋
新地方主义导向	0	＋＋	＋
软预算约束	＋＋	＋	0
效率	0	＋	＋＋
获取资本的能力	＋＋	＋	0
获取原材料的能力	＋＋	＋	0
获取劳动力的能力	＋	＋＋	＋
进入市场的能力	＋	＋＋	＋
员工薪酬	＋	＋＋	＋

说明：＋＋表示强；＋表示中等；0 表示弱。

资料来源：Victor Nee，“Organizational Dynamics of Market Transition：Hybrid Forms，Property Rights，and Mixes Economy in China，” *Administrative Science Quarterly*，37，1992，pp. 1 - 27.

表 13—2 反映了渐进改革中，私营、市场化和非市场化部门之间实际存在的行为差异。国有企业在预算约束软化的情况下，其运作是非常缺乏效率的，因为不论经营业绩如何，它们都能享受到获取资本和生产要素的便利。与此相反，在硬预算约束下运作的私营企业，通过对生产成本的节约，表现出了很高的生产率。但是它们在资本和其他生产要素的获取上，存在很大的限制。较之私营企业和非市场化企业，市场化企业在渐进式改革中拥有独特的竞争性优势。首先，它们以硬预算约束在市场中运作，其生产效率超过非市场化企业。同时，市场化企业和地方政府的交互关系，又使它们拥有了比私营企业更为便利地获取生产要素的渠道（Victor，1992）。

维克托认为，由于产权上的差异，集体企业相对于国有企业更容易摆脱再分

① Victor Nee，“Organizational Dynamics of Market Transition：Hybrid Forms，Property Rights，and Mixes Economy in China，” *Administrative Science Quarterly*，37，1992，pp. 1 - 27.

配体系的桎梏，进入市场交易体系，同时，其工资决定机制市场化的进程也越快。这种改变体现为，集体企业人力资本回报方式的特征更接近于市场经济中的企业。另一方面，在社会经济体系从再分配向市场转型的过程中，国有部门本身的资源配置方式也会受到冲击。市场经济的出现所引入的新的资源配置机制，会对国有部门的配置方式构成挑战，并逐渐影响和削弱后者。

13.2 国际学术界关注的12大薪酬研究范畴①

从薪酬理论研究的现状来看，国际学术界对薪酬理论的研究相当关注和重视。根据对1996—2002年间资料的研究发现，在20种世界顶级学术期刊中，7年共发表了396篇直接涉及薪酬或者与薪酬相关的学术论文。这些论文涉及组织理论、国际管理、劳动经济学、法律和战略等多学科的研究领域。归结起来可划分为12大研究范畴。

（一）环境因素对薪酬的影响

国内外学者在研究薪酬管理时，都非常关注组织的外在环境条件对组织运作的有效性的影响问题。尤其是伴随经济全球化和组织知识化的发展趋势，影响薪酬管理制度选择的法律环境、商业环境和产业环境都发生了很大的变动，这些环境因素是国际学术界开展薪酬研究所关注的重要方面。比如，在法律环境方面，关注最低工资、公平就业标准、移民政策改革、法律仲裁、现行的工资法律和规定、国家医疗保险规定、辞退规定等法律文件对工资、福利和就业的影响；在商业环境方面，关注经济因素、技术变革、全球竞争、环境的不确定性、预期的通货膨胀、工会化程度等因素对工资和奖金的影响。此外，国外有关研究还非常注重公共部门、钢铁、食品和卫生保健等行业的工资情况，探讨相关产业政策对薪酬制度的影响状况等。

（二）公司特征对薪酬的影响

公司的发展战略和人力资源政策直接影响到薪酬制度的选择，国外薪酬理论研究逐渐开始注重企业管理中战略理论、组织理论和薪酬管理之间的关系，通过各类实证研究，探讨公司的战略选择、多元化发展、外包式协作以及人力资源管理政策与实践等对工资、奖金、工资差距、工资体系的影响。同时，其他公司特征，比如员工所有权、公司规模、人力资本、利润、信息化、薪酬支付能力、公司变革等对薪酬的影响也成为薪酬管理研究的热点。

（三）工作和团队因素对薪酬的影响

工作分析和工作评价是薪酬制度设计的基础工作，因此，有关工作特征、工

① Steve Werner，Stephanie G. Ward，“Recent Compensation Research：An Electric Review，” *Human Resource Management Review*，14，2004，pp. 201 - 227.

作职责、工作要求、工作资历、工作设计等因素对薪酬影响的研究一直是国际学术界关心的领域，尤其是在当前组织中的知识员工不断增多的新形势下，如何通过工作设计使工作丰富化，对任职者具有挑战性和适度的弹性，以及在此基础上设计出合理的薪酬制度，以明确责权利关系，提高员工对工作的动机和兴趣，已经成为薪酬研究中不可回避的重要内容。同时，由于团队在组织中发挥着越来越大的作用，因此除个人激励外，企业还面临着团队凝聚的重任。高素质人才一般来说都有较强的个性和自己独立的价值观，因此在企业中，如何更新理念和新的管理方式，将各种不同个性的人才团结在一起，形成团队合力，这也给薪酬管理制度的设计带来了新的课题。团队的规模、效率以及管理的参与度都将影响到团队激励计划，如何结合团队激励的要求和特点设计有效的薪酬体系，也是当前国际学术界讨论的热点命题。

（四）性别和种族间的工资差距分析

国外薪酬研究比较关注性别和种族之间的工资差距问题。主要是通过对外部劳动力市场、教育、培训、生产率、职业选择、工作经历、沟通技巧等因素的研究，来考察性别和种族的薪酬差距问题。目前的研究主要涉及性别和种族工资差距的衡量方法、历史成因、产业分析、国别分析以及造成性别和种族工资差距的决定因素等。目前涉及薪酬组成、福利等方面的研究较少，事实上，性别和种族差异会对薪酬的很多方面产生影响。

（五）个人特征对薪酬的影响

员工的个人特征无疑是影响薪酬的重要因素，其能力和知识是决定其适应工作与否的潜在绩效指标。薪酬管理制度的设计要充分考虑个人特征，个人的工作年限、受教育程度、培训状况、社会关系等都将对个人的价值报酬产生重要影响。如何调动不同特征的员工积极性，满足不同性质员工的实际需求，国内外学者从不同方面对此展开了深入的研究，国外学者甚至已经开始探讨包括身高、体重、精神疾病、工伤等因素对薪酬产生的影响问题。

（六）薪酬心理学

这个领域主要研究员工对金钱含义的理解和对薪酬的心理反应。比如，从个人特征、态度、行为等变量研究它们对于员工对金钱含义的理解有何影响；从薪酬水平和奖金与员工薪酬满意度、员工工作绩效、离职率、员工态度、组织承诺和生活满意度等变量之间的关系，研究员工的薪酬心理反应。但是，薪酬的其他方面，如工资结构、工资差距和整体薪酬等与个人工作结果及心理反应之间的关系研究较少。

（七）薪酬的公平性

有关薪酬的分配公平和程序公平也是国际学术界关心的话题。研究领域主要集中在探讨公平感知与员工绩效、工作满意、离职意向等后果变量之间的关系；

程序公平和结果公平感知之间的关系；程序公平和薪酬计划的被理解程度、有效性、员工绩效、工作满意度、组织公民行为、组织信任等变量之间的关系。有关薪酬保密、薪酬沟通与满意度和其他反应变量之间关系的研究，仍有待加强。

（八）薪酬对公司绩效的影响

薪酬作为公司的一种价值回报形式，将直接影响到员工的价值创造和组织的最终绩效。对薪酬和绩效相关性的研究一直是薪酬研究的重点。目前国际学术界主要关心的领域集中在薪酬（包括薪酬水平、薪酬结构、不同形式的可变薪酬设计）对公司成本、财务业绩、销售增长率、产品质量、客户满意度等变量的影响方面。但是，薪酬设计如何与环境、公司以及个人特征相匹配，以便取得理想的效果；不同的薪酬构成成分如何相互影响和如何影响员工的行为，公司的薪酬沟通如何影响薪酬结果，薪酬战略如何影响企业竞争力，以及不同的薪酬结构如何导致不同的绩效结果等，都是尚待进一步探讨的领域。

（九）福利

福利研究领域主要包括福利的运用、福利的满意度和各种福利计划的使用效果等。福利运用研究的具体内容包括公司目标、成本、工会化、员工特征等变量如何影响不同福利计划（弹性计划、失业保险、养老金类型、家庭福利、医疗保险、退休计划等）的使用；员工福利满意度的研究主要选取年龄、种族、程序公平和分配公平、福利选择等作为预测因子，探讨福利满意度与工作付出程度、离职率、组织承诺等变量之间的关系；各种福利计划的使用效果研究，主要是指不同的福利计划对员工流动性、退休后的收入水平、公司绩效、离职率等结果所产生的影响。

（十）国际化薪酬

伴随经济全球一体化进程的加剧，越来越多的学者开始探讨国际化薪酬研究，在这一领域，研究主要集中在国与国的比较和跨国公司的薪酬制度方面。国与国的比较涉及不同国家的工资水平、工资制度、奖金、工资差距等方面的差异分析。跨国公司薪酬研究的内容有：外派机构、合资企业外派人员薪酬的决定，对跨国公司业绩如何评价，以及如何考虑不同国家文化支付薪酬等。尽管这一领域目前的研究不多，但关注者和关注点越来越多。

（十一）经理人员薪酬

经理人员由于其在企业中的重要地位，一直是薪酬管理研究的主要对象。研究内容包括经理人员的薪酬水平、薪酬结构的决定因素以及经理人员的薪酬支付效果。其中，CEO的薪酬是经理人员薪酬研究的热点，国外的主要研究成果集中在经理人员（CEO）的薪酬与公司绩效、公司规模、所有权结构、国家（组织）文化、创新、社会资本、历史薪酬、管理能力、外部选拔还是内部继任、人力资本、经理市场等变量之间的关系。目前的研究主要采用二手资料，有关

CEO 和高层管理者薪酬对个体行为和态度的研究还较少。

（十二）薪酬管理发展趋势

国内外学者在研究薪酬的时候也涉及薪酬管理趋势的分析。比如，将薪酬管理授权给直线部门；工资的等级减少、幅度变宽；对内部职位之间排序的关注减少，市场定价力量加强；强调绩效加薪或其他绩效薪酬形式；从为工作的价值付酬变成为人的价值付酬，知识工资、技能工资、能力工资等形式将得到更多的运用；小组和团队工资激励的比重不断上升；强调提高员工的满意度，关注薪酬管理过程而不是过分强调技术；公共部门和私人部门的薪酬管理方法趋于一致等。同时，有关总报酬管理及薪酬管理沟通战略、可变薪酬、并购中的薪酬管理以及薪酬外包等也是国际学术界关注的重要方面。

13.3　我国的薪酬管理研究

始于 20 世纪 80 年代的工资制度改革，推动了我国学术界对企业薪酬问题的广泛关注，发展至今，研究的层面、切入角度和研究方法日趋多样化。从宏观到微观，从经济学到管理学、组织行为学，从案例分析法到基于面板数据的实证研究，国内薪酬研究逐步走上了规范化和多样化的道路。

13.3.1　我国薪酬管理研究现状

从研究的内容来看，我国薪酬管理领域的研究主要集中在以下几个方面：一是薪酬体系的再设计，这个领域主要以案例分析法为主，针对不同类型企业薪酬体系存在的问题，提出相应的改革方案；二是针对企业特殊员工群体的薪酬问题研究，其中尤以对经营者和知识员工的研究为重；三是针对中国经济发展的特点，研究经济体制的转型对微观企业薪酬决定机制的影响。

（一）薪酬制度的改革与再设计——以案例分析法为主

80 年代以来，企业经营体制和劳动力市场的转型，为微观薪酬管理设计创造了更为广阔的尝试空间。企业在薪酬问题上有了更多的自主权后，如何选择制定适合自身的薪酬体系、解决固有的平均主义顽症、提升薪酬的激励效果，成为企业关注的焦点。实践的需要催促研究领域探索相应的解决方案。因此，在薪酬体系的改革和重建这一领域，国内大量研究几乎是与企业实践问题的解决，特别是与薪酬管理咨询业的发展同步的。这一领域的研究可以大致分成两个阶段。

第一阶段：工效挂钩和岗位技能工资体系的探索期（80 年代中期至 90 年代初）。

20 世纪 80 年代中期以来，政府开始在国有企业内部推行工效挂钩制度和岗位工资体系，旨在打破计划经济体制下全国高度统一的等级工资体系，将工资和企业效益以及岗位价值挂钩，扭转工资结构的平均化趋向，加强工资对员工的激励作用。因此，该阶段研究者探讨的重点集中在工效挂钩、岗位工资、岗位技能工资制度的具体实施办法，与传统工资制度的差异，以及制度的改进和完善等方面，从而为企业创建新型工资体系提供了理论支持和实践指导。

第二阶段：职位工资体系和基于素质的薪酬体系的引进（90年代至今）。

经过十多年的尝试和发展，至90年代中期，国内企业普遍建立起以岗位技能工资制为主的薪酬体系。但实践中这种工资体系暴露出诸多缺陷，它虽然也考虑到了不同岗位在劳动技能、劳动责任、劳动强度、劳动条件上的差异，但评价要素过于简单，无法体现管理和技术类职位的相对价值，岗位技能工资所占比重太小，容易导致新的平均主义。

鉴于此，越来越多的国内学者开始关注西方职位薪酬体系在中国企业的应用。这一时期的研究主要围绕如何采用现代薪酬管理技术为企业设计薪酬体系，以充分实现薪酬的内部公平、外部公平，以及薪酬与个人绩效的紧密结合这一中心展开。研究内容包括职位分析和职位评价的开展、市场薪酬调查的实施、薪酬结构与薪酬水平的确定、薪酬的支付方式、薪酬与企业战略的结合等多个方面。从方法上，研究多采用案例分析法，即从一个典型企业的薪酬体系存在的问题出发，针对弊端提出一套解决方案。从研究对象来看，国有企业，尤其是处于银行、电力等垄断行业的国有企业仍是研究的重点，与此同时，民营企业等非国有企业的薪酬制度问题也开始受到关注。

市场化的薪酬制度也是这一时期的关注热点。进入90年代以来，伴随着劳动力市场的逐步形成和发展，以及劳动人事制度改革的深化，我国劳动关系已经从职工与国家的关系，变成了员工与企业的劳动合同关系，人才流动日趋活跃。传统的结构工资和岗位技能工资脱离劳动力市场，缺乏竞争观念。核心职位、关键职位上的优秀人才的薪酬水平远远低于市场薪酬水平，而一般职位的薪酬水平则远远高于市场薪酬水平。为了解决这个严重困扰企业发展的问题，许多研究者主张企业除了采用以职位为基础的薪酬制度应对现状外，还要实行市场驱动的基于市场价位的薪酬制度，如个人“谈判工资”或“协议工资”和集体协商工资制度。

近年来，顺应我国企业人力资源管理变革的内在要求，在继续关注以职位为基础的薪酬制度设计的同时，人们又开始将注意力转向素质模型（competency model）、技能薪酬体系（skill-based compensation system）、宽带薪酬（broad-banding）、全面薪酬方案（total compensation system）等新型薪酬管理理念和技术的引进及其在中国的应用和探索。例如，黄锦（2004）对美国及欧洲等国关于技能工资的研究文献进行了系统的分类和回顾，探讨了技能工资的适用行业、技能工资的类型、技能工资设计与实施的原则、技能工资成效的影响因素等关键问题，向我们展示了国际上技能工资研究的整体走向和研究全貌，并指出了技能工资研究未来可能的发展方向。此外，公共部门，特别是非营利组织，如高校、医院等组织的薪酬体系设计问题也开始引起学术界的关注（骆品亮等，2000；胡敏，2003；黄培，2005）。

在中国经济体制转型的历程中，企业薪酬制度经历了翻天覆地的变革。因此，回顾、评价制度变迁本身也成为重要的研究课题。赵立军（2004）运用文献分析法对 90 年代以来我国企业薪酬制度的变迁进行了回顾，得出结论：10 年来我国企业的薪酬制度在各种因素的综合影响下，经历了从传统计划经济体制下的品位分类、身份工资向发达市场经济国家实践所证明的职位分类、体现职位价值的职位定价、绩效导向的绩效薪酬、市场驱动的薪酬体系，以及以技能、知识和能力为基础的薪酬体系的变革。①

（二）经营者的薪酬问题研究——基于上市公司业绩与高层管理人员薪酬数据的实证分析

1. *经营者股票期权激励方案*

国内学者对股票期权的关注始于 20 世纪 90 年代中后期，当时的研究主要侧重于介绍西方股票期权的含义、具体做法、对企业经理人的激励效应，以及对完善我国国有企业治理，特别是上市公司经理人激励的借鉴意义（冯金华，1997②；孙军，1999③；汪伟农，1999④）。但由于此时股票期权对中国理论界和实践界而言仍是一个新鲜事物，研究者只注意到了股票期权在西方实践中所取得的惊人效果，并由此出发来讨论在中国推行股票期权的必要性，而缺乏对股票期权在中国具体环境下的适用性和本土化的探讨，更谈不上对股票期权得以推广的深层原因的探究和质疑，研究仅局限于其简单的借鉴意义上。

从 2000 年开始，一些学者开始探讨股票期权应用的一般理论基础和必要的制度环境，并对中国目前的制度环境与美国存在的差异进行了一定程度的细致分析。比如，从人力资本产权理论、风险理论、专家组合理论等方面研究了股票期权的理论基础（黄维德，梁晓东，2000⑤）；依托现代企业委托—代理理论，从中国企业改革的具体背景出发对此进行分析（顾慧慧，2000⑥）。同时，研究者们广泛注意到了在我国实行股票期权计划的主要限制因素，如股票市场本身的有效性、政府干预环境、公司治理环境和法律法规等方面，在对此进行分析的同时，也提出了一些具体的政策建议（季向宇，2000⑦；白华英，2001⑧；周立群，2000⑨）。但所有的研究仍对股票期权本身的激励效果持毋庸置疑的态度，其政策建议集中在如何消除各种限制因素、有效推行股票期权并增强其激励效果方面。

2001 年年底，随着“安然事件”的曝光，股票期权的弊端被揭露，美国学术界对股票期权的质疑之声日益高涨，国内学者也开始了更为深入、全面的思考，这时的研究不再限于如何推行股票期权，而是同时探讨在我国是否应该推行

① 参见赵立军：《十年来我国企业薪酬制度变迁及其影响因素研究》，中国人民大学硕士论文（未发表），2003。
② 参见冯金华：《股票期权：西方企业激励经营者的一种方法》，载《外国经济与管理》，1998（1）。
③ 参见孙军：《股票期权与上市公司代理人激励》，载《管理现代化》，1999（4）。
④ 参见汪伟农：《期权激励方案策划与设计》，上海，上海财经大学出版社，2002。
⑤ 参见黄维德，梁晓东：《股票期权及其在我国的应用》，载《复旦大学学报》（社会科学版），2000（6）。
⑥ 参见顾慧慧：《引入股票期权，重塑长期激励机制》，载《经济理论与经济管理》，2000（3）。
⑦ 参见季向宇：《论股票期权在我国的适用性》，载《财贸经济》，2000（4）。
⑧ 参见白华英：《我国实行经理股票期权制的障碍因素分析》，载《财经科学》，2001（5）。
⑨ 参见周立群：《实施股票期权有待探讨的几个问题》，载《中国工业经济》，2000（6）。

股票期权；不仅注意到现实制度环境的缺陷对股票期权可能产生的影响，同时注意到股票期权制度本身对加大公司缺陷和资本市场风险所可能带来的负面效应；不仅注意到股票期权有效的外部制度环境，同时提出了股票期权自身制度设计的改进问题。从会计信息质量（池国华，2002①）、经济欺诈和虚假利润（鲍建平，2003②）等角度探讨了股票期权本身的负面效应和现实风险。

2. 经营者薪酬决定因素研究

除股票期权方案选择之外，有关经营者薪酬决定因素的实证研究也是国内探讨的热点。1999年，政府确立了经营者收入与企业业绩挂钩的报酬制度，那么，上市公司经营者的薪酬是只根据公司的绩效来安排，还是受到其他因素（如公司的股权结构、规模、行业性和区域性）的影响？这个问题激起了广泛的研究热情。加之上市公司经营者薪酬数据的可得性增强，众多研究纷纷开始利用上市公司公布的年报数据，运用相关分析、回归分析法等统计技术，对高层管理人员薪酬的决定因素进行了探讨。

（1）经营者年度薪酬与企业绩效的关系。在公司内部存在较为完善的激励机制的条件下，公司高层管理人员的薪酬水平与公司业绩水平应该存在正相关关系，两者相互推进、螺旋上升。然而，学者们对我国上市公司的研究显示，经营者年度报酬与企业绩效并不相关③，或者仅弱相关④⑤。张长征和李怀祖（2009）进一步指出经营者年度报酬与企业绩效的相关程度会受到企业规模、企业风险、产业特征、行业竞争强度、企业技术密集度、股权集中度、股权结构、外部董事比例等因素的影响。⑥

研究者对薪酬与绩效弱相关甚至不相关的解释是：公司内部激励机制不健全，不存在高层管理人员薪酬水平与公司业绩水平直接挂钩的机制。其中，最重要的障碍在于国有企业带有明显行政级别色彩的经营者管理体系。我国上市公司中90%以上是国有控股公司，它们大多有行政级别，公司高层管理人员的薪酬也与行政级别挂钩，因此出现了高层管理人员薪酬与公司业绩弱相关，甚至不相关的现象。研究者建议：1）取消国有控股公司的行政级别，在公司内部建立起符合市场经济规则的治理结构，改变参照行政级别对经营者支付薪酬的方式，将其薪酬水平与公司业绩水平挂钩。2）鼓励高层管理人员通过多种方式获得股权，在公司内部建立起长期激励机制。

（2）经营者年度薪酬与股权结构的关系。研究表明，法人股对高层管理人员薪酬的影响为正，而国家股对高层管理人员薪酬的影响为负。其原因在于，法人股比例的提高会带来企业自主权的扩大以及能动性的提高，进而对高层管理人员报酬和企业绩效产生正的影响。而国家股却由于种种原因，基本上只对高层管理

① 参见池国华：《股票期权制度与会计信息质量——由安然事件引发的思考》，载《财经问题研究》，2002（6）。
② 参见鲍建平、张灿：《从安然破产的案例看股票期权的利弊及其危害》，载《管理现代化》，2003（2）。
③ 参见李增泉：《激励机制与企业绩效——一项基于上市公司的实证研究》，载《会计研究》，2000（1）。
④ 参见谌新民，刘善敏：《上市公司经营者报酬结构性差异的实证分析》，载《经济研究》，2003（8）。
⑤ 参见李兴绪，杨燕红等：《国有控股上市公司经营者薪酬安排的实证研究》，载《财经论坛》，2004（12）。
⑥ 参见张长征，李怀祖：《基于经理自主权的报酬业绩敏感性模型构建与分析》，载《软科学》，2009（1）。

人员报酬和企业绩效产生负面影响。① 研究表明，经营者年度货币薪酬与公司股权结构中国有股的比例，呈显著的负相关关系，即随着公司国有股比例的增大，总经理报酬降低。同时，总经理总报酬与公司第一股东持股比例显著负相关，与公司流通股比例显著正相关。② 股权结构可谓影响我国企业经营者薪酬的最根本因素，从表 13—3 中我们不难发现，企业规模、行业因素、地区因素导致经营者薪酬的差异大多源于股权结构的差异。

表 13—3　企业规模和所属行业等因素导致经营者薪酬差异的研究

研究者	因变量	自变量	样本	主要结论
李增泉，2000	年度货币报酬	净资产收益率（代表企业绩效）； 公司规模； 行业； 地区。	1998 年 748 家上市公司年度财务报告。	经营者年度报酬与企业绩效并不相关，而与企业的规模密切相关，并表现出明显的地区差异性； 国有股对经营者报酬的影响为负，而法人股的影响为正。
陈志广，2002	年度货币报酬	净资产收益率； 企业总资产（代表企业规模）； 法人股比例、国家股比例； 行业； 地区。	2000 年 575 家沪市上市公司的年报摘要。	法人股比例对高层管理者报酬的影响为正，而国家股对高层管理者报酬的影响为负； 高层管理者报酬随企业规模的扩大而增加； 高层管理者报酬表现出明显的地区和行业差异。
杜俊涛，2004	年度货币报酬	董事会治理因素（内部董事比、董事兼职状态）； 第一股东持股比例； 国有股比例。	2001 年深沪两市 154 家公司的年报摘要。	内部董事的比例与总经理报酬呈显著正相关关系，董事兼职状态与总经理报酬显著正相关； 国有股比例与总经理年度货币报酬负相关； 第一股东持股比例与总经理总报酬负相关。
李兴绪，杨燕红等，2004	年度货币报酬	净资产收益率； 公司总股本； 行业； 地区。	2001—2002 年深沪两市 2 158家上市公司年度财务报告。	经营者年薪与公司绩效具有统计上的弱相关关系； 国有控股公司经营者薪酬与公司的总股本的对数存在正的弱相关关系； 经营者报酬存在明显的行业差距和地区差距。
魏刚，2000	高层管理者的总体年度报酬	净资产收益率； 企业总股本； 高层管理者的总体持股量占公司总股本的比例； 行业。	1999 年、2000 年 60 家上市公司年报和企业家基本情况。	高层管理者年度货币收入与公司绩效不存在显著的正相关关系； 高层管理者货币报酬与企业规模存在显著的正相关关系，与其所持股份存在负相关关系； 行业因素对高层管理者货币收入具有显著影响。

① 参见陈志广：《企业债券、股权结构与高级管理人员报酬》，载《财经科学》，2002 (5)。

② 参见杜俊涛：《公司治理机制对总经理报酬影响之实证研究》，载《商业研究》，2004 (9)。

续前表

研究者	因变量	自变量	样本	主要结论
谌新民，刘善敏，2002	年度货币报酬	企业绩效； 资产规模； 行业； 地区。	2001年1 036家上市公司年度报告。	两职兼任的经营者年薪与企业绩效不具有显著相关性； 实行年薪制的经营者的年薪与企业绩效呈显著的弱相关关系； 资产规模、行业和地区特征对经营者报酬有显著影响。
杜胜利，翟艳玲，2005	总经理年度报酬	公司规模； 国有股比例； 无形资产比例； 绩效。	2002年1 241家上市公司的截面数据。	公司规模、绩效、内部所有权、独立董事比例、多元化、总经理年龄与报酬之间存在正相关关系，而国有股、无形资产比例、公司风险、两职兼任、年龄的平方与报酬之间存在负相关关系。其中对报酬具有显著影响的变量为公司规模、国有股比例、无形资产比例和绩效。

（3）经营者年度薪酬与企业规模的关系。已有研究发现企业规模与经营者薪酬之间呈正相关关系。[①] 在国外，学者对这种现象的解释是：企业规模越大，经理可控的资源也就越多，涉及的经营管理问题也越复杂，对经营者的能力要求也越高。[②] 然而就中国实际而言，研究者认为高层管理人员的报酬随企业规模扩大而增加可能主要是体制上的原因。受历史影响，中国最大的企业往往就是政府干预度最大的企业。受行政管理体制的影响，不同规模的企业行政级别也不同。往往在资产规模越大的企业，高层管理人员的行政级别也越高，薪酬水平也就会相应提高。

（4）经营者年度薪酬与董事会治理因素的关系。研究表明，内部董事比、董事长和副董事长的兼职状态与总经理报酬之间存在显著正相关关系。[③] 学者们对该现象的解释是：内部董事的比例越高，委托人对总经理的监督就越难，所面临的道德风险就越大。同时，由委托—代理理论可知，当董事长或副董事长兼任总经理时，总是对自己作出过高的评价，所以往往会使总经理报酬相对于两职分离的情形更高。内部董事比与总经理报酬之间的显著正相关关系说明，我国公司治理中的激励机制没有得到充分发挥，而且在经理层中普遍存在道德风险。

（5）经营者年度薪酬与行业和地区因素的关系。大多数研究表明，所在行业和地区会对经营者的薪酬产生影响。研究发现，在一些新兴行业，如电子通信、医药等，高层管理者的报酬相对较高，而在化工等行业，高层管理者的报酬相对

① 参见杜胜利，翟艳玲：《总经理年度报酬决定因素的实证分析——以我国上市公司为例》，载《管理世界》，2005（8）．

② Rosen，Sherwin，“Authority，Control and the Distribution of Earnings，” *Bell Journal of Economics*，13，1982.

③ 参见杜俊涛：《公司治理机制对总经理报酬影响之实证研究》，载《商业研究》，2004（9）。

较低，在许多其他行业，高层管理者报酬的差别则不大（陈志广，2002)。研究也表明，行业对经营者报酬有一定的影响，尤其是金融、地产、电子通信、轻工制造、重工制造和农林牧渔行业，这可能说明不同行业竞争程度的差异会对经营者薪酬产生影响（李兴绪，杨燕红等，2004)。地区因素对国有控股公司的经营者薪酬也有一定的影响，这可能是由于我国经济发展水平带有明显的区域差异，而经济发展水平的不同必然体现出企业治理体制的差异。

（三）知识型员工的薪酬体系设计：从激励角度的研究

在这一领域，现有研究大多以舒尔茨的人力资本理论、德鲁克的知识工作者激励理论和玛汉·坦姆仆的知识工作者激励模型为理论基础，从知识员工的特点出发，对知识型员工的激励因素进行排序，并据此设计薪酬体系。

美国的知识管理专家玛汉·坦姆仆认为，知识工作具有以下主要特点：(1) 工作过程难以观察；(2) 工作成果不易衡量；(3) 工作的顺利程度有赖于知识员工发挥自主性；(4) 知识员工往往是某领域的专家，而管理者在这些领域往往是外行；(5) 知识工作者对组织的依赖性低，组织与知识员工之间是一种相互需要的关系。知识工作者有四个主要激励因素：个体成长、工作自主、业务成就、金钱财富。金钱财富对员工激励的重要性虽然不可忽视，但是如果能尽量满足员工的个体成长、工作自主和业务成就的需要，则对他们的激励将更为有效。知识工作者的激励模型所包含的激励机制内容包括：培养员工的工作成就感、培养员工的工作能力和创造性、创造有利的工作环境、建立员工明确的目标观念、提供知识与信息的充分交换。

为了验证上述知识工作者激励模型在中国的适用性，国内学者对北京市 27 家软件企业和生物制药企业的 29 位高层管理人员和 520 位员工进行了问卷调查，对上述四个因素的需求程度和满意度进行了统计分析。结果显示：对于中国高科技企业的知识员工来说，对四大因素的需求中，排在第一位的是个体成长；其次是业务成就；第三位是金钱财富；最后才是工作自主，并希望本公司拥有和谐的人际关系。对于公司已提供的激励政策，高科技企业员工普遍认为在四个因素中，业务成就、工作自主与个体成长是相对比较令人满意的方面，最不满意的是金钱财富。①

有的研究对知识型员工的主要激励因素也得出了不同的排序结果：前五位依次是工资报酬与奖励、个人的成长与发展、公司的发展前景、有挑战性的工作、工作的保障性与稳定性。②

还有的研究基于知识员工的特点，从信息经济学的角度探讨了这类员工的激励问题。在现代高科技产业中，知识型员工与企业之间实质上是一种信息不对称条件下的委托—代理关系：一方面，对于员工所掌握的知识和技术水平，员工拥有较多的信息，而企业拥有较少的信息；另一方面，知识型员工工作的

---

① 参见文魁，吴冬梅：《异质人才的异常激励》，载《管理世界》，2003（10)。

② 参见张望军，彭剑锋：《中国企业知识型员工激励机制实证分析》，载《科研管理》，2001（6)。

努力程度没有一个简单、可见的标准去衡量。因此，在知识型员工与企业的委托代理关系中，既存在着隐藏行动的道德风险，又存在着逆向选择风险。在知识型员工与企业的博弈中，企业希望员工能够按自身的利益标准选择行动，并且能够以较低的监督成本实现自身利益的最大化。但是知识型员工希望以较低的努力水平，从企业中获取较高的报酬收益。因此，企业的问题是如何根据可观测到的信息来奖惩知识型员工，以激励其选择对企业有利的行动。[①] 解决办法是在知识员工的薪酬体系中，引入股权激励，使部分员工成为风险承担者和剩余索取者，从而模糊委托人与代理人的关系，实现员工行为取向和利益取向与企业的一致。

邓玉林和王文平（2009）的研究表明，产权激励可以促进知识型员工努力工作和努力学习，并优化业绩激励。员工拥有其创造的全部剩余收益时具有最优效率，但产权激励需与业绩激励匹配，且产权激励强度越大，激励效果越好。作为长期激励的产权激励加强时，员工倾向于努力学习，作为短期激励的业绩激励加强时，员工倾向于努力工作；当缺少产权激励时，员工变得不好学习或倾向于加强外部学习。[②]

（四）从组织行为学角度对薪酬问题的实证分析

一些学者基于对电子信息业企业员工的问卷调查，分析了员工的薪酬公正认知、程序公正认知与薪酬满足、组织承诺、组织公民行为等之间的关系。[③] 在薪酬的结果公正方面，沿用薪酬管理学者的主张，将薪酬公平分为外部公平、内部公平和个人公平三个维度；在薪酬的程序公正方面，参考组织公平的观点，界定为四个维度：沟通（对薪酬决策的信息加以适度公开并主动向员工收集薪酬的期望和偏好等）；参与（即让员工适度参与薪酬制度的设计和执行）；申诉（建立员工表达对薪酬的异议和不满的渠道）；个人薪酬决定过程（如加薪决策和绩效考核）中的互动。

研究发现，薪酬的结果公正各维度、程序公正各维度均与薪酬满足呈正相关关系，薪酬的结果公平各维度的净解释力高于程序公正各维度的净解释力；薪酬的结果公平及程序公正均与组织承诺呈正相关关系，程序公正各维度的净解释力明显高于结果公平各维度的净解释力。就组织承诺各维度而言，薪酬的结果公平对“留职承诺”的解释力最高，且略高于程序公正的解释力，其中以“外部公平”的影响最大；而结果公平对努力承诺则无明显的影响力。在程序公正各维度中，“互动”对认同承诺、努力承诺和留职承诺具有显著影响。

薪酬的结果公平与员工的工作绩效呈明显的正相关关系，而程序公正与员工的工作绩效则无显著相关性。在组织公民行为方面，薪酬公平及程序公正均有明显的正向影响，就整体而言，程序公正的净解释力高于薪酬公平的净解释力；就

---

① 参见施雯：《知识型员工及其激励制度研究》，载《经济师》，2003（8）。

② 参见邓玉林，王文平：《基于人力资本产权的知识型员工激励机制研究》，载《中国管理科学》，2009（1）。

③ 参见林淑姬：《薪酬公平、程序公正与组织承诺、组织公民行为关系之研究》，政治大学企业管理所博士论文，1992。

各维度而言，在认同组织、不生事争利方面，程序公正的解释力均明显高于薪酬公平；但在协助同事、公私分明、自我充实方面，薪酬结果公平和程序公正的解释力均不高。在薪酬的结果公平各维度中，以个人公平对组织公民行为的影响较大，外部公平则无明显净相关关系。而在程序公正维度中，则以"沟通"对组织公民行为的影响最显著。

（五）经济转型过程中，国有企业与非国有企业工资决定机制的差异研究

在这一领域，现有研究大多采用人力资本理论的常规工资函数（Mincer，1974）来分析转型过程中国有企业与非国有企业在工资决定机制上的差异。工资函数能通过对教育、工作经验、职业等人力资本回报率的分析，反映出企业工资决定机制的差异。

基于 1998 年大连和厦门两个城市 36 家企业的调查数据，董晓媛等人应用明瑟的工资函数比较了不同所有制企业的工资决定行为。[①] 董晓媛将企业分成了四类：国有企业、城镇集体企业、合资企业和外资企业。董晓媛的分析结果显示：在四类企业中，员工教育的工资回报率是趋同的[②]，但经验的回报率则不尽相同，外资企业（5.6%）明显高于其他类型的企业（1.3%），而且在外资企业，回报率随着员工经验水平的提高而递减的速度也超过了其他类型企业。董晓媛认为，外资企业对经验的高回报率说明，这类企业对那些通过"干中学"积累了大量经验的劳动力存在超额需求。同时，由于劳动力市场上熟练技能工人的短缺，外资企业不得不支付较高的工资，以吸引并留住这类人才。由此可见，较之其他类型企业，外资企业的工资体系对劳动力市场供求状况的变化反应更为迅速。

臧小伟（2002）运用类似的方法，基于 2000 年广东省中山市的一项跨行业的调查（1 315 个样本），比较了不同所有制结构对工资收入的影响。[③] 该研究将样本分为三个群体：国有、集体和私营部门。研究结果显示：首先，工作经验在私营企业获得了正的回报，但在国有企业却没有获得。从回归系数的大小可以看出，工作经验在私营企业是决定工资水平最重要的因素。而在国有企业中，工作经验和工资并没有关系，这一点与董晓媛的结论是接近的。其次，虽然在两个部门中，教育人力资本都获得了正回报，但两者的具体回报方式不同。一方面，大学教育在私营企业中得到的回报高于国企；另一方面，国有企业员工的工资随着学历的上升而增长，这说明国有企业不同学历之间的工资差别是被写入了报酬体系中的，而私营部门并没有类似的等级体制。臧小伟由此认为，两个部门实施的是两种不同的薪酬政策。

---

① Xiaoyuan Dong, "Employment and Wage Determination in China's Rural Industry: Investigation Using 1984—1990 Panel China," *Journal of Comparative Economics*, 26, 1998, pp. 485 - 501.

② 该研究关于四类企业对教育的回报率趋同的结论与其他研究不太一致。这可能与董晓媛等人使用的样本有关，其样本中的企业提供的职位大多集中于轻工业消费品的生产工人，而这些职位的教育回报率本来就很低。这也从另一方面反映了教育回报率是与企业所处的行业相关的。

③ Xiaowei Zang, "Labor Market Segmentation and Income Inequality in Urban China," *The Sociological Quarterly*, Vol. 43, No. 1, 2002, pp. 27 - 44.

汪雯（2004）利用中国国家统计局城市调查总队2000年五省的入户调查数据①，基于明瑟工资函数，重点比较了国有企业与其他所有制企业在工资决定行为上的差异。② 研究结果显示：国有企业内部的工资结构僵化地反映了员工在知识、经验等禀赋上的差异，而非员工实际业绩的差异。其工资调整也总是被动地回应来自劳动力市场的竞争压力。与此相反，教育、工作经验等人力资本在其他所有制企业得到回报的方式，展示了存在于生产率和工资之间的密切联系。其他所有制企业内部的工资结构主要反映了员工在生产率和市场供求水平方面的差别，员工所具备的人力资本只有在提高实际生产率的前提下，才能得到工资回报。

13.3.2 我国薪酬管理研究的趋势展望

纵观我国多年来的薪酬研究，它在企业薪酬管理理念的形成和实践的推动方面可谓功不可没。学者们对于各种先进的薪酬管理理念和技术的系统介绍及适用性研究，为企业管理者改革和重建薪酬体系创建了一个宽阔的平台。同时，我国的薪酬研究深深根植于转型经济的时代环境，要关注企业所有制特征和行业特征对薪酬决定行为的影响，着力从根源上分析企业深化薪酬制度改革的障碍。在方法上，我国的薪酬研究正逐步从以理论分析为主向案例分析和基于面板数据的实证研究迈进。

当然，要更全面地掌握我国企业薪酬管理的症结、有效地指导企业的薪酬实践，现有研究还有很长的一段路要走，这也是未来我国薪酬管理研究的发展方向。

首先，西方尤其是美国企业的薪酬管理模式是否适合中国企业是值得进一步推进的研究课题。有效的薪酬体系必须与组织背景相匹配。在我国特殊的经济体制、组织模式、组织文化等背景下，传统的职位薪酬体系以及新兴的能力工资、技能工资、宽带工资等薪酬体系的适用性研究有待加强。

其次，企业薪酬体系的效果研究有待推进。我国现有的研究大多集中在个人特征或组织特征对薪酬的影响上，而关于薪酬对个人绩效和企业绩效影响的研究相对匮乏。未来的研究需要从不同的薪酬体系（如绩效工资体系、技能工资体系）、内部薪酬差距（如不同职位间的薪酬差距）、薪酬设计的分配公平和程序公正等怎样影响员工的态度和行为（如工作满意度、离职倾向、组织公民行为、工作业绩）等方面展开。心理学的研究视角和方法将对该领域的研究大有裨益。

再次，大多数研究关注直接的货币化薪酬，而忽视了薪酬的其他方面，诸如福利、延期支付等间接薪酬形式。这可能是因为直接的货币化薪酬较之其他薪酬数据更易获得。尽管研究已经显示工资无疑是一项核心的激励因素，但其他因素

① 该数据库是目前国内最权威、最全面地反映居民个人特征以及收入支出状况的数据库。其调查城市和县城采用分层抽样的方法确定，全国共抽选了226个特大、大、中、小城市和县城作为样本的初级抽样单位。调查内容涉及居民家庭人口和劳动就业状况、收入和现金支出状况、消费水平和消费结构状况、购买主要商品数量及变化情况、耐用消费品拥有量及变化情况、家庭食品消费及营养状况、家庭住房情况、实物收入状况、货币流动和储蓄等情况。此处所使用的数据主要来自六个省：北京、广东、辽宁、浙江、陕西和四川。

② 参见汪雯：《中国不同所有制企业间工资差别的形成机制研究》，中国人民大学劳动人事学院博士学位论文，2004。

也会影响到激励水平。未来的挑战是，通过更有效地整合薪酬制度中非货币化支付的部分，改善整体薪酬的理论构想和度量方法。我们需要更好地理解从组织的观点来看，如何实现对总体资源的最高效投资，以吸引和激励组织需要的人才。

最后，经营者薪酬决定因素的实证分析大多受到信息披露不充分的影响，这主要是由于目前对 CEO 和其他管理者薪酬的研究普遍基于二手数据，很难从 CEO 本人那里获取数据，因此，缺乏从行为和态度角度出发对 CEO 薪酬的研究。同时，缺乏经营者个人特征对薪酬的影响分析。此外，对非 CEO 的高层管理人员的薪酬问题的研究将会是一个很好的补充。CEO 薪酬怎样与非 CEO 高层管理人员的薪酬相关也是很有价值的研究方向。

□ 本章小结

长久以来，企业薪酬问题一直是经济学界和管理学界关注的热点。纵观古典到现代经济学和管理学的发展，以及多年来国内外相关的实证研究，学术界对薪酬问题的探讨已经相当系统。本章分别从个人层面薪酬水平的决定、企业层面薪酬水平的决定、企业薪酬支付制度的选择，以及宏观经济环境对企业薪酬管理的影响这四个角度，对经济学和管理学中有关薪酬的经典理论和实证研究进行了回顾，并概括了当前国际学术界关注的 12 大薪酬研究范畴；同时，也总结了数年来国内薪酬研究取得的进展和未来的研究趋势。联系身边的企业薪酬实践，我们不难发现，这些理论和研究成果已经渗透到管理活动中，对管理行为产生着极为广泛的影响。基于管理实务的要求，企业薪酬管理理论也随着管理实践的发展而不断发展。虽然这些理论研究散见于各种经济学和管理学的理论之中，却影响着企业薪酬管理基本理念和基本风格的变迁，而现实中丰富多彩的管理方法和管理技术又体现出这些理论的精髓。毋庸置疑，回顾这些薪酬管理理论的发展脉络，分析和领会其变迁的历程，对企业薪酬管理实践具有十分重要的意义。

□ 复习思考题

1. 你认为中国企业的工资决定行为是否存在效率工资机制？

2. 如今使用补偿性工资差别理论解释职业间的薪酬差距的适用性如何？结合当前的实际现象进行分析。

3. 选择恰当的薪酬理论支持曾经盛行于日本企业的年功工资制。

4. 利用相关的薪酬理论解释，在设计绩效工资体系时企业应该注意哪些原则，以有效地激励员工的行为？

5. 试对我国薪酬管理研究方法存在的问题进行分析。

□ 推荐阅读书目

1. ［美］巴里·格哈特．薪酬管理．上海：上海财经大学出版社，2005

2. ［美］托马斯·J·伯格曼，维达·古尔比纳斯·斯卡佩罗．薪酬决策．北京：中信出版社，2004

3. ［美］约瑟夫·J·马尔托奇奥．战略薪酬．北京：社会科学文献出版社，2002

4. ［美］托马斯·B·威尔逊．薪酬框架：美国39家一流企业的薪酬驱动战略和秘密武器．北京：华夏出版社，2001

5. 文跃然．薪酬管理原理．2版．上海：复旦大学出版社，2013

6. 李莉．薪酬管理．北京：中国人民大学出版社，2004

7. 中国劳动学会工资专业委员会编．中国工资法规全书．北京：经济日报出版社，1996

8. 曾湘泉．经济增长过程中的工资机制——对中国工资问题的宏观动态考察. 北京：中国人民大学出版社，1989

9. 周三多等．战略管理思想史．上海：复旦大学出版社，2003

10. 帕特里夏·津海姆，杰伊·舒思特．打造500强企业的薪酬体系．北京：电子工业出版社，2004

11. ［美］爱德华·E·劳勒三世．卓越的价值：基于绩效的薪酬方案设计．北京：电子工业出版社，2004

12. 仇雨临．员工福利管理．2版．上海：复旦大学出版社，2010

13. 林泽炎．转型中国企业人力资源管理．北京：中国劳动社会保障出版社，2004

14. 曾湘泉．劳动经济学．北京：中国劳动社会保障出版社，2005

15. 徐振斌．期权激励与公司长期绩效通论．北京：中国劳动社会保障出版社，2003

16. ［美］彼得·德鲁克．大变革时代的管理．上海：上海译文出版社，1999

17. George T. Milkovich，Jerry M. Newman，Barry A. Gerhart. *Compensation*. Eleventh Edition. McGraw-Hill，2013

18. George T. Milkovich，Jennifer Stevens. "From Pay to Rewards—100 Years of Change." *ACA Journal*. Vol. 9. No. 1. First Quarter，2000

19. Lance A. Berger，Dorothy R. Berger. *The Compensation Handbook*. Fifth Edition. McGraw-Hill，2008

20. Richard I. Henderson. *Compensation Management in a Knowledge-Based World*. Eighth Edition. Upper Saddle River. N. J.：Prentice Hall，2000

21. Lazear，E. P. *Personnel Economics*. Cambridge：MIT Press，1995

22. Steve Werner，Stephanie G. Ward. "Recent Compensation Research：An Electric Review." *Human Resource Management Review* 14，2004

23. Wallace，Jr. M. J.，Fay，C. H. *Compensation Theory and Practice*. Second Edition. Boston. Massachusetts：Pws-Kent，1988

后 记

本书的撰写和成稿源于多年的思考和探索。

20世纪90年代上半期，我曾多次下决心写一本有中国特色的，能反映我国薪酬理论研究成果和指导企业薪酬管理实践的教材，但每每提笔，总觉得力不从心。我那时在给本科生和研究生讲授工资理论和工资管理课程，也给企业讲解中国的岗位技能工资制。问题是，我国现代工资管理的实践太不成熟。整个90年代，中国国有企业改革是头等大事，政府关注的是减员增效以及下岗再就业等问题。显然，工资理论和工资管理教材的内容，不可避免地带有更多中国转型经济时期的色彩，甚至是对苏联体制遗留的一系列问题的讨论，诸如按劳分配、工效挂钩、结构工资制和岗位技能工资等。如何既考虑市场经济国家的管理理论和做法，又兼顾国内的管理实践，一直是教材编写的一个难题。特别是，当时跨国公司先进的管理技术已经进入中国，只是与国内企业管理的实践仍有相当的距离，最突出的表现是，国内管理方法和技术落后，语汇陈旧，因此本书的撰写一再搁置。

1998年8月至1999年10月间，我以富布莱特访问学者的身份在美国研修学习，并加入了美国薪酬协会，成为其国际会员。期间，我着重考察了现代市场经济国家的薪酬理论研究和薪酬管理实践，这一段学习和研究对我了解发达国家的薪酬状况帮助很大。

1999年10月回国后，国内企业薪酬管理丰富多彩的实践活动，特别是更为迫切的管理需求，使我不断萌生继续写这本书的念头。但由于当时要形成一个新的、有别于传统的分析框架和结构仍有难度，所形成的思路和框架难免是"两张皮"，国外的理论和方法与国内的实践缺乏联系，因此，尽管我已经撰写了2万多字的内容，但最后仍将此事再次搁置。

之后，两个方面的影响因素使得本书的写作进程加快：一是我国企业薪酬管理的实践发生快速变化。中国加入世界贸易组织（WTO），世界500强企业开始进驻中国，跨国公司的人力资源管理，包括薪酬管理的理念和技术，迅速在国内企业生根开花。战略人力资源管理、战略薪酬、工作分析和工作评价、能力薪酬、业绩薪酬和薪酬调查等国际上通用的薪酬管理的概念、范畴和技术，在我国的企业管理实践中广泛传播。正如2006年美国《新闻周刊》上的一篇文章所言，跨国公司一觉醒来，突然发现中国国有企业使用的管理概念与它们一样。换句话说，中国企业薪酬管理与国际接轨的实践为本书的写作提供了现实的素材。

另一方面的原因是，我自1994年开始带研究生，迄今已有50多位博士生和50多位硕士生获得了学位。他们的研究大多聚焦薪酬以及与薪酬相关的专题，其研究选题和文献综述为本书的写作提供了一定的素材。

2003年上半年，借助每周的学术例会，我开始启动本书编写的讨论工作，并提出了一个初步的写作思路和框架。通过讨论，明确了薪酬管理的“道、智、术”。就写作的思路和方法、目前存在的“所学非所用”与“所用非所学”、书稿定位以及整体叙述框架等一系列存在较大争论的问题，取得了共识。

2003年7月至2005年3月间，我主持完成了教育部的“薪酬制度设计的技术和方法”、中国通用技术集团和中国土畜产总公司的“薪酬制度体系变革”等研究课题。对这些课题的研究，使我对国际薪酬管理的技术和方法，国有企业薪酬制度的现状、问题和变革的趋势等有了更为系统和深刻的认识和思考。2005年3月，在新的大纲修改方案的基础上，最终确定了本书的整体框架和写作思路。2005年年底，我在德国奥斯纳布鲁克大学研修期间，又对本书的初稿进行了大幅的修改和调整，最终定稿。

《薪酬：宏观、微观与趋势》一书首次出版于2006年，迄今已过去10个年头。过去的10年，金融危机的冲击、青年劳动力供给的减少、高管限薪浪潮等，都对中国宏观劳动力市场和微观人力资源管理，特别是薪酬管理产生了重大影响。同时，我本人也承担了一系列薪酬研究课题。比如，“北京市国资投资公司薪酬体系建设研究”、“深圳人才中心薪酬及绩效管理体系变革研究”、“中关村IT行业大学生起薪水平调查”、世界银行“公务员地区收入差距调控机制及对策研究”、国家人力资源和社会保障部2012年重大政策研究课题“公务员地区附加津贴水平决定及调控模式研究”、“公务员基准职位层级比较法”和“公务员地区附加津贴制度实施相关问题研究”等。新的研究和国内不断推进的薪酬管理实践，都为本书内容的再次充实提供了很好的条件。为此，应出版社的要求，我们在本书第1版的基础上对部分内容进行了充实和修订，形成了本书的第2版。

正如我在本书序言中所讲，本书的大纲、框架结构以及许多重要思想的形成和确定，是许多人思想火花的碰撞和观点交锋的产物。可以说，本书是集体思考的成果。赵立军、王学力、韩瑞青、岳颖、肖守中、苏中兴、唐蔚蔚、夏祖浩、贾金玉、周禹、陈宇良、王军宏、卢亮、牛玲、汪泽英、于海蛟、宁思、刘彩凤、徐振斌、袁罡、汪雯、宋洪峰、李娇、赵瑜、张洁等参加了本书第1版的文献收集、问题讨论和初稿撰写。崔钰雪、苏中兴、熊通成、巫强、宋洪峰、彭诗杰、刘春凯、陈琰、卢怡贤等参与了本书第2版的修订工作。感谢他们的不懈努力和积极奉献！

最后，要感谢中国人民大学出版社工商管理分社于波社长，她为本书的初版和再版提供了很大的支持和帮助。尽管我们尽了最大的努力，但许多地方的深度和广度仍显不足，希望广大读者给我们提出宝贵的建议和意见，以便今后进一步修订和完善。

曾湘泉

于人大求是楼

教师教学服务说明

中国人民大学出版社管理分社以出版经典、高品质的工商管理、统计、市场营销、人力资源管理、运营管理、物流管理、旅游管理等领域的各层次教材为宗旨。

为了更好地为一线教师服务，近年来管理分社着力建设了一批数字化、立体化的网络教学资源。教师可以通过以下方式获得免费下载教学资源的权限：

在中国人民大学出版社网站 www. crup. com. cn 进行注册，注册后进入“会员中心”，在左侧点击“我的教师认证”，填写相关信息，提交后等待审核。我们将在一个工作日内为您开通相关资源的下载权限。

如您急需教学资源或需要其他帮助，请在工作时间与我们联络：

中国人民大学出版社　管理分社

联系电话：010－82501048，62515782，62515735

电子邮箱：glcbfs@crup. com. cn

通讯地址：北京市海淀区中关村大街甲 59 号文化大厦 1501 室（100872）